新世纪高等学校教材
历史学系列教材

普通高等教育"十一五"国家级规划教材

中国当代史

（第4版）

ZHONGGUO
DANGDAISHI

郭大钧◎主　编
耿向东◎副主编

北京师范大学出版集团
BEIJING NORMAL UNIVERSITY PUBLISHING GROUP
北京师范大学出版社

图书在版编目（CIP）数据

中国当代史/郭大钧主编. —4 版. —北京：北京师范大学出版社,2016.9（2024.7 重印）

新世纪高等学校教材. 历史学系列教材

ISBN 978-7-303-18323-4

Ⅰ. ①中… Ⅱ. ①郭… Ⅲ. ①中国历史－现代史－高等学校－教材 Ⅳ. ①K27

中国版本图书馆 CIP 数据核字（2014）第 310930 号

营销中心电话　010-58808006

出版发行：北京师范大学出版社　www.bnupg.com
　　　　　北京市西城区新街口外大街 12-3 号
　　　　　邮政编码：100088

印　　刷：唐山玺诚印务有限公司
经　　销：全国新华书店
开　　本：730 mm×980 mm　1/16
印　　张：31.25
字　　数：545 千字
版　　次：2016 年 9 月第 4 版
印　　次：2024 年 7 月第 19 次印刷
定　　价：65.00 元

策划编辑：刘松弢　　　　责任编辑：刘松弢　赵雯婧
美术编辑：王齐云　　　　装帧设计：王齐云
责任校对：陈　民　　　　责任印制：马　洁　赵　龙

前　言

　　这部《中国当代史（第4版）》，叙述的是中华人民共和国成立以来的历史。迄今70余年的历史可以分为6个时期，大致与本书的6个章节相对应。

　　1. 从1949年10月1日中华人民共和国成立，到1956年9月中国共产党第八次全国代表大会召开，这7年是中国由新民主主义社会向社会主义社会过渡的时期。这个时期可分为2个阶段：前3年主要是统一祖国大陆，继续完成民主革命遗留任务，恢复国民经济，巩固人民民主政权；后4年主要是中国共产党提出过渡时期总路线，提前完成"一五"计划，生产资料私有制社会主义改造的基本完成，在中国建立了社会主义基本制度，中国进入社会主义初级阶段。短短7年时间，实现革命性质和社会性质如此深刻的转变，这是中国历史上的创举和伟大进步。

　　2. 从1956年9月中国共产党第八次全国代表大会，到1966年5月"文化大革命"开始，这10年是中国共产党和中国人民探索适合中国情况的建设社会主义道路，社会主义建设在探索中曲折发展的10年。这10年大体可以分为4个阶段：第一阶段：从1956年9月中共八大到1957年9月中共八届三中全会。党的八大前后对建设社会主义道路进行了初步探索。八大的路线是正确的。这个阶段虽然在1957年6月开始进行的反右派斗争中犯了扩大化的错误，但总体上讲，成绩是主要的，在社会主义建设中基本上执行了党的八大路线和八大规定的在综合平衡中稳步前进的经济工作方针，经济发展取得了显著的成就。第二阶段：从1957年9月中共八届三中全会到1960年秋。党的八届三中全会改变了八大关于国内主要矛盾的科学论断。中国共产党在指导方针上犯了严重的"左"倾错误，轻率地发动了"大跃进"运动和农村人民公社化运动。随后毛泽东和中共中央又努力地领导全党纠正已经觉察到的错误，但由于受思想认识上的局限，尚未觉悟到从根本上改变"左"倾指导思想，在庐山会议后期纠"左"又中断了，错误地开展"反右倾"斗争，"左"的错误进一步发展，造成了国民经济三年严重困难局面。从总体上讲，这个阶段工作上的失误是主要的，给党和人民带来了严重灾难，给社会主义事业带来了重大损失。第三阶段：从 1960 年冬到 1962 年 9 月中共八届十中全会。1960 年 11 月中共中央发布《关于农村人民公社当前政策问题的紧急指示信》，开始再次纠正农村工作中的"左"倾错误，并决定实行"调整、巩固、充实、提高"的方针，全面调整国民经济。这个阶段，全党上下，同心同德，大兴调查研究，倾听群众意见，群策群力，艰苦奋斗，纠正错误，渡过难关。虽然纠正错误是限定在坚持"三面红旗"和庐山会议"反右倾"的雷池之内，纠正得很不彻底，但是这个阶段，要纠正错误、克服困难的总的思想和方针是正确的，在恢复经济、恢复党的优良传统、作风和党在人民群众中的信誉等方面，收到了显著的成效。第四阶段：从 1962 年 9 月中共八届十中全会重新强调阶级斗争到1966 年 5 月中共中央政治局扩大会议通过"五一六通知"。这个阶段，由于坚持"八字方针"，接受 1959 年庐山会议的教训，防止政治斗争对经济工作的冲击，扭转了严重困难的局面，国民经济迅速得到恢复，并向一个新的台阶迈进，在经济管理体制方面，也进行了一些改革的试验。但是，"左"倾错误在经济工作的指导思想上并未得到彻底纠正，而在政治和思想文化方面还有发展，并且将在一定范围内存在的阶级斗争进一步延伸到党内的高层，步步升级，愈演愈烈，终于导致了"文化大革命"的发动。

3. 从 1966 年 5 月"文化大革命"的发动，到 1976 年 10 月粉碎"四人帮"，是"文化大革命"的 10 年。"文化大革命"是一场由领导者错误发动，被反革命集团利用，给党、国家和各族人民带来严重灾难的内乱。"文化大革命"这一全局性的、长时间的"左"倾严重错误，使党、国家和人民遭到新中国成立以来最严重的挫折和损失。党和人民在"文化大革命"中同"左"倾错误和林彪、江青反革命集团的斗争是艰难曲折的，是一直没有停止的。"文化大革命"是当时的称呼，实际上这根本不能称为革命，而只是破坏我国社会主义发展的一场内乱。"文化大革命"的 10 年，我们想把它分为 4 个阶段：(1) 从 1966 年 5 月中共中央政治局扩大会议通过"五一六通知"，到 1967 年上海的"一月风暴"，"文化大革命"进入"全面夺权"阶段。这是"文化大革命"全面发动和全国动乱局面形成的阶段。（2）从 1967 年上海的"一月风暴"和武汉"七二〇事件"，全国陷入"打倒一切，全面内战"的混乱局面，到 1971 年 9 月 13 日发生林彪事件。这是"文化大革命"发展到"全面夺权"和所谓"斗批改"阶段。中共九大使"文化大革命"的错误理论和实践合法化，加强了林彪、江青两个集团在党中央的地位。但九大后林彪、江青两个集团之间的矛盾和争夺迅速加剧。林彪集团的权力和野心空前膨胀起来，急于"抢班夺权"，并策划武装政变和林彪叛逃。(3) 从1971年"九一三事件"，到1975年1月全国人大四届一次会议召开。"九一三事件"是"文化大革命"的重要转折。它在客观上宣告了"文化大革命"的理论和实践的失败。周恩来在毛泽东支持下主持中央日常工作，着力调整干部政策、经济政策以及其他方面的政策，努力恢复党和国家各项工作的正常运转，取得初步成效，并且明确提出批判极左思潮的意见。1973年4月邓小平复出。1973年8月中共十大在北京召开。江青集团几个重要成员都进入了中央政治局，从此结成"四人帮"。"四人帮"开始向周恩来等发难，周恩来领导的批判极左思潮，初步纠正"文化大革命"中错误的斗争，被迫中断。"批林批孔"运动使全国动乱再起。(4) 从1975年1月全国人大四届一次会议，到1976年10月粉碎"四人帮"，"文化大革命"结束。在这个阶段，邓小平领导全面整顿，得到毛泽东的支持。学习理论运动和"四人帮"反"经验主义"。毛泽东错误批准"批邓、反击右倾翻案风"。四五运动，"四人帮"覆灭。

4. 从1976年10月粉碎"四人帮"，"文化大革命"结束，到1991年12月，我们把这15年的历史组合为一章，称为实行改革开放和建设中国特色社会主义道路的开拓时期。1978年12月中共十一届三中全会之前的两年，是在徘徊中前进的两年。中共十一届三中全会实现了历史性的伟大转折，到1992年初邓小平南方谈话之前，我们的国家在建设有中国特色社会主义道路上走过了13年的重要历程。改革开放13年来我们党在理论上取得的最大收获，就是在马克思主义基本原理与中国实际相结合的第二次历史性飞跃中，创立了建设有中国特色社会主义理论。改革开放13年取得的伟大成就，集中到一句话，就是"上了三个大台阶"，即经济建设上了一个大台阶，人民生活上了一个大台阶，综合国力上了一个大台阶。第一步战略目标已经提前实现，全国人民的温饱问题已经基本解决，开始向小康过渡，少数地区已提前实现小康。

改革开放13年大致可以分为3个阶段：第一阶段：从1978年12月中共十一届三中全会到1982年9月中共十二大。十一届三中全会，实现国家发展战略的根本转变，是新中国成立以来我党历史上具有深远意义的伟大转折。这个阶段胜利完成了拨乱反正的任务，十一届六中全会通过的《关于建国以来党的若干历史问题的决议》，标志着党在指导思想上拨乱反正的胜利完成。改革开放从十一届三中全会起步，真正干起来是1980年。第二阶段：从 1982 年 9 月中共十二大到 1987 年 10 月中共十三大。在党的十二大上，邓小平明确提出"走自己的道路，建设有中国特色的社会主义"。确定分两步走，在 20 世纪末实现国民生产总值翻两番的目标，随后又提出第三步到 21 世纪中叶基本实现社会主义现代化的战略。1981 年、1982 年、1983 年这三年主要在农村进行改革。1984 年党的十二届三中全会通过《关于经济体制改革的决定》，确认"我国社会主义经济是公有制基础上的有计划商品经济"，改革的重点转入城市。对外开放格局基本形成。"一国两制"构想的提出和对外政策的调整。加强社会主义精神文明建设。第三阶段：从 1987 年 10 月中共十三大到 1992 年初邓小平南方谈话之前。党的十三大系统地阐述了社会主义初级阶段理论，概括了初级阶段党的基本路线。"四个坚持"和改革开放是相互依存的。以江泽民为核心的第三代中央领导集体形成。在新的中央集体领导之下，我们党在国际国内政治风波中经受考验，稳住局势，顶住压力，在艰难中坚守阵地，捍卫了在改革开放中建设有中国特色社会主义的事业。

5. 从 1992 年 1 月邓小平南方谈话，到 2002 年 11 月中共十六大召开前，是坚持改革开放，捍卫中国特色社会主义，创建社会主义市场经济新体制的 11 年。中国特色社会主义建设事业蓬勃开展。2000 年我国实现了国民生产总值比 1991 年再翻一番，人民生活总体上达到小康水平的战略目标，开始全面建设小康社会。这 11 年可以分为 2 个阶段：（1）从 1992 年初邓小平南方谈话，到 1997 年 9 月中共十五大。以邓小平南方谈话和中共十四大为标志，我国改革开放和现代化建设进入了一个新的发展阶段。新阶段的特征：一是明确了我国经济改革的目标是建立社会主义市场经济体制；二是提出"抓住机遇、深化改革、扩大开放、促进发展、保持稳定"的"二十字"治国方针，中国的经济发展走上了朝气蓬勃的快车道，各项改革开放措施全面出台，综合国力大大增强；三是中共十四大，全面总结了中共十一届三中全会以来的经验，标志着建设有中国特色社会主义理论的形成。中共十四届三中全会，构建社会主义市场经济体制的基本框架。（2）从 1997 年 9 月中共十五大，到 2002 年 11 月中共十六大。中共十五大确立邓小平理论为中国共产党的指导思想，并阐述了党的基本纲领。1998 年 3 月召开全国人大九届一次会议，提出本届新政府"一个确保、三个到位、五项改革"的施政任务。1998 年抵御亚洲金融危机和抗洪救灾确保经济发展。西部大开发战略制定并开始实施。香港、澳门回归祖国。2000 年我国实现了邓小平提出的第二步战略目标，初步建立了小康社会。江泽民提出"三个代表"重要思想。提出我国进入新世纪的三大任务。中国加入世贸组织。江泽民在中共成立80周年大会上讲话。中共十五届六中全会作出《关于加强和改进党的作风建设的决定》。

6. 从2002年11月中共十六大，到2013年3月十二届全国人大一次会议，是高举中国特色社会主义旗帜，树立和落实科学发展观，为全面建设小康社会而奋斗的时期。中共十六大的主要贡献是总结了十三届四中全会以来党领导人民建设中国特色社会主义的基本经验，提出全面建设小康社会的奋斗目标。中共十七大总结改革开放30年的经验，提出高举中国特色社会主义伟大旗帜，最根本的就是要坚持中国特色社会主义道路和中国特色理论体系。通过树立和落实科学发展观，完善社会主义市场经济体制，转变经济发展方式，构建社会主义和谐社会。改革开放和社会主义现代化建设取得新的重大成就，2010年中国跃升为全球第二大经济体。这个时期分为2个阶段：（1）2002年1月从中共十六大召开，到2007年10月中共十七大召开前夕。这一阶段提出全面建设小康社会的目标，改革开放向纵深发展。这期间提出了科学发展观和构建社会主义和谐社会的重要战略思想。进一步完善社会主义市场经济体制，促进经济保持平稳快速发展。民主法制建设取得新进步。农村综合改革逐步深化，取消农业税。大力推进社会保障体系建设。开展社会主义法治理念教育，维护社会稳定。建设社会主义核心价值体系，深化文化体制改革。出台《反分裂国家法》，遏制"台独"势力活动等。（2）从2007年10月中共十七大召开，到2012年11月中共十八大召开。这一阶段是转变经济发展方式、实现全面建设小康社会新要求的5年。这期间提出了转变经济发展方式，推进农村改革和统筹区域协调发展。加快以改善民生为重点的社会建设，积极构建现代社会管理体制。推进生态文明建设。积极应对重大自然灾害。成功举办北京奥运会、国庆60周年庆典、2010年世博会等盛会。推动文化大发展大繁荣。及时处理民族分裂分子暴力事件，维护国家统一和国家安全。开创两岸关系和平发展新局面。2012年11月召开的中共十八大把中国特色社会主义归结为"一条道路"、"一个体系"和"一个制度"，三者统一于中国特色社会主义伟大实践；提出了到2020年全面建成小康社会的宏伟目标。

中共十八大以来，以习近平同志为核心的中共中央领导全党和全国人民自信自强、守正创新，取得了一系列重大成就，中国特色社会主义进入了新时代。十八大以后5年，以习近平同志为核心的中共中央提出了实现中华民族伟大复兴中国梦的重要构想，强调人民对美好生活的向往就是我们的奋斗目标。认真改进工作作风，加强党风廉政建设，出台中央"八项规定"，严厉整治"四风"。统揽伟大斗争、伟大工程、伟大事业、伟大梦想，统筹推进"五位一体"总体布局，协调推进"四个全面"战略布局。2017年10月召开的中共十九大，提出习近平新时代中国特色社会主义思想，明确中国特色社会主义的基本方略，提出一系列治国理政新理念新思想新战略，明确我国社会主要矛盾是人民日益增长的美好生活需要和不平衡不充分的发展之间的矛盾。坚持精准扶贫，打赢了人类历史上规模最大的脱贫攻坚战。贯彻新发展理念，着力推进高质量发展，推动构建新发展格局，实施供给侧结构性改革，实现经济实力的历史性跃升。深入贯彻以人民为中心的发展思想，建成世界上规模最大的教育体系、社会保障体系和医疗卫生体系。坚持"绿水青山就是金山银山"的理念，生态环境保护发生历史性全局性变化。2019年10月隆重庆祝了中华人民共和国成立70周年。在2021年7月隆重庆祝中国共产党成立100周年之时，习近平总书记庄严宣告："经过全党全国各族人民持续奋斗，我们实现了第一个百年奋斗目标，在中华大地上全面建成了小康社会，历史性地解决了绝对贫困问题，正在意气风发向着全面建成社会主义现代化强国的第二个百年奋斗目标迈进。"[①] 2022年10月中共二十大召开。大会提出新时代新征程中国共产党的使命任务是团结带领全国各族人民全面建成社会主义现代化强国、实现第二个百年奋斗目标，以中国式现代化全面推进中华民族伟大复兴。大会号召全党和全国各族人民，高举中国特色社会主义伟大旗帜，全面贯彻习近平新时代中国特色社会主义思想，弘扬伟大建党精神，自信自强、守正创新，踔厉奋发、勇毅前行，为全面建设社会主义现代化国家、全面推进中华民族伟大复兴而团结奋斗。

---

① 习近平：《在庆祝中国共产党成立 100 周年大会上的讲话》，2 页，北京，人民出版社，2021。

目　　录

第一章　由新民主主义社会向社会主义社会过渡

（1949.10—1956.9）

第一节　中华人民共和国的成立和国民经济的恢复

一、中国人民政治协商会议的召开与中华人民共和国的成立

1949 年上半年，历时 3 年的人民解放战争已经取得全国性的胜利，中国的大部分地区都获得了解放，中国共产党与解放区的各民主党派以及各方面代表人士，开始加紧进行成立新中国的各项筹备工作。

1949 年 6 月 15 日至 6 月 19 日新政治协商会议筹备会第一次全体会议在北平（今北京）中南海勤政殿举行。会议制定了关于召开新政治协商会议的组织条例以及代表名额的各项规定，并选举毛泽东等 21 人为筹备会常务委员，决定成立 6 个小组分头起草相关文件。经过 3 个月的积极筹备，9 月 17 日，新政治协商会议筹备会第二次全体会议召开。根据周恩来的提议，代表们一致通过将"新政治协商会议"改称为"中国人民政治协商会议"，简称"人民政协"。会议还基本通过了各个小组起草的多项文件草案，并确定参加中国人民政治协商会议第一届全体会议的单位 45 个，代表 510 人，候补代表 77 人，特别邀请代表 75 人，共 662 人。在人民政协的宏大阵容中，不但包括了全国各民主党派、人民团体、人民解放军和国内各少数民族、海外华侨、宗教界的代表人物，而且还有爱国民主人士，其中包括以张治中为首的前国民政府和谈代表团的全部代表。

1949 年 9 月 21 日，中国人民政治协商会议第一届全体会议在北平中南海怀仁堂开幕。中国共产党中央委员会主席毛泽东致开幕词，他庄严宣告："占人类总数四分之一的中国人从此站立起来了。"他指出："现在的中国人民政治协商会议是在完全新的基础之上召开的，它具有代表全国人民的性

质，它获得全国人民的信任和拥护。因此，中国人民政治协商会议宣布自己执行全国人民代表大会的职权。"他强调说，全国规模的经济建设工作业已摆在我们面前。我们不仅能够战胜国内外反动派，而且能够在胜利以后建设一个繁荣昌盛的国家。中国人民将以不屈不挠的努力，战胜一切困难，稳步地达到自己的目的。① 林伯渠、谭平山、周恩来、董必武分别就中国人民政治协商会议准备工作及《中国人民政治协商会议组织法》、《中国人民政治协商会议共同纲领》、《中华人民共和国中央人民政府组织法》等内容做了报告。经过讨论，会议一致通过了上述历史性文献。

《中国人民政治协商会议共同纲领》(以下简称《共同纲领》)规定：中华人民共和国为新民主主义即人民民主主义的国家，实行工人阶级领导的、以工农联盟为基础的、团结各民主阶级和国内各民族的人民民主专政的国家制度。《共同纲领》还规定了政权机关、军事制度、经济政策、文化教育政策、民族政策和外交政策的总原则。作为中央人民政府的施政方针，《共同纲领》在《中华人民共和国宪法》制定之前具有临时宪法的作用。

《中国人民政治协商会议组织法》规定：中国人民政治协商会议为全中国人民民主统一战线的组织。它的任务是经过各民主党派、人民团体的团结，去团结全国各民主阶级、各民族，共同努力，建立及巩固由工人阶级领导的以工农联盟为基础的人民民主专政的独立、民主、和平、统一及富强的中华人民共和国。在普选的全国人民代表大会召开以前，由中国人民政治协商会议的全体会议执行全国人民代表大会的职权；而在全国人民代表大会召开以后，人民政协将长期存在，成为各民主党派、各人民团体的政治协商机关，是一个全国人民民主统一战线的组织。

《中华人民共和国中央人民政府组织法》规定：中华人民共和国政府是基于民主集中原则的人民代表大会制的政府；在普选的全国人民代表大会召开前，由中国人民政治协商会议的全体会议执行全国人民代表大会的职权，制定中华人民共和国中央人民政府组织法，选举中华人民共和国中央人民政府委员会，并付之以行使国家权力的职权；中央人民政府委员会对外代表中华人民共和国，对内领导国家政权。

会议选举了中国人民政治协商会议全国委员会，作为政协会议闭幕期间人民民主统一战线的全国领导机关，并选举了 180 人组成政协全国委员

---

① 中共中央文献研究室编：《建国以来毛泽东文稿》，第 1 册，4～8 页，北京，中央文献出版社，1987。

会。其中，毛泽东为主席，周恩来、李济深、沈钧儒、郭沫若、陈叔通为副主席。

会议选举了中央人民政府委员会，毛泽东为中华人民共和国中央人民政府主席，朱德、刘少奇、宋庆龄、李济深、张澜、高岗为副主席，周恩来、陈毅、贺龙、李立三、林伯渠、叶剑英、何香凝等 56 人为中央人民政府委员。

会议决定中华人民共和国定都北平，改北平为北京；中华人民共和国采用公元纪年；以《义勇军进行曲》为代国歌；中华人民共和国的国旗为红地五星旗，象征中国共产党领导下的中国人民大团结；在天安门前建一座人民英雄纪念碑，以纪念在人民解放战争中，以及从 1840 年以来在反对内外敌人的斗争中，为中华民族独立和中国人民的解放事业而英勇献身的革命先烈。9 月 30 日，中国人民政治协商会议圆满闭幕。会后，毛泽东率领政协全体代表为人民英雄纪念碑奠基，一一执锹铲土，以示对先烈的崇敬之情。

中国人民政治协商会议第一届全体会议，是全国人民团结的盛会，它宣告了旧中国的灭亡和新中国的诞生。

1949 年 10 月 1 日下午 2 时，中央人民政府委员会在中南海勤政殿举行第一次会议，宣告中华人民共和国中央人民政府正式履新。中央人民政府主席、副主席和委员宣布就职。

会议推选林伯渠为中央人民政府委员会秘书长，任命周恩来为中央人民政府政务院①总理兼外交部长，董必武、陈云、郭沫若、黄炎培为政务院副总理；毛泽东为中央人民政府人民革命军事委员会主席，朱德为中国人民解放军总司令；沈钧儒为最高人民法院院长，罗荣桓为最高人民检察署检察长，并责成他们从速组成政府机关（中华人民共和国中央人民政府组织系统，详见图 1-1），开始各项政府工作。

---

① 政务院：1949 年 9 月中国人民政治协商会议制定的《中华人民共和国中央人民政府组织法》规定，政务院为中央人民政府下属国家政务的最高执行机关。政务院下设政治法律、财政经济、文化教育、人民监察 4 个委员会，以及 31 个部门管理国家的行政工作。周恩来为首任政务院总理兼外交部长。1954 年第一届全国人民代表大会召开，制定了《中华人民共和国宪法》和《国务院组织法》，按照文件规定：政务院改称国务院，全国人民代表大会是最高国家权力机关，国务院是最高国家权力机关的执行机关，也是最高国家行政机关。《国务院组织法》对原政务院的组织结构进行了较大调整。

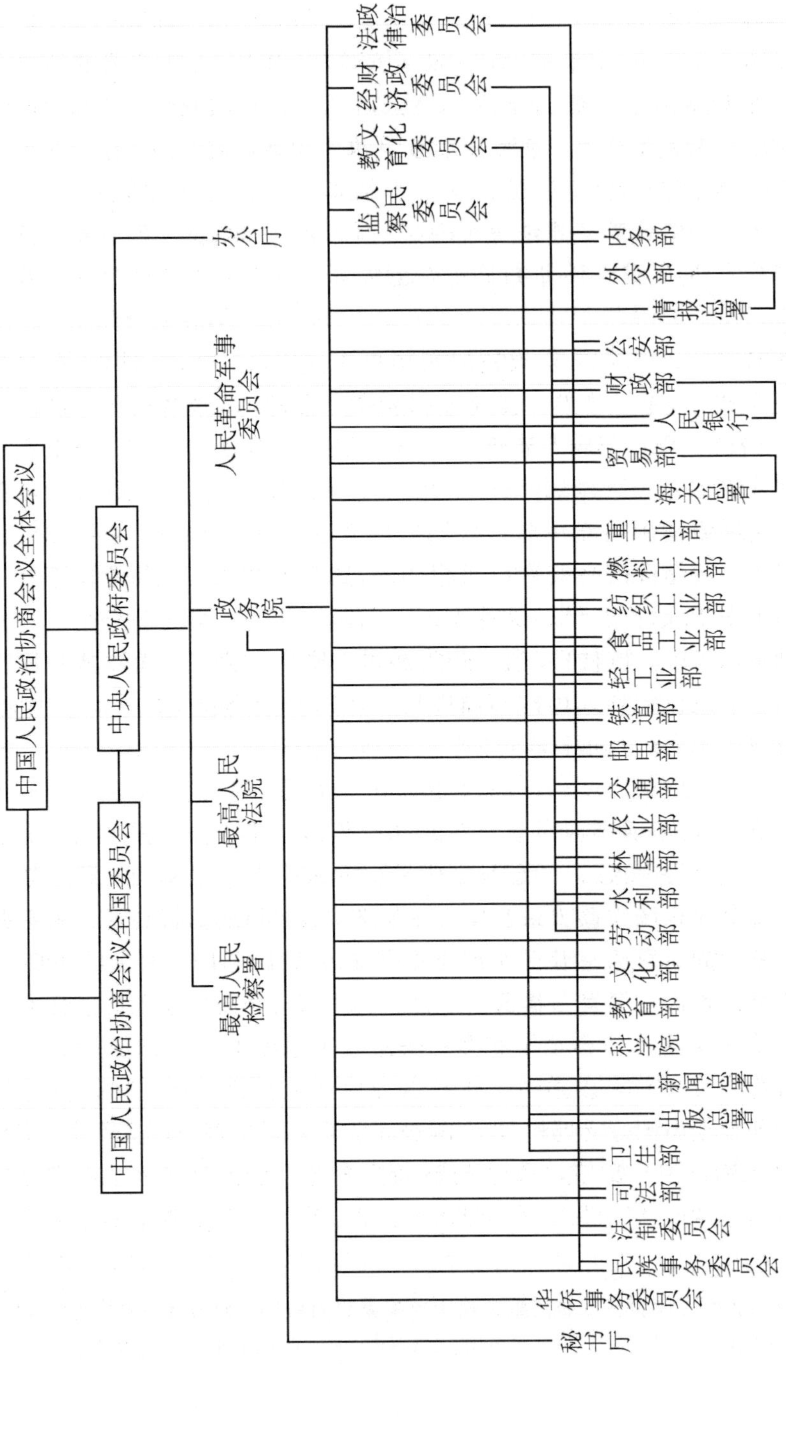

图1-1 中华人民共和国中央人民政府组织系统图

会议宣布接受《中国人民政治协商会议共同纲领》为中央人民政府的施政方针，同时发表《中华人民共和国中央人民政府公告》，向世界各国政府宣布：中华人民共和国中央人民政府为代表中华人民共和国全国人民的唯一合法政府，愿和遵守平等、互利及互相尊重领土主权等项原则的任何外国政府建立外交关系。

下午3时，首都北京30万军民齐集天安门广场，隆重举行新中国开国大典。中央人民政府主席、副主席、委员登上天安门城楼主席台，中央人民政府秘书长林伯渠宣布典礼开始。军乐队高奏代国歌《义勇军进行曲》，54门礼炮齐鸣28响，它象征着组成人民政协第一届全体委员会的54个单位和中国共产党领导中国人民英勇斗争的28年。在庄严的国歌声中，毛泽东主席在庆祝典礼上升起了第一面五星红旗，并宣读《中华人民共和国中央人民政府公告》，向全世界庄严宣告中华人民共和国中央人民政府正式成立。随后进行阅兵式，朱德总司令宣读《中国人民解放军总部命令》，命令解放军全体指战员，迅速肃清国民党军队的残余，解放一切尚未解放的国土。阅兵式后，举行了声势浩大的群众游行。全国已解放的大城市也都举行了热烈的庆祝活动。

中华人民共和国的成立，开辟了中国历史的新纪元。这标志着中国结束了极少数剥削者统治广大劳动人民的历史，结束了100多年来帝国主义、殖民主义奴役中国各族人民的历史，中国人民从此站立起来，成为新国家、新社会的主人。中华人民共和国的成立，是继俄国十月社会主义革命和世界反法西斯战争胜利之后世界历史上最重大的事件。占世界人口近1/4的中国革命的胜利，极大地改变了世界的政治格局，壮大了世界和平、民主和社会主义的力量，激励和鼓舞了世界上被压迫民族和人民争取解放的斗争。中华人民共和国的成立，是中国历史上的伟大转折点，以毛泽东为代表的中国共产党人，把马列主义原理与中国革命的实际相结合，取得了新民主主义革命的伟大胜利，结束了中国半殖民地、半封建社会的历史。从此，中国进入了新民主主义社会，为从新民主主义向社会主义过渡，开展社会主义革命和建设创造了前提条件。

二、大陆的统一和各级人民政权的建立

至1949年9月底，中国人民解放军已解放中国东北、华北全境，华东、西北和中南大部分地区。国民党政府流亡到广州，国民党军队还有100余万

人，在以广州为中心的华南地区、以重庆为中心的西南地区和台湾及沿海岛屿上负隅顽抗，主要是白崇禧集团和胡宗南集团。因此，实现祖国大陆的统一是新中国所面临的首要军事任务。

为了完成祖国统一的伟大事业，人民解放军第二、第四野战军按照中共中央军委提出的"远距离包围迂回"的作战方针，开始向华南进军。10 月 14 日解放广州，歼灭了余汉谋集团主力，解放了除海南岛以外的广东全省。11 月上旬至 12 月开始进行广西战役。11 月 22 日解放桂林，12 月 4 日解放南宁，白崇禧集团除了万余人逃入越南外，全部被歼，广西全境顺利解放。1949 年 11 月第二野战军主力和一野、四野各一部军队开始向西南进军，11 月 15 日解放贵阳，11 月 30 日解放重庆，12 月 9 日，国民党云南省主席卢汉、西康省主席刘文辉、西南军政长官公署副长官邓锡侯、潘文华等起义，云南、西康两省和平解放。12 月 27 日解放成都，国民党集团在大陆最后一支主力胡宗南集团被歼灭。

1949 年 9 月 26 日新疆宣告和平解放。第一野战军第一兵团于 1949 年 10 月 20 日进驻新疆迪化(今乌鲁木齐市)。12 月 9 日在新疆迪化举行了解放军、起义部队的入城式。到 1950 年 3 月，人民解放军胜利完成进军新疆的任务。

与此同时，第三野战军于 1949 年 9 月至 10 月进行了漳厦战役，解放了漳州、厦门和福建全省。10 月下旬，三野一部发起金门战役，首攻大金门岛。由于轻敌急躁、缺乏渡海作战经验和敌情变化等原因，致使这次战斗失利，解放军损失 3 个半团 9000 余人。

1950 年春，人民解放军发动渡海作战。4 月 16 日至 5 月 1 日解放海南岛。5 月 19 日，解放浙江沿海的舟山群岛。7 月 8 日、15 日，先后解放嵊泗列岛和北麂山岛等岛屿。1949 年 10 月至 1950 年 6 月，中国人民解放军共歼灭国民党正规军 130 余万人。

1950 年 1 月，人民解放军开始做进军西藏的准备工作。10 月 6 日，进藏部队发起昌都战役，消灭藏军 5700 余人，解放了昌都地区，打开了进军西藏的门户。昌都战役的胜利，粉碎了帝国主义和西藏上层少数分裂分子以武力顽抗的企图，促进了西藏爱国力量的发展，为和平解放西藏奠定了基础。1951 年 4 月，西藏地方政府派出了以阿沛·阿旺晋美为首席代表的和平谈判代表团，同以李维汉为首席代表的中央人民政府代表团开始谈判。经过反复谈判和协商，双方代表于 5 月 23 日在北京正式签署了《中央人民政府和西藏地方政府关于和平解放西藏办法的协议》(简称《十七条协议》）。根据协议，中国人民解放军 10 月 26 日进驻西藏首府拉萨，实现了西藏的和平解放。

国民党反动派在大陆溃败时，留下了一批溃散武装人员，成为遍布各地的武装匪徒。1949—1951 年，人民解放军经过长期剿匪作战，歼灭残匪约 240 万人，在全国范围内消灭了国民党大部分溃散武装，使社会秩序基本安定，政权得以巩固，生产和社会改革能够顺利进行。

按照中共中央的部署，新解放的地区建立了军事管制委员会（简称军管会），负责肃清残敌，镇压反革命的破坏活动，维护社会秩序，接管一切公共机关、产业与物资，迅速组织恢复生产等工作。在全国人民代表大会召开之前，军管会或各地人民政府先召开各级、各界人民代表会议（农村称农民代表会议），作为人民参政的特殊形式，代行人民代表大会的职权。人民代表会议制度成为从军事管制制度过渡到正式选举的人民代表大会制度的适当形式。

中华人民共和国从中央到地方的各级政权，是在全新的基础上建立起来的。各级政府的工作人员大都是人民解放军的干部、老解放区来的工作人员和新参加革命的知识分子。在领导层人员中，以中共党员为主体，包括相当数量的各方面的爱国民主人士。这是在中国共产党领导下的多党合作的统一战线的政权，是人民民主专政的政权。

为了建设和巩固人民民主政权，开好各级人民代表会议被提到重要的议事日程上来。1949 年 12 月 2 日，在中央人民政府委员会第四次会议上，通过了《省各界人民代表会议组织通则》、《市各界人民代表会议组织通则》和《县各界人民代表会议组织通则》。随后，1950 年 1 月 6 日，中央人民政府政务院第十四次会议通过了《省人民政府组织通则》、《市人民政府组织通则》和《县人民政府组织通则》，规定了省、市、县人民代表会议闭会期间，省、市、县人民政府为行使政权的机关，受主管大行政区委员会（或军政委员会）的直接领导；在不设大行政区委员会的地区，省人民政府受政务院直接领导；市、县人民政府则分别受所隶属的省、市领导。1950 年 12 月 8 日，政务院第 62 次会议通过了《区各界人民代表会议组织通则》、《区人民政府及区公所组织通则》、《乡（行政村）人民代表会议组织通则》和《乡（行政村）人民政府组织通则》，具体规定了区、乡人民政权的性质、职能和组织机构。

新中国成立一周年的时候，全国行政单位已建立 1 个大行政区人民政府（东北），4 个大行政区军政委员会（华东、中南、西北、西南，大区最初为一级地方行政机关，1952 年 11 月改为中央派出机关，并更名为行政委员会),28 个省人民政府(河北省、山西省、平原省、察哈尔省、绥远省、辽东省、辽西省、吉林省、松江省、黑龙江省、热河省、陕西省、甘肃省、宁夏省、青海省、新疆省、山东省、浙江省、福建省、河南省、湖北省、湖南省、江西省、广东省、广西省、贵州省、云南省、西康省),1 个自治区人民政府(内蒙古),1 个地方政府(西藏),8 个人民行政公署(苏北、苏南、皖北、皖南、川北、川南、川东、川西),1 个地区政府(昌都),12 个中央和大行政区直辖的市人民政府(北京、天津、沈阳、鞍山、抚顺、本溪、西安、上海、南京、武汉、广州、重庆),67 个省辖的市人民政府,2087 个县人民政府。①

到 1951 年 10 月,即新中国成立两周年时,全国有 17 个省、69 个市、186 个县的人民代表会议代行人民代表大会的职权,通过民主选举的办法产生了省、市、县人民政府的主席、副主席,市长、副市长,县长、副县长,以及人民政府的委员。到 1952 年底,所有的省、市、县、区、乡,都召开了人民代表会议,省、市、县人民代表会议代行人民代表大会职权的已分别增至 19 个省、85 个市和 436 个县,绝大部分乡的人民政府委员会已由乡人民代表会议选举产生,这就充分发挥了人民参政的积极性。各级人民代表会议的召开和全国地方各级人民政权的建立,为加强人民民主专政,巩固人民革命成果,进一步开展革命和建设工作,提供了有力的保证,奠定了坚实的政治基础,为进一步实现人民代表大会制度和加强国家政权建设积累了经验。

三、国营经济的建立和社会经济秩序的整顿

中华人民共和国成立初期,人民政府立刻没收国民党政府的官僚资本(即国家垄断资本),并宣布取消帝国主义在华特权。没收官僚资本,是新民主主义革命的三大经济纲领之一,也是建立国营经济、迅速恢复国民经济和巩固人民民主专政的基础。

全国解放前夕,国民党政府的国家垄断资本约占全国工业资本的 2/3。其中,在全国工矿、交通运输业的固定资产中占 80%,钢铁生产中占 90%,电力行业中占 67%,煤炭行业中占 33%,有色金属和石油行业中占 100%,

---

① 中共中央文献研究室编:《周恩来传》(三),968 页,北京,中央文献出版社,1996。

水泥行业中占 45%，硫酸行业中占 80%，织布机行业中占 60%，糖业中占 90%，并且控制了全国的金融机构，占有全部铁路、公路、航空运输和 44% 的轮船吨位，还包括十几个垄断性贸易公司。

1949 年上半年，中共中央先后发出了《关于接收官僚资本企业的指示》、《关于接收江南城市给华东局的指示》、《关于接收平津企业经验介绍》等文件，其中详细规定了接收官僚资本企业的方针、办法和政策。要把官僚资本与民族资本区别开，接收企业时要"保持原职原薪原制度"，即按照原来的组织机构和生产关系，由军管会把它们完整地接收过来，尽快地恢复生产，然后根据需要，逐步、有计划、有步骤地进行民主改革和生产改革。到 1949 年底，在金融业方面，接收了原国民党政府的"四行两局一库"（中央银行、中国银行、交通银行、中国农民银行；中央信托局、邮政汇业储金局；中央合作金库）及省市地方系统的银行 2400 多家，官商合办银行中的官股；在交通运输业方面，接收了原国民党政府交通部、招商局等单位下属全部交通运输企业，计有铁路 2.18 万公里、机车 4000 多台、客车 4 万辆、货车 4.7 万辆，铁路车辆及船舶修造厂 30 个，各种船舶 20 万吨。在商业方面，没收了复兴、富华、中国茶叶、中国石油、中国盐业、中国植物油、孚中、中国进出口、金山贸易、利泰、扬子建业、长江中美实业等十几家垄断性的贸易公司。在工矿业方面，接收了原国民政府资源委员会、中国纺织建设公司、兵工及军事后勤系统。

针对某些私营企业中还隐藏着一些官僚资本股产的情况，1951 年初，中央人民政府政务院制定并颁布了《企业中公股公产清理办法》和《关于没收战犯、汉奸、官僚资本家及反革命分子财产的指示》。根据这两个文件，将原国民党政府及其经济机关、前敌国政府及其侨民和国民党战犯、汉奸、官僚资本家在公私合营企业和私营企业中的股份及财产作了彻底清理，并收归人民政府所有。事后按资产原值估算，没收的全部资本财产约合人民币 150 亿元（旧币）。[①] 至此，没收官僚资本的任务已胜利完成，基本上没有发生生产停顿或设备破坏的现象。而接管的金融、工矿企业等物资财产，成为中华人民共和国国营经济中的重要组成部分。

人民政府在没收官僚资本的同时，还废除帝国主义在中国的特权，收回长期被外国把持的中国海关，实行对外贸易的管制和外汇管理，维护了国家的独立、主权和经济等方面的利益。对外国在华财产，仅没收了日、

---

① 马洪等：《当代中国经济》，63 页，北京，中国社会科学出版社，1987。

德、意三国的，对其他国家在华财产均不予没收，只废除它们依照不平等条约所攫取的特权。这些企业，由于失去了特权，大部分处于瘫痪状态。它们或申请歇业，或放弃经营，或要求转让给我国政府以抵偿其在中国的债务，或由我国政府作价收购。1950 年 6 月，由于朝鲜战争爆发，美国政府冻结了在其管辖区内的中国公私财产，并禁止一切在美国注册的船只开赴中国港口。英国也几次劫夺中国在海外的船只、飞机等财产。中国政府采取了相应的对策。1950 年 12 月 28 日、29 日，政务院相继颁布了《关于管制美国财产冻结美国存款的命令》和《关于处理接受美国津贴的文化教育救济机关及宗教团体的方针的决定》，规定了接受美国津贴的文化教育机关和宗教团体的登记办法。1951 年 4 月，征用了英国在华的亚细亚火油公司的财产及其在上海的英联船厂和马勒机器制造厂，征用了美国在上海的三个石油公司部分财产并征购其全部油料，接管了上海法商电车、电灯公司并代管其全部财产。

新中国通过没收原国家垄断资本和国民党部分官僚私人资本，收购、征购、征用以及没收外资企业，再加上解放区原有的公营经济，组成了新中国的国营经济。随之，国营经济基本确立了在国民经济中的领导地位。据 1949 年统计，国营工业的固定资产占全国工业固定资产的 80.7%；在全国大型工业的总产值中占 41.3%；在全国生产资料的生产(包括手工业)中占 48%；在全国主要工业产品的产量中所占比重也较大，电力行业中国营资产占 58%，煤炭行业中国营资产占 68%，生铁行业中国营资产占 92%，钢材行业中国营资产占 97%，机器及机器零件行业中国营资产占 48%，水泥行业中国营资产占 68%，棉纱行业中国营资产占 49%。国营经济还控制了全国的铁路和大部分现代化运输业、绝大部分银行业务和对外贸易。许多重要的物资和工业原料，如粮食、棉花、煤炭、钢材、铜、钨、锡等，均为国营经济所控制。

国营经济的建立，为国民经济的恢复与发展，为人民政权的巩固奠定了物质基础。在国营经济的领导下，各种经济成分(包括合作社经济、国家资本主义经济、私人资本主义经济、农业和手工业等个体经济)沿着新民主主义轨道协调发展，促进了整个社会经济稳步前进；并为稳定市场物价，打击投机资本，发展工农业生产，有计划地开展经济建设提供了保证。

新中国成立初期面临着严重的经济困难，主要表现为通货膨胀严重，物价飞涨。新中国从国民党政府接收下来的是全面崩溃了的经济。1949 年与 1936 年相比，工业产值下降了约 50%，农业产值下降了约 25%，粮食总产量仅为 2250 亿斤。据统计，从抗战前的 1937 年 6 月到 1949 年国民党政权崩溃前夕的 12 年间，国民政府的通货增发达到 1400 亿倍，物价上涨 36807 亿倍。同时，为了肃清国民党反动派在中国大陆上的残余势力，军费开支也需要增加。另外，救济经费支出骤增，加重了财政困难。1949 年城市中有 400 万失业人口，农村有 4000 万灾民需要救济。新解放地区对国民党政府留下的大批人员采取"包下来"的政策，连同老解放区公务人员一起，共达 900 万人，致使行政经费骤增。此外，医治战争创伤，恢复铁路交通和治理水患，都需要巨大的财力、物力的支持。这样一来，1949 年国家财政收支出现了 2/3 的赤字。国家为了解决急需，不得不增加人民币的发行量。以 1948 年底为基数，到 1949 年 11 月，人民币发行量增加约 100 倍，1950 年高达 270 倍。在通货膨胀、物价飞涨的情况下，投机资本家、不法商人也乘机开始囤积居奇，哄抬物价，进行破坏和捣乱，从而进一步加重了经济的困难程度。在全国范围内，1949 年 4 月、7 月、11 月和 1950 年 2 月，出现了四次大规模的物价涨风。从 1949 年 6 月至 1950 年 2 月，上海批发物价上涨了约 20 倍。

为了制止通货膨胀，稳定市场物价，安定人民生活，巩固人民政权，党和人民政府一方面积极恢复和发展生产；另一方面采取有力措施，稳定物价，打击投机，缓解通货膨胀，并且合理调整资本主义工商业，以争取实现国家财政经济状况的基本好转。1949 年 8 月，陈云受中共中央委托在上海召开有华东、华北、华中、东北、西北 5 个大区领导干部参加的财经工作会议。会议确定了全力支持解放战争彻底胜利和维持解放区人民稳定生活的方针、实施方案和步骤，并决定调动全国的财力、物力，稳定城乡市场，控制物价；掌握粮食以稳住城市；掌握纱布以稳住农村；制止投机资本家哄抬物价。为此采取了下列措施：

1. 取缔倒买倒卖银圆等非法活动，加强金融管理

上海解放后，金融投机分子掀起了一次银圆涨价风，每枚银圆的黑市价格，从人民币 600 多元上涨到 1800 多元，大小马路上充斥倒买倒卖银圆的"黄牛"，带动了整个物价的狂涨。人民政府公布了金、银、外币管理办法，严禁金、银、外币计价流通和私下交易，统一由中国人民银行限期收兑。在上海，举行了大规模的"反对银圆投机，保障人民生活"的游行和宣传，查封了金融投机的大本营——上海证券交易所，并依法逮捕惩办了操纵市场、破坏金融的首要分子 200 多人。天津、武汉、广州等地也采取了同样措施，惩办了一批金、银、外币投机分子，沉重地打击了破坏金融的非

法活动，取得"银圆之战"的胜利，使人民币得以比较顺利地进入市场流通。与此同时，人民政府对私营金融机构也加强了管理，坚决取缔了经营高利贷、地下钱庄等的非法机构，将其纳入国家银行的控制之下。

2. 打击投机倒把活动，平抑市场物价

上海解放不久，很多投机分子就叫嚣说只要控制了"两白一黑"（米、棉、煤）就能置上海于死地。为此，国家必须掌握足够数量的粮食和纱布等主要商品。各主要城市的人民政府在全国范围内组织了粮食、棉花、棉布、煤炭的大规模调运和集中，掌握了大批粮食，控制了煤炭供应量的70%，棉纱的30%，棉布的50%，食盐的60%，以此作为打击投机势力，稳定物价的物质基础。当1949年11月25日物价上涨最猛的时候，全国各大城市北京、上海、天津、沈阳、西安等，按照中央的统一部署，一致行动，敞开抛售，使物价迅速下跌。同时，又收紧银根，使投机商资金周转失灵，纷纷破产，取得"粮棉之战"的胜利。近两个月的物价涨风，迅速回落下来。自此，国营经济取得了稳定市场的主动权。

3. 加强市场监管，保护正当工商业活动

国家公布了工商业登记办法，普遍实行工商业登记。未经核准，不得擅自开业。人民政府严格管理市场交易，建立交易所，主要物资集中交易，并实行市场价格管理，保护国营牌价不受破坏。还把大宗物资采购工作置于自己的监督之下。

为了从根本上稳定物价，必须使国家财政收支达到平衡以及市场物资供求趋于平衡。为此，中共中央根据新中国成立后的新形势，实行全国财经工作的统一管理。1950年2月13日至25日，中央财政经济委员会召开全国财经会议，做出了《关于统一国家财政经济工作的决定》。会议确定了1950年财经工作的总方针是集中一切财力、物力做目前必须做的事。为此，会议决定，要节约开支，整顿收入，统一全国财经工作，以实现国家财政收支、物资供求、现金出纳的平衡和金融物价的稳定。统一财经工作主要内容包括3个方面：第一，统一全国财政收支，使国家财政收入的主要部分集中到中央，用于国家的主要开支。第二，统一全国物资调度。为了把分散的物资集中起来，有计划地调节国内供求，控制市场和组织对外贸易，政务院决定，国营贸易机构的业务范围的规定与物资的调度均由中央贸易部统一管理和指挥，非经中央贸易部批准，其他部门和下级贸易部门均不得改变中央贸易部的业务计划。国家还决定成立全国仓库物资清理调配委员会，所有库存物资，均由中央财委统一调度。第三，统一全国现金管理。

国家指定中国人民银行为国家现金调度的总机构，外汇牌价及外汇调度由人民银行统一管理。一切军政机关和公营企业的现金，除留若干近期使用外，一律存入国家银行，统一调度。这一决定，立即在全国各地贯彻执行。同时政府还采取紧缩编制、清理仓库、加强税收、发行公债、节约开支等措施，收到明显的效果。

由于采取了上述一系列措施，从 1950 年 3 月以后，国家财政收支接近平衡，物价也日趋稳定。例如，1950 年 3 月的全国批发物价总指数为 100，1950 年 12 月下降到 85.4，1951 年 12 月为 92.4，1952 年 12 月为 92.6。国家财政收支也趋于平衡，1950 年第一季度财政赤字占支出总数的 43％，第二季度下降为 40％，第三季度下降为 9.8％，第四季度只占支出总数的 6.4％。金融物价的基本稳定，财政收支接近平衡，标志着我国财政经济状况已经开始好转。社会主义国营经济在市场上的领导地位已经基本确立。

四、新中国的外交方针和《中苏友好同盟互助条约》

中华人民共和国的外交原则是保障本国独立、自由和领土主权的完整，拥护国际的持久和平和各国人民间的友好合作，反对帝国主义的侵略政策和战争政策，并且，凡与国民党反动派断绝关系并对中华人民共和国采取友好态度的外国政府，中华人民共和国中央人民政府可在平等、互利及互相尊重领土主权的基础上，与之谈判，建立外交关系。在这个外交原则的指导下，新中国积极开展外交活动，苏联、保加利亚、罗马尼亚、匈牙利、捷克斯洛伐克、朝鲜民主主义人民共和国、波兰、蒙古、德意志民主共和国、阿尔巴尼亚、缅甸、印度、丹麦、越南、瑞典、瑞士、印度尼西亚等国相继承认新中国并建立外交关系。到 1950 年 10 月，已有 25 个国家承认新中国，其中有 17 个国家与新中国建立了正式外交关系。

按照一般国际惯例，只要两国政府互致承认电文，就是建立外交关系的开始。新中国成立时，国民党政府在美国政府支持下，还盘踞着台湾并占据着联合国内的中国席位。中国是联合国的创始国，是安全理事会 5 个常任理事国之一。中华人民共和国成立后，理所当然地应当代表中国人民取得在联合国的合法席位。为此，1949 年 11 月 15 日，周恩来致电联合国大会，提出"只有中华人民共和国中央人民政府才是代表中华人民共和国全体人民的唯一合法政府"；要求"立即取消中国国民政府代表团继续代表中国人民参加联合国的一切权利"。由于美国等国的反对和阻挠，这一要求未能实现。1950 年 11 月 28 日，中国政府经过多次交涉，终于冲破美国的阻挠，中国代表伍修权在联合国安理会大会上作了控诉美国政府武装侵略中国领土台湾的发言，有力地揭露了美国散布的"台湾地位未定"，由美国进行"托管"或"中立化"的主张。但是，中国人民的正义要求一直遭到美国操纵的联合国大会的拒绝。

在筹建新中国的过程中，毛泽东用"另起炉灶"、"打扫干净屋子再请客"、"一边倒"三句话，形象、生动又通俗地表述了他的国际战略方针和外交思想。这也是新中国成立初期外交工作的指导方针。

1949 年 12 月 6 日，毛泽东启程访问苏联，就中苏两国之间重大的政治、经济问题进行商谈。为了适应中国革命胜利后国际形势的新情况和中苏关系的新变化，把中苏关系建立在平等、互利、友好、合作的基础上，及时地解决中苏友好条约问题，是一个重要而紧迫的任务。经过协商，1950 年 2 月 14 日中苏双方签订了《中苏友好同盟互助条约》（以下简称《条约》）、《关于中国长春铁路、旅顺口及大连的协定》、《关于苏联贷款给中华人民共和国的协定》。《条约》规定：缔约国双方保证共同尽力采取一切必要的措施，以期制止日本或其他直接间接在侵略行为上与日本相勾结的任何国家之重新侵略与破坏和平。《关于中国长春铁路、旅顺口及大连的协定》规定：俟对日和约缔结后，但不迟于 1952 年末，苏联政府将中长铁路移交中国政府，苏军从旅顺口海军根据地撤退。双方还发表了中苏两国关于缔结友好同盟互助条约及协定的公告。公告宣布："1945 年 8 月 14 日中苏间所缔结之相当的条约与协定，均失去其效力，同样，双方政府确认蒙古人民共和国之独立地位。"[①]中苏两国关系以条约形式固定下来，推动了两国关系的发展和两国人民的友好往来。

五、中共七届三中全会和国民经济恢复时期的任务和策略方针

新中国成立初期，在全国财经工作统一、物价趋于稳定之后，社会经济中又出现了新的问题，主要表现在新解放的城市中，出现了生产缩减、商品滞销、市场萧条、工厂倒闭、商店歇业、劳资纠纷增多、失业人口增加等现象。1950 年 1 月至 4 月，京津沪汉等 14 个城市有 2945 家工厂倒闭，

---

① 中共中央文献研究室编：《毛泽东传（1949—1976）》，上册，54～55 页，北京，中央文献出版社，2003。

在全国 16 个城市中有 9347 家商店歇业。全国失业人数超过百万人。在上海，大米和棉纱批发市场交易量，4 月份比 1 月份分别下降 83% 和 47%。到 4 月下旬，上海倒闭的工厂有 1000 多家，停业的商店有 2000 多个，失业工人在 20 万以上。当时的上海，人心浮动，谣言四起，不断发生吃白食、分厂、分店、打警察、请愿等现象，劳资纠纷频频发生，私人工商业者惶恐不安。①

这些现象产生的原因是多方面的：第一，新解放区的土改尚未进行，农业生产不可能迅速发展，广大农村的购买力也不可能很快增长。1950 年的国家预算中，军费和行政经费占了约 50%，只有约 24% 能用于经济建设。第二，各种经济成分之间及各经济部门内部的关系还未理顺，存在着严重脱节和无政府状态。比如国营贸易前进步伐偏快，华北地区国营和合作社经营的粮食、棉纱、棉布、煤炭、食盐、煤油等主要商品占 80% 左右，有些物资在某些城市的国营比例占到 100%。同时，国家在税收、公债任务的分配上不够公平，户与户、行与行、地区与地区之间畸轻畸重现象严重，有些私营企业负担过重。另外，不少私营企业机构臃肿，经营上具有盲目性，因而产生了停厂歇店现象。第三，整个旧的社会经济结构正在进行各种不同程度的改组，过去以通货膨胀和商业投机为主要内容的经济上的虚假繁荣突然消失了，使一向依靠这种虚假繁荣生存的私营工商业顿时陷入困境。过去的一些私营工商业，也因社会制度改变，致使许多货物失去了市场，不再适应新社会人民的需要。由于以上原因，国民经济出现了暂时的新困难。

这些困难，虽然是暂时的，是新民主主义经济形成过程中产生的，但它牵涉工人和工商业者的切身利益，影响着经济的恢复和政权的巩固。当时，失业的知识分子和失业的工人有不满情绪，民族资产阶级与共产党的关系有些紧张。面对这些困难，社会上有人主张国营经济不要发展，即所谓"不要与民争利"；有人主张扩大信贷，降低利息，恢复证券交易所等；有人甚至主张向资本主义国家求援。与此同时，党内产生一种提早消灭资本主义、实行社会主义的思想情绪。1950 年春召开的第一次全国统战工作会议上，有人认为"今天斗争对象，主要是资产阶级"；现在对私营企业的

---

① 中共中央文献研究室编：《毛泽东传（1949—1976）》，上册，69～70 页，北京，中央文献出版社，2003；薄一波：《若干重大决策与事件的回顾》，上卷，94～95 页，北京，中共中央党校出版社，1991。

政策应是"利用、限制、排挤"；"国营经济是无限制地发展"，我们的政策，是要与资产阶级"争利"。① 这些观点违反了党的七届二中全会决议和《共同纲领》确定的四个阶级合作、五种经济成分在国营经济领导下共同发展的基本精神。

中共中央清醒地估计了面临的困难，及时提出调整关系、争取国家财政经济状况根本好转的任务，同时，批评了党内部分干部对待私营工商业和民族资产阶级的错误思想。

为了全面分析新中国成立初期的形势，并总结工作，明确任务，统一认识，统一思想，统一行动，中共中央于1950年6月6日至9日在北京召开了七届三中全会。会上，毛泽东作了《为争取国家财政经济状况的基本好转而斗争》的书面报告和《不要四面出击》的重要讲话，向全党和全国人民提出了当前阶段的中心任务。报告指出：党的中心任务是争取国家财政经济状况的根本好转。要获得财政经济情况的根本好转，需要3个条件，即土地改革的完成、现有工商业的合理调整、国家机构所需经费的大量节减。为了获得这3个条件，保证争取国家财政经济状况根本好转任务的实现，必须做好8项工作：第一，有步骤有秩序地进行土地改革。第二，巩固财政经济工作的统一管理和领导，巩固财政收支的平衡和物价的稳定。在此方针下，调整税收，酌量减轻民负。在统筹兼顾的方针下，合理调整现有工商业，改善公私关系和劳资关系。第三，在保障有足够力量用于解放台湾、西藏，巩固国防和镇压反革命的条件下，复员一部分军队，并对行政系统进行整编。第四，有步骤地谨慎地进行旧有文化教育事业和旧有社会文化事业的改革工作，争取一切爱国的知识分子为人民服务。第五，认真地进行对于失业工人和失业知识分子的救济工作，有步骤地帮助失业者就业。第六，认真地团结各界民主人士，发挥统一战线的作用，开好各界人民代表会议。第七，坚决地肃清一切危害人民的土匪、特务、恶霸及其他反革命分子。第八，坚决地执行中央关于巩固和发展党的组织的指示，谨慎地发展党的组织，扩大党的组织的工人成分，在全党进行一次大规模的整风运动，开展批评和自我批评，加强党同人民群众的联系。毛泽东在报告中号召全党和全国人民团结起来，做好八项工作，为创造3个条件，争取国家财政经济状况的根本好转而努力奋斗。

---

① 《毛泽东文集》，第6卷，74页，北京，人民出版社，1999；《毛泽东传（1949—1976）》，上册，71~72页，北京，中央文献出版社，2003。

在《不要四面出击》的讲话中，毛泽东深刻地分析了国内各阶级的动态，阐明了党关于团结大多数、集中力量孤立和打击最主要的敌人的策略方针。他指出，要完成土地改革，同帝国主义、封建主义、国民党反动派残余做斗争，我们面对的敌人是够大够多的。必须处理好国内各阶级、政党、民族等各方面的关系，以便孤立和打击当前的主要敌人，而不应四面出击，树敌太多，造成全国紧张的不利局面。必须在一个方面有所让步，有所缓和，使工人、农民、小手工业者都拥护我们，使民族资产阶级和知识分子中的绝大多数人不反对我们。会议批评了在某些干部中存在的急于消灭资本主义、提前实现社会主义的主张，以及粗暴对待知识分子和在少数民族工作中不顾客观条件急于进行改革的"左"的情绪，指出这些是不适合我国情况的错误思想，阐述了在各项工作中应严格遵守的方针和政策。会上，刘少奇、陈云、周恩来、聂荣臻分别就土地改革、财经工作、外交与统战、军事等问题做了报告。全会讨论并通过了毛泽东的报告和讲话，并通过了《中华人民共和国土地改革法（草案）》。毛泽东的报告、讲话和会议决议为三年恢复时期党的工作规定了明确的路线、策略和行动纲领，中共七届三中全会也统一了全党的思想，在民主改革和经济建设工作方面向全党和全国人民指明了前进的方向。

六、中国人民志愿军赴朝作战和全国抗美援朝运动

正当全国人民为争取国家财政经济状况好转而努力奋斗的时候，朝鲜战争爆发了。第二次世界大战结束后，在朝鲜半岛上，以北纬 38 度线（以下简称"三八线"）为界成立了两个国家。在美国的支持下，1948 年 8 月 15 日，朝鲜南部建立了大韩民国，以汉城（今首尔）为首都，李承晚任总统。在苏联的支持下，1948 年 9 月 9 日，朝鲜北部建立了朝鲜民主主义人民共和国，以平壤为首都，金日成任首相。苏军、美军分别于 1948 年 12 月和 1949 年 6 月撤走之后，南北朝鲜处于分裂和对立状态，双方军事斗争不断。1950 年 6 月 25 日朝鲜战争爆发。

朝鲜战争爆发后，美国立即出兵干涉。6 月 27 日，美国总统杜鲁门命令美军进行武装干涉，援助南朝鲜。杜鲁门还同时命令美国海军第七舰队开入台湾海峡，阻止中国人民解放台湾。7 月 7 日，在苏联代表缺席的情况下，美国操纵联合国安全理事会通过了组织"联合国军"武装干涉朝鲜战争的决议。7 月 8 日，杜鲁门任命美国远东军司令官麦克阿瑟为"联合国军"总

司令。

战争初期，朝鲜人民军突破"三八线"迅速南进，6 月 28 日占领汉城，8 月中旬占领了朝鲜南部 90％的土地。美军和南朝鲜军队被压制到洛东江以东大丘、釜山一隅。9 月中旬，美军在仁川登陆，战争局势发生急剧逆转，美军切断了朝鲜人民军的主要补给线，使他们腹背受敌，损失惨重，并被迫撤退。

中国政府对朝鲜战争爆发后的局势极为关注。7 月 13 日，中共中央军委做出《关于保卫东北边防的决定》，抽调 25 万兵力，组成东北边防军。对于美国侵略朝鲜和我国台湾，中国政府多次向美国政府提出抗议和警告，并要求联合国制止美国对中、朝的侵略。9 月 29 日，美军进抵"三八线"。9 月 30 日，中国总理兼外交部长周恩来发出严正警告："中国人民热爱和平，但是为了保卫和平，从不也永不害怕反抗侵略战争。中国人民决不能容忍外国的侵略，也不能听任帝国主义者对自己的邻人肆行侵略而置之不理。"但是，美国不顾中国的一再警告，10 月 1 日，南朝鲜军队越过"三八线"，麦克阿瑟发出最后通牒，要求朝鲜人民军无条件"放下武器停止战斗"。10 月 7 日，美军也越过"三八线"，并大举入侵朝鲜北部，侵占平壤，向中朝边境迅速推进，把战火烧到鸭绿江边。

中朝两国山水相连，唇齿相依。朝鲜民主主义人民共和国处于危急之中，中国的边境安全也受到严重威胁。10 月初，中共中央政治局在毛泽东主持下，多次举行会议，讨论援助朝鲜的问题。最终，中共中央政治局做出了"抗美援朝，保家卫国"的决策，决定组织中国人民志愿军入朝作战。10 月 8 日，中央军委主席毛泽东发布《关于组成中国人民志愿军的命令》，命令"将东北边防军改为中国人民志愿军"，任命彭德怀为中国人民志愿军司令员兼政治委员，命令中国人民志愿军"立即准备完毕，待令出动"，"协同朝鲜同志向侵略者作战并争取光荣的胜利。"①随后，中央军委任命邓华为中国人民志愿军副司令员兼副政治委员，洪学智、韩先楚为副司令员，解方为参谋长，指定彭德怀、邓华为中共志愿军委员会书记、副书记。10 月 19 日黄昏，中国人民志愿军在没有空军掩护的情况下，分别在安东(今丹东)、长甸河口和辑安(今集安)跨过鸭绿江，开始了抗美援朝作战。

中国人民志愿军入朝后，遵照毛泽东提出的"以运动战为主，与部分阵

---

① 中共中央文献研究室编：《建国以来重要文献选编》，第 1 册，418 页，北京，中央文献出版社，1992。

地战、敌后游击战相结合"的作战方针，和朝鲜人民军一起，连续进行了五次战役。1950 年 10 月 25 日至 11 月 5 日，中国人民志愿军在西线的云山、温井地区和东线黄草岭一带进行了入朝后第一次战役，歼敌 1.5 万余人，把敌人从鸭绿江边赶到清川江，初步稳定了朝鲜战局。中国人民把 10 月 25 日这一天作为志愿军赴朝作战的纪念日。11 月 25 日至 12 月 24 日在新兴洞、德川、军隅里等地再次痛击敌军，并歼敌 3.6 万余人，收复了平壤、云山等重镇和"三八线"以北除襄阳以外的所有地区。接着，志愿军在朝鲜人民军配合下，于 1950 年 12 月底至 1951 年 6 月上旬，在"三八线"附近进行了 3 次大规模的运动战和反击战，共歼敌 17.9 万余人，把战线稳定在"三八线"附近。在这 5 次战役中，总计歼灭敌军 23 万余人，其中美军 11 万余人，中国人民志愿军伤亡也非常惨重，但是，基本上扭转了朝鲜战局，迫使敌人由战略进攻转入战略防御。

战场上的失败，激化了美国国内矛盾。1951 年 4 月 14 日，杜鲁门将麦克阿瑟撤职。"联合国军"总司令一职，由李奇微接替。在此情况下，双方接受了苏联驻联合国代表马立克提出的谈判停火的建议。朝鲜战争转入边谈边打、以打促谈的阶段。

中国人民志愿军按照毛泽东"持久作战，积极防御"的战略方针，在"三八线"附近实施机动的阵地防御战、阵地反击战，有力地配合了谈判斗争。1951 年秋，在军事分界线的问题上美国拒绝中朝方面的合理建议，中断谈判。1951 年 7 月至 9 月美军先后发动大规模的"夏季攻势"和"秋季攻势"，还凭借其空中优势，对中朝人民军队后方和运输线日夜狂轰滥炸，进行大规模的"绞杀战"。1952 年 4 月 28 日，李奇微下台，由美军上将克拉克继任"联合国军"总司令。克拉克上台后，为挽回败局和迫使我方接受其无理的谈判要求，1952 年 10 月又发动了一年来规模最大的军事攻势，企图首先夺取朝中方面金化以北的上甘岭阵地，然后拿下五圣山逼我后撤。中国人民志愿军依托坑道工事，英勇顽强地坚守阵地，打击敌人，取得了上甘岭战役的胜利。敌军伤亡 2.5 万余人。敌人以军事进攻来结束朝鲜战争的幻想化为泡影。

为配合停战谈判并在谈判中掌握有利形势，中朝部队从 1953 年 5 月 13 日至 7 月 27 日，进行了 3 次反击作战，歼敌 12.3 万人，收复 240 平方公里的土地，迫使"联合国军"不得不于 7 月 27 日在板门店同中朝方面代表签订《朝鲜停战协定》，历时 3 年零 32 天的朝鲜战争胜利结束。

在朝鲜战争中，中朝人民军队共歼敌 109 万余人，其中美军 39 万余人，击落击伤敌机1.2万余架,击沉击伤敌舰257艘。美国动用了大量的陆军、海军和空军作为侵朝战争的主力,使用了除原子弹以外的一切现代化武器,最后不得不承认这是"美国进行的一次代价最大、流血最多的战争"①。

在抗美援朝作战中,中国人民志愿军发扬了高度的爱国主义、国际主义和革命英雄主义精神,英勇战斗,不怕牺牲,出色地完成了作战任务,保卫了朝鲜的独立和我国的国家安全。在战争中涌现出30多万名英雄模范,其中杨根思、黄继光、孙占元、邱少云、罗盛教等烈士是他们中的杰出代表。他们象征着中朝人民的友谊,永远为两国人民怀念和敬仰。

中国人民志愿军入朝后,在中国共产党和人民政府的领导下,国内各界人民开展了以增产节约为中心的抗美援朝群众运动。10月26日,中国人民抗美援朝总会成立。11月4日,中国共产党和各民主党派发表联合宣言,宣布全力拥护中国人民志愿军抗美援朝、保家卫国的正义行动。亿万人民用努力生产、增产节约、捐献飞机大炮、制订爱国公约、踊跃参军参干、拥军优属等实际行动,支援中国人民志愿军。抗美援朝战争的胜利推动了中国人民解放军的建设,保证了国内各项建设事业的顺利进行。

七、土地制度改革和镇压反革命运动

在抗美援朝战争的同时,中国共产党和中央人民政府还领导人民开展了土地制度改革与镇压反革命运动。

根据中共七届三中全会的部署,从1950年冬至1953年春,在华东、中南、西南、西北等新解放区约有2.9亿农业人口的地区进行土地制度的改革。在解放初期,中国共产党就领导当地人民进行清匪反霸、减租退押等斗争,并建立农村基层政权和民兵组织,培养一批农民积极分子,为开展土地改革准备了条件。

1950年6月28日,中央人民政府委员会第八次会议通过《中华人民共和国土地改革法》,随后政务院又制定并颁布了《农民协会组织通则》、《关于划分农村阶级成分的决定》和《关于土地改革中一些问题的决定》等文件。这些法令文件是指导土地改革运动的基本原则。土地改革的总路线是依靠贫农、雇农,团结中农,中立富农,有步骤地有分别地消灭封建剥削制度,发展农业生产。根据新中国成立后中国农村的新情况,《中华人民共和国土

---

① 克拉克:《从多瑙河到鸭绿江》,11页,英国,哈拉普公司,1954。

地改革法》提出要保存富农经济，在政治上中立富农，并且明确规定：保护富农所有自耕和雇人耕种的土地及其他财产，不得侵犯。^① 土地改革的大体步骤是发动群众、划分阶级、没收和分配土地。为了有准备、有步骤、有计划地进行土地改革，中共中央决定，根据各地区的不同情况，在全国分期分批地完成土地改革。第一批从 1950 年冬至 1951 年春，在华北、华东、中南、西北等地区进行；第二批从 1951 年冬至 1952 年春，在华南、西南地区进行；第三批从 1952 年冬至 1953 年春，主要在少数民族地区进行。

由征收富农多余的土地财产到采取中立富农、保存富农经济的政策，是解放战争时期土地改革和新中国成立后土地改革的一个最显著的区别。这是由不同时期的历史情况所决定的。毛泽东解释这样做的理由是：第一，更能孤立地主，保护中农，并防止乱打乱杀；第二，减少由于土改所引起的社会震动，使党和政府更加有政治上的主动权；第三，可以更好地稳定民族资产阶级。^② 经过讨论，中共中央确定了这一策略，并写入土地改革法的法律条文中。《中华人民共和国土地改革法》中明确规定："保护富农所有自耕和雇人耕种的土地及其他财产，不得侵犯。富农所有之出租的小量土地，亦予保留不动；但在某些特殊地区，经省以上人民政府的批准，得征收其出租土地的一部或全部。半地主式的富农出租大量土地，超过其自耕和雇人耕种的土地数量者，应征收其出租的土地。富农租入的土地应与其出租的土地相抵计算。"^③刘少奇在《关于土地改革问题的报告》中又进一步分析了这样做的根据，主要是国家的政治、军事形势和面临的历史任务不同了，富农的政治态度也有了改变，争取富农中立，更好地保护中农，去除农民在发展生产中某些不必要的顾虑。因此，保存富农经济的政策，不论在政治上和经济上都是必要的。^④

新中国成立后的土地改革运动，是中国历史上规模大、搞得好、进行得顺利的一次土地改革运动。到 1953 年春，除一部分少数民族地区及台湾

① 中共中央文献研究室编：《建国以来重要文献选编》，第 1 册，337 页，北京，中央文献出版社，1992。
② 中共中央文献研究室编：《建国以来重要文献选编》，第 1 册，137～138 页，北京，中央文献出版社，1992。
③ 中共中央文献研究室编：《建国以来重要文献选编》，第 1 册，337 页，北京，中央文献出版社，1992。
④ 中共中央文献研究室编：《建国以来重要文献选编》，第 1 册，297～298 页，北京，中央文献出版社，1992。

省外,土地改革都已顺利完成。全国约 3 亿无地少地的农民(包括老解放区农民在内)无偿获得了约 7 亿亩土地和大量生产资料。土地改革的胜利完成,彻底推翻了几千年来的封建地主阶级的土地所有制,使广大农民在政治上、经济上获得了翻身解放,提高了农民的生产积极性。土地改革运动的胜利,解放了农村生产力。1951 年全国粮食产量比 1949 年增加 28%,1952 年比 1949 年增加 40%,超过抗战前最高年产量的 9%。土地改革促进了农村政治、经济和文化的发展与国民经济的恢复。同时,土地改革的完成,也激发了农民发展个体经济和劳动互助的积极性。为此,中共中央于 1951 年 9 月召开了第一次农业互助合作会议,引导农民在自愿互利的原则下组织起来,走互助合作的道路,以克服分散经营中的困难,迅速发展农业生产。

在进行抗美援朝、土地改革的同时,新中国在全国范围内还开展了大规模的镇压反革命运动。

新中国成立初期,国民党残余势力仍然十分猖獗。国民党败退台湾后,留下 200 多万的溃散武装分子、60 多万的反动党团骨干分子、60 多万特务分子。他们不甘于失败,猖狂地进行各种反革命活动。特别是朝鲜战争发生后,他们认为"第三次世界大战"即将爆发,气焰极为嚣张,到处破坏工厂、铁路,烧毁仓库、民房,抢劫粮食、财物,制造谣言,刺探情报,甚至组织暴乱,袭击、围攻基层人民政府,残杀革命干部和积极分子,妄图颠覆新生的人民政权。从 1950 年春至同年秋,全国被残杀的革命干部、积极分子等有 4 万余人。这一年内,反革命分子在广西组织 52 次暴乱,袭击乡、区人民政府 247 次,杀害农会会员、民兵、村干部 3707 人。甚至有间谍分子策划在 1950 年国庆一周年大典时,炮击天安门检阅台。

坚决镇压反革命,对巩固我国人民民主专政,保障土地改革的顺利完成和争取抗美援朝战争的胜利,都是非常重要的。《共同纲领》中明确规定了镇压反革命的任务,毛泽东在中共七届三中全会的报告中,也提出对反革命分子要实行镇压与宽大相结合的政策。1950 年 10 月 10 日,中共中央发出《关于镇压反革命活动的指示》,要求各级党委坚决纠正在一段时间和一些地方曾经存在的对反革命分子"宽大无边"的偏向,全面贯彻"镇压与宽大相结合"的政策,即"首恶者必办,胁从者不问,立功者受奖"。毛泽东强调对反革命分子要坚持稳、准、狠的方针。"所谓打得稳,就是要注意策略。打得准,就是不要杀错。打得狠,就是要坚决地杀掉一切应杀的反动分子(不应杀者，当然不杀)。"①镇压反革命运动，必须坚持群众路线，实行党委统一领导下的干部与群众相结合，专门机关与群众发动相结合的工作路线。由于政策正确，宣传深入，广大群众迅速发动起来。1951年春，镇压反革命运动达到高潮。

1951年2月，中央人民政府颁布了《中华人民共和国惩治反革命条例》，使镇压反革命斗争有了法律武器和量刑标准。为了避免可能发生的偏差，1951年5月，公安部召开了第三次全国公安会议，通过了《第三次全国公安会议决议》，决议体现了中共中央提出的"立即实行，谨慎收缩"的方针，实行更加完备具体的镇压与宽大相结合、严肃与谨慎相结合的政策，集中精力，处理积案。强调注重调查研究，重证据而不轻信口供，反对草率从事，反对逼供。着重打击那些罪大恶极、为人民群众十分痛恨的反革命分子，对罪行较轻、愿意悔改的反革命分子采取宽大的政策。随后，又清查了隐藏在人民军队、政权机关和共产党内的反革命分子。到1953年春，镇压反革命运动结束。

这次镇压反革命运动，是在新中国成立之初敌我矛盾还很突出的情况下进行的一场尖锐的对敌斗争，基本上肃清了大陆上的反革命残余势力，安定了社会局面，保证了土地改革运动和其他各项社会民主改革的顺利进行。

与此同时，在中国共产党和政府的领导下，各地还普遍开展了禁止贩毒吸毒、取缔聚众赌博和卖淫嫖娼等清除旧社会遗毒的斗争，使中国的社会面貌、道德风尚发生了极大的变化。1950年4月30日，中央人民政府颁布了《中华人民共和国婚姻法》，并于5月1日正式实施。这是新中国成立初期一部重要的法律，其中明确规定实行一夫一妻制和男女权利平等，体现了婚姻自由的精神内涵。各级政府对婚姻法的坚决贯彻，也有效地推进了中国妇女的解放事业。清除旧社会遗毒的斗争，为恢复和发展国民经济提供了必要的社会条件。

八、合理调整工商业和"三反"、"五反"运动

根据中共七届三中全会的部署，党和政府在全国范围内对现有工商业进行了合理的调整，到1950年9月底基本完成。调整工商业的范围很广，

---

① 《毛泽东文集》，第6卷，117页，北京，人民出版社，2003。

包括调整国营与私营、国营与国营、私营与私营之间的关系；还包括调整工业与商业、金融业与工商业、城乡、地区之间和企业内部的关系，以及进出口贸易的关系等。但是，其中最突出的是调整公私关系、劳资关系、产销关系3个基本环节：

1. 调整公私关系

即调整人民政府、国营经济同私人资本主义经济的关系。"调整公私经济关系的实质，是在巩固国营经济领导地位的前提下，公私兼顾，使私营经济发挥其有益于国计民生的作用。"①当时私营工商业在国民经济中占有较大比重。1949年全国私营工业有12.3万户，职工164万余人，占全国工业职工总数的54.6%，生产总值68亿元②，占全国工业总产值的63.2%。私营工业在全国轻工业产品产量中，棉纱占46%，棉布占40%，面粉、卷烟、火柴均占80%。私营商业，1950年全国共有402万户，从业人员662万人。商品销售额中，批发占全国76%，零售占83.5%。可见，私营工商业是一个不可忽视的力量。在调整公私关系上，工业方面，主要是通过对私营工业加工订货和产品收购，把私营工业生产逐步纳入到国家计划轨道上来，按照国民经济的需要进行生产，逐步消灭其生产的盲目性和无政府状态。在商业方面，主要是调整私营商业的经营范围和价格，并在经营范围上，适当扩大商品品种，在价格政策上，在照顾产、供、销3方面利益的原则下，适当调整价格比例，使私商有利可图。在调整税负上，农业税由原来占农业总收入的17%降至13%，工商税目由1136种减为358种，依率计征，盐税减半征收。同时对私营工商业发放贷款，予以扶持。调整公私关系是合理调整工商业的核心。

2. 调整劳资关系

遵循确认工人阶级的民主权利、有利于发展生产、用协商方法解决劳资间的纠纷问题这三条原则来调整资本家与工人之间的关系。这些措施对发展生产、改善经营起了很大作用。

3. 调整产销关系

主要是克服生产中的无政府状态。按照以销定产的原则，根据国家和

---

① 薄一波：《若干重大决策与事件的回顾》，上册，101～102页，北京，中共中央党校出版社，1991。

② 1955年3月中国人民银行开始发行新版人民币和收回1949年以来通行的旧人民币，旧币1万元折新币1元。本书除注明旧币之外，均指新币。

人民的需要，具体指导各行业的产销计划，使私营企业逐步走上计划生产的轨道。

全国工商业经过合理调整后，市场情况明显好转。1950 年 12 月，中央人民政府公布了《私营企业暂行条例》，具体规定了私营企业应得的盈余比例为 15％～30％。工业生产迅速发展起来，城乡市场出现了淡季不淡、旺季更旺的繁荣景象。国营工商业得到发展，私营工商业摆脱了困境，走上了发展道路。全国国营工业总产值，1951 年比 1949 年增长 148.8％，国营商业商品零售额比 1950 年增长 133.2％；私营工业总产值，1951 年比 1949 年增长 48.2％，私营商业商品零售额比 1950 年增长 36.6％。据北京、天津、上海、武汉、广州、重庆、沈阳、西安八大城市统计，1951 年底与同年初比较，私营工商业户增加 27％，资本主义工商业利润比 1950 年增长 135％。实行加工订货等国家资本主义形式的企业在资本主义工业总产值中的比重逐年增加，1950 年占 29％，1951 年占 43％，1952 年占 56％。私营工商业的发展，带动了金融业的发展，增加了国家税收。据全国 10 个城市税收统计，1950 年下半年与同年初相比，私营工业税增加 90％，私营商业税增加 80％。到 1951 年 7 月，全国失业工人由 166 万人降至 45 万人，就业人数增加了 221 万人。这说明整个经济状况正在迅速好转起来。

私人资本主义经济的发展，对于增加市场商品供应、促进国民经济的恢复起了一定的积极作用。但是，资产阶级唯利是图、损人利己、投机取巧和追逐高额利润的欲望也随之膨胀。很多资本家通过不正当的手段，例如行贿、偷税漏税、盗骗国家财产、偷工减料、盗窃国家经济情报等手段，向国营经济进攻，不仅破坏了国家的经济建设和国防建设，而且对抗美援朝战争造成直接的危害。例如，他们为志愿军制造的镐头等工具质量低劣，不能使用；食品如罐头、饼干，甚至根本不能食用。更有甚者，他们用脏烂棉花做成急救包，致使一些志愿军伤员伤口感染，甚至造成残废、死亡。他们用"打进来"、"拉出去"的办法，用金钱、美女等卑鄙手段，拉拢腐蚀国家干部，使其蜕化变质，堕落成人民的罪人。原中共天津地委书记刘青山，原天津专区专员、天津地委书记张子善，① 由于贪污盗窃公款 171 万元（旧币 171 亿元）被开除党籍、依法判处死刑。他们就是蜕化变质的典型。1952 年 1 月，根据不完全统计，中央人民政府系统 27 个单位查出贪污犯

---

① 中华人民共和国成立以后，刘青山担任中共天津地委书记，后改任中共石家庄市委副书记；张子善担任天津地区专员，后改任天津地委书记。

1670 人。为此，毛泽东指出："可能有这样一些共产党人，他们是不曾被拿枪的敌人征服过的，他们在这些敌人面前不愧英雄的称号；但是经不起人们用糖衣裹着的炮弹的攻击，他们在糖弹面前要打败仗。"①为了防止更多的共产党员被资产阶级所腐蚀，1951 年 10 月至 1952 年 3 月，中共中央和中央人民政府做出了深入开展"三反"、"五反"斗争的决定。

"三反"运动最初在党、政、军和人民团体内开展，其主要内容是反对贪污、反对浪费、反对官僚主义。1951 年 12 月 1 日，中共中央发布了《关于实行精兵简政，增产节约，反对贪污，反对浪费和反对官僚主义的决定》，1952 年毛泽东在中央人民政府举行的元旦团拜会上的祝词中号召："我国全体人民和一切工作人员一致起来，大张旗鼓地，雷厉风行地，开展一个大规模的反对贪污、反对浪费、反对官僚主义的斗争，将这些旧社会遗留下来的污毒洗干净!"于是，一个声势浩大的"三反"运动在全国迅速开展起来。运动中，首先号召贪污分子坦白交代并发动群众揭发检举，然后组织群众同贪污分子、特别是大贪污分子做斗争(时称"打虎"，贪污旧币 1 亿元以上的大贪污犯叫"大老虎"，1 亿元以下 1000 万元以上的叫"小老虎")，主要是查经济、查账目和交代政策。运动初期由于人为地分配"打虎"数字，造成有些单位运动过火和捏造虚假数字，但这种情况很快得到了纠正。全国"三反"运动迅速进入集中力量"打老虎"阶段，把运动推向了高潮。

1952 年 3 月，"三反"运动进入核实定案处理阶段。4 月 21 日，政务院公布了《中华人民共和国惩治贪污条例》。条例规定，对贪污犯要实行"严肃与宽大相结合"、"改造与惩治相结合"、"多数从宽，少数从严；过去从宽，今后从严；坦白从宽，抗拒从严；一般从宽，恶劣从严；党外从宽，党内从严"的方针和政策，对在运动中揭发出来犯有不同程度的贪污、浪费和官僚主义错误行为的人员，分别情况作不同处理。到 1952 年 10 月"三反"运动胜利结束。"三反"斗争的实质，是在共产党执政的情况下保持党员和国家干部的廉洁，是反腐败斗争的胜利初战。总的说来，"三反"运动教育了大多数干部，挽救了犯错误的同志，清除了党和国家干部队伍中的贪污腐化分子，有力地抵制了旧社会的恶习和资产阶级的腐蚀，对形成健康的社会风气有很大的作用。

"三反"运动在党和国家机关开展起来后，各地各部门清查出一些机关

---

① 《毛泽东选集》，2 版，第 4 卷，1438 页，北京，人民出版社，1991。

内部人员同社会上的不法资本家内外勾结，侵吞国家财产的案例。可以看出，很多资本家不满足于用正常的方式获得利润，力图用向国家工作人员行贿等非法手段获取暴利。针对这种情况，中共中央决定，在党政机关工作人员中开展"三反"运动的同时，在全国各大城市工商业者中开展"反对行贿、反对偷税漏税、反对盗骗国家财产、反对偷工减料和反对盗窃经济情报"的"五反"斗争。1952 年 1 月 26 日，中共中央向全党发出了《关于首先在大中城市开展"五反"斗争的指示》，号召群众"在全国一切城市，首先在大城市和中等城市中，依靠工人阶级，团结守法的资产阶级及其他市民，向着违法的资产阶级开展一个大规模的坚决的彻底的反对行贿、反对偷税漏税、反对盗骗国家财产、反对偷工减料和反对盗窃经济情报的斗争，以配合党政军民内部的反对贪污、反对浪费、反对官僚主义的斗争"[1]。从 1952 年 2 月开始，各级党委和人民政府发动群众，组织店员、工人和守法的资本家进行揭发检举；向违法的资本家交代政策，要他们走坦白立功之路；集中力量围攻大的不法资本家，还逮捕法办了一批反动资本家。经过一个多月的斗争，1952 年 3 月，转入定案处理阶段。中共中央关于在"五反"运动中对工商户分类处理的 5 条原则为："过去从宽，将来从严；多数从宽，少数从严；坦白从宽，抗拒从严；工业从宽，商业从严；普通商业从宽，投机商业从严。"[2]根据有无违法行为和违法行为的轻重大小以及违法性质的恶劣程度，把私营工商业户分别划分为守法户、基本守法户、半守法半违法户、严重违法户、完全违法户 5 种类型，并明确规定了分类处理的标准和办法。分类处理的结果显示，在全国各大城市中，守法户、基本守法户占 70％左右，他们是团结的对象；半守法半违法户占 25％左右，是争取的对象。这两类加起来，人民政府就团结争取了工商业户的 95％左右，将打击面缩小到占 5％的严重违法户、完全违法户。这样就团结了工商界的绝大多数，孤立、打击了极少数。到 1952 年 10 月，全国范围的"五反"运动结束。"五反"运动打击了不法资本家，在工商业者中普遍地进行了一次守法经营的教育，推动了私营企业中建立工人监督和实行民主改革的进程。

---

[1] 中共中央文献研究室编：《建国以来重要文献选编》，第 3 册，53 页，北京，中央文献出版社，1992。

[2] 中共中央文献研究室编：《建国以来重要文献选编》，第 3 册，98 页，北京，中央文献出版社，1992。

九、文化教育事业的发展和知识分子思想改造运动

在各项社会民主改革顺利进行的同时，中国共产党和中央人民政府对国家的文化教育事业也进行了调整，并领导广大知识分子开展了划清敌我界限、树立为人民服务思想为主要内容的学习运动。

在教育工作方面，党和人民政府对原有的教育制度进行了调整。1949年 12 月下旬，教育部在北京召开了第一次全国教育工作会议。会议重申了新民主主义教育的总方针，明确了改革旧教育的方针、步骤和发展新教育的方向，强调教育为国家服务，学校向工农开门。会上拟订了创办中国人民大学、工农速成中学实施计划和改进北京师范大学及各地师范学校的意见。中国人民大学是培养国家建设干部的学校，1949 年 12 月 16 日由政务院正式批准建立；工农速成中学是工农干部补习文化的学校，截至 1950 年12 月，全国各大城市开办工农速成中学 22 所，入学干部 3700 余人。1950年 6 月教育部在北京召开了第一次高等教育工作会议，讨论并通过了高等学校暂行规程、课程改革、领导关系等问题，后经政务院批准实行。1952 年中华人民共和国开始推行全国高等学校有计划的统一招生和毕业生的统一分配。

新中国成立初期，人民政府接管了国民党政府所属的一切公立学校，对私立学校一律维持现状。1950 年 12 月 29 日政务院发布《关于处理接受美国津贴的文化教育救济机关和宗教团体的方针的决定》，根据这一决定，全国接受外国津贴的 20 所高等院校一律进行了接办与调整，从帝国主义手中收回了教育权。之后，在全国各级学校中，建立了共产党和青年团组织，开设了马列主义课程，逐步地把旧学校改造成为工农兵服务的阵地。

1951 年 10 月，政务院公布了《关于改革学制的决定》，规定了切合我国实际的新学制，确立了劳动人民和工农干部教育在各类学校系统中的重要地位，并逐步地建立和健全了从初等教育到高等教育的新的人民教育制度。随后，1952 年又进行了全国高等学校院系调整工作，改变了旧中国在学校设置、分布和系科分工上的无政府状态以及脱离实际的现象，使高等教育能够更好地为国家建设服务。这次调整的方针是以培养工业建设干部和师资为重点，发展专门学院和专科学校，整顿和加强综合性大学。经过整顿，全国共有高校 182 所，其中综合大学 14 所，工业院校 38 所，师范院校 31所，农林院校 29 所，医药院校 29 所，财经院校 6 所，政法院校 4 所，语

文、艺术、体育、少数民族院校等院校 31 所。通过高等学校的院系改革，高等教育和国家建设紧密地结合起来。

新中国成立以后，政权的巩固和国家的经济文化建设，都需要广大知识分子的积极参加。这一时期，很多旅居国外的爱国学者、留学生放弃国外优厚的待遇，冒着危险回国参加建设。数学家华罗庚在回国途中给留美同学的信中说，为了抉择真理我们应该回去，为了个人的前途我们也应该回去。① 这充分表达了海外赤子的爱国之情。华罗庚、李四光、赵忠尧、钱学森等许多著名科学家回国，为振兴祖国的科学事业做出了贡献。1949 年11 月 1 日中国科学院成立，郭沫若任院长。1950 年 8 月成立了中华全国自然科学专门学会联合会和中华全国科学技术普及协会。到 1952 年，全国已经建立起一支分类细致、技术过硬的科研队伍。

绝大部分知识分子由于出身于剥削阶级家庭，虽有爱国心和革命性，但是多数人思想上不同程度地受到资本主义和封建主义的影响，所以党和政府给他们教育和帮助，使他们尽快地提高思想觉悟，转变立场，报效国家，这是非常必要的。为此，中国共产党开展了全国规模的知识分子思想改造运动。

1951 年夏天，文化思想界开展了对电影《武训传》的批判，这是新中国成立后第一次大规模的思想批判运动。电影《武训传》是孙瑜根据历史人物武训"行乞兴学"的事迹而创作的一部传记片，故事的梗概是：武训在封建时代通过行乞筹得资金来兴办义学，虽历尽千辛万苦，但最终受到了统治者的表彰，被尊为"千古奇丐"。该影片上映后，在社会上引起不同反响。1951 年 5 月 20 日，《人民日报》发表了经毛泽东审阅修改的社论《应当重视电影〈武训传〉的讨论》。毛泽东在社论中尖锐地抨击了武训的行乞兴学活动，严厉地批评了影片对武训的赞扬。社论发表之后，全国各地报纸纷纷转载并发表批判文章，迅速掀起了对电影《武训传》和对武训的批判运动。这次批判，实际上成为新中国成立初期知识分子思想改造运动的一个部分。毛泽东主张以历史唯物主义的观点从如何评价武训这个历史人物，引申到如何看待中国近代历史和中国革命道路等根本性问题，这一出发点是无可非议的。但是，对文学艺术领域问题的讨论，采取政治批判运动形式来解决，实践证明这是不合适的。

1951 年 9 月 29 日，周恩来在《关于知识分子的改造问题》的动员报告

① 华罗庚：《给留美同学的一封信》，载《新华月报》，1950-04-15。

中，以他自己的亲身经历和体会，详细分析了知识分子改造思想的必要性，并强调改造思想是一个不断前进的过程。由此开始了全国的知识分子思想改造运动。

这次思想改造主要是根据团结、教育、改造的原则，一方面组织各界知识分子系统地学习马列主义、毛泽东思想，通过开展批评和自我批评，清除帝国主义、封建主义、官僚资本主义的政治影响，划清革命与反革命的界限，开展忠诚老实运动，向组织交代清楚自己的历史并检举所知的反革命分子，树立为人民服务的思想，解决立场问题；另一方面，组织他们参加革命实践，例如参加土地改革等运动，通过实践，使他们提高思想觉悟和认识水平。

11月30日，中共中央发出《关于在学校中进行思想改造和组织清理工作的指示》，明确指出，必须立即开始有准备、有计划、有领导、有步骤地在一至两年内，在所有大、中、小学校的教职员中和高中以上的学生中，普遍地进行初步的思想改造工作，培养干部和积极分子，并在此基础上，在大、中、小学校的教职员中和专科以上的学生中，组织忠诚老实交清历史的运动，清理其中的反革命分子。1952年1月5日，全国政协常委会做出《关于开展各界人士思想改造的学习运动的决定》，组织各民主党派、无党派、工商界、宗教界人士，参加思想改造的学习运动。至此，知识分子的思想改造运动逐步由北京扩大到全国知识界。

这次知识分子思想改造运动，在当时的情况来看，确实具有积极意义。但是，对待知识分子的思想认识问题，采取运动的形式来解决，这种方法并不合适。同时，由于运动中对知识分子的转变要求过急、过高，采取的方法简单粗暴，所以，伤害了很大一部分知识分子的感情和尊严。

十、国民经济恢复任务完成和人民生活初步改善

经过3年艰苦努力，新中国的国民经济得到了全面恢复和初步发展。截至1952年底，除西藏、新疆等少数民族地区及台湾省外，全国有3亿农业人口的地区实行了土地改革，加上新中国成立前已完成土改的老解放区，全国90%以上的地区完成了土改。工农业产值达到827亿元，比1949年增加77.5%。其中工业343亿元，增加145%；农业484亿元，增加48.5%（按1952年不变价格计算）。主要工农业产品产量中，钢135万吨，原煤6649万吨，发电量73亿度，棉纱362万件，棉布38.3亿米，粮食3278亿斤，棉

花 2607 万担。以新中国成立前最高年产量为 100，则钢为 146.2，原煤为 107.4，发电量为 121.8，棉纱为 147.8，棉布为 137.3，粮食为 117.0，棉花为 153.6。[①] 总体来看，1952 年主要工农业产品产量都超过了新中国成立前的最高水平。

工业结构也发生了变化：1949 年轻工业产值为 73.6%，重工业产值为 26.4%；1952 年轻工业产值为 64.5%，重工业产值为 35.5%。

交通运输方面，特别是铁路的恢复和修建，进展迅速。1952 年全国通车里程共达 2.45 万公里。三年来修复和加强旧线路 1 万多公里，新建线路 1320 公里。来睦线（广西来宾至睦南关）、成渝线（四川成都至重庆）、天兰线（甘肃天水至兰州）通车，宝成线（陕西宝鸡至四川成都）正在修建。其他公路运输、民用航空、内河航运、邮电事业等都有较大的发展。

水利工程方面，三年来对淮河、沂河、沭河、永定河、大清河、潮白河等水灾较严重的河流，开始进行全流域的治理；对黄河、长江等部分灾情威胁较重的地段，采取了临时性的有效防御措施。

国内贸易方面，1952 年社会产品零售总额为 276.8 亿元，比 1949 年的 140.5 亿元增长 97%。国营和合作社营商业都有很大发展。从贸易的公私比重看，国营商业和合作社经营商业在零售方面的比率增长很快，1950 年为 15%，1952 年上升为 43%；批发方面，1950 年为 23.8%，1952 年上升为 63.2%。

对外贸易也有发展，进出口总值增加。商品构成发生变化：进口主要是生产资料，出口主要是农副产品、手工艺品，工业品所占的比例由 1950 年的 9.3% 上升到 1952 年的 17.9%。

国家财政收支逐年好转。1950 年控制住了货币的大量发行，收支接近平衡；1951 年财政收入为 133.1 亿元，财政总支出 122.5 亿元，收支相抵，结余 10.6 亿元，首次出现略有结余的可喜局面；1952 年结余为 7.7 亿元。虽然是在进行抗美援朝、国防军费支出增加的情况下，但是国家仍将财政总支出中的 50% 以上用于进行经济建设和文化教育事业。

文化教育也有很大发展：全国小学由 34.7 万所、学生 2439 万人，增加到 52.7 万所、5110 万人；普通中学及中等专业学校由 5216 所、学生 126.8 万人，增加到 6008 所、312.6 万人；高等院校学生由 11.7 万人，增加到

[①] 房维中：《中华人民共和国经济大事记（1949—1980）》，86 页，北京，中国社会科学出版社，1984。

19.1 万人。其中毕业研究生由 107 人增加到 627 人。各级学校专任教师由 93.5 万人增加到 159.1 万人。业余教育、职工培训、扫盲工作也都普遍展开。其他各项事业，如卫生保健、科学研究、新闻出版、电影广播及群众文化事业也都有较大发展。

随着生产的恢复和发展，人民的物质生活逐年提高。三年中，全国职工人数由 809 万人增加到 1603 万人。1951 年 3 月起，实施《劳动保险条例》，对职工生老病死残实行劳动保险。1952 年 7 月，全国各级政府、党派、团体及所属事业单位的工作人员实行公费医疗预防制度，1952 年 10 月至 1953 年春，各私立学校的教职工和高校学生也开始享受公费医疗。1952 年 7 月 5 日，进行新中国成立后第一次工资改革。经此改革，1952 年同 1949 年相比，全国职工平均工资提高 70%。据调查，新中国成立前职工生活水平最高的 1936 年，全国职工家庭每人每年平均消费额为 140 元（按 1957 年价格计算），1952 年达到 189.5 元，增长 35%。1952 年农民收入比 1949 年的实际收入平均增加 30% 以上。广大人民的生活水平有了初步改善。

总之，经过 3 年国民经济恢复时期，我国的工农业生产不论在规模上、速度上、主要产品产量上，都达到了历史上前所未有的水平。这不仅显示了新中国社会制度的优越性，并且为以后大规模进行社会主义改造和社会主义建设提供了条件。

第二节　向社会主义社会过渡的实现

一、过渡时期总路线的提出与第一个五年计划的编定

随着恢复国民经济的任务顺利完成，中华人民共和国即将进入大规模的经济建设时期，过渡时期总路线的提出为未来的发展指明了方向。

中国共产党创立的新民主主义理论指导了中国革命取得胜利，还指导了新中国最初几年的各项工作。根据中共领导人的设想，革命胜利之后，要经过一个相当长的新民主主义社会阶段，进行经济建设和文化建设，待条件成熟之后，再向社会主义转变。在七届二中全会的决议中就提出，中国要"在革命胜利以后，迅速地恢复和发展生产，对付国外的帝国主义，使

中国稳步地由农业国转变为工业国，由新民主主义国家转变为社会主义国家"①。1950 年 6 月 23 日，毛泽东在全国政协一届二次会议上指出："在将来，在国家经济事业和文化事业大为兴盛了以后，在各种条件具备了以后，在全国人民考虑成熟并在大家同意了以后，就可以从容地和妥善地走进社会主义的新时期。"②1952 年 9 月 5 日，毛泽东在致黄炎培的信中也说："要求资产阶级接受社会主义"，现在"言之过早"，"在现阶段，我们只应当责成他们接受工人阶级的领导，亦即接受《共同纲领》，而不宜过此限度。"③

　　随着国民经济的恢复，中国共产党对新民主主义过渡到社会主义的问题逐渐有了新的认识，一方面源于国内情况的变化。这一时期，抗美援朝战争胜利结束，并且经过 3 年经济恢复，国内国营工商业和私营工商业的产值比例发生了根本性的变化。1949 年中国工业生产总值的公私比例是，国营占 43.8％，私营占 56.2％，到 1952 年 9 月，国营上升到 67.3％，私营下降到 32.7％，国营经济比例已经超过了私营经济。同时，经历"五反"运动后，私营工商业已经开始接受国营经济的领导，出现了从低级到高级的国家资本主义形式。土地改革完成以后，农村中的互助合作运动已经迅速地开展起来。另一方面，在国际上，中国虽然取得了国内革命的胜利与抗美援朝战争的胜利，但是，以美国为首的资本主义国家依然对中国军事上威胁，经济上封锁禁运，中国在国家经济建设方面只得到了苏联等社会主义国家的援助，同时也受到苏联社会主义建设经验和经济模式的影响，这也是促使中共中央和毛泽东思想转变的一个因素。综合这些情况，1952 年 9 月 24 日，毛泽东在中共中央书记处会议上提出向社会主义过渡的问题。他说，我们现在就要开始用 10 年到 15 年的时间，基本上完成到社会主义的过渡，而不是 10 年或者以后才开始过渡。1953 年 2 月 27 日，毛泽东在召开的中央政治局会议上提出，什么叫过渡时期？过渡时期的步骤是走向社会主义。他强调要"逐步过渡"，要在 10 年到 15 年或者还多一些的时间内，基本上完成国家工业化及对农业、手工业、资本主义工商业的社会主义改造。

　　1953 年 6 月 15 日，在中央政治局会议上，毛泽东正式提出过渡时期总路线的基本内容，并做了系统阐述。他说："从中华人民共和国成立，到社

---

　　① 中央档案馆编：《中共中央文件选集》，第 18 册，196 页，北京，中共中央党校出版社，1992。

　　② 《毛泽东文集》，第 6 卷，80 页。

　　③ 《毛泽东文集》，第 6 卷，236～237 页。

会主义改造基本完成，这是一个过渡时期。党在过渡时期的总路线和总任务，是要在十年到十五年或者更多一些时间内，基本上完成国家工业化和对农业、手工业、资本主义工商业的社会主义改造。"8 月 13 日，周恩来在全国财经会议的总结中，引述了毛泽东关于过渡时期总路线的表述，这使全党明确了党在过渡时期的总路线。9 月 24 日，在中国人民政治协商会议全国委员会颁布的庆祝新中国成立四周年的口号中，向全国正式公布了过渡时期总路线的基本内容。1953 年 12 月，中共中央批准并转发中央宣传部拟定的《为动员一切力量把我国建设成为一个伟大的社会主义国家而斗争——关于党在过渡时期总路线的学习和宣传提纲》，这个提纲对过渡时期总路线的内容作了完整的表述："从中华人民共和国成立，到社会主义改造基本完成，这是一个过渡时期。党在这个过渡时期的总路线和总任务，是要在一个相当长的时期内，逐步实现国家的社会主义工业化，并逐步实现国家对农业、对手工业和对资本主义工商业的社会主义改造。这条总路线是照耀我们各项工作的灯塔，各项工作离开它，就要犯右倾或'左'倾的错误。"过渡时期总路线在 1954 年 2 月召开的中共七届四中全会上被正式批准，同年 9 月又被第一届全国人民代表大会第一次会议通过并载入《中华人民共和国宪法》之中。

过渡时期总路线的基本内容包括社会主义工业化建设和社会主义改造两方面内容，简言之，就是"一化三改"的内容。"一化"即逐步实现社会主义工业化，充分发展国营社会主义工业，并且把非社会主义工业改造成社会主义工业；"三改"即逐步实现国家对农业、手工业和资本主义工商业的社会主义改造，把农民和手工业者的个体所有制改造为集体所有制，把资本主义私有制改造为全民所有制。"一化"与"三改"之间，互相联系，互相促进，互相制约。它体现了发展生产力与变革生产关系的有机统一和辩证关系，即社会主义工业化为社会主义改造提供了物质技术基础；社会主义改造为社会主义工业化创造了前提条件。

过渡时期总路线的内容，不但规定了社会主义工业化与社会主义改造同时并举，而且确认社会主义工业化是"主体"，社会主义改造是"两翼"，二者都必须经过一个相当长时期，逐步进行和逐步实现。当时估计要 15 年时间，加上 3 年恢复时期，共计 18 年时间。这是较为稳妥的估计。但是，由于当时对什么是社会主义在认识上存在很多局限，毛泽东提出总路线的实质"就是使生产资料的社会主义所有制成为我国国家和社会的唯一的经济基础"①，这就要求变资本主义私有制为社会主义全民所有制，变个体私有制为社会主义集体所有制，所以总路线在解释和实践中都片面强调了所有制的改造。追求生产资料所有制的单一性，要求社会主义所有制成为国家"唯一的经济基础"，这是不适当的。

总路线制定并公布以后，在全国范围内掀起了宣传和学习的热潮，不但统一了全党的认识，还得到了全国人民的拥护，成为团结和动员全国人民共同建设伟大的社会主义新中国的奋斗目标和行动纲领。

编制发展国民经济的第一个五年计划，是我国从实际出发，坚持实事求是，参照苏联的建设经验而最终确定的。从1951年开始，周恩来、陈云、李富春等人就开始着手进行，前后历时4年，经过5次修改，到1954年9月基本定案。1955年3月经党的全国代表会议讨论同意。同年7月，在第一届全国人民代表大会第二次会议上正式审议通过了《发展国民经济的第一个五年计划(1953—1957)》。发展国民经济的第一个五年计划体现了过渡时期总路线的要求，是进行大规模经济建设和社会主义改造的计划。

第一个五年计划的基本任务是集中主要力量建设重工业，进行以苏联帮助我国设计的156个建设单位为中心的、由限额②以上的694个建设单位组成的工业建设，建立我国的社会主义工业化的初步基础；发展部分集体所有制的农业生产合作社，并发展手工业生产合作社，建立对农业和手工业的社会主义改造的初步基础；把资本主义工商业分别纳入各种形式的国家资本主义的轨道，促进国民经济中社会主义成分比重稳步增长，建立对工商业社会主义改造的基础。

过渡时期总路线制定以后，为了保证第一个五年计划中大规模经济建设的顺利进行，解决人民生活和国家建设所需的重要物资的供求矛盾，从1953年开始，国家对粮、棉、油等主要农产品实行统购统销。1953年10月16日，中共中央做出《关于实行粮食的计划收购与计划供应的决议》，决定在全国范围内采取4项政策：第一，在农村向余粮户实行粮食计划收购(简

① 中共中央文献研究室编：《建国以来重要文献选编》，第4册，702页，北京，中央文献出版社，1993。

② 国家为便于管理和掌握重大的基本建设单位，按照我国的具体情况，规定出各类基本建设单位的投资限额。凡一个建设单位，不论其为新建、改建或恢复，它的全部投资额大于限额者，即是限额以上的建设单位；小于限额者，即是限额以下的建设单位。

称统购)的政策。第二,对城市人民和农村缺粮人民,实行粮食计划供应(简称统销)的政策,亦即实行适量的粮食定量配售的政策。第三,实行由国家严格控制粮食市场,对私营粮食工商业进行严格控制,并严禁私商自由经营粮食的政策。第四,实行在中央统一管理之下,由中央与地方分工负责的粮食管理政策。1953 年 11 月开始实行油料计划收购和食油的计划供应,1954 年 9 月开始实行棉布计划供应、棉花计划收购。同时,国家还对糖料、烤烟、生猪、桐油、重要木材、茶叶等农副产品实行统一的收购和供应。这种统购统销政策,是在当时经济发展水平较低、基本产品匮乏的情况下实行的,它暂时解决了供求之间的矛盾,稳定了物价,对保障农业、手工业和资本主义工商业的社会主义改造起到了积极的作用。

第一个五年计划建设规模是宏大的,计划在五年内,全国经济建设和文化建设的各项投资总额为 766.4 亿元,折合黄金 7 亿两以上,其中用于基本建设的投资,占投资总额的 55.8%。经过第一个五年计划,预计全国工农业总产值由 1952 年的 827.1 亿元,增加到 1957 年的 1249.9 亿元,增长51.1%,平均每年增长 8.6%。工业总产值计划由 1952 年的 270.1 亿元,增加到 1957 年的 535.6 亿元,增长 98.3%,平均每年增长 14.7%。其中生产资料的生产平均每年增长 17.8%;消费资料的生产平均每年增长 12.4%。到 1957 年主要工业产品的指标达到:钢 412 万吨,煤 11298.5 万吨,发电量 159 亿度(千瓦小时)。五年内,农业及副业总产值增长 23.3%,平均每年增长 4.3%;粮食、棉花每年增长速度为 3.3% 和 4.6%,到 1957 年粮食产量达到 3856.2 亿斤,棉花达到 32.7 亿斤,分别比 1952 年增长 17.6% 和25.4%。[①] 五年内,要求交通运输、邮电、贸易、银行和物资储备等事业都要有相应的发展;大力发展文化教育和科学研究事业,培养国家建设所需要的人才;在生产不断增长和劳动生产率不断提高的基础上,逐步提高人民的物质文化生活水平,就业人数共增加 420 万人,职工的平均工资增加33%,农村人口的购买力将提高近 1 倍;并且要求积极进行对农业、手工业、资本主义工商业的社会主义改造,这也是第一个五年计划的重要组成部分。

---

① 中国人民政治协商会议全国委员会学习委员会编:《中华人民共和国发展国民经济的第一个五年计划(1953—1957)》,18~19 页,北京,人民出版社,1955。

二、第一届全国人民代表大会与《中华人民共和国宪法》的制定

人民代表大会制度，是《共同纲领》中明确规定的新中国的根本政治制度。新中国成立后的 3 年多时间里，完成了大陆的统一和各项政治社会改革工作，同时恢复了国民经济，逐步开展起大规模的国家建设，这为正式实行人民代表大会制度准备了条件。在全国开展大规模的社会主义改造和社会主义建设的新形势下，为了加强政治建设和法制建设，必须尽快召开全国人民代表大会和地方各级人民代表大会。

1952 年 12 月 24 日，政协全国委员会举行扩大的第 43 次会议。周恩来代表中共中央提议，由全国政协向中央人民政府委员会提出召开全国人民代表大会和地方各级人民代表大会的建议，并获得通过。同时，会议决定成立以毛泽东为主席的宪法起草委员会和以周恩来为主席的选举法起草委员会。1953 年 2 月 11 日，中央人民政府委员会通过了《中华人民共和国全国人民代表大会及地方各级人民代表大会选举法》。随后，全国开始进行人口普查和选民登记，开展普选工作。至 1954 年 6 月，基层选举完成，地方人民代表大会开始逐级召开，分别选举出席上一级人民代表大会的代表。最后，在省、市人民代表大会，中央直辖少数民族行政单位，以及军队单位和华侨单位分别选举产生 1226 名出席全国人民代表大会的代表（台湾代表暂缺）。

1954 年 9 月 15 日至 28 日，第一届全国人民代表大会第一次会议在北京隆重举行。这次会议的主要任务是制定宪法、制定几个重要的法律、听取和审议政府工作报告、选举新的国家领导工作人员。毛泽东主持了开幕式并致辞，他说：“我们这次会议具有伟大的历史意义。这次会议是标志着我国人民从一九四九年建国以来的新胜利和新发展的里程碑，这次会议所制定的宪法将大大地促进我国的社会主义事业”；我们的总任务是，“团结全国人民，争取一切国际朋友的支援，为了建设一个伟大的社会主义国家而奋斗，为了保卫国际和平和发展人类进步事业而奋斗”。他明确指出：“领导我们事业的核心力量是中国共产党，指导我们思想的理论基础是马克思列宁主义。”[①]

刘少奇代表宪法起草委员会作了《关于中华人民共和国宪法草案的报

_____

① 《毛泽东文集》，第 6 卷，349～350 页。

告》，对宪法草案的起草根据、宪法草案的性质和基本内容、全民讨论的意见等问题做了说明。经过会议讨论，最后一致通过了中华人民共和国第一部宪法《中华人民共和国宪法》。大会还通过了《中华人民共和国全国人民代表大会组织法》、《中华人民共和国国务院组织法》、《中华人民共和国人民法院组织法》、《中华人民共和国人民检察院组织法》、《中华人民共和国各级人民代表大会和地方各级人民委员会组织法》等重要法律，以及《关于中华人民共和国现行法律、法令继续有效的决议》。

周恩来代表中央人民政府作了《政府工作报告》。他在报告中总结了新中国成立以来国家在政治、经济、文化、外交等方面取得的成就，并根据党在过渡时期总路线的精神，提出了今后工作的方针、任务。经过热烈讨论，会议代表一致通过了《关于政府工作报告的决议》。

根据宪法规定，大会还选举了新的国家机构的领导人员。大会一致选举毛泽东为中华人民共和国主席，朱德为副主席；选举刘少奇为全国人民代表大会常务委员会委员长。根据中华人民共和国主席毛泽东的提名，决定周恩来为中华人民共和国国务院总理。

第一届全国人大一次会议制定和通过的国家根本大法《中华人民共和国宪法》，其内容包括"序言和总纲"、"国家机构"、"公民的基本权利与义务"、"国旗、国徽、首都"4 部分，共 4 章 106 条，对新中国的性质、政治经济制度、人民的权利和义务、社会发展前途等一系列根本性问题做出了明确的规定。

关于国家的性质和政治制度，宪法规定，中华人民共和国是工人阶级领导的、以工农联盟为基础的人民民主国家。中华人民共和国的一切权力属于人民。人民行使权力的机关是全国人民代表大会和地方各级人民代表大会。这就规定了中华人民共和国国家性质是人民民主国家，国家政体是人民代表大会制度，国家权力机关一律实行民主集中制度。

关于国家在过渡时期的总任务，宪法规定：从中华人民共和国成立到社会主义社会建成，这是一个过渡时期。国家在过渡时期的总任务是逐步实现国家的社会主义工业化，逐步完成对农业、手工业和资本主义工商业的社会主义改造。这就指明了新中国在过渡时期的总任务，并规定了建设社会主义社会的总目标。

关于公民的权利和义务，宪法规定，中华人民共和国公民在法律上一律平等，公民有言论、出版、集会、结社、游行、示威的自由；公民的人身自由不容侵犯；公民有居住和迁徙的自由；公民有劳动的权利和受教育的权利；年满 18 周岁的公民有选举权和被选举权；同时规定，中华人民共和国的公民必须遵守宪法和法律，遵守劳动纪律，遵守公共秩序，尊重社会公德；公民有依法纳税的义务，有依法服兵役的义务。中华人民共和国公民的权利受国家保护，履行义务是公民的职责。

关于民族区域自治，宪法规定，中华人民共和国是一个统一的多民族的国家，各民族一律平等，各少数民族聚居地区实行区域自治。这既规定了各民族的平等地位，也保证整个国家的统一和各民族的团结，为更好地促进少数民族地区的经济文化发展奠定了基础。

《中华人民共和国宪法》确定了我国从新民主主义过渡到社会主义的历史道路，它的制定与实施，为发展社会主义民主和社会主义法制奠定了初步基础，为社会主义社会的确立提供了法律保障，标志着我国人民革命和国家建设事业走上了新的历程。从此，人民代表大会制度成为我国政治生活的基础，中国人民民主政治和人民民主法制建设进入了一个崭新的阶段。

宪法规定的国家机构，如图 1-2：

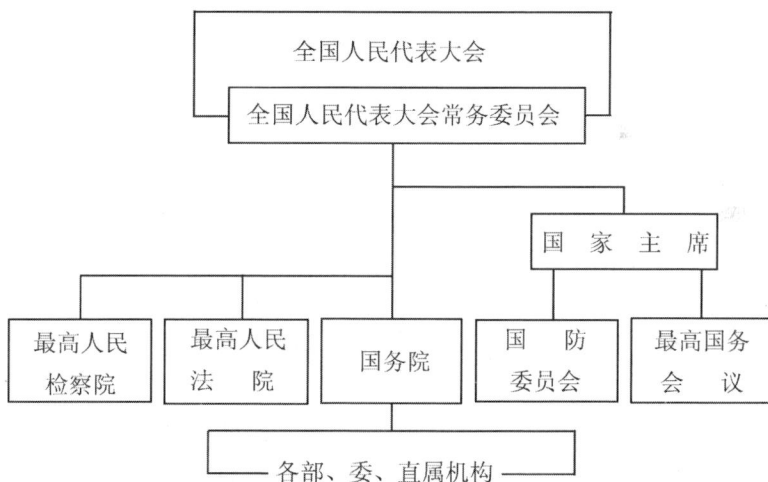

图 1-2　中华人民共和国国家机构体系图

宪法规定了国家的机构体系。全国人民代表大会是最高国家权力机关和国家唯一立法机关，常务委员会为其常设机关。常务委员会和国家主席结合行使国家元首职权。国家主席统率全国武装力量；最高国务会议为议事机构，由国家主席召集，所议事项由主席提交全国人大、人大常委会、国务院或其他有关部门讨论并做出决定。国务院是最高国家权力机关的执行机关，为最高国家行政机关，对全国人大及其常委会负责并报告工作。最高人民法院是最高审判机关，对全国人大及其常委会负责并报告工作，人民法院独立进行审判，只服从法律。最高人民检察院对国务院所属各部门、地方各级国家机关、国家机关工作人员和公民是否遵守法律，行使检察权，对全国人大及其常委会负责并报告工作。

全国人民代表大会制度实行之后，全国政协作为人民民主统一战线的组织仍然存在，但是不再代行全国人大职权。1954年12月21日至25日，中国人民政治协商会议举行第二届全国委员会第一次会议。会议决定，中国人民政治协商会议作为团结全国各民族、各民主阶级、各民主党派、各人民团体、国内外华侨和其他爱国民主人士的人民民主统一战线的组织，其任务是在中国共产党领导下，继续巩固和发展人民民主统一战线，通过各民主党派和各人民团体的团结，更广泛地团结全国人民，并向有关国家机关反映群众的意见和建议，就国内外重大事项和重要人事安排进行协商，共同促进社会主义事业的发展。这次政协会议选举了新的政协领导机构，毛泽东当选为名誉主席，周恩来当选为主席，宋庆龄、董必武、李济深、郭沫若、彭真、沈钧儒、黄炎培、何香凝、李维汉、李四光、陈叔通、章伯钧、陈嘉庚、班禅额尔德尼·确吉坚赞、鲍尔汉15人当选为副主席。

根据宪法精神，全国人民代表大会和中国人民政治协商会议同时存在并发挥重大作用，体现了中国共产党领导的多党合作和政治协商制度，体现了人民民主制度的重要特色。

三、加强党的建设 《关于增强党的团结的决议》

加强党的建设和团结，不仅关系到党自身的巩固和发展，而且关系到社会主义事业的前途和命运。1950年，在全国革命胜利的形势下，党内一部分人滋长了以功臣自居的骄傲自满情绪和官僚主义、命令主义作风，中共中央发出指示，在全党进行一次着重整顿党的干部的整风学习。1951年春，召开了第一次全国组织工作会议，讨论党员条件问题，决定对全党的基层组织进行一次普遍的整顿。会议通过的《关于整顿党的基层组织的决定》，明确规定了关于共产党员必须具备的8项条件，对党员提出了更高的要求，强调对党员要进行社会主义、共产主义前途的教育。并且，在教育的基础上，对每一个党员进行认真的审查和登记，对犯有严重错误和不够条件的党员进行组织处理。这次整党，从 1951 年下半年开始，分期分批进行，到 1954 年春基本结束。经过整党整风，从理论上和实践上划清了党员与非党员群众的界限，在 650 万党员中有 41 万人被开除党籍或被劝告退党，从而纯洁了党的队伍，保证了党员的质量。

正是在过渡时期总路线提出的时候，在中国共产党内部发生了高岗、饶漱石进行反党分裂活动的严重事件。

高岗原任中共中央东北局书记、东北军区司令员兼政委和中央人民政府副主席。饶漱石原任中共中央华东局第一书记、华东军政委员会主席。他们分别于 1952 年底和 1953 年初从东北和华东调到中央工作。高岗任国家计划委员会主席，饶漱石任中共中央组织部部长。

1953 年 6 月至 8 月，中共中央召开全国财经工作会议，重点是统一全党对过渡时期总路线的认识，检查和纠正财经工作中不符合总路线精神的缺点和错误。但是高岗有意将 1953 年以来财经工作中的某些缺点错误夸大为犯了路线错误，发动对中财委和财政部负责同志的过火斗争，制造党内纠纷。会外，他们散布流言，污蔑中央有所谓的"圈圈"和"摊摊"，降低中央威信，把攻击矛头指向中央领导核心的刘少奇和周恩来。全国财经会议后，高岗到华东和中南进行挑拨活动，散布所谓"军党论"，将中国共产党分为"根据地和军队的党"与"白区的党"两部分，不顾军队是由党建立和领导的事实，说什么"枪杆子上出党"、"党是军队创造出来的"，并且把他自己吹嘘为"根据地和军队的党"的代表人物。他认为党中央和国家领导机关现在是掌握在所谓"白区的党"的人手里，因此应当"改组"中央。

同年 9 月、10 月间，中央召开第二次全国组织工作会议。会议的中心议题是要讨论关于组织工作的任务、培养干部、精简机构等问题。饶漱石却夸大中央组织部工作中的缺点，擅自发动对中央组织部安子文的无理斗争，矛头直指刘少奇，以达到"讨安伐刘"的目的。对此，党中央采取坚决措施，中止了组织工作会议。

1953 年 12 月，毛泽东提出中央分一线、二线，在他休假期间，委托刘少奇代理中央主席主持中央工作。对此，高岗私下活动，希望由他来担任党中央副主席或总书记，还要求改换政务院总理的人选。高岗的这种阴谋活动，引起了邓小平、陈云的警觉，并立即向毛泽东反映。高岗篡党夺权的阴谋败露。

12 月 24 日，中央召开政治局会议，公开同高、饶反党阴谋活动展开斗争。毛泽东在讲话中，指出了高、饶反党阴谋活动的性质及其严重性，向高岗提出严厉警告和批评。为了维护党的团结和统一，保证过渡时期总任务的实现，他还提出了关于增强党的团结的建议。中央政治局根据毛泽东的建议，起草了《关于增强党的团结的决议(草案)》，提交即将召开的中共七届四中全会讨论通过。

1954年2月6日至10日，中共七届四中全会在北京举行。刘少奇受中央政治局和毛泽东的委托，作了《中共中央政治局向第七届第四次中央全会的报告》。全会上朱德、周恩来、陈云、邓小平等44人作了重要发言。与会同志一致强调了全党团结的重要性，揭露了高、饶违反党的纪律，破坏党的团结和统一，进行篡党夺权的阴谋活动，要求全党对野心家、阴谋家提高革命警惕。全会一致通过了《关于增强党的团结的决议》。

七届四中全会通过的《关于增强党的团结的决议》，是党的建设的重要文献，它深刻地阐述了党的团结的重大意义。决议指出，党的团结，工人阶级的团结，劳动人民的团结，全国人民的团结，是革命胜利的基本保证。党的团结是党的生命，是马克思列宁主义的基本原则，破坏党的团结就是违反马克思列宁主义的基本原则，就是帮助敌人来危害党的生命。决议指出，增强党的团结，全党同志，特别是党的高级干部负有更重大的责任。全党干部必须把维护和巩固党的团结作为指导自己言论和行动的标准。要求全党，尤其是党的高级干部，要提高维护党的团结的自觉性，同一切破坏党的团结、损害中央威信、妨碍中央统一的言行作坚决的斗争。

七届四中全会后，为了进一步查清高、饶反党篡权的阴谋活动，并教育和挽救他们，1954年2月，中央书记处决定委托周恩来主持召开高岗问题座谈会，邓小平、陈毅、谭震林主持召开饶漱石问题座谈会。周恩来在高岗问题座谈会上作了总结发言，邓小平、陈毅、谭震林向中央作了《关于饶漱石问题座谈会的报告》。总结和报告用大量事实说明高、饶反党篡权的阴谋罪行，并且总结了从高、饶事件中应该吸取的教训。两个座谈会后，在中央政治局的领导下，中共中央东北局、华东局、山东分局和中共上海市委等又召集专门会议，对高、饶问题进行揭发和批判。在这种情况下，高岗仍拒不悔改，于1954年8月17日自杀。

1955年3月21日至31日，召开了中国共产党全国代表会议。毛泽东致开幕词并作了结论，邓小平代表中央委员会作了《关于高岗、饶漱石反党联盟的报告》，全面论述了党同高、饶斗争的经过，以及进行这场斗争的重要意义和经验教训。会议通过了《关于高岗、饶漱石反党联盟的决议》，开除高岗、饶漱石的党籍，撤销他们党内外的一切职务。

粉碎高、饶反党活动为党的建设提供了重要的经验和教训：①全党同志首先是党的高级干部，在马列主义、毛泽东思想的原则基础上的团结和统一是党的生命。共产党员，特别是党的高级干部在党内必须光明磊落地随时说出自己的政治见解。对每一个重大的政治问题，表示自己或者赞成或者反对的态度，而绝不可以像高、饶那样玩弄阴谋。②必须开展反对个人主义和骄傲自满的斗争，必须在共产党员和人民群众中不断地开展对于剥削阶级思想的批评。任何时候，共产党员都不要向党伸手要官。如果硬要伸手，就必然会身败名裂。这是每一个共产党员尤其是领导干部都应牢牢记住的。③必须坚持党的集体领导的原则，发扬民主，反对个人专权和分散主义两种倾向，要同压制党内民主和个人专权的习气做斗争。

总之，反对高岗、饶漱石斗争的胜利，保证了党在过渡时期总路线的贯彻和执行，巩固了党中央的团结和统一，对全党进行了一次深刻的党风党纪的教育，并且收到了良好的效果，从而为社会主义革命和建设事业的发展提供了保证。

四、农业、手工业和资本主义工商业社会主义改造的稳步前进

过渡时期总路线颁布之后，在全国范围内对农业、手工业、资本主义工商业的社会主义改造迅速全面展开。

对农业的社会主义改造，主要是通过农业互助合作道路进行的。全国范围内的土地改革完成之后，一些无地少地的农民分得了土地，提高了生产积极性和主动性，农业生产得到了恢复与发展。但是，小农经济分散落后，力量也比较薄弱，而且当时贫民手中生产工具、牲畜和资金都严重不足，这些因素都制约着农业生产的发展与扩大。在此形势下，农村逐渐开始出现了两极分化。一方面，较为富裕的中农努力扩大生产，向富农发展；另一方面，部分贫农因为各种原因出卖土地，重新成为雇农。而在中国农村的老解放区中，针对生产工具、资金不足等情况，土地改革完成后，党就开始组织一些贫苦农民成立各种形式的互助合作组织，共同生产。据1950年统计，全国农村有互助组272.4万个，参加农户1131.3万户。到1951年增加了将近1倍。农业生产合作社也从1950年的19个，增加到1951年的130个。

1951年4月，中共山西省委向华北局和中央提出《把老区互助组织提高

一步》的报告。报告中提出，农民自发向着富农方向发展，这是互助组发生涣散现象的最根本原因，主张把老区互助组织提高一步，增加公共积累和加大按劳分配的比重，以此逐步战胜农民向富农发展的自发倾向，逐步动摇、削弱直至否定互助组的私有基础。刘少奇和华北局不同意山西省委报告中的观点。华北局在批复中提出，用积累公积金和按劳分配办法来逐渐动摇、削弱私有基础直至否定私有基础，是和党的新民主主义时期的政策及《共同纲领》的精神不相符合的，是错误的。而毛泽东在这一问题上的观点与刘少奇和华北局的观点不同，他支持山西省委的意见，并要求有关同志准备召开全国第一次互助合作会议。

1951 年 9 月中共中央召开了第一次农业互助合作会议，在总结中国历史上开展互助合作经验的同时，制定了第一个《关于农业生产互助合作的决议(草案)》，开始试行农业的社会主义改造。决议分析了土改后农民存在发展个体经济和劳动互助合作两种积极性。第一种积极性是不可避免的，因为农民毕竟是小生产者，但是要克服农民分散经营的困难和局限，使广大农民富裕起来，使农业生产满足国家工业化的需要，又必须提倡发展农民的劳动互助合作的积极性。对此，决议阐明了农民劳动互助合作的性质、形式、原则和发展方针，并指出，要按照积极引导、稳步前进的方针和自愿互利的原则，发挥农民互助合作的积极性，提倡"组织起来"，逐步引导农民走集体化的道路。具体形式有 3 种：一是临时性、季节性的劳动互助，这是小型的、简单的、最初级的形式，是当时最主要的形式；二是常年互助组，其中已有一部分农副业的结合，有些简单的生产计划和技术的分工，有小量的公有财产，这类形式当时占少数；三是以土地入股为特点的农业生产合作社，其数量更少，在东北、华北两个老解放区约有 300 多个。各级党组织要克服右倾消极态度，要避免"左"倾急躁态度，坚持积极领导、稳步前进的方针，要采取逐步过渡的办法。根据不同地区的不同情况，有领导地建立临时互助组，然后有步骤地发展成常年互助组，部分地区群众互助经验丰富也可试办初级农业生产合作社。在处理互助组和生产合作社内部所存在的任何问题上，必须绝对遵守自愿、互利原则，采取典型示范、逐步推广的方法，反对强迫命令。同时，国家在财力、物力以及技术上大力帮助互助组和合作社。

在此思想指导下，全国的农业互助合作运动有了较快的发展。1951 年 11 月中共中央在省级以上领导机关建立农村工作部，邓子恢担任中共中央农村工作部部长，加强对农村互助合作运动的领导。到 1952 年底，全国加入农业互助合作组织的农户已占农户总数的 40％，主要是临时互助组和常年互助组两种形式。1953 年，部分地区在农村互助合作运动中出现急躁冒进倾向，出现了侵犯中农利益、强迫命令、违反自愿互利原则的问题，对此，中共中央农村工作部召开第一次全国农村工作会议，邓子恢批评了这种错误倾向，强调在农村互助合作运动中采取稳步前进的方针，不能操之过急。在中央的指导下，急躁冒进的倾向得到了纠正。

1953 年 10 月至 11 月间，中共中央农村工作部召开第三次农业互助合作会议。会议期间，毛泽东两次与中央农村工作部负责同志谈话，提出很多关于农村工作的重要理论观点和见解。他指出，农村这个阵地"社会主义如果不去占领，资本主义就必然会去占领"，要认识"社会主义和资本主义的矛盾，并且逐步解决这个矛盾"，这就是农村各项工作的"纲"，要"拿起纲，目才能张"。他批评了中共中央农村工作部纠正农业互助合作急躁冒进的问题，说由此而出现了解散合作社的现象。他认为，不仅要发展互助组，而且要办好农业生产合作社，甚至可以不用经过互助组，而直接办农业生产合作社，并且"既要办多，又要办好，积极领导，稳步发展"①。根据毛泽东的谈话内容，会议决定对农业生产合作化运动重新部署。1953 年 12 月 16 日，中共中央做出了第二个《关于发展农业生产合作社的决议（草案）》，把互助合作运动的重点转向大办农业生产合作社初级社。决议阐明了农业社会主义改造的道路是引导个体农民经由具有社会主义萌芽性质的互助组，发展到半社会主义性质的初级社，再发展到完全社会主义性质的高级社；指明了初级社的地位和作用，认为它是引导农民过渡到更高级的、完全社会主义的农业生产合作社的适当形式，日益成为党领导互助合作运动继续前进的重要环节。同时，决议对初级社发展的数量作了规划，要求从 1953 年冬至 1954 年秋，由 1.4 万个发展到 3.85 万多个，增加 1.5 倍左右；至 1957 年发展到 80 万个左右，入社农户占农户总数的 20％ 左右。

在这种精神的指导下，全国农村普遍出现办初级社的热潮。农业互助合作运动的实际进展，远远超过中央文件的规划。1954 年春，全国初级社发展到 10 万个，超过决议规定的到 1954 年秋发展指标的 1.6 倍。在此形势下，中央农村工作部于 1954 年 4 月召开了全国第二次农村工作会议。10 月，召开了全国第四次互助合作会议。两次修订发展规划，决定在 1955 年春耕前全国初级社发展到 60 万个，到 1957 年全国要有一半以上的农户入社，基本

---

①　《毛泽东文集》，第 6 卷，298～306 页。

上完成初级合作化。第二个五年计划期间转入高级合作化,第三、第四个五年计划期间实现农业机械化。

从1954年秋到1955年春,全国初级社猛增到67万个,部分地区再次出现急躁冒进倾向,有些地方出现强迫命令、侵犯中农利益甚至威胁恐吓农民的情况,并且,1954年国家多征购粮食70多亿斤,导致很多地区出现党和农民关系紧张的局面。有的地区出现了农民非正常地宰杀牲畜、砍伐林木、生产遭到破坏的现象。为此,中共中央和中央农村工作部及时采取措施,扭转形势,决定将合作化运动转入"控制发展,着重巩固阶段"。整顿的方针为:区别不同地区的情况,或者暂时停止发展,全力巩固;或者适当收缩;或者在巩固中继续发展。1955年4月至5月,中央农村工作部召开全国第三次农村工作会议,对合作化运动,会议决定:一般停止发展;立即抓生产,全力巩固;少数的省县要适当地收缩;把互助组办好,整顿好,照顾个体农民。中央决定,一年内合作社的数量由65万个发展为100万个。

经过初步整顿,全国农业合作社由67万个缩减至65万个,调整后的农业合作社得到巩固,缓解了农村的紧张形势。

手工业是我国国民经济的重要组成部分。1952年统计,全国个体手工业从业人数为2000多万人,其中独立手工业者800万人,农民兼手工业者1200万人。农民所需生产资料和生活资料的60%~70%来自于手工业。手工业产值在工农业总产值中约占13%,加上农民的手工业副业产值,占工农业总产值的20%。手工制造业和修理业担负着为工业和农业服务、满足城乡居民生活需要、培养熟练工人、解决人员就业等多方面任务,而且特种工艺制造业还是发展对外经济文化交流、赚取外汇的一个重要行业。

1953年4月,中共中央发出的《关于应当重视手工业的指示》中提出,个体手工业者和个体农民一样,既是小私有者又是劳动者,对于他们也只能通过说服教育,引导他们在自愿的基础上联合起来,积极开展互助合作,由个体所有制变为集体所有制,把他们组织起来,逐步将他们纳入国家计划经济轨道。同年11月至12月间,中华全国合作社联合总社召开了第三次全国手工业生产合作会议。此次会议总结了新中国成立4年来手工业合作社的发展情况和经验,提出了手工业合作化的3种组织形式:手工业生产小组、手工业供销合作社、手工业生产合作社。同时,要求各地的手工业生产合作工作要采取积极领导、稳步前进的方针,既反对要求过高过急,贪大贪多,盲目发展,也反对放任自流,停步不前。另外,提出手工业合作化的步骤是从供销入手，由小到大，由低到高，逐步实行社会主义改造和生产改造。根据计划，在1954年内要使参加各种形式的手工业合作组织的手工业劳动者发展到90万人，生产总值增加10亿元以上。1954年6月22日，中共中央发出《〈关于第三次全国手工业生产合作会议报告〉的指示》，各地党委和人民政府加强了对手工业的社会主义改造工作。到1954年底，全国手工业合作社（组）员增加到113万人，比1953年增加了2倍多。全国手工业合作组织达4.1万个，比1953年增加了8倍多。

根据过渡时期总路线，国家对私营工商业逐步实行社会主义改造。1953年4月中共中央统战部部长李维汉通过对上海、武汉等地的调查，向中央提交了《资本主义工商业中的公私关系问题》的报告，经过讨论，中央政治局形成了对私营工商业的社会主义改造的办法，即决定运用低级的市场收购、初级的加工订货、统购统销和高级的公私合营等国家资本主义方式对私营工商业进行改造。为了动员私营工商业者接受社会主义改造，9月，毛泽东同民主党派和工商界部分代表谈话，他指出，国家资本主义是改造资本主义工商业和逐步完成社会主义过渡的必经之路，并且，国家要有计划地培养一部分眼光远大的、愿意和共产党和人民政府靠近、先进的资本家，以便经过他们去说服大部分资本家。

在党的方针政策指引下，从1954年开始对资本主义工商业的改造有了较大的进展，并开始转入重点发展公私合营这种高级形式的国家资本主义。1954年1月中央财委召开扩展公私合营计划会议，讨论了《关于有步骤地将有十个工人以上的资本主义工业基本上改造成为公私合营企业的意见（草稿）》，决定公私合营的发展方针是：第一步，国家投入少量资金和干部，充分利用原有企业资金、干部和技术改造资本主义工业；第二步将资本主义企业改变为社会主义企业。1954年9月政务院公布实施了《公私合营工业企业暂行条例》。根据统计，公私合营企业1953年为1036户，1954年为1746户，1955年为3193户，其产值占全国私营工业（包括已合营的在内）总产值的49.6%。1954年12月，中央提出"统筹兼顾、归口安排、按行业改造"的方针。各个行业以大带小，以先进带落后，先对中小企业进行改组、合并，然后实行公私合营，把个别公私合营与行业改组、改造结合起来。1955年京、津、沪等城市一部分行业先后实行了全行业的公私合营。

1955年秋，随着农业合作化高潮的出现，全国许多地方出现了全行业合营的新情况，整个行业几十家、几百家工厂一起实行公私合营。如上海市有棉纺、毛纺、麻纺、面粉、碾米、造纸、卷烟、搪瓷8个行业实行全行业合营。北京市的面粉厂、机电厂和棉布店也都实行了全行业合营。天津市有一部分粮食代销店直接转变为国营粮店。鉴于这种情况,党中央开始推行对资本主义工商业实行全行业的公私合营。

五、和平共处五项原则的提出 打开外交新局面

中华人民共和国大规模的经济建设,迫切需要有一个和平安全的国际环境。1953 年 7 月,朝鲜战争结束之后,美国政府同韩国签订了《美韩共同防御条约》,同时,美国的舰队继续游弋于台湾海峡,阻止新中国解放台湾。1954 年 4 月在苏联的斡旋下,由中、苏、美、英、法及有关国家外长参加的和平解决朝鲜问题和恢复印度支那和平问题的会议在日内瓦召开。我国政务院总理兼外长周恩来为代表团首席代表,外交部副部长张闻天、王稼祥、李克农等代表出席了会议。这是新中国成立后参加的第一次重要国际会议,也是一场复杂的多边外交斗争。

关于朝鲜问题,在会议上,朝鲜、中国和苏联代表团提出了举行全朝鲜自由选举,一切外国武装力量于 6 个月内撤出朝鲜,建立统一、和平、民主的朝鲜的主张。但是,由于美国的阻挠,关于朝鲜问题最终没有达成协议。朝鲜战争的停战,反映了两大阵营势均力敌的状况。

关于恢复印度支那和平的问题,参加会议的除中、苏、美、英、法五国之外,还有越南民主共和国、南越、老挝、柬埔寨。5 月 7 日,越南人民军解放越南西北重镇奠边府,歼灭法国和它扶植的保大政府的军队共 1.6 万多人。这个震动世界的重大胜利,使印度支那战局顿时为之改观。经过近 8 年的战争,法国远征军已遭受沉重打击,国力也难以支撑,越来越多的法国人反对这场战争继续下去。6 月 17 日,法国内阁变动,主张和平解决印度支那问题的孟戴斯·弗朗斯被国民会议授权组织新内阁。经多方紧张的会外磋商,7 月 21 日,交战双方司令部代表分别在越南、老挝和柬埔寨 3 个《停止敌对行动协定》上签字。同一天,日内瓦会议举行恢复印度支那和平问题的最后一次会议。会议通过了关于恢复印度支那和平问题的《日内瓦会议最后宣言》。日内瓦会议签订的在越南、柬埔寨和老挝停止敌对行动的协定,结束了法国在印度支那地区的殖民统治,进一步缓和了亚洲及世界的紧张局势。

日内瓦会议促进了中华人民共和国同西方国家的接触。英国是最早承认新中国的西方大国。日内瓦会议期间,周恩来与英国外交大臣艾登多次

会见。中英之间官方和半官方的接触频繁，英方表示特别重视中英贸易问题。6月，中国派遣代办驻在伦敦。8月，英国反对党领袖艾德礼率领英国工党代表团访华。中英关系的改善，冲破了几年来以美国为首的西方世界对中国的封锁和禁运，扩大了与西方国家的接触。

为了打开外交工作的新局面，新中国政府极为重视发展同亚非国家的关系，尤其是与邻近的国家建立起睦邻友好关系，保证新中国有一个和平友好的周边环境。

1953年12月31日，中国政府代表团同印度政府代表团会见，就中印两国在中国西藏地方的部分问题举行谈判。周恩来在会见印度代表团时首次提出，互相尊重领土主权、互不侵犯、互不干涉内政、平等互惠和和平共处的原则，是新中国处理中印两国关系的原则。这些原则，得到印度政府的赞同。1954年4月29日，这些原则正式写入中印会谈公报，并载入双方签订的《中华人民共和国和印度共和国关于中国西藏地方和印度之间的通商和交通协定》的序言中。1954年6月，周恩来出访印度、缅甸。在周恩来和尼赫鲁发表的中印两国总理联合声明中，正式提出了和平共处五项原则，即中华人民共和国在处理对外关系时遵照以下几个原则：①互相尊重主权和领土完整。②互不侵犯。③互不干涉内政。④平等互利。⑤和平共处。6月29日，在周恩来和吴努发表的中缅两国总理联合声明中，也确认了和平共处五项原则是指导中国和缅甸之间关系的原则。中印、中缅总理的联合声明博得了国际舆论的极高评价。和平共处五项原则成为世界上指导国际关系的基本准则。

朝鲜停战和印度支那恢复和平后，美国坚持奉行敌视中国的政策。1954年12月2日，美国和台湾蒋介石集团在华盛顿签订了美台《共同防御条约》，企图以此条约阻止中国人民解放台湾。12月8日，周恩来总理兼外长发表严正声明，反对美台《共同防御条约》，宣告美台《共同防御条约》是无效的。

在亚洲、非洲民族解放运动不断高涨的形势下，由缅甸、锡兰（今斯里兰卡）、印度、印度尼西亚、巴基斯坦五国总理发起，共有29个国家政府首脑及其他人员等共340名代表参加的亚非会议，于1955年4月18日至24日在印度尼西亚的万隆举行（故又称万隆会议）。中国政府派出的代表团以周恩来为首席代表，陈毅、叶季壮、章汉夫、黄镇等出席了会议。这是亚非历史上召开的第一次没有殖民国家参加、由亚非国家自己讨论保卫和平、争取民族独立、发展民族经济等共同关心问题的会议。面对与会各国之间错综复杂的矛盾分歧,周恩来提出"求同存异"的方针,呼吁各国撇开分歧,为着反对殖民主义的共同利益而加强合作,为推动会议取得圆满成功做出了重大贡献。会议通过了《关于促进世界和平和合作的宣言》,《宣言》中提出的十项原则,实际上是中印、中缅在 1954 年倡导的和平共处五项原则的发展,体现了亚非人民反帝反殖、争取和维护民族独立、促进世界和平的精神,史称"万隆精神"。

会议期间,中国代表团同与会各国建立了联系,增进了友谊。4 月 22 日,中国和印尼签订关于双重国籍问题的条约。会议结束后,周恩来应邀到印尼首都雅加达作正式访问。由于东南亚国家担心在亚洲再起战火,周恩来与各国领导人多次谈过台湾问题,同时发表声明:"中国人民同美国人民是友好的。中国人民不要同美国打仗。中国政府愿意同美国政府坐下来谈判,讨论缓和远东紧张局势的问题,特别是缓和台湾地区的紧张局势问题。"这一声明,促使了中美两国 1955 年 8 月开始的大使级会谈。

以周恩来为首的中国政府代表团在亚非会议上卓有成效的外交活动,缓和了国际紧张局势,扩大了中国同其他国家的联系,提高了中国的国际地位,充分显示出中国在国际事务中的重要作用,从而为中国的社会主义建设争取了一个较为有利的外部环境,为中国的外交工作打开了新的局面。到 1958 年 8 月,与中国建立大使级外交关系的国家已经达到 31 个。

六、思想文化领域的批判运动

为了保证过渡时期总路线的全面实施,中国共产党在思想文化领域相继发动了一系列思想批判运动。

1954 年,两名研究生李希凡、蓝翎合写了一篇文章《关于〈红楼梦简论〉及其他》,批评俞平伯《红楼梦研究》中的非马克思主义观点。他们向《文艺报》投稿,未被采用,后由山东大学学报《文史哲》9 月号发表。李、蓝的文章引起毛泽东的重视,为此,他专门给中央政治局的同志和其他有关同志写信,对李、蓝的文章给以高度评价,称李希凡、蓝翎的文章是"三十多年以来向所谓红楼梦研究权威作家的错误观点的第一次认真的开火",并把问题提高到是否同资产阶级唯心论做斗争和是否"甘心作资产阶级的俘虏"的高度,从而将原本正常的学术争论变成了批判俞平伯等知识分子学术思想的群众运动。

俞平伯是五四以后研究《红楼梦》的权威,是中国"新红学派"的代表人物。他在《红楼梦》版本的考证、作者及其身世的研究等方面取得了突出的成就。新中国成立后，俞平伯力求用马克思列宁主义作指导来研究《红楼梦》，并取得一定成绩，但在某些问题的认识上有所偏颇。如何对《红楼梦》作评价，这是文学艺术领域的问题，应当由学术界通过自由的实事求是的讨论去解决。学术领域中不同观点的争论和批评，包括对俞平伯在《红楼梦》研究中的观点和方法的批评，都应视做正常的事情。但是，毛泽东的做法，在党内和学术界都引起很大反响。10月底至12月上旬，中国文联和作协主席团先后召开了8次扩大联席会议，批判俞平伯和《文艺报》。《文艺报》主编冯雪峰为此作了检讨。俞平伯也被迫于1955年2月做出"初步检讨"。学术批判实际上发展成为政治围攻，混淆了学术问题同政治问题的界限，伤害了俞平伯和其他一些人，也不利于学术和艺术的发展。

根据毛泽东的指示方向，对俞平伯的批判很快发展为对胡适的批判。胡适是新文化运动中的重要人物，在中国知识界有着深远的影响。1954年12月，中国科学院和作协主席团决定联合召开批判胡适思想的讨论会，并成立了"胡适思想批判讨论工作委员会"，对胡适展开全面批判。1955年3月1日，中共中央发出《关于宣传唯物主义思想、批判唯心主义思想的指示》，指出目前党在思想工作中最根本的任务，就是宣传唯物主义思想，反对唯心主义思想；并且指出，开展对资产阶级唯心主义思想的批判，是在学术界，在党内外知识分子中宣传唯物主义的有效方法，是推动学术讨论和科学进步的有效方法，是促进各个学术领域中马克思主义新生力量成长的有效方法，是培养组织理论工作队伍的有效方法。中共中央的指示精神，推动了思想批判的深入和发展，并由文艺界迅速地扩大到整个意识形态领域。据统计，截至1955年3月，全国省、市以上报刊发表的批判胡适的文章总共200多篇，在北京召开批判胡适的讨论会16次，对胡适的政治活动、文化思想及其在各个学术领域中的观点都展开批判。对胡适的思想和学术问题采取批判运动的方式，形成政治声讨，流于简单和片面，不但思想与学术上的不同意见难以展开争论，更无法做到深入的学术探讨和评论上的客观、公允与全面。

在对胡适思想进行批判的同时，1955年初又掀起了对胡风文艺思想的大规模批判。胡风是一位进步的文艺理论家，对左翼文艺运动和进步文化事业作了很多的贡献。他的一些文艺理论观点一直同党内一些文艺工作者有分歧。1952年文艺界就开始有人批评胡风的文艺思想理论；1953年《文艺报》陆续发表了林默涵、何其芳等批评胡风文艺思想的文章，《人民日报》

作了转载。1954 年 7 月，胡风向中共中央递交了长达 30 万言的《关于几年来文艺实践情况的报告》，用很大的篇幅反驳了对他的批评，同时对党的文艺领导工作提出了措辞尖锐的批评。在报告中，他还提出了自己对文艺领导工作进行改革的意见。作为一个革命的文艺工作者，向党中央提出自己对文艺工作的意见和建议，对自己不同意的批评进行反批评，完全是正当的。但是，胡风的行动和意见却遭到误解，被认为是进行反党反人民的行为。1955 年 1 月 26 日，中共中央批转了中央宣传部《关于开展批判胡风思想的报告》，决定公开发表胡风向中央递交的报告中有关理论争论和改进文艺领导的建议两部分(发表时改名为《胡风对文艺问题的意见》)，交文艺界讨论；并要求把对胡风文艺思想的批判，作为宣传唯物主义反对唯心主义的一项重要工作来开展。2 月，作协主席团举行扩大会议，决定对胡风文艺思想展开全面的批判。于是，一场有组织、有领导、声势浩大的对胡风文艺思想的批判在全国范围内开展起来。

对胡风的文艺思想的批判，一开始就带有政治斗争的气氛，企图以政治"围剿"的形式解决文艺争论，结果使争论的问题没有搞清楚，而且将胡风文艺思想中正确合理的部分也一概否定了。这场批判截至 1955 年 5 月以前，还只是限于理论批判范围。5 月以后，问题的性质发生了根本变化。从 5 月 13 日至 6 月 10 日，《人民日报》相继发表了三批"关于胡风反革命集团的材料"，毛泽东亲自写了多条按语。这批材料都是新中国成立前后胡风与他的追随者之间往来信件的摘抄，共 168 封，多数信件表达了他们对文艺界党的领导的不满情绪。据此，毛泽东把胡风和同他有牵连的人定性为"反革命集团"。由对胡风文艺思想的批判，转为对"胡风反革命集团"的斗争，并在全国范围内开展了一场所谓肃清"胡风反革命集团"的斗争。在这场错误的斗争中，没有经过核实就把胡风和同胡风有联系的一批文艺工作者(其中有共产党员和党外进步作家)当作"反革命分子"、"反革命集团"，前后涉及 2100 多人，逮捕了 92 人，正式定为"胡风反革命集团分子"的 78 人，胡风被判处 14 年有期徒刑。这是新中国成立以来思想文化领域里的一桩严重冤案，造成了极为不良的影响。1980 年 9 月，经中共中央批准，予以平反。1986 年 6 月，经中共中央政治局常委会讨论决定，6 月 18 日，由中央办公厅发出《关于为胡风同志进一步平反的通知》，对胡风冤案从政治、历史、文艺思想等方面予以彻底平反。

从批判俞平伯的《红楼梦》研究，到批判胡风的文艺思想，其中的教训是深刻的。在思想文化领域内，既要坚持马克思列宁主义的正确方向和原则，注意对各种错误倾向的批评和纠正，又要注意严格分清学术问题和政治问题的界限，划清两类不同性质矛盾的界限；对学术问题，应该坚持实事求是、以理服人，采取平等的自由讨论的方法、批评与自我批评的方法，明辨是非，提高认识，要防止简单粗暴、无限上纲、采用群众性大批判的政治"围剿"的运动方式来进行；对学术理论范畴争论的复杂问题，应该按照宪法关于学术自由、批评自由的规定，由学术界和广大读者通过科学、客观、公允的批评和讨论，求得正确解决，绝不能操之过急，用行政命令的方法轻率地做出结论，最终影响科学、文化、艺术事业的发展。

1951年10月、1952年4月、1953年4月先后出版了《毛泽东选集》第一、第二、第三卷(1960年出版了第四卷)。《毛泽东选集》收录了毛泽东在新民主主义革命时期(即从1926年至1949年)的重要著作，这些著作是中国共产党领导中国人民进行伟大斗争的胜利记录和经验总结，是马克思主义和中国革命具体实践相结合的产物，也是中国共产党集体智慧的结晶。《毛泽东选集》陆续出版后，在国内外引起强烈影响，广大干部、知识分子、青年学生和人民群众很快掀起学习毛泽东著作的热潮。

七、三大社会主义改造的高潮　社会主义基本制度在中国的建立

随着农业合作化运动的快速发展，党内领导人在合作化的发展速度与步骤方面出现了新的分歧。

1955年5月17日，毛泽东在中央召开的15省市自治区党委书记工作会议上，根据他的调查情况，对中央农村工作部前一阶段的整顿工作提出了批评。他提出，合作化运动"乱子不少，大体是好的"，应该"该停者停，该缩者缩，该发者发"，即提出"停、缩、发"的方针，其中重点是"发"。并且，毛泽东认为1956年"合作社的数量由65万个发展为100万个"少了点，应该可以达到130万个。对此，中央农村工作部部长邓子恢认为，从1954年秋的10万个社到1955年春的65万个社，发展已经很快，存在问题很多，已有合作社的巩固任务还很繁重，要打好基础，基础搞扎实了，优越性显示出来，对以后实现合作化关系极大；农业合作化运动应该与工业化的速度相适应，发展不宜过快；考虑到全国各地不平衡状况，干部领导水平和群众觉悟水平需要逐步提高，要求不能过快过急。所以，邓子恢坚持政治局会议批准的发展100万个的主张。实践证明，邓子恢的意见是正确的。毛泽东则认为，合作化大发展的形势已经到来，坚决主张加快发展速度和扩

大发展规模。他还认为邓子恢和中央农村工作部的思想右了，对合作化不积极，合作化运动所要解决的问题，不是纠"左"，而是反右。随后，毛泽东在党内发动了一场反对右倾错误的斗争，对邓子恢和中央农村工作部进行了错误地批判。

以这一事件为转折点，农业合作化运动的步伐加快，走向了新的高潮。

1955 年 7 月 31 日，中共中央召开省、市、自治区党委书记会议。毛泽东在会上作了《关于农业合作化问题》的报告。毛泽东在这个报告中，对我国农业合作化的历史和基本指导方针做了论述，对我国农业合作化和机械化、社会改革和技术改革的关系也做了深刻的分析。但是，由于报告的主旨在于严厉批评邓子恢等人的"右倾"，认为："目前农村中合作化的社会改革的高潮，有些地方已经到来，全国也即将到来"，领导却落后于群众，对合作化运动有"过多的评头品足，不适当的埋怨，无穷的忧虑，数不尽的清规和戒律"，认为这是"右倾机会主义"的指导方针，是"从资产阶级、富农或者具有资本主义自发倾向的富裕中农的立场出发"。这样，就把党内工作中关于合作化发展速度一类正常的、不同意见的争论，扩大到两条路线的分歧。这个报告，一直传达到农村基层党支部，各地党组织纷纷检查"保守"，反对"右倾"，对合作化运动重新部署，于是，农业合作化运动更加迅猛地发展起来。

10 月 4 日至 11 日，中共中央召开扩大的七届六中全会。会议根据毛泽东《关于农业合作化问题》的报告通过决议，把邓子恢及其领导的中央农村工作部的"错误"性质确定为"右倾机会主义"，并强调"只有彻底地批判了这种右倾机会主义，才能促进党的农村工作的根本转变"。毛泽东在会议结束时，做了题为《农业合作化的一场辩论和当前的阶级斗争》的总结，他公开批评邓子恢为首的中央农村工作部犯了右倾和经验主义错误，认为对于农业合作化问题的争辩，是关于"党的总路线是不是完全正确"的问题，是"反对资产阶级、反对富农反抗的阶级斗争"的问题。这一论调，开启了压制党内不同意见、将工作中正常的意见分歧上升为路线斗争和阶级斗争的先例。同时，在此次会议上还通过了第三个《关于农业合作化问题的决议》，对合作社的方针、路线、方法、政策做出了全面而系统的规定。

中共七届六中全会成为我国农业合作化运动的一个重大转折点。在肯定"大发展"的方针和批判所谓"右倾机会主义"的政治气氛下，从中央到地方滋长了严重的"左"倾冒进情绪，合作化运动发展大大超出了中央决议中所确定的发展部署，形成了一哄而起的局面。

1955 年 12 月，毛泽东主持编选的《中国农村的社会主义高潮》一书出版，他为这本书写了序言和多条按语，一方面赞颂贫下中农走社会主义道路的积极性；另一方面对合作化中的所谓"右倾机会主义"给予更尖锐的批评，甚至把党内这场争论同社会主义和资本主义的决战相联系，说"一九五五年，在中国，正是社会主义和资本主义决胜负的一年"。在这样的政治气氛下，农业合作化运动的进程形成了超高速发展的猛烈浪潮，席卷整个中国大地。六中全会后的 3 个月内，即到 1956 年 1 月，加入合作社的农户即达到全国总农户的 80.3%，基本上实现初级合作化；到 5 月份，初级社刚刚建立尚未站稳脚跟，全国即有一半的农户加入高级社；到 1956 年底，加入合作社的农户达到全国农户总数的 96.3%，其中参加高级社的农户占全国农户总数的 87.8%。原来预计用 18 年时间完成的农业合作化，仅仅用了 7 年时间，提前 11 年完成了。

农业社会主义改造的基本完成，是中国社会的一场深刻变革。它使全国 5 亿多个体农民走上了社会主义道路，将汪洋大海般的农民个体经济变成了集体经济，将个体所有制变成了集体所有制，这在中国历史上是一个巨大的胜利。中华人民共和国在农业社会主义改造的过程中，积累了丰富的经验。但是，在推广农村生产合作化的过程中，确实存在着要求过急、工作过粗、改变过快、形式也过于简单划一等缺点，影响了农业合作优越性的充分发挥。

在农业合作化运动迅猛发展的推动下，对手工业、资本主义工商业的社会主义改造浪潮也迅速掀起。

1955 年 12 月，第五次全国手工业生产合作会议召开，会上提出要各地加快手工业合作化步伐，要求在 1956—1957 年两年内基本上完成手工业合作化的任务。1956 年春，出现了全国范围的手工业合作化高潮，各个地区的手工业者整个行业都组织起来。到 1956 年底，参加合作社的手工业者达到 600 多万人，占全部手工业者的 91.7%，其总产值达 117 亿元，占当年手工业总产值的 93%，全国手工业基本上通过合作化道路完成了社会主义改造。手工业合作化的实现，是新中国社会主义改造的又一个胜利。但是，在手工业合作化的过程中，同样出现了要求过急、工作过粗、改变过快、形式过于单一等缺点。手工业和个体经济的特点就是分散和灵活，可以满足大工业、大商业所不能满足的多种生活需求。手工业合作化的高潮掀起之后，几乎所有的手工业者和个体经济都被组织起来。其结果，一方面，部分生产提高了；另一方面，产品的品种减少了，既影响了手工业者的收入，也给居民生活带来很多不便。

为了尽快完成对工商业的社会主义改造，1954 年 10 月 29 日，毛泽东等领导人邀请部分工商界代表举行座谈。毛泽东指出，工商业的社会主义改造即将走上一个新的阶段，希望工商界人士认清社会发展规律，掌握自己的命运，把自己的前途和国家的前途结合起来，积极接受社会主义改造，下决心把自己彻底改造成为光荣的自食其力的劳动者。周恩来、陈云也在座谈会上讲了话。随后，全国工商联发表《告全国工商界书》，号召全国工商业者，为实现资本主义工商业的社会主义改造而贡献力量，并在工商界组织了广泛的传达和学习。

11 月 16 日至 24 日，中共中央政治局召集有各省、市、自治区党委代表参加的关于资本主义工商业改造问题的会议，并通过了《中央关于资本主义工商业改造问题的决议》。决议指出，对于资产阶级，第一是用赎买和国家资本主义的方法，有偿地而不是无偿地，逐步地而不是突然地改变资产阶级的所有制；第二是在改造他们的同时，给予他们以必要的工作安排；第三是不剥夺资产阶级的选举权，并且对于他们中间积极拥护社会主义改造而在这个改造事业中有所贡献的代表人物给以恰当的政治安排；并且决定把对资本主义工商业的改造工作推进到一个新的阶段，即从原来在私营企业中所实行的由国家加工订货、为国家经销代销和个别地实行公私合营的阶段，推进到在一切重要的行业中分别在各地区实行全部或大部公私合营的阶段，从原来主要的是国家资本主义的初级形式推进到主要的是国家资本主义的高级形式。在一切重要的私营行业中实行全部或大部的公私合营，使私营工商业分别地、充分地集中在社会主义经济的控制之下，这是从资本主义所有制过渡到社会主义公有制具有决定意义的重大步骤。①

1956 年 1 月 10 日，北京市实现了全行业的公私合营，成为我国第一个完成社会主义改造的城市。1 月末，上海、天津、南京、广州、武汉等全国所有大城市及 50 多个中等城市，也先后实现了全部资本主义工商业的公私合营。到 1956 年底，私营工业户数的 99％、产值的 99.6％，私营商业户数的 82.2％、资金的 93.3％，实现了公私合营。全行业公私合营的实现，表明我国资本主义工商业的社会主义改造已经基本完成，从而使这些企业的生产关系发生了根本变化：第一，企业的生产资料由单个企业合营的公私

---

① 《共和国走过的路——建国以来重要文献选编(1953—1956)》，130、135 页，北京，中央文献出版社，1991。

共有变为完全由国家支配，企业的经营管理直接纳入国家计划，国家能够根据国民经济发展的需要有计划地对企业实行经济改革。资本家对生产资料的所有权只表现在一定时期内取得相应的定息。第二，工人成为工厂的真正主人，资本家变为企业的一般管理人员和技术人员，不能再以资本家的身份来行使职权。第三，由于定息制的实行，使资本家所有权和资本家经营权（或企业管理权）相分离，从而根本改变了原来资本所有权的性质。资本家已不能决定企业的经营管理权、人事调配权，原来占有的资本已不能再转化为新的资本。工人的劳动已不再是为资本家创造利润，而是同国营企业职工一样，除以按劳分配的原则领取自己应得的部分外，就是为社会主义创造财富。资本家根据核定的资方股额领取年息为5厘的定息收入，只取决于原有股金的多少，而同企业的盈亏不再发生关系。

截至1956年底，全国公私合营企业的股金共为24亿元，年息5厘，每年付定息1.2亿元，从1956年1月1日算起，共付10年，计12亿元；付给资本家的薪金8.5亿元；连同从1953年至1955年"四马分肥"（指国家资本主义企业的利润按所得税、福利费、公积金、资方红利4个部分进行分配）阶段，支付股息13亿元，国家共支付33.5亿元。也就是说，国家一共只用了33.5亿元的廉价资金，就买下了整个国家的资本主义工商业，用"和平赎买"的方式，取得了对资本主义工商业改造的成功。

社会主义改造的成功，使中国的经济结构和阶级状况发生了根本性的变化。据1956年统计，国民收入中公有制经济占92.9%，这表明社会主义公有制成为主要的所有制形式，社会主义基本制度在中国建立起来了。在社会主义改造中，尽管经历了曲折的过程，存在"改造要求过急，工作过粗，改变过快，形式也过于简单划一，以致在长期间遗留了一些问题"，"对于一部分原工商业者的使用和处理也不很适当"等缺点和偏差，"但整个来说，在一个几亿人口的大国中比较顺利地实现了如此复杂、困难和深刻的社会变革，促进了工农业和整个国民经济的发展，这的确是伟大的历史性胜利。"[1]这场伟大的社会变革，加速了中国社会主义建设，为发展社会生产力开辟了广阔的前景。

---

[1]　中共中央文献研究室编：《三中全会以来重要文献选编》，下册，801页，北京，人民出版社，1982。

八、第一个五年计划完成　高度集中的计划经济体制形成

从 1953 年开始实施的发展国民经济的第一个五年计划，由于全国人民的共同努力，进展顺利，到 1957 年超额完成了。

基本建设方面：五年间全国基本建设投资总额 550 亿元，其中国家对经济和文教卫生的基本建设投资共达 493 亿元，超过原定计划的 15.3％，加上企业和地方自筹资金，全国实际完成基本建设投资总额 588.47 亿元。在工业基本建设投资额中，重工业的投资占 88.8％，轻工业的投资占 11.2％。五年内，施工的工业建设项目达 1 万多个，其中限额以上工矿建设项目 921 个，比原计划增加 227 个。其中大部分已建成并投入生产。我国过去没有的一些工业部门，包括飞机制造业、汽车制造业、重型和精密仪器制造业、发电设备制造业、冶金和矿山设备制造业、高级合金钢和有色金属冶炼业等新的工业部门的建立，填补了我国工业中的空白，增强了基础工业的实力，开始改变我国工业落后的面貌。地质勘探工作也有很大发展，已探明的煤矿储量约 544 亿吨，铁矿储量约 56 亿吨。这些成就，为我国社会主义工业化打下了初步基础。

工业生产方面：由于新建企业一批批地投产，尤其是原有企业生产潜力的发挥，使我国的工业生产得到迅速的发展。1957 年工业总产值比 1952 年增长 128.3％，平均每年递增 18％。其中，生产资料生产平均每年增长 25.4％；消费资料生产平均每年增长 12.8％。机器制造工业在工业总产值中，由 1952 年的 5.2％，提高到 1957 年的 9.5％。工业在国民经济中的地位加强了。在工农业生产总产值中，工业及手工业总产值所占的比重，由 1952 年的 43％提高到 56.7％。我国主要重工业产品的产量平均每年的增长速度很快，钢平均每年增长 31％，电力平均每年增长 21％，煤平均每年增长 14％，石油平均每年增长 27％，机器制造平均每年增长 31％，水泥平均每年增长 18％。我国的钢产量，1957 年达到 535 万吨，比 1952 年增长 269％，为新中国成立前最高年产量的 5.8 倍。原煤产量达到 1.3 亿吨，比 1952 年增长 96％，为新中国成立前最高年产量的 2.1 倍。发电量达到 193.4 亿度，比 1952 年增长 166％，为新中国成立前最高年产量的 3.2 倍。由于基本建设投资半数以上投放内地，一大批工矿企业在内地兴起，使旧中国工业过分偏于沿海的不合理布局得到改善。工业技术力量也有了很大的增长，1957 年全国工业工程技术人员达到 17.5 万人，比 1952 年增加两

倍。工业和基本建设部门的职工达到 1019 万人，比 1952 年增长 66%。基本建设的技术力量有了迅速的增长。"一五"期间工业生产所取得的成就，远远超过了旧中国的 100 年，同世界其他国家工业起飞时期的增长速度相比，也是名列前茅的。

农业生产方面：1957 年农业总产值比 1952 年增长 25%，平均每年增长 4.5%。1957 年粮食产量达到 19505 万吨，比 1952 年增长 19%，超过"一五"计划原定指标。棉花总产量达到 164 万吨，比 1952 年增长 26%，平均每年增长 4.7 万吨。猪、牛、羊肉的产量达到 398.5 万吨，比 1952 年增长 17.7%。五年间耕地面积扩大 5867 万亩，全国新增灌溉面积 21810 万亩。水利建设有了很大发展，建成大型水库 13 座，其中主要有河北的官厅水库，安徽的佛子岭水库和梅山水库等。造林面积达到 21102 万亩，提前完成了造林计划。

交通运输邮电方面：到 1957 年，全国铁路通车里程达到 29900 公里，比 1952 年增长 22%。新建铁路 33 条，恢复铁路 3 条，修复铁路干线、复线、支线和企业专用线共约 1 万公里。主要铁路干线宝（鸡）成（都）、鹰（潭）厦（门）、黎（塘）湛（江）、集（宁）二（连浩特）等都先后建成通车。武汉长江大桥也提前建成，于 1957 年 10 月 15 日通车。公路方面，到 1957 年底，通车里程达到 25.46 万公里，比 1952 年增加 1 倍。康藏、青藏、新藏公路相继通车。五年内，内河通航里程增加 52%，航空线路长度增加 1 倍，增辟了国际航线。邮电业务量，1957 年比 1952 年增长 72%，1952 年全国大约只有 59% 的乡通邮路，到 1957 年底通邮的乡已达 99%。

商业方面：社会商品零售额 1957 年比 1952 年增长 71.3%。国家对有关国计民生的粮食和其他几种主要商品实行统购统销，保证了工业生产发展和城乡居民生活的需要。全国物价基本稳定，给经济建设提供了有利条件。进出口贸易总额，1957 年比 1952 年增长 62%。在进口贸易额中，生产资料占 98%。随着我国工业生产水平的提高，工矿产品在出口贸易额中的比重已由 1952 年的 18%，上升到 1957 年的 28%。

文化教育和科学技术方面："一五"期间，教育事业有了很大发展。1957 年高等学校已发展到 229 所，五年内共招生 56.3 万人，毕业 26.9 万人；1957 年在校学生数 44.1 万人，比 1952 年增长 1.3 倍。中等专业学校，五年内共招生 111.9 万人，毕业生 84.2 万人；1957 年在校学生数 77.8 万人，比 1952 年增长 22.3%。普通中学，五年内共招生 874.9 万人，毕业生 430.5 万人；小学五年内共招生 8800 万人，毕业生 1852 万人；1957 年在校学生数为 6427.9 万人,比 1952 年增长 25.7%。

1957 年全国科研机构共有 580 多个,研究人员 2.8 万人,比 1952 年增加两倍多。特别是自 1956 年中共中央发出"向科学进军"的号召,制定了全国科学技术发展 12 年规划后,我国一系列新兴科学技术,如原子能、喷气技术、半导体、电子计算机和自动化技术等,在这一时期,从无到有,开始创办,为迎头赶上世界最先进的科学技术水平准备了条件。

出版、广播、电影、戏剧等文化艺术事业也有很大发展。"一五"期间共摄制故事片 126 部,科教片 121 部,美术片 35 部。其中有 27 部影片、16 名电影工作者,先后 8 次在国际电影节中获奖。五年中,群众性的体育运动有了很大发展,爱国卫生运动取得显著成绩,医疗预防网迅速扩大,1957 年已达到县县有医院。

人民生活显著改善。"一五"期间,在生产发展的基础上,人民的生活水平有了逐步提高。1957 年同 1952 年相比,全国消费基金增长 36.8%,按人口平均计算增长 25.3%。到 1957 年底,全国职工人数达到 2451 万,比 1952 年增长 55.1%。旧中国遗留下来的大批失业人员已经基本上得到了安置。全国职工年平均工资在 1957 年达到 637 元,比 1952 年增长 42.8%。职工的年平均消费水平在 1957 年达到 205 元,比 1952 年提高 38.5%。五年内,国家为职工支付的劳动保险金、医药费、福利费达到 103 亿元。国家投资新建的职工住宅面积,累计达 9454 万平方米。农民生活也有较大改善。1957 年全国农民收入比 1952 年增加将近 30%。五年中,农业税的征收额一直稳定在 1953 年的水平上,使农民负担相对减轻。农业税在国家财政收支中的比重,从 1952 年的 15.4%,下降到 1957 年的 9.6%。同时在工业产品价格基本未变动的条件下,国家适当地提高了若干农副产品的收购价格,从而增加了农民的收入。如以 1952 年为 100,1957 年全国农产品采购价为 122.4。"一五"期间,由于农产品价格的提高,农民多增加收入 100 多亿元,广大农民的生活得到一定程度的改善。

第一个五年计划时期我国经济建设取得的成就,是我国历史上前所未有的,为社会主义工业化奠定了初步基础,巩固了人民民主专政制度。在国民经济恢复时期和第一个五年计划进行期间,由于国家的建设规模巨大,建设资金不足,以及受苏联模式影响等原因,新中国逐渐形成了集中全国的财力、物力和人力这种高度集中统一的计划经济体制。这表现在以下几个方面:

1. 集中统一的计划管理体制。1952 年 11 月,中央人民政府决定设立国家计划委员会。随后，中共中央要求县以上各级人民政府均建立计划委员会。这样就形成了由国家计委、中央各部计划司、各省市自治区和县级计委、地方各级计划处（科）、企业单位计划科（股）所组成的自上而下的计划管理体系。各级计委在业务上同时受上级计划机关及国家计委的指导，国家实行直接计划（指令性计划）与间接计划（指导性计划）相结合的管理体制。这实质上也就是国家直接管理企业的经营活动。

2. 集中统一的财政管理体制。1950 年 3 月，政务院颁布《关于统一国家财政经济工作的决定》，奠定了中央集权型的财政体制基础。绝大部分财政归中央财政部"统收统支"。1951 年，改为"划分收支，分级管理"，即中央、大行政区、省（市、自治区）三级财政。大区撤销后，改为中央、省（市、自治区）、县（市）三级财政。由中央统一领导，分级管理，层层负责，但绝大部分资金集中在中央。这种财政体制，侧重于集中统一，又保持一定的分散性和灵活性，从而能够使中央的财政收入得到保证。从"一五"计划时期实际执行的结果看，中央支配的财力约占 75％，地方支配的财力约占 25％。

3. 集中统一的企业管理体制。1954 年前，除华东地区外，大型国营企业基本由各大行政区管理。大区撤销后，主要工业企业陆续收归中央各部直接管理，形成以"条条"为主的企业管理体制。到 1957 年，中央各部直接管理的工业企业，从 1953 年的 2800 多个增加到 9300 多个，其产值占中央和地方管理企业的 49％。同时，与这种管理体制相适应，还实行了由中央统一分配生产资料的物资集中管理体制。从 1950 年起，国家对煤炭、钢材、木材、水泥、机床等 8 种主要物资实行计划供应，中央统一调拨。"一五"期间，统配物资由 112 种增至 231 种，部管物资由 115 种增至 301 种。

4. 集中统一的商业流通体制。中华人民共和国成立以后，首先从上到下建立起国营和供销合作社的商业体系。国营商业实行高度集中的管理制度，各专业公司对设在各地的分支机构统一管理、统一经营，实行物资大调拨和资金大回笼。1953 年改为统一领导、分级管理的制度。国家从 1953 年起，根据不同商品在国民经济中所占的地位，分别采取了统购统销、派购、议购等不同购销形式。对外贸易始终实行国家统制政策，进出口业务均由国家所设外贸公司负责。

5. 集中统一的劳动与工资管理体制。新中国成立初期，劳动就业制度基本上是多渠道、多形式的自谋职业与介绍就业相结合的方式。1953 年 11月 24 日，中共中央做出《关于统一调配干部，团结改造原有技术人员及大量培养、训练干部的决定》，规定了对干部要进行统一调配，重点配备，大胆提拔的原则。统一调配的范围逐步扩大，从大专毕业生到中专、技校毕业生，到干部、复员军人和工人，都陆续实行统一分配。全行业公私合营时，对原私营企业的职工也采取包下来的方针，由国家统一安排。由此，自行就业、自谋出路完全被统一分配所代替，形成了统包统配和能进不能出的"铁饭碗"的劳动体制。在工资管理体制上，新中国成立初期并没有统一的工资制度。1954 年后，着手实行全国工资制度的统一。1956 年国务院颁布了工资改革方案，规定工资一律按货币单位计算，并对党政机关工作人员、企业事业单位职工的工资标准、定级、升级等，均按全国统一规定执行。

这种集中统一的计划经济管理体制，在当时物资匮乏、经济基础薄弱的条件下，对集中全国的财力、物力和主要技术与管理干部，保证重点建设项目的需要起到了积极作用。但是，由于经济的决策权和管理权都统一集中在中央，政府以行政手段调节经济运行，实行指令性的计划生产，国家包揽过多、统得过死，不利于地方和企业积极性的发挥，不利于商品经济的发展。这些弊端在"一五"计划末期已经开始显露出来。

复习思考题

1. 试述中共七届三中全会确定的经济恢复时期的任务和策略方针。

2. 试述抗美援朝、土地改革、镇压反革命、"三反"、"五反"等运动的意义。

3. 国民经济恢复时期财政经济方面相继取得了哪些成就？

4. 试述中国共产党过渡时期总路线提出的经过及内容要点。

5. 试述新中国的外交方针及和平共处五项原则提出的重大意义。

6. 我国农业社会主义改造是怎样实现的？有哪些成功的经验和不足？

7. 我国资本主义工商业社会主义改造是怎样实现的？有哪些成功的经验和不足？

第二章　社会主义建设在探索中曲折发展

（1956.9—1966.5）

第一节　建设社会主义道路的初步探索

一、探索中国自己的建设社会主义道路问题的提出

伴随着 1955 年下半年的社会主义改造高潮，到 1956 年全国绝大部分地区基本上完成了生产资料私有制的社会主义改造，建立了社会主义公有制，这标志着中国完成了由新民主主义向社会主义的转变，进入了社会主义社会。同时，从 1953 年开始实施的发展国民经济第一个五年计划，完全有把握在 1956 年提前完成。

1956 年 2 月，苏联共产党召开二十大。大会最重要的内容是对个人崇拜进行揭露和批判。赫鲁晓夫在秘密报告中罗列了斯大林的一系列错误，对斯大林采取全盘否定的态度。此举在国际上产生强烈的反响，西方资本主义国家乘机掀起反苏、反共、反社会主义的浪潮。在东欧一些社会主义国家中，由于长期照搬苏联社会主义建设的模式和经验，片面强调重工业的发展，而忽视农业、轻工业，使人民群众生活水平下降，加上没有处理好社会主义建设中的各种关系和矛盾，引起人民群众的不满。

在国内国际形势产生变化的情况下，摆在中国共产党和全国人民面前的紧要课题是，如何在中国建设社会主义，如何吸取苏联的经验教训，像在新民主主义革命时期探索中国革命的道路一样，探索出一条符合中国国情的建设社会主义的道路。从 1956 年年初开始，中国进行了关于建设社会主义道路的初步探索，并取得了许多重要成果。

在中国进行社会主义建设，农业是关键。在农业社会主义改造高潮中，毛泽东从 1955 年 11 月开始与一些省、市、自治区的党委书记共同商定了

《1956年到1967年全国农业发展纲要(草案)》,并征询了中共党内、民主党派负责人和有关专家学者的意见。1956年1月23日,中共中央政治局正式提出这个纲要草案,25日,提交最高国务会议讨论通过。农业发展纲要草案提出了农业发展的长期奋斗目标,其中心任务是要求在农业合作化基础上,迅速地、大量地增加农作物的产量,发展农、林、牧、副、渔等生产事业。例如,关于粮食产量,规定从1956年开始,在12年内每亩平均年产量,在黄河、秦岭、白龙江、黄河(青海境内)以北地区,由1955年的150多斤增加到400斤;黄河以南、淮河以北地区,由1955年的208斤增加到500斤;淮河、秦岭、白龙江以南地区,由1955年的400斤增加到800斤。同年1月,中共中央还提出建设社会主义要"又多、又快、又好、又省"的方针,以此对社会主义经济建设进行全面规划,力求在工业和文教建设上提早完成和超额完成第一个五年计划,提早完成社会主义工业化的任务。

农业发展纲要草案和"又多、又快、又好、又省"方针中存在着某些急躁冒进的倾向,但从总体上看,反映了全国人民希望在社会主义改造完成后尽快地发展生产力的迫切愿望,体现了在社会主义改造取得基本胜利的情况下,中国共产党把注意力转移到社会主义建设上来,开始探索建设社会主义道路的意向。

为了更准确地了解国家经济的情况和问题,探索符合中国实际的经济发展道路,1956年年初,刘少奇听取了工业、交通部门的工作汇报。从1956年2月起,毛泽东用一个半月的时间听取了国务院工业、农业、运输业、商业、财政等35个部门的汇报,以及国家计委关于第二个五年计划的汇报。在此基础上,毛泽东总结出十个关系,并在4月25日举行的政治局扩大会议上作了《论十大关系》的讲话。5月2日,在最高国务会议上又作了进一步阐述。

《论十大关系》的讲话围绕着调动国内外一切积极因素,为社会主义事业服务的基本方针,在认真总结我国社会主义革命和建设的经验教训,特别是注意避免苏联走过的弯路的基础上,阐述了社会主义建设中的十大关系,即:重工业和轻工业、农业的关系;沿海工业和内地工业的关系;经济建设和国防建设的关系;国家、生产单位和生产者个人的关系;中央和地方的关系;汉族和少数民族的关系;党和非党的关系;革命和反革命的关系;是非关系;中国和外国的关系。

在"十大关系"中涉及经济方面的有五个关系。毛泽东强调在处理重工业、轻工业、农业的关系上,我们没有犯原则性的错误,但鉴于苏联片面地注重重工业，忽视农业和轻工业的现象，我们要适当地调整重工业和农业、轻工业的投资比例，更多地发展农业、轻工业。在国家、生产单位和生产者个人的关系上，要兼顾各方面的利益，不能只顾一头，无论只顾哪一头，都不利于社会主义。在中央和地方的关系上，应当在巩固中央统一领导的前提下，扩大一点地方的权力，给地方更多的独立性，不要像苏联那样，把地方卡得死死的，一点机动权也没有。

在政治方面谈到了四个关系。毛泽东指出：在汉族和少数民族的关系上，我们着重反对大汉族主义，地方民族主义也要反对，但是那一般地不是重点。要诚心诚意地积极帮助少数民族发展经济建设和文化建设，巩固各民族的团结。在党和非党的关系上，中国共产党和其他民主党派实行"长期共存，互相监督"的方针，要团结一切善意地向我们提意见的民主人士，这对党，对人民，对社会主义比较有利。但是，无产阶级政党和无产阶级专政，现在非有不可，而且非继续加强不可，否则不能建设社会主义。在革命和反革命的关系上，肯定 1951 年和 1952 年那一次镇压反革命是必须的，肯定现在还有反革命，但已经大为减少，今后社会上的镇反要少捉少杀。在是非关系上，强调党内党外都要分清是非，对犯了错误的人，采取"惩前毖后，治病救人"的方针。

在中国和外国的关系问题上，毛泽东指出：我们提出向外国学习的口号，我想是提得对的。"一切民族、一切国家的长处都要学，政治、经济、科学、技术、文学、艺术的一切真正好的东西都要学。但是，必须有分析有批判地学，不能盲目地学，不能一切照抄，机械搬用。他们的短处、缺点，当然不要学。""对于苏联和其他社会主义国家的经验，也应当采取这样的态度。"[①]

毛泽东最后指出：这十种关系，都是矛盾。我们的任务，是要正确处理这些矛盾。只有这样才能把党内党外、国内国外的一切积极的因素，直接的、间接的积极因素，全部调动起来，把我国建设成为一个强大的社会主义国家。《论十大关系》提出的一系列重要的思想和原则，是中国共产党把马克思主义普遍原理同中国社会主义革命和建设的具体实践相结合的结果，是探索中国自己的社会主义建设道路的初步成果，是指导社会主义建设的重要理论之一，为随后召开的中共八大制定中国社会主义建设的路线方针政策提供了理论的基础。《论十大关系》的讲话还向全党、全国各地区、

---

① 《毛泽东文集》，第 7 卷，41 页，北京，人民出版社，1999。

各部门、各方面提出了深入探索社会主义建设道路的任务。

二、"百花齐放，百家争鸣"方针和科学文化事业的兴盛

在建设社会主义，不断地发展社会生产力、发展科学文化的过程中，广大知识分子的作用非常突出。为了调动广大知识分子的积极性，加强对知识分子和整个科学文化工作的领导，中共中央于 1956 年 1 月在北京召开了关于知识分子问题的会议。周恩来向会议作了《关于知识分子问题的报告》，指出：社会主义时代比以前任何时代都更加需要充分地发展科学和利用科学知识，因此进行社会主义建设，除了必须依靠工人阶级和农民的积极劳动以外，还必须依靠知识分子的积极劳动，"依靠工人、农民、知识分子的兄弟联盟"。报告正式宣布：知识分子中的绝大部分"已经成为国家工作人员，已经为社会主义服务，已经是工人阶级的一部分"[1]。周恩来在报告中还分析了我国科学技术的现状，明确提出力争在不太长的时间里迅速地扩大和提高我国的科学文化力量，赶上世界先进水平的任务。

1 月 20 日，毛泽东到会讲话，指出："现在我们是革什么命呢？现在是革技术的命，叫技术革命。要搞科学，要革愚昧同无知的命，叫文化革命。"[2]他要求在比较短的时间内，造就大批高级知识分子，号召全党努力学习科学知识，同党外知识分子团结一致，为迅速赶上世界先进科学水平而奋斗。

知识分子问题会议鼓舞了广大知识分子，激发了他们的政治热情和工作积极性，这对于推动社会主义建设事业的开展起了积极的作用。根据会议精神，3 月 14 日国务院成立了国家科学规划委员会，陈毅为主任，集中几百名优秀科学家编制 1956 年至 1967 年全国科学技术发展远景规划和哲学社会科学发展规划。随后，全国掀起了向科学进军的热潮。

新中国成立之初的几年，科学文化工作有了一定的发展，但其中存在着教条主义和宗派主义的倾向。例如，遗传学界存在以苏联米丘林—李森科学派为权威，排斥西方的门德尔—摩尔根学派的情况；在医学界有人认为苏联巴甫洛夫学说是社会主义医学，中医是封建医学，西医是资本主义

---

① 《周恩来选集》，下卷，162 页，北京，人民出版社，1984。
② 中共中央文献研究室编：《毛泽东年谱(1949—1976)》，第二卷，515 页，北京，中央文献出版社，2013。

医学；戏曲界出现京剧和地方戏以哪个为主的争论。这种现象引起中共中央和毛泽东的关注。1951 年 4 月，中国戏曲研究院成立时，毛泽东题词祝贺："百花齐放，推陈出新。"1953 年 8 月，中共中央批准设立中国历史问题研究、中国文字改革研究、中国语文教学研究三个委员会。就历史研究的工作方针问题，毛泽东提出："百家争鸣。"在此基础上经过认真的总结，1956 年 4 月 28 日，毛泽东在中共中央政治局扩大会议上提出了"百花齐放，百家争鸣"的方针。他说："艺术问题上的百花齐放，学术问题上的百家争鸣，我看应该成为我们的方针。"①5 月 2 日，在最高国务会议第七次会议上他正式宣布了这一方针，指出："现在春天来了嘛，一百种花都让它开放，不要只让几种花开放，还有几种花不让它开放，这就叫百花齐放。百家争鸣，是说春秋战国时代，两千年以前那个时候，有许多学派，诸子百家，大家自由争论。现在我们也需要这个。"②5 月 26 日，中共中央宣传部部长陆定一在中国科学院和中国文联联合召开的报告会上作了《百花齐放，百家争鸣》的报告，系统地阐述了这个方针。他说："要使文学艺术和科学工作得到繁荣的发展，必须采取'百花齐放，百家争鸣'的政策。""我们所主张的'百花齐放，百家争鸣'是提倡在文学艺术工作和科学研究工作中有独立思考的自由，有辩论的自由，有创作和批评的自由，有发表自己的意见、坚持自己的意见和保留自己的意见的自由。""我们主张政治上必须分清敌我，我们又主张人民内部一定要有自由。'百花齐放，百家争鸣'，是人民内部的自由在文艺工作和科学工作领域中的表现。"③

"百花齐放，百家争鸣"方针的提出，使广大知识分子受到鼓舞，从1956 年年初到 1957 年上半年，我国的科学文化事业出现了生机勃勃的景象。1956 年 8 月，中国科学院和高等教育部共同在青岛召开遗传学座谈会。会议贯彻"百家争鸣"方针，针对遗传学界存在的不同学术观点，展开自由讨论，摘掉先前强加在不同学派头上的政治标签，使持摩尔根学说的学者同持李森科学术观点的学者一样，享有教学、研究和出版学术著作的权利。这次会议经过报刊的宣传在学术界产生良好的反响。1957 年 1 月，中国科学院第一次科学奖（自然科学部分）评选揭晓。华罗庚的"典型域上的多元复变函数论"、吴文俊的"示性类及示嵌类的研究"和钱学森的"工程控制论"获

---

① 《毛泽东文集》，第 7 卷，54 页。
② 《毛泽东传(1949—1976)》，上册，491 页。
③ 《陆定一文集》，500、501～502、504 页，北京，人民出版社，1992。

得一等奖，另有 5 项成果获二等奖，26 项成果获三等奖。这反映了新中国成立后的几年里我国科学技术在某些领域有自己的长处，取得了比较高的成就，并拥有一批优秀的科学家。

在文化方面，1956 年 1 月，国务院公布了《汉字简化方案》。这个方案分 3 部分：第一部分即汉字简化方案第一表，所列简化汉字 230 个；第二部分即第二表，所列简化汉字 285 个；第三部分即汉字偏旁简化表，所列简化偏旁 54 个。第一表从 1956 年 2 月 1 日起在全国印刷和书写的文件上通用，除翻印古籍和其他特殊原因外，原来的繁体字停止使用。为慎重起见，第二表和汉字偏旁简化表先行公布，待征求意见作某些必要的修改后再正式分批推行。1956 年 2 月国务院发出《关于推广普通话的指示》，提出推广以北京语音为标准音，以北方话为基础方言，以典型的现代白话文著作为语法规范的普通话，并要求从 1956 年秋季起，除少数民族地区外，全国中、小学语文课内一律开始教学普通话。汉字简化和推广普通话对于发展我国政治、经济、文化和国防有着重要的意义。在戏曲改革方面，浙江省昆苏剧团演出的昆曲《十五贯》，受到文艺界好评。昆苏剧团将 200 多年前的昆剧《十五贯》进行大胆取舍，推陈出新，改编为线索简洁、通俗易懂的新剧目。1956 年 4 月，该剧到北京公演，盛况空前。周恩来肯定该剧"有着丰富的人民性，相当高的思想性和艺术性"；"复活了昆曲，为'百花齐放，推陈出新'奠定了基础。"①《十五贯》的改编成功推动了戏曲改革。1956 年 6 月到 1957 年 4 月，全国记录传统剧目 14632 个，加工整理 4223 个，上演剧目猛增到 10520 个，几乎是 1956 年年初的 10 倍。②戏剧方面，1956 年前后当代话剧形成一个创作高潮，出现了《万水千山》、《战斗里成长》、《冲破黎明前的黑暗》等大批优秀剧目。随着对杨履方的话剧《布谷鸟又叫了》的评论，出现了"第四种剧本"。③除了《布谷鸟又叫了》以外，岳野的《同甘共苦》、海默的《洞箫横吹》等也被认为属于这类剧目。1957 年老舍的话剧《茶馆》首次搬上舞台，受到广大观众的欢迎。电影方面，这个时期，革命战争题材电影作品大量涌现，如《董存瑞》、《平原游击队》、《上甘岭》、《铁道游击队》和

---

① 《周恩来选集》，下卷，195 页。

② 王新民：《中国当代戏剧史纲》，10 页，北京，社会科学文献出版社，1997。

③ 剧作家刘川以黎弘的笔名在 1957 年 6 月 11 日的《南京日报》上发表《第四种剧本——评〈布谷鸟又叫了〉》一文，批评戏剧创作中的公式化、概念化问题，认为在写工农兵三种剧本之外，还要写第四种剧本。

《柳堡的故事》等。其他方面题材的影片有《祝福》、《新局长到来之前》、《李时珍》、《女篮五号》、《情长谊深》、《青春的脚步》、《边寨烽火》和《不夜城》等。这当中有反映现实生活的影片，也有历史题材的影片和由名著改编的影片。反映现实生活的影片中既表现了工农兵的生活，也表现了知识分子的生活，甚至表现了资本家的生活。其中还有揭露和批判官僚主义的讽刺喜剧片。这个时期文艺界大量优秀作品的涌现，促进了文艺事业的繁荣，极大地丰富了人民群众的文化生活。

三、中共八大

1945 年中共七大之后的 11 年间，党领导人民取得了新民主主义革命的胜利，1949 年建立了中华人民共和国，之后又领导人民进行了社会主义革命，至 1956 年基本上完成了社会主义改造，建立了社会主义基本制度，使我国国内的阶级关系发生了重大变化。11 年间，中国共产党的自身状况也发生了巨大变化，1956 年党员人数比中共七大时增加了 8 倍，共有 1073 万名党员，党已经处于执政党地位，担负着领导社会主义建设的重任。为了全面地总结 11 年来革命和建设的经验教训，正确分析形势及存在的问题，制定在新的历史时期党和国家的根本任务和方针政策，中国共产党于 1956 年 9 月 15 日至 27 日在北京召开了第八次全国代表大会。1021 名代表出席了大会。各民主党派、无党派民主人士的代表和 50 多个外国共产党、工人党代表团应邀列席会议。

大会的主要议程有：刘少奇代表中央委员会作政治报告；邓小平作关于修改党章的报告；周恩来作关于发展国民经济的第二个五年计划建议的报告；选举中央委员会。大会还听取了朱德、陈云、董必武等 68 位代表的发言和 45 位代表的书面发言。大会经过认真讨论，通过了《关于政治报告的决议》、《中国共产党章程》和《关于发展国民经济第二个五年计划的建议》。

毛泽东在大会开幕式上致开幕词。他提出大会的任务是：总结从七次大会以来的经验，团结全党，团结国内外一切可能团结的力量，为了建设一个伟大的社会主义的中国而奋斗。他指出：把马克思列宁主义的理论和中国革命的实践密切地联系起来，这是我们党的一贯的思想原则。现在我们党的马克思列宁主义的思想水平，已经提高了一步，但还存在思想上的主观主义、工作上的官僚主义和组织上的宗派主义的严重缺点。必须用加强党内思想教育的方法，大力克服这些缺点。他还提出："要把一个落后的农业的中国改变成为一个先进的工业化的中国,我们面前的工作是很艰苦的,我们的经验是很不够的。因此,必须善于学习。""虚心使人进步,骄傲使人落后,我们应当永远记住这个真理。"①

中共八大在社会主义建设的一系列问题上提出了重要的思想,主要有:

1. 正确地分析了生产资料私有制社会主义改造基本完成后,我国的阶级关系和主要矛盾方面的变化,提出党和国家的主要任务是集中力量发展社会生产力。八大认为社会主义改造基本完成以后,我国的阶级关系发生了新的变化,"我国的无产阶级同资产阶级之间的矛盾已经基本上解决,几千年来的阶级剥削制度的历史已经基本上结束,社会主义的社会制度在我国已经基本上建立起来了"。国内的主要矛盾,"已经是人民对于建立先进的工业国的要求同落后的农业国的现实之间的矛盾,已经是人民对于经济文化迅速发展的需要同当前经济文化不能满足人民需要的状况之间的矛盾。这一矛盾的实质,在我国社会主义制度已经建立的情况下,也就是先进的社会主义制度同落后的社会生产力之间的矛盾"。② 由此八大提出:"党和全国人民的当前的主要任务,就是要集中力量来解决这个矛盾,把我国尽快地从落后的农业国变为先进的工业国。""由于社会主义革命已经基本上完成,国家的主要任务已经由解放生产力变为保护和发展生产力"③。这样,八大确定了党和国家工作重点转移到社会主义建设上来的决策,规定了社会主义建设的政治路线。

2. 通过总结第一个五年计划实施的经验教训,提出了既反保守又反冒进即在综合平衡中稳步前进的经济建设方针。鉴于 1953 年和 1956 年年初发生两次盲目冒进和急于求成的偏向,八大系统总结了第一个五年计划实施的经验教训,提出在经济工作中应注意的几个问题:应该根据需要和可能,合理地规定国民经济的发展速度,把计划放在既积极又稳妥可靠的基础上,以保证国民经济比较均衡地发展;应该使重点建设和全面安排相结合,以便国民经济各部门能够按比例发展;应该增加后备力量,健全物资储备制度,保证国民经济均衡发展和年度计划的顺利执行;应该正确处理经济和财政的关系,财政收入必须建立在经济发展的基础上,财政支出也必须首

---

① 《毛泽东文集》,第 7 卷,114~117 页。

② 中共中央文献研究室编:《建国以来重要文献选编》,第 9 册,341 页,北京,中央文献出版社,1994。

③ 《建国以来重要文献选编》,第 9 册,341~342、350~351 页。

先保证经济的发展。八大根据既反保守又反冒进即在综合平衡中稳步前进的经济建设方针，确定了第二个五年计划的基本任务，强调继续进行以重工业为中心的工业建设，建立社会主义工业化的巩固基础；继续完成社会主义改造，巩固和扩大集体所有制和全民所有制；进一步发展工业、农业和手工业生产，相应发展运输业和商业；努力培养人才，加强科学研究；增强国防力量；提高人民的物质、文化生活水平。

3. 探索了改进社会主义经济管理体制的方针和措施。在"一五"计划期间形成的高度集中统一的经济体制有其积极作用，但不可否认也存在着中央集权过多、国家对企业管理过严过死、地方缺乏自主权等局限性。在总结了这些问题的基础上，八大提出，在适当范围内，要更好地运用价值规律，来影响那些不必要由国家统购包销、产值不大的、品种繁多的工农业产品的生产，以满足人民多样的生活需要。因此，在国家统一市场的领导下，将有计划地组织一部分自由市场；在一定范围内，将实行产品的自产自销；对某些日用工业品，将推行选购办法；对所有商品，将实行按质分等论价办法。① 陈云在大会发言中就社会主义经济体制问题提出了"三个主体，三个补充"的重要意见，即：既要以国家经营、集体经营为主体，又要有一定数量的个体经营作补充；既要以计划生产为主体，又要有自由生产作补充；既要以国家市场为主体，又要以自由市场作补充。② 八大还提出，按照统一领导、分级管理、因地制宜、因事制宜的方针，进一步地划分中央和地方的行政管理职权，改进国家的行政体制，划分事业、企业、计划和财政的管理范围，适当扩大省、自治区、直辖市的管理权限，以利于地方积极性的充分发挥。

4. 提出了在国家政治生活中要进一步扩大社会主义民主，健全社会主义法制。根据社会主义建设的需要，八大指出进一步扩大民主生活，开展反对官僚主义的斗争，是改进国家工作的重要任务，为此要求认真地、系统地改善国家机关，精简机构，明确工作人员的职责。大会要求加强对国家机关的监督，适当调整中央和地方行政管理职权，改变中央对地方限制过多过死，忽视地方的特殊情况和特殊条件的现象，以利于发挥中央和地方的两个积极性。大会认为必须按照"长期共存，互相监督"的方针，继续加强同各民主党派和无党派人士的合作，充分发挥各级人民政协的作用。

---

① 《建国以来重要文献选编》，第 9 册，203 页。

② 《陈云文选》，2 版，第 3 卷，13 页，北京，人民出版社，1995。

大会提出健全国家法制是巩固人民民主专政的迫切任务之一，必须逐步地系统地制定完备的法律，健全社会主义法制，以维护社会主义建设的正常秩序。

5. 根据党的地位的变化和面临的新形势、新任务，确定了执政党建设的若干重要原则。八大指出，中国共产党已经是执政党，很容易使一些党员干部沾染上官僚主义习气，产生脱离实际和脱离群众的现象和滋长骄傲自满的情绪，这使党面临着新的考验。为此，必须加强执政党的自身建设，坚持理论联系实际，实事求是，反对主观主义；坚持党的群众路线，反对官僚主义；巩固党的团结和统一，反对宗派主义；坚持民主集中制和集体领导的原则，反对个人专断和个人崇拜。

大会选举产生了新的中央委员会，中央委员 97 名，候补中央委员 73 名。9 月 28 日，举行了八届一中全会，选举产生了新的中央领导机构。中央政治局委员 17 名，为毛泽东、刘少奇、周恩来、朱德、陈云、邓小平、林彪、林伯渠、董必武、彭真、罗荣桓、陈毅、李富春、彭德怀、刘伯承、贺龙、李先念；中央政治局候补委员 6 名，为乌兰夫、张闻天、陆定一、陈伯达、康生、薄一波。中央政治局常委有毛泽东、刘少奇、周恩来、朱德、陈云、邓小平。毛泽东为中央委员会主席；刘少奇、周恩来、朱德、陈云为副主席；邓小平为总书记。

中国共产党第八次全国代表大会是我国社会主义时期一次具有深远意义的会议。它科学地总结了新中国成立后前七年社会主义革命和建设的经验教训，正确地分析了国内外形势，制定了社会主义建设过程中一系列正确的方针政策，体现了中国在社会主义改革和建设过程中带有的"自己的许多特点"，为探索中国自己的社会主义建设道路奠定了基础。八大的功绩是集体智慧的结晶，是中国共产党在社会主义时期对马克思列宁主义的创造性地运用，是毛泽东思想的新发展。但是，由于历史的局限，中国共产党对于社会主义建设的理论和思想还不够成熟，八大的正确方针在党内未能牢固确立，一些重要思想没有能够在实践中坚持下去，或者没有充分地坚持下去，因此，八大之后，我国的社会主义建设出现了曲折。

八大以后，对社会主义建设道路的探索继续进行。1956 年 11 月，中国共产党八届二中全会在北京举行。全会讨论了国际局势和中苏关系问题，以及国民经济计划问题。会上，刘少奇作了《目前时局问题的报告》，针对波匈事件，提出要加强社会主义民主，加强人民对于领导人员的监督。毛泽东在会上分析了中苏两国的具体情况，强调坚持中国自己的特点，反对一切照搬苏联。全会还听取了周恩来作的《关于 1957 年度国民经济发展计划和财政预算控制数字的报告》。报告认为未来经济发展的速度可以放慢一点，八大和农业发展纲要草案规定的指标经过研究可以修改。周恩来鉴于 1956 年年初经济建设中的冒进倾向，提出 1957 年度的计划应当在继续前进的前提下，对基本建设作适当压缩，合理调整各经济部门之间的比例关系。他提出的"保证重点，适当收缩"的方针得到全会的赞同。

八大以后，改进经济管理体制方面的探索进一步深入。中共中央在 1957 年制定了《关于改进工业管理体制的规定（草案）》、《关于改进商业管理体制的规定（草案）》和《关于改进财政管理体制的规定（草案）》3 个文件。这些文件的基本精神是把管理工业、商业和财政收入的部分权力，下放给地方和企业，以此调动他们的积极性。这 3 个文件后经中共八届三中全会和国务院会议通过，于 1957 年 11 月由国务院颁布实施。

在农村还开始了农业合作社的整顿工作。1957 年 6 月 25 日，全国人大常委会讨论通过了《关于增加农业生产合作社社员自留地的决定》，规定社员自留地不得超过当地每人平均土地数的 10%。9 月 14 日，中共中央发出关于整顿农业生产合作社的 3 个指示，调整了高级社的经济管理体制，规定：推行农业生产责任制，做好生产管理工作，要建立"统一经营，分级管理"制度，实行"包工、包产、包财务"；调整社队的组织规模，认为一村一社比较适宜，生产队以 20 户左右为宜；贯彻互利政策，克服分配上的平均主义；鼓励社员发展畜牧业，等等。

在个体手工业、个体商业发展问题上，陈云在八大上提出"三个主体，三个补充"的重要意见之后，自由市场、个体工商户的经营活动明显活跃。《人民日报》在 1956 年 12 月 21 日发表社论《怎样对待手工业个体户》，指出手工业个体户的发展，一方面满足人民需要，增加市场商品供应；另一方面扩大城市就业人数，对国家有利无害。

1956 年 12 月，毛泽东与工商联负责人和统战部负责人多次谈话，提出：地下工厂①"因为社会有需要，就发展起来。要使它成为地上，合法化，可以雇工"。"最好开私营工厂，同地上的作对，还可以开夫妻店，请工也可以。""可以消灭了资本主义，又搞资本主义。"毛泽东把这种做法称为"新经济政策"。② 同年 12 月 29 日，刘少奇也说："有这么一点资本主义，一条

---

① 指自发经营的规模较大的手工业个体户和手工工场。

② 《毛泽东文集》，第 7 卷，170 页。

是它可以作为社会主义经济的补充，另一条是它可以在某些方面同社会主义经济作比较。"1957 年 4 月 6 日，周恩来说："主流是社会主义，小的给些自由，这样可以帮助社会主义的发展"，"在社会主义建设中，搞一点私营的，活一点有好处。"①

八大以后党和国家在改进经济管理体制方面的探索，提出了一些根本性的问题，其思想是可贵的，它表明在探索符合中国国情的社会主义建设道路上走出了重要的一步。但是由于历史条件和认识水平的限制，这种改进经济管理体制的探索未能深入下去。

四、关于正确处理人民内部矛盾的理论

1956 年 2 月苏共二十大以后，东欧一些社会主义国家政局出现动荡。这些国家都曾学习苏联，照搬苏联的模式，在经济上片面地优先发展重工业，忽视农业和轻工业，导致市场供应紧张，人民生活水平未得到应有的提高；在经济管理体制上，强调高度集权，挫伤了企业的生产积极性，妨碍了生产的发展；在政治生活中，大搞个人崇拜和阶级斗争扩大化，打击、迫害主张走独立自主道路的干部群众，同时党政机关和企业中存在着严重的官僚主义。这种种现象引起人民群众的不满，终于酿成了波兰波兹南事件和匈牙利事件。对于事件的起因，波兰统一工人党在波兹南事件后指出：把注意力集中在煽动者和帝国主义走狗的阴谋上去，那是错误的，通过事件的分析，绝大部分的责任要归中央和地方领导者的官僚主义和愚昧无知。匈牙利执政党认为事件的起因也主要是由匈牙利执政党的错误引起的。事件发生后，匈牙利执政党未能正确地对待群众，加上国际国内反动势力的煽动和利用，局势日益严重。波匈事件的发生表明如果处理不好人民内部的矛盾，不能克服工作中的缺点错误，社会主义事业就会遭受挫折。

在中国国内，1956 年秋至 1957 年春，城乡少数地区发生了工人罢工、农民闹退社等事件。造成这些事件的原因主要是，社会主义制度刚刚建立，其自身尚有许多不完善的地方；社会主义改造中存在的要求过急、工作过粗的缺点未能很好地解决；1956 年经济工作中的冒进势头带来一些问题；某些地区的机关和干部中存在着严重的官僚主义倾向。在这些事件中，绝大多数属于人民内部的矛盾。但是也有个别事件是坏人捣乱引起的。这些

---

① 《建国以来重要文献选编》，第 10 册，164 页。

情况说明，我国社会矛盾出现了错综复杂的情况，一方面大规模疾风骤雨式的群众阶级斗争已基本结束，阶级斗争只在一定范围内存在；另一方面普遍大量存在、居于主要地位的是人民内部矛盾。

国际和国内形势的变化，使得人们去思考并努力解决这样一些带有根本性质的问题：社会主义社会是否存在矛盾？社会主义社会矛盾的特点是什么？如何正确处理人民内部矛盾？这些问题的处理与解决直接关系到社会主义事业的巩固和发展，它是摆在中国共产党和广大人民面前的重大课题。以毛泽东为代表的中国共产党人在这个涉及社会主义国家政治生活主题的重大问题上进行了认真的富有成果的探索。

1956年4月5日，《人民日报》刊载《关于无产阶级专政的历史经验》一文，明确指出：社会主义社会也存在矛盾，否认矛盾存在，就是否认辩证法。各个社会的矛盾性质不同，解决矛盾的方式也不同，但是社会的发展总是在不断的矛盾中进行的。社会主义社会的发展也是在生产力和生产关系的矛盾中进行着的。4月25日，毛泽东发表《论十大关系》的讲话，"十大关系"即"十大矛盾"，其中大部分阐述的是人民内部矛盾，也提到敌我矛盾。《论十大关系》在正确区分两类矛盾学说方面大大地前进了一步，使之更加具体化了。9月，中共八大正确地论述了我国社会的主要矛盾问题，指出"无产阶级同资产阶级之间的矛盾已经基本上解决"。此后一段时间，主要是在1956年11月至1957年2月，毛泽东以极大的精力投入到正确处理人民内部矛盾学说的探索研究中。

12月4日，毛泽东在致黄炎培的信中，提出了敌我之间和人民内部的两类矛盾的科学概念。他指出：社会主义社会有两类矛盾，一种是"敌我之间的"，一种是"人民内部的"。"前者是用镇压的方法，后者是用说服的方法，即批评的方法"。

1957年1月，毛泽东在省市自治区党委书记会议上分析当时我国社会出现的各种矛盾时，强调指出：怎样处理社会主义社会的敌我矛盾和人民内部矛盾，这是一门科学，值得好好研究。就我国的情况来说，现在的阶级斗争，一部分是敌我矛盾，大量表现的是人民内部矛盾。

在上述理论探索的基础上，1957年2月27日，毛泽东在最高国务会议第11次（扩大）会议上作了《如何处理人民内部的矛盾》的讲话，更明确地提出了关于区分两类不同性质的社会矛盾和正确处理人民内部矛盾的问题。讲话以后，毛泽东又在不同场合继续阐发了这个问题，而后对讲话进行了重要的补充和修改，使之更加系统化、理论化。6月19日，《人民日报》以

《关于正确处理人民内部矛盾的问题》为题公开发表了这个讲话。这篇重要文献的主要内容是：

1. 明确了社会主义社会的基本矛盾及其特点。毛泽东明确提出矛盾是普遍存在的，社会主义社会也充满了各种矛盾。正是这些矛盾推动社会主义社会向前发展。他进一步指出：社会主义社会的基本矛盾是生产关系和生产力之间的矛盾，上层建筑和经济基础之间的矛盾。它与旧社会的生产关系和生产力的矛盾、上层建筑和经济基础的矛盾具有不同的性质和情况。社会主义生产关系已经建立起来，它是和生产力的发展相适应的；但是，它还很不完善，这些不完善的方面和生产力的发展又是相矛盾的。社会主义的矛盾不是对抗性的矛盾，它可以通过社会主义制度本身不断地得到解决。

2. 提出了正确区分和处理敌我矛盾和人民内部矛盾这两类不同性质矛盾的理论。毛泽东指出：在我们的面前有两类社会矛盾，这就是敌我之间的矛盾和人民内部的矛盾。这是性质完全不同的两类矛盾。敌我之间的矛盾是对抗性的矛盾。人民内部矛盾，一般说来，是在人民利益根本一致的基础上的矛盾，是非对抗性的。敌我之间和人民内部这两类矛盾的性质不同，解决的方法也不同。解决敌我矛盾用专政的方法，解决人民内部矛盾用民主的方法，具体为一个公式，叫作"团结—批评—团结"，或者说是"惩前毖后，治病救人"。他还指出：两类不同性质的矛盾不是固定不变的，在一定条件下，它们之间可以互相转化。敌我之间的矛盾如果处理得当，对抗性的矛盾可以转变为非对抗性的矛盾；人民内部矛盾不是对抗性的，但是如果处理不适当，或者失去警觉，麻痹大意，也可能发生对抗。这种情况，在社会主义国家通常只是局部的暂时的现象。

3. 阐明了正确处理人民内部矛盾的一系列原则和方针政策。为了正确处理人民内部矛盾，毛泽东提出了一系列具体方针政策。在经济工作中实行"统筹兼顾、适当安排"的方针，要兼顾国家、集体和个人三者的利益，正确处理重工业与轻工业、农业的关系；在共产党和民主党派的关系上，实行"长期共存，互相监督"的方针；在科学文化工作中，实行"百花齐放，百家争鸣"的方针；在民族关系上，维护民族团结，克服大汉族主义或地方民族主义。

4. 提出正确处理人民内部矛盾的目的和我们的任务。毛泽东指出：革命时期的大规模的疾风骤雨式的群众阶级斗争基本结束，还有反革命，但是不多了，大量突出的是人民内部矛盾。进而还提出：我们的根本任务已经由解放生产力变为在新的生产关系下面保护和发展生产力。在这个时候，我们提出划分敌我和人民内部两类矛盾的界限，提出正确处理人民内部矛盾的问题，目的是团结全国各族人民进行一场新的战争——向自然开战，将我国建设成为一个具有现代工业、现代农业和现代科学文化的社会主义国家。在这里，毛泽东把正确处理人民内部矛盾问题作为国家政治生活的主题。

《关于正确处理人民内部矛盾的问题》正式公开发表之时，反右派斗争已经开始。毛泽东在对极少数右派分子利用整风向党向社会主义发动进攻的形势作了过分严重估计的情况下，在整理讲话稿时加进了"无产阶级和资产阶级之间的阶级斗争，各派政治力量之间的阶级斗争，无产阶级和资产阶级之间在意识形态方面的阶级斗争，还是长时期的，曲折的，有时甚至是很激烈的"等话。这段论述同中共八大精神，同原讲话稿不大协调，理论上也有不妥之处。尽管如此，从总体上看，公开发表的讲话并未改变原讲话的基本精神，其主题、中心思想和基本内容都没有大的变化。

《关于正确处理人民内部矛盾的问题》的讲话认真研究了我国社会主义改造胜利后的新情况、新问题，分析了社会主义社会的矛盾问题，第一次把社会主义社会的矛盾区分为敌我矛盾和人民内部矛盾两类不同性质的矛盾，并系统论述了社会主义社会人民内部矛盾的表现、根源、性质和解决的方针、方法，从而形成了关于正确处理人民内部矛盾的理论，这对于探索符合中国国情的社会主义建设道路，具有重大的指导意义。

五、中国共产党的整风运动和反右派斗争

为了加强党的建设，把党建设成为领导全体人民建设社会主义的核心力量，党的八大提出要克服主观主义、官僚主义和宗派主义等错误的思想作风，强调坚持实事求是、理论联系实际、密切联系群众以及批评和自我批评的优良传统和作风。党的八届二中全会根据毛泽东的提议，决定于1957年在全党开展整风运动，主要整顿主观主义、官僚主义和宗派主义。

1957年3月，中国共产党召开包括党外人士参加的全国宣传工作会议。3月12日，毛泽东在会上发表讲话，宣布："准备党内在今年开始整风"，主要是批评几种错误的思想作风和工作作风，即主观主义、官僚主义和宗派主义。他认为，整风就是要不断地把我们身上的错误东西整掉，就是为了使我们能够担负起使几亿中国人生活得好，把我们这个经济落后、文化

落后的国家，建设成为富裕的、强盛的、具有高度文化的国家的任务。讲话还指出，"百花齐放，百家争鸣"是一个基本性的同时也是长期性的方针，不是一个暂时性的方针。"这个方针不但是使科学和艺术发展的好方法，而且推而广之，也是我们进行一切工作的好方法。这个方法可以使我们少犯错误。"①会议结束后，毛泽东南下杭州，沿途先后在天津、济南、南京和上海四地发表讲话，主题仍是如何处理人民内部矛盾和如何贯彻"双百"方针，但有了新的发挥。他指出：现在，阶级斗争这件工作基本上结束。大规模的、群众性的阶级斗争基本上结束。我们党要来搞建设，要学科学，要率领整个社会跟自然界做斗争，要把中国的面貌加以改变。他说，所谓基本结束，就是说还要有阶级斗争，特别是表现在意识形态这一方面。意识形态方面的阶级斗争，就是无产阶级思想跟资产阶级思想的斗争。我们是把它当作内部矛盾来处理的。他认为，社会主义同资本主义两种制度的斗争基本上分了胜负，但不是最后胜利。资产阶级思想同无产阶级思想，马克思主义同非马克思主义的斗争，意识形态方面的谁胜谁负，那就要更长一点了。② 在南京，他讲道：我国现在是处在这么一个变革的时期：由阶级斗争到向自然界做斗争，由革命到建设，由过去反帝反封建的革命和后头的社会主义革命到技术革命，到文化革命。把我们的国家建设好要多少年呢？我看大概要一百年吧。③ 关于"双百"方针，他说，应该坚持"百花齐放，百家争鸣"的方针，应该"放"，而不是"收"。他强调指出："高压政策不能解决问题，人民内部的问题不能采取高压政策。"关于整风，他提出："我们要保持过去革命战争时期的那么一股劲，那么一股革命热情，那么一种拼命精神，把革命工作做到底。……有些同志缺乏这种热情，缺乏这种精神，停滞下来了。这种现象不好，应当对这些同志进行教育。"

毛泽东以上的这些讲话和此前不久《关于正确处理人民内部矛盾的问题》的讲话，在广大干部和知识分子中传达以后，引起极大反响。中共中央在3月和4月间，先后发出指示，要求各地检查正确处理人民内部矛盾的问题和"百花齐放，百家争鸣"方针的执行情况。各民主党派也召开会议，积极讨论国家政治生活中的重大问题。党内外群众对党的工作和干部的作风提出了许多批评意见。这些情况说明整风运动实际上已经开始了，并为进

---

① 《毛泽东文集》，第7卷，279页。

② 《毛泽东传(1949—1976)》，上册，645～646页。

③ 《毛泽东传(1949—1976)》，上册，647～648页。

一步深入开展整风创造了条件。

1957 年 4 月 27 日，中共中央正式发出《关于整风运动的指示》，指出：在党内，脱离群众和脱离实际的官僚主义、宗派主义和主观主义有了新的滋长，因而有必要在全党重新进行一次普遍的、深入的反官僚主义、反宗派主义、反主观主义的整风运动，提高全党的马克思主义的思想水平，改进作风，以适应新形势的需要。

5 月 1 日，《人民日报》全文发表了《关于整风运动的指示》，标志着整风运动的正式开始。随后，各级党政机关和高等院校、科学研究机构、文化艺术单位的党组织纷纷组织党员学习毛泽东的两个讲话，召开各种形式的座谈会和小组会，广泛听取党内外群众的意见。4 月 30 日，毛泽东召集民主党派负责人和无党派人士举行座谈会，讲明开展整风的目的和意义，希望党外人士向共产党提出批评意见，帮助共产党整风。从 5 月 8 日至 6 月 3 日，中共中央统战部召开了 13 次民主党派负责人和无党派人士的座谈会，有 70 余人次发言。从 5 月 15 日至 6 月 8 日，中央统战部和国务院第八办公室联合召开了 25 次工商界代表座谈会，有 108 人次发言。从 5 月 4 日至 23 日，《光明日报》编辑部分别在上海、广州、武汉、西安等 9 个大城市邀请部分民主人士、高级知识分子提意见，报纸对发言作了报道。同时，新闻界、文艺界、科技界、教育界、出版界、卫生界也先后召开座谈会，各界人士纷纷发言向党提意见。

整风开始后，广大群众和党员响应党的号召，对党和政府的工作以及党政干部的思想作风提出了大量的批评和建议，揭露出许多问题。其中绝大多数人是抱着诚恳的态度向党提意见，许多意见是正确的。这对于党进一步开展整风，正确处理人民内部矛盾，克服党内的不良倾向，密切党同人民群众的关系，具有积极的作用。但是，也出现了一些偏激甚至是错误的言论。极少数右派分子反对共产党执政，攻击中国共产党和社会主义制度。一些地方借"大鸣、大放"之机，贴大字报，搞群众集会，散布错误言论，煽动学生上街、工人罢工，造成政治气氛的紧张。

社会上陆续出现的各种反党反社会主义的言论，引起了毛泽东的极大警觉。5 月 15 日，毛泽东在写给党内干部阅读的《事情正在起变化》一文中指出："最近这个时期，在民主党派中和高等学校中，右派表现得最坚决最猖狂。"他又提出："右派有两条出路。一条，夹紧尾巴，改邪归正。一条，继续胡闹，自取灭亡。"①毛泽东的这篇文章标志着整风运动的指导思想开始发生了重大变化，运动由正确处理人民内部矛盾转向反击右派。5月25日，毛泽东在接见中国新民主主义青年团第三次全国代表大会全体代表时，郑重指出："中国共产党是全中国人民的领导核心。没有这样一个核心，社会主义事业就不能胜利。""一切离开社会主义的言论行动是完全错误的。"②这是中国共产党在整风的关键时刻公开发出的重要的政治信号。

6月8日，中共中央发出由毛泽东起草的《组织力量反击右派分子的猖狂进攻》的党内指示，指出："这是一个伟大的政治斗争和思想斗争"。"这是一场大战（战场既在党内，又在党外），不打胜这一仗，社会主义是建不成的，并且有出'匈牙利事件'的某些危险。"同日，《人民日报》发表社论《这是为什么？》，要求人们用阶级斗争的观点来观察当前的种种现象。从此，一场大规模的群众性的反右派斗争在全国范围内迅速开展起来。在这种情况下，以正确处理人民内部矛盾为主题的整风运动也就主要地变成了反击右派的斗争。

反右派斗争首先在省、市以上党政机关和知识分子集中的高等院校、民主党派、文艺界、新闻出版界、科技界、卫生界中进行。采用的方式是前一段出现的极易混淆两类矛盾的"大鸣、大放、大字报、大辩论"。7月，中共中央在青岛召开省、市委书记会议，研究部署反右派斗争。会议期间，毛泽东写了《一九五七年夏季的形势》一文，强调："反共反人民反社会主义的资产阶级右派和人民的矛盾是敌我矛盾，是对抗性的不可调和的你死我活的矛盾。""这是一个在政治战线上和思想战线上的伟大的社会主义革命。单有一九五六年在经济战线上（在生产资料所有制上）的社会主义革命，是不够的，并且是不巩固的。匈牙利事件就是证明。必须还有一个政治战线上和一个思想战线上的彻底的社会主义革命。"在这篇文章中，毛泽东提出了整风运动过程的四个阶段，即："大鸣大放阶段（边整边改），反击右派阶段（边整边改），着重整改阶段（继续鸣放），每人研究文件、批评反省、提高自己阶段。"青岛会议以后，根据会议精神，中共中央连续发出指示，反右派斗争由原有范围进一步扩大至省市以下机关、工商界和中小学教职员中。8月8日，中共中央发出《关于向全体农村人口进行一次大规模的社会主义教育的指示》。9月12日，又发出《关于在企业中进行整风和社会主义

① 《建国以来重要文献选编》，第10册，266、269页。

② 《人民日报》，1957-05-26。

教育运动的指示》，一场全民整风运动和社会主义教育运动逐步展开。此后，整风反右运动经过几个发展阶段，于 1958 年夏天宣告结束。

在生产资料私有制社会主义改造基本完成以后，国内确实存在一些反对社会主义制度、反对共产党领导的言论和思潮。反击极少数右派分子的进攻是必要的。但是，对他们的批判并不需要发动一场全国性的大规模的群众运动。当时，中国共产党对国内阶级斗争和右派分子进攻的形势估计过于严重，没有能够谨慎地把握斗争的发展，致使反右派斗争被严重扩大化了。到中共八届三中全会召开的时候，全国已划右派分子达到 6 万多人。到 1958 年整个运动结束时，全国共划右派达 55 万人。① 其中除极少数真正的右派外，绝大多数属于错划。凡是被划为右派分子的人，都受到了不同程度的处理。

反右派斗争严重扩大化造成了非常严重的后果，使国家的政治生活出现了一种不正常的气氛，影响了社会主义民主和法制建设，损害了"百花齐放，百家争鸣"和"长期共存，互相监督"方针的贯彻执行，堵塞了言路。一大批出于善意向共产党提出批评和建议的知识分子、党政干部和爱国民主人士受到打击，使他们长期蒙受不白之冤，这对他们个人和国家都是一大损失。还造成中国共产党在社会主义理论问题上，特别是阶级斗争问题上的重大失误，标志着中国共产党内"左"倾错误有了发展。

第二节　经济建设指导方针上的失误和纠正失误中的曲折

一、中共八届三中全会　对"反冒进"的批判和社会主义建设总路线的制定

1957 年反右派斗争高潮中，毛泽东和中共中央在探索社会主义建设道路时主要考虑的问题有两个：一是我国社会的主要矛盾究竟是什么；二是我国经济建设究竟应以什么样的速度发展。

为了总结整风和反右的经验，研究经济建设中的一系列重要问题，中共中央于 1957 年 9 月 20 日至 10 月 9 日在北京举行了扩大的八届三中全会。会上邓小平作了关于整风运动的报告，陈云作了关于改进国家行政管理体

---

① 《毛泽东传（1949—1976）》，上册，711 页。

制问题和关于农业增产问题的报告，周恩来作了关于劳动工资和劳保福利问题的报告。毛泽东在全会结束前作了题为《做革命的促进派》的讲话。这次全会讨论并通过了《1956 年到 1967 年全国农业发展纲要(修正草案)》，强调发展农业的重要意义，基本通过了关于工业、商业和财政管理体制的决定，讨论了劳动工资和劳保福利等问题。所有这些继承和发展了八大的正确路线，也是社会主义建设道路探索的继续。

但是，全会在我国社会主要矛盾和经济建设速度两个问题上的探索出现偏差，使"左"的错误在党内有了进一步发展。一方面，全会改变了八大关于国内主要矛盾的正确论断。全会全面肯定了反右派斗争，认为我国多数知识分子是资产阶级的，是同无产阶级较量的主要力量。据此，全会改变了八大关于国内主要矛盾的论述。在 10 月 9 日的会议上，毛泽东指出："无产阶级和资产阶级的矛盾，社会主义道路和资本主义道路的矛盾，毫无疑问，这是当前我国社会的主要矛盾。"①另一方面，全会上开始对 1956 年的反冒进展开批评。毛泽东批评了反冒进，说："去年这一年扫掉了几个东西。一个是扫掉了多、快、好、省。"还扫掉了"农业发展纲要四十条"，"促进委员会"。他表示要恢复这几样东西，并说："我们是不是可以把苏联走过的弯路避开，比苏联搞的速度更要快一点，比苏联的质量更要好一点？应当争取这个可能"。"我们总的方针，总是要促进的。"②

中共八届三中全会批评的"反冒进"是周恩来、陈云等根据我国经济建设中的急躁冒进现象而提出的。从 1955 年第四季度开始到 1956 年上半年，我国经济建设中出现一股逐层抬高数量指标和忽视综合平衡的冒进势头。1955 年 10 月，中央批准国家计委提出的 1956 年基本建设投资是 112.7 亿元。但是，据计委 1956 年 1 月 5 日报告，各省市、部门要求的投资已达153 亿元，后又增加到 180 亿元、200 多亿元，比 1955 年预计完成数增加 1倍多，而全年财政收入只增长 9.29%。第一个五年计划规定，五年内限额以上基本建设项目 694 个，建成的 455 个，可是 1956 年年初召开的全国第一次基建会议将建设项目追加到 745 个，建成的追加到 477 个。几个月后，又将建设项目追加到 800 个，建成项目追加到 500 多个。基本建设投资的增加，导致了各方面的紧张。有鉴于此，周恩来、陈云等提出要"反冒进"。1956 年 1 月 30 日，周恩来在全国政协二届二次会议上作《政治报告》时指

---

① 《建国以来重要文献选编》，第 10 册，606～607 页。
② 《建国以来重要文献选编》，第 10 册，605～606 页。

出："我们应该努力去做那些客观上经过努力可以做到的事情，不这样做，就要犯右倾保守的错误；我们也应该注意避免超越现实条件所许可的范围，不勉强去做那些客观上做不到的事情，否则就要犯盲目冒进的错误。"①5月，刘少奇主持中央会议讨论为6月召开的全国人大一届三次会议起草文件，会上确定了我国经济发展要实行既反保守、又反冒进，坚持在综合平衡中稳步前进的方针。按照这次会议的精神，6月20日，《人民日报》发表了题为《要反对保守主义，也要反对急躁情绪》的社论，集中对冒进倾向进行批评。9月，中共八大肯定了上述经济建设方针。11月，中共八届二中全会确定1957年经济工作采取"保证重点，适当收缩"的方针，毛泽东表示同意。这样，1957年的经济工作注意加强综合平衡，适当调整了发展速度，缩小了基本建设规模，避免比例关系进一步失调，取得了比较好的经济效益。这一年财政收支增长，工农业产值比上年增长10%，弥补了1956年经济工作的不足。

但是，在1957年下半年反右派斗争掀起高潮后，对经济建设指导方针的认识出现了变化。在整风过程中，一些党外人士对1956年的冒进引起经济建设和人民生活紧张的局面提出批评，这在反右派斗争中被认为是右派言论，遭到错误批驳。与此同时，各级干部经过整风改进了工作作风，使工农业出现迅速增长的新形势。针对这些情况，国内许多人认为经济建设可能出现比"一五"计划高得多的发展速度，一些地方领导人重提"多快好省"的方针。此时，毛泽东认为国内出现了很好的形势，而反冒进束缚了群众正在高涨起来的生产热情，使建设速度放慢了，因此，他相信1956年的反冒进是错误的。在八届三中全会批评了反冒进之后，毛泽东又在几次中央会议上批评反冒进。

在1958年1月的南宁会议上，毛泽东再次批评了反冒进，说："不要提反冒进这个名词，这是政治问题。一反就泄了气，六亿人一泄了气不得了。"会议在讨论第二个五年计划和1958年的经济计划安排时提出一些不切实际的要求，如：苦战3年基本改变大部分地区的面貌；地方工业产值在5年至10年内超过农业产值；农业发展纲要规定12年完成的任务要在5年至8年内实现；在7年内基本实现全国农业机械化和半机械化等。

1958年3月中共中央在成都召开政治局扩大会议（通称成都会议）。会上，毛泽东更进一步批评反冒进，说：一种是马克思主义的冒进，一种是

①　《新华半月刊》，1956（5）：18。

非马克思主义的反冒进，究竟采取哪一种？我看应该采取冒进。他还说：以后反冒进的口号不要提……反冒进这个口号不好，吃亏，打击群众。会议讨论了1958年经济计划，提出了第二本账，其经济指标比1958年2月全国人大一届五次会议制定的第一本账有大幅度的提高。例如，农业总产值的增长速度由6.1%提高到16.2%，工业总产值的增长速度由10%提高到33%，粮食产量由3920亿斤提高到4316亿斤，钢产量由624.8万吨提高到700万吨。

上述几次会议不断加剧的对反冒进的批判，在中国共产党内产生了强烈反响，也形成这样一种认识：经济建设中急躁冒进是应该肯定的，综合平衡积极稳步的发展则要否定。这表明中国共产党在经济建设指导方针上的"左"倾错误已经有了明显的发展。八届三中全会以来在政治、经济指导方针上的一系列举措，对于制定社会主义建设总路线，发动"大跃进"和人民公社化运动起了重要的作用。

1958年5月5日至23日，中国共产党第八次全国代表大会第二次会议在北京召开。会议主要议程是：听取刘少奇代表中央委员会作的工作报告；听取邓小平作的关于各国共产党和工人党莫斯科会议的报告；听取谭震林作的关于农业发展纲要（第二次修正草案）的说明；增选候补中央委员。毛泽东在会议上多次发表讲话，周恩来、朱德、陈云、陈毅、李先念等117人做了大会发言，有145人做了书面发言。会议审议通过了几个报告并做出相关的决议，增选王任重等25人为候补中央委员。

中共八大二次会议的主要内容有：

1. 正式制定了"鼓足干劲、力争上游、多快好省地建设社会主义"的总路线。会议指出："现在已经是向全党和全国人民提出新的革命任务的时候了，已经是提出技术革命以及同技术革命相辅而行的文化革命的时候了。"会议正式通过了社会主义建设总路线，并规定了它的基本点，这就是："调动一切积极因素，正确处理人民内部矛盾；巩固和发展社会主义的全民所有制和集体所有制，巩固无产阶级专政和无产阶级的国际团结；在继续完成经济战线、政治战线和思想战线上的社会主义革命的同时，逐步实现技术革命和文化革命；在重工业优先发展条件下，工业和农业同时并举；在集中领导、全面规划、分工协作的条件下，中央工业和地方工业同时并举，大型企业和中小型企业同时并举；通过这些，尽快地把我国建设成为一个具有现代工业、现代农业和现代科学文化的伟大的社会主义国家。"①这条总

① 《建国以来重要文献选编》，第11册，302、303～304页。

路线成为指导"大跃进"的总方针。

2. 会议在急于求成的"左"倾思想影响下，把建设速度问题提到十分重要的地位，并制定了不切实际的计划指标。会议对 1956 年反冒进进行了严厉批评，指责当时许多比较实事求是、对高指标等做法持批评和观望态度的人是什么"观潮派"、"秋后算账派"、"保守派"，说他们是举"白旗"，因此要"拔白旗，插红旗"。这种做法大大助长了急于求成的"左"倾思想，造成浮夸不实之风泛滥。会议正式提出"我国工业在 15 年或者更短的时间内，在钢铁和其他主要工业产品的产量方面赶上和超过英国；使我国农业在提前实现农业发展纲要的基础上，迅速地超过资本主义国家；使我国科学和技术在实现十二年科学发展规划的基础上，尽快地赶上世界上最先进的水平"。在这次会议上通过的第二个五年计划的指标，比 1956 年中共八大一次会议时建议的指标，工业方面普遍提高一倍，农业方面普遍提高 20%～50%。其中钢产量从 1200 万吨提高到 3000 万吨，粮食产量从 5000 亿斤提高到 7000 亿斤。这样，在第二个五年计划的第一年经济形势就出现了"大跃进"的局面。

3. 重新分析了我国国内的主要矛盾，正式改变了 1956 年中共八大一次会议关于这个问题的正确结论。会议报告中完全肯定整风运动和反右派斗争，指出这场斗争的性质是思想战线和政治战线上的社会主义革命。关于国内主要矛盾，会议指出："在整个过渡时期，也就是说，在社会主义社会建成以前，无产阶级同资产阶级的斗争，社会主义道路同资本主义道路的斗争，始终是我国内部的主要矛盾。"

这次会议结束后，紧接着于 5 月 25 日在北京举行了中共八届五中全会。会议增选林彪为中央政治局常委、中央委员会副主席，增选柯庆施、李井泉、谭震林为中央政治局委员，增选李富春、李先念为中央书记处书记。会议决定出版中共中央政治理论刊物《红旗》，1958 年 6 月 1 日创刊号正式出版。

社会主义建设总路线反映了广大人民群众迫切要求改变我国经济、文化落后状况的普遍愿望，但是却有很大的片面性。它过于强调人的主观意志和主观要求，忽视了客观经济规律的重要作用，过于强调速度，忽视了有计划按比例综合平衡发展。关于主要矛盾的改变为以后阶级斗争扩大化提供了理论依据。会议以后，"大跃进"和人民公社化运动在全国范围内全面展开。

二、"大跃进"的发动和农村人民公社化运动

"大跃进"的发动是从掀起农业生产高潮开始的。

1957 年 9 月 24 日,中共中央和国务院发出《关于在今冬明春大规模开展兴修农田水利和积肥运动的决定》,要求各地掀起农业生产高潮。10 月 11 日,《人民日报》发表题为《在五年内赶上和超过富裕中农的生产水平》的社论,认为"我国农业生产的发展速度应该和可能更快些",指出:"多数地区的多数合作社在五年内赶上和超过富裕中农的生产水平,这是我国农业生产的一个大跃进。"10 月 25 日,经过中共八届三中全会修改的农业发展纲要四十条正式公布。10 月 27 日,《人民日报》发表题为《建设社会主义农村的伟大纲领》的社论,要求"有关农业和农村的各方面工作在十二年内都按照必要和可能,实现一个巨大的跃进"。通过这些社论,中共中央正式向全国人民发出了"大跃进"的号召。修改后的农业发展纲要四十条实际上成为发动农业"大跃进"的纲领。11 月和 12 月,各省市自治区相继召开党的代表大会,反对右倾保守,推动生产建设事业的发展。

11 月,为庆祝苏联十月革命 40 周年并出席各国共产党和工人党代表会议,毛泽东率领中国党政代表团赴莫斯科。在会上,苏联提出 15 年赶上和超过美国的目标。毛泽东在征得中央其他领导人同意后提出中国 15 年钢产量赶上或者超过英国。12 月,刘少奇在中国工会第八次全国代表大会上代表中共中央致辞中,向全国人民公开宣布了 15 年在钢铁和其他重要工业产品的产量方面赶上或者超过英国的口号。这年冬天到 1958 年春,全国农村动员了六七千万人掀起了以兴修水利、养猪积肥和改良土壤为中心的农业生产高潮,这实际上揭开了农业"大跃进"的序幕。

1958 年 5 月,中共八大二次会议以后,"大跃进"运动从酝酿发动进入全面开展阶段。"大跃进"的主要表现是片面追求工农业生产和建设的高速度,不断大幅度地提高和修改经济计划,制定不切实际的高指标。在农业方面,原定用 12 年时间实现农业发展纲要规定的目标,但成都会议提出争取 7 年实现,而各省市又一再缩短时间,有的提出 5 年、3 年,河南省则提出 1 年实现。6 月,华东协作区召开农业规划会议,对粮食产量提出不切实际的指标,要求今明两年粮食产量达到每人平均 1000～1500 斤,三至五年内达到每人平均 2000 斤。据此,中共中央在 6 月估计,1958 年粮食产量比上年可增产 1000 亿斤,达到 4700 亿斤。

　　伴随着高指标，浮夸风日益泛滥开来，这成为 1958 年农业"大跃进"的显著特征。在 1958 年夏收期间，各地不断报高产，放"卫星"。如：广西环江县红旗农业社水稻亩产 130434 斤；青海柴达木赛什克农场小麦亩产 8585 斤。这一时期的报刊也进行了大量的宣传，6 月 14 日，《人民日报》的社论说："只要发挥主观能动性，就能产生呼风唤雨的神奇力量。"7 月 23 日，《人民日报》发表"人有多大胆，地有多大产"的宣传报道。在普遍存在浮夸风的情况下，农业部公布 1958 年夏收粮食产量达到 1010 亿斤，比上年增产 413 亿斤，增长了 69%。浮夸风带来的后果非常严重，它使许多人产生一个错觉，以为我国农业问题解决了，进而造成全党和全国的经济工作重心转移到工业，首先是钢铁上来，引发了全民大炼钢铁。

　　为了推动"大跃进"的开展，1958 年 6 月，中共中央决定将全国划分为东北、华北、华东、华南、华中、西北、西南 7 个协作区，要求各协作区和有条件的省尽快地分别建立大型工业骨干和经济中心，形成比较独立的、比较完整的、情况不同的工业体系。为实现这个目标，从 6 月初到 6 月 15 日止，将中央各部门所属 80% 的企、事业单位共 800 多个下放给地方管理。同时还下放计划管理权、基本建设项目审批权、劳动管理权、财政税收权和商业、银行管理权等权限，还允许各地发行地方建设公债。经济管理权限的下放，原本是调动地方积极性，更好地发展生产的重要措施，但是，在"左"的思想指导下，这种下放出发点是为了全面推进"大跃进"，其结果造成了经济建设中的分散主义和无政府主义，使职工队伍和基本建设规模急剧膨胀。此后，各地先后掀起了群众性的大办工业的运动，其中又以钢铁生产作为重点。

　　自从中共中央提出在 15 年或者更短的时间内，在钢铁和其他主要工业产品和产量方面赶上和超过英国的目标以后，追求钢铁产量的增长成为经济建设的中心，成为工业"大跃进"的一个重要口号。

　　1958 年 3 月成都会议确定 1958 年钢产量的第二本账为 700 万吨。5 月底，中共中央政治局扩大会议建议提高至 850 万吨。6 月，各协作区钢铁规划会议竞相提高计划指标，冶金部经过汇总向中央提出 1959 年全国钢产量可超过 3000 万吨。为此，1958 年必须达到 1000 万吨以上。1958 年 8 月，中共中央在北戴河召开了政治局扩大会议，通称"北戴河会议"。这次会议重点讨论了 1959 年的国民经济计划以及工业生产、建立农村人民公社等问题，通过了《号召全党全民为生产 1070 万吨钢而奋斗》、《中共中央关于在农村建立人民公社问题的决议》及《关于 1959 年计划和第二个五年计划问题的决定》等40项决议。会议对当时国内经济形势作了不切实际的估计，认为1958年农业生产出现"大跃进"，粮食作物的总产量将达6000亿～7000亿斤，比上年增产60%～90%，棉花将达7000万担，比上年增产1倍以上。基于这种盲目乐观的估计，会议认为我国农业问题已经解决了，注意力应转移到工业上来。会议决定工业的中心问题是钢铁生产和机械生产，并正式确定1958年的钢产量要在1957年的535万吨的基础上增加1倍，达到1070万吨。此外，会议还确定了一批1959年和第二个五年计划期间工农业生产和文教事业的高指标，决定在全国农村普遍建立人民公社。

由于北戴河会议确定了一系列不切实际的经济发展的高指标，以及建立人民公社的要求，会后全国迅速出现了全民大炼钢铁和人民公社化运动的高潮。运动中，以高指标、瞎指挥、浮夸风和"共产风"为主要标志的"左"倾错误严重地泛滥起来，使国民经济陷入混乱之中。

北戴河会议以后，全民大炼钢铁运动掀起高潮并成为"大跃进"的中心。为了实现钢产量翻一番的高指标，全国各地采取许多强有力的措施。例如：①各地区、各部门把钢铁生产放在首位。凡与大炼钢铁在设备、材料、能源、人力等方面发生矛盾的其他工业部门，一律"停车让路"，保证钢铁生产的需要。②大搞群众运动，大搞"小土群"。除了原有大中型钢铁企业发动群众突击炼钢炼铁以外，全国动员大批群众采取土法炼铁、炼钢。到1958年9月，全国有5000万人直接从事冶炼工作，建立各种规模、大小不一的小高炉、土高炉60万座。到12月大炼钢铁的人数达到9000万。同时，尚有2000万人从事找矿、挖煤、交通运输、后勤保障等工作。③不断追加投资，扩大基本建设规模。1958年基建投资总额为267亿元，比上年的138亿元增加97%，相当于"一五"期间投资总额550亿元的一半。

经过几千万人4个月的日夜苦战，到1958年年底宣布全年钢产量为1108万吨。但是，其中300万吨不合格，无法使用。钢铁生产指标虽然完成了，但以全民大炼钢铁为高潮的"大跃进"运动却给国民经济造成了严重后果。国民经济内部各部门的比例关系，如工业与农业、工业与交通运输业、重工业与轻工业、积累与消费及社会购买力和商品可供量严重失调；占用农村劳动力过多，造成1958年农业丰产而没有丰收；经济效益极低，大量人力、物力、财力被白白浪费，尤其矿产和森林资源损失严重；人民生活水平受到一定影响。

随着"大跃进"运动在全国掀起，农村广泛兴起了人民公社化运动。在1957年冬天全国农村掀起农业生产高潮期间，一些地区为了便于农田水利建设，出现了农业社之间、乡之间以及县之间较大范围的协作。这种协作关系是正常的。但是，成都会议由此认为，原有的农业合作社规模过小，应把小社有计划适当地合并为大社。1958 年 3 月 20 日，成都会议通过《关于把小型的农业合作社适当地合并为大社的意见》，并经中央政治局批准。文件下达后，各地很快开展了小社并大社的工作。就全国来说，最早并大社的是河南省遂平县和平舆县。4 月，遂平县嵖岈山卫星社成立，它由 27 个农业社合并而成，拥有 9369 户。辽宁和广东两省步伐也很快。辽宁省将全省 9272 个农业社合并成 1461 个大社，平均每个大社 2000 户左右。农业社合并以后，各地采用的名称不同，有"农场"、"大社"和"集体农庄"等。6 月间，"公社"的名称才逐渐出现，如：6 月中旬浙江省诸暨县城南乡成立了名叫"红旗共产主义公社"的大社；6 月底辽宁省安东县前阳地区成立了"前阳公社"等。6 月 30 日，刘少奇在一次谈话中提出：对共产主义社会的基层组织，现在就要开始试验。7 月 16 日，《红旗》杂志第 4 期发表陈伯达的文章《在毛泽东同志的旗帜下》，文中转述了毛泽东的一段话："我们的方向，应该逐步地有次序地把'工（工业）、农（农业）、商（交换）、学（文化教育）、兵（民兵，即全民武装）'组成为一个大公社，从而构成为我国社会的基本单位。"这以后，河南遂平县嵖岈山卫星社正式成立河南第一个人民公社，遂平县全县也迅速实现了人民公社化。此外较早成立的还有河南新乡县七里营人民公社。

8 月上旬，毛泽东先后视察了河北、河南、山东等地农村。在视察河南新乡县七里营人民公社时，毛泽东说："人民公社这个名字好！"他指出："人民公社的特点，一曰大，二曰公。"8 月 9 日，在视察山东时，山东省委书记处书记谭启龙汇报历城县北园乡准备办大农场的情况。毛泽东说："还是办人民公社好，它的好处是，可以把工、农、商、学、兵合在一起，便于领导。"毛泽东视察的消息公开报道后，"人民公社好"的口号传遍全国，许多地区相继出现小社并大社和大社转公社的热潮。

8 月，北戴河会议讨论了在全国农村建立人民公社的问题，通过了《中共中央关于在农村建立人民公社问题的决议》。决议认为"人民公社是形势发展的必然趋势"，"在目前形势下，建立农林牧副渔全面发展、工农商学兵互相结合的人民公社，是指导农民加速社会主义建设，提前建成社会主义并逐步过渡到共产主义所必须采取的基本方针"。决议提出人民公社的组织规模，"一般以一乡一社、两千户左右较为合适"；所有制方面"不要忙于改集体所有制为全民所有制"；分配制度方面，"在条件成熟的地方，可以改行工资制",不成熟的地方暂时采用原有的按劳计酬的制度,但不是"各取所需"。决议强调:"人民公社将是建成社会主义和逐步向共产主义过渡的最好的组织形式,它将发展成为未来共产主义社会的基层单位。"会后,全国各地迅速掀起人民公社化运动的高潮。在短短的几个月内,全国农村就实现了人民公社化。到年底,全国74万多个农业社改组合并成2.6万多个人民公社,参加公社的农民有1.2亿多户,占全国总农户的99%以上。

人民公社的基本特点是"一大二公"。所谓"大",指规模和经营范围大。原来一二百户的农业合作社合并成4000~5000户的人民公社,一般一乡一社。人民公社是农林牧副渔全面发展、工农商学兵五位一体的社会基层组织,担负着政治、经济、文化、军事等各方面的任务,这同农业合作社有重大区别。所谓"公",指集体化、公有化程度高。除了原有农业合作社的土地、农具、牲畜等生产资料及其他公有财产归公社所有外,社员的自留地、家禽家畜、私有房基、林木等均为公社所有;实行供给制和工资制相结合的分配制度,在社队内部贫富拉平,大搞平均主义;实行组织军事化、行动战斗化、生活集体化,大办公共食堂、幸福院、幼儿园等公共事业,到1958年年底,全国农村建立"吃饭不要钱"的公共食堂340多万个;公社对生产队的劳力、财物往往无偿调拨,甚至对社员的财物也无偿占有。

人民公社实行政社合一,各种权力集中在县、社,基层生产队没有自主权,取消了生产责任制,造成生产积极性降低,劳动纪律松弛。为了适应政社合一的组织形式,国家将农村中原属于全民所有制的银行、商店和一些企业划归公社管理,这样损害了国营企业,削弱了国营经济的领导作用,还造成农村商品流通的混乱。

人民公社化运动中实行的做法超越了中国当时社会生产力发展的水平,并不切合中国的实际。它不仅没有保持农业生产合作社的积极性,相反却把农业合作化后期发现的要求过急、工作过粗、改变过快、形式过于单一的缺点扩大了。在公社化的过程中,高指标、瞎指挥、浮夸风严重泛滥,大炼钢铁、大办工业等运动加剧了对农村人力、物力的无偿调拨,这样进一步助长了农村中的"共产风",加上农业高估产带来的高收购,使我国农村经济陷入了混乱状态,粮食、油料、副食品供应出现严重不足的局面,影响了整个国民经济的协调发展。

"大跃进"和人民公社化运动是探索中国自己的建设社会主义道路过程中的一次严重失误。造成这种失误的原因是多方面的。首先,把建设社会主义和把根本改变中国的落后面貌看得过于简单了。社会主义改造基本完成以后，全党和全国人民存在一种共同的愿望，希望中国能够在短时间内迅速发展经济，摆脱长时期"一穷二白"的落后面貌。存在这种愿望是可以理解的。但是，由此出现了过分夸大人的主观能动作用和社会主义制度对生产力发展的促进作用的倾向。其次，对"右倾保守"和"反冒进"的不断批判促成党内"左"倾思潮蔓延。自中共八届三中全会以来对"反冒进"的连续批判，使党内形成了这样一股空气：人们害怕和右沾边。这种情绪的存在促成了各项经济指标层层加码，形成了不切实际的高指标。最后，对中国社会主义建设的规律缺乏深入的认识和理解。毛泽东在 1956 年年初对苏联的建设社会主义经验不很满意，认为发展速度太慢，决心另辟蹊径，闯出一条适合中国情况的、发展速度比较快的建设道路。由于我们自身的经验不足，就容易忽视经济建设自身的发展规律，忽视生产关系的改变必须依据生产力发展状况的马克思主义基本理论。

在"大跃进"和人民公社化运动中，许多党员干部包括领导干部，忘却了谦虚谨慎，滋长了骄傲自满，忽视了实事求是，对在中国这样一个经济文化落后的大国建设社会主义的艰巨性认识不足，忽视客观经济规律，仅仅凭借主观愿望和意志办事，头脑发热，急于求成，造成了经济建设指导方针上的严重失误。这种失误毛泽东应负主要责任，但也不能把所有错误都归咎于他，党内许多领导干部都有责任。正如邓小平所讲："'大跃进'，毛泽东同志头脑发热，我们不发热？刘少奇同志、周恩来同志和我都没有反对，陈云同志没有说话。在这些问题上要公正，不要造成一种印象，别的人都正确，只有一个人犯错误。这不符合事实。中央犯错误，不是一个人负责，是集体负责。"①

三、教育文化领域"左"倾思想的泛滥和对"新人口论"的错误批判

"大跃进"和人民公社化运动中的"左"倾思想在教育文化领域也有反映。

教育工作方面，1958 年 3、4 月间，教育部召开第四次全国教育行政会议，主题是反掉保守思想、促进教育事业的大跃进。会议提出：大力开展识字运动，大小各级各类学校，采取群众运动的办法普及办学，贯彻勤工俭学、半工半读，把生产劳动列入教学计划等具体要求。1958 年 4 月和 6

---

① 《邓小平文选》，2 版，第 2 卷，296 页，北京，人民出版社，1994。

月，中共中央召开教育工作会议，提出了党的教育方针是："教育为无产阶级的政治服务，教育与生产劳动相结合；为了实现这个方针，教育工作必须由党来领导。"历史地看，这个教育方针基本上是正确的，但忽视了教育为经济建设服务这个重要任务。会上还提出了教育发展的一些具体要求，例如：全国各大协作区应该根据自己的实际情况和需要，建立起一个完整的教育体系，各省、市、自治区以及每个专区、每个县也应该这样做；全国应在 3 年到 5 年的时间内，基本上完成扫除文盲、普及小学教育；争取在 15 年左右的时间内，基本上做到使有条件、自愿的青年受到高等教育。这些要求是不切实际，难于实现的。但是，在"左"倾思想指导下，教育领域开展了"大跃进"。在强调"教育与生产劳动相结合"的情况下，师生过多地参加生产劳动，否定课堂教学的必要性，忽视基本理论的系统学习；贬低专家、学者、教授的作用；下放教育管理权限，使学校盲目发展，1958 年全国高等院校增加到 791 所，比 1957 年净增 562 所；大办业余教育、工农大学，如河南登封县两天内建立工农大学 44 所，入学人数达 11.7 万余人，占全县人口的 1/3 以上。上述做法没有使教育事业真正得到发展，相反却导致了教育工作的极大混乱。

"大跃进"的做法也影响到了文化领域。1958 年 9 月，中共中央宣传部召开文艺创作座谈会，与会者提出文学、电影、戏剧、音乐、美术等方面要放"卫星"。10 月，文化部召开全国文化行政会议，部署了文化工作的"大跃进"，要求群众文化活动做到：人人能读书，人人能写诗，人人能唱歌，人人能绘画，人人能跳舞，人人能表演，人人能创作。据此，一些地方提出每个县出一个鲁迅和郭沫若的口号。许多作家参与创作反映"大跃进"和人民公社化运动的公式化、概念化的作品。

除了教育文化领域"左"倾思想泛滥以外，在理论学术方面"左"倾思想也有表现，这集中反映在对马寅初"新人口论"的批判上。

作为经济学家的马寅初在 1954 年即开始关注中国人口问题。1957 年 6 月在全国人大一届四次会议上，他做了题为《新人口论》的书面发言。7 月 5 日，《人民日报》全文发表了这篇发言。《新人口论》共讲了 10 个问题，主要内容有：我国人口增殖太快，人口增长率在 20‰以上，而我国的资金积累不够快，1956 年的积累只有国民收入的 21%，"过多的人口，就拖住我们高速度工业化的后腿，使我们不能大踏步前进"。人口发展必须同国民经济发展相适应，并在量上保持一定的比例关系，否则就会表现出许多不适应，表现出许多矛盾。他疾呼："控制我国人口，实属刻不容缓。"对于如何控制人口，他提出：实行定期人口普查，以此制定人口政策；实行计划生育；提倡晚婚晚育等。《新人口论》是马寅初在深入调查研究的基础上经过科学分析论证而得出的结论，实践证明其基本观点是正确的。然而，在"左"倾思想影响下，《新人口论》却遭到了批判。

在人口问题上，毛泽东在"大跃进"之前曾提出并支持节制人口、计划生育的思想。1957 年 2 月，他在最高国务会议第十一次扩大会议上讲话时专门讲到计划生育，指出：我们这个国家有这么多的人，这一点是世界各国都没有的。它有这么多的人，六亿人口！这里头要提倡节育，少生一点就好了。要有计划地生产。① 但是，在"大跃进"形势下，毛泽东的人口思想偏重强调人多是好事的一面。他曾说："应当看到人多是好事，实际人口到七亿五到八亿时再控制。"宣传人口多的困难会"造成悲观空气"。② 1958 年 4 月 15 日，毛泽东在《介绍一个合作社》一文中指出："除了党的领导之外，六亿人口是一个决定的因素。人多议论多，热气高，干劲大。"③ 从 1958 年 4 月起，开始了对马寅初的点名批判。首先在北京大学采用大字报、辩论会等方式对马寅初的"新人口论"进行批判，而后一些全国性报刊陆续载文加入批判，把他的人口思想错误地说成是"新马尔萨斯人口论"。对待众多的批判言论，马寅初针锋相对与之论战。从 1958 年到 1959 年，他发表 10 余篇文章坚持自己的正确观点，并表示"决不向专以力压服，不以理说服的那种批判者们投降"。康生由此部署更大规模的批判马寅初的运动，指责"新人口论"是"借学术为名，向党向社会主义进攻"。在强大的压力下，1960 年 1 月，马寅初提出辞去北京大学校长的职务。不久，发表文章的权利被剥夺，长期与外界隔绝。对马寅初"新人口论"的批判造成了极为严重的后果，影响了我国人口政策，使计划生育未能真正实施，造成人口过快增长与社会经济发展不协调的局面出现。

四、炮击金门和西藏平叛

解决台湾问题，完成祖国统一大业是中国共产党和全国人民的强烈愿望。1953 年朝鲜战争结束以后，美国坚持敌视中华人民共和国、推行"一中

① 《毛泽东传(1949—1976)》，上册，625 页。
② 《毛泽东对计划生育工作的批示》，转引自《中共党史研究》，2001(2)，60 页。
③ 《建国以来毛泽东文稿》，第 7 册，177 页。

一台"或"两个中国"的政策。1954 年日内瓦会议前后，美国插手台湾事务，出现了美国和国民党当局联手阻止中国人民解放台湾的严重事态。为此中共中央和毛泽东领导了解放浙东沿海岛屿的斗争并取得重大胜利。1955 年 3 月生效的美台《共同防御条约》，暴露了美国长期霸占台湾的企图，引起国际社会的关注，希望中美两国坐下来谈判和缓和台湾海峡紧张局势的呼声愈发强烈。1955 年 4 月万隆会议前后，中共中央逐步确立了争取和平解决台湾问题的基本方针。周恩来在万隆会议期间宣布中国政府愿意与美国政府谈判，讨论缓和远东紧张局势，特别是缓和台湾海峡地区紧张局势的问题。但是，中国政府的努力遭到美国的阻挠。美台《共同防御条约》生效后，美国向国民党当局提供军援、武装台湾的国民党军队，并长期支持其以金门、马祖等岛屿为前哨据点，对大陆进行骚扰和破坏活动。1957 年 12 月，美国通过单方面降低中美大使级会谈的级别使会谈中断，继而纵容台湾蒋介石集团对大陆沿海进行骚扰破坏。对此毛泽东决定针锋相对开展对美斗争，并抓住时机发动炮击金门的斗争。

1958 年 6 月 30 日，中国政府发表声明，要求美国政府在 15 天内派出大使级代表恢复会谈，否则，中国政府就不能不认为美国已经决心破裂中美大使级会谈。但美国政府的响应是自相矛盾的。7 月 15 日，美国派兵在黎巴嫩登陆，同时宣布在远东的陆海空三军进入戒备状态。国际紧张局势加剧。与此同时，蒋介石集团在美国支持下，公然叫嚣"加速进行反攻大陆的准备"，下令陆海空三军处于特别戒备状态。国民党军连续组织军事演习，大、小金门岛上的国民党军不断炮击福建沿海村镇，国民党空军连日出动飞机对福建、广东等沿海地区进行侦察骚扰活动。台湾海峡的局势骤然紧张起来。

毛泽东抓住这个时机，果断做出炮击金门的决策，其指导方针是"直接对蒋，间接对美"。7 月 17 日，中共中央、中央军委迅速做出加强东南沿海军事斗争的决定。7 月 18 日，毛泽东召集会议，具体部署东南沿海军事斗争的任务。经过认真的准备，中国人民解放军福建前线部队于 8 月 23 日下午 5 时 30 分开始向金门岛猛烈炮击。

按照毛泽东的最初设想，是要通过炮击来封锁金门，最终迫使蒋介石集团放弃金门，达到收复金门的目的。同时通过炮击来侦察美国是否协助蒋介石集团协防金门、马祖，考验美国人的决心。对于美国军舰给蒋介石集团军舰护航的情况，毛泽东明确指示："只准打蒋舰，不准打美舰。"结果当人民解放军向蒋介石集团军舰开炮时，美舰掉转头就跑。

9月4日，中国政府发表声明，宣布中国领海宽度为12海里；12海里以内的岛屿，包括东引岛、高登岛、大小金门岛、马祖列岛、大担岛和二担岛等均为中国内海岛屿。这一声明是向美国表明中国捍卫中国领海、领空的严正立场，也有试探美国底牌之意。当天，美国国务卿杜勒斯受权发表声明：确保金门和马祖已经同保卫台湾日益有关；美国已做出军事部署，以便一旦总统做出决定时接着采取既及时又有效的行动。同时也向中国政府发出和谈的信号。

9月5日，毛泽东在分析炮击金门以来的形势时指出："美国现在在我们这里来了个'大包干'制度，索性把金门、马祖，还有些什么大担岛、二担岛、东碇岛一切包过去，我看它就舒服了。它上了我们的绞索，美国的颈吊在我们中国的铁的绞索上面。台湾也是个绞索，不过要隔得远一点。"① 这就是毛泽东提出的"绞索政策"。

9月7日起，美国军舰开始为蒋介石集团到金门的船只护航。杜勒斯的声明和美国的武装挑衅受到苏联、朝鲜等国的谴责。美国的盟国中许多国家也表示不愿卷入台湾海峡危机中去。在内外压力下，美国改变做法，私下劝说蒋介石集团从金门、马祖撤军，利用台湾和澎湖列岛在历史上曾被日本割占的事实，制造"台湾地位未定论"，继续推行"两个中国"的阴谋。这引起蒋介石集团的不满。美国和蒋介石集团在防御金门、马祖等岛屿问题上出现了矛盾。

毛泽东等领导人敏锐地看出这个变化，及时调整政策，决定暂缓收复金门、马祖，让其留在蒋介石集团手中，以利于蒋介石同美国"两个中国"的图谋做斗争。10月6日，毛泽东以国防部长彭德怀的名义发表《告台湾同胞书》，宣布"从十月六日起，暂以七天为期，停止炮击，你们可以充分地自由地输送供应品，但以没有美国人护航为条件。如有护航，不在此例。"② 13日，国防部再次发布命令停止炮击两星期，强调："金门海域，美国人不得护航。如有护航，立即开炮。"命令还指出："兵不厌诈，这不是诈。这是为了对付美国人的。这是民族大义，必须把中美界限分得清清楚楚。我们这样做，就全局说来，无损于己，有益于人。有益于什么人呢？有益于台、澎、金、马一千万中国人，有益于全民族六亿五千万人，就是不利于美国人。"这个命令刊登在当天的《人民日报》上。20日，中国人民解放军福建前

---

① 《毛泽东传（1949—1976）》，上册，862页。

② 《毛泽东文集》，第7卷，420～421页。

线部队因美舰护航，受命恢复炮击。21 日，美国国务卿杜勒斯赴台与蒋介石会谈，逼迫国民党军从金门、马祖撤退。但由于前一天解放军的炮击，蒋介石找到了拒绝撤军的理由，会谈未取得结果。美国与蒋介石集团的矛盾暴露在了世界面前。25 日，毛泽东以国防部长彭德怀的名义发表《再告台湾同胞书》，劝告蒋介石集团不要过于依赖美国，要千万提防；同时宣布单日炮击，双日停止；希望蒋介石集团不要屈服于美国的压力，"随人俯仰，丧失主权，最后走到存身无地，被人丢到大海里去"。隔日炮击的用意在于击破美国搞"两个中国"的图谋。单日炮击使金门继续成为套在美国脖子上的绞索，又使蒋介石有充分理由拒绝从金门、马祖等外岛撤军，以利于其反对美国搞"两个中国"的阴谋。

中国在台湾海峡地区同美国的斗争，使美国的战争政策遭到破产。美国只要不把它的一切武装力量撤出台湾地区，就无法摆脱被动的状态。在无可奈何的情况下，美国宣布从 1958 年 12 月 10 日从台湾地区撤出部分海空军。台湾海峡局势由此缓和下来。

1951 年西藏和平解放以后，中央人民政府遵照和平解放西藏十七条协议，坚持祖国统一、民族大团结、民族平等、宗教信仰自由的政策，积极扶助西藏发展经济文化，同时考虑到西藏的特殊历史情况，在社会制度(农奴制度)改革和藏军改编问题上准予暂缓执行。1956 年 12 月，中共中央和毛泽东做出西藏"六年内不改革"的决策。毛泽东认为："改革一定要得到达赖、班禅和僧侣领导人的同意，要各方条件成熟，方能实行。"[1]但是，西藏上层反动集团把中央人民政府的宽大、忍耐的态度视为软弱可欺，在国外势力的支持下，置十七条协议于不顾，坚持走分裂祖国的道路，策划多次叛乱活动。中央人民政府本着民族团结的精神，一再责成西藏地方政府负责平叛，维护社会治安。但是，西藏地方政府和上层反动集团却把中央这种仁至义尽的态度看作软弱可欺。他们在拉萨集中了相当数量的反革命武装后，于 1959 年 3 月 10 日公开撕毁十七条协议，背叛祖国，发动了全面的武装叛乱。

十四世达赖喇嘛原定于 3 月 10 日到人民解放军西藏军区机关驻地观看文艺演出，这是他自己在一个多月前提出的，日期也是由他确定的。到了这一天，西藏叛乱集团大肆散布西藏军区部队要扣留达赖喇嘛的谣言，煽动僧众赶往达赖喇嘛的驻地，阻拦达赖喇嘛如约前往。他们提出"汉人滚出

---

[1] 《建国以来毛泽东文稿》，第 6 册，265 页。

去"、"西藏独立"的反动口号，杀害了反对叛乱的西藏自治区筹备委员会藏族官员、爱国人士堪穷帕巴拉·索郎降措，打伤了西藏军区藏族副司令员桑颇·才旺仁增等人，还包围了人民解放军西藏军区司令部和中央驻拉萨的机关。

叛乱发生后，中共中央明确指示西藏工委："我们的方针是：让他们更加嚣张，更加暴露，我们平叛的理由就更为充分。"毛泽东指示西藏工委："目前策略，应是军事上采守势，政治上采攻势。目的是分化上层，争取尽可能多的人站在我们一边，包括一部分活佛、喇嘛在内，使他们两派分裂。"按照中共中央和毛泽东的指示，人民解放军驻藏部队十分克制，采取了后发制人的方针。15日，西藏军区政治委员谭冠三致信达赖喇嘛，希望西藏地方政府改变错误态度，立即负起责任，平息叛乱，严惩叛乱分子。但是，西藏叛乱分子拒绝上述劝告。他们高估了自己的力量，把驻藏部队的忍耐看作是软弱可欺。17日，达赖喇嘛离开拉萨逃往印度。叛乱分子于20日凌晨向人民解放军驻藏部队和中央人民政府驻藏代表机关发动武装进攻。在此情况下，人民解放军驻藏部队组织力量讨伐叛乱分子。经过两天多的战斗，拉萨市区的叛乱基本平息。3月28日，国务院发布命令，宣布解散西藏地方政府，由西藏自治区筹备委员会行使西藏地方政府职权。班禅额尔德尼·确吉坚赞被任命为西藏自治区筹备委员会代理主任委员职务。在平息了拉萨市区的叛乱之后，人民解放军乘胜追击叛乱分子，到11月叛乱集团的主要力量被歼灭。

西藏平叛的斗争粉碎了西藏上层反动集团分裂祖国的阴谋，维护了祖国的统一，增强了民族团结。平叛以后，西藏进行了民主改革，废除了长期奴役西藏人民的农奴制度，广大农奴获得了真正的解放。到1961年，民主改革胜利完成，西藏从此进入社会主义革命和建设的新时期。1965年9月9日，西藏自治区正式成立，阿沛·阿旺晋美当选为自治区人民委员会主席。西藏自治区的成立标志着西藏人民的革命和建设事业发展到了一个新的历史阶段，西藏的政治、经济、文化事业向前迈出了新的一步。

五、对已经察觉的"左"倾错误的纠正　二届全国人大一次会议

北戴河会议以后的两个月中，毛泽东和中央其他领导人相继到各地调查研究，发现在"大跃进"和人民公社化运动中存在一些错误，特别是"共产风"、供给制等混淆了社会主义和共产主义以及集体所有制和全民所有制的

界限，伤害了农民的积极性。从 1958 年 11 月至 1959 年 7 月初，中共中央和毛泽东多次召开中央会议，着手纠正已经觉察到的"左"倾错误，制定了一系列较为可行的方针政策。

第一次郑州会议。1958 年 11 月 2 日至 10 日，毛泽东在郑州召开部分中央领导人和部分地方领导人参加的会议，中心议题是人民公社问题和商品生产问题。会上，毛泽东在充分肯定总路线、"大跃进"和人民公社化运动的前提下，针对农村中普遍存在的混淆社会主义和共产主义以及集体所有制和全民所有制界限的情况，明确提出：必须划清两种界限，肯定现阶段是社会主义，肯定人民公社基本上是集体所有制。4 日，毛泽东在听取一些省委书记议论十年规划时说：还是社会主义为题目，不要一扯就扯到共产主义。你现在牵涉到共产主义，这个问题就大了。你说十年就过渡了，我就不一定相信。这是个客观的东西，人们的想法是一回事，是否符合客观规律又是一回事。会上，毛泽东多次提到商品、商品生产和价值法则的问题。他指出：在社会主义时期废除商品是违背经济规律的。现在要利用这个商品生产、商品交换和价值法则，作为有用的工具，为社会主义服务。他认为，中国是商品生产很不发达的一个国家，商品生产不是消灭的问题，而是要大大发展。"商品生产，要看它是同什么经济制度相联系，同资本主义制度相联系就是资本主义的商品生产，同社会主义制度相联系就是社会主义的商品生产。"①他说，人民公社要多搞商品生产，扩大商品生产，扩大社会交换。每一个人民公社除生产粮食以外，必须大量生产经济作物，能够赚钱的，能够交换的，有农业品，有工业品，总之是生产商品。会议期间，毛泽东建议党的各级负责干部认真读两本书，一本是斯大林著的《苏联社会主义经济问题》；一本是《马恩列斯论共产主义社会》。会上，毛泽东亲自和与会者一起认真研读了《苏联社会主义经济问题》。

武昌会议。为了进一步贯彻第一次郑州会议的精神，同时为召开中共八届六中全会作准备，1958 年 11 月 21 日至 27 日，毛泽东在武昌召集了有部分中央领导同志和各省、市、自治区党委第一书记参加的政治局扩大会议。会议在继续纠正"共产风"的同时，着重讨论了高指标和浮夸风的问题。会上，毛泽东强调：破除迷信，不要把科学真理也破除了。凡迷信一定要破除，凡真理，凡科学，一定要保护。关于指标问题，他反复讲要"压缩空气"，要把根据不足的高指标降下来。会议根据毛泽东和其他中央领导人的

① 《毛泽东年谱(1949—1976)》，第 3 卷，504～505 页。

意见，将 1959 年的钢产量指标降为 2000 万吨，对外公布为 1800 万吨。会议还提出要在 1958 年 12 月至 1959 年期间对人民公社进行整顿。

中共八届六中全会。经过第一次郑州会议和武昌会议的准备，1958 年 11 月 28 日至 12 月 10 日，中共八届六中全会在武昌举行。毛泽东主持了会议并做了重要讲话。会上，邓小平作了《关于人民公社若干问题的决议的说明》，李富春作了《关于 1959 年国民经济计划安排的说明》。会议通过的由毛泽东主持起草的《关于人民公社若干问题的决议》对人民公社给予了充分的肯定，同时阐述了几个重大政策和理论问题，集中反映了中共中央纠正这一时期人民公社化运动中混乱现象的成果。①针对急于向全民所有制和向共产主义过渡的错误倾向，《决议》指出：现阶段的人民公社是社会主义集体所有制。由农业生产合作社变为人民公社，并不等于是由集体所有制变为全民所有制，更不等于由社会主义变为共产主义。《决议》强调："无论由社会主义的集体所有制向社会主义的全民所有制过渡，还是由社会主义向共产主义过渡，都必须以一定程度的生产力发展为基础。"我们既然热衷于共产主义事业，就必须首先热衷于发展生产力，大力实现社会主义工业化，而不应当无根据地宣布人民公社"立即实行全民所有制"，甚至"立即进入共产主义"。②针对企图过早地取消商品生产和商品交换的错误倾向，《决议》指出：在今后一个必要的历史时期内，人民公社的商品生产，以及国家和公社、公社和公社之间的商品交换，必须有一个很大的发展。这种商品生产和商品交换是在社会主义公有制基础上有计划地进行的，因而不是资本主义的。继续发展商品生产和继续保持按劳分配的原则，对于发展社会主义经济是两个重大的原则问题，必须统一全党的认识。③《决议》还做出一些具体规定：社员的生产资料（包括房屋、家具等）和存款永远归个人所有；社员可以保留零星树木、小农具、小工具、小家畜和家禽等，还可以经营一些家庭小副业。④《决议》批评了浮夸风，认为这与党的实事求是的作风是不兼容的，不利于社会主义建设事业的发展。

八届六中全会讨论通过了《关于 1959 年国民经济计划的决议》，决定降低北戴河会议所确定的 1959 年工业生产的高指标，如：基本建设投资由原定的 500 亿元降为 360 亿元，钢产量由原定的 2700 万～3000 万吨降为 1800 万～2000 万吨。但是，粮食生产指标未能降低，仍定为 10500 亿斤。

八届六中全会以后，各地普遍开展人民公社的整顿工作。急于向全民所有制和共产主义过渡的势头被抑制，但公社内部的平均主义、"共产风"和向农民征收过头粮的现象仍然存在，党同农民的关系依然紧张。1959 年 2 月，毛泽东在视察中发现这种情况后，认为只有解决公社内部的所有制问题，才能纠正"共产风"。据此又召开了第二次郑州会议。

第二次郑州会议。中共中央于 1959 年 2 月 27 日至 3 月 5 日在郑州召开政治局扩大会议，主要讨论解决人民公社的所有制问题。会上，毛泽东发表重要讲话，指出党同农民关系紧张的主要原因应当从对人民公社所有制的认识和所采取的政策方面去寻找答案。他说：我们在生产关系的改进方面，即是说，在公社所有制问题方面，前进得过远了一点。不了解公社的所有制也要有一个发展过程，公社一成立，就取消了生产队所有制，实行完全的公社所有制。因此，有人在公社范围内，实行贫富拉平，平均分配；对生产队的某些财产无代价地上调；银行方面，也把许多农村中的贷款一律收回。"一平、二调、三收款"，引起广大农民的恐慌。

为了纠正人民公社中"左"的错误，毛泽东明确指出：目前公社所有制除了有公社直接所有的部分以外，还存在着生产大队（管理区）所有制和生产队所有制。要基本上消灭这三级所有制之间的区别，把三级所有制基本上变为一级所有制，即由不完全的公社所有制发展成为完全的、基本上单一的公社所有制，需要公社有更强大的经济力量，需要各个生产队的经济发展水平大体趋于平衡，而这就需要几年时间。他认为八届六中全会的决议没有写明公社的集体所有制也需要有一个发展过程，这是一个缺点。毛泽东还指出：必须纠正平均主义和过分集中的倾向。这两种倾向都包含有否定价值法则、否定等价交换的思想在内，这当然是不对的。他特别强调：公社应当实行权力下放，三级管理，三级核算，并且以队的核算为基础。在社与队、队与队之间要实行等价交换。

会议根据毛泽东的意见，起草了《关于人民公社管理体制的若干规定（草案）》，提出整顿和建设人民公社的方针，共 14 句话：统一领导，队为基础；分级管理，权力下放；三级核算，各计盈亏；分配计划，由社决定；适当积累，合理调剂；物资劳动，等价交换；按劳分配，承认差别。这个草案还规定：相当于原来的高级社的"管理区（生产大队）或生产队是人民公社的基本核算单位"。

第二次郑州会议以后，中共中央要求各地召开多级干部会议，进一步宣传和贯彻有关人民公社的新精神和决定。毛泽东几次给各级干部写信，指出：一定要每日每时关心群众利益，时刻想到自己的政策措施一定要适合当前群众的觉悟水平和当前群众的迫切要求。

上海会议。1959 年 3 月 25 日至 4 月 1 日，中共中央政治局在上海召开扩大会议。会议期间，毛泽东在一个批示中指出："旧账一般不算这句话，是写到了郑州讲话里面去了的，不对，应改为旧账一般要算。算账才能实现那个客观存在的价值法则。这个法则是一个伟大的学校，只有利用它，才有可能教会我们的几千万干部和几万万人民，才有可能建设我们的社会主义和共产主义。否则一切都不可能。"[1]上海会议还通过了《关于人民公社的十八个问题》的会议纪要。

中共八届七中全会。1959 年 4 月 2 日至 5 日，中共八届七中全会在上海召开。全会检查了人民公社的整顿工作，讨论并通过了《关于人民公社的十八个问题》，着重解决了人民公社管理体制等问题，其主要内容有：人民公社三级所有制中，基本上是生产队所有制，这种情况不能很快改变，要有一个相当长的稳定时期；生产队下面的生产小队（相当于原来的初级社）也应有部分的所有制；对公社建立以来的各种账目要作一次认真的清理，凡无偿调拨生产队和社员个人的劳动力、土地、房屋、生产工具、资金、家畜家禽等都要退赔；公社的全部劳力，用于农业生产的不得少于 80%；等等。这些规定对各地整社工作起到了促进作用。全会还讨论通过了 1959 年国民经济计划草案，将基本建设投资由 360 亿元降到 260 亿～280 亿元，钢产量仍为 1800 万吨，但内部说明其中好钢为 1650 万吨。

在全会上，毛泽东提到工作方法问题，如要多谋善断，留有余地，实事求是，波浪式前进，解除封锁等。他还提出要学习明朝官员海瑞敢讲真话，要有像海瑞批评嘉靖皇帝那样的勇气。

1959 年 4 月 18 日至 28 日，第二届全国人民代表大会第一次会议在北京召开。周恩来总理向大会作《政府工作报告》，李富春副总理作《关于 1959 年国民经济计划草案的报告》，李先念副总理作《关于 1958 年国家决算和 1959 年国家预算草案的报告》，彭真副委员长作《全国人民代表大会常务委员会的工作报告》。大会代表对上述报告进行了讨论，并通过了相应的决议。

大会通过的 1959 年的国民经济计划指标仍然是高指标，其中要求工业总产值增长 41%，农业总产值增长 39%，钢产量为 1800 万吨，煤产量 3.8 亿吨，粮食产量 10500 亿斤，棉花产量 1 亿担。

大会选举刘少奇为中华人民共和国主席，宋庆龄、董必武为副主席，朱德为全国人民代表大会常务委员会委员长；决定周恩来任国务院总理。

同月，中国人民政治协商会议第三届全国委员会第一次会议在北京举

---

[1]　《建国以来毛泽东文稿》，第 8 册，172 页。

行。会议选举毛泽东为全国政协名誉主席，周恩来为主席。

到 1959 年第一季度，国民经济中比例失调造成的后果进一步暴露出来。工农业生产问题严重，轻工业品、副食品供应短缺。鉴于这种情况，陈云提出：粮食要省吃俭用，控制销量；专拨一部分原料生产日用必需品；精减上一年多招收的工人等措施。同时，他受毛泽东和中共中央委托落实钢铁生产指标，提出钢产量指标由 1800 万吨降至 1300 万吨。6 月 13 日中共中央发出紧急指示，确定当年钢产量为 1300 万吨。为了纠正农村工作和农业生产方面高指标、瞎指挥、浮夸风等"左"的偏向，中共中央和毛泽东采取了一些具体措施。1959 年 4 月 15 日，毛泽东在最高国务会议第十六次会议上批评浮夸风时说：去年报纸上吹的那些东西，不能全信，我是不信的。什么几万斤一亩，哪有那个事？这些浮夸现象要破除，要搞老实的。[1] 29日，毛泽东写了一篇《党内通信》，指出：包产一定要落实。根本不要管上级规定的那一套指标。不管这些，只管现实可能性。他强调各级干部都不可讲假话，"干劲一定要有，假话一定不可讲"。[2] 在农村整社过程中，农民群众要求恢复自留地，发展家庭副业。对此，5～6 月间，中共中央连续发出指示，明确规定：允许社员饲养家禽家畜；恢复自留地；鼓励社员利用空闲时间把闲散土地利用起来，所收庄稼不征公粮，不归公有。9 月，中共中央和国务院发出《关于组织农村集市贸易的指示》，规定公社、生产队生产的一、二、三类物资，在完成国家任务后，可拿到集市上交易，社员家庭生产的产品亦可在集市上出售。此时，中共中央还明确：这种大集体中的小私有在一个长时期内是必要的，它并不是"发展资本主义"。

从 1958 年 11 月以后的八九个月，毛泽东和中共中央在纠正已经觉察到的"大跃进"和人民公社化运动中的"左"倾错误时，采取的一系列措施，使"共产风"、浮夸风、高指标和瞎指挥受到初步的遏制，紧张的形势也得到初步的缓和。这期间提出的许多理论观点和政策思想都是正确的，具有重要的长远的意义。但是，毛泽东等充分肯定"三面红旗"，这就使得纠"左"的措施，未能完全落实，也不能从根本指导思想上彻底纠正"左"倾错误。

---

[1] 《毛泽东年谱(1949—1976)》，第 4 卷，20 页。

[2] 《毛泽东文集》，第 8 卷，48、50 页。

六、庐山会议和"反右倾"斗争

1959 年 7 月 2 日至 8 月 16 日，中共中央政治局扩大会议和中国共产党八届八中全会在江西庐山先后召开，统称"庐山会议"。

为了进一步总结 1958 年以后的经验教训，继续纠正实际工作中的"左"倾错误，中共中央于 7 月 2 日至 8 月 1 日召开政治局扩大会议，中央政治局委员，各省、市、自治区党委第一书记，中央和国家机关部委负责人参加了会议。会议开始，毛泽东提出 19 个问题要与会者讨论。他认为总的形势是成绩伟大，问题不少，前途光明。他要求大家在充分肯定成绩的前提下，认真总结经验教训，统一全党认识。会议分成 6 个大组进行讨论。讨论中大家原则上拥护总路线、"大跃进"和人民公社。一部分同志从不同角度强调"大跃进"以来存在的问题，认为前一段纠"左"虽有成绩，但还不够，要求深入地进行这项工作；而另一部分人对批评实际工作中的错误和缺点不满，不愿多讲缺点，多听批评，认为纠"左"过了头，是泼冷水，是右倾。7 月 10 日，毛泽东在组长会上讲话，批评党外右派否定一切，批评党内一些干部认为"大跃进"得不偿失的说法。他强调总路线、多快好省是不会错的。他宣布会议到 15 日结束。

在会议讨论过程中，政治局委员、国防部部长彭德怀在西北组多次发言和插话。由于他对实际工作中的问题有深入的了解，所以在发言中对问题谈得比较深刻、尖锐。他担忧一些人"护短"、不愿多谈缺点和教训、不愿听批评意见会影响对"左"倾错误的彻底纠正，于 14 日给毛泽东写了一封信。信中首先肯定总路线、"大跃进"和人民公社，认为人民公社化具有伟大意义，1958 年以来，"成绩确是伟大的"。其次总结了 1958 年以来犯错误的经验教训。他认为："我们在建设工作中所面临的突出矛盾，是由于比例失调而引起各方面的紧张。"我们所犯错误的原因，"客观因素是我们对社会主义建设工作不熟悉，没有完整的经验"，主观因素是思想方法和工作作风方面暴露出不少值得注意的问题，主要是"浮夸风气较普遍地滋长起来"，"犯了不够实事求是的毛病"；"小资产阶级狂热性，使我们容易犯'左'的错误"，"总想一步跨进共产主义，抢先思想一度占了上风"。[①] 彭德怀在信的最后建议："系统总结一下我们去年工作中的成绩和教训，进一步教育全党

---

① 《彭德怀自述》，283～285 页，北京，人民出版社，1981。

同志,甚有益处。其目的是要达到明辨是非,提高思想,一般的不去追究个人责任。反之,是不利于团结,不利于事业的。"彭德怀的信反映了客观实际和群众的要求,基本内容是正确的。他给党中央主席写信反映自己意见的做法也是符合组织原则的。

7 月 16 日,毛泽东给彭德怀的信加上"彭德怀同志的意见书"的标题,印发与会者讨论。他对信没有作任何评论。在小组讨论中气氛还比较缓和,与会者根据自己的认识谈对彭德怀信的看法。有些人对这封信提出批评,认为夸大了错误,低估了成绩,是针对毛泽东的;也有较多的人表示基本同意这封信的内容,认为提出意见是好的,但对信中的一些提法,例如"小资产阶级狂热性"表示不赞成。

毛泽东是要充分肯定成绩的,但也希望把缺点、错误尽快改掉。7 月 20 日凌晨,当杨尚昆向他汇报讨论情况时,他提出:欠债是要还的,不能出了错误,一推了之。去年犯了错误,每个人都有责任,首先是我。缺点还没有完全改正,现在腰杆子还不硬,这是事实。不要回避这些事情,要实事求是。有些气就是要泄,浮夸风、瞎指挥、贪多贪大这些气就是要泄。他还要那些不愿意承认错误,也不愿意听别人讲他错误的人多听取各方面的意见。①

张闻天、黄克诚、周小舟等在发言中明确表示支持彭德怀信中的观点。7 月 21 日,张闻天在小组会上作了长篇发言,对"大跃进"以来出现的问题进行了系统的理论分析,强调应多从思想观点、方法、作风上去探讨产生缺点错误的原因。他主张"一定要按经济规律办事,不能光凭主观愿望,光凭政治上的要求"。② 张闻天的发言引起毛泽东的特别注意。7 月 22 日,柯庆施等人向毛泽东提出"顶住这股风,不然队伍就散了"的意见,并认为彭德怀的信是对着总路线,对着毛主席的。7 月 23 日,毛泽东在全体会上讲话。他说:"现在党内党外夹攻我们","不论什么话都让讲,无非是讲一塌糊涂。这很好,越讲得一塌糊涂越好,越要听。我和这些同志讲过,要顶住,硬着头皮顶住。"③毛泽东批驳了彭德怀信中所讲的"比例失调引起各方面的紧张"、"小资产阶级狂热性"和"有失有得"等观点。7 月 26 日,毛泽东

---

① 《毛泽东年谱(1949—1976)》,第 4 卷,108 页。

② 张闻天选集传记组编:《张闻天庐山会议发言》,17 页,北京,北京出版社,1990。

③ 《毛泽东年谱(1949—1976)》,第 4 卷,111~112 页。

在李云仲给他的信上写了 2000 多字的批语，题为《对于一封信的评论》，指出："现在党内党外出现了一种新的事物，就是右倾情绪、右倾思想、右倾活动已经增长，大有猖狂进攻之势"，"这种情况是资产阶级性质的"①。毛泽东讲话以后，会议气氛骤然紧张。会议由纠"左"转向反右，开始对彭、黄、张、周进行错误的揭发批判。

8 月 2 日至 16 日举行了中共八届八中全会。会议进一步开展对彭、黄、张、周的批判，把彭德怀说成是"资产阶级民主主义者"、"党内的同盟者"、"马克思主义的同盟者"，指责彭德怀"里通外国"，组织"军事俱乐部"。最后，会议通过《关于以彭德怀同志为首的反党集团的错误的决议》和《为保卫党的总路线、反对右倾机会主义而斗争》等文件，认为"右倾机会主义已经成为当前党内的主要危险。团结全党和全国人民，保卫总路线，击退右倾机会主义的进攻，已经成为党的当前的主要战斗任务"。会议决定把彭、黄、张、周调离国防、外交和省委第一书记的工作岗位，保留他们在中央委员会和政治局中的职务，以观后效。会议最后一天，毛泽东在一个批示中写道："庐山出现的这一场斗争，是一场阶级斗争，是过去十年社会主义革命过程中资产阶级与无产阶级两大对抗阶级的生死斗争的继续。"②

中共八届八中全会还根据 1959 年国民经济计划执行情况，调整 1959 年的计划指标，如钢产量降为 1200 万吨，原煤产量降为 3.35 亿吨，粮食产量降为 5500 亿斤，棉花产量降为 4620 万担。但是，全会通过的《关于开展增产节约运动的决议》，又要求在"反右倾，鼓干劲"的精神下，以跃进的速度立即掀起新的生产高潮。

庐山会议以后，各地按照中央的部署开展了一场大规模的"反右倾"斗争。这场运动的重点虽是在中央党政军机关和各军区、各省地县领导机关，但也进一步扩大到基层干部和群众。一大批干部、党员遭到错误的批判，不少人被定为"右倾机会主义分子"，受到不应有的组织处分。据 1962 年甄别平反时的统计，在这次"反右倾"斗争中被重点批判和定为右倾机会主义分子的干部和党员，有三百几十万人。③ 这些干部和党员大都是敢于讲真话、敢于反映实际情况和敢于提出批评意见的。他们受到批判对党是非常

① 《建国以来毛泽东文稿》，第 8 册，379 页，北京，中央文献出版社，1993。
② 《建国以来毛泽东文稿》，第 8 册，451 页。
③ 薄一波：《若干重大决策与事件的回顾》（修订本），下卷，900 页，北京，人民出版社，1997。

大的损害，对国家和人民的事业也是重大损失。

庐山会议后期对彭德怀等的批判和"反右倾"斗争的开展，严重损害了中国共产党内从中央到基层，以至国家的民主生活，错误地打击了一大批敢于实事求是讲真话、提出批评意见的人，助长了说假话、搞浮夸、不敢坚持原则的不良风气，也使个人专断和个人崇拜现象得以发展。理论上，把党内关于方针政策的不同意见的正常讨论视为"对抗阶级生死斗争的继续"，把阶级斗争引入党内，使得阶级斗争扩大化的理论和实践进一步升级。纠"左"的积极进程被打断，"大跃进"和人民公社化运动中许多已被察觉并开始纠正的错误又重新发展起来，并延续了更长的时间。

七、"大跃进"错误的继续　严重经济困难局面的出现

中共八届八中全会对 1959 年经济计划指标作了调整不久，在"反右倾、鼓干劲、掀起新的大跃进高潮"的口号下，计划指标又一再加码，要求尽快超额完成年度计划，提前两年实现原定"二五"计划的主要指标。

在基本建设投资方面，1959 年 10 月决定增加 63.6 亿元，达到 311.6 亿元，实际增加 96.6 亿元。限额以上的施工项目增加到 1000 多个，增加了 230 个。在工业交通生产上，到年底，通过苦干蛮干，钢产量完成 1387 万吨，但却挤掉了其他产品的生产。在农业方面，不顾 1959 年全国耕地约两亿亩受灾的情况，于 10 月决定将原定农副业总产值比上年增长由 10% 左右提高到 15%，实际上，1959 年农副业总产值比上年下降了 13.6%。

进入 1960 年，"大跃进"仍然在继续。1 月，在上海召开的中共中央政治局扩大会议，确定了 1960 年的国民经济计划，确定钢产量为 1840 万吨，粮食产量 6000 亿斤的高指标，还提出 8 年完成人民公社从基本队有制过渡到基本社有制的设想。会后，经济计划指标不断加码，不切实际的高指标纷纷出台。为完成这一高指标，又重搞"小洋群"、"小土群"。当时要求在1960 年内全国所有有煤铁资源的县、市至少搞一个以煤铁为中心的"小土群"、"小洋群"基地。还提出要搞小煤窑、小铁矿、小高炉、小转炉、小铁路等。大搞全民性的技术革命运动是 1960 年"大跃进"的一个特色。1 月，各地区、各部门响应中共中央的号召，运用搞群众运动的办法，进行技术革新和技术革命，以高速度来实现机械化和半机械化。据 24 个省区的不完全统计，从 1960 年 1 月到 3 月上旬，仅工交部门的职工就提出革新建议 2530 多万条，已经实现和正在实现的达 965 万条。这当中，由于急于求成，

缺乏科学态度，出现许多形式主义和虚报浮夸的现象。

农村中"共产风"再起，普遍推行公共食堂。据统计，1959年年底全国农村开办公共食堂391.9万个，参加食堂吃饭的约4亿人，占人民公社总人数的72.6%。这种做法脱离农民现实生活水平，违反自愿原则，给农民生活带来诸多不便，引起农民很大不满。这时期还在城市大办人民公社。1960年3月中共中央在《关于城市人民公社问题的批示》中指出：对于城市人民公社的组织试验和推广，应当采取积极的态度，以大工厂、街道、机关学校为中心，而又有各种所有制（国有制，社有集体制，社以下集体所有制）同时存在于一个公社内，是不可避免的，也是很好的。《指示》要求，除北京、天津、上海、武汉、广州五个大城市外，其他城市应一律挂人民公社的牌子。据统计，到1960年7月底止，包括北京、天津、郑州、哈尔滨在内的全国190个大中城市已建立人民公社1064个，参加公社的人口达5500多万人。

总之，1960年"大跃进"的继续，使以高指标、浮夸风、"共产风"和瞎指挥为主要标志的"左"倾错误再度严重泛滥，并且持续了更长的时间，给国民经济带来严重的危害。

1958年到1960年的"大跃进"，在国家动员空前规模的人力、物力、财力进行经济建设，在亿万人民艰苦努力、辛勤工作的情况下，确实取得了一些成果。据1964年统计，新中国成立以来到1964年为止，在新建的大中型企业项目中，主要是重工业部门，属于这三年间开工的占2/3以上。1958年至1960年新增加的生产能力，在1950年至1979年的30年间新增加的生产能力中所占比重：炼钢占36.2%，炼铁占32.7%，采煤占29.6%，机制纸占33.8%，棉纺锭占25.9%。这三年间还设计建设了一批重点工程，如大庆油田的开发，原子能技术的突破，北京人民大会堂等十大建筑的落成，南京长江大桥的设计与施工等。"大跃进"期间兴修的水利工程和农田基本建设使"二五"期间灌溉面积增加了320万公顷。

但这并不是"大跃进"和人民公社化的功劳。如果没有"大跃进"和人民公社化运动，我国经济建设取得的成绩还会更大。正是由于经济建设指导方针上的失误，经济活动中脱离实际，违背客观经济规律，片面追求高速度，大刮"共产风"，造成经济秩序的严重混乱，生产力受到巨大破坏，加上这期间连续的自然灾害和苏联撤退专家、撕毁合同等客观原因，使我国国民经济出现严重困难的局面。主要表现在：

1. 国民经济比例全面失调。三年间积累与消费比例失调，三年平均积累率高达 39.1%("一五"期间平均积累率为 24.2%);工农业比例失调,工业总产值从 1957 年到 1960 年增长 1.3 倍,而农业总产值则下降 22.7%;工业内部比例失调,三年间生铁产量增长 3.5 倍,铁矿石增长 4.8 倍,而轻工业产值比重由 55% 下降到 33.4%,重工业则由 45% 上升到 66.4%;财政收支不平衡,社会购买力和可供商品比例失调,出现了巨大财政赤字和市场紧张。

2. 生产大幅度下降。其中农业生产急剧下降,1959 年粮食产量仅为 3400 亿斤,比 1958 年实际产量 4000 亿斤减少 600 亿斤;1960 年粮食产量进一步下降到 2870 亿斤,跌至 1951 年的水平;1960 年棉花产量为 2125.8 万担,也跌至 1951 年的水平;1961 年粮食产量为 2950 亿斤,棉花产量为 1600 万担。工业生产中轻工业生产严重下降,1962 年与 1959 年相比,轻工业总产值下降 35.2%,棉布产量下降 66.6%,糖产量下降 69.1%。

3. 人民生活严重困难。由于生产下降导致市场商品供应紧张。1960 年同 1957 年相比,城乡人均粮食消费量减少 19.4%,其中农村人均减少 23.7%;植物油人均消费量减少 23%;猪肉人均消费量减少 70%。许多地区的群众因营养不足普遍发生浮肿病,许多省份农村人口非正常死亡增加。据《中国统计年鉴》资料,1960 年全国总人口比上年减少 1000 万。①

上述情况表明,"大跃进"和人民公社化运动搞乱了整个国民经济,给国民经济和人民生活带来了严重的困难。面对严峻的现实,对国民经济进行调整,已势在必行。

第三节　战胜严重经济困难和国民经济的调整

一、农村政策的调整

国民经济出现严重困难的局面,使毛泽东和中共中央逐步意识到问题的严重性。为了克服严重困难,纠正错误,中共中央开始进行政策调整,并首先从农村开始。

1960 年 6 月,中共中央政治局在上海召开扩大会议。毛泽东在会议上讲要把质量、品种放在第一位,把数量放在第二位。18 日,他在《十年总

---

① 国家统计局:《中国统计年鉴(1984)》,81 页,北京,中国统计出版社,1984。

结》一文中承认自己"有过许多错误",如在北戴河会议上同意 1959 年完成 3000 万吨钢。他提出:"对于我国的社会主义革命和建设,我们已经有了十年的经验了,已经懂得了不少的东西了。但是我们对于社会主义时期的革命和建设,还有一个很大的盲目性,还有一个很大的未被认识的必然王国。我们还不深刻地认识它。我们要以第二个十年时间去调查它,去研究它,从其中找出它的固有的规律,以便利用这些规律为社会主义的革命和建设服务。"①

7 月上旬至 8 月上旬,中共中央在北戴河召开工作会议,决定对国民经济进行调整,压缩基本建设战线,全力保钢,计划指标不再搞第二本账,加强农业战线,保证粮食生产。会议重申农村实行以生产队为基本核算单位的三级所有制,不再讲三年至五年内向社有制过渡。会后,中共中央发出指示:农业是国民经济的基础,粮食是基础的基础;工业部门应把支持农业放在头等重要的地位。

从 10 月开始,在农村部署整风整社,目的在于肃清"共产风"、浮夸风、强迫命令风、生产瞎指挥风和干部特殊化风,其中重点肃清"共产风"。为了进一步落实这项工作,中共中央于 11 月 3 日发出由周恩来主持起草的《关于农村人民公社当前政策问题的紧急指示信》,规定:公社实行三级所有,队(相当于原高级社)为基础,至少 7 年不变;彻底纠正"一平二调"的错误;坚持生产小队的部分所有制;允许社员经营少量自留地和家庭副业;坚持按劳分配的原则;有计划地恢复农村集市;发动群众,整风整社等。《紧急指示信》得到了农民群众的拥护,对扭转农村形势起了重大作用。

1960 年 12 月至 1961 年 1 月,中共中央在北京召开工作会议,讨论了 1961 年国民经济计划安排,制定了《关于农村整风整社和若干政策问题的讨论纪要》。《纪要》肯定《紧急指示信》是完全正确、合乎实际的,进一步部署了整风整社工作。它强调:彻底纠正"共产风"等"五风";彻底清算平调账,坚决退赔,还必须向群众作检讨;提高粮食统购价格;社员的自留地适当扩大,由每人平均占当地土地的 5% 增至 7%;在各方面调整和压缩劳动力,充实农业生产第一线等。在会上,毛泽东说:这几年说人家思想混乱,首先是我们自己思想混乱。一方面纠正"共产风",纠正瞎指挥风;另一方面,又来几个大办,助长了"共产风"。他提到:原来估计 1960 年会好一些,但没有估计对。1960 年天灾更大了,人祸也来了。这人祸不是敌人造成的,

---

① 《建国以来毛泽东文稿》,第 9 册,216 页,北京,中央文献出版社,1996。

而是我们自己造成的。他最后概括说:第一是吃饭,第二是市场,第三是建设。① 毛泽东的这个认识有助于落实农村政策的调整工作。

二、"调整、巩固、充实、提高"方针的制定和工业的调整

1960 年 7、8 月间,在北戴河工作会议期间,李富春在讨论研究冶金工业、交通运输、农业和经济计划问题时,集中大家的意见,提出对国民经济要进行"调整、巩固、提高"。8 月底,国家计划委员会向国务院汇报时,周恩来表示赞成,并且加上"充实"两字,形成了"调整、巩固、充实、提高"的八字方针。这个方针得到中共中央的批准。9 月 30 日,在中央批转的国家计委《关于 1961 年国民经济计划控制数字的报告》中明确提出:1961年,我们要"把农业放在首要地位,使各项生产、建设事业在发展中得到调整、巩固、充实和提高"。

1961 年 1 月,中共八届九中全会在北京举行。会议主要听取和讨论了李富春《关于 1960 年国民经济计划执行情况和 1961 年国民经济计划主要指标的报告》,正式通过了对国民经济实行"调整、巩固、充实、提高"的八字方针。会议认为经济工作中的重要问题是比例关系严重失调,因此,要求在编制国民经济计划时,要按照农、轻、重的次序安排经济;会议确定1961 年经济工作要贯彻以农业为基础、把农业放在首位的方针,要求全党全民大办农业、大办粮食,要求国民经济各部门都支持农业;会议要求深入贯彻《紧急指示信》,继续做好整风整社工作。

八字方针以调整为重点,主要是调整国民经济各方面比例关系,特别是调整农业、轻工业、重工业的比例关系,使国家建设和人民生活得到统筹兼顾、全面安排,同时还要巩固国民经济发展中的成果,使其向纵深发展,以少量的投资来充实一些部门的生产能力,使其成龙配套,发挥更大的经济效果,提高产品质量,增加产品品种,提高管理水平和劳动生产率。八字方针是一个积极的而不是消极的方针,它的确定对于后来国民经济的调整起了巨大的作用。此后,我国国民经济进入了调整阶段。

在进行调整工作之时,党在工作作风上的转变和改进,为实际工作在一定程度上发生重要变化提供了前提。在 1960 年 12 月至 1961 年 1 月的中央工作会议和中共八届九中全会上,毛泽东着重强调了恢复实事求是和调

---

① 《毛泽东传(1949—1976)》,下册,1111~1112 页。

查研究的问题。他提出："请同志们回去后大兴调查研究之风，一切从实际出发，没有把握就不要下决心。""今年搞一个实事求是年好不好？""我们党是有实事求是传统的，就是把马列主义的普遍真理同中国的实际相结合。"他还说，希望今年这一年，1961年，成为一个调查年，大兴调查研究之风。调查，要在实际中去调查，在实践中才能认识客观事物。

中共八届九中全会以后，毛泽东亲自指导3个调查组赴浙江、湖南、广东农村进行调查研究。刘少奇、周恩来、朱德、邓小平等也分别赴湖南、河北、四川、北京等地深入基层调查研究。在调查中，毛泽东等总结正反两方面的经验，对实际工作中存在的问题着手进行解决。鉴于《紧急指示信》并未完全解决公社内部的平均主义现象，毛泽东于3月间在广州主持起草了《农村人民公社工作条例（草案）》（简称《农业六十条》）。这个草案经过群众讨论和试点，作了几次重要修改，于6月在中央工作会议上通过了修正草案。它主要规定：以生产大队的集体所有制为基础的三级集体所有制是现阶段人民公社的根本制度；人民公社各级规模不宜过大，特别是生产大队（原称生产队）的规模不宜过大；公社对生产大队的领导不可管得太多太死，不许瞎指挥生产，不许无代价地调用劳动力、生产资料和其他物资；生产大队是公社中独立经营单位，实行独立核算，自负盈亏。在修正草案中还提出办不办公共食堂，完全由社员讨论决定。这样改变了原草案中要积极办好公共食堂的规定，实际上停办了公共食堂。6月19日，针对《紧急指示信》发布以来农村退赔工作不彻底的情况，中共中央做出《关于坚决纠正平调错误、彻底退赔的规定》，强调：公社化以来无偿占用的劳动力、生产资料和生活资料必须彻底清算和退赔，并规定了退赔的具体做法。此后退赔工作进一步开展，先后向农民退赔了250亿元。在人民公社基本核算单位问题上，毛泽东于9月29日给中央政治局常委写信，建议"三级所有、队为基础"，基本核算单位是队（指小队）而不是大队。1962年2月23日，中共中央正式发出经毛泽东亲自修改的《关于改变农村人民公社基本核算单位问题的指示》，决定将基本核算单位下放到生产队，至少30年不变。这个指示对于农业生产的恢复和发展起了促进作用。

在农村政策调整起步之时，工业的调整成效不大。这主要反映在工业和基本建设方面指标没有退够。1960年下半年仍然坚持原定钢产量指标，全力保证钢铁生产，导致其他部门生产被挤，造成恶果。1961年中共八届九中全会制定的1961年的计划指标仍然偏高，如钢产量为1900万吨。然而半年执行的情况，钢和其他许多工业产品产量大幅度下降。面对如此严峻的形势，1961年8、9月间，中共中央在庐山召开工作会议，着重讨论工业问题，做出了《关于当前工业问题的指示》，指出我们已经丧失了一年的时机，现在，再不能犹豫了，必须当机立断，该退的坚决退下来，切实地进行调整工作。《指示》还要求在工业管理方面，改变过去一段时间里权力下放过多、过散的状况，实行高度的集中统一的领导。

这次中共中央工作会议的精神，标志着对整个国民经济形势和八字方针的认识有了进一步的深化。会后，国家计委对中共八届九中全会所确定的1961年的计划作了较大的调整。基本建设投资由167亿元降为87亿元，钢产量由1900万吨降为850万吨，粮食产量由4100亿斤降为2700亿斤。

工业调整的另一个方面是整顿企业秩序。由于"大跃进"给许多企业带来管理混乱、责任制和经济核算制废弛等问题，1961年6月17日邓小平主持的中央书记处会议正式决定由李富春、薄一波主持制定有关工业的条例。他们率工作小组对许多工矿企业进行了调查研究，在此基础上制定了《国营工业企业工作条例(草案)》(即《工业七十条》)。1961年9月中共中央讨论通过并发布试行。这个条例规定：国营工业是社会主义全民所有制的经济组织，其根本任务是全面完成国家计划，增加社会产品，扩大社会主义积累；实行党委领导下的厂长负责制，建立健全各级的责任制；发扬民主，实行职工代表大会制度；加强经济核算和财务管理，讲求经济效果。这个条例的制定是从我国当时的实际情况出发的，它用条例的形式总结了新中国成立以来管理工业的主要经验，特别是"大跃进"以来正反两方面的经验。它的试行对工业贯彻八字方针起了积极的作用。

此外，中共中央还先后制定和批转了《关于改进商业工作的若干规定(试行草案)》(即《商业四十条》)、《关于城乡手工业若干问题的规定(试行草案)》(即《手工业三十五条》)、《关于切实加强银行工作的集中统一、严格控制货币发行的决定》(即《银行六条》)，等等。这些条例对于纠正"大跃进"以来的"左"倾错误，恢复和调整国民经济发挥了重大作用。

三、科学、教育、文化政策的调整

在经济工作进行调整的同时，科学、教育、文化等领域也进行了调整。

1961年上半年，在聂荣臻的主持下，国家科委和中国科学院经过反复调查研究和广泛听取科技界的意见，提出《关于自然科学研究机构当前工作的十四条意见(草案)》(即《科研十四条》)。7月，这个草案经中共中央批准，在全国试行。《科研十四条》认真总结了新中国成立以来发展科学技术事业的经验教训，针对"大跃进"中曾经发生过的错误，规定了各项正确的政策措施，主要有：要争取一切可以争取的知识分子为社会主义科学事业服务；要坚决贯彻"百花齐放，百家争鸣"的方针，鼓励各种不同学派和不同学术见解自由讨论；要划清学术问题、思想认识问题和政治问题的界限，一时难以断定的，先以学术问题来处理；科研机构的根本任务是不断提供新的科研成果，培养出研究人才，为社会主义建设服务。

1961 年年初，教育部召集部分高等学校负责人和教授进行座谈，研究草拟高等学校的工作条例。7 月，邓小平主持中央书记处会议讨论修改《教育部直属高等学校暂行工作条例（草案）》（即《高教六十条》），后经庐山中央工作会议通过，9 月 15 日下发试行。《高教六十条》制定了高等学校的方针、任务和有关政策。主要内容有：高等学校的基本任务是贯彻执行党的教育方针，培养为社会主义建设所需要的各种专门人才；高等学校必须以教学为主，努力提高教学质量，处理好教学工作与生产劳动、科学研究、社会活动之间的关系；在教学和科研中必须贯彻"百花齐放，百家争鸣"的方针等。1963 年 3 月 23 日，中共中央还下发了《全日制中学暂行工作条例（草案）》和《全日制小学暂行工作条例（草案）》，要求各地试行。

在文艺工作方面，中共中央宣传部会同文化部和全国文联认真听取对文艺工作的意见，在周恩来具体指导督促下，于 1961 年 8 月起草了《关于当前文学艺术工作的意见（草案）》（即《文艺十条》，后改为《文艺八条》）。这个文件经反复讨论于 1962 年 4 月由中共中央批转全国。《文艺八条》总结了近年来文艺工作的经验，检查了缺点和错误，提出进一步贯彻"百花齐放，百家争鸣"方针，文学创作题材应丰富多样，努力提高创作质量，批判地继承民族文化遗产和吸收外国优秀文化，正确开展文艺批判，党对文艺事业的领导主要是思想上、政治上的领导等重要措施。

上述一系列条例的制定和执行，使我国的科学、教育、文化事业在总结经验中逐步形成自己的一整套方针政策和具体制度，这对于恢复正常的工作秩序起了重要的作用。

四、"七千人大会"　国民经济调整的全面展开

在国民经济调整工作起步以后，中国共产党内一些干部对于当时严重困难的经济形势估计不足，对贯彻执行八字方针不够坚决果断。因此，

1961 年的调整工作虽取得了一些成绩，但步子不大，尤其是工业战线调整的成效甚微，整个国民经济仍处在严重困难之中。

为了进一步总结经验，统一认识，加强团结，加强民主集中制，动员全党继续纠正"大跃进"以来的错误，更坚决地执行"调整、巩固、充实、提高"的方针，中共中央于 1962 年 1 月 11 日至 2 月 7 日在北京召开了扩大的中央工作会议。与会者有中央和中央各部门，各中央局，各省、市、地、县的主要负责人以及一些重要厂矿和部队的负责干部，共 7118 人，故通称"七千人大会"。毛泽东主持会议。会议前一阶段主要讨论和修改刘少奇代表中共中央提出的书面报告草稿。1 月 27 日，刘少奇在会议上讲话，对书面报告草稿作了解释、说明和补充。会议经过热烈讨论，广泛集中了大家的意见和建议，形成了书面报告的定稿，作为会议正式文件下发。1 月 29 日下午开始，会议转入开"出气"会。1 月 30 日，毛泽东在会上作了长篇重要讲话。周恩来、邓小平、朱德等也在会上作了讲话。

"七千人大会"比较系统地初步总结了"大跃进"以来经济建设工作中的经验教训。在书面报告和刘少奇的讲话中，列举了几年来社会主义建设的成就，同时指出国民经济中存在的困难"还是相当严重的"。1961 年的粮食、棉花、油料等经济作物生产以及畜牧业、副业、渔业的生产还没有恢复过来；1961 年的工业总产值下降了 40％多；市场供应仍然紧张，人民的吃穿用感到不足；国家财政收入大大减少，通货膨胀严重。刘少奇在讲话中指出：这种严重困难形势的出现，就全国总的情况来说，是由于我们工作上和作风上的缺点和错误所引起的。他还说：缺点和成绩的关系恐怕是三个指头和七个指头的关系。我到湖南的一个地方，农民说是"三分天灾，七分人祸"。全国有一部分地区可以说缺点和错误是主要的，成绩不是主要的。书面报告列举了工作中发生的缺点和错误，主要有：工农业生产的计划指标过高，基本建设的战线过长，使国民经济各部门的比例关系，消费和积累的比例关系，发生了严重不协调的现象；在人民公社的实际工作中，曾经混淆集体所有制和全民所有制的界限，曾经对集体所有制的内部关系进行不适当的、过多过急的变动，违反了按劳分配和等价交换的原则，犯了刮"共产风"和平均主义的错误；不适当地要在全国范围内建立许多完整的工业体系，权力下放过多，分散主义的倾向有了严重的滋长；对农业增产的速度估计过高，对建设事业的发展要求过急，因而使城市人口不适当地大量增加，造成了城乡人口的比例和当前农业生产水平极不适应的状况，加重了城市供应和农业生产的困难。

　　对于 1958 年以来工作中的缺点和错误的责任问题，会议形成了统一的认识。书面报告指出：首先要负责任的是中央，其次要负责任的是省、市、自治区一级党委，最后才是省以下的各级党委。毛泽东在 1 月 30 日的讲话中，承担了所犯错误的责任。他说："凡是中央犯的错误，直接地归我负责，间接的我也有份，因为我是中央主席。""第一个负责的应当是我。"周恩来、邓小平等也分别代表国务院和中共中央书记处表示要承担责任。

　　会议认真分析了产生缺点和错误的原因。首先，书面报告提出这几年犯错误的原因之一是"我们在建设工作中的经验还很不够"。毛泽东在讲话中说：对于社会主义建设，我们还缺乏经验，还有很大的盲目性。社会主义经济，对于我们来说，还有许多未被认识的必然王国。对于社会主义建设的长期性，毛泽东也有了较深刻的认识。他说："建设强大的社会主义经济，在中国，五十年不行，会要一百年，或者更多的时间。"①其次，书面报告提出犯错误的另一个原因是，几年来党内不少领导同志不够谦虚谨慎，违反了党的实事求是和群众路线的传统作风，在不同程度上削弱了民主集中制原则。毛泽东在讲话中集中谈了民主集中制的问题。他指出："不论党内党外，都要有充分的民主生活，就是说，都要认真实行民主集中制。""没有高度的民主，不可能有高度的集中，而没有高度的集中，就不可能建立社会主义经济。"②此外，会议提出分散主义的严重泛滥，丢掉了实事求是的优良传统和作风以及只反右不反"左"等倾向也是导致犯错误的原因。

　　会议对 1962 年的生产任务和全面工作作了具体部署，并提出 1963 年到 1972 年国民经济发展的十年规划。会议强调：从农业开始的对国民经济的调整工作，还要继续进行一段时间，我们必须踏踏实实地、干劲十足地做好这种调整工作。1962 年是对国民经济进行调整工作最关紧要的一年。我们必须抓紧这一年，争取各方面的调整工作作出新的显著成绩。会议提出了 1962 年经济建设方面的 10 项工作，主要有：从各方面加强农业战线，力争多生产一些粮食等作物；积极增加轻工业和手工业的生产；继续压缩城镇人口、精减职工；继续缩短基本建设战线；调整工业企业的生产任务，坚决压缩或者停止那些原料、材料消耗多和产品质量低的企业的生产。

　　"七千人大会"是新中国成立以来中国共产党召开的一次重要的会议。会议发扬民主、批评与自我批评的精神，以比较实事求是的态度认真总结

---

　　①　《毛泽东文集》，第 8 卷，301 页。
　　②　《毛泽东文集》，第 8 卷，291、296～297 页。

"大跃进"以来工作中的经验教训，使广大干部党员心情比较舒畅，这对于进一步清理工作中的"左"倾错误，进一步贯彻八字方针，努力克服国民经济的严重困难起了积极的作用。但是，"七千人大会"也存在缺点和历史局限性。在这次会议上仍然原则上肯定"三面红旗"是正确的；在成绩与错误的估计问题上，党内仍然存在着一些分歧；在对 1958 年以来被错定为"右倾机会主义分子"的干部进行甄别平反中，仍坚持对彭德怀原有的结论，不给他平反。林彪在会上发表带有个人崇拜色彩的讲话，在谈及这几年的困难时，他说："在某些方面，在某种程度上，恰恰是由于我们没有照着毛主席的指示、毛主席的警告、毛主席的思想去做。如果听毛主席的话，体会毛主席的精神，那么，弯路会少走得多，今天的困难会要小得多。"所有这些，使得"大跃进"和"反右倾"的错误不可能从指导思想上彻底清理。

"七千人大会"以后，财政部门向中共中央反映，发现 1962 年当年财政有 20 亿至 30 亿元的赤字，商品供应量与社会购买力之间尚有很大的逆差。这个问题引起中共中央的重视。为了进一步统一对经济形势的认识，切实贯彻八字方针，1962 年 2 月 21 日至 23 日，中央政治局常委扩大会议在中南海西楼会议室举行，故称西楼会议。会议由刘少奇主持(毛泽东在外地)，中心议题是讨论 1962 年国家预算和整个经济形势问题。会议认为当时财政经济困难十分严重，经济正处在一种很不平常的"非常时期"，如不采取果断措施，国民经济将进一步恶化。会上，陈云做了题为《目前财政经济的情况和克服困难的若干办法》的讲话。他提出克服困难的 6 条办法，主要有：减少城镇人口；采取一切办法制止通货膨胀；尽力保证城市人民的最低生活需要，如增加大豆和有关日用品供应等；把一切可能的力量用于农业增产等。他的讲话得到会议的赞同。在经过毛泽东同意后，陈云的讲话由中共中央转发各地各部门，成为当时经济工作的指导性文件。

西楼会议以后，中共中央决定重新恢复中央财经小组，统管经济工作，由陈云任组长、李富春任副组长。5 月 7 日至 11 日，中央政治局常委在北京举行扩大会议，通称五月会议，讨论和通过了中央财经小组起草的《关于讨论 1962 年调整计划的报告》。会议正确地分析了财政经济形势，强调必须退够才能完全摆脱被动的局面，做出了全面贯彻执行"八字方针"，进一步对国民经济进行大幅度调整的重大决策。

两次中央政治局常委扩大会议以后，全国迅速、坚决地开展了对国民经济的全面调整工作，并采取一系列果断的措施，主要有：

1. 压缩基本建设规模，缩短重工业战线。国家对基本建设投资从 1960

年的 388.69 亿元削减至 1962 年的 71.26 亿元；积累率从 1960 年的 39.6％降至 1962 年的 10.4％；1962 年的基建项目为 2.5 万多个，其中大中型项目为 1000 多个，比 1961 年分别减少 1 万多个和 400 多个。1962 年 5 月调整计划指标，工业总产值由原定计划草案的 950 亿元调为 880 亿元，钢产量由 750 万吨调为 600 万吨。从 1961 年算起，到 1962 年 10 月止，全国县以上工业企业减少了 4.4 万多个。

2. 精减职工，减少城镇人口。从 1961 年初到 1963 年 6 月，全国共精减职工 2000 万人，减少城镇人口 2600 万人。

3. 加强农业战线，发展农业生产。由于大批劳动力回到了农业第一线，到 1962 年农村劳动力增加到 2.1278 亿人，超过了 1957 年。国家增加农具、农药、化肥的生产和供应，提高农产品收购价格，削减粮食征购量，使农业生产得以恢复和发展。

4. 加强金融管理，稳定市场，回笼货币。1962 年 3 月，中共中央决定收回几年来银行下放的一切权力，严格信贷和现金管理。大力压缩财政开支；清仓核资，清理拖欠贷款和扭亏增盈；在稳住人民基本生活必需品价格的同时，继续对 10 种商品实行高价政策。

由于采取了果断的措施，经过全国人民的艰苦奋斗，调整工作很快取得成效。到 1962 年 8、9 月间，国民经济形势开始有了比较明显的好转。到年底，粮食产量达到 3200 亿斤，比上年增产 250 亿斤；1962 年国家财政收支平衡，结余 8.3 亿元，结束了 4 年连续赤字的状况；市场商品供应有所缓和。

在 1961 年和 1962 年调整经济工作的同时，政治关系方面也进行了调整。1962 年 4 月，中央书记处在邓小平主持下，制定并发出《关于加速进行党员、干部甄别工作的通知》，指出自 1961 年 6 月中共中央发出对近几年来受过批判和处分的党员、干部进行甄别平反工作的指示以来，一些地区和部门重视不够，进度很慢。鉴于此，通知提出对批判和处分错了的党员、干部"一律平反"，其中即使有的人有些轻微错误，也不要留尾巴。这样，甄别平反工作才迅速展开。到 1962 年 8 月，全国有 600 多万党员、干部得到了平反。

调整中国共产党和知识分子的关系，正确认识知识分子的地位，也是调整时期一项重要工作。1962 年 3 月 2 日，周恩来在广州召开的全国科学工作、戏剧创作会议上指出："十二年来，我国大多数知识分子已有了根本的转变和极大的进步。"①重新肯定了我国知识分子的绝大多数已经是属于劳动人民的知识分子。陈毅在 3 月 5 日的讲话中说：应该脱资产阶级知识分子之帽，加劳动人民知识分子之冕。3 月 28 日，周恩来在二届全国人大三次会议上的《政府工作报告》中再次明确宣布：我国知识分子是属于劳动人民的知识分子。这些讲话和报告实际上是继承了 1956 年 1 月关于知识分子问题的报告中的思想，它对于调动广大知识分子的积极性，端正对知识分子问题的工作起了积极的作用。

关于给被划为右派分子的人摘去"右派分子"帽子的问题，根据毛泽东的建议，在 1959 年国庆前夕已经开始分批进行，到 1962 年大部分已摘去帽子。尽管摘去被错划为右派分子的帽子并未从根本上澄清是非，但摘去帽子毕竟在一定程度上使他们的政治处境和工作、生活条件有所改善。

在统一战线工作方面，1962 年 3 月，刘少奇召集第 18 次最高国务会议，向各民主党派负责人和无党派人士说明几年来国内工作的缺点错误，责任首先由中共中央来负，各民主党派和无党派人士没有责任，或者有也很少。周恩来在二届全国人大三次会议上作的《政府工作报告》中，就近年来工作中的缺点错误代表国务院作了诚恳的自我批评。他还强调，要不断加强人民民主统一战线，继续贯彻实行中国共产党提出的与民主党派"长期共存、互相监督"的方针。中国共产党敢于承认错误和认真纠正错误的态度，使各民主党派和无党派人士十分感动。他们纷纷表示愿与中国共产党同舟共济，共渡难关。

在国民经济调整工作进一步发展的情况下，采取更为有效的农村经营管理方式来调动广大农民生产积极性，是摆在人们面前的重要课题。安徽省在这方面首先进行了大胆探索。1961 年，安徽省宿县、全椒县等地的农民提出把田包给社员耕种，统一分配的办法，即实行"定产到田，责任到人"的制度。这一做法得到安徽省委第一书记曾希圣等人的支持。安徽省委起草了《关于推行包产到队、定产到田、责任到人办法的意见》。很快这一做法在安徽迅速推广，到年底实行"包产到户"的生产队占全省生产队总数的 85.4%。同时，广西、广东、河南、湖南、贵州、四川、河北、甘肃和东北三省等省区灾情严重的地区也先后采取了这种办法。到 1962 年 7 月，全国大约 20% 的农村实行了"包产到户"。中共中央农村工作部部长邓子恢经过广泛调查研究，支持安徽的做法。他认为，要调动社员的积极性，必

---

① 《周恩来选集》，下卷，361 页。

须有严格的责任制，而农业生产责任制不与产量联系是很难办的。刘少奇、陈云都支持过这种主张。邓小平在 1962 年 7 月的一次讲话中说："生产关系究竟以什么形式为最好，恐怕要采取这样一种态度，就是哪种形式在哪个地方能够比较容易比较快地恢复和发展农业生产，就采取哪种形式；群众愿意采取哪种形式，就应该采取哪种形式，不合法的使它合法起来。"①这种农业生产责任制的探索在许多方面是适应中国农村以手工劳动为主的生产力状况的，是符合大多数农民的要求的。它被人们看作是 20 世纪 70 年代末开始的中国农村改革的先声。

第四节　政治上"左"倾错误的再度发展和经济上调整任务的完成

一、中共八届十中全会和阶级斗争扩大化观点的系统化

经过"七千人大会"、西楼会议和五月会议，采取切实可行的调整方针，到 1962 年下半年，国民经济开始趋向好转。在这种形势下，由于中国共产党内"左"倾错误的指导思想未能从根本上纠正，由于党内在恢复农业生产和整个国民经济调整中存在意见分歧，也由于国际社会出现了一些变故、争端以及国内一定范围内的阶级斗争在某些方面有些激化，毛泽东又重提阶级和阶级斗争问题，造成"左"倾错误再度发展，严重干扰了探索中国自己的建设社会主义道路的进程。

1962 年 7 月至 8 月，中共中央在北戴河召开工作会议。会议原定议题是讨论农村工作问题、粮食问题、商业问题，等等。8 月 6 日，毛泽东在会上讲话，提出阶级、形势、矛盾的问题，要求大家讨论。由此，会议大部分时间讨论阶级斗争问题和批判所谓"黑暗风"、"单干风"和"翻案风"。这也就成为八届十中全会的主要议题。9 月 24 日至 27 日中共八届十中全会在北京举行。此前还在北京举行了近一个月的预备会议。

毛泽东在北戴河工作会议和八届十中全会上发表了多次讲话，把社会主义社会中在一定范围内存在的阶级斗争作了扩大化和绝对化的论述。毛泽东关于社会主义时期阶级斗争的观点集中反映在经过他反复修改和最后

---

① 《邓小平文选》，2 版，第 1 卷，323 页，北京，人民出版社，1994。

审定的八届十中全会的公报中。公报说:"在无产阶级革命和无产阶级专政的整个历史时期,在由资本主义过渡到共产主义的整个历史时期(这个时期需要几十年,甚至更多的时间)存在着无产阶级和资产阶级之间的阶级斗争,存在着社会主义和资本主义这两条道路的斗争。""这种阶级斗争是错综复杂的、曲折的、时起时伏的,有时甚至是很激烈的。这种阶级斗争,不可避免地要反映到党内来。国外帝国主义的压力和国内资产阶级影响的存在,是党内产生修正主义思想的社会根源。"①会上毛泽东还说:"我们这个国家要好好掌握,要好好认识这个问题,承认阶级同阶级斗争的存在。……我们从现在就讲起,年年讲,月月讲,开一次中央全会就讲,开一次党大会就讲,使得我们有一条比较清醒的马克思主义的路线。"②

对"大跃进"以来经济困难形势的估计和对一些地区农村群众实行包产到户的态度问题,中国共产党内存在不同看法。刘少奇、陈云等在西楼会议和五月会议上强调要把困难估计够。对待包产到户问题,邓子恢、刘少奇、邓小平、陈云等表示过赞同的意见。而毛泽东认为,现在有些人把形势看得一片黑暗,他们思想混乱,丧失信心,看不到光明。他提出,搞包产到户是涉及"是走集体道路呢?还是走个人经济道路"③的问题。他批评邓子恢等人支持包产到户是代表富裕中农要求单干,甚至是站在地主富农资产阶级的立场上反对社会主义。在北戴河工作会议和八届十中全会上,由于受到阶级斗争扩大化观点的影响,把党内这些认识上的分歧,当作阶级斗争的反映,错误地开展了对所谓"黑暗风"、"单干风"和"翻案风"的批判。

1962 年 6 月,彭德怀向中共中央递交长篇申诉书(即所谓"八万言书")。毛泽东认为这是搞翻案活动,不能给他平反。全会期间,康生硬说小说《刘志丹》是"为高岗翻案",得到毛泽东同意。曾经支持过这部小说写作的习仲勋等人被说成是为高岗翻案的"反党集团"。全会决定成立彭德怀、习仲勋两个专案审查委员会,对彭、习进行审查。会后还撤销了邓子恢任部长的中央农村工作部。

上述关于阶级斗争的观点和由此开展的各种批判,标志着中国共产党内政治上"左"倾错误的再度发展,使 1957 年反右派斗争以来阶级斗争扩大化的观点更加系统化和理论化,也使"七千人大会"以后逐渐恢复的党内正

---

① 中共中央文献研究室编:《建国以来重要文献选编》,第 15 册,653~654 页。
② 《毛泽东传(1949—1976)》,下册,1251 页。
③ 《毛泽东年谱(1949—1976)》,第 5 卷,115 页。

常民主生活又受到损害。

　　除了上述内容外，全会还集中讨论了经济工作，通过了《农村人民公社工作条例(修正草案)》、《关于进一步巩固人民公社集体经济，发展农业生产的决定》及《关于商业工作问题的决定》等文件。全会继续坚持八字方针，提出当前的迫切任务是：贯彻执行以农业为基础、以工业为主导的发展国民经济的总方针，把发展农业放在首要地位，正确地处理工业和农业的关系，坚决地把工业部门的工作转移到以农业为基础的轨道上来。全会继续落实了有关人民公社的各项政策。《农村人民公社工作条例(修正草案)》规定：人民公社的基本核算单位是生产队(即原生产小队)，至少 30 年不变；生产队必须认真执行按劳分配、多劳多得，避免分配上的平均主义；社员的家庭副业是社会主义经济的必要的补充，应允许和鼓励社员利用剩余时间发展家庭副业等。这些规定有利于调动农民生产积极性，恢复和发展农业生产。

　　全会结束的时候，刘少奇发表讲话表示完全赞成毛泽东的理论观点和形势分析，同时鉴于 1959 年庐山会议批判"右倾机会主义"妨碍了实际工作中的纠"左"工作，他提议将这次全会批判彭德怀、习仲勋、邓子恢的情况，只传达到党的高级干部，不向下传达。毛泽东接受了这一提议，并在会上提出，不要因为强调阶级斗争而放松了经济工作，"要把工作放在第一位"。这样，会后全党全国的工作出现了复杂的情况，政治上阶级斗争扩大化的"左"倾错误不断发展，经济上调整工作基本上能够按照原计划继续进行。这说明"左"倾错误虽有发展，但尚未支配全局。

二、中印边界自卫反击战　中苏论战

　　20 世纪 50 年代中期到 60 年代中期的 10 年，是国际形势和中国对外关系发生重大变化的时期。其中，自 50 年代末到 60 年代中期，国际各种力量分化改组，中国的周边局势趋向紧张，来自多方面的公开的和潜在的军事威胁、战争挑衅带来了巨大的压力。在如此风云变幻的国际局势中，中国政府坚持独立自主，反对帝国主义和霸权主义的外交方针，以增进中国同世界上一切爱好和平的国家之间的友谊和合作，维护中国的国家独立和民族尊严，维护世界和平。

　　50 年代中期以后，亚非拉地区民族解放运动迅猛发展。中国积极声援反对殖民主义和种族主义的民族解放斗争，并发展了同这些国家的友谊和交往。从 1957 年到 1965 年间，中国同亚非 21 个国家和拉丁美洲的古巴建立了外交关系。1963 年 4、5 月间，国家主席刘少奇先后访问了印度尼西亚、缅甸、柬埔寨和越南，加强了同这些国家的友好合作关系。1963 年 12 月至 1964 年 2 月，国务院总理周恩来先后访问了非洲 10 国，即：阿拉伯联合共和国（今埃及）、阿尔及利亚、摩洛哥、突尼斯、加纳、马里、几内亚、苏丹、埃塞俄比亚、索马里。这期间还访问了阿尔巴尼亚。随后又访问了亚洲的缅甸、巴基斯坦和锡兰（今斯里兰卡）。这次 14 国之行，是中国同亚非国家发展友好关系的一个重要里程碑。

10 年间，中国还进一步开展与西方资本主义国家的交往。1964 年 1 月 27 日，中法两国代表经过谈判发表联合公报，宣布建立外交关系。法国成为西方大国中第一个同中国建立正式外交关系的国家，这对于中国加强与西欧的关系是一个重大的突破。1964 年 4 月，中日双方就互设贸易代表机构问题达成协议，在日本设立"廖承志办事处驻东京联络事务所"，在中国设立"高碕办事处驻北京联络事务所"。中国通过民间外交的方式，使两国在没有外交关系的情况下，保持和增进了相互间的交往。

在同周边国家的关系方面，中国本着和平共处五项原则，通过互谅互让的平等协商，从 1960 年 1 月到 1963 年 3 月，先后同缅甸、尼泊尔、蒙古、巴基斯坦和阿富汗五国签订了协议或条约，妥善地解决了历史遗留下来的边界问题。

中国和印度是两个相邻的亚洲大国，两国人民在长期交往中建立了深厚的友谊。但 20 世纪 50 年代末中印关系出现了波折。中印边界问题是两国间存在的最大的历史遗留问题。两国间有长 2000 多公里的边界，从未正式划定过，但存在一条根据双方历来行政管辖范围而形成的传统习惯边界线，其东段沿喜马拉雅山的南麓，中段沿着喜马拉雅山脉，西段沿着喀喇昆仑山脉。英国统治印度时期，于 1914 年背着当时的中国中央政府，诱迫西藏地方当局用换文方式制造了所谓"麦克马洪线"，侵占中国土地 9 万平方公里。中国历届中央政府对此均未承认。1959 年 8 月以后，印度军队多次侵入中国领土，引起边界武装冲突。11 月 7 日，中国政府建议两国武装部队从实际控制线各自后撤 20 公里。印度拒绝并继续使用武力，侵入中国境内。从 1961 年起，印军不断入侵，在东段越过非法的"麦克马洪线"，在西段设立侵略据点。

在印度不断挑起武装冲突的情况下，中国一再强调通过和平谈判解决边界问题，但印度决心走军事冒险的道路。1962 年 10 月 17 日，印军在中印边界东西段同时向中国发动大规模的全面进攻，中国边防部队伤亡惨重。在忍无可忍的情况下，中国边防部队于 10 月 20 日被迫进行自卫还击，收复被印军侵占的中国领土。为了表示和平解决边界问题的诚意，中国政府于 11 月 21 日宣布从 22 日零时起中国边防部队在中印边界全线停火，并从 12 月 1 日起，从 1959 年 11 月 7 日双方实际控制线后撤 20 公里。随后，中国政府将全部被俘印军和缴获的大量武器装备交还印方。中国以中印两国人民友好的大局为重，力求控制并平息边界冲突的行动得到世界公正舆论的称赞。在中国政府的努力下，中印边境局势得到了控制，对中印边界局势的长期稳定起了重要的作用。

从 20 世纪 50 年代末到 60 年代，美国继续采取敌视中国的政策。一方面它武装插足台湾，干涉中国内政；另一方面武装侵略越南，威胁中国安全。美国在台湾海峡采取的军事冒险政策不但遭到全中国人民的坚决反对，而且在其盟国中也引起了强烈不安，美国国内也有许多人反对这一政策。在这种情况下，1958 年 9 月 9 日美国表示准备"随时"恢复同中华人民共和国的大使级会谈。9 月 15 日，中美大使级会谈复会。美国对会谈毫无诚意，企图用让出金门、马祖，换取中国同意对台湾和澎湖不使用武力，实际是制造"两个中国"。中国政府断然不能同意。此后，中美会谈未达成任何实质的协议，两国之间的僵局一直延续多年。从 1961 年起，美国派遣"特种部队"进入南越，次年成立"美国军事援助司令部"，不断增兵南越，镇压越南南方人民，并准备袭击越南北方。为了支持越南人民抗击美国侵略，中国向越南民主共和国无偿提供大量军事装备。从 1965 年开始，中国向越南派出地空导弹、高炮、工程、铁道、扫雷、后勤保障等部队，到 1968 年 3 月为止总计达 32 万余人，同时给予物质援助总值达 200 亿美元以上。中国人民不惜承担最大的民族牺牲，全力支持越南人民同美国的侵略和战争政策进行坚决的斗争，赢得了世界人民的尊敬。

中苏两国有着几千公里漫长的边界线，新中国成立后两国关系在很长一段时间内是友好的。但从 20 世纪 50 年代后期起，中苏之间出现矛盾和冲突。

1957 年 11 月 2 日至 21 日，毛泽东率中国代表团访苏，并出席各国共产党和工人党会议。会议期间，中苏两党代表团在关于从资本主义向社会主义过渡等问题上发生了分歧。但两党尚能协调立场，互有妥协，共同提出会议宣言，并获得会议通过。1958 年，苏联提出建立中苏共有共管的长波电台和共同舰队，企图损害中国的主权，毛泽东和中国其他领导人严词拒绝了这种要求。苏联领导人大为不满。随后,苏联采取了恶化两国关系的一系列步骤。1959年6月,单方面撕毁中苏双方在1957年10月签订的关于国防新技术的协议,拒绝向中国提供原子弹样品及有关技术资料。中印边境冲突爆发后,苏联不问是非曲直,于1959年9月发表指责中国、偏袒印度的声明,把中苏分歧公之于众。

1960年6月,彭真率中共代表团参加社会主义国家共产党和工人党布加勒斯特会谈。会谈前夕,苏共代表团散发了苏共中央6月21日给中共中央的通知书,对中共进行全面攻击。中共同他们进行了严肃的斗争。会谈之后,苏联对中国进一步施加政治、军事、经济压力。7月16日,苏联政府突然照会中国,单方面决定立即召回全部在华专家1390名,废除257个科技合作项目,撕毁343个协议和合同,停止供应重要设备和物资。苏联这一做法加重了中国的经济困难,进一步破坏了两国关系。这一时期,中国进出口贸易中对苏贸易占一半。中国主要出口粮、油、肉、蛋等农副产品。由于农业减产,中国不能按计划出口,造成对苏贸易欠账25亿卢布。在苏联的高压下,中央决定1961年还清这个账。1962年苏联驻新疆机构策动和诱骗新疆塔城、裕民、霍城三县6万居民逃往苏联,后又制造伊犁暴乱事件。中苏两国关系急剧恶化。

1961年苏共二十二大以后,苏共领导、苏联报刊和受苏共影响的一些国家共产党连篇累牍地发表决议、声明、文章,攻击中国共产党。1960年11月,刘少奇、邓小平率中共代表团参加在莫斯科举行的81国共产党和工人党会议。会前,苏共散发长达6万字的更加粗暴地攻击中共的信件,挑起中苏两党代表团的激烈争论。为此,中共于1962年12月至1963年3月陆续发表7篇答辩文章,回应了苏共的攻击,阐明了中共在一些重大问题上的观点。但文章没有对苏共领导人进行指名道姓的批评,以留有余地。这是中苏论战的先兆。1963年3月间,中苏两党商议举行两党会谈。3月30日,苏共中央致信中共中央,提出苏共关于国际共产主义运动总路线的问题,并建议以此作为两党谈判的基础。对于苏共的来信,中共中央于6月14日正式复信,题目是《关于国际共产主义运动总路线的建议——中国共产党中央委员会对苏联共产党中央委员会1963年3月30日来信的复信》。《复信》是中共中央在进行了认真的研究讨论,并听取了越南、朝鲜以及缅甸、马来西亚、泰国、新西兰等国共产党的意见的基础上形成的。复信提出了中国共产党关于现阶段国际共运的总路线,提出了一系列理论、战略和策略以及党的建设等问题。总路线的基本内容是:"全世界无产者联合起来,全世界无产者同被压迫人民、被压迫民族联合起来，反对帝国主义和各国反动派，争取世界和平、民族解放、人民民主和社会主义，巩固和壮大社会主义阵营，逐步实现无产阶级世界革命的完全胜利，建立一个没有帝国主义、没有资本主义、没有剥削制度的新世界。"①中共的复信遭到苏共的断然拒绝。但中共仍派出以邓小平为团长的中共代表团去莫斯科参加中苏两党会谈。

　　1963 年 7 月 6 日至 20 日，中苏两党会谈在莫斯科举行。会谈期间的 7 月 14 日，苏共中央发表《给苏联各级党组织和全体共产党员的公开信》，公开地、全面地攻击中共，挑起中苏论战。为了回答苏共的攻击，中共中央从 1963 年 9 月至 1964 年 7 月，以《人民日报》和《红旗》编辑部的名义，相继发表《苏共领导同我们分歧的由来和发展》等 9 篇评论苏共中央公开信的文章（通称"九评"），开始指名批判"赫鲁晓夫修正主义"。1964 年 10 月，苏共中央撤销赫鲁晓夫的领导职务，勃列日涅夫接任第一书记。中共抱着改善关系的愿望，派周恩来等参加十月革命庆祝活动。但苏共新领导人声言对华政策和赫鲁晓夫"甚至没有细微的差别"。1966 年 3 月，中共未派代表出席苏共二十三大。中苏两党关系从此中断。此后，苏联向中苏边境不断增兵，并且向蒙古派驻军队，致使中苏两国关系全面破裂。

　　中苏论战打破了长期以来苏共在国际共运中以老子党自居的局面，维护了中国共产党和中华人民共和国的独立自主地位。但在论战中，中国共产党的某些观点也有不符合实际之处，如关于修正主义的含义往往含糊不清。这成为导致阶级斗争扩大化的主要因素之一。

三、"四清"运动和思想文化领域的错误批判

　　中共八届十中全会重提阶级斗争以后，在全党和全国人民进一步贯彻八字方针，落实调整国民经济的各项任务的同时，毛泽东从"反修防修"的战略出发决定在全国城乡开展社会主义教育运动。从 1963 年到 1966 年上半年为止，在全国部分城乡开展了这一运动（1965 年 1 月起，统称为"四清"运动）。

　　1963 年 2 月，中共中央在北京召开工作会议。由于国民经济调整工作繁忙，绝大多数省份的社会主义教育运动并未真正搞起来。毛泽东希望这

---

　　①　《人民日报》，1963-06-17。

次会议专门研究一下社会主义教育问题。会议决定在全国范围内开展增产节约和"五反"运动,发出《关于厉行增产节约和反对贪污盗窃、反对投机倒把、反对铺张浪费、反对分散主义、反对官僚主义的指示》,规定在县级以上机关和企事业单位开展"五反"运动。这是社会主义教育运动的方式之一,但只限定在城市中进行。会议最后一天,毛泽东专门讲了社会主义教育运动的问题,强调"要把社会主义教育好好抓一下。社会主义教育,干部教育,群众教育,一抓就灵"。这次会议后,各地纷纷把社教运动当作大事来抓,并初步总结了一些经验。

在国民经济严重困难期间,一些地区的基层单位在经营管理方面和干部作风方面存在不少的问题。农村中,人民公社的管理制度不健全,长期账目混乱,财务不清。一些干部存在公私不分、多吃多占、瞎指挥、强迫命令等不良作风。对此,河北省保定地区在贯彻社会主义教育运动中进行了"清账目、清仓库、清财物、清工分"(即"小四清")的工作。毛泽东于 4 月份看到保定地委的报告和其他几个地区的报告,认为很重要,应该引起中央其他领导人的注意。

为了指导全国农村社会主义教育运动,全面阐明指导运动的思想、方法和政策,1963 年 5 月,毛泽东在杭州召集会议,主持制定《关于目前农村工作中若干问题的决定(草案)》(即"前十条")。这个文件对国内政治形势作了过于严重的估计,认为当前中国社会中出现了严重的尖锐的阶级斗争情况,资本主义和封建势力正在对我们进行猖狂进攻。因此,"前十条"强调必须抓紧阶级斗争,重新组织革命的阶级队伍,开展大规模的群众运动,打退资本主义和封建势力的猖狂进攻,并认为这是决定我们社会主义事业成败的根本问题。"前十条"还提出团结 95% 以上的干部和群众,肯定绝大多数干部是好的,对犯错误的干部的方针是说服教育,要防止逼供信,严禁打人和采用任何变相的体罚等政策。

在主持制定"前十条"的过程中,毛泽东始终把防止"和平演变"和防止修正主义作为一个重要指导思想。还在 1953 年,美国国务卿杜勒斯公开提出对社会主义国家实行"和平演变"的战略。这引起了毛泽东的极大关注。20 世纪 50 年代中期以后,随着国际形势的变化,特别是中苏之间出现严重分歧,使毛泽东深感防止"和平演变"的重要性。1959 年以后,毛泽东多次提醒全党注意开展反对国内外修正主义的斗争。他在八届十中全会上重提阶级斗争,目的就是为了防止出修正主义。1963 年 5 月,他在一个批语中指出:"阶级斗争、生产斗争和科学实验,是建设社会主义强大国家的三项伟大革命运动，是使共产党人免除官僚主义、避免修正主义和教条主义，永远立于不败之地的确实保证。"[①]"前十条"正是反映了毛泽东的这个思想，因此它成为指导社会主义教育运动的纲领性文件。

在运动的试点阶段，多数单位开展得比较好，但有些地方也发生了一些问题，如在运动中发生打人、罚站、罚跪、乱搞斗争和经济退赔面偏宽等现象。鉴于上述问题，中共中央认为有必要对运动中的一些具体政策做出明确的规定。9月，由邓小平、谭震林主持起草《关于农村社会主义教育运动中一些具体政策的规定(草案)》(即"后十条")。"后十条"经中央政治局扩大会议通过，由毛泽东批准发出。"后十条"充分肯定"前十条"，继续强调阶级斗争，防止修正主义，并明确提出运动要"以阶级斗争为纲"的方针，其指导思想是"左"的。但是，这个文件针对前一阶段试点中出现的偏差和问题，着重明确了一些政策界限，如规定要团结95％以上的群众和干部，团结95％以上的干部是团结95％以上的群众的一个前提条件；运动要依靠基层组织和基层干部；要正确对待地主、富农子女；运动必须同生产工作紧密地结合起来等。这些政策对于限制阶级斗争扩大化、维持正常生产工作有一定的作用。从1963年冬到1964年春，全国有一大批农村的县社进行了社会主义教育运动的试点。

在"以阶级斗争为纲"的"左"的思想指导下，一些地区打击面过宽的现象屡有发生。一些试点单位总结出被认为是"阶级敌人篡夺领导权"或干部"和平演变"的典型材料，如天津小站公社3个党支部和甘肃白银有色金属公司等。此时，中央主要领导人的看法也发生了改变，把农村中存在的问题看得过重，强调要追上面的根子。刘少奇在1964年春节期间的一次谈话中说：犯有严重"四不清"错误的干部，在上面大体都有根子，单单注意下面的根子，不注意上面的根子是不行的，应该切实查一下上面的根子，危险的是上面不清醒。[②] 根据这种情况，在1964年5月至6月间召开的中央工作会议上，毛泽东、刘少奇进一步做出这样的估计：全国有1/3左右的基层单位，领导权不掌握在我们手里，而在敌人和他们的同盟者手里。会议强调放手发动群众，彻底革命，追查"四不清"干部在上面的根子，进行夺权斗争。这次会议对社教运动是一个很大的推动。6月23日，中共中央批转甘肃省委、冶金工业部党组《关于夺回白银有色金属公司的领导权的报告》，

---

①　《毛泽东年谱(1949—1976)》，第5册，221页。
②　薄一波：《若干重大决策与事件的回顾》(修订本)，下卷，1150页。

成为在大型企业中开展夺权斗争的先声。

这次会议后，刘少奇多次强调各级领导干部一定要下去蹲点。他自己则从 1963 年 11 月起通过王光美在河北省抚宁县桃园大队进行蹲点调查。8 月 1 日，刘少奇在北京召集党政军机关和群众团体负责干部大会，突出强调各级负责干部都要亲自下去蹲点。他说：如果不去取得这种直接的经验，那就不能做领导工作，省委书记当不成了，地委书记、县委书记也当不成了，中央部长恐怕也当不成了，中央委员恐怕也当不成了。关于调查方法，他说："现在，调查农村情况、工厂情况，在许多情况下，用那个开调查会的方法，找人谈话，已经不行了。现在要做调查研究，对于许多单位，应该去搞社会主义教育，搞'四清'，搞对敌斗争，搞干部参加劳动，发动群众，扎根串联，这样做，你才可以把情况搞清楚。"他对"后十条"提出批评，认为对放手发动群众写得不够；团结 95％ 的基层干部是团结 95％ 的群众的前提这句话讲得不对，讲反了；讲工作队只能一切经过基层，只能当参谋，解决不了问题，常常是不妥当的。刘少奇的这次讲话在干部中产生很大震动，进一步推动了领导干部下去蹲点。随后中共中央决定由刘少奇主持对"后十条"进行修改。参与修改工作的田家英 8 月 4 日向毛泽东请示修改意见。毛泽东提出：不要把基层干部看得漆黑一团；不要把大量工作队员集中在一个点上。

刘少奇主持修改的"后十条"，全称《农村社会主义教育运动中一些具体政策的规定(修正草案)》(即第二个"后十条")。这个文件对农村阶级斗争形势作了更加严重的估计，认为敌人"对干部拉拢腐蚀，实行和平演变，建立反革命的两面政权"，"这是敌人反对我们的主要形式"；认为"这次运动，是一次比土地改革运动更为广泛、更为复杂、更为深刻的大规模的群众运动"。从这种错误估计出发，文件改变了原来提出的依靠基层组织和干部的做法，提出"开展社会主义教育运动，都必须要有上面派去的工作队。整个运动都由工作队领导"。9 月 1 日，中共中央批转了中央"四清"工作队总结的桃园大队社教经验，主要是先搞"扎根串联"，后搞"四清"，再搞对敌斗争，"四清"由原来的内容发展为清政治、清经济、清思想、清组织。第二个"后十条"的贯彻执行，使社会主义教育运动中的"左"倾错误严重地发展起来。这以后，全国动员上百万干部参加工作队从事社教运动，采取大兵团作战，在基层开展"夺权斗争"，造成对基层干部打击面过宽、过重，严重混淆敌我界限的严重后果。

为了总结社会主义教育运动开展以来的经验教训，1964 年 12 月 15 日至 1965 年 1 月 14 日，中共中央政治局召开全国工作会议。这期间，毛泽东和刘少奇在农村社教运动问题上出现一些分歧。关于农村当前的主要矛盾，刘少奇认为是"四清"和"四不清"的矛盾、党内外矛盾的交叉、敌我矛盾和人民内部矛盾的交叉。毛泽东则认为是社会主义和资本主义的矛盾。此外，毛泽东对刘少奇强调的运动采取"扎根串联"、实行大兵团作战、对干部开始不能依靠等做法也提出了不同意见。

在全国工作会议上，毛泽东主持制定了《农村社会主义教育运动中目前提出的一些问题》（即"二十三条"）。"二十三条"纠正了运动中产生的一些过"左"的做法，肯定干部的多数是好的或比较好的，对犯错误的干部要坚持"惩前毖后，治病救人"的方针；工作方法要走群众路线，不搞神秘化，也不要靠人海战术；运动中自始至终要抓生产，增产要成为搞好运动的标准之一。但是，"二十三条"仍然存在严重错误，它强调运动的性质是社会主义和资本主义的矛盾，并说这是"十几年来我党的一条基本理论和基本实践"。它特别提出"这次运动的重点，是整党内那些走资本主义道路的当权派"。"二十三条"还规定城乡社会主义教育运动一律简称"四清"，并规定"四清"为清政治、清经济、清组织、清思想。1965 年 1 月 14 日，中共中央正式发布"二十三条"。各地根据其精神，调整运动规划，整训工作队，解脱大批基层干部，使部分地区的紧张局面有所缓和。此后，至 1966 年春，全国大约 1/3 的县社进行了"四清"，城市中仅小部分单位开展了运动。

历时三年多的城乡社会主义教育运动，对于纠正某些干部公私不分、多吃多占、强迫命令、欺压群众等作风和经营管理方面的问题，具有一定的作用。但是，在"以阶级斗争为纲"的思想指导下，把许多不同性质的问题当作阶级斗争，造成运动中"左"倾错误严重泛滥。在经济体制和经济政策方面，把适应农业生产发展的包产到户等生产责任制斥之为搞"单干"，是"走资本主义道路"，加以制止，并且把自留地、自由市场、自负盈亏与包产到户合称为"三自一包"，作为"修正主义的国内纲领"加以批判。同时还批判企业注重经济核算、注重物质利益和经济效果的做法是"利润挂帅"、"物质刺激"，是"搞资本主义经营管理"。更为严重的是，对国内阶级斗争形势的估计越来越脱离实际，认为全国有 1/3 的领导权不在我们手里，还提出中央出了修正主义怎么办？甚至提出运动的重点是"整党内走资本主义道路的当权派"的观点。由此，阶级斗争扩大化的"左"倾思想发展到了一个新阶段。然而也要看到，这场运动是在局部地区开展的，而且是有组织、有领导地逐步开展的，运动中纠正过一些偏差，工农业生产尚未受到很大影响，社会也没有发生大的混乱。

在阶级斗争扩大化的"左"倾思想指导下，在思想文化领域进行了一系列错误批判。

中共八届十中全会以后，文艺界根据全会的精神检查了工作。1963 年 3 月，经请示中央决定停演"鬼戏"。5 月，《文汇报》发表江青组织编写的文章，批判孟超的新编昆剧《李慧娘》(剧中有鬼魂出现)和繁星(即廖沫沙)写的《有鬼无害论》，无端指责该剧影射攻击共产党，要向共产党复仇，是意识形态领域阶级斗争的重要表现。1963 年下半年，毛泽东对文艺界，特别是戏剧界进行了多次批评。12 月，在一个批示中，毛泽东指出："许多共产党人热心提倡封建主义和资本主义的艺术，却不热心提倡社会主义的艺术，岂非咄咄怪事。"根据这个批示，文化部和全国文联各协会进行了整风学习，总结检查工作。

1964 年 6 月 27 日，毛泽东在审阅《全国文联和各协会整风情况的报告(草稿)》时又作了批示："这些协会和他们所掌握的刊物的大多数(据说有少数几个好的)，十五年来，基本上(不是一切人)不执行党的政策，做官当老爷，不去接近工农兵，不去反映社会主义的革命和建设，最近几年，竟然跌到了修正主义的边缘。如不认真改造，势必在将来的某一天，要变成像匈牙利裴多菲俱乐部那样的团体。"这些批评和指责不是在深入调查研究的基础上提出的，是不符合文化界实际情况的。批示下达后，在文艺界引起很大震动。文艺界开始第二次整风运动，从 1964 年 7 月一直持续到 1965 年 4 月。运动中对文化部副部长齐燕铭、夏衍、徐光霄、徐平羽、陈荒煤，作协党组书记邵荃麟，全国文联副主席阳翰笙，全国剧协主席田汉等文艺界人士进行错误批判，并且改组了文化部和文联各协会的领导班子。在文艺界整风的同时，在全国报刊上对一大批文艺作品进行公开批判，如《李慧娘》、《谢瑶环》、《怒潮》、《北国江南》、《早春二月》等。应该说，个别作品在思想内容和艺术手法上确有缺点，这本可以通过正常的文艺批评加以解决。但当时在阶级斗争扩大化的形势下，错误地认为这些作品是文艺界阶级斗争和两条路线斗争的反映，许多作品被戴上资产阶级、修正主义的毒草之类的政治帽子。同时，一些文艺理论观点、文学思想也受到公开批判。

从 1964 年夏开始，对文艺界的批判进一步扩大到哲学、经济学、历史学、教育学等各个学术领域。哲学界批判了杨献珍的"合二而一"论，批判了冯定的《平凡的真理》和《共产主义人生观》两部书。经济学界批判了孙冶方的重视物质利益、重视利润等经济理论观点。此外，还批判了翦伯赞的

"历史主义"和"让步政策"论，周谷城的"时代精神汇合论"等。

随着文艺、学术领域批判的加紧，知识分子再次被戴上"资产阶级"的帽子。广大知识分子建设社会主义的积极性受到伤害，"百花齐放，百家争鸣"的方针也无法认真遵循，社会主义教育、科学、文化事业的发展遭受挫折。这一时期思想文化领域中"左"的错误，曾引起广大文艺和理论工作者的不满，中共中央一些领导人也有所觉察并试图作某些纠正。1965 年 3 月，邓小平在中央书记处会议上对文化方面的某些"左"的错误提出批评，指出：现在有人不敢写文章了，新华社每天只收到两篇稿子，戏台上只演兵，只演打仗的，电影哪有那么完善？这个不让演，那个不让演。那些"革命派"想靠批判别人出名，踩着别人肩膀上台。他提出要赶快刹车。但是由于阶级斗争扩大化的"左"倾思想已经迅速发展起来，这种努力未能奏效。

四、国民经济调整任务的完成 十年建设的成就和计划经济下的社会生活

中共八届十中全会以后，国民经济调整工作仍然继续进行。1963 年上半年，国民经济形势开始全面好转，工农业生产稳步上升，市场供应明显改善，财政收支情况良好。这时，有些领导人认为国民经济的调整任务已经基本完成，现在又可以转向加快发展了。对此，1963 年 9 月，中共中央在北京召开工作会议，认真分析了当时的经济形势，认为确实出现了明显好转，但还存在不少问题：农业生产还没有恢复到 1957 年的水平；工业结构不平衡、产品质量差、生产效率低等问题尚未很好解决；企业在经营管理等方面也有不少问题。会议确定从 1963 年起，再用 3 年时间，继续进行"调整、巩固、充实、提高"的工作，作为第二个五年计划（1958—1962）到第三个五年计划（1966—1970）之间的过渡阶段。会议强调 3 年的调整工作的主要任务和目标是：农业生产要达到或超过 1957 年的水平；工业生产要比1957 年的水平提高 50％左右；国民经济主要比例关系取得基本协调；经营管理走上正常轨道；企业的劳动生产率和原料、材料、燃料的节约要达到或超过历史上最好水平。为实现上述任务和目标，必须贯彻执行以农业为基础、以工业为主导的发展国民经济总方针，按照解决吃穿用，加强基础工业，兼顾国防和突破尖端的次序来安排经济计划。

在继续调整的 3 年中，在经济管理体制等方面进行了探索。20 世纪 60年代初期，在毛泽东、刘少奇、周恩来、邓小平的提议下，中共中央决定

借鉴西方工业发达国家管理企业的组织形式，在工业交通部门试办托拉斯。1963 年 3 月成立了全国第一个托拉斯——中国烟草公司，集中管理全国的烟厂。后在全国又试办一二十个托拉斯，初步取得了改变中央权力过分集中而束缚生产力发展的经济管理体制的经验。

1964 年经济形势好转后又出现基本建设增速过快的势头。1964 年 5 月，毛泽东在听取国家计委领导小组关于第三个五年计划初步设想汇报时，提出：“建设也是客观规律，搞多了，不行。”“要说服地方同志，工业、农业、国防和其他建设事业只能搞那么多了，只有那么多钱。安排要少些，多做少说。必须留有余地。”1964 年 5 月以后，美国、苏联加紧对我国进行军事威胁。在此情况下，备战问题提到重要议事日程上。大规模的三线①建设开始布局。沿海一些工厂开始迁往内地，内地的基础设施建设加紧进行，在西南和西北地区有计划储备一定数量的粮食、食油、钢材、有色金属等战略物资。东部一些省市还在自己的辖区或邻近区域的山区开展“小三线”建设。一些新的建设项目被停建、压缩或分往三线，国民经济进行了一次大的调整。1965 年 6 月，毛泽东提出，要注意战争，注意灾荒，注意一切为了人民。周恩来进一步概括为“备战、备荒、为人民”。这成为 20 世纪 60 年代至 70 年代我国国民经济计划工作所遵循的指导方针。

1964 年 12 月至 1965 年 1 月间，第三届全国人民代表大会第一次会议在北京举行，主要议程是听取和审议周恩来代表国务院所作的《政府工作报告》，选举国家领导人。周恩来在报告中充分肯定了几年来国民经济调整工作取得的重大成就，宣布：调整国民经济的任务已经基本完成，整个国民经济已经全面好转，并且将要进入一个新的发展时期。报告提出了今后发展国民经济的任务，要求 1965 年继续完成国民经济调整工作中某些尚未完成的任务，为从 1966 年开始的第三个五年计划作准备。报告根据毛泽东提议，明确提出：“要在不太长的历史时期内，把我国建设成为一个具有现代农业、现代工业、现代国防和现代科学技术的社会主义强国，赶上和超过世界先进水平。”②这是第一次郑重向全国人民提出实现四个现代化的宏伟任务，但是由于“文化大革命”的发动而未能按计划实行。

---

① 三线是指从战备出发，根据中国地理区域划分为后方的地区。三线分两大片，一是云、贵、川的全部或大部及湘西、鄂西地区的西南三线；一是包括陕、甘、宁、青四省区的全部或大部及豫西、晋西地区的西北三线。

② 《建国以来重要文献选编》，第 19 册，483 页。

大会一致通过了关于政府工作报告、1965 年国民经济计划主要指标和
1965 年国家预算初步安排的决议。大会选举刘少奇为中华人民共和国主席，
宋庆龄、董必武为副主席；选举朱德为全国人民代表大会常务委员会委员
长，彭真、刘伯承、李井泉等 18 人为副委员长；选举杨秀峰为最高人民法
院院长，张鼎丞为最高人民检察院检察长。大会决定周恩来为国务院总理，
林彪、陈云、邓小平、贺龙、陈毅等 16 人为副总理。

在第三届全国人民代表大会第一次会议召开期间，中国人民政治协商
会议第四届全国委员会第一次会议也在北京举行。会议听取了政协副主席
郭沫若作的关于政协第三届全国委员会常务委员会的工作报告，全体列席
了三届人大一次会议。会议最后选举毛泽东为中国人民政治协商会议第四
届全国委员会名誉主席，选举周恩来为主席。

到 1965 年年底，经过 5 年的调整工作和全国人民的不懈努力，国民经
济调整任务胜利完成，国民经济不仅得到恢复，而且有了很大发展。其主
要表现在：

1. 工农业生产超过或接近历史最高水平，农轻重比例关系在新的基础
上实现了平衡发展。据统计，1965 年工农业总产值达到 1984 亿元，比 1962
年增长 55％，工农业总产值 1963 年至 1965 年平均年增长速度为 15.7％，
超过了"一五"期间年平均增长 10.9％的速度。工农业主要产品的产量有了
增加。1965 年粮食总产量达到 3890 亿斤，比 1960 年增加 1000 多亿斤，接
近 1957 年 3901 亿斤的水平。钢产量达到 1223 万吨，比 1960 年增加 703 万
吨，比 1957 年增加 688 万吨。此外，原油、发电、原煤、化肥、汽车等产
量都有很大增长。农业、轻工业和重工业的比例关系也基本上实现平衡发
展。1966 年同 1960 年相比，农业和轻工业在工农业总产值中所占比重由
47.9％上升到 69.6％；重工业比重则由 52.1％降低到 30.4％。

2. 积累和消费的比例关系基本上恢复正常，人民生活水平提高。1965
年我国国民收入达到 1387 亿元，比 1962 年增加 463 亿元，比 1957 年增加
479 亿元。1957 年积累率为 24.9％，1959 年和 1960 年分别高达 43.8％和
39.6％。在国民经济困难时期的 1962 年积累率降到 10.4％，也是不正常
的。1964 年和 1965 年积累率回升到 22.2％和 27.1％，恢复了正常的状态。
在国民收入增长的基础上，职工工资逐步提高，1965 年平均工资比 1962 年
增长 10％。农民收入也有增加。人民日常生活必需品的供应也接近或超过
1957 年。

3. 财政收支平衡，物价稳定，市场供应显著改善。国家财政收支在"二

五"期间有 172 亿元的赤字,而 1965 年财政收入 473 亿元,支出 466 亿元,节余 7 亿元。社会商品零售总额 1965 年达 657 亿元,比 1962 年增加 53 亿元。市场供应充足,物价稳定,困难时期的高价商品已改为平价。外贸方面,1965 年进出口总额达 118.4 亿元,其中进口 55.3 亿元,出口 63.1 亿元,外汇收支恢复平衡。

总之,五年国民经济的调整取得了巨大的成就,这说明中国共产党"调整、巩固、充实、提高"的方针是正确的,国民经济已经摆脱困境,走上健康发展的道路。这期间,广大干部群众面对各种困难,发扬了主人翁精神,积极投身建设事业,开创了辉煌的业绩。石油工人在极端艰苦的条件下开发了大庆油田。山西昔阳县大寨的农民依靠人拉肩扛,修建了梯田,获得了丰收。广大科技工作者和解放军官兵在大西北荒漠戈壁极为艰苦的环境中进行了导弹、原子弹的实验并取得成功。

回顾 1956 年社会主义改造基本完成以后的 10 年,我国社会主义建设虽然在 1958 年至 1960 年间犯了经济工作指导方针上的"左"倾错误,造成严重经济困难,但是,由于全国人民同心同德,共同努力,在"八字方针"指导下,用 5 年时间克服了困难,使国民经济得以恢复和发展,社会主义建设取得了巨大成就。这是 10 年间各项工作的主导方面。

具体来说:①工业建设发展迅速,工业生产能力大幅度提高,工业布局有了改善,初步建立了有一定规模和技术水准的工业体系,为社会主义现代化奠定了物质、技术基础。1966 年和 1956 年相比,全国工业固定资产按原价计算,增长了 3 倍;工业总产值增长 170%,10 年中平均每年增长 10.3%。②交通运输、邮电事业有了很大的发展。10 年间新建通车和部分通车铁路干线 12 条,公路通车里程 1966 年比 1956 年增加 317300 公里,全国大部分县镇通了汽车。邮电通信方面也进行了大量建设。③农业的基础建设和技术改造取得成效,农产品产量有了增加。从 1958 年开始全国进行了大规模的农田水利基本建设,治理了淮河、黄河、海河、长江的部分支流及珠江等河流,提高了各大水系的防洪蓄水、灌溉农田和供给居民、工业用水的能力。10 年中,虽然农业生产出现低谷,但各种主要农副产品的产量得到恢复和发展,1966 年粮食产量达到 21400 万吨,比 1956 年增长 11%。④科学、教育、文化等事业有了很大发展。农业科技方面,我国科技工作者最早育成矮秆水稻;地质勘探方面,在李四光创立的地质力学理论和方法指导下,在陆相地层中找到丰富的石油资源;工业方面,我国自己创造了高钛型钒钛磁铁矿冶炼新技术;在医学方面成功解决了烧伤面积达 98% 的伤员治疗问题；基础科学理论方面在世界上首次人工合成牛胰岛素。1964 年 10 月 16 日，我国成功地爆炸了第一颗原子弹，这集中代表了我国科学技术当时达到的新水平。教育工作方面，从 1957 年到 1966 年高等学校培养毕业生近 140 万人，为 1950 年到 1956 年 7 年间的 4.9 倍。此外文化、医疗卫生、体育等事业也取得了一定的成就。

10 年中，中国共产党和全国人民在探索中国自己的建设社会主义的道路上经历了艰辛和曲折。这当中既有正确的和比较正确的理论观点和方针政策，积累了许多产生于实践的正确的和比较正确的宝贵经验；又有错误的理论观点和方针政策，经过实践证明是脱离实际的做法。这是 10 年探索同时存在的两个发展趋向。正确和比较正确的趋向表现在 1956 年中共八大前后一年多的探索、1959 年庐山会议前八九个月的纠"左"和 1960 年冬天以后 5 年调整工作中的探索；错误的趋向表现在 1957 年夏天以后"左"倾思想有了明显发展，这主要指经济建设上"大跃进"、人民公社化的错误和反右派斗争扩大化以后不断发展的阶级斗争扩大化的错误。10 年中，两个发展趋向是相互渗透、相互交织的，是共存于同一个探索过程中的。有时正确的趋向占上风，有时错误的趋向占上风，有时两个趋向在不同领域中并存。总体来看，10 年中"左"倾错误的发展暂时压倒了正确发展趋向，导致了"文化大革命"的发动。

从 1949 年新中国成立到 1966 年"文化大革命"发生前这段时期，人民群众的社会生活发生了根本的变化，人民当家做了主人。在精神生活方面，经过改造旧社会和恢复国民经济的 3 年努力，人们的精神面貌有了根本变化，到 20 世纪 60 年代初，社会上形成了为了建设新中国、建设社会主义而人人同心合力，追求进步，热爱劳动，建立同志式的和谐关系的良好社会氛围。一批劳动模范、英雄人物，如郝建秀、时传祥、张秉贵、雷锋、焦裕禄等成为人们学习和崇尚的榜样。1963 年 3 月 5 日，《人民日报》发表毛泽东为雷锋的题词"向雷锋同志学习"，号召人们学习他的好思想、好作风、好品德；学习他长期一贯地做好事，而不做坏事；学习他一切从人民的利益出发，全心全意为人民服务的精神。[1] 一时间，雷锋成为全社会的道德楷模。

与此同时，人们的物质生活得到很大的改善，医疗状况和社会保障也有了提高。

---

[1]　《毛泽东年谱(1949—1976)》，第 5 册，201 页。

1. 劳动收入基本上保持稳定

我国在计划经济期间经济形势经历了曲折的变化。城镇职工的工资收入基本上是处在低水平上。"一五"时期,工业总产值大幅度提高。在国家政策的调控下,职工平均工资亦有显著提高。1952 年到 1957 年,全部职工的平均工资提高了 40.2％,平均年增长 7.0％。国有单位职工工资提高更快,平均年增长 7.4％。职工工资得到了提高,生活水平有所改善。1958 年"大跃进"使工业生产遭到破坏,职工平均年工资大幅度下降,从 1957 年的 624 元减少到 1961 年的 510 元,下降了 18.3％。在随后的国民经济调整中,职工工资又有所回升。到 1965 年,职工平均年工资为 590 元,仍比 1957 年减少了 5.4％。但国有单位的职工平均工资已提高到了 652 元,比 1957 年增加了 2.4％。而城镇集体单位的职工平均工资 1965 年仅为 398 元,比 1957 年的 571 元减少了 30.3％。"文化大革命"前期受运动的影响,职工工资基本上按照原有规定执行,没有作大的变动,造成一些"大跃进"期间参加工作的职工经过 10 多年后工资待遇仍是最低的。1971 年 11 月,国务院曾发出通知,调整低工资职工的工资,以解决他们的生活困难。整体看,"文化大革命"期间我国职工长期处于低工资收入状态,生活水平也是在低位徘徊。

农民在土改后分得了土地,同时随着农业技术的改进和农产品产量的提高,其收入开始不断增加,生活不断得到改善,原先农村中存在着的贫富差距不断地缩小。"一五"期间,农民走上了农业合作化道路,生产有一定发展,农民人均收入提高了 17.7％。"大跃进"和人民公社化运动期间,农村曾一度实行供给制,主要是粮食供给,口粮依人定量,副食人均分配,由公社供给,不计价格,搞"吃饭不要钱"。但由于违背了经济规律,农业生产受到严重影响,农民的生活水平有所下降,温饱问题有时也不能得到及时地解决。后来经过调整,农业生产又有了起色,但发展仍旧很缓慢。农民人均收入 1965 年比 1952 年总共提高 72.6％,平均年增长 4.3％。

2. 日常生活不断改善但仍处在低水平上

计划经济时期居民整体消费水平呈波动状态。1957 年全国人民的平均消费水平达到 102 元,比 1952 年的 76 元提高 34.2％。其中城镇居民为 205 元,比 1952 年提高 38.5％;农民为 79 元,比 1952 年提高 27.4％。在 1958 年至 1965 年间,人民的生活消费水平经历了大的波动。由于"大跃进"和自然灾害,到 1960 年甚至出现了全国性的饥馑,人民的生活消费降至新中国成立以来的最低点。1961 年开始,国民经济进行调整,生产逐步恢复,使经济结构日趋合理，市场供应量也得到了增加。1963 年有 40% 的职工工资不同程度地得到了提高，城镇的就业率上升，人民生活得到了一定的改善。但是由于农业尚未完全恢复，1965 年全国人均粮食、食物和棉布消费量，仍略低于 1957 年的水平，人民的生活仍没有摆脱仅仅满足于解决温饱的标准。居民家庭饮食一般还是粗茶淡饭。城镇居民粮食、副食品按定量供应。国家实行统购统销政策后于 1955 年 8 月正式发行粮票，每一个城镇居民须凭城镇户口领取购粮证和粮票。此外，城镇居民食用油、棉花、棉布等生活品的供应也凭票证。20 世纪 50 年代末到 60 年代初，按当时的市斤计，男子每人每月粮食 30～32 斤，女子每人每月 26～28 斤，肉每人每月半斤。城镇居民很少吃到新鲜的肉类，平时只能买到一些凭"票"、凭"本"供应的冻肉冻鱼。北方城市冬季新鲜蔬菜较少，主要是大白菜、萝卜和土豆等。"文化大革命"期间，我国国民经济虽有发展，但是，由于生产力的发展落后于人口的增长，人民生活很难得到应有的提高，有的地方人们用于生活的主要消费品也很难得到保障。1976 年人均消费粮食 381 斤，低于 1952 年的 395 斤，比最高的 1956 年的 409 斤低 28 斤；棉布比最高的 1959 年的 29.2 尺低 5.5 尺；食用油比最高的 1956 年的 5.1 斤低 1.9 斤。这个时期，人们要解决的是温饱问题。在一些贫瘠低产地区，有不少的农民甚至温饱都难保，年年需要国家救济。[①] 计划经济时期，我国居民的住房有所改善，但还比较简陋。50 年代前期大多数农户住的是土坯房、茅草房和窑洞。城镇居民住的也多是平房，还有一些条件一般的楼房。计划经济时期，我国城镇实行福利住房制度。住房由单位自建或由政府房管部门建设，然后以低租金分配给职工居住。50 年代后期，一些城市开始了民房建设。这类房子是砖木结构，冬暖夏凉，房间比较宽敞。但是住房面积有限，常常祖孙三代同住一室。到 1957 年，人民的居住条件有所改善。家庭人均居住面积为 6 平米多。在以后一段时间里，随着家庭人口数量不断增加，住房条件却没有大的改变。直到 70 年代中期，我国城市居民居住条件仍然很差，在筒子楼里要多家共用一个厨房。农村家庭消费水平提高的幅度虽然不如城市，但是住房条件令城里人羡慕，平均每户住房 3.75 间，还有院子、围墙和大门。在穿着方面，50 年代初期中山装、解放装、列宁装等在城市广泛流行，从苏联学来的连衣裙"布拉吉"颇受女青年的青睐，而旗袍、西装等服饰逐

---

① 柳随年、吴群敢主编：《"文化大革命"时期的国民经济》，108 页，哈尔滨，黑龙江人民出版社，1986。

步被淘汰。那时人们穿衣服非常注意节省，一件衣服常常要打上好几个补丁才被放弃。"新三年，旧三年，缝缝补补又三年"是 20 世纪五六十年代人们穿衣着装的真实写照。那时人们的服装布料以棉布为主，夏装多是白色，秋冬季则是蓝色、黑色或灰色。在日常耐用品消费方面，拥有手表、缝纫机和自行车"三大件"贵重商品成为那时人们物质生活追求的目标。50 年代初期全国只有少数几个大城市的街道上跑着公共汽车。北京、天津、上海、哈尔滨等地建有有轨电车，后来又有了无轨电车、公共汽车。一般的交通工具主要是人力车，自行车很少。20 世纪六七十年代，自行车在人们日常生活中成为主要交通工具，以致中国得到"自行车王国"的称号。而公共交通工具比较短缺，乘公交车常感到拥挤。铁路方面，新中国成立初期除了东北和东南地区比较发达之外，西南和西北地区均没有。直到 50 年代宝成铁路、兰新铁路的建成，才便利了边远地区的人们出门远行。在桥梁方面，1957 年武汉长江大桥的建成通车，结束了长江上只有船只往来，却没有一座桥梁连接大江南北的历史。1968 年南京长江大桥建成通车进一步便利了南北交通。

3. 医疗卫生和社会保障逐步完善

针对医疗卫生事业落后，人民健康状况不良的情况，50 年代初期，国家在县和区一级建立全民所有制的卫生院和卫生所，农村和城市街道普遍兴办保健站和联合诊所。这些机构很快发展起来，成为城镇基层卫生组织的主要形式。在城镇，对国营和集体企事业单位的职工实行由国家和企业出资将职工医疗费用全部包下来为主要特征的福利性医疗保险制度，基本解决了这些人的医疗问题。为了改变广大农村缺医少药问题，从新中国成立初期，就开始培养适合农村需要的医务人员。根据"就地培养、短期速成、学用结合、复训提高"的精神，把群众性卫生运动中涌现出来的具有一定文化水平的积极分子培养成为农村卫生员，使之成为具有一技之长的中西医药卫生人员，在防病治病等方面发挥重要作用。农民称他们为"赤脚医生"。同时在农村推广合作医疗制度，即由集体和农民个人集资分担农民部分医疗费用的办法。这个制度在计划经济时期初步解决了农民医疗方面的需求。新中国成立后为贯彻"预防为主"的卫生工作方针，控制和消灭传染病，保护人民健康，1953 年 1 月经政务院批准，决定在全国范围内建立卫生防疫站。此后，各级防疫站以及铁路、交通、大型厂矿防疫站和专科防治所相继建立，形成了全国的预防防疫网络，进行急、慢性传染病、寄生虫病、地方病的控制工作，实行计划免疫，依法对劳动卫生、环境卫生、食品卫生进行监测监督等。一些严重危害人民身体健康的传染病、寄生虫病和地方病被遏制，如鼠疫、天花、麻疹、血吸虫病、疟疾、黑热病、克山病、大骨节病、结核病等。从50年代初开始，在全国长期开展了爱国卫生运动。运动本着"移风易俗，改造国家"的精神，在农村开展了"两管五改"（管水、管粪，改水井、改厕所、改炉灶、改牲畜圈棚、改室内外环境）工作，在城市进行加强市政建设中的卫生配套工程，增加卫生设施，进行城市卫生基本建设，解决垃圾、粪便与污水的清运与无害化处理。同时还开展了卫生宣传教育、健康教育、卫生防疫以及卫生监督等方面的工作。

在社会保障方面，20世纪50年代初期针对农村没有生活来源的孤、老、病、残、幼等生活困难户，国家提出："农业生产合作社对于缺乏劳动能力或完全丧失劳动能力者，生活上要给予适当的安排照顾，保证他们吃穿和烧柴的供应，保证年幼的受到教育和年老的死后安葬"。1957年10月通过的《全国农业发展纲要》中规定："农业合作社对于社内缺乏劳动力、生活没有依靠的鳏寡孤独的社员，应当统一筹划，指定生产队或者生产小组在生产上给以适当的安排，使他们能够参加力能胜任的劳动；在生活上给以适当的照顾，做到保吃、保穿、保烧（燃料）、保教（儿童和少年）、保葬，使他们的生养死葬都有指靠。"后来在实践中又逐步发展完善，形成了保吃、保穿、保住、保医、保葬（对孤儿实行保教）的五保制度。随着合作化运动的发展，许多社、队（村）建起了对五保户集中供养的敬老院。这一制度一直延续下来。实践证明"集体供养、群众帮助、国家救济"三结合的五保户救济制度是符合我国国情的。

我国是受自然灾害影响很大的国家。20世纪60年代因洪水灾害受灾人数平均每年520万，70年代达到1540万；60年代因干旱受灾人数平均每年1850万人，70年代达到2440万人。灾害造成的经济损失和人民生命财产的损失对我国社会经济发展产生严重的影响。对于灾害，国家竭尽全力进行灾害的社会救济工作，把灾害给灾民的生产和生活造成的损失减少到最低限度。同时国家还广泛动员城市、工矿区以及非灾区的人民有组织地支持受灾地区，主动捐款捐物，对帮助灾区人民克服生产和生活困难发挥了重要作用。如1976年7月唐山大地震发生后，到当年10月，全国支援救灾物资70万吨，其中熟食近500万公斤，成品粮500万公斤。全国各地也给予灾区各种物资援助，体现了社会主义大家庭的温暖。

复习思考题

1. 试述中国共产党第八次全国代表大会的历史意义。

2. 试述毛泽东关于正确处理人民内部矛盾问题理论的主要内容及其意义。

3. 试述 1958 年我国在经济建设指导方针上的失误并分析其原因。

4. 1958 年冬到 1969 年 7 月中国共产党是如何纠正已经察觉的"左"倾错误的？这个过程为什么会发生曲折？

5. 评 1959 年的庐山会议。

6. 为了克服三年国民经济的严重困难，中国共产党和人民政府采取了哪些重要措施？

7. 试述"七千人大会"的主要内容及其意义。

8. 对"文化大革命"前 10 年的社会主义建设如何评价？取得了哪些成就？有何经验教训？

第三章 "文化大革命"的十年

(1966.5—1976.10)

第一节 "文化大革命"的发动和全国动乱局面的形成

一、"文化大革命"的酝酿

1966 年，是我国胜利完成国民经济调整任务，开始实施发展国民经济第三个五年计划的第一年。正是在这一年发动了"文化大革命"。"文化大革命"是一场由领导者错误发动，被反革命集团利用，给党、国家和各族人民带来严重灾难的内乱。它的发生不是偶然的，它是中华人民共和国成立以来多种矛盾、多种因素相互作用和积累的结果。其一，1957 年以后中国共产党和毛泽东，在社会主义社会阶级斗争问题上"左"倾错误的不断发展，是"文化大革命"发生和持续的直接原因。其二，中国共产党内和国内个人专断作风和个人崇拜现象的逐步发展，严重损害了民主集中制原则，为"文化大革命"的发生提供了便利条件。其三，林彪、江青、康生等人利用和助长共产党和毛泽东的错误，进行反革命活动，这也是导致"文化大革命"发生和持续的重要原因。其四，毛泽东晚年在关于社会主义理论问题上存在一种脱离实际、带有空想色彩的思想，他认为这是发展马克思主义，是不断革命，发动"文化大革命"正是为了扫除实现这一思想的障碍。其五，"文化大革命"的发生和持续还有深刻的社会历史根源。从国际上看，苏联领导人挑起中苏论战，并把两党之间的原则争论变为国家争端，对中国施加巨大的政治、经济和军事压力。这引起中共中央和毛泽东的极大震动，提高了"防修"的警惕性，并且在国内进行了反对修正主义的斗争。但是对什么是修正主义，却没有做出科学的准确的判断，而是把党内外正常的不同意见和争论看成是所谓修正主义路线的表现或阶级斗争的表现，使党内关系日益紧张。从国内来看，一方面在中国进行社会主义革命和建设缺乏可资借鉴的经验，中国共产党和毛泽东只有在探索中寻找一条符合中国国情的建设社会主义的道路，其中难免出现曲折和失误，从而使我国政治、经济、思想、文化等方面存在的缺陷和弊端集中地暴露出来；另一方面我国是一个有几千年封建社会历史的国家，封建专制主义和小农经济的平均主义思想不易在短时间内清除，由此，对我国的社会主义建设事业产生了消极的影响。在这样的历史背景下，毛泽东发动和领导了"文化大革命"。

1965年1月，毛泽东主持制定的"二十三条"通过后，他对具体怎样推进"四清"运动谈得很少，而更关注运动中暴露出来的干部脱离群众，以致干部同群众相对立的问题。他担忧这样下去会出现"官僚主义者阶级"，中国的社会主义制度便不能巩固，甚至存在资本主义复辟的危险性，党和国家将会改变颜色，许多先烈们毕生付出的精力就付诸东流了。他逐渐形成这样的想法，中国会不会资本主义复辟关键在上层，尤其在中央。如果中国自上而下地出修正主义，它的危险比自下而上要大得多，快得多。这一年中，毛泽东在很多场合谈到"中央出修正主义"的问题，并提出"中央出了修正主义，应该造反"。10月12日，他在中央工作会议上说："中央出了，你们地方不出，不要紧"，"中央几个大人，把他一革，就完了。"①正是在这样一种情势下，毛泽东酝酿发动"文化大革命"。

1965年11月10日，上海《文汇报》发表署名姚文元的文章《评新编历史剧〈海瑞罢官〉》。此文以及随之而来的一系列批判运动成为"文化大革命"发动的导火线。

《海瑞罢官》是著名明史专家、北京市副市长吴晗响应毛泽东学习海瑞的倡议，于1960年底写成的，翌年初开始上演。1962年江青多次向毛泽东说，《海瑞罢官》有问题，要批判。毛泽东开始时虽不同意，后来还是被"说服"了。1964年，康生又向毛泽东说，《海瑞罢官》与庐山会议有关，是替彭德怀翻案。1965年初，江青在极端秘密的状态下，找中共上海市委书记处书记张春桥，组织上海市委写作组的姚文元写批判《海瑞罢官》的文章。这篇文章毫无根据地把剧中所写的"退田"、"平冤狱"同1962年受到错误指责的"单干风"和"翻案风"联系起来，说"'退田'、'平冤狱'就是当时资产阶级反对无产阶级专政和社会主义革命的斗争焦点"，"《海瑞罢官》就是这种阶级斗争的一种形式反映"，"《海瑞罢官》并不是芬芳的香花，而是一株毒草"。

---

① 中共中央文献研究室编：《毛泽东传(1949—1976)》，下册，1396页。

姚文元的文章是在江青策划组织下写出来并经毛泽东看过后发表的，中共中央政治局并未研究讨论。因此，在一段时间内政治局常委刘少奇、周恩来、朱德、陈云、邓小平等都抵制姚文元的文章。《人民日报》和北京的主要报纸都没有转载。直到 11 月 30 日，在了解了姚文元文章的背景后，《人民日报》才予以转载，并加了经过周恩来修改的编者按语，强调：《海瑞罢官》应作为学术问题展开讨论，这次讨论的方针是："既容许批评的自由，也容许反批评的自由；对于错误的意见，我们也采取说理的方法，实事求是，以理服人"。毛泽东对北京市委和中央一些主要领导人的做法极为不满，他指责北京市委是"针插不进、水泼不进的市委"①。

1965 年 12 月 21 日，毛泽东在杭州同陈伯达等人谈话时进一步说："姚文元的文章也很好，点了名，对戏剧界、史学界、哲学界震动很大，但是没有打中要害。要害是'罢官'。嘉靖皇帝罢了海瑞的官，五九年我们罢了彭德怀的官，彭德怀也是'海瑞'。"这些话更加重了批判《海瑞罢官》的政治色彩，造成批判运动的范围迅速扩大。

林彪自 1959 年庐山会议后取代彭德怀担任国防部长主持中央军委工作以来，极力宣扬"毛泽东思想是当代马克思列宁主义顶峰"的论调。1964 年 5 月，根据他的"走捷径"、"背警句"的主张，解放军总政治部编辑出版了《毛主席语录》。1965 年 11 月，林彪提出所谓"突出政治"的五项原则，实际就是突出阶级斗争，突出个人崇拜。1966 年，林彪更进一步神化毛泽东，把毛泽东著作说成是"最高最活的马克思主义"，强调要"活学活用毛主席著作，特别要在'用'字上下功夫，要把毛主席的书当作我们全军各项工作的最高指示"。

林彪的这一套做法受到中央一些领导同志的抵制。为此，林彪、叶群勾结吴法宪、李作鹏等制造伪证，诬陷中共中央书记处书记、国务院副总理、解放军总参谋长罗瑞卿反对"突出政治"，"篡军反党"。1965 年 11 月，毛泽东听信了林彪、叶群的诬告，表示对罗瑞卿的不信任。由此，罗瑞卿受到错误的批判，在 12 月 8 日至 15 日召开的中央政治局常委扩大会议上被调离军队领导岗位，并受到隔离审查。在此之前的 11 月 10 日，中央书记处候补书记、中央办公厅主任杨尚昆也以"背着中央私设窃听器"的无中生有的罪名而遭免职。

到 1966 年初，由批判《海瑞罢官》而引起的批判运动波及了史学界、文

---

① 中共中央文献研究室编：《毛泽东传(1949—1976)》，下册，1399 页。

艺界、哲学界，形成思想文化领域内广泛的批判运动。为了研究解决学术批判中的不正常情况，提出一个明确的指导方针，1966 年 2 月 3 日，彭真召集"文化革命五人小组"①会议。他在讲话中指出：已经查明吴晗同彭德怀没有关系，因此不要提庐山会议，不要谈《海瑞罢官》的政治问题。学术批判不要过头，要慎重。会议拟定了《关于当前学术讨论的汇报提纲》(通称"二月提纲")。《提纲》不赞成把学术讨论变为政治批判运动，强调：讨论"要坚持实事求是，在真理面前人人平等的原则，要以理服人，不要像学阀一样武断和以势压人"，要提倡坚持真理，随时修正错误。《提纲》还提出报刊上公开点名作重点批判要慎重。这个《提纲》得到在京的中央政治局常委的同意。2 月 8 日彭真等人赴武汉向毛泽东汇报。毛泽东听到政治局常委已经讨论并认可这个《提纲》，没有立即表示不同意见。彭真等人以为毛泽东已经同意这个《提纲》。随后，2 月 12 日中共中央正式将《提纲》转发全党。根据《提纲》的精神，中共中央宣传部没有同意发表关锋、戚本禹对《海瑞罢官》无限上纲的批判文章。《提纲》的内容和它的发出显然与毛泽东准备以《海瑞罢官》为切入点、全面开展"文化大革命"、进一步揭露中央出"修正主义"的想法完全南辕北辙，也加深了毛泽东对彭真以及在中央主持工作的刘少奇等人的不满。

就在中共中央研究拟定"二月提纲"，对学术批判加以某些限制之时，江青在取得林彪的支持后，于 2 月 2 日至 20 日，在上海召集部队文艺工作座谈会。会后形成《林彪同志委托江青同志召开的部队文艺工作座谈会纪要》。《纪要》全盘否定新中国成立以来文艺工作所取得的巨大成绩，诬蔑新中国成立以来文艺界是被一条"与毛泽东思想相对立的反党反社会主义的黑线专了我们的政，这条黑线就是资产阶级的文艺思想，现代修正主义的文艺思想和所谓三十年代的文艺的结合"。《纪要》号召"要坚决进行一场文化战线上的社会主义大革命"。《纪要》还批判了所谓"黑八论"②，提出创立样板戏，重新组织文艺队伍的任务。毛泽东对这个《纪要》作了 3 次修改。4 月10 日中共中央将《纪要》转发全党。这个《纪要》提出的严重的政治责难反映了毛泽东对文艺领域阶级斗争过于严重的估计和他发动一场"文化大革命"

①　"文化革命五人小组"是 1964 年 7 月根据毛泽东的提议成立的，组长彭真，副组长陆定一，组员康生、周扬、吴冷西。

②　所谓"黑八论"指："写真实"论、"现实主义广阔的道路"论、"现实主义的深化"论、反"题材决定"论、"中间人物"论、反"火药味"论、"时代精神汇合"论和"离经叛道"论。

的决心。《纪要》的制定过程，还是林彪和江青相互勾结、利用的开始。

《纪要》的发出明显是对"二月提纲"的否定。1966 年 3 月 28 日至 30 日，康生在上海向毛泽东告彭真的状，说彭真追查发表姚文元文章为什么不向中宣部打招呼，是"整到主席头上了"。由此，毛泽东严厉批评了北京市委和中宣部。3 月 30 日，毛泽东指责"二月提纲"混淆阶级界限，不分是非，是错误的；指责中宣部不支持"左派"，扣押"左派"稿件，是阎王殿，要打倒阎王，解放小鬼；要解散文化革命五人小组、中宣部和北京市委。他还点名批评由邓拓、吴晗、廖沫沙撰稿的《三家村札记》和邓拓撰写的《燕山夜话》是反党反社会主义的。4 月 16 日，毛泽东在杭州召开中央政治局常委扩大会议，错误地批判了彭真，讨论了撤销"二月提纲"和文化革命五人小组等问题。4 月下旬彭真被停止工作。5 月 8 日，江青组织的署名高炬的文章《向反党反社会主义的黑线开火》和何明（即关锋）的文章《擦亮眼睛辨别真假》发表，公开发起了对邓拓、吴晗、廖沫沙的批判，把他们打成"三家村反党集团"，其矛头直指彭真和北京市委。

中共中央政治局候补委员、中央宣传部部长陆定一被打倒，除了毛泽东指责中宣部是"阎王殿"，陆定一成为所谓的"阎王"外，陆定一的夫人严慰冰曾写匿名信告林彪和叶群，牵连到陆定一，也是一个原因。在 5 月中央政治局扩大会议上，林彪直接攻击陆定一是"反革命"。

这一时期，由批判《海瑞罢官》引起的一系列批判运动已经扩展到政治领域，针对某些党和国家领导人的严重的政治事件在党内外产生强烈震动，这预示着一场政治风暴即将来临。

二、中共中央政治局扩大会议 "五一六通知"

1966 年 5 月 4 日至 26 日，中共中央政治局扩大会议在北京举行。毛泽东在外地，会议由刘少奇主持。会议根据毛泽东在会前的指示错误地批判了所谓彭真、罗瑞卿、陆定一、杨尚昆的"反党错误"。会上林彪毫无根据地提出所谓"彭真、罗瑞卿、陆定一、杨尚昆阴谋反党集团"的问题。会议由此决定停止彭真、陆定一、罗瑞卿的中央书记处书记的职务，停止杨尚昆的中央书记处候补书记的职务，撤销彭真北京市委第一书记和市长的职务，撤销陆定一中央宣传部部长的职务。

5 月 16 日，会议通过了毛泽东亲自主持制定的《中国共产党中央委员会通知》（即"五一六通知"）。《通知》认为：当前学术界、教育界、新闻界、文艺界、出版界的领导权，都不在无产阶级手里，在中共中央和中央各机关，各省、市、自治区，都有这样一批资产阶级代表人物。他们是"混进党里、政府里、军队里和各种文化界的资产阶级代表人物，是一批反革命的修正主义分子，一旦时机成熟，他们就会要夺取政权，由无产阶级专政变为资产阶级专政。这些人物，有些已被我们识破了，有些则还没有被识破，有些正在受到我们信用，被培养为我们的接班人，例如赫鲁晓夫那样的人物，他们现正睡在我们的身旁，各级党委必须充分注意这一点"。据此，《通知》号召全党"高举无产阶级文化革命的大旗，彻底揭露那批反党反社会主义的所谓'学术权威'的资产阶级反动立场，彻底批判学术界、教育界、新闻界、文艺界、出版界的资产阶级反动思想，夺取在这些文化领域中的领导权。而要做到这一点，必须同时批判混进党里、政府里、军队里和文化领域的各界里的资产阶级代表人物，清洗这些人，有些则要调动他们的职务"。①《通知》还决定撤销"二月提纲"，并列举其所谓 10 条主要错误，指责它是"为资产阶级复辟作舆论准备"，"是彻头彻尾的修正主义"。同时，《通知》宣布：撤销原来由彭真为组长的"文化革命五人小组"及其办事机构，"重新设立文化革命小组，隶属于政治局常委之下"。

《通知》通过对"二月提纲"进行全面批判，系统地提出了"左"倾方针和理论，由此成为发动"文化大革命"的纲领性文件之一。《通知》中反映出来的严重脱离实际的估计和要求是毛泽东发动"文化大革命"的主要论点，也是"无产阶级专政下继续革命的理论"的重要内容。

5 月 18 日，林彪在会上作长篇讲话，大讲古今中外的政变事例，散布中央内部有人要搞政变的谎言。他还竭力鼓吹个人崇拜，宣称"毛主席的话，句句是真理，一句超过我们一万句"，"他的话都是我们行动的准则。谁反对他，全党共诛之，全国共讨之"。林彪的讲话对会议产生了恶劣的影响。

在这次会议期间，毛泽东看了解放军总后勤部《关于进一步搞好部队农副业生产的报告》后，于 5 月 7 日致信林彪(后被称为"五七指示")。他在信中勾画了一幅理想社会的蓝图，这与"大跃进"时期的许多想法是有联系的。在信中，毛泽东要求全国各行各业都要办成"一个大学校"，除了以一业为主外，兼学其他，还要"学政治、学军事、学文化，又能从事农副业生产"，"也要批判资产阶级"。"五七指示"在一定程度上表达了毛泽东的"天下大

---

① 《中国共产党中央委员会通知》(1966 年 5 月 16 日)，载《人民日报》，1967-05-17。

治"的设想。这些设想是他发动"文化大革命"所要追求的一个目标。

根据会议决定，5月28日宣布成立"中央文化革命小组"。组长陈伯达，顾问康生，副组长江青、张春桥，组员有王力、关锋、戚本禹、姚文元等。这个小组隶属于政治局常委之下，因此，一开始它实际上就成为"文化大革命"的指挥机构。

三、中共八届十一中全会 "文化大革命"的全面发动

中共中央政治局扩大会议以后，毛泽东考虑的一个根本性的问题是，单靠发表一些政治批判文章，单靠采取一些组织措施还远远不够，仍引不起一些人的注意，仍形不成一股势不可挡的巨大冲击力量，仍不足以解决中国出不出"修正主义"的问题。他决定打破常规，采取一些异乎寻常的措施自下而上地、充分地放手发动群众，使"文化大革命"迅速开展起来。

5月25日，北京大学聂元梓等人贴出一张诬陷和攻击北京大学党委和北京市委的大字报。大字报一贴出即在北京大学内引起强烈反响。5月31日，经毛泽东批准，陈伯达率工作组接管《人民日报》，掌握报纸每天的版面，同时指导新华社和广播电台的对外报道，控制了全国主要的舆论工具。6月1日，《人民日报》发表社论《横扫一切牛鬼蛇神》，号召群众起来进行"文化大革命"，打倒"所谓资产阶级的'专家'、'学者'、'权威'、'祖师爷'"，"使他们威风扫地"。当晚，中央人民广播电台播发了由毛泽东批准的聂元梓等人的大字报。6月2日，《人民日报》全文刊载了这张大字报，并发表《欢呼北大的一张大字报》的评论员文章，说：北京大学是"三家村"黑帮的一个重要据点，是反党反社会主义的顽固堡垒。北大党委是"假共产党"，是"修正主义的党"，是"反党集团"。号召群众把"黑帮、黑组织、黑纪律彻底摧毁"，"不论他们打着什么旗号，不管他们有多高的职位、多老的资格"。6月4日，《人民日报》公布中共中央关于改组北京市委的决定，同时又公布了北京新市委改组北京大学党委的决定，派工作组进驻北京大学，代行党委的职权，领导"文化大革命"。

上述一系列非常措施，迅速在全国范围内产生强烈的反响。各地的青年学生首先响应号召起来"造反"。他们冲击学校党政机构，揪斗党政领导干部，破坏了学校的正常教学秩序，并波及机关、工厂，使局势日益紧张。面对这种混乱局面，在北京主持中央日常工作的刘少奇在6月上旬召集中央政治局常委扩大会议，根据以往解决基层问题的做法和毛泽东批准向《人民

日报》社、北京大学派驻工作组的先例，决定向大、中学校派出工作组，协助领导运动。同时，为了控制住局势，拟定了 8 条规定，包括：内外有别，注意保密，大字报不要上街，不要搞示威游行，不要串联，不要搞大规模声讨会，不要包围"黑帮"住宅，不准打人和侮辱人等。①

运动一开始，由于各单位的群众对中共中央和毛泽东开展"文化大革命"的意向理解不同，对本单位领导的看法和所采取的态度也不同，因此，群众中出现所谓"造反派"和"保守派"的区分，并展开激烈斗争。一部分群众和工作组之间在某些问题上也产生分歧，导致一些单位发生驱赶工作组的事件。为了坚持工作，一部分工作组曾经不适当地采取了所谓"排除干扰"的措施，有些单位批斗了一些带头"造反"、驱赶工作组的人，并给他们加上"反党分子"、"假左派"、"右派学生"等罪名。这样做并未缓和"造反"群众和工作组之间的矛盾。

7 月 18 日，毛泽东从武汉回到北京。他当天听取了陈伯达、江青等人有关工作组问题的汇报，并查看了北京高校反对工作组的材料。他认为，派工作组领导运动的方式，不符合他"天下大乱，达到天下大治"的意图。7 月 25 日，他指责工作组"起坏作用，阻碍运动"，要"统统驱逐之"。他提出"不要工作组，要由革命师生自己搞革命"。7 月 28 日，中共北京市委根据毛泽东的指示做出撤销各大专院校工作组的决定。次日，在人民大会堂召开了"北京市大专院校和中等学校文化大革命积极分子大会"，刘少奇、周恩来、邓小平被迫在派工作组问题上作了检查。会上，周恩来传达毛泽东提出的"文化大革命"的三大任务是"一斗、二批、三改"。刘少奇在讲话中说："怎样进行无产阶级文化大革命，你们不大清楚，不大知道。你们问我们怎么革，我老实回答你们，我也不晓得，我想党中央其他许多同志、工作组的成员也不晓得。"会后，各院校抛开工作组、抛开党委搞"文化大革命"，无政府状态从此开始。

为了排除全面发动"文化大革命"的阻力，8 月 1 日至 12 日，毛泽东在北京亲自主持召开中共八届十一中全会。参加会议的中央委员 74 人，候补中央委员 67 人。各中央局、省、市、自治区党委负责人，中央文革小组成员，中央有关部门负责人和首都高等院校代表 47 人列席会议。

全会开始时，刘少奇对派工作组承担了责任。一些中央部委和各大区

---

① 中共中央文献研究室编：《周恩来年谱(1949—1976)》，下卷，35 页，北京，中央文献出版社，1997。

负责人纷纷检查自己"跟不上形势",对"文化大革命""很不理解,很不认真,很不得力"的错误。8 月 4 日,毛泽东在政治局常委扩大会议上对刘少奇说:"你在北京专政嘛,专得好!"又说:"讲客气一点,是方向性错误,实际上是站在资产阶级立场,反对无产阶级革命。"他严厉地指责派工作组是"镇压"学生运动。他说:"这是镇压、是恐怖,这个恐怖来自中央。"他还说:"牛鬼蛇神,在座的就有!"

8 月 5 日,毛泽东写了《炮打司令部——我的一张大字报》,指责"在五十多天里,从中央到地方的某些领导同志……站在反动的资产阶级立场上,实行资产阶级专政,将无产阶级轰轰烈烈的文化大革命运动打下去"。这里毛泽东还针对过去中央领导层在社会主义建设问题上的争论指出:"联系到 1962 年的右倾和 1964 年形'左'而实右的错误倾向,岂不是可以发人深省的吗?"①大字报中提出中央有一个资产阶级司令部,虽未点名,但明显指的是刘少奇。从批判《海瑞罢官》到"五一六通知",再到这张大字报,斗争对象越来越明确。8 月 17 日,这张大字报作为中共中央文件下发,传达到县团级。很快"炮打"中央各党政部门和省市自治区各级党政机关的浪潮波及全国。

8 月 8 日,全会在不能进行正常的民主讨论的情况下,通过了根据毛泽东的意见制定的《关于无产阶级文化大革命的决定》(即"十六条")。这是继"五一六通知"后又一个指导"文化大革命"的纲领性文件。文件规定:运动的目的是"斗垮走资本主义道路的当权派,批判资产阶级的反动学术'权威',批判资产阶级和一切剥削阶级的意识形态,改革教育,改革文艺,改革一切不适应社会主义经济基础的上层建筑,以利于巩固和发展社会主义制度";运动的重点是整党内那些走资本主义道路的当权派;运动依靠的力量,要求"党的领导要善于发现左派、发展和壮大左派队伍,坚决依靠左派";运动的方法是"敢"字当头,放手发动群众,让群众自己教育自己,要充分运用大字报、大辩论等形式进行大鸣大放;运动的领导,要求各级党委"在以毛泽东同志为首的党中央领导下","坚持正确领导"。这个文件没有对"走资派"、"左"派等提出明确的判定标准,也没有对如何实现党的领导做出具体的规定。这个文件虽然也规定"必须严格区分两类不同性质的矛盾"、"要用文斗,不用武斗"、"抓革命,促生产"等,但它实际上推动了一场盲目的、自发的、混淆敌我的群众运动,那些正确的规定并不能对"文化

---

① 《人民日报》,1967-08-05。

大革命"产生任何约束力。

全会从 8 日起转入对刘少奇、邓小平等的揭发批判。12 日，根据毛泽东提议，全会改组了中央领导机构。政治局常委由 7 人扩大到 11 人，增加陶铸、陈伯达、康生、李富春。林彪排列名次居毛泽东之后列第二位，刘少奇由第二位降到第八位。全会没有重新选举中央副主席，但会后只把林彪称为副主席，不再提及刘少奇、周恩来、朱德、陈云的副主席职务。在闭幕会上，毛泽东在讲话中提出："我们所决定的那些东西，看来群众是欢迎的"。他还说："对犯错误的同志总是要给他出路，要准许改正错误。"①

通过中共八届十一中全会，毛泽东发动"文化大革命"的决策完成了党内的组织手续。毛泽东的"左"倾错误的个人领导实际上取代了中共中央的集体领导。1966 年 5 月中共中央政治局扩大会议和 8 月中共八届十一中全会成为"文化大革命"全面发动的标志。

四、红卫兵运动的兴起　动乱局面向全国蔓延

1966 年 5 月 29 日，北京清华大学附属中学一些学生集会，从保卫毛泽东、保卫红色政权出发而组织了全国第一支红卫兵。6 月初，北京其他一些学校也出现红卫兵组织。但由于人们对它持有异议，因而没有得到发展。6 月 24 日，他们写出《无产阶级的革命造反精神万岁》的大字报，以后又写出"再论"和"三论"。宣称："革命就是造反，毛泽东思想的灵魂就是造反。""修正主义统治学校十七年了，现在不反，更待何时？""革命者就是孙猴子"，要抡大棒，"把旧世界打个天翻地覆，打个人仰马翻，打个落花流水，打得乱乱的，越乱越好！"②大字报还引用毛泽东的话说，"马克思主义的道理千条万绪，归根结底，就是一句话：造反有理。"③

红卫兵的言行完全符合毛泽东"天下大乱，达到天下大治"的想法。8 月 1 日，毛泽东给清华附中红卫兵写信，说：你们的大字报"说明对反动派造反有理，我向你们表示热烈的支持"。这封信作为中共八届十一中全会印发的文件，很快传遍全国。8 月 18 日，毛泽东身着军装，佩戴红卫兵袖章，在天安门接见来自全国各地的百万群众和红卫兵。林彪在接见大会上

---

① 中共中央文献研究室编：《毛泽东传(1949—1976)》，下册，1430、1431 页。

② 《无产阶级的革命造反精神万岁》(1966 年 6 月 24 日)，载《红旗》，1966(11)。

③ 《三论无产阶级的革命造反精神万岁》(1966 年 7 月 27 日)，载《红旗》，1966(11)。

讲话，号召"要打倒走资本主义的道路的当权派，要打倒资产阶级反动权威"，"要打倒一切牛鬼蛇神"，"要大破一切剥削阶级的旧思想、旧文化、旧风俗、旧习惯"。从 8 月 18 日至 11 月 26 日，毛泽东在北京先后 8 次共接见了 1100 万师生和红卫兵。此后，红卫兵运动迅速发展到全国城乡。

从 8 月 19 日开始，北京的红卫兵纷纷走上街头，贴大字报，散发传单，发表演说。他们在"破四旧"的名义下，斗争他们认定的"阶级敌人"。一大批党政领导干部、专家、学者、民主人士和一些群众被当作"走资派"、"黑帮"、"反革命修正主义分子"、"反动学术权威"、"牛鬼蛇神"而遭到任意批斗、抄家、游街示众，有些人甚至被施以酷刑，致伤或致死。红卫兵中一些人肆意焚烧中外古典著作，捣毁珍贵文物，破坏名胜古迹，造成许多不可挽回的巨大损失。他们随意更改商店、街道、工厂、学校、医院的名称，如将北京东交民巷改名为"反帝路"，苏联驻华大使馆前的扬威路改名为"反修路"，协和医院改名为"反帝医院"，天津劝业场改名为"人民商场"，等等。

在"破四旧"的同时，红卫兵又进行了全国"大串联"。9 月 5 日，中共中央和国务院发出通知让外地学生和教职工代表来北京参观"文化大革命"运动，全国性大串联随即开始。红卫兵在全国各地鼓动"造反"，"炮打"当地党政领导机关，揪斗所谓"走资派"和"牛鬼蛇神"，加剧了全国的动乱局面。

随着红卫兵运动的兴起，对毛泽东的个人崇拜达到顶峰。这时期大量印制《毛主席语录》和《毛泽东选集》。至 1969 年 3 月，毛泽东像章制作了 22 亿个，全国人口平均每人 3 个有余。对毛泽东狂热的个人崇拜是"文化大革命"初期的突出特点。

五、中共中央工作会议　对"资产阶级反动路线"的批判

红卫兵运动初期严重破坏社会秩序，粗暴践踏民主和法制的行为，引起广大干部、群众，甚至一些红卫兵的普遍不满。大批高、中级干部不仅普遍存在对"文化大革命""很不理解，很不认真，很不得力"的状况，而且对红卫兵冲击各级党政机关并造成社会混乱的局面表现出很大不满。群众组织中间开始分化，信任和支持各级领导干部的党团员和基层干部群众仍占大多数。基于"天下大乱，达到天下大治"的想法，毛泽东把来自各个方面，尤其是高、中层干部对"文化大革命"的抵制视为与此前刘少奇、邓小平派工作组的做法是一脉相承的。认为尽管刘、邓实际上已离开中央领导岗位，但他们推行的"路线"仍然存在，并成为"文化大革命"的主要障碍。

　　10 月 1 日，林彪在国庆 17 周年庆祝大会上的讲话中说："以毛主席为代表的无产阶级革命路线，同资产阶级反对革命路线的斗争还在继续。"次日，《人民日报》发表《红旗》杂志 1966 年第 13 期社论《在毛泽东思想的大路上前进》，提出："有极少数人采取新的形式欺骗群众，对抗十六条，顽固地坚持资产阶级反动路线，极力采取挑动群众斗群众的形式，去达到他们的目的。""如果继续过去的错误路线，重复压制群众的错误，继续挑动学生斗学生，不解放过去受打击的革命群众，等等，那就是对抗和破坏十六条。"因此社论要求彻底批判"资产阶级反动路线"。这里把"压制群众"作为"资产阶级反动路线"的表现提出来，造成的结果就是对"文化大革命"开始后各种"造反"行为不能进行任何约束。

　　10 月 5 日，中共中央军委、解放军总政治部根据林彪意见发出紧急指示，宣布取消军队院校的"文化大革命"由院校党委领导的规定。中共中央完全同意这个紧急指示，认为全国县以上大中学校都适用。从此，"踢开党委闹革命"的口号广泛流行，更加助长了无政府主义狂潮的泛滥和社会秩序的混乱。

　　为了进一步批判"资产阶级反动路线"，排除"文化大革命"的"阻力"，10 月 9 至 28 日，中共中央在北京召开了工作会议。陈伯达在会上作《无产阶级文化大革命中的两条路线》的讲话，点名指责刘少奇、邓小平是"压制群众、打击革命积极分子的错误路线，是资产阶级反动路线"的代表人，而所谓"资产阶级反动路线"是"反对群众自己教育自己，自己解放自己"，派工作组是"为了便于推行那条错误路线"。陈伯达在讲话中还把红卫兵的破坏行为竭力加以吹捧，把人们担心社会发生动乱说成是什么"怕群众，怕革命"，甚至是"镇压群众"和"反对革命"。林彪在会上讲话，点名攻击刘少奇、邓小平，还鼓吹"群众要怎么办就怎么办"，"革命的群众运动，它天然是合理的"。25 日，毛泽东在会上发表了讲话，此前也有不少插话。他希望对领导干部做些工作，解除他们的顾虑，使他们积极对待"文化大革命"。他说："文化大革命这个火是我放起来的"，红卫兵的冲击"我看有好处"。"无非是犯一些错误，那有什么了不起的呀？路线错误，改了就是了"。他还说："也不能完全怪刘少奇同志、邓小平同志，他们两个同志犯错误也有原因。"①他估计运动"可能要搞两个五个月，或者还要多一点时间"。毛泽东的讲话对干部的态度是温和的，但同时又支持红卫兵的"造反"行动。这两

----

　　① 中共中央文献研究室编：《毛泽东传(1949—1976)》，下册，1449～1451 页。

者显然是矛盾的。

这次会议以后，全国掀起了批判所谓"资产阶级反动路线"的高潮。中央文革小组煽动造反派把攻击的矛头指向各级党政领导机关以及全国人大常委会、政协全国委员会、各级人民群众团体，使这些机关和团体的工作陷入瘫痪状态。党的各级基层组织活动和党员的组织生活均陷于停顿。从中央到地方的许多领导干部以及一些群众被扣上推行"资产阶级反动路线"的帽子而遭受批斗、抄家和监禁。整个社会不断陷于动乱之中。

这个时候，林彪、江青等人加紧对无产阶级革命家进行迫害。10 月 18 日，北京的红卫兵在大街上喊出"打倒刘少奇"的口号。12 月，江青等人鼓动清华大学"造反派"上街，公开煽动打倒刘少奇和邓小平。林彪、康生等人捏造事实，诬陷国务院副总理、中央军委副主席贺龙搞"二月兵变"，使贺龙惨遭迫害。① 1967 年 1 月，陈伯达、江青在未报告中央的情况下，在群众中公开对中共中央政治局常委、中央书记处常务书记、国务院副总理陶铸进行点名攻击，指责他是"资产阶级反动路线的忠实执行者"，是"最大的资产阶级保皇派"，并列为"第三号最大的走资派"。② 林彪、江青等人还指使戚本禹把肩负西南三线建设副总指挥重任的彭德怀打成"反革命修正主义分子"、"大军阀"，指使红卫兵将彭德怀从四川三线绑架回北京，对他进行连续不断的批斗、折磨。③

"文化大革命"发动前，我国国民经济形势较好。1966 年上半年工农业生产各项指标较上一年同期有显著增长。"文化大革命"发动之时，中共中央和国务院对工业交通系统、基本建设单位和广大农村开展运动持慎重的态度。1966 年 7 月 2 日，经毛泽东同意，中共中央和国务院发出《关于工业交通企业和基本建设单位如何开展文化大革命运动的通知》，指出："应注意到工矿企业和基本建设单位必须保证完成国家任务的特点"，这些单位的"文化大革命"要和"四清"运动结合起来，按原来部署分期分批地有领导地有计划地进行。通知还要求"各级党委必须抓革命、促生产"。9 月 15 日，周恩来在接见全国各地来京革命师生大会上讲话，强调"搞好工农业生产，关系很大"。"大中学校的红卫兵和革命学生，现在不要到工厂、企业单位

---

① 1969 年 6 月 9 日，贺龙被迫害致死，终年 73 岁。

② 1969 年 11 月 30 日，陶铸遭受迫害，在安徽合肥逝世。

③ "文化大革命"中彭德怀惨遭迫害，批斗中肋骨被打断，造成肺部重伤，于 1974 年 11 月 29 日含冤逝世。

和县以下的机关、农村人民公社去进行革命串联,工厂、农村不能像学校那样放假,停止生产来革命"。① 这些文件和讲话暂时减轻了"文化大革命"对工农业生产的冲击,保证了经济建设战线和城乡基层单位的相对稳定。

但是,10月以后,全国掀起批判所谓"资产阶级反动路线"的高潮。林彪、江青等人唆使红卫兵去工厂、农村串联,使工业交通系统和广大农村也卷入"文化大革命"的狂潮之中,工农业生产受到很大冲击。为了稳定工交系统的形势,根据周恩来指示,负责工交企业工作的谷牧、余秋里主持召开了工业交通座谈会。与会者对工交战线17年的成绩作了充分肯定,一致认为,由于生产不能中断,工交企业的"文化大革命"的做法应与文教部门、党政领导机关有所区别。会议提出工交企业的"文化大革命"应由党委统一领导,分期分批进行;工人要坚持八小时工作制,业余闹革命,不赞成在工人中建立联合造反组织和在单位与单位间进行串联等。

12月4日至6日,林彪主持中共中央政治局扩大会议,听取工交座谈会汇报。林彪在讲话中否定工交座谈会,说"会议开得不好,是错误的,思想很不对头"。这次政治局扩大会议通过了中央文革小组修订的《关于抓革命、促生产的十条规定(草案)》,改变了原有的部署,规定在企业开展"文化大革命",工人可以进行串联,也可派代表到学校进行串联,学生可以到厂矿进行串联。由此,"文化大革命"扩展到全国工业、交通、财贸、商业服务各个部门。

12月15日,中共中央发出《关于农村文化大革命的指示(草案)》,改变了原定在"四清"运动中结合进行"文化大革命"的部署,规定"把四清运动纳入文化大革命中去";还规定在农村以贫下中农青少年为骨干建立发展红卫兵;生产队之间和公社之间可进行串联;"可以组织一批革命学生下乡串联"等。这个指示下达后,"文化大革命"深入农村。

"文化大革命"造成全国动乱的局面,不仅在政治上产生严重混乱,而且给国民经济的发展带来严重的破坏和干扰。在非常严峻的形势下,周恩来努力设法在取得毛泽东同意的情况下,保护了一批老干部、著名民主党派人士和专家学者,尽力维持国家一些尚能工作的部门继续行使职权和进行社会生产活动,以减轻动乱造成的损失。但是,天下大乱之势已经形成,它将不可避免地失去控制,造成无可挽回的巨大破坏。

---

① 中共中央文献研究室编:《周恩来年谱(1949—1976)》,下卷,64页。

六、"一月风暴"掀起全面夺权狂潮 二月抗争

1967 年 1 月,由上海扩展到全国的一场"造反派"夺取党和政府各级领导权的狂潮,标志着"文化大革命"进入所谓"全面夺权"阶段。

1966 年 9 月中旬,中共中央下发由周恩来主持制定、毛泽东同意的《关于抓革命、促生产的通知》和《关于县以下农村文化大革命的规定》两个文件,提出:工业(包括国防工业)、农业、交通、财贸部门,应当立即加强或组成各级指挥机构,保证生产、建设、科研等项工作的正常进行;生产企业、基本建设单位、科学研究、设计和商业、服务行业的职工,都应当坚守岗位;外出串联的职工和科研设计人员,应当迅速返回原工作岗位。制定下发这两个文件的目的是保证整个国民经济的正常运转、人民群众日常生活必需品的正常供给和国家建设事业的继续发展。但此后不久,上海发生震动全国的"安亭事件","文化大革命"进一步波及工矿企业。

11 月初,上海一些工厂的"造反派"组织串联筹建"上海工人革命造反总司令部"(简称"工总司")。11 月 9 日,"工总司"宣告成立,为首者是上海国棉十七厂保卫干事王洪文。他们要求中共上海市委承认他们是革命组织。中共上海市委根据中央关于工矿企业不要成立跨行业组织的规定未予承认。遭拒绝后,10 日凌晨王洪文鼓动两千多名工人在上海北站强行登上火车,欲赴京请愿。列车行至上海附近的安亭站时,被铁路局下令停车。当天上午,王洪文鼓动工人卧轨拦车,造成沪宁铁路运输被阻断达 31 小时,上海站 36 趟列车无法发出。这就是"安亭事件"。事件发生后,中央根据原来确定的原则,要陈伯达电告华东局和上海市委:不向"工总司"妥协让步,同时做好受蒙蔽、被裹胁工人的劝解工作。张春桥被派往上海处理这一事件。他不顾中央确定的原则,不同华东局和上海市委商量,擅自发表支持"工总司"的言论。张春桥的做法后来得到毛泽东的肯定,认为是"先有事实,后有概念"。

"安亭事件"后,毛泽东正酝酿着新的重大部署,他支持张春桥的做法出于两个考虑:一方面,他认为中国要巩固社会主义制度、防止资本主义复辟,需要解决的问题不仅存在于文化教育单位和党政领导机关,也严重地存在于工矿企业中。在工矿企业中开展"文化大革命"有助于解决这些问题并把"文化大革命"进一步向广度和深度推进;另一方面,他对红卫兵运动中暴露出来的消极现象和内部明显的分化感到忧虑,需要借助作为"革命

主力军"的工人队伍推动"革命造反"运动继续发展。需要指出的是，毛泽东支持工人起来搞"革命"，并不是不要生产或把生产搞乱。他是希望先抓好"革命"，再来推动和促进生产的发展。但是，实际情况却不是他所想象的那样。

12 月 1 日，"工总司"围攻《解放日报》社。30 日，在张春桥支持下，王洪文制造了 10 万人围攻上海市委院内 2 万多名工人赤卫队员的武斗流血事件，即"康平路事件"。这个事件是全国大规模武斗的开端。

1967 年 1 月 1 日，《人民日报》、《红旗》杂志发表题为《把无产阶级文化大革命进行到底》的社论，宣布"1967 年将是全国全面展开阶级斗争的一年"，号召向走资派和牛鬼蛇神展开总攻击。4 日，张春桥、姚文元以中央文革小组调查员的身份回到上海，策划夺权。4 日和 5 日，上海"造反派"相继夺取了《文汇报》和《解放日报》的大权。6 日，上海 32 个"造反派"组织联合召开大会，批斗了中共上海市委负责人陈丕显、曹荻秋等人，夺取了上海市的党政大权。此即所谓"一月风暴"。

毛泽东肯定了"造反派"对《文汇报》、《解放日报》的夺权，认为"这是一个阶级推翻一个阶级，这是一场大革命"，"上海革命力量起来，全国就有希望。它不能不影响整个华东，影响全国各省市。"11 日，按照毛泽东的批示，中共中央、国务院、中央军委和中央文革小组联名向上海造反组织发出贺电，说他们的行动"为全国工人阶级和劳动人民，为一切革命群众，树立了光辉的榜样"。22 日，《人民日报》在一篇社论中号召"展开全国全面的夺权斗争"。2 月 3 日，《红旗》杂志发表《论无产阶级革命派的夺权斗争》的社论，提出"向党内一小撮走资本主义道路当权派夺权，这是无产阶级文化大革命的新阶段的战略任务"。从此，在很短时间内，全国掀起夺权之风，造成更大规模的动乱。像"夺权"这样的战略性决策，事前并未在党中央进行充分酝酿和讨论并做出正式决定，便迅速在全国推广开来，这是不正常的。黑龙江"造反派"夺权以后，宣布成立全省临时最高权力机构——红色造反者革命委员会。这是全国第一个成立的"革命委员会"。3 月 30 日，《红旗》杂志第 5 期社论《论革命的"三结合"》公开毛泽东的指示："在需要夺权的地方和单位，必须实行革命的'三结合'的方针，建立一个革命的、有代表性的、有无产阶级权威的临时权力机构。这个权力机构的名称，叫革命委员会好。"此后各省、市、自治区夺权后权力机构统称"革命委员会"。

为了使各地夺权斗争顺利实现，1 月 13 日，中共中央、国务院颁布了《关于在无产阶级文化大革命中加强公安工作的若干规定》（即"公安六条"），规定凡是攻击诬蔑毛泽东和林彪的"都是现行反革命行为，应当依法惩办"。之后这一条实际上扩展到凡是对江青、康生、陈伯达等人有不满的，也是现行反革命。这个规定为林彪、江青所利用，制造了大量冤假错案。

"全面夺权"加剧了全国的动乱，各地武斗盛行，党政机关瘫痪，社会秩序混乱，工农业生产下降，人民生命财产安全得不到保障。这种状况引起广大人民群众的不满。老一辈革命家挺身而出，同"文化大革命"的错误做法进行了抗争。1月19日至20日，叶剑英、徐向前、聂荣臻等在京西宾馆召开的军委碰头会上，同林彪、江青一伙妄图搞乱军队的阴谋进行了激烈的斗争。叶剑英痛斥江青、张春桥等人：谁想要搞乱军队，绝不会有好结果。这便是所谓"大闹京西宾馆"。

2月11日、16日，周恩来在中南海怀仁堂主持召开有政治局委员和中央文革小组成员参加的碰头会。会上，谭震林、陈毅、叶剑英、李富春、李先念、徐向前、聂荣臻等老一辈革命家，围绕"文化大革命"要不要党的领导，应不应将老干部统统打倒，要不要稳定军队等重大问题，同陈伯达、康生、张春桥等进行了针锋相对的斗争。叶剑英指着康生、陈伯达、张春桥责问："你们把党搞乱了，把政府搞乱了，把工厂、农村搞乱了！你们还嫌不够，还一定要把军队搞乱！这样搞，你们想干什么？"会上谭震林问张春桥："陈丕显同志来了吗？"张春桥辩称："群众不答应。"谭震林气愤地说："不要党的领导，一天到晚，老是群众自己解放自己，自己教育自己，自己搞革命。这是什么东西？这是形而上学！""你们的目的，就是要整掉老干部，你们把老干部，一个一个打光。"李先念说："老干部都打倒了，革命靠什么？现在是全国范围内的大逼供信。"这就是所谓"大闹怀仁堂"。当晚，张春桥、姚文元、王力向江青汇报，并整理出《二月十六日怀仁堂会议》材料，由江青安排，向毛泽东做了汇报。

2月18日深夜，毛泽东召集部分政治局委员开会，对提意见的老同志进行了尖锐、激烈的批评。会上决定召开批评陈毅、谭震林、徐向前三人的生活会，并让他们三人停职检查。从2月25日至3月18日，在怀仁堂召开7次"政治局生活会"，对陈毅、谭震林、徐向前以及李富春、李先念、叶剑英、聂荣臻等进行批评。江青、康生、陈伯达、谢富治等人歪曲事实，无限上纲，攻击他们是"资产阶级复辟逆流"，后又称做"二月逆流"。同时，江青、康生等人还在社会上掀起所谓"反击全国自上而下的复辟逆流"的浪潮，更大规模地打击迫害党和国家的各级领导干部。此后，中共中央政治局实际上停止了活动，被中央文革小组所取代。

在二月抗争被压制以后，林彪、江青、康生等人掀起"揪叛徒"的恶浪，更进一步打击迫害老一辈革命家和各级领导干部。1967 年 3 月 16 日，中共中央《关于印发薄一波、刘澜涛、安子文、杨献珍等自首叛变材料的批示》和附件，把 1936 年 8 月至 1937 年 3 月薄一波等 61 人经组织决定先后出狱，说成是"自首叛变"，并称"是刘少奇策划和决定，张闻天同意，背着毛主席干的"。这件事在 30 年后重新提出，完全是康生等人阴谋陷害老干部的一个重要步骤。中共中央的指示下达后，全国到处掀起"揪叛徒"的恶风。到 4 月 7 日止，短短 3 个月，各地揪出所谓"历史上被捕、被俘后有自首变节或自首变节嫌疑的人"达 5200 余人。

1968 年 2 月 5 日，中共中央、国务院、中央军委、中央文革小组转发黑龙江省革命委员会《关于深挖叛徒工作情况的报告》，毫无根据地说："刘、邓、陶及其同伙彭（德怀）、贺（龙）、彭（真）、罗（瑞卿）、陆（定一）、杨（尚昆）、安（子文）、肖（华）等叛徒和反革命修正主义分子，长期隐藏在党内，窃踞了党政领导机关的重要职位，结成了叛徒集团。"由于几个错误的中共中央文件以及林彪、江青、康生等人的故意煽动，许多过去已经做出正确结论的问题被统统推翻，重新审查，甚至无中生有，栽赃陷害，制造了一大批冤假错案。

在"揪叛徒"的高潮中，林彪、江青等人发动了一场矛头直接指向刘少奇的所谓"革命大批判运动"。1967 年 4 月 1 日，《人民日报》发表戚本禹的文章《爱国主义还是卖国主义？——评反动影片〈清宫秘史〉》。这篇经毛泽东审阅修改的文章，给刘少奇扣上"党内最大的走资本主义道路的当权派"的帽子，指责他是"帝国主义、封建主义、反动资产阶级的代言人"、"帝国主义买办"、"帝国主义、封建主义反革命宣传的应声虫"和"睡在我们身边的赫鲁晓夫"。5 月 8 日，《红旗》、《人民日报》发表了《〈修养〉的要害是背叛无产阶级专政》的文章，把刘少奇著名的《论共产党员的修养》一书说成是"背叛了马克思列宁主义的无产阶级专政学说"，是"反马克思列宁主义、反毛泽东思想的大毒草"。11 日，中共中央要求各单位深入开展"对党内最大的一小撮走资本主义道路当权派的大批判运动"。"大批判"的目的着重"在思想上夺修正主义的权，夺资产阶级的权。""大批判"期间，全国报刊大量刊载批判文章，据不完全统计，从 5 月至 9 月，仅中央和地方报纸发表的批判文章就达 150 多篇。在"大批判"不断升级的同时，对刘少奇的围攻和人身迫害也愈演愈烈。7 月初，江青等人指使北京建工学院一派群众组织到中南海西门安营扎寨，架设高音喇叭，声称要把刘少奇从中南海揪出来"斗倒斗臭"。随后北京高校上百个群众组织前去声援，形成"揪刘火线"，围困并冲击中南海，前后持续一个多月。7月18日，江青等人乘毛泽东不在北京擅自决定批斗刘少奇，对他进行人身污辱，逼迫他低头弯腰长达两个多小时，同时进行抄家。

第二节　全国陷入"全面内战"局面和
"斗、批、改"运动的开展

一、武汉"七二〇事件"　所谓"揪军内一小撮"

"文化大革命"发动以后，尤其是开始全面夺权以后，各地造反群众组织围绕夺权问题分成了相互对立的两派或几派，针对打倒什么干部、解放什么干部的问题展开了激烈的斗争。林彪、江青等人采取支持一派，压制一派，导致造反组织间长期对立，并进一步演变成武斗，以致形成"全面内战"的极度混乱局面。激烈的派性斗争使工农业生产持续下滑，全国的局势变得越来越难以控制。但毛泽东对形势的发展仍充满信心，认为两派群众组织的对立可以通过"细致的思想政治工作"来解决。

1967年7月14日，周恩来、毛泽东先后到达武汉，着手解决武汉地区两大群众组织"工人总部"（后称"三钢三新"）和"百万雄师联络站"（简称"百万雄师"）之间尖锐对立的问题。同日，谢富治、王力以中央代表团名义由四川抵武汉。7月17日，毛泽东在谈到武汉的问题时说："凡是有错误，不管是大错误小错误，只要承认了错误，统统不打倒"。"陈再道①只要承认错误，打倒也不行。""百万雄师继续保持名称，要搞入正轨。"②但谢富治、王力违背毛泽东、周恩来促使两派群众联合的部署，四出活动，支一派，压一派。这引起"百万雄师"一派群众组织的不满。19日晚，"百万雄师"以及一部分支持他们的军人乘坐几十辆消防车和上百辆大卡车涌进武汉军区大院，质问王力为什么把"百万雄师"打成"保守组织"。7月20日凌晨，"百万雄师"的代表200多人来到东湖宾馆要求王力回答问题。陈再道、谢富治出来会见这些代表，答应下午接见。这些代表即将离去时，又有几百人冲进

---

① 陈再道时任武汉军区司令员兼湖北省军区司令员。
② 中共中央文献研究室编：《毛泽东传（1949—1976）》，下册，1493页。

东湖宾馆,其中多数是战士。他们冲进房间将王力揪出来塞进汽车拉到军区大院,要他回答问题。这时,毛泽东正住在东湖宾馆。这些冲进来的人目的是揪王力去回答问题,他们并不知道毛泽东正在武汉,更不知道毛泽东住在东湖宾馆。上午,"百万雄师"数万人乘汽车在武汉游行。武汉军区、湖北省军区和军区独立师近千人参加了游行。在局势比较混乱的情况下,林彪、江青当天联名写信给毛泽东,危言耸听地说:武汉形势不好,毛泽东的安全受到威胁,要及早转移。① 毛泽东一时也把情况看得很严重,怀疑发生"兵变",遂决定立刻离开武汉。这就是"七二〇事件"。随后,事件被定性为"反革命事件",陈再道被撤职并在北京被批斗。② 武汉大批群众受到迫害,军区所辖独立师被打成"叛军",撤销番号。湖北全省因此事件被打死、打伤、打残的干部、军人、群众达18.4万余人,其中武汉市被打伤、打残的有6.6万人,被打死的有600多人。③

"七二〇事件"后,林彪、江青等人借机煽动群众掀起"揪军内一小撮"、"打倒带枪的刘、邓路线"的浪潮。7月25日,康生在审定新华社新闻稿《首都百万军民集会支持武汉革命派》时加上了"坚决打倒党内军内一小撮走资本主义道路的当权派"的提法。8月1日出版的《红旗》杂志第12期社论又说:"要把军内一小撮走资本主义道路的当权派揭露出来,从政治上和思想上把他们斗倒斗臭"。7月25日,林彪还提出"砸烂总政阎王殿"。此后,各地接连发生造反派冲击军事机关、大肆抢夺武器装备和揪斗迫害军队领导人的事件,造成极其严重的后果。

二、江青肯定"文攻武卫"口号和武斗的蔓延 国家政治制度的被冲击和法制的被践踏

"七二〇事件"以后,林彪、江青等人更加肆无忌惮地煽动武斗和打倒一切,进行全面夺权。7月22日,江青接见河南群众组织代表,说:"河南一个革命组织提出这样的口号,叫作'文攻武卫',这个口号是对的!""不能

---

① 《杨成武将军自述》,284页,沈阳,辽宁人民出版社,1997。

② 毛泽东7月21日离开武汉后,经过两天冷静的思考,对陈再道等武汉军区领导的看法比较实事求是。7月25日他代中央起草给武汉军区党委的复电,其中尽管认为陈再道犯了严重错误,但仍称陈再道为"同志"。这在很大程度上起到了保护陈再道的作用。

③ 陈再道:《武汉"七二〇事件"始末》,载《中国老年》,1984(2)。

天真烂漫，当他们不放下武器，拿着长矛，拿着大刀对着你们，你们就放下武器，这是不对的。"江青的话在一定程度上加剧了全国各地的武斗。

在 7 月至 9 月间，全国各地武斗急剧升级，从使用拳头、棍棒、梭镖，发展到使用步枪、机枪、火炮甚至坦克、装甲车，造成了"全面内战"的局面。贵州、四川、湖南、浙江、广西、河北、北京等地动用枪炮，死伤数十人、数百人的大规模武斗事件不断发生。在社会秩序极度混乱的情况下，许多地方连续发生抢银行、抢仓库、劫车船、冲监狱等严重违法事件。武斗给人民生命财产和国家财产带来的损失难以估量。

"文化大革命"开始后，国家基本政治制度受到严重冲击。作为国家最高权力机关的全国人民代表大会，从 1966 年至 1974 年间没有召开过一次会议，其常务委员会也没有召开过会议。中国共产党领导下的多党合作和政治协商制度也受到严重破坏。各级人大、政协机关普遍受到冲击，正常的工作无法开展，实际上处于名存实亡的状态。各民主党派的活动被迫停止，各级各类群众团体也停止了工作。就是共产党的基层组织也停止了活动，直到中共九大前后才开始"整党建党"的工作。

1967 年 8 月 7 日，时任公安部长的谢富治公开提出要把公安机关"彻底打碎"，煽动"砸烂公（安）、检（察院）、法（院）"。之后，全国各地掀起"砸烂公、检、法"的浪潮。全国各地公、检、法机关被冲击，档案被抢夺，工作人员被残害，各项正常工作无法开展，专政的职能被严重地削弱，由此造成国家法律被肆意践踏，国家法制体系陷于瘫痪状态，社会秩序严重失控。

8 月 7 日，王力对外交部造反派发表讲话（时称"王八七讲话"），煽动他们夺取外交部的大权，支持他们揪斗外交部长陈毅。这个讲话后不久，外交部造反派冲砸外交部政治部，宣称夺取外交部大权，并擅自以外交部名义向我驻外机构发号施令，使外交工作陷入混乱。8 月 22 日，造反派在英国驻华代办处门前召开大会，声讨港英当局迫害我驻港新闻工作者。会后造反派以英国逾期不答复最后通牒为由，冲进英国代办处并焚烧了办公楼，制造了新中国成立以来最为严重的违法涉外事件，损害了中国的外交声誉和国际形象。

三、毛泽东视察大江南北 主张实现"革命的大联合"

1967 年 7 月至 9 月间，毛泽东视察了华北、中南和华东地区，调查了解了河北、河南、湖北、湖南、江西、浙江、上海等省市的"文化大革命"情况。此时各地愈演愈烈的动乱局势使毛泽东已经难以进行深入的调查研究，他主要通过阅读文件、报刊以及从少数能同他接触的人员那里来了解国内的情况。因为国内局势复杂多变，他得到的情况汇报十分有限，有些还是虚假不实。因此他提出的有些意见往往同现实有很大距离。面对全国范围的严重动乱局势，他肯定"文化大革命形势大好，不是小好"，"形势大好的重要标志是人民群众充分发动起来了"，"有些地方前一段好像很乱，其实那是乱了敌人，锻炼了群众"。①他认为"文化大革命"需要的时间比预计的要长，"打算搞三年，第一年发动，第二年基本上取得胜利，第三年扫尾"。他还说，"既然是一场革命，就不会轻松。"②

在做出上述判断的同时，毛泽东也采取了一系列紧急措施以稳定全国日趋失控的局势。对于各地出现的派性斗争，他号召造反派要"实现革命的大联合"。他说，"在工人阶级内部，没有根本的利害冲突。在无产阶级专政下的工人阶级内部，更没有理由一定要分裂成为势不两立的两大派组织。"他还说："只要两派都是革命的群众组织，就要在革命的原则下实现革命的大联合。两派要互相少讲别人的缺点、错误"，"各自多做自我批评，求大同，存小异"。对待干部，他提出："绝大多数的干部是好的"。他说，"要团结干部的大多数"，"要扩大教育面，缩小打击面，运用'团结——批评和自我批评——团结'这个公式来解决我们内部的矛盾。在进行批判斗争时，要用文斗，不要搞武斗，也不要搞变相的武斗。"对造反派头头和红卫兵，他警告说："现在正是他们有可能犯错误的时候。"③

10月7日，中共中央将《毛主席视察华北、中南和华东地区时的重要指示(记录稿)》转发全国，这对于缓解对干部的批斗和迫害，抑制全国局势的进一步恶化，纠正某些极左的做法起了一定的作用。但是，由于毛泽东发动"文化大革命"的指导思想没有改变，尽管他在努力采取各种措施来稳定全国的局势，各地的派性斗争仍在持续，动乱局面仍在发展。

---

① 中共中央文献研究室编：《建国以来毛泽东文稿》，第12册，385页，北京，中央文献出版社，1998。

② 中共中央文献研究室编：《毛泽东传(1949—1976)》，下册，1499、1500页。

③ 中共中央文献研究室编：《建国以来毛泽东文稿》，第12册，385～388页。

四、毛泽东决定审查"王、关、戚" 所谓"杨、余、傅"事件

"文化大革命"开始后，王力、关锋、戚本禹以中央文革小组成员的身份，到处支持造反派展开夺权，挑动派性，制造事端，在社会上产生了很坏的影响。特别是王力鼓动造外交部反的"王八七讲话"和关锋主持起草的《红旗》杂志第 12 期社论提出"揪军内一小撮"，引起毛泽东的警觉。8 月底，毛泽东决定采取断然措施，将王力、关锋实行隔离审查，戚本禹作检查。1968 年 1 月又将戚本禹隔离审查。这是毛泽东稳定全国局势的一项举措，对于遏制动乱局面有积极的作用，对林彪、江青等人以及中央文革小组也是一个打击。

1967 年 10 月以后，一些地方的群众借"王、关、戚"被审查之机，对林彪、江青等人的极左错误表示不满并进行揭露批判。1967 年年底到 1968 年年初，上海一个群众组织指责江青讲的"文攻武卫"和毛泽东讲的"要用文斗，不用武斗"相矛盾；1968 年 2 月，外交部 91 名领导干部（大多是司局长和驻外大使）贴出大字报反对"打倒陈毅"的口号，要陈毅回部工作；3 月，北京的部分学生为所谓的"二月逆流"翻案。上述情况大都是抵制"文化大革命"的极左错误，反对林彪、江青等人的倒行逆施的斗争，这些活动从"文化大革命"发动以来就未曾停止过。这刺痛了林彪、江青等人，他们认为这是一股"右倾翻案风"，于是，以极左面目出现，鼓吹什么阶级斗争新动向，打击反对"左"倾错误的广大干部和群众。

1968 年 3 月，林彪和江青联手诬陷军队领导干部杨成武（解放军代总参谋长）、余立金（空军政治委员）"阴谋夺取空军大权"、傅崇碧（北京卫戍区司令员）"武装冲击中央文革"，指责他们为"二月逆流"翻案，是"二月逆流"的"新反扑"。据此，3 月 22 日撤销了杨成武、余立金、傅崇碧在军队内的所有职务，同时任命黄永胜为总参谋长。3 月 25 日，中央军委办事组改组，黄永胜任组长，吴法宪为副组长，成员有叶群、李作鹏、邱会作等。不久，根据毛泽东的意见，决定中央军委常委会不再开会，军委办事组实际上取代了军委常委会。这一事件是林彪、江青互相勾结、精心策划、阴谋篡夺军权的重大步骤，它使林彪一伙在军队内获取了更大的权力。"杨、余、傅事件"后，林彪、江青还乘机煽动追"黑后台"，把矛头直指陈毅、叶剑英、聂荣臻等，对他们进行围攻和迫害。

从 1968 年年初开始，毛泽东的注意力主要放在反对派性、制止武斗、

促进"革命大联合"上。但许多地方的大规模武斗并未能被有效制止,反而愈演愈烈。毛泽东从"文化大革命""左"的错误理论出发,认定这是由于阶级敌人在背后搞破坏。他说,"这绝不是偶然的事,是尖锐的斗争。解放后包下来的国民党、资产阶级、地主阶级、国民党特务、反革命——这些就是他们武斗的幕后指挥。"①5月13日姚文元把《北京新华印刷厂军管会发动群众开展对敌斗争的经验》送呈毛泽东,毛泽东批示:在我看过的同类材料中,此件是写得最好的。5月25日,中共中央、中央文革转发这个材料,要求全国各地"依靠无产阶级革命派、广大革命群众和革命干部,团结一切可以团结的力量,稳、准、狠地打击一小撮阶级敌人,以充分发挥群众专政的巨大威力,有步骤地有领导地把清理阶级队伍这项工作做好"。从此,"文化大革命"实际工作的重点由整"走资派"逐步转为开展"清理阶级队伍"(简称"清队"),打击群众组织中的"坏人"。"清队"中,毛泽东多次强调要正确掌握政策,防止打击面过大,严禁逼供信。但是在当时的政治环境中违反政策、搞逼供信的情况普遍存在,一大批群众被"清理",遭受不同程度的迫害。

五、"三支两军""复课闹革命"和"工宣队"进驻学校

"一月风暴"后的夺权斗争造成全国局势的极度混乱。从全国来讲,唯一的稳定力量是中国人民解放军。毛泽东希望通过解放军来控制混乱的局势,同时也希望解放军支持"左派",推进"文化大革命"的开展。在这种情况下,1967年1月23日,根据毛泽东提议,中共中央、国务院、中央军委、中央文革小组发出《关于人民解放军坚决支持革命左派群众的决定》,要求解放军坚决支持和援助地方造反派夺权。3月19日,中央军委发出《关于集中力量执行支左、支农、支工、军管、军训任务的决定》,解放军开始"三支两军"。"三支两军",尤其是军管和军训在当时混乱的情况下对稳定局势起了积极的作用。到1967年下半年,全国绝大多数的省、市、自治区,中共中央和国务院各部委,一些重要的铁路交通枢纽,大型厂矿企业、港口、码头、医院、银行等都实行了军管。在复杂的情况下,解放军指战员打不还手,骂不还口,积极维护社会秩序、生产秩序和生活秩序,保护了一批干部,减少了动乱带来的损失。但是由于"文化大革命"指导思想的错

---

① 中共中央文献研究室编:《毛泽东传(1949—1976)》,下册,1515页。

误以及不了解地方情况，缺乏地方工作的经验，再加上林彪、江青等人的插手、破坏，"三支两军"也带来许多消极的后果。

"文化大革命"开始后，各级各类学校先后都"停课闹革命"。1967年年初，"文化大革命"进入"全面夺权"阶段后，工人取代了学生成为"全面展开阶级斗争"的主力军。为此，中共中央于3月7日发出《关于大专院校当前无产阶级文化大革命的规定（草案）》，要求"下厂下乡和在外地串联（包括参加外单位夺权的和设在外地的联络站）的革命师生，一律在三月二十日前返回本校"。同日，《人民日报》发表社论《中小学复课闹革命》，提出"复课闹革命"是摆在中小学师生面前的"光荣任务"。3月19日，中共中央又下发关于停止全国大串联的通知。但是，由于各地夺权斗争愈演愈烈，动乱局势日趋失控，"复课闹革命"和停止串联的指示并未得到贯彻执行。

7月至9月毛泽东视察大江南北发表讲话之后，为了稳定局势，"复课闹革命"的措施再次提出来。10月14日，中共中央、国务院，中央军委、中央文革小组发出《关于大、中、小学校复课闹革命的通知》，要求"全国各地大学、中学、小学一律立即开学"，"一边进行教学，一边进行改革"，"按照教学的班、级、系的系统，实行革命的大联合"。此后，大部分中、小学校开始复课、招生，这有利于缓和紧张的局势。但是，由于动乱的局面正在发展，一些地区武斗事件时起时伏，除了少数学校外，大专院校中多数学校并未复课。社会上仍有相当多的学生未返校复课。

为了制止武斗，整顿学校的秩序，毛泽东决定向学校派驻"工人毛泽东思想宣传队"（简称"工宣队"）和"人民解放军毛泽东思想宣传队"（简称"军宣队"）。1968年7月27日，北京60多个工厂组成3万多人的"首都工人毛泽东思想宣传队"进驻武斗最为激烈的清华大学。蒯大富等人指挥武斗人员抗击宣传队员，当晚打死队员5人，打伤731人。28日凌晨，毛泽东召见号称"北京五大学生领袖"的聂元梓、蒯大富、谭厚兰、韩爱晶、王大宾。在谈话中，毛泽东严厉警告和批评了他们。他说："文化大革命搞了两年，你们现在是一不斗、二不批、三不改。斗是斗，你们少数大专学校是在搞武斗。现在的工人、农民、战士、居民都不高兴。""你们脱离了工人、农民、战士、学生的大多数。"在毛泽东的亲自干预下，宣传队才得以进驻清华大学。8月25日，中共中央、国务院、中央军委、中央文革小组联合发出《关于派工人宣传队进学校的通知》，要求"各地应该仿照北京的办法，把大中城市的大、中、小学校逐步管起来"，"以优秀的产业工人为主体，配合人民解放军战士，组成毛泽东思想宣传队，分批分期，进入各学校"，"实行革命的大联合"，"坚决制止武斗"。26 日，《人民日报》发表经毛泽东修改过的姚文元的文章《工人阶级必须领导一切》。文章引述毛泽东的最近指示："工人宣传队要在学校中长期留下去，参加学校中全部斗、批、改任务，并且永远领导学校。在农村，则应由工人阶级的最可靠的同盟者——贫下中农管理学校。"时至 8 月底，北京 59 所大专院校全部进驻了"工宣队"。此后，派遣"工宣队"、"军宣队"进驻学校的办法，逐步扩展到全国城乡，军管以外的各级党政机关也采取这个做法。"工宣队"、"军宣队"进驻学校等单位以后，教学、工作秩序开始恢复。

六、革命委员会的普遍建立　国民经济的急剧恶化

从"一月风暴"开始，到 1968 年 9 月 5 日，西藏、新疆两个自治区的革命委员会成立为止，全国除台湾地区以外，29 个省、市、自治区先后建立了革命委员会。这标志着"文化大革命"的夺权任务已基本完成。在此前后，全国各地各级基层单位普遍成立了革命委员会。按照毛泽东的指示，革命委员会在组成时实行"三结合"的方针，即"由真正代表广大群众的革命群众组织的负责人、人民解放军当地驻军的代表、革命领导干部"①三部分组成。革命委员会的组成人员不是经过选举产生的，而是经过反复的争论、酝酿、协商、审查后推举出来的。革命委员会建立初期是经过夺权后组成的临时权力机构，到后来它实际上成为各级地方政府以及各基层单位行政管理机构。革命委员会是"文化大革命""左"的错误理论指导下的产物，它实行党、政、军一元化领导，在基层又兼有党政的双重职能，是党政不分、政企不分的混合体制，在我国政治体制发展中是一种倒退。

全面夺权和"全面内战"局面的出现，使国民经济急剧恶化。这表现在：第一，国民经济处于无计划的状态，经济指导和管理机构基本上瘫痪，1967 年原定国民经济计划实际上被废置。第二，新中国成立后形成的一整套行之有效的经济政策和规章制度被废止，并被斥为"修正主义"和"复辟资本主义"，而无政府主义、平均主义泛滥一时。第三，大批工人停工"闹革命"，打乱了正常的生产秩序，导致工业交通部门生产下降。工业总产值 1967 年为 1453.5 亿元，比 1966 年下降 14%，1968 年为 1380.3 亿元，在 1967 年已下降的基础上又下降 5%，仅为 1966 年的 81.8%。第四，在农村

---

① 《论革命的"三结合"》，载《红旗》，1967(5)；又载《人民日报》，1967-03-10。

进行所有制的"升级"、"过渡"，把农民的家庭副业统统作为"资本主义尾巴"割掉，使农村经济遭受严重破坏。农业总产值1967年为651亿元，比1966年有微弱增长，1968年为635亿元，比1967年下降2.5%，仅为1966年的99%。随着生产的下降，国民收入也大幅度减少，国家财政收入在1967年和1968年也锐减。这样的经济状况必然使人民群众的生活水平大大下降。

七、中共八届十二中全会和中共九大 "无产阶级专政下继续革命理论"的系统化

为了总结前一阶段"文化大革命"的经验，部署下一阶段的任务，为召开中共第九次全国代表大会作准备，中共中央于1968年10月在北京召开了八届十二中全会（扩大）。会议是在极不正常的情况下进行的。毛泽东主持了会议，并就"文化大革命"问题作了讲话，提出："这次无产阶级文化大革命，对于巩固无产阶级专政，防止资本主义复辟，建设社会主义，是完全必要的，是非常及时的。"他还让会议讨论"文化大革命"是否必要的问题。由此，会议又一次批判了"二月逆流"，对陈毅、叶剑英、李富春、李先念、徐向前、聂荣臻等（谭震林被剥夺了参加会议的权利）进行围攻，还批判了所谓"一贯右倾"的朱德、陈云、邓子恢。

会议通过了中央专案审查小组提出的《关于叛徒、内奸、工贼刘少奇罪行的审查报告》。这个由江青、康生等人亲自控制的专案组从1967年3月起对刘少奇进行审查。他们采用种种非法手段，通过刑讯逼供，制造伪证，栽赃诬陷刘少奇是"叛徒、内奸、工贼"。会议未经核实和认真讨论，错误地批准了审查报告，并通过决议错误地将刘少奇"永远开除出党，撤销其党内外一切职务"。只有中央委员陈少敏在会上表决时没有举手。这样最终制造了全国最大的冤案，因此案而受牵连被判刑的达2.8万人。刘少奇在受审查期间被完全剥夺了申辩的权利，并遭受长期折磨。1969年10月17日他在重病中被疏散到河南开封，于1969年11月12日在开封含冤逝世。

会议充分肯定两年来"文化大革命"的各项部署，并根据"左"倾错误指导思想准备中共第九次全国代表大会。会议通过了召开"九大"的决定、代表产生办法和《关于〈中国共产党章程（草案）〉的决定》。

1969年4月1日至24日，中国共产党第九次全国代表大会在北京举行。出席大会的代表1512人，代表党员约2200万人。当时党的各级组织处

于瘫痪状态，大多数党员还没有恢复组织生活，根本无法进行正常的选举。代表是由中央和各地革命委员会党的核心小组协商推选出来的。4 月 1 日大会开幕，毛泽东致开幕词，他希望大会"开成一个团结的大会，胜利的大会，大会以后，可以在全国取得更大的胜利"。大会主要议程有 3 项：林彪代表中央委员会作政治报告；修改中国共产党章程；选举新的中央委员会。大会自始至终充满了强烈的个人崇拜和"左"倾狂热的气氛，大力赞颂毛泽东和"文化大革命"，大批所谓刘少奇的"反革命修正主义路线"。会上听不到任何不同的声音，也看不到任何严肃认真的讨论。

中共九大的政治报告通过对马克思主义一些基本原理所做的错误解释和教条化的引用，系统地阐述了"无产阶级专政下继续革命的理论"，认为这一理论和在其指导下开展的"文化大革命"是"对马克思列宁主义的理论和实践的一个伟大的新贡献"。

"无产阶级专政下继续革命的理论"是毛泽东晚年在社会主义阶级斗争问题上一系列"左"倾错误论点的总概括，是毛泽东发动"文化大革命"的理论，也是"文化大革命"期间中国共产党和国家政治活动的根本指导思想。

这个理论的提法有一个酝酿过程。1967 年 5 月 18 日，《人民日报》编辑部文章《伟大的历史文件》第一次公开提出"无产阶级专政条件下革命"的概念；1967 年 5 月 27 日，《红旗》杂志第 9 期社论《两个根本对立的文件》进一步提出"关于无产阶级专政下进行革命的光辉理论"；1967 年 10 月 1 日，《人民日报》、《红旗》杂志、《解放军报》编辑部的文章《无产阶级专政下的文化大革命万岁》发展为"关于无产阶级专政下继续进行革命的光辉理论"；到1967 年 11 月 6 日，《人民日报》、《红旗》杂志、《解放军报》编辑部文章《沿着十月社会主义革命开辟的道路前进》中正式确定为"无产阶级专政下继续革命的理论"。这篇文章由陈伯达、姚文元主持起草，文中把"理论"归纳 6个"要点"，其中引用了毛泽东的一些原话。毛泽东在陈伯达、姚文元送交的信上批示："内件已阅，修改得好，可用。"这表明，这个理论的提法虽不是毛泽东概括的，但确是他同意的。此后，"无产阶级专政下继续革命的理论"一语有了其特定的含义。

"无产阶级专政下继续革命的理论"概括的主要论点是：①必须用马克思列宁主义的对立统一的规律来观察社会主义。②社会主义社会是一个相当长的历史阶段。在社会主义这个历史阶段中，还存在着阶级、阶级矛盾和阶级斗争，存在着社会主义同资本主义两条道路的斗争，存在着资本主义复辟的危险性。③无产阶级专政下的阶级斗争，在本质上，依然是政权问题，就是资产阶级要推翻无产阶级专政，无产阶级则要大力巩固无产阶级专政，无产阶级必须在上层建筑其中包括各个文化领域中对资产阶级实行全面的专政。④社会上两个阶级、两条道路的斗争，必然会反映到党内来，党内一小撮走资本主义道路的当权派，就是资产阶级在党内的代表人物。⑤无产阶级专政下继续进行革命，最重要的，是要开展"无产阶级文化大革命"。⑥"无产阶级文化大革命"在思想领域中的根本纲领是"斗私、批修"。《人民日报》、《红旗》杂志、《解放军报》的文章认为，这个"理论""天才地创造性地发展了马克思列宁主义关于无产阶级专政时期阶级斗争的观念，天才地发展了无产阶级专政的观念，具有划时代的意义，在马克思主义发展史上，树立了第三个伟大的里程碑"。

"无产阶级专政下继续革命的理论"的核心是在无产阶级取得了政权并且建立了社会主义制度的条件下，还要进行"一个阶级推翻一个阶级的政治大革命"，而"文化大革命"就是这种"继续革命"的最重要的方式。"无产阶级专政下继续革命的理论"是在一定的历史条件下产生的，它是作为"文化大革命"的指导思想而出现的，是和"文化大革命"的实践相联系的。这个理论的系统化标志着"左"倾错误有了新的发展，也表明毛泽东晚年的错误达到了顶点。

中共九大报告还将毛泽东在八届十中全会上提出的"社会主义社会是一个相当长的历史阶段。在社会主义这个历史阶段中，还存在着阶级、阶级矛盾和阶级斗争，存在着社会主义同资本主义两条道路的斗争，存在着资本主义复辟的危险性"的观点，第一次正式规定为"我党在整个社会主义历史阶段的基本路线"。报告全面肯定了"文化大革命"的理论、方针和政策以及3年的实践，竭力鼓吹它的"丰功伟绩"，认定这是"一场大规模的、真正的无产阶级的革命"。报告以大量篇幅对虚构的"资产阶级司令部"进行攻击，把刘少奇等人说成是一个"反革命修正主义集团"。报告还规定了今后的任务是"认真搞好斗、批、改"。九大通过了这个政治报告，由此使"文化大革命"的错误理论和实践合法化了。

中共九大通过的党章，对中共八大党章的正确内容做了错误的修改。总纲对毛泽东思想作了不符合实际的阐述，认定"毛泽东思想是在帝国主义走向全面崩溃、社会主义走向全世界胜利的时代的马克思列宁主义"，是"把马克思列宁主义提高到一个崭新的阶段"。在总纲中还肯定了"党在整个社会主义历史阶段的基本路线"和"文化大革命"的理论观点。这部党章把林彪"是毛泽东同志的亲密战友和接班人"写入总纲，这完全违反党的民主集中制的组织原则，在国际共产主义运动中是罕见的。党章还砍掉了有关党员权利的规定，使得党员只有义务，没有权利，同时也砍掉了新党员的预备期，取消了中央书记处和中央监察委员会等机构。所有这些对党的建设产生了极大的消极影响。

4 月 24 日，大会选出了中央委员 170 人，候补中央委员 109 人。其中原八届中央委员和候补中央委员只有 53 人，约占原八届中央委员和候补中央委员总数的 32％。许多老一辈革命家被排斥在外，而林彪、江青的不少骨干和亲信进入中央委员会。

4 月 28 日，中共九届一中全会召开。毛泽东在讲话中说："社会主义革命还要继续。这个革命，还有些事情没有做完，现在还要继续做，比如讲斗、批、改。过若干年，也许又要进行革命。"会议选举了中央领导机构。中央委员会主席毛泽东、副主席林彪；中央政治局常委由 5 人组成：毛泽东、林彪、（以下按姓氏笔画为序）陈伯达、周恩来、康生。中央政治局委员有：毛泽东、林彪、（以下按姓氏笔画为序）叶群、叶剑英、刘伯承、江青、朱德、许世友、陈伯达、陈锡联、李先念、李作鹏、吴法宪、张春桥、邱会作、周恩来、姚文元、康生、黄永胜、董必武、谢富治。中央政治局候补委员有：纪登奎、李雪峰、李德生、汪东兴。

中共九大使"文化大革命"的错误理论和实践合法化，加强了林彪、江青等人在中共中央的地位。这次大会在思想上、政治上、组织上的指导方针都是错误的。

八、全国范围的"斗、批、改"运动

中共九大以后，按照毛泽东的部署，"斗、批、改"运动在全国全面展开，"文化大革命"进入了"斗、批、改"阶段。毛泽东希望通过"斗、批、改"，以"文化大革命"的要求改造一切，彻底否定所谓"反革命的修正主义路线"，在全国建立一种新秩序，以达到"天下大治"的设想，其中也含有结束"文化大革命"的某些意向。"斗、批、改"运动的主要内容不同于《十六条》中规定的"一斗、二批、三改"。毛泽东说："建立三结合的革命委员会，大批判，清理阶级队伍，整党，精简机构，改革不合理的规章制度，下放科室人员，工厂里的斗、批、改，大体经历这么几个阶段。"这里虽针对工厂而言，但实际包括全国各个领域。

"斗、批、改"中，毛泽东亲自抓"六厂二校"①作为试点，并且把他们的经验推向全国。"六厂二校"的经验概括起来就是：狠抓阶级斗争和路线斗争，认真学习无产阶级专政下继续革命的理论，广泛发动群众，向一小撮阶级敌人发动猛烈的进攻，通过深入持久地开展革命大批判，带动各项工作。

"大批判"被认为是为"斗、批、改"开路。这种"大批判"目的是彻底批倒所谓"刘少奇的反革命修正主义路线"。在批判中采取不顾事实，不讲道理，全盘否定的做法，把许多马克思主义基本原理和社会主义原则，把新中国成立以后17年社会主义革命和建设取得的成绩和经验统统视为"修正主义"或"资本主义"。

1968年10月14日，《红旗》杂志第4期发表社论《吸收无产阶级的新鲜血液》，第一次提出批判刘少奇的所谓"黑六论"。它说："中国赫鲁晓夫推行所谓'六论'，即'阶级斗争熄灭论'、'驯服工具论'、'群众落后论'、'入党做官论'、'党内和平论'、'公私溶化论'（即'吃小亏占大便宜'），就是用修正主义去腐蚀工人群众，腐蚀党。'六论'的中心是'阶级斗争熄灭论'和'驯服工具论'。前者否定无产阶级专政，妄想扼杀党的无产阶级革命性，使无产阶级革命党蜕化变质。后者否定在无产阶级专政条件下必须继续革命，妄想扼杀共产党员的无产阶级革命性，使党员蜕化变质。"事实表明，刘少奇从未宣扬过"阶级斗争熄灭论"，他虽在1958年8月讲过党员要自觉地做党的"驯服的工具"，但主旨是正确的。其他几论纯属捏造。除此以外，报刊上还大批所谓"人性论"、"唯生产力论"、"利润挂帅"、"物质刺激"、"福利主义"、"洋奴哲学"、"智育第一"等。"大批判"持续时间很长，它把新中国成立以后社会主义革命和建设中许多正确的思想当作错误的东西，助长了极左思潮的泛滥，助长了唯心主义和形而上学，混淆了是非观念，造成理论和实践上的极大混乱。

中共九大以后，"清理阶级队伍"的主要内容是"打击反革命"和清查"五一六"。1970年1月31日，中共中央发出《关于打击反革命破坏活动的指示》，要求重点打击现行反革命分子。2月5日又发出《关于反对贪污盗窃、投机倒把的指示》和《关于反对铺张浪费的通知》。这样在全国开展了一场"一打三反"运动。据统计，到11月底，全国共批准逮捕各种分子28.4万余

---

① "六厂二校"指的是北京针织总厂、北京新华印刷厂、北京化工二厂、北京北郊木材厂、北京二七机车车辆厂、北京南口机车车辆机械厂、清华大学和北京大学。

人,其中判死刑的 9000 多人。运动中,清除和打击了一些反革命分子和各种犯罪分子,但在"左"倾思想指导下,把许多干部、党员和群众中早已查明的历史问题重新拿出来进行审查,借机对抵制"文化大革命"的党员干部进行迫害,制造了大量冤假错案。

1970 年 3 月 27 日,中共中央发出《关于清查"五一六"反革命阴谋集团的通知》,说:国内外阶级敌人同我们的斗争是很复杂的,反革命秘密组织绝不是只有一个"五一六",要将反革命清理出来。由此在全国开展了清查"五一六"的斗争。事实是,在 1967 年 8 月,北京曾出现过名为"首都五一六红卫兵团"的小组织,他们秘密活动,散发诬蔑攻击周恩来的传单。之后很快查清并予以揭露。但在"清队"中,却将这个北京的小组织放到全国范围去追查。1968 年成立了清查"五一六"专案领导小组,陈伯达任组长。林彪、江青等人借机把许多反对中央文革小组、反对他们的干部和群众打成"五一六"分子,造成这一斗争严重扩大化,进而演变成全国性的两派群众组织之间的大混战,清查"五一六"的过程中全国有数以百万计的人遭到残酷迫害。

整党建党是"斗、批、改"阶段中一项重要任务。1968 年元旦,《人民日报》、《红旗》杂志、《解放军报》社论公布了毛泽东的一个批示:"党组织应是无产阶级先进分子所组成,应能领导无产阶级和革命群众对于阶级敌人进行战斗的朝气蓬勃的先锋队组织"。社论认为"这是我们整党建党的伟大纲领"。这个批示被称为"五十字建党纲领"。10 月 16 日,《人民日报》又传达毛泽东的指示:"一个无产阶级的党也要吐故纳新,才能朝气蓬勃。不清除废料,不吸收新鲜血液,党就没有朝气。"按照这个精神,党的各级组织逐步开始重建。这个过程中把"对于阶级敌人进行战斗"作为建党的唯一宗旨,而对发展经济进行精神文明建设则没有提及。在整党中特别强调"吐故纳新",其结果是把被诬蔑为"叛徒"、"特务"、"走资派"的党员开除出党,把一些不符合党员条件的人、造反派头头、打砸抢分子吸收入党,造成党组织的严重不纯,破坏了党的建设。

"精简机构"、"下放科室人员"的做法实际上只是简单地削减机构和人员,没有提高工作效率的相应措施。国务院原有 90 个机构,1970 年 6 月决定精简为 27 个,原有机关工作人员 53748 人,决定将编制定为 9710 人,这样国务院的力量受到严重削弱。在精简和下放的名义下,大批干部、教师、科技工作者、文艺工作者、新闻出版工作者等分批被派到各地的"五七"干校劳动,接受贫下中农的再教育。这些人员长期被排除在各种业务活动和科学文化工作之外,耽误了许多宝贵的时间,给国家的现代化造成重大损失。

1968 年 12 月，毛泽东发出指示："知识青年到农村去，接受贫下中农的再教育，很有必要。要说服城里的干部和其他人，把自己初中、高中、大学毕业的子女，送到乡下去，来一个动员。各地农村的同志应当欢迎他们去。"①由此全国立即掀起知识青年上山下乡的高潮。直到"文化大革命"结束后的 1978 年，全国上山下乡的知识青年达 1623 万人，广大知识青年到农村和边疆，经受了磨炼，增长了才干，为老、少、边、穷地区的开发做出了贡献。但是，上山下乡给国家、集体和个人都带来了深远的不良后果，它造成我国"人才深谷"现象的出现。国家和企、事业单位为安置知识青年上山下乡所支出的经费达 100 多亿元，造成经济上的很大损失，也给一些地区的农民、知识青年家长带来负担。而对广大知识青年个人来说，在成长的道路上，也遭遇了许多曲折和困难。

在"斗、批、改"中还进行了所谓"教育革命"。1968 年 7 月 21 日，毛泽东在《从上海机床厂看培养工程技术人员的道路》(调查报告)的编者按中加了一段话，说："大学还是要办的……但学制要缩短，教育要革命，要无产阶级政治挂帅，走上海机床厂从工人中培养技术人员的道路。要从有实践经验的工人农民中间选拔学生，到学校学几年以后，又回到生产实践中去。"(即"七二一"指示)以后凡仿照上海机床厂办起的各类学校都被称为"七二一大学"。"文化大革命"开始后，高等院校招生考试办法被认为是"资产阶级"的，受到批判。1966 年 7 月，中共中央、国务院发出通知，取消高等院校招生考试，采取推荐和选拔相结合的办法。因"文化大革命"的影响，自 1966 年起，全国高等院校停止招生。1970 年 6 月 27 日，中共中央批准《北京大学、清华大学关于招生(试点)的请示报告》，同意高等院校恢复招生。这样自"文化大革命"开始后，高等院校停止招生达 4 年之久的情况结束。但恢复招生时废除了历来实行的统一考试、择优录取的办法，采用"群众推荐、领导批准和学校复审相结合的办法"。以这种办法招收的学生被称为"工农兵学员"，学制缩短为 2 年至 3 年。同时规定工农兵学员学习期间的任务是所谓"上大学、管大学、用毛泽东思想改造大学"。这种"教育革命"带来的严重后果是：教师被置于受改造的地位，正常的师生关系和教学秩序被打乱；学员入学时很大一部分文化程度过低，教学质量无法保证；社会上形成"走后门"上大学的不良风气。1971 年 4 月 15 日至 7 月 31 日，全

---

① 《我们也有两只手，不在城市里吃闲饭!》的编者按语，载《人民日报》，1968-12-22。

国教育工作会议通过张春桥等起草并经毛泽东同意的会议纪要，提出所谓"两个估计"，即解放后 17 年"毛主席的无产阶级教育路线基本上没有得到贯彻执行"，"资产阶级专了无产阶级的政"；大多数教师的"世界观基本上是资产阶级的"。"两个估计"全盘否定了 17 年的教育工作，压制了教育战线干部和教师的积极性，长时期成为广大知识分子的精神枷锁。

由于指导思想的错误，"斗、批、改"没有达到稳定局势的目的，相反却引起了新的矛盾和问题，造成各方面的混乱。此后，由于发生林彪事件，"斗、批、改"运动未能深入进行下去。

九、中共九届二中全会和批陈整风　林彪事件

林彪集团是在"文化大革命"这个特殊历史条件下形成和发展起来的，其成员在个人野心的驱使下，在"文化大革命"开始后逐步聚合而成。中共九大和九届一中全会以后，林彪集团权势达到顶峰。中共九大党章规定林彪为"接班人"；林彪集团其他的主要成员黄永胜、吴法宪、叶群、李作鹏、邱会作等进入中央政治局。他们通过军委办事组这一特殊机构，实际把持了军委的日常工作。随着林彪集团权势的扩大，他们篡夺党和国家最高权力的野心急剧膨胀，同时他们担心"文化大革命"中形成的江青集团的势力超过自己，于是采取阴谋手段急于抢班夺权。

1970 年 3 月 8 日，毛泽东出于党的重建问题已经初步解决，下一步转向政府重建问题的考虑，提出召开四届全国人大和修改宪法的意见，同时提出不设国家主席的建议。

林彪集团把召开四届人大看作是"权力再分配"的会议。他们阴谋利用召开四届人大和修改宪法的机会，使林彪当上国家主席。4 月 11 日，林彪不顾中央大多数人的意见和毛泽东的意见，坚持提出要设国家主席，并建议毛泽东兼任国家主席。从 3 月至 8 月间，毛泽东先后 6 次讲不设国家主席和他不当国家主席，而林彪仍然坚持设国家主席。林彪的真实意图正如叶群在 1970 年 7 月对吴法宪所说："如果不设国家主席，林彪怎么办？往哪里摆？"[①]

在审定宪法修改草案时，林彪、江青两个集团之间的矛盾开始表面化。

①　1971 年 10 月 21 日吴法宪的交代材料，转引自《毛泽东传（1949—1976）》，下册，1567 页。

在 1970 年 8 月 13 日的宪法工作小组会上和 8 月 14 日的政治局会议上，吴法宪坚持要在宪法表述毛泽东发展了马列主义的句子中加上"天才地、全面地、创造性地"3 个副词，因此与康生、张春桥发生了激烈的争论。这并非仅仅是文字之争，而是一场斗争的前奏。这时，受江青等人压制的陈伯达倒向林彪集团一边，支持吴法宪并替林彪到处游说，扩大影响。

1970 年 8 月 23 日，中共九届二中全会在庐山召开。毛泽东主持会议。周恩来宣布会议议程是：讨论修改宪法问题；国民经济计划问题；战备问题。会议第一天，林彪抢先在全体会上发表讲话。他坚持设国家主席，但换了一种说法，他说："这次我研究了这个宪法草案，表现出这样一个特点，就是肯定毛主席的伟大领袖、国家元首、最高统帅的地位，肯定毛泽东思想作为全国人民的指导思想。这一点非常重要，非常重要。"他还说："我们说毛主席是天才的，我还是坚持这个观点。"①当天晚上，根据林彪、叶群的布置，陈伯达同吴法宪商量后整理出一份《恩格斯、列宁、毛主席关于称天才的几段语录》的材料，并分发给叶群、李作鹏、邱会作。这些活动都是在瞒着毛泽东的情况下进行的。

8 月 24 日下午，在讨论林彪讲话的分组会议上，陈伯达、叶群、吴法宪、李作鹏、邱会作等分别在华北组、中南组、西南组、西北组发言，并宣讲由陈伯达整理的语录材料。在发言中，他们按照林彪讲话的主旨，大讲"天才"问题和设国家主席问题。这时，林彪集团与江青集团争夺权力的斗争已经表面化，他们不点名地攻击张春桥。陈伯达在会上说："有人利用毛主席的谦虚，妄图贬低毛泽东思想。""这样的人要否定（八届十一中全会）公报，要否定无产阶级文化大革命。"还说，"这种否定天才的人无非是历史的蠢材。""有的反革命分子听说毛主席不当国家主席，欢喜得跳起来了。"他的发言极具煽动性。当晚，华北组发出载有陈伯达发言内容的第二号简报，引起会议的强烈反响。

林彪等人为争夺个人权力进行的宗派活动，为毛泽东所察觉。8 月 25 日，毛泽东主持政治局常委扩大会议，决定立即停止讨论林彪的讲话，收回华北组第二号简报，责令陈伯达检讨。31 日，毛泽东写了《我的一点意见》，严厉批评陈伯达"采取突然袭击，煽风点火，唯恐天下不乱，大有炸平庐山，停止地球转动之势"。随后，全会开展了对陈伯达的批判，同时也

---

① 汪东兴：《汪东兴回忆——毛泽东与林彪反革命集团的斗争》，37、38 页，北京，当代中国出版社，1997。

批评了吴法宪等人，挫败了林彪集团夺取最高权力的阴谋。

9 月 6 日，会议恢复原定议程，讨论决定向全国人大常委会提出建议，进行必要筹备，在适当的时候召开第四届全国人民代表大会；批准了国务院关于全国计划会议和 1970 年国民经济计划的报告；批准了中央军委关于加强战备的报告。会议基本上通过了《中华人民共和国宪法修改草案》。当日，九届二中全会闭幕。

经过九届二中全会同林彪集团篡夺最高权力阴谋的斗争，毛泽东对林彪的信任发生了根本的动摇。中共九届二中全会以后，中共中央和毛泽东采取了一系列措施，削弱林彪集团的权势。

1970 年 11 月 16 日，中共中央发出《关于传达陈伯达反党问题的指示》，指出陈伯达"采取了突然袭击，煽风点火，制造谣言，欺骗同志的恶劣手段，进行分裂党的阴谋活动"，要求知情人检举和揭发他的问题。在中共中央的部署下，在中国共产党的领导机关首先开展了"批陈整风"运动。同时，中共中央和毛泽东对黄、吴、叶、李、邱等人进行了严厉批评和耐心的挽救工作。12 月 16 日，毛泽东在中国共产党陆军第三十八军委员会检举揭发陈伯达反党罪行的报告上批示，要求北京军区党委开会，"讨论为何听任陈伯达乱跑乱说，他在北京军区没有职务，中央也没有委任他解决北京军区所属的军政问题，是何原因陈伯达成了北京军区及华北地区的太上皇？"12 月 18 日，毛泽东接见美国记者斯诺，在谈到个人崇拜问题时，他一方面认为"需要一点个人崇拜"；另一方面又说："现在就不同了，崇拜得过分了，搞许多形式主义。比如什么'四个伟大'①，讨嫌！"对"四个伟大"的批评实际上间接地批评了林彪。1971 年 3 月 15 日，毛泽东在一篇文章的批语中说："我党多年来不读马、列，不突出马、列，竟让一些骗子骗了多年，使很多人甚至不知道什么是唯物论，什么是唯心论，在庐山闹出大笑话。这个教训非常严重，这几年应当特别注意宣传马、列。"毛泽东在一些文件上做出批判陈伯达等人的批语，即他自称的"甩石头"。根据毛泽东的提议，1970 年 12 月 22 日，周恩来主持召开华北会议，揭发批判陈伯达的罪行。会上宣布了中共中央改组北京军区的决定，这在当时被称为"挖墙脚"。会议最后由周恩来作了总结报告。

---

① "四个伟大"指林彪用"伟大的导师，伟大的领袖，伟大的统帅，伟大的舵手"来称呼毛泽东。1966 年 8 月 31 日在接见来京的红卫兵和群众大会上，林彪第一次使用"四个伟大"。

1971年1月24日，华北会议结束。这次会议推动了"批陈整风"运动的开展。林彪等人对毛泽东的批评采取阳奉阴违的态度。黄、吴、叶、李、邱等在林彪的支持下，在军委召开的座谈会上不批陈，也不作检讨。在华北会议后，经毛泽东亲自指出，黄、吴、叶、李、邱才在3月勉强作了检讨。为了打破林彪集团对军委办事组的控制，4月，中共中央和毛泽东派人参加军委办事组，这在当时叫"掺沙子"。4月15日至29日，中共中央召开批陈整风汇报会。周恩来代表中央作了总结讲话，指出黄、吴、叶、李、邱"在政治上是方向路线错误，组织上是宗派主义错误"，要求他们用实际行动改正错误。

中共中央和毛泽东在限制和削弱林彪集团势力的同时，也希望对他们进行教育和挽救。但是，林彪等人毫无悔改之意，他们加紧进行阴谋活动，决心铤而走险，策划武装政变来达到他们篡夺最高领导权的目的。

早在1969年10月，林彪授意空军司令员吴法宪任命其子林立果为空军司令部办公室副主任兼作战部副部长。吴法宪还私下宣布：林立果可以指挥空军的一切，调动空军一切。这样林彪便亲自掌握和控制了空军。在九届二中全会期间，林彪曾对吴法宪说："我们这些人搞文的不行，搞武的行。"

中共九届二中全会以后，林立果利用职权秘密组织武装政变的骨干力量。10月，以林立果为头组成所谓"联合舰队"。他们在北京、上海和广州建立秘密据点，进行联络，私藏枪支、弹药、电台、窃听器以及党和国家的秘密文件。1971年2月，林彪、叶群和林立果在苏州密谋后，由林立果于3月在上海召集"联合舰队"主要成员秘密会商，制定了武装政变计划，代号《"571工程"纪要》（"571"即武起义的谐音，意为武装起义）。这个纪要分析了九届二中全会以后的形势，规定了实施政变的要点、口号和策略，提出"打着B-52旗号打击B-52力量"（"B-52"是他们称毛泽东的代号），"军事上先发制人"，"利用上层集会一网打尽"，或者"利用特种手段"如"轰炸、543（一种导弹的代号）、车祸、暗杀、绑架、城市游击小分队"发动武装政变，"夺取全国政权"或者制造"割据局面"。他们阴谋杀害毛泽东，或者在广州另立中央。

正当"联合舰队"成员加紧进行武装政变的准备工作之时，1971年8月14日至9月12日，毛泽东离开北京到南方各地巡视，沿途同当地的党政军负责人进行了多次谈话。他着重谈了九届二中全会上的斗争，指责林彪等人"搞突然袭击，搞地下活动"，认为他们"是有计划、有组织、有纲领。纲领就是设国家主席,就是'天才',就是反对九大路线"。毛泽东还说"有人急于想当国家主席,要分裂党,急于夺权","这次庐山会议,又是两个司令部的斗争",并说"庐山这件事,还没有完,还没有解决",林彪对这件事"当然要负一些责任"。毛泽东的谈话表明他已不再把林彪看作接班人,不再信任林彪,而且认为林彪已成为反对他的另一个司令部的头头。

1971 年 9 月 5 日、6 日,林彪一伙在北戴河接到有关毛泽东谈话内容的密报以后,连夜加紧策划,决定对南巡途中的毛泽东采取谋杀行动,立即发动武装政变。7 日,林立果向"联合舰队"下达了进入"一级战备"的命令。8 日,林彪下达"盼照立果、宇驰同志传达的命令办"的武装政变手令。林立果带着这份手令加紧部署。他们密谋在华东地区由江腾蛟指挥采用地面攻击、爆破铁路桥、飞机轰炸等手段摧毁毛泽东的专列,杀害毛泽东。

9 月 3 日,毛泽东从南昌到达杭州,当他了解到一些可疑的情况后,立即机智地采取措施。9 月 10 日下午,毛泽东突然离开杭州到达上海。在专列上接见当地党政军负责人后,毛泽东于 9 月 11 日下午命令专列离开上海,昼夜兼程,于 12 日下午平安抵达北京。林彪集团阴谋杀害毛泽东的计划宣告破产。林彪集团在阴谋谋杀毛泽东的同时,还准备带领黄、吴、叶、李、邱等人南逃广州,另立中央。当谋害毛泽东的阴谋破产后,周宇驰等人安排了 8 架飞机,准备南逃广州时用。同时派 256 号三叉戟飞机送林立果到山海关,以供林彪、叶群使用。12 日晚,周恩来得悉 256 号三叉戟飞机私自调往山海关后,立即向吴法宪查问,并下令这架飞机没有周恩来、吴法宪、黄永胜、李作鹏四人联合下达的命令不准起飞。周恩来采取的这些措施,打乱了林彪等人南逃的计划。12 日深夜,林彪判断南逃计划不可能实现,于是决定北叛,立即飞往苏联。13 日零时 32 分,林彪、叶群、林立果等人乘坐 256 号飞机在没有做好启航准备的情况下仓皇起飞,外逃叛国,在飞经蒙古人民共和国温都尔汗地区时飞机坠毁,机上 8 男 1 女全部死亡。这就是"九一三事件",也称林彪事件。

林彪集团阴谋夺取最高权力,策划反革命武装政变失败的事件,客观上宣告了"文化大革命"理论和实践的失败。这是"文化大革命"推翻党的一系列基本原则造成的恶果,它给野心家制造阴谋活动提供了条件。这一事件的发生对毛泽东产生了极大的震动,使他陷入深深的痛苦和失望之中。同时也使中国共产党内许多干部、党员和群众逐步从"文化大革命"极左的狂热中觉醒,社会上对"文化大革命"持厌倦、怀疑、责难和抵制态度的人越来越多。

第三节 纠正"左"倾错误的努力及其受挫

一、周恩来在毛泽东支持下主持中央日常工作及批判极左思潮

"九一三事件"后，周恩来在毛泽东支持下主持中央日常工作，为纠正"左"倾错误做出了努力，使各方面工作出现好转。

为了清查林彪集团的罪行，消除和减少这一事件造成的影响，中共中央于 1971 年 9 月 18 日发出《关于林彪叛国出逃的通知》，向高级干部通报了林彪"仓皇出逃，狼狈投敌，叛党叛国，自取灭亡"的情况。鉴于黄永胜、吴法宪、李作鹏、邱会作在 9 月 13 日以后 10 天内拒不向中央揭发交代问题，而且销毁罪证，9 月 24 日，中共中央命令他们离职反省，彻底交代。10 月 3 日，中共中央决定撤销军委办事组，成立由中央军委副主席叶剑英主持的军委办公会议，负责军委日常工作。同日，中共中央决定成立以周恩来为首的中央专案组，彻底审查、弄清林彪、陈伯达反党集团的问题。6 日，中共中央发出通知要求逐级将林彪叛党叛国事件向基层传达。从 1971 年 12 月 11 日至 1972 年 7 月 2 日，中共中央陆续下发中央专案组整理的《粉碎林陈反党集团反革命政变的斗争》的 3 批材料，在全国开展"批林整风"运动。这场运动的主要内容是：揭发批判林彪集团的罪行；清算林彪的两面派手法和"怀疑一切、打倒一切"的极左思潮；结合贯彻毛泽东提出的"要搞马克思主义，不要搞修正主义；要团结，不要分裂；要光明正大，不要搞阴谋诡计"的指示，加强政治思想、组织纪律、党的领导的教育等。

"批林整风"运动的开展，对于揭发批判林彪集团的罪行，教育一些犯错误的人，使广大干部群众认识林彪等人极左的真面目，争取国内形势的好转起了一定的作用。但是，在毛泽东仍然肯定"文化大革命"和江青等人的干扰破坏下，对林彪的批判不可能深入彻底。

这一时期，毛泽东从林彪事件中也吸取了某些教训，对"文化大革命"中的一些错误做法作了自我批评和纠正。他在周恩来的密切协助下，亲自抓了落实干部政策工作。1971 年 11 月 14 日，毛泽东在接见参加成都地区座谈会的人员时，为 1967 年的所谓"二月逆流"平了反。他指着叶剑英对大家说："你们再不要讲他'二月逆流'了。'二月逆流'是什么性质？是他们对付林彪、陈

伯达、王(力)关(锋)戚(本禹)。"①1972 年 1 月 10 日,毛泽东参加了陈毅的追悼会,表示"陈毅是支持我的"。周恩来在悼词中肯定了陈毅为革命做出重大贡献的一生。4 月上旬,经毛泽东同意,周恩来下令把中央近 500 名副部长以上的干部从各地"五七"干校调回北京。4 月 24 日,《人民日报》发表经周恩来审定的社论《惩前毖后,治病救人》,指出经过长期革命斗争锻炼的老干部是党的宝贵财富。这以后许多老干部或其家属纷纷给中共中央和毛泽东写信,要求查清问题、落实政策。毛泽东在一些信件上作了批示。周恩来根据批示,加紧落实干部政策工作,使一批受迫害的老干部恢复了名誉并重新安排了工作。一批专家、学者、教授也得以重新回到工作岗位。

1972 年 8 月 1 日,陈云、王震、滕代远等老干部出席了庆祝中国人民解放军建军 45 周年的招待会。8 月 14 日,毛泽东在邓小平揭发林彪的信上写了批语,指出:邓小平在中央苏区是挨整的,他没有历史问题,他协助刘伯承打仗是得力的、有战功,率领代表团到莫斯科谈判,没有屈服于苏修。"这些事我过去讲过多次,现在再说一遍。"②1973 年 3 月 10 日,中共中央决定:恢复邓小平的党的组织生活和国务院副总理的职务。同年 12 月 21 日,毛泽东在与参加中央军委会议的同志谈话时,提出要给贺龙、罗瑞卿和杨成武、余立金、傅崇碧平反,并作自我批评,说:我是听了林彪一面之词,所以我犯了错误。1974 年 7 月,中共中央为杨成武、余立金、傅崇碧平反。9 月 29 日为贺龙平反并恢复名誉。上述一系列做法在国内产生重大反响,使广大干部群众受到鼓舞。

在批判林彪集团罪行的过程中,鉴于"文化大革命"发动以来极左思潮和无政府主义对各方面实际工作的破坏,周恩来在一些全国性会议和其他场合,多次提出批判极左思潮的问题,希望各方面工作步入正轨。这一努力是 1967 年 2 月前后老一辈革命家要求纠正"文化大革命"错误的继续。周恩来指出:"实际上各单位的极左思潮都是林彪放纵起来的。""极左思潮,就是夸夸其谈,不实事求是;就是形'左'实右、空洞、极端、形式主义,空喊无产阶级政治挂帅,很拙劣。这是违反毛泽东思想的。""极左思潮不批透,右倾又会起来。"针对当时由于受"突出政治"的影响,许多干部不敢抓生产、抓业务的情况,他指出:"运动与业务不能对立",政治挂帅"就是要

---

① 中共中央文献研究室编:《毛泽东传(1949—1976)》,下册,1608 页。
② 中共中央文献研究室编:《毛泽东传(1949—1976)》,下册,1621 页。

挂在业务上"。① 他鼓励各级干部要敢于抓生产、抓业务。1972 年 7 月 14 日，周恩来指示当时任北京大学革命委员会副主任的著名物理学家周培源说，要把综合大学的理科办好，提高基础理论水平，并强调"有什么障碍要扫除，有什么钉子要拔掉"。② 10 月 6 日，《光明日报》发表周培源根据周恩来意见写成的《对综合大学理科教育革命的一些看法》一文，强调要重视和加强自然科学基础理论的学习和研究。10 月 14 日，《人民日报》根据周恩来批判极左思潮的讲话精神，发表了署名龙岩的《无政府主义是假马克思主义骗子的反革命工具》等 3 篇文章③，批判了极左思潮和无政府主义。周恩来批判极左思潮的努力和在实际工作中纠正"左"倾错误的某些措施，代表了广大人民的愿望，因而得到干部和群众的拥护和支持。

二、国民经济在动乱中艰难举步

1968 年年底，全国(除台湾省外)各省、市、自治区以及基层单位相继建立革命委员会，1969 年 4 月又召开了中共九大，国内政治形势稍趋稳定，加上广大人民群众对动乱已经十分厌恶，和苏联对我国施加军事压力等原因，从上到下都有恢复正常的生产、工作秩序，搞好生产的愿望。

1968 年底，周恩来指示即刻着手编制 1969 年的国民经济计划。1969 年 2 月召开了中断两年的全国计划会议，下达了《1969 年国民经济计划纲要(草稿)》。《计划纲要(草稿)》由于是临时班子仓促起草的，缺乏深入调查研究，所以比较粗糙，大多数指标过高，难于实施，但它毕竟结束了两年经济发展无计划的状态，使国民经济发展重新走上计划的轨道。

在这样一种比较有利的环境下，1969 年的国民经济开始恢复，并缓慢地回升。这一年的工农业生产基本上达到或超过了 1966 年的水平。1969 年工农业总产值达到 2613 亿元，比上年增长 23.8%，比 1966 年增长了 7.2%。工农业主要产品产量同 1966 年相比，粮食为 98.6%；棉花为 89%；钢为 87%；原煤增长 5.6%；原油增长 49.4%；发电量增长 13.9%。1969 年财政收入虽比上年增加 45.8%，但仍未达到 1966 年水平。

---

① 中共中央文献研究室编：《周恩来年谱(1949—1976)》，下卷，541~542 页。

② 中共中央文献研究室编：《周恩来年谱(1949—1976)》，下卷，536 页。

③ 另外两篇文章，一篇是介绍无政府主义的代表人物巴枯宁的小册子的文章，一篇是学习列宁《共产主义运动中的"左派"幼稚病》的体会文章。

上述情况说明 1969 年主要经济指标除少数外，大部分仍然相当于或低于 1966 年的水平。如果与计划指标相比，除原油外，几乎全部未能完成计划。这表明 1969 年的经济回升带有明显的恢复性质，经济工作中的严重困难和问题还没有从根本上消除和解决。

进入 1970 年，国务院于 2 月 15 日至 3 月 21 日召开了全国计划工作会议，拟定了 1970 年国民经济计划草案，并着手研究第四个五年计划纲要草案。由于对当时国际形势可能导致外敌入侵的估计过于严重，对国内经济形势初见好转过于乐观，会议突出强调要"以战备为纲"，要"促进国民经济的新飞跃"，要求"集中力量建设大三线战略后方"，要求建立不同水平、各有特点、各自为战、大力协同的经济协作区，初步建成我国独立的、比较完整的工业体系和国民经济体系。会议规定 1970 年工业总产值比 1969 年增长 17%；基建投资增长 46%；粮食产量达到 6000 亿斤至 6500 亿斤；钢达到 3500 万吨至 4000 万吨；煤达到 4 亿吨至 4.3 亿吨等。

为了完成 1970 年度计划指标，使经济有一个较大的发展，本年度内采取了一些相应的措施，主要是：①根据战备的要求，优先照顾和重点安排内地大三线战略后方的建设。1970 年国家预算内基本建设完成的投资额中，内地建设占 55%。②稳定落实农村政策，促进农业生产发展。1970 年 8 月国务院召开北方地区农业会议，重申《农业六十条》中关于农村人民公社现阶段的政策，提出加快北方缺粮地区农业发展的措施，如大搞农田基本建设；增加肥料，发展养猪；搞好农业机械化等。③大力支持地方发展小钢铁、小机械、小化肥、小煤窑、小水泥等"五小"工业。④进行经济体制改革的试点工作。为解决经济管理体制过于集中的问题，和建立地方独立完整的工业体系的要求，将包括鞍钢、大庆油田、长春一汽等在内的 2600 多个中央直属企事业单位不加区别地下放给省、市、自治区管理，有的又层层下放，有的实行双重领导。

由于采取了以上的政策措施，1970 年国民经济取得了较大的发展。工农业总产值比上年增长 25.7%，大部分工农业产品的产量超过了 1966 年的指标。1970 年国民经济发展所达到的实际水平基本上完成了 1965 年 5 月制定的第三个五年计划的主要指标。

1970 年国民经济虽然取得了较大的发展，但是，"文化大革命"依然持续，"左"的错误还占据统治地位，加上林彪、江青等人的干扰破坏，在这一年的经济工作中暴露出许多矛盾和问题，如基建规模偏大，积累率过高，原材料工业不能适应加工工业发展的需要；粮食和经济作物的生产不能满足工业发展和人口增长的需要；内地建设过急过快，影响了整个经济的协调发展；企业下放一哄而下，缺乏统一组织指导，造成企业管理混乱，等等。

1971 年至 1975 年是发展国民经济第四个五年计划时期。"四五"计划强调以战备为中心，计划指标存在急于求成、盲目冒进的倾向。"四五"计划的第一年 1971 年的经济计划突出发展重工业，突出扩大基本建设规模，狠抓内地和国防工业建设，制定了过高的指标。这样造成这一年国民经济出现"三个突破"的严重问题，即职工人数突破 5000 万人，工资总额突破 300 亿元，粮食销售量突破 800 亿斤。随之而来的是市场供应紧张，货币发行量增加，并导致通货膨胀，物价上涨，人民生活水平下降。

周恩来发现了"三个突破"的问题。在 1971 年 12 月 5 日听取国家计委汇报情况时，他指出，现在我们的企业管理乱得很，要整顿。12 月 16 日至 1972 年 2 月 12 日，全国计划会议在北京召开。会议起草了《会议纪要》，提出解决经济问题的若干措施，要求加强统一计划，整顿企业管理，恢复和健全各项规章制度等。但张春桥借口《纪要》长了，不好发，阻止文件下发。这样，到 1972 年年底，虽然采取了措施，但"三个突破"的问题未能彻底解决，相反还有所发展。为了解决粮食供应问题，除了进口粮食外，还挖了国家库存，这就是当时人们所说的"一个窟窿"。

1973 年 1 月 7 日至 3 月 30 日，国务院召开全国计划会议，研究了解决"三个突破"、"一个窟窿"问题的具体措施，提出调整"四五"计划过高的计划指标，大力加强农业，压缩基本建设规模，适当降低国防建设费用，精减职工人数。

经过 1972 年和 1973 年两年的整顿，国民经济形势有了好转。1973 年国民经济计划主要指标都完成或超额完成。1973 年工农业总产值达 3967 亿元，比上年增长 9.2%；主要工业和农业产品都有所增长；社会商品零售总额达 1106.7 亿元，比上年增长 8.2%；财政收入 809.7 亿元，比上年增长 5.6%，实现收支平衡。1973 年成为这几年来国民经济形势最好的一年。

取得这样的成绩是广大人民群众和各级干部努力奋斗的结果。他们在长期动乱的局面下，始终以党、国家和人民的利益为重，坚守岗位，勤奋工作，使我国的工业交通、重点工程建设和科学技术取得了重要成就，为社会主义建设事业做出了贡献。

三、外交工作的新突破

"文化大革命"初期,林彪、江青等人严重干扰外交工作,损害了我国的国际形象。从 1968 年起,由于毛泽东、周恩来亲自领导和主管外交工作,并较快地纠正了偏差,消除了不正常状态,外交工作才走上正轨。从 20 世纪 70 年代初开始,毛泽东、周恩来根据国际形势的变化,采取积极的步骤实现了外交工作的新突破。

1. 中苏边界谈判的恢复。中国和苏联存在边界问题,但在两国友好时期,边界地区是安宁的。20 世纪 60 年代初以后,中苏关系日趋恶化,苏联开始挑起边界事件。1964 年 2 月至 8 月,在中国倡议下,中苏双方举行了边界谈判。中国希望通过谈判解决历史遗留下来的边界问题,但谈判未取得结果。1964 年 10 月以后,以勃列日涅夫为首的苏联新领导大量增兵中苏边界,不断进行边界武装挑衅,制造流血事件,同时派兵进入蒙古人民共和国,对中国的安全构成极大威胁。

1969 年 3 月 2 日和 15 日,苏联出动装甲车、坦克和武装部队,在飞机、大炮掩护下两次侵入乌苏里江主航道中心线中国一侧的珍宝岛,打死打伤中国边防人员多名。中国边防部队在忍无可忍的情况下被迫进行了自卫还击。事件发生后,中国政府一再向苏联政府提出强烈抗议。3 月 29 日,苏联政府就中苏边界问题发表声明,主张两国的"官方代表在最近期间恢复于 1964 年在北京开始的协商"。对此,中国政府于 5 月 24 日发表声明,重申中国政府通过和平谈判全面解决中苏边界问题而反对诉诸武力的一贯主张,并申明:如果苏联政府认为这是软弱可欺,用战争实现对中国的领土要求,那就打错了算盘。在这种情况下,中国一方面加强战备,一方面希望通过谈判缓和中苏间军事对抗的紧张关系。1969 年 9 月 11 日,周恩来总理同苏联部长会议主席柯西金在北京机场会晤,双方达成谅解,认为中苏边界谈判应在不受任何威胁的情况下进行,为此双方应首先签订一个维持边界现状、避免武装冲突、双方武装力量在有争议地区脱离接触的协定。10 月,双方在北京恢复了边界谈判。苏联方面在谈判中先是反对讨论签订维持边界现状的协定,后虽同意讨论这一问题,却不承认中苏边界存在"争议地区",而这个问题是柯西金在北京与周恩来会晤时同意过的。这样,中苏边界谈判历时近 9 年,未取得任何结果。

从 20 世纪 60 年代以后,苏联推行霸权主义,不断向外扩张。中国始终坚持在两国关系和整个国际事务中反对霸权主义和大国沙文主义的政策，维护了国家的主权和安全。

2. 中华人民共和国在联合国合法席位的恢复。中国是联合国的创始国和安全理事会五个常任理事国之一。中华人民共和国成立后，由于美国阻挠，它在联合国的合法席位长期被剥夺。20 世纪 60 年代初以来，中国一贯支持亚非拉国家争取民族解放的斗争，并注意同他们建立良好的关系，使中国在国际上得到很多的支持。同时，中国注重与西方国家建立关系。

1964 年 1 月与法国正式建立外交关系，1970 年内先后与加拿大、意大利、智利等国建立了外交关系。这样，在联合国各成员国中赞成恢复中国合法席位的国家越来越多。为了保住台湾当局在联合国的席位，美国在 1971 年 8 月 2 日抛出"双重代表权"方案，即同意接纳中华人民共和国进入联合国，但也不剥夺台湾当局的代表权。对此，中国政府明确表示决不接受任何形式的"双重代表权"。

1971 年 9 月 22 日，美国在第 26 届联合国大会一次关键的程序性表决中遭到失败。联合国总务委员会决定把阿尔及利亚等 23 国"关于驱逐蒋介石集团，恢复中华人民共和国在联合国的合法席位"的提案，放在美国"双重代表权"提案前讨论。10 月 25 日，经过激烈的辩论，26 届联大以 76 票赞成、35 票反对、17 票弃权的压倒多数通过了阿尔及利亚等国的提案，恢复了中华人民共和国在联合国中的一切合法权利，并立即将台湾当局的代表驱逐出联合国的一切机构。

恢复中华人民共和国在联合国的合法席位是中国和其他友好国家经过长期斗争而取得的巨大胜利，它进一步提高了中国的国际地位和中国在国际事务中的作用及影响。

3. 中美关系缓和和中日建交。进入 20 世纪 70 年代，国际形势在战后 20 多年中发生了巨大的变化。在这种形势下，中美两国领导人都认为有必要结束长达 20 多年的敌视状态，实现两国关系的正常化。从美国方面来看，在美苏两大国的军备竞赛中，苏联占有优势，而美国由于在越南战争中陷入困境，已处于劣势。1969 年 1 月尼克松就任美国总统后，主张利用世界上各种相互斗争的力量的对立，以维持均势，从而确保美国的霸主地位。他希望通过改善对华关系来抗衡苏联，并谋求从越南脱身。从中国方面来看，珍宝岛事件后，苏联在中苏边境集结重兵，咄咄逼人。为了抵御来自北方的严重威胁，同时，为了有助于解决台湾问题以实现祖国统一大业，也为了恢复和扩大国际交往、积极参与国际事务，中国希望缓和同美国的关系。

尼克松上任伊始,指示其国家安全事务助理基辛格"试探重新与中国人接触的可能性"。1969 年 7 月,美国宣布对中美之间人员往来和贸易交流放宽限制。1970 年 1 月,经美方首先提出,中美大使级会谈在华沙恢复举行。与此同时,美国还通过法国、巴基斯坦和罗马尼亚等国领导人向中国转达谋求关系正常化的信息。

中国对美国的表示做出了积极的反应。1970 年 10 月 1 日,毛泽东在天安门城楼会见了美国著名记者、作家埃德加·斯诺。12 月 18 日,毛泽东再次会见斯诺。毛泽东表示:"如果尼克松愿意来,我愿意和他谈。谈得成也行,谈不成也行;吵架也行,不吵架也行;当作旅行者来也行,当作总统来谈也行。总而言之,都行。"1971 年 4 月,中国邀请在日本参加世界乒乓球锦标赛的美国乒乓球队访华,打开了两国人民友好往来的大门。7 月 9 日,美国总统特使基辛格秘密访华来到北京。7 月 16 日(北京时间)中美双方同时发表《公告》,宣布尼克松总统应邀于 1972 年 5 月前的适当时间访问中国。

1972 年 2 月 21 日,尼克松访问中国到达北京。当天下午,毛泽东接见了尼克松。接着周恩来与尼克松举行了会谈,双方就国际形势特别是中美两国关系交换了意见。28 日,双方经过反复磋商,在上海发表了《中美联合公报》(又称"上海公报")。《公报》的主要内容有:双方同意根据和平共处五项原则来处理国与国之间的关系,双方声明,中美两国关系走向正常化符合所有国家的利益。关于台湾问题,中国方面重申:台湾问题是阻碍中美两国关系正常化的关键问题,中华人民共和国政府是中国的唯一合法政府,台湾是中国的一个省,全部美国武装力量和军事设施必须从台湾撤走;美国方面声明:美国认识到,在台湾海峡两边的所有中国人都认为只有一个中国,台湾是中国的一部分,美国政府对这一立场不提出异议。双方还认为发展两国间的贸易和进行科学、技术、文化、体育和新闻等方面的联系和交流是互相有利的,并同意为此提供便利。

《中美联合公报》的发表是中美关系史上的重要里程碑,它标志着两国关系正常化的开始,为以后中美关系的进一步改善和发展打下了基础。

日本政府曾长期追随美国采取敌视中国的政策。当美国总统尼克松访华,中美关系开始正常化之际,日本国内各阶层要求实现中日邦交正常化的呼声猛增。1972 年 7 月,田中角荣就任首相后,表示把实现中日邦交正常化作为首要任务。9 月 25 日,田中角荣首相在大平正芳外相陪同下访问中国,受到毛泽东接见,同周恩来总理就两国邦交正常化和共同关心的问题进行了会谈。29日,中日两国政府发表联合声明,其主要内容有:自声明公布之日起,中日两国之间迄今为止的不正常状态宣告结束;日本国政府承认中华人民共和国政府是中国的唯一合法政府;中华人民共和国政府重申:台湾是中华人民共和国领土不可分割的一部分,日本国政府充分理解和尊重中国政府的这一立场,并坚持遵循《波茨坦公告》第八条的立场;两国政府决定自1972年9月29日起建立外交关系并尽快互换大使;日本方面痛感日本国过去由于战争给中国人民造成的重大损害的责任,表示深刻的反省;中华人民共和国政府宣布:为了中日两国人民的友好,放弃对日本国的战争赔偿要求。同日,日本方面宣布同台湾当局断绝"外交关系"。中日建交结束了两国长期敌对的历史,揭开了中日两国关系的新的一页。

20世纪70年代初以后,中国同西欧(包括北欧和南欧)国家出现了建交高潮。1969年前,西欧国家中,只有瑞典、丹麦、瑞士、芬兰、挪威和法国先后同中国建交。英国和荷兰同中国互设有半建交性质的代办处。到70年代末,除安道尔等四个小国外,中国同所有西欧国家建立或升格为大使级外交关系。70年代初,中国还同加拿大、澳大利亚、新西兰建立了外交关系。这个时期,中国同上述国家在经济、贸易、科技、文化等方面开展了良好的合作。中国的国际地位日益提高,国际关系进一步得到改善。

4. 中国同第三世界国家友好合作关系的发展。20世纪70年代,中国外交工作的一个显著成就,是同亚洲、非洲、拉丁美洲第三世界国家建立和发展了友好合作关系。从1970年到1979年,中国同亚非拉50多个国家建立了外交关系。在国际事务中,中国支持第三世界反对帝国主义、殖民主义和霸权主义的斗争,支持第三世界为争取民族独立、捍卫国家主权、反对外来侵略和干涉、维护本地区和世界和平的正义斗争。中国在加强同第三世界国家政治、经济等方面的友好合作的同时,也注意维护和促进第三世界各国间彼此的团结,支持各国发展本国经济,打破多少年来富国压榨穷国的国际经济旧秩序,建立平等互利的国际经济新秩序。

20世纪70年代前期,毛泽东根据世界各种政治力量的发展变化,提出了关于三个世界划分的战略构想。1973年6月22日,毛泽东会见马里国家元首特拉奥雷时指出:"我们都是叫做第三世界,就是叫发展中国家。"1974年2月,毛泽东会见赞比亚总统卡翁达时说:"我看美国、苏联是第一世界。""第二世界,欧洲、日本、澳大利亚、加拿大。""咱们是第三世界,第三世界人口很多。亚洲除了日本,都是第三世界。整个非洲都是第三世界。

拉丁美洲也是第三世界。"在会见阿尔及利亚领导人布迈丁时,他又说:"中国属于第三世界。"①毛泽东的这个构想是从当时世界战略格局的角度来提出中国的国际战略思想,这对此后一段时间中国的外交、政治、军事等工作产生了重要的影响。

四、中共十大

林彪事件以后,中共中央需要在组织上进行清理和补充工作,确定其后的任务和方针政策。毛泽东考虑重新选择自己的接班人。他提出,要从工人、农民中直接选拔年轻一点的人进入中央领导班子。他最看重的是当时担任中共中央委员、上海市委书记、上海市革命委员会副主任的王洪文。根据毛泽东的意见,1972年9月起,王洪文留在北京参加中央工作。

1973年5月20日至31日,中共中央在北京举行工作会议,为中共十大的召开作准备。会议着重讨论了十大的代表产生办法和修改党章的原则。根据毛泽东的意见,会议宣布解放谭震林、李井泉、乌兰夫等13名老干部,又决定王洪文、华国锋、吴德列席中央政治局会议并参加政治局的工作。会议还决定由张春桥、姚文元、王洪文负责起草十大的有关文件。

7月10日,中央专案组提出《关于林彪反党集团反革命罪行的审查报告》。《报告》概述了林彪集团的罪行,分析了林彪叛党叛国的历史根源。中央专案组建议中共中央:永远开除林彪、陈伯达、叶群、黄永胜、吴法宪、李作鹏、邱会作等人的党籍,撤销他们的党内外一切职务。8月20日,中共中央一致通过并批准中央专案组的报告。

1973年8月24日至28日,中国共产党第十次全国代表大会在北京举行。出席大会代表1249名,代表全国2800万党员。大会的议程是:周恩来代表中央委员会作政治报告;王洪文代表中央委员会作关于修改党章的报告,并向大会提出《中国共产党章程(草案)》;选举新的中央委员会。

政治报告强调:"九大政治报告是毛主席亲自主持起草的","九大的政治路线和组织路线都是正确的"。报告批判了林彪集团的反革命罪行,揭露了他们"语录不离手,万岁不离口,当面说好话,背后下毒手"的反革命两面派本质,认为党内两条路线斗争"还会出现十次、二十次、三十次","要特别重视党的基本路线和政策"。报告提出当前要抓紧时机,"巩固和发展

---

① 中共中央文献研究室编:《毛泽东传(1949—1976)》,下册,1688页。

无产阶级文化大革命的成果",继续搞好批林整风,批判修正主义,批判资产阶级世界观,"要重视上层建筑包括各个文化领域的阶级斗争,改革一切不适应经济基础的上层建筑"。报告还强调:我国在经济上还是一个穷国,"我们要贯彻执行鼓足干劲,力争上游,多快好省地建设社会主义的总路线,抓革命,促生产"。要继续执行"以农业为基础、工业为主导"的方针,自力更生,艰苦奋斗,依靠群众,"切实地完成和超额完成发展国民经济的国家计划,使我国社会主义经济有一个更大的发展"。①

关于修改党章的报告和通过的《中国共产党章程》删除了有关林彪是毛泽东的接班人的规定,还删去了"高举马克思主义、列宁主义、毛泽东思想伟大红旗,突出无产阶级政治"这样的话,但又新增加了一些错误内容:党章的总纲中规定"我国的无产阶级文化大革命,就是在社会主义条件下,无产阶级反对资产阶级和一切剥削阶级,巩固无产阶级专政,防止资本主义复辟的政治大革命。这样的革命,今后还要进行多次";把"敢于反潮流"精神作为"两条路线斗争"的一个重要问题写入总纲;在党员必须做到的五条和党的基层组织的任务中把"批判修正主义"同认真学习马列主义、毛泽东思想并列作为第一条,放在重要位置。

大会选出中央委员195名和候补中央委员124名。一些在"文化大革命"中被排挤出中央领导机构的老干部,如邓小平、王稼祥、乌兰夫、李井泉、谭震林、廖承志等被选为中央委员,但是,一些野心家、投机分子和帮派分子也被选入中央委员会。

8月30日,中共十届一中全会召开。会议选举毛泽东为中央委员会主席,周恩来、王洪文、康生、叶剑英、李德生为副主席。会议选出中央政治局委员有毛泽东、王洪文、韦国清、叶剑英、刘伯承、江青、朱德、许世友、华国锋、纪登奎、吴德、汪东兴、陈永贵、陈锡联、李先念、李德生、张春桥、周恩来、姚文元、康生、董必武。中央政治局常委有毛泽东、王洪文、叶剑英、朱德、李德生、张春桥、周恩来、康生、董必武。十大以后,江青、张春桥、姚文元、王洪文在中央政治局结成了"四人帮",江青集团在中央领导机构中取得了更多的权力。

中共十大继续了中共九大的错误,坚持"无产阶级专政下继续革命的理论",坚持"文化大革命"一整套"左"的方针政策,使"左"倾错误不但没有因林彪集团被粉碎而得到纠正,相反却延续下去。江青集团在中共十大上扩充了

① 《人民日报》,1973-09-01。

自己的势力，加剧了"文化大革命"的错误，给中国共产党、国家和人民继续带来灾难。

五、批判"右倾回潮" 纠"左"努力受挫

林彪事件后，毛泽东希望实现安定团结的局面，他采取措施纠正了某些具体错误，对批判极左思潮起初也是支持的。但是，他始终坚持认为"文化大革命"是正确的，担心"文化大革命"被否定，因而又采取种种措施来维护"文化大革命"。江青集团利用毛泽东的错误，以"正确路线"代表自居，攻击一切妨碍他们夺取最高权力的人。他们此时竭力反对批判极左思潮。周培源《对综合大学理科教育革命的一些看法》的文章发表后，张春桥指使上海《文汇报》攻击这篇文章，把矛头直指周恩来。1972 年 8 月初，周恩来发表关于各部门各单位都要批透极左思潮的讲话。江青等人明确表示反感。1972 年 10 月 14 日，《人民日报》发表《无政府主义是假马克思主义骗子的反革命工具》等 3 篇文章后，张春桥、姚文元指使《文汇报》组织"工人座谈会"，而后在其内部刊物《文汇情况》上刊登《工人座谈会纪要》，攻击《人民日报》发表的 3 篇文章是大毒草，并指令在《人民日报》社内部开展批判所谓"修正主义"和"右倾回潮"。由于"文化大革命"本身是"左"倾错误的产物，批判极左思潮势必否定"文化大革命"，所以，毛泽东最终不能容忍对极左思潮的进一步批判。1972 年 12 月 17 日，毛泽东在一次谈话中明确表示不同意批"左"，他断定林彪"是极右，修正主义，分裂，阴谋诡计，叛党叛国"。从此只准批极右，不准批极左。这样，周恩来对极左思潮的批判被迫中断，而江青等人愈加得势，使"左"倾错误继续发展下去。

六、"批林批孔"运动 全国动乱的再起和国民经济的再度恶化

林彪事件以后，广大党员干部和群众中许多人开始对"文化大革命"持厌倦、怀疑、观望和抵制的态度。周恩来对"左"倾错误的纠正虽然被打断，但很明显这种努力得到了广泛的支持。毛泽东担心"文化大革命"被否定，所以采取措施维护"文化大革命"的成果。他感到肯定与否定"文化大革命"，同中国历史上法家坚持变革、儒家反对变革的斗争有相似之处，批判林彪联系批判儒家的代表人物孔子并肯定法家的历史作用，可以达到深入挖掘林彪集团的思想根源和巩固"文化大革命"的目的。因此，在中共十大前后，

毛泽东在几次谈话中提出批林同批孔联系起来的问题。

林彪叛国以后,江青等人在林彪住处查到一些林彪肯定孔子和孟子某些言论的材料,上报毛泽东。1973年7月4日,毛泽东同王洪文、张春桥谈话时认为,林彪同国民党一样都是"尊孔反法"。8月5日,毛泽东写了一首诗《读〈封建论〉呈郭老》:"劝君少骂秦始皇,焚坑事业要商量。祖龙魂死秦犹在,孔学名高实秕糠。百代都行秦政法,十批不是好文章。熟读唐人《封建论》,莫从子厚返文王。"①8月7日,经毛泽东批准,《人民日报》发表《孔子——顽固地维护奴隶制的思想家》的文章。9月23日,毛泽东会见埃及副总统沙菲时,明确表示:"秦始皇是中国封建社会第一个有名的皇帝,我也是秦始皇,林彪骂我是秦始皇。……我赞成秦始皇,不赞成孔夫子。"

江青等人在了解了毛泽东的意图以后,通过直接控制的北京大学、清华大学"大批判组"大反所谓"右倾回潮"、"修正主义回潮",同时指令两校的"大批判组"编辑林彪与孔孟之道的材料。1974年1月12日,江青、王洪文写信给毛泽东,建议把北京大学、清华大学"大批判组"选编的《林彪与孔孟之道》(材料之一)转发全国。毛泽东同意这一建议。1月18日,中共中央将这个材料转发全党。"批林批孔"运动于是在全国展开。

江青集团为了巩固和扩大他们在"文化大革命"中取得的权势,利用毛泽东的错误,在"批林批孔"中另搞一套,不批林,也不批孔,而是把矛头指向周恩来等一批中央领导人。1974年1月24日,江青未经中央政治局讨论,擅自召开驻京部队"批林批孔"大会。次日,中共中央、国务院直属机关召开"批林批孔"动员大会。江青在会上俨然以"批林批孔"的领导者自居,和姚文元、迟群、谢静宜等在讲话中不指名地攻击周恩来、叶剑英等。大会前后,江青背着中央政治局以个人名义给军队和地方许多单位写信、送材料,还派人到军队"点火放炮","放火烧荒",进行夺权活动。

江青集团利用控制宣传舆论大权之机,操纵他们的御用写作班子"梁效"、"罗思鼎"、"唐晓文"、"池恒"等在报刊上发表大量文章,以批判孔子的"克己复礼","兴灭国、继绝世、举逸民"为名,影射周恩来在前一时期恢复"文化大革命"前的某些正确的政策措施和落实干部政策安排一批老干部的工作是"搞复辟倒退","开历史倒车"。这些文章大批"周公"、"宰相",还对周恩来进行恶毒的人身攻击。6月14日,江青在一次会上大讲所谓"儒

---

① 中共中央文献研究室编:《建国以来毛泽东文稿》,第13册,361页,北京,中央文献出版社,1998。

法斗争史"，要求写文章批"现代的大儒"。随后，江青又在天津的一次谈话中说，"这次运动的重点是批党内的大儒"，并暗示"大儒"就是周恩来。江青还别有用心地授意写作班子写文章吹捧吕后、武则天，为其篡权制造舆论。

在"批林批孔"运动中，江青等人借机大反所谓"复辟回潮"。1973年12月，他们利用编造的北京市的一个小学生对教师不满的日记大做文章，把这个小学生吹捧为"反潮流典型"，掀起批"师道尊严"、"反右倾回潮"的浪潮。1974年1月，他们又将河南省唐河县马振扶中学一女生因未答完英语试卷遭老师批评而自杀的事件，作为"修正主义教育路线复辟回潮"的典型，在教育领域大批"右倾回潮"。在文艺方面，把晋剧《三上桃峰》说成是"为刘少奇招魂"，把宣传教师是辛勤的园丁的湘剧《园丁之歌》说成是为"修正主义教育路线"张目，是"修正主义教育路线的旧调重弹"。

"批林批孔"运动造成了严重的后果，使全国动乱的局面再次出现。在江青集团的煽动下，社会上又出现联络站、上访团、汇报团一类的组织，拉山头、打派仗、搞打砸抢，一些领导干部或被重新打倒，或被迫离开岗位，或卷入支一派压一派的派性斗争中，各级领导班子再次瘫痪。历史科学领域受影响最深，整个中国历史被歪曲成"儒法两条路线斗争史"，凡是历史的进步都是法家的功劳，凡是历史的倒退都是儒家的罪过。一切在历史上有作为的人都被封为法家，在历史上的反面人物都是儒家。中国伦理道德传统中优秀的部分如"尊老抚幼"、"尊师爱生"等统统被否定，代之以"斗争哲学"，培养了一些人"头上长角，身上长刺"的极端好斗的情绪，使社会主义社会人与人之间良好的同志关系遭到践踏，使中国的伦理道德水准大大降低。

"批林批孔"运动还使刚刚有所发展的国民经济遭到严重破坏，有人喊出"要当码头的主人，不做吨位的奴隶"，"不为错误路线生产"等口号，使得一些企业领导不敢大胆抓生产，因此导致工业生产的下降。1974年工农业总产值为4007亿元，仅比上年增长1%，其中工业总产值比上年下降0.4%，农业总产值比上年增长4.2%。

第四节　全面整顿的曲折和"文化大革命"的结束

一、"四人帮"组阁阴谋的失败　四届全国人大一次会议

毛泽东虽然支持"批林批孔"运动，但是此时却不愿再次出现社会大动乱的局面。为了制止混乱的局面，扭转生产下降的势头，中共中央于 4 月 10 日发出通知，规定"批林批孔"运动在党委领导下进行，不许成立战斗队一类的组织和搞串联活动。7 月 1 日，中共中央发出《关于抓革命、促生产的通知》，批判了"造领导的反就是反潮流"、"不为错误路线生产"等错误口号，指出要揭发批判停工停产的幕后操纵者。

毛泽东对江青等人借"批林批孔"达到篡权的图谋有所觉察，对他们进行了多次批评。2 月中旬，他批评江青"形而上学猖獗，片面性"。7 月，他在中央政治局会议上批评江青说："不要设两个工厂，一个叫钢铁工厂，一个叫帽子工厂，动不动就给人戴大帽子。不好呢，要注意呢。"又说："你也是难改呢。"他当众宣布："她并不代表我，她代表她自己。""总而言之，她代表她自己。"①但毛泽东的批评还留有余地，认为对江青要一分为二。引人注意的是，毛泽东还批评江青、张春桥、姚文元、王洪文搞宗派活动，说："你们要注意呢，不要搞成四人小宗派呢！"这是第一次提出"四人帮"的问题。

"四人帮"受到毛泽东的批评后，表面上不得不有所收敛，但实际上并未停止阴谋活动。1974 年 10 月 11 日，中共中央发出通知，决定在近期召开第四届全国人民代表大会。通知传达毛泽东的意见说："无产阶级文化大革命，已经八年。现在，以安定为好。全党全军要团结。""四人帮"认为四届人大是进行权力再分配的好时机，妄图利用这次会议由他们出面组阁，窃取更多的权力。

1974 年 6 月，周恩来身患癌症后病情加重，住院治疗。10 月 4 日，毛泽东提议邓小平任国务院第一副总理，实际上主持国务院工作。"四人帮"对此非常不满，伺机对邓小平进行攻击。他们多次在中央政治局会议上故意制造事端，对邓小平进行围攻。邓小平理直气壮，与他们进行了坚决斗争。"四人帮"经过密谋，于 10 月 18 日背着中央政治局多数成员派王洪文飞

---

① 　中共中央文献研究室编：《建国以来毛泽东文稿》，第 13 册，394 页。

赴长沙向毛泽东告状,诬陷周恩来、邓小平。王洪文造谣说:"北京现在大有庐山会议的味道。"还说:"总理现在虽然有病,住在医院,还忙着找人谈话到深夜。几乎每天都有人去。经常去总理那里的有小平、剑英、先念等同志。"王洪文还吹捧江青、张春桥,妄图阻挠邓小平出任第一副总理,实现由"四人帮"组阁的阴谋。毛泽东当即批评了王洪文,说:"有意见当面谈,这么搞不好!要跟小平同志搞好团结。你回去要多找总理和剑英同志谈,不要跟江青搞在一起,你要注意她。"20日,毛泽东又让人转告周恩来和王洪文:"总理①还是我们的总理。如果他身体可以,由他和洪文同志一起跟各方商量,提出一个人事安排名单。"②他还建议邓小平任第一副总理兼总参谋长。

11月12日,毛泽东在江青的来信上批示:"不要由你组阁(当后台老板),你积怨甚多,要团结多数。"12月23日,周恩来和王洪文到长沙向毛泽东汇报工作。毛泽东在同他们的谈话中再次告诫王洪文:"不要搞四人帮","不要搞宗派,搞宗派要摔跤的。"他说:"江青有野心,你们看有没有?我看是有。"③毛泽东高度评价了邓小平,说他政治思想强、人才难得,并再次提出邓小平任第一副总理、中央军委副主席和总参谋长。毛泽东对"四人帮"的多次批评和对周恩来、邓小平工作的支持,挫败了"四人帮"的"组阁"阴谋,保证了四届人大的顺利召开。

1975年1月5日,中共中央发出文件,任命邓小平为中共中央军委副主席兼人民解放军总参谋长,同时任命张春桥为人民解放军总政治部主任。1月8日至10日,中国共产党第十届中央委员会第二次全体会议在北京召开。会议由周恩来主持,讨论了第四届全国人民代表大会的准备工作。会议选举邓小平为中共中央副主席、中央政治局常委。

1975年1月13日至17日,第四届全国人民代表大会第一次会议在北京举行。出席会议的代表2864名。代表的产生不是自下而上由人民群众选举的,而是通过"民主协商"产生出来的。会议的议程是:修改宪法;审议政府工作报告;选举和任命国家领导人。朱德主持了大会,张春桥代表中共中央作《关于修改宪法的报告》,周恩来代表国务院作《政府工作报告》。

周恩来抱病作《政府工作报告》,重申了三届人大一次会议提出的我国国民经济发展按两步走的设想:"第一步,用十五年时间,即在一九八〇年

---

① 指周恩来。
② 中共中央文献研究室编:《毛泽东传(1949—1976)》,下册,1704、1705页。
③ 《周恩来年谱(1949—1976)》,下卷,687页。

以前，建成一个独立的比较完整的工业体系和国民经济体系；第二步，在本世纪（20世纪）内，全面实现农业、工业、国防和科学技术的现代化，使我国国民经济走在世界的前列。"①报告还提出：要继续执行以农业为基础，工业为主导的方针；要按照农、轻、重的次序安排国民经济；要在国家统一计划下充分发挥中央和地方的两个积极性。

张春桥向大会作关于修改宪法的报告，把所谓社会主义历史阶段的基本路线作为修改宪法的指导思想，并把这条基本路线列入大会通过的宪法的总纲中。这样就把"文化大革命"以来的"左"倾错误，把"无产阶级专政下继续革命"用法律的形式肯定下来。这部宪法还把"大鸣、大放、大字报、大辩论"当作"人民群众创造的社会主义革命的新形式"，规定"国家保障群众运用这种新形式"。这样严重损害了社会主义民主和法制的建设。

大会选举朱德继续担任全国人民代表大会常务委员会委员长，董必武、宋庆龄等22人为副委员长。大会决定周恩来继续担任国务院总理，邓小平、张春桥、李先念、华国锋等12人为副总理。以周恩来、邓小平为领导核心的国务院人选的确定，给广大人民群众以极大的鼓舞，使人们看到了新的希望。虽然张春桥等人进入国务院领导班子，但"四人帮"的"组阁"阴谋未能得逞。

二、邓小平主持中央日常工作　全面整顿的开展

四届全国人大一次会议以后，周恩来病情加重。邓小平在毛泽东的支持下，主持中共中央和国务院的日常工作。当时，受"批林批孔"运动的影响和"四人帮"的干扰破坏，我国的工业、农业、交通运输、科学技术等方面的工作陷入严重混乱状态。邓小平受命于危难之际，他不顾刚刚出来工作、困难重重的处境，努力排除各种干扰，按照四届人大确定的实现四个现代化的宏伟目标，根据毛泽东提出的三项指示，即要学习理论，反修防修；要安定团结；要把国民经济搞上去，在叶剑英、李先念等同志的有力配合下，着手对各方面工作进行了全面整顿。

1. 铁路运输方面。由于"四人帮"及其帮派势力的破坏，造成徐州、南京、南昌等铁路局的运输长期堵塞，阻碍津浦、京广、陇海、浙赣4条铁路干线的畅通，并影响其他铁路干线的运输，直接危及工业生产和一些城市

---

① 《周恩来选集》，下卷，479页。

人民生活。为了解决这一影响大局的关键问题，中共中央于 2 月 25 日至 3 月 8 日召开了全国主管工业的书记会议。会上，邓小平发表讲话指出：现在的大局是实现四届人大提出的发展国民经济两步走的设想。"有的同志只敢抓革命，不敢抓生产，说什么'抓革命保险，抓生产危险'。这是大错特错的。""当前的薄弱环节是铁路"，"解决铁路问题的办法，还是要加强集中统一。""建立必要的规章制度，增强组织性纪律性"。① 根据邓小平讲话的精神，中共中央发出《关于加强铁路工作的决定》，规定全国铁路由铁道部统一管理，在铁路系统大力恢复和健全各项必要的规章制度。会后，铁道部部长万里率工作组，会同各省、市、自治区党委调整和充实了问题严重的铁路局的领导机构，使铁路运输状况在一个多月内迅速好转。到 4 月份，堵塞严重的几个铁路局都疏通了，全国 20 个铁路局除南昌局外，超额完成了装车计划，列车安全正点率也大为提高。

2. 工业生产方面。铁路的整顿工作带动了工业首先是钢铁工业的整顿。1975 年的前 4 个月，全国钢铁欠产达 195 万吨。5 月 8 日，中共中央召开钢铁工业座谈会。29 日，邓小平在会上发表讲话，提出必须建立一个坚强的领导班子，克服"软、懒、散"的现象；必须坚决同派性做斗争；必须认真落实政策，特别注意把老工人、技术骨干、老劳模的积极性调动起来；必须建立必要的规章制度，加强组织性纪律性。经过一个多月的整顿，钢铁生产明显回升。其他工业部门在钢铁工业整顿的带动下，也同时进行整顿。经过几个月的努力，经济形势渐渐好转。1975 年上半年，工业生产情况自 3 月份以来一月比一月好，原油、原煤、发电量、铁路货运量等在 5、6 月份创造了月产量历史最高水平。

3. 农业方面。1975 年 9 月 15 日至 10 月 19 日，国务院先后在山西昔阳和北京召开了全国农业学大寨会议。邓小平在开幕式上讲话，着重强调搞好农业的重要性，他说："实现四个现代化，比较起来，更加费劲的是农业现代化。如果农业搞不好，很可能拉我们国家建设的后腿。"邓小平还强调整顿工作的问题，他说："毛主席讲过，军队要整顿，地方要整顿。地方整顿又有好多方面，工业要整顿，农业要整顿，商业也要整顿，文化教育也要整顿，科学技术队伍也要整顿。文艺，毛主席叫调整，实际上调整也就是整顿。"② 华

---

① 《邓小平文选》，2 版，第 2 卷，4、5 页，北京，人民出版社，1994。

② 中共中央文献研究室编：《邓小平年谱(1975—1997)》，上册，98、99 页，北京，中央文献出版社，2004。

国锋在会上做了题为《全党动员，苦战五年，为普及大寨县而奋斗》的总结报告，认为农业学大寨、普及大寨县是摆在我们面前的伟大政治任务。会议要求到1980年，全国1/3以上的县建成大寨县，基本实现农业机械化。这次会议积极的方面在于使全党和全国都重视农业，大抓农业。会后，各地区抽调上百万干部到农村社队帮助整顿。由于历史的局限，这次会议宣传的大寨所谓"坚持党的基本路线，大批修正主义，大批资本主义，大干社会主义"的经验产生了消极的影响。

4. 军队工作方面。6月24日至7月15日，中央军委召开扩大会议，讨论军队的整顿问题。邓小平于7月14日做了重要讲话，强调军队要解决"肿、散、骄、奢、惰"的问题；要加强干部学习，增强党性，反对派性，加强纪律性，发扬艰苦奋斗的传统作风；要抓编制，抓装备，还要抓战略，要把训练放在战略问题的一个重要位置上。根据会议精神，压缩了军队的定额，安排了一些军官转业到地方，并对军队各大单位的领导班子进行了调整，把一批追随"四人帮"、坚持派性的人调了下去。这样稳定和巩固了军队，为后来粉碎"四人帮"提供了重要的条件。

5. 科学技术方面。由于"文化大革命"以来，中国科学院及其所属的科研机构大部分长期处于瘫痪状态，因此，科技工作急需整顿。7月，中共中央派胡耀邦等到中国科学院工作。经过调查研究，并听取了邓小平的意见，胡耀邦主持起草了《关于科技工作的几个问题（汇报提纲）》，于9月26日向国务院做了汇报。《汇报提纲》强调科技也是生产力，科研要走在前面；要充实加强科技队伍；加强理论研究工作；落实知识分子政策，以调动他们的积极性。邓小平在听取汇报时充分肯定了这个文件，强调"如果我们的科学研究工作不走在前面，就要拖整个国家建设的后腿"；"科研工作能不能搞起来，归根到底是领导班子问题"，"不懂行、不热心、有派性的人不能进领导班子"；"要办好教育，培养科技事业的后备人才，要解决科研人员生活中的困难"。这个文件在当时未能正式下发。

6. 文艺工作和教育工作方面。7月，毛泽东两次谈到文艺问题，指出："百花齐放都没有了。""怕写文章，怕写戏。没有小说，没有诗歌。"[1]"党的文艺政策应该调整一下，一年、两年、三年，逐步逐步扩大文艺节目。"[2]在毛泽东亲自过问下，一些被"四人帮"打入冷宫的作品，如电影《创业》、《海

---

[1] 中共中央文献研究室编：《建国以来毛泽东文稿》，第13册，443页。
[2] 中共中央文献研究室编：《建国以来毛泽东文稿》，第13册，446页。

霞》、《万水千山》、《长征组歌》又重新公演。邓小平利用这个时机开始抓文艺工作整顿，强调要搞百花齐放，不要一花独放。他还说："除百花齐放外，还有一个百家争鸣的问题。要防止僵化。现在的文章千篇一律，是新八股。'双百'方针没有贯彻执行，文学、艺术不是更活泼、更繁荣。"①教育工作方面，9 月，邓小平提出："教育方面存在不少问题，现在老师积极性不高，学生也不用心学，教学质量低，这样下去怎么能实现四个现代化？"②按照邓小平整顿教育的意见，教育部长周荣鑫在不同场合发表许多讲话，针对"四人帮"破坏教育工作，提出"根本不要文化，就讲培养有社会主义觉悟的劳动者，行吗？""不能一提知识分子就骂一通，这样符合不符合主席的方针？"等观点。从 9 月下旬至 11 月上旬，周荣鑫主持起草教育部向国务院的汇报提纲，准备报请中央批准后全面开始教育的整顿。

在全面整顿过程中，为了清除阻碍整顿的"左"倾错误，邓小平在思想理论问题上提出许多重要的观点。

5 月下旬，他在钢铁工业座谈会上首次提出"三项指示为纲"的思想，强调：毛主席最近有三条重要指示。这三条指示就是我们今后一个时期各项工作的纲。这三条是互相联系的，不能分割的，一条都不能忘记。③ 8 月上旬，他同国务院政治研究室负责人谈话时说："现在需要解决企业的体制问题。如果将来职工代表大会的制度健全后，革命委员会是否还存在？那时恐怕还是要实行党委领导下的厂长负责制。"④9 月 27 日，邓小平在农村工作座谈会上作了《各方面都要整顿》的讲话。他强调"整顿的核心是党的整顿。只要抓住整党这个中心环节，各个方面的整顿就不难"。整党主要放在整顿各级领导班子上，班子整顿好了，党员的问题就容易解决了。他还强调了"全面学习、宣传、贯彻毛泽东思想"的问题，批判了林彪、江青一伙割裂毛泽东思想，把毛泽东思想庸俗化的行为。10 月中旬，国务院政治研究室根据邓小平多次讲话精神起草了《论全党全国各项工作的总纲》的文章。这篇没有定稿，也没有在报刊上发表的文章指出，毛泽东发出的学习无产阶级专政理论、促进安定团结和把国民经济搞上去的三项指示，"不仅是当前全党、全军和全国各项工作的总纲，而且也是实现今后 25 年宏伟目标的整

---

① 中共中央文献研究室编：《邓小平年谱(1975—1997)》，上册，66 页。

② 中共中央文献研究室编：《邓小平年谱(1975—1997)》，上册，91 页。

③ 中共中央文献研究室编：《邓小平年谱(1975—1997)》，上册，50 页。

④ 《邓小平的二十四次谈话》，41 页，北京，人民出版社，2004。

个奋斗过程中的工作总纲"。文章还抨击了"四人帮"散布的"左"倾观点，提出要把林彪一类假马克思主义的政治骗子篡夺了的领导权夺回来，革命就是要促进生产力的发展。

经过各方面的整顿，全国的形势日趋好转，国民经济得到了恢复和发展。1975年工农业总产值比上年增长11.9％。其中工业增长15.1％，农业增长4.6％。主要工农业产品产量都有较大的增长。国内安定团结的政治局面开始出现。

邓小平主持全面整顿工作实质上是要纠正"文化大革命"的"左"倾错误，恢复中共八大的正确路线。整顿中提出的许多重要思想不仅对当时具有重要的指导作用，而且为后来改革开放提供了思想准备。全面整顿取得的成绩使广大人民群众受到鼓舞，他们又重新看到了国家的希望。

三、"批邓、反击右倾翻案风" 全面整顿被迫中断

邓小平主持的全面整顿工作是得到毛泽东的支持的。但是，毛泽东是在肯定"文化大革命"的前提下支持整顿的，所以一旦整顿工作导致从根本上否定"文化大革命"时，他就要维护"文化大革命"，并从理论上作进一步的思考，加上"四人帮"顽固的阻挠、抗拒和反对，使整顿工作面临种种难以克服的障碍。

1974年10月20日，毛泽东会见丹麦首相保罗·哈特林时，谈到无产阶级专政的理论问题，他说："总而言之，中国属于社会主义国家。新中国成立前跟资本主义差不多。现在还实行八级工资制，按劳分配，货币交换，这些跟旧社会没有多少差别。所不同的是所有制变更了。"12月26日，他在长沙又同周恩来谈及这个问题，他说："列宁为什么说对资产阶级专政，要写文章。""这个问题不搞清楚，就会变修正主义。要使全国知道。""我国现在实行的是商品制度，工资制度也不平等，有八级工资制，等等。这只能在无产阶级专政下加以限制。""所以，林彪一类如上台，搞资本主义制度很容易。"①毛泽东的这些论述把社会主义历史条件下依然存在的按劳分配、商品交换看作是资本主义性质或者容易变成资本主义性质的东西，是变成修正主义的温床。这说明他原有的带有某些理想化色彩的社会主义构想得到进一步发挥。可以看出，他希望用"在无产阶级专政下加以限制"的办法来

---

① 中共中央文献研究室编：《建国以来毛泽东文稿》，第13册，413页。

破除"资产阶级权利"，实现理想中的社会主义的原则和目标，打破等级制度和特权，避免贫富悬殊、两极分化的社会现象，铲除滋生资本主义的土壤和条件。这是他发动"文化大革命"所要达到的理想目标之一，也是他为坚持"文化大革命"从理论上和根本制度上所做的论证。

1975 年 2 月 9 日，《人民日报》发表社论《学好无产阶级专政的理论》，传达了毛泽东关于理论问题的谈话内容。2 月 18 日，中共中央发出通知，要求组织广大党员、干部和党外群众学习毛泽东的谈话。由此，学习"无产阶级专政理论"运动在全国掀起。

"四人帮"不甘心"组阁"失败，他们利用一切时机攻击周恩来、邓小平，以达到掌握更多权力的目的。2 月 22 日，《人民日报》发表张春桥、姚文元主持选编的《马克思恩格斯列宁论无产阶级专政》的语录共 33 条，对马克思、恩格斯、列宁关于无产阶级专政的论述作了断章取义的引证，严重地搞乱了人们的思想。"四人帮"还借此运动大批所谓"经验主义"。3 月 1 日，张春桥在全军各大单位政治部主任会议上讲话，鼓吹"经验主义"是当前的主要危险。同日，姚文元发表《论林彪反党集团的社会基础》，宣称"现在，主要危险是经验主义"。江青也鼓吹："经验主义是当前的大敌。"4 月 1 日，《人民日报》发表张春桥《论对资产阶级的全面专政》，文章全面歪曲篡改马克思主义关于无产阶级专政的学说，把无产阶级专政的任务仅仅归结为在一切领域、在革命发展的一切阶段始终坚持对资产阶级实行全面专政。文中张春桥还叫嚣要全部打掉资产阶级的一切"土围子"。这时期，"四人帮"反"经验主义"、打"土围子"矛头直接指向周恩来、邓小平和重新出来工作的老干部。

毛泽东对"四人帮"反"经验主义"的不良意图有所觉察。4 月 23 日，他在一份报告上批示："提法似应提反对修正主义，包括反对经验主义和教条主义。"5 月 3 日，毛泽东召集在京的中央政治局委员谈话，再次批评了"四人帮"的反"经验主义"和搞宗派活动。他对江青等人说："不要搞四人帮，你们不要搞了，为什么照样搞呀？为什么不和二百多个中央委员搞团结？"根据毛泽东的意见，中央政治局由邓小平主持于 5 月 27 日和 6 月 3 日两次召开会议，对"四人帮"进行批评。此后一段时间，"四人帮"的活动有所收敛，这对当时的整顿工作是有利的。

但是，"四人帮"的野心不死，他们仍在竭力寻找时机。1975 年 8 月 14 日，毛泽东应北京大学一位教师的要求，谈了对古典小说《水浒》的看法。他认为："《水浒》这部书，好就好在投降。做反面教材，使人民都知道投降派。《水浒》只反贪官，不反皇帝。"姚文元闻讯后立即写信给毛泽东，说评论《水浒》对于在本世纪和下世纪坚持马克思主义，反对修正主义有重大的深远的意义。毛泽东同意姚文元的意见。这样，"四人帮"策动了一场"评《水浒》运动"。这时，报刊上发表大量文章，以批"宋江"、批"投降派"，影射攻击周恩来、邓小平等中央领导人。江青在这期间到处散布"评《水浒》的要害是架空晁盖，现在党内有人架空毛主席"。9月17日，江青在大寨再次散布说"现在政治局有些人要架空毛主席"。她所说"架空晁盖"实际上是诬蔑周恩来、邓小平要"架空毛主席"。毛泽东在得知江青在大寨的讲话后，斥责她的讲话是"放屁，文不对题"，明确指示"稿子不要发，录音不要放，讲话不要印"。毛泽东的批评又一次抑制了"四人帮"的阴谋活动。

毛泽东自1971年冬患重病以后，病情时轻时重，但是他始终担负着决定中国共产党和国家大事的重任。1975年下半年以后，他的病情逐渐加重，他与中央政治局之间由他的侄子毛远新担任联络员进行联系。此时，他接近和信任的人越来越少，他对实际情况越来越不了解，他对党和国家大事的设想和主张越来越抽象化。9月下旬和11月初，毛远新两次向毛泽东汇报说："自己感到社会上有股风，就是对文化大革命怎么看，是肯定还是否定，成绩是七个指头还是错误是七个指头，有分歧。"他特别提出：这股风"似乎比七二年批极左还凶些"。"我很注意小平同志的讲话，我感到一个问题，他很少讲文化大革命的成绩，很少提批刘少奇的修正主义路线"。"担心中央，怕出反复"。① 毛泽东听了毛远新的汇报，同意他的观点，说"有两种态度，一是对文化大革命不满意，二是要算账，算文化大革命的账"。据此，毛泽东动摇了对邓小平的信任。根据毛泽东的意见，中央政治局开会讨论"文化大革命"的评价问题，对邓小平做了错误的批评，并停止了他的大部分工作，让他"专管外事"。

11月3日，清华大学党委会召开常委扩大会议，由中共中央政治局委员、北京市委第一书记吴德传达毛泽东对刘冰等人来信的批示。清华大学党委副书记刘冰等曾于1975年8月、10月先后给毛泽东写信，反映该校党委书记迟群、副书记谢静宜在思想、工作和生活上的问题。这种做法完全符合党的原则，是正常现象。但毛泽东却认为这是要翻"文化大革命"的案，"矛头是对着我的"。他还认为信由邓小平转交说明"小平偏袒刘冰"。这时，毛泽东对邓小平的批评并非要打倒他，而是要在"文化大革命"的评价上形

---

① 中共中央文献研究室编：《毛泽东传(1949—1976)》，下册，1753页。

成统一认识，即认为"文化大革命"基本正确，有所不足，七分成绩，三分错误。他希望由邓小平主持对"文化大革命"作个决议，但邓小平婉言拒绝了。

11 月下旬，中共中央在北京召开"打招呼会议"，会上宣读了经毛泽东审批的《打招呼的讲话要点》，说："清华大学出现的问题绝不是孤立的，是当前两个阶级、两条道路、两条路线斗争的反映。这是一股右倾翻案风。"至此，整顿工作被迫中断，"批邓、反击右倾翻案风"运动逐步推向全国，从不点名到点名批判邓小平。

1976 年 2 月上旬，中共中央分批召集各省、市、自治区和各大军区负责人会议，传达毛泽东有关"批邓、反击右倾翻案风"的多次讲话。在讲话中，毛泽东强调"阶级斗争是纲，其余都是目"；认为一些老干部对"文化大革命"不满，是因为"思想还停止在资产阶级民主革命阶段，对社会主义革命不理解、有抵触，甚至反对"，"搞社会主义革命，不知道资产阶级在哪里，就在共产党内"；对"文化大革命"的评价，他认为是"三七开，七分成绩，三分错误"，"文化大革命犯了两个错误，第一，打倒一切；第二，全面内战。"①毛泽东肯定"文化大革命"的谈话，对当时大多数干部来说，已经很难有多少说服力了。

"四人帮"利用毛泽东决策上的错误，继续攻击邓小平，反对整顿工作。他们把整顿工作说成是"复辟"，把恢复工作的老干部说成是"还乡团"，还抛出"老干部是'民主派'，'民主派'就是'走资派'"的反动公式，把四个现代化说成是为"资本主义准备物质基础"。他们诬蔑邓小平是"党内不肯改悔的走资派"，是在搞"修正主义"。

邓小平主持的整顿工作取得了有目共睹的成效，得到人们广泛拥护。所谓"批邓、反击右倾翻案风"运动既违背事理，又违背人心。这场运动破坏了刚刚出现的比较稳定的局势，否定了整顿中制定的许多正确的政策和措施，一批坚决执行正确政策的干部受到打击，帮派人物和造反派头子又被任用，国民经济形势急剧恶化，使全国局势再度陷入混乱。由于这场运动完全违背了广大人民的意愿，因而一开始就受到广泛的抵制。经过这场运动，人们更加认清了"文化大革命"的"左"倾错误和"四人帮"祸国殃民的真面目，一股长期蕴藏在心中的憎恶和愤恨的情绪即将迸发出来。

---

① 中共中央文献研究室编：《建国以来毛泽东文稿》，第 13 册，486～488 页。

四、四五运动 粉碎"四人帮"

1976年1月8日，中共中央副主席、国务院总理、全国政协主席周恩来，因患癌症医治无效在北京逝世。

周恩来一生对党对人民无限忠诚，鞠躬尽瘁。他在"文化大革命"中处于非常困难的地位。他顾全大局，任劳任怨，为继续进行党和国家的正常工作，为尽量减少"文化大革命"所造成的损失，为保护大批的党内外干部，作了坚持不懈的努力，费尽了心血。他同林彪、江青反革命集团的破坏进行了各种形式的斗争。他的逝世引起了全国人民的无限悲痛。1月11日下午，当周恩来的遗体送往八宝山火化时，北京上百万群众自动伫立在十里长街默哀送灵。遵照周恩来的遗愿，他的骨灰撒在了祖国的江河大地上。

1月21日和28日，根据毛泽东的提议，中央政治局确定华国锋任国务院代总理和主持中央日常工作。张春桥觊觎总理职位的野心没有得逞。

在为周恩来治丧期间，"四人帮"发出种种禁令，竭力阻挠和诬蔑群众性的悼念活动。他们凭借控制新闻舆论大权之机，大量压缩、砍掉有关怀念周恩来的报道和文章。更有甚者，在举行周恩来追悼会的前一天，他们在《人民日报》头版发表《大辩论带来大变化》一文，无视广大人民群众悼念周恩来的真实感情，继续煽动"反击右倾翻案风"。

3月5日，新华社播发沈阳部队广大指战员纪念毛泽东题词"向雷锋同志学习"发表13周年的新闻稿。"四人帮"控制的《文汇报》在刊载这条消息时，将文中周恩来为雷锋的题词删掉。25日，《文汇报》在头版发表的新闻中竟然说："党内那个走资派要把被打倒的至今不肯改悔的走资派扶上台"，明目张胆地攻击周恩来和邓小平。"四人帮"的所作所为激起广大人民群众的强烈不满。从3月下旬起，南京、杭州、郑州、西安、太原等城市的群众，利用清明节祭祀祖先的传统习俗，冲破"四人帮"的阻力，举行悼念周恩来的活动。

北京的群众从3月底开始自发地汇集到天安门广场，在人民英雄纪念碑前敬献花圈、花篮，张贴传单，朗诵诗词，发表演说，表达对周恩来的怀念和对"四人帮"罪恶的痛斥。4月4日是清明节，天安门广场的悼念活动达到高潮。北京和外地的群众不顾禁令来到广场的达200多万人次，敬献了2000多个花圈，形成了花山人海的壮观场面。

4月4日晚，中央政治局在华国锋主持下召开会议，讨论连日来天安门广场发生的事态。会议在江青等人左右下，把天安门广场的事态定为反革命事件，认为这是"反革命性质的反扑"，"是反革命煽动群众借此反对主席，反对中央，干扰、破坏斗争的大方向"。会议决定于当晚(4 日)开始，清理花圈、标语和抓"反革命"。会议的决定得到毛泽东的批准。

4 月 5 日凌晨，广大群众看到天安门广场所有的花圈、诗词、挽联等都被收走，守卫花圈的人被抓走，异常气愤。他们高喊"还我花圈，还我战友"，"谁反对周总理就打倒谁"的口号，并高唱《国际歌》。群众同部分民兵、警察、战士发生了冲突，广播宣传车被群众砸坏，天安门广场东南角的"工人民兵指挥部"着火。晚上 9 时半，1 万名民兵、3000 名警察以及 5 个营的卫戍部队，奉命手持木棍、铁棒进入广场，驱赶、殴打和逮捕留在广场上的群众。这就是"天安门事件"。

4 月 6 日，部分在京政治局委员听取了北京市委关于天安门事件的汇报，认为群众的行动"是反革命暴乱性质"。4 月 7 日，毛远新两次向毛泽东汇报情况。毛泽东同意公开发表《人民日报》记者关于天安门事件的所谓"现场报道"和 4 月 5 日晚吴德在天安门广场的广播讲话。经姚文元组织撰写的"现场报道"，把群众悼念周恩来说成是"反革命活动"，天安门事件是"反革命政治事件"，"妄图扭转当前批邓和反击右倾翻案风的大方向"。当晚，中央政治局根据毛泽东提议通过了两个决议：第一个决议是华国锋任中共中央第一副主席、国务院总理；第二个决议是撤销邓小平党内外一切职务，保留党籍，以观后效。

以天安门事件为代表的悼念周恩来、反对"四人帮"的强大抗议运动，实质上是拥护以邓小平为代表的党的正确领导，为后来粉碎"四人帮"奠定了伟大的群众基础。它反映了全国人心的向背，表达了人民抵制和反对"文化大革命"，捍卫社会主义民主的坚定信念。

天安门事件以后，"四人帮"在全国又掀起更大规模的"批邓、反击右倾翻案风"运动。各地组织声讨邓小平的游行集会，报刊连篇累牍地发表"批邓"文章，继续鼓吹"资产阶级就在党内"。他们这样做是要整倒从中央到地方的一大批党政军干部，实现由他们掌权的目的。

1976 年 7 月 6 日，中共中央政治局常委、全国人大常委会委员长朱德因病在北京逝世，终年 90 岁。朱德一生忠于党，忠于人民，为争取中国人民解放事业的胜利，为社会主义革命和建设事业的发展，为加强我国社会主义政权建设，建立了不朽的功绩。

7 月 28 日，河北省唐山、丰南地区发生里氏 7.8 级强烈地震，并波及京津。这次地震损失巨大，累计死亡 24.2 万人，重伤 16.4 万人。震后，中共中央派出以华国锋为总团长的慰问团赴灾区慰问，同时各地人民和人民解放军积极以人力、物力、财力来支援受灾地区。但是，"四人帮"却认为"抹掉个唐山算得了什么"，攻击抗震救灾工作是"以救灾压批邓"。8 月下旬，"四人帮"开始将邓小平在 1975 年指导下起草的《关于加快工业发展的若干问题》、《关于科技工作的几个问题》、《论全党全国各项工作的总纲》3 个文件诬蔑为"三株大毒草"，组织上百篇文章进行批判。但此时这种批判已遭到广大干部和群众的广泛抵制。

1976 年 9 月 9 日，中共中央主席、中共中央军委主席、全国政协名誉主席毛泽东，因病医治无效在北京逝世。毛泽东是伟大的马克思主义者，伟大的无产阶级革命家、战略家和理论家。他为中国共产党和中国人民解放军的创立和发展，为中国各族人民解放事业的胜利，为中华人民共和国的缔造和我国社会主义事业的发展，建立了永远不可磨灭的功勋。他为世界被压迫民族的解放和人类进步事业做出了重大的贡献。但是从 1957 年以来，特别是在"文化大革命"中，他犯了严重错误，然而"就他的一生来看，他对中国革命的功绩远远大于他的过失。他的功绩是第一位的，错误是第二位的"。[1] 毛泽东的逝世使全国人民沉浸在巨大的悲痛之中。在不到一年的时间里，三位党和国家的杰出领导人相继逝世，使人民群众为中国共产党和国家的前途深为忧虑。

在毛泽东病危期间和逝世以后，"四人帮"加紧了篡夺党和国家最高领导权的活动。8 月下旬，"四人帮"在上海的死党突击向上海民兵发放枪支 7.4 万多支，大炮 300 门，各种弹药 1000 多万发。毛泽东逝世的第二天，又发放子弹 600 万发，炮弹 1.5 万多发。9 月 11 日，王洪文撇开中央办公厅值班室，擅自在中南海紫光阁架设 17 部电话，另设"值班室"，并通知各省、市、自治区及时向他们请示报告，企图取代中共中央的领导。"四人帮"还指使一些人给江青写"效忠信"、"劝进书"，有的在信中公然提出要江青"担任中共中央主席和军委主席"，为江青上台大造舆论。9 月 28 日，张春桥向他在上海的死党传话说，上海有大考验，要打仗。9 月 29 日，江青在中央政治局会议上公开提出："毛主席逝世了，党中央的领导怎么办？"

---

[1] 中共中央文献研究室编：《三中全会以来重要文献选编》，下册，825 页，北京，中央文献出版社，1982。

"四人帮"篡党夺权的猖狂活动，使老一辈革命家深感忧虑。他们在处境困难的情况下，仍然通过各种渠道，互通信息，酝酿解决"四人帮"的办法。身为中共中央第一副主席、主持中央日常工作的华国锋，在"四人帮"咄咄逼人的攻势下，也认识到必须清除这个党和国家的痈疽。9 月中旬，他提出要解决"四人帮"的问题，得到了叶剑英、李先念等中央领导同志的赞同和支持。

毛泽东逝世后，"四人帮"编造了一个"按既定方针办"的所谓毛主席的"临终嘱咐"，9 月 16 日在《人民日报》、《红旗》杂志、《解放军报》社论《毛主席永远活在我们心中》中公开发表。10 月 4 日，《光明日报》在头版头条刊载梁效的文章《永远按毛主席的既定方针办》，文中声称"篡改毛主席的既定方针，就是背叛马克思主义、背叛社会主义、背叛无产阶级专政下继续革命的伟大学说"，"任何修正主义头子胆敢篡改毛主席的既定方针，是决然没有好下场的"。这篇文章把攻击矛头直接指向中央领导人，实际上是"四人帮"篡党夺权的一个信号。

在中国共产党和国家面临严重危机的关头，以华国锋、叶剑英、李先念等为核心的中央政治局，执行党和人民的意志，于 10 月 6 日晚采取果断措施，对王洪文、张春桥、江青、姚文元实行隔离审查。"四人帮"被粉碎。当晚 10 时，中央政治局在北京玉泉山召开会议，商讨粉碎"四人帮"后党和国家的重大问题。

10 月 7 日凌晨，会议一致通过华国锋任中共中央主席、中央军委主席的决定。这个决定后由 1977 年 7 月举行的十届三中全会追认。

江青集团是中国共产党历史上作乱时间最长的一个阴谋集团，他们在"文化大革命"中犯下了滔天罪行。粉碎"四人帮"，是全国人民的共同意愿，也是中国共产党和广大人民群众长期斗争的结果。华国锋、叶剑英、李先念等领导人在粉碎"四人帮"的斗争中起了重要作用。粉碎"四人帮"的胜利，从危难中挽救了中国共产党，挽救了国家，挽救了中国的社会主义事业，标志着"文化大革命"的结束。从此，我国进入了一个新的历史发展时期。

"文化大革命"不是任何意义上的革命，它给中国共产党、国家和各族人民带来了严重的灾难。在思想上，"文化大革命"混淆了是非，使唯心主义和形而上学四处泛滥，在一系列理论、政策上造成严重的混乱。在政治上，"文化大革命"严重地混淆了敌我界限，严重地损害了国家政权、社会主义民主和法制。"文化大革命"的十年中，全国各级党政军机关、企事业单位、农村社队和城镇街道的干部、群众，被诬陷为"叛徒"、"特务"、"反革命"、"走资派爪牙"等，遭受迫害者难以统计。在经济上，"文化大革命"严重地破坏了生产，给国民经济带来了重大的损失。十年中按照正常年份百元投资的应增效益推算，国民收入损失达 5000 亿元，这相当于新中国成立后 30 年全部基本建设投资的 80%。人民生活水平基本上没有提高，有些方面还下降了。在文化上，"文化大革命"使中华民族优秀的文化遗产遭受浩劫，教育、科技事业遭到破坏，知识分子受到残酷迫害。在组织上，"文化大革命"全面破坏了党的组织建设，党的各级组织普遍受到冲击，党的组织原则和纪律遭到破坏，由此造成派别林立，以帮代党，以帮代政，严重地分裂了党政军组织和人民群众，留下了严重的创伤。

"文化大革命"期间，在中国共产党内和广大人民群众中同"左"倾错误和林彪、江青两个反革命集团的斗争一直没有停止过。正是由于他们的抵制和斗争，使"文化大革命"的破坏在一定程度上受到了限制。"文化大革命"期间，我国的国民经济虽遭受巨大损失，但在广大干部群众的共同努力下，在农业、工业、交通运输、基本建设和科学技术方面取得了进展。从 1967 年至 1976 年，社会生产总值平均每年增长 6.8%，工农业总产值平均每年增长 7.1%，国民收入平均每年增长 4.9%。[①] 科学技术方面，1966 年 10 月 27 日，导弹核武器试验成功；1967 年 6 月 17 日，成功地试爆了第一颗氢弹；1970 年 4 月 24 日，第一颗人造地球卫星"东方红 1 号"发射成功；1975 年 10 月 28 日，第一次成功地回收了人造地球卫星。由袁隆平主持的杂交水稻研究取得突破，1974 年育成第一个杂交水稻品种"南优 2 号"，次年又研制成功制种技术。1968 年南京长江大桥建成通车。成昆、湘黔等重要铁路干线和攀枝花等大型工业基地相继建成，一定程度上改变了工业、交通不合理的布局。这些成绩的取得不是"文化大革命"的成果，如果没有"文化大革命"，我国社会主义建设事业将会取得更大的成就。

对于"文化大革命"这一全局性、长时间的"左"倾严重错误，毛泽东作为发动者和领导者应负主要责任。毛泽东发动"文化大革命"的主观意图是防止资本主义复辟、保持党的纯洁性和走出一条中国自己的社会主义道路，但他对国内和党内的政治形势的判断是错误的，导致混淆了是非和敌我。尽管如此，毛泽东的错误终究是一个伟大的无产阶级革命家所犯的错误，他虽在全局上一直坚持"文化大革命"的错误，但也制止和纠正过一些具体错误，保护过一些党的领导干部和党外著名人士，使一些负责干部重新回

---

① 《中华人民共和国国史百科全书》，4 页，北京，中国大百科全书出版社，1999。

到重要的领导岗位。他虽重用林彪等人，但也领导了粉碎林彪集团的斗争。他虽重用江青、张春桥等人，但也对他们进行过严厉的批评和揭露，不让他们夺取最高领导权的野心得逞，这为后来顺利粉碎"四人帮"起了重要作用。

"文化大革命"是在探索一条中国自己的社会主义建设道路的努力中走入歧途的结果，是在错误理论指导下的一次错误实践。它留给人们的教训是极为深刻的。首先，要正确认识社会主义社会的阶级斗争和社会主义社会的主要矛盾问题。社会主义社会的阶级斗争在一定范围内还存在，但已经不是社会主要矛盾。党和国家的工作重点应适时地转移到社会主义现代化建设上来，集中精力发展社会生产力，不断满足人民对物质文化的需求，逐步提高人民的生活水平，而不要搞阶级斗争扩大化，把我国社会内部大量不属于阶级斗争范围的各种社会矛盾用阶级斗争的方法来解决。其次，要加强对社会主义民主和法制建设重要性的认识。建设高度民主的社会主义政治制度是社会主义革命的根本任务之一。要在国家政治生活中使人民代表大会成为有权威的权力机关，宪法和法律是不可侵犯的，任何人都必须遵守宪法和法律，禁止任何形式的个人专断和个人崇拜。再次，要深化对"什么是社会主义，怎样建设社会主义"问题的认识。在社会主义建设中要本着实事求是的思想路线来探索社会主义建设的规律。各种理论、路线、方针和政策都要从实践出发，符合客观实际，并接受实践的检验，而不要不顾实际，对马克思主义原理作教条化的理解，提出脱离现实可能的理想化的观点。

"文化大革命"的反面教训值得我们科学地总结，只有这样才能够认真吸取这个惨痛的教训，永远不再重犯这样的错误。

复习思考题

1. 分析毛泽东发动"文化大革命"的原因。
2. 试析"无产阶级专政下继续革命理论"的错误。
3. 列举"文化大革命"中林彪、江青两个集团的罪行。
4. 评述1975年的全面整顿。
5. "文化大革命"留给我们的教训有哪些？

第四章　实行改革开放　建设中国特色社会主义道路的开拓

（1976.10—1992.1）

第一节　在徘徊中前进的两年

一、揭露批判"四人帮"

"四人帮"虽然垮台，但是一部分党组织和国家机关的权力仍掌握在"四人帮"帮派分子手中，有些地方帮派势力盘根错节，还有一定的势力，一部分地区的动乱尚未停止。这是当时最迫切需要解决的问题。为此，中共中央采取了一系列的稳定全国局势的措施。1976 年 10 月 18 日，中共中央下发《关于王洪文、张春桥、江青、姚文元反党集团事件的通知》。10 月 20 日，中共中央成立专案组，审查王、张、江、姚的罪行。中共中央根据实际情况，决定揭批"四人帮"的斗争分三个战役进行。第一个战役，着重揭批他们篡党夺权的阴谋和罪行；第二个战役，着重揭露他们的丑恶面目和罪恶历史；第三个战役，着重揭批他们的反动谬论。为配合斗争需要，中共中央决定分三批下发王、张、江、姚反党集团的罪证材料。经过广泛的调查、取证和核实，12 月 10 日，中共中央发出了《王洪文、张春桥、江青、姚文元反党集团罪证（材料之一）》，以大量的事实和确凿的证据，揭露了王、张、江、姚结成"四人帮"篡党夺权的阴谋和祸国殃民的罪行。1977 年 3 月 6 日，中共中央发出了《王洪文、张春桥、江青、姚文元反党集团罪证（材料之二）》，揭露了王、张、江、姚丑恶的历史以及销毁历史材料、迫害知情人的罪行。9 月 23 日，中共中央又发出了《王洪文、张春桥、江青、姚文元反党集团罪证（材料之三）》，集中揭露了"四人帮"篡改、歪曲马克思列宁主义、毛泽东思想，在各个领域散布的反动谬论。

全国人民积极响应中共中央的号召，以极大的革命热情和实际行动，深入揭批江青集团的反动谬论及其严重罪行，清查他们的帮派体系，肃清其流毒和影响，并把这一群众运动同进一步揭批林彪集团的罪行联系起来。中共中央还要求把揭批林彪、江青集团的斗争，同整顿全国各条战线的工作和恢复国民经济结合起来进行，在揭批斗争中，把机关整顿好，把厂矿、企业、社队、商店、学校整顿好，把各行各业整顿好。到 1978 年底，全国绝大部分地区和单位揭批查工作基本结束。

1977 年 7 月举行的党的十届三中全会上，决定把王洪文、张春桥、江青、姚文元永远开除出党，撤销其党内外一切职务。1979 年 9 月 29 日，叶剑英在庆祝中华人民共和国成立 30 周年大会上的讲话中指出：林彪、"四人帮"是"两个反革命阴谋集团"，"他们打着'革命'的旗号，蓄意制造和推行了一条极'左'路线"。[①] 1980 年 9 月 29 日，第五届全国人大常委会第十六次会议通过成立最高人民检察院特别检察厅和最高人民法院特别法庭，检察、审判林彪、江青反革命集团案主犯的决定。1980 年 11 月 5 日，特别检察厅依法对林彪、江青反革命集团主犯江青、张春桥、姚文元、王洪文、陈伯达、黄永胜、吴法宪、李作鹏、邱会作、江腾蛟 10 人提起公诉（林彪、康生、谢富治、叶群、林立果、周宇驰已经死亡，依法不再追究刑事责任）。特别检察厅起诉书确认林彪、江青反革命集团犯罪事实：①诬陷、迫害党和国家领导人，策划推翻无产阶级专政的政权。②迫害、镇压广大干部和群众。③谋害毛泽东主席，策动反革命武装政变。④策动上海武装叛乱。11 月 20 日，特别法庭开庭审判，至 12 月 29 日，第一、第二两个审判庭对林彪、江青集团的 10 名主犯被指控的犯罪事实进行法庭调查和法庭辩论。在此期间，共开庭 42 次，有 49 名证人和被害人出庭作证，对各种证据计873 件进行了审查。1981 年 1 月 25 日，最高人民法院特别法庭开庭宣判：判处江青、张春桥死刑，缓期 2 年执行，剥夺政治权利终身；判处王洪文无期徒刑，剥夺政治权利终身；判处姚文元有期徒刑 20 年，陈伯达 18 年，黄永胜 18 年，吴法宪 17 年，李作鹏 17 年，邱会作 16 年，江腾蛟 18 年，并均剥夺政治权利 5 年。这是正义的判决，人民的胜利；这是我国民主和法制建设上的一件引人注目的大事。1983 年 1 月 25 日，最高人民法院刑事审判庭裁定，对江青、张春桥原判处的死刑缓期 2 年执行的刑罚，依法改为无期徒刑，原判处剥夺政治权利终身不变。

---

① 叶剑英的讲话经中共十一届四中全会讨论通过。

二、"两个凡是"的提出和经济建设中的新冒进

在揭批"四人帮"的斗争中，党内外的许多同志越来越强烈地要求纠正"文化大革命"的"左"倾错误，恢复党的马克思主义正确路线、方针、政策和优良传统。可是，这种正当的要求却遇到了严重的阻力。

华国锋在粉碎"四人帮"的斗争中是有功的，也试图结束"文化大革命"造成的混乱，但他没有从根本上认清"文化大革命"的问题，特别是没有认清"文化大革命"和毛泽东晚年错误的关系。他没有足够的胆识来解决既要彻底清除"文化大革命"的错误，又要维护毛泽东的历史地位和毛泽东思想作为党的指导思想的地位这样一个复杂的问题。他不知道，只有如实地指出毛泽东晚年发动和坚持"文化大革命"的错误，并加以纠正，才能继承以毛泽东和毛泽东思想为旗帜的中国共产党和中国革命的优良传统。他以为要继承毛泽东，就不能否定毛泽东在"文化大革命"中的重要意见和重要决定。1976 年 10 月 7 日至 14 日，中共中央政治局在北京分批召开中央党、政、军机关，各省、市、自治区，各大军区负责人参加的打招呼会议期间，华国锋即提出要"继续批邓、反击右倾翻案风"，要求广大党员干部对"文化大革命"要做到"三个正确对待"，即所谓正确对待"文化大革命"、正确对待群众、正确对待自己。10 月 26 日，华国锋同中共中央宣传部门负责人谈话，第一次提出了"两个凡是"的观点。他说：当前，一、要集中批"四人帮"，连带"批邓"；二、"四人帮"的路线是极右路线；三、凡是毛主席讲过的，点过头的，不要去批；四、"天安门事件"要避开不说。1977 年 2 月 7 日，《人民日报》、《红旗》杂志、《解放军报》发表经汪东兴决定、报华国锋批准的社论：《学好文件抓住纲》，公开提出"凡是毛主席作出的决策，我们都坚决维护，凡是毛主席的指示，我们都始终不渝地遵循"（即"两个凡是"）的错误方针。3 月，中共中央召开工作会议，初步总结了粉碎"四人帮"以来的工作，并部署了当年的工作。华国锋在讲话中坚持"两个凡是"的观点，继续沿用"文化大革命"中的一些错误提法，提出"抓纲治国"的"战略决策"，仍然认定天安门事件是"反革命事件"，认为"批邓、反击右倾翻案风"是毛主席定的，批是"必要的"。会上，陈云等老同志郑重提出：邓小平与天安门事件无关，让邓小平重新参加党中央的领导工作，是完全必要的。但华国锋表示，经过调查，邓小平没有插手天安门事件，邓小平的问题应当解

决，但是要有步骤，要有一个过程，只能在适当的时机让邓小平出来工作。①

针对华国锋在中央工作会议上的讲话坚持"两个凡是"的观点，邓小平于 4 月 10 日写信给中共中央，提出："我们必须世世代代地用准确的完整的毛泽东思想来指导我们全党、全军和全国人民，把党和社会主义的事业，把国际共产主义运动的事业，胜利地推向前进。"②邓小平对"两个凡是"的批评，开了全党解放思想的先导。5 月 24 日，邓小平同中央两位同志谈话时又说："'两个凡是'不符合马克思主义"。"马克思、恩格斯没有说过'凡是'，列宁、斯大林没有说过'凡是'，毛泽东同志自己也没有说过'凡是'。""毛泽东思想是个思想体系。""我们要高举旗帜，就是要学习和运用这个思想体系。"③

华国锋把自己看成是毛泽东的继承人，在继续维护旧的个人崇拜的同时，还制造和接受对他自己的个人崇拜。与此同时，华国锋坚持"文化大革命"的"左"倾错误理论和政策。1977 年 7 月，在中共十届三中全会上，华国锋说："在社会主义时期，毛主席对马克思主义的最伟大贡献，就是完整地创立了无产阶级专政下继续革命的理论。"针对这一情况，邓小平在中共十届三中全会上讲话，强调"毛泽东思想是个体系，是发展了的马克思主义"，"要对毛泽东思想有一个完整的准确的认识，要善于学习、掌握和运用毛泽东思想的体系来指导我们各项工作。只有这样，才不至于割裂、歪曲毛泽东思想，损害毛泽东思想"。他说"我们不能够只从个别词句来理解毛泽东思想，而必须从毛泽东思想的整个体系去获得正确的理解"。④ 之后，邓小平继续反复多次地讲"我们要准确地完整地理解毛泽东思想的体系"，要解放思想，要实事求是。

粉碎"四人帮"，从危难中挽救了党和国家，也使国民经济从瘫痪、半瘫痪状态中走了出来，这是成绩。在这样的关头，本来应该用一定的时间对国民经济进行调整和整顿，解决国民经济重大比例失调问题。但是就在这时，又发生了急于求成、片面追求速度的急躁冒进的错误。从 1976 年冬季开始，华国锋和中央有关部门对农业机械化和粮食生产，对石油、煤炭、

① 中共中央文献研究室编：《邓小平年谱(1975—1997)》，上卷，156 页。
② 《邓小平文选》，2 版，第 2 卷，39 页。
③ 《邓小平文选》，2 版，第 2 卷，38～39 页。
④ 《邓小平文选》，2 版，第 2 卷，42～47 页。

钢铁、化工的生产等方面，相继提出了不切实际的高指标和根本不可能实现的大口号，如要求在 1980 年基本上实现全国农业机械化，各省、市、自治区都实现粮棉油上《纲要》，"石油光有一个大庆不行，要有十来个大庆"。1978 年 2 月，华国锋向全国人大五届一次会议提出国务院《关于 1976 年到 1985 年发展国民经济十年规划纲要（草案）》。按照这个规划，到 1985 年，钢产量要达到 6000 万吨，原油产量要达到 2.5 亿吨。从 1978 年到 1985 年的 8 年期间，在全国形成 14 个大型重工业基地，全国基本建设投资相当于过去 28 年的总和。按照十年规划，到 1985 年粮食产量要达到 8000 亿斤；农业主要作业机械化水平达到 85% 以上；按农业人口达到一人一亩旱涝保收、高产稳产农田；要建设 12 个大面积商品粮基地。这个十年规划纲要以"左"的思想为指导，指标定得过高，基建投资安排过大，许多项目没有经过综合平衡就草率决定。这个《十年规划纲要》虽然只提交全国人民代表大会讨论，没有公布下达，但在实际工作中已产生了较大影响。

华国锋这时看到外国科学技术的进步，提出"不要故步自封，夜郎自大"（这是毛泽东说过的话），这当然是对的。但由此出发，不顾国力，企图过急过多地引进国外技术设备和举借外债，以此来实现高速度的发展，结果造成 1979 年和 1980 年我国国际收支严重逆差的困难局面，所以被人们称为"洋冒进"。这次的新冒进和 50 年代的"大跃进"相比，虽然社会经济环境有所不同，但同样都是源于不顾客观条件的"左"倾指导思想。新的"跃进"发生于国民经济在十年动乱的大破坏后亟待休养生息之时，正如要一个大病初愈的人急速快跑，结果只能事与愿违，进一步加剧在"文化大革命"中已经相当严重的国民经济各方面比例关系的失调。

总体来看，在粉碎"四人帮"后的两年间，虽然已经宣告"文化大革命"结束，各项工作也有所前进，但党的指导思想仍然没有根本改变，从而使党和国家的工作在总体上受到严重的阻挠。因此这两年是处于徘徊中前进的局面。

三、中共十一大和五届全国人大一次会议

在全国揭批江青集团取得初步成效的形势下，为对"四人帮"做出组织处理和让邓小平等老同志及早出来工作，健全、充实中共中央领导机构，并且准备提前召开中共第十一次全国代表大会，中国共产党于 1977 年 7 月，在北京召开十届三中全会。全会通过关于追认华国锋任中共中央主席、中

央军委主席的决议；关于恢复邓小平中共中央委员、中央政治局委员、中央政治局常委、中央副主席、中央军委副主席、国务院副总理、中国人民解放军总参谋长职务的决议；关于王洪文、张春桥、江青、姚文元反党集团的决议，决定永远开除王、张、江、姚的党籍，撤销其党内外一切职务。全会完全同意中央政治局关于提前召开中共第十一次全国代表大会的决定，完全赞同中央政治局为召开十一大所做的各项准备工作，决定在当年适当的时候召开中共第十一次全国代表大会。

1977年8月12日至18日，中国共产党第十一次全国代表大会在北京召开。大会的议程有3项：①中央委员会的政治报告；②修改中国共产党章程和关于修改党的章程的报告；③选举中央委员会。这次代表大会宣告"文化大革命"已经结束，重申在20世纪内把我国建设成为社会主义的现代化强国，是新时期党的根本任务，这对于动员全党、全军和全国人民继续揭批"四人帮"，团结起来建设社会主义现代化强国起了积极作用。但由于当时历史条件的限制，这次大会没有能够纠正"文化大革命"的错误理论、政策和口号，反而加以肯定，因而未能完成从理论和指导方针上拨乱反正的历史任务。

8月19日，中共十一届一中全会召开，选举了中央机构。选举结果：华国锋任中央委员会主席；叶剑英、邓小平、李先念、汪东兴任副主席。中央政治局委员23人，中央政治局候补委员3人。华国锋、叶剑英、邓小平、李先念、汪东兴当选中央政治局常委。

中共十一大之后不久，1977年9月9日，毛主席纪念堂落成。华国锋在纪念毛主席逝世一周年及毛主席纪念堂落成典礼大会上的讲话，把党的十一大路线概括为：高举毛主席的伟大旗帜，坚持党的基本路线，抓纲治国，继续革命，为建设社会主义的现代化强国而奋斗。这表明华国锋仍然坚持"以阶级斗争为纲"和"无产阶级专政下继续革命"的错误提法。

1978年2、3月间，第五届政协全国委员会第一次会议在北京举行。会议通过了《中国人民政治协商会议章程》，选举邓小平为第五届全国政协主席，乌兰夫等22人为副主席。政协在"文化大革命"期间完全停止活动。它的恢复活动，对于加强中国共产党和各民主党派间的合作，加强人民民主统一战线，有重要的意义。

与全国政协会议同时，第五届全国人民代表大会第一次会议在北京召开。上一届全国人大会议是"四人帮"还在猖獗的1975年初召开的，提前换届是完全必要的。华国锋代表国务院作题为《团结起来，为建设社会主义的现代化强国而奋斗》的政府工作报告。叶剑英受中共中央的委托，向会议作《关于修改宪法的报告》。会议通过了新的《中华人民共和国宪法》。新宪法包括序言、4 章共 60 条，把新时期的总任务写进了序言。新宪法虽然恢复了 1954 年宪法中许多好的原则和内容，但仍未能彻底纠正和清除 1975 年宪法中的错误。新宪法也没有来得及恢复 1954 年宪法中关于"中华人民共和国主席"的条文。同时，会议通过了中华人民共和国国歌新词。会议选举叶剑英为全国人大常委会委员长，宋庆龄等 20 人为副委员长；决定华国锋为国务院总理，邓小平等 13 人为副总理。

四、关于真理标准问题的讨论

1978 年 5 月 11 日，《光明日报》以特约评论员名义发表题为《实践是检验真理的唯一标准》的文章（原在中共中央党校内部刊物《理论动态》第 60 期上发表）。当天，新华社转发了这篇文章。12 日，《人民日报》和《解放军报》同时转载。文章鲜明地指出：检验真理的标准只能是社会实践；理论与实践的统一，是马克思主义的一个最基本的原则；任何理论都要不断接受实践的检验。文章说：检验真理的标准是什么？这是早被无产阶级的革命导师解决了的问题。但是这些年来"四人帮"把它搞得混乱不堪，十分需要拨乱反正。现在，"四人帮"及其帮派体系已被摧毁，但是，"四人帮"加在人们身上的精神枷锁，还远没有完全粉碎。"圣经上载了的才是对的"的错误倾向依然存在。对"四人帮"设置的禁锢人们思想的"禁区"，我们要敢于去触及，敢于去弄清是非。凡有超越于实践并自奉为绝对的"禁区"的地方，就没有科学，就没有真正的马列主义、毛泽东思想，而只有蒙昧主义、唯心主义、文化专制主义。文章最后指出：社会主义对于我们来说，有许多地方还是未被认识的必然王国。我们要完成新时期的总任务面临着许多新的问题，需要我们去认识，去研究，躺在马列主义、毛泽东思想的现成条文上，甚至拿现成的公式去限制、宰割、裁剪无限丰富的飞速发展的革命实践，这种态度是错误的。我们要有共产党人的责任心和胆略，勇于研究生动的实际生活，研究现实的确切事实，研究新的实践中提出的新问题。只有这样，才是对待马克思主义的正确态度，才能够逐步地由必然王国向自由王国前进，顺利地进行新的伟大的长征。这篇文章从理论上否定了"两个凡是"，在全党和全国引起了广泛的注意，并逐渐形成了讨论。

这时，华国锋指示中央宣传部门对这场讨论"不表态"、"不介入"；汪东兴也在若干场合指责这篇文章"实际上是把矛头指向主席的"。但是，这场讨论已不可能按照他们的意愿冷却下来。这场真理标准问题的争论，实质上是关于党的思想路线的争论。

邓小平、叶剑英、陈云、李先念、胡耀邦、聂荣臻、徐向前、罗瑞卿等一批老同志都支持这场讨论。6 月 2 日，邓小平在全军政治工作会议上指出："实事求是，是毛泽东思想的出发点、根本点"，"马克思主义的活的灵魂，就是具体地分析具体情况。马列主义、毛泽东思想如果不同实际情况相结合，就没有生命力了"。他批评一些"天天讲毛泽东思想，却往往忘记、抛弃甚至反对毛泽东同志的实事求是、一切从实际出发、理论与实践相结合的这样一个马克思主义的根本观点，根本方法"的同志，说"他们的观点，实质上是主张只要照抄马克思、列宁、毛泽东同志的原话，照抄照转照搬就行了"。邓小平指出，如果反对实事求是，那就说不上是马克思列宁主义、毛泽东思想，就只能把我们引导到唯心主义和形而上学，引导到工作的损失和革命的失败。据此，他主张"一定要肃清林彪、'四人帮'的流毒，拨乱反正，打破精神枷锁，使我们的思想来个大解放"。① 6 月 24 日，《解放军报》发表特约评论员文章《马克思主义的一个最基本原则》，这篇文章是胡耀邦决定由中央党校的同志撰写的，比较系统地从理论上回答了对于坚持实践是检验真理的唯一标准的原则所提出的责难。文章送到《解放军报》，当时担任中央军委秘书长的罗瑞卿对文章亲自作了多次修改，并审阅定稿。7 月 22 日，邓小平指出：《实践是检验真理的唯一标准》这篇文章是马克思主义的。争论不可避免，争得好。引起争论的根源就是"两个凡是"。9 月，邓小平在长春、沈阳等地视察期间又说：怎么样高举毛泽东思想旗帜，是个大问题。"两个凡是"不是高举，"这样搞下去，要损害毛泽东思想"，"是形式主义的高举，是假的高举"。他说："毛泽东思想的基本点就是实事求是，就是把马列主义的普遍真理同中国革命的具体实践相结合。毛泽东同志在延安为中央党校题了'实事求是'四个大字，毛泽东思想的精髓就是这四个字。"②关于真理标准问题的讨论，冲破了长期以来"左"倾错误思想的束缚，促进了全国性的马克思主义的思想解放运动，为中共的第十一届三中全会的召开准备了思想条件。

① 《邓小平文选》，2 版，第 2 卷，114、118、119 页。
② 《邓小平文选》，2 版，第 2 卷，126～128 页。

五、教育和科技战线"左"倾错误的纠正　全国科学大会和全国教育工作会议

邓小平正式恢复工作后，自告奋勇分管科学、教育方面的工作。他以科教为突破口，对科学和教育一系列问题提出了拨乱反正的意见，着手纠正"文化大革命"的"左"倾错误，科教战线出现了全新的面貌。

1977年8月，中共中央召开科学和教育工作座谈会。邓小平在会上指出："对建国以后的十七年怎样估计，这是大家很关心的问题。这个问题在科研方面基本上得到了解答，大家不满意的是在教育方面。""对全国教育战线十七年的工作怎样估计？我看，主导方面是红线。"应当肯定，十七年中，绝大多数知识分子，辛勤劳动，努力工作，取得了很大成绩。"特别是教育工作者，他们的劳动更辛苦。现在差不多各条战线的骨干力量，大都是"建国"以后我们自己培养的，特别是前十几年培养出来的。""如果对十七年不作这样的估计，就无法解释我们所取得的一切成就了。"对我国知识分子队伍应该怎样估计，邓小平说："我国的知识分子绝大多数是自觉自愿地为社会主义服务的。"他强调要"尊重教师"、"尊重人才。"①

推翻所谓的"两个估计"，对长期受到"两个估计"严重压抑的广大知识分子，尤其是教育工作者，是一次大解放。9月19日，邓小平同教育部主要负责人谈话，指出：对《全国教育工作会议纪要》"要进行批判，划清是非界限"，"'两个估计'是不符合实际的"，"《纪要》是毛泽东同志画了圈的。毛泽东同志画了圈，不等于说里面就没有是非问题了"。邓小平这次谈话以后，教育部即以大批判组的名义，发表题为《教育战线的一场大论战——批判"四人帮"炮制的"两个估计"》的文章，揭露了"两个估计"出笼的经过，提出"十七年是红线主导，还是'黑线专政'？""知识分子是革命力量，还是革命对象？"等问题，全面批判了"四人帮"的谬论，否定了"两个估计"。1977年底至1978年初，全国高等学校重新通过统一考试招收新生。1977年11月6日，中共中央批准工宣队撤出学校。

经过充分的筹备，1978年3月全国科学大会在北京举行，出席代表近6000人，是我国科学界的一次空前盛会。邓小平在开幕式上作重要讲话，阐明了马克思主义关于科学技术在社会发展中的地位、作用的基本原理，

---

① 《邓小平文选》，2版，第2卷，48～58页。

指出四个现代化关键是科学技术的现代化，要大力发展科技和教育事业，充分调动科技和教育工作者的积极性。他着重阐述了"科学技术是生产力"这一马克思主义观点，明确肯定我国知识分子的绝大多数是工人阶级和劳动人民自己的知识分子，也可以说已经是工人阶级自己的一部分了。他强调在我国造就更宏大的科学技术队伍的必要性，驳斥了"四人帮"打击迫害知识分子、破坏我国科学技术事业的种种谬论。邓小平的讲话，澄清了科技事业中的一些重大原则问题，是在科学教育工作和知识分子问题上又一次重要的拨乱反正。华国锋作了《提高整个中华民族的科学文化水平》的报告。大会制定了《1978 年至 1985 年全国科学技术发展规划纲要（草案）》。大会号召大家树雄心，立壮志，向科学技术现代化进军。

全国科学大会之后不久，4 月至 5 月间，在北京召开全国教育工作会议。邓小平在会上做了重要讲话。他要求提高教育质量，提高科学文化的教学水平，更好地为社会主义建设服务；学校要大力加强革命秩序和革命纪律，造就具有社会主义觉悟的一代新人，促进整个社会风气的革命化；教育事业必须同国民经济发展的要求相适应；尊重教师的劳动，提高教师的质量。他指出：一个学校能不能为社会主义建设培养合格的人才，培养德智体全面发展、有社会主义觉悟的有文化的劳动者，关键在教师。我们要提高教师的政治地位和社会地位。整个社会都应该尊重教师。要采取适当的措施，鼓励人们终身从事教育事业。这篇讲话，为新时期的教育工作指明了努力方向。全体代表讨论了《1978 年至 1985 年全国教育事业规划纲要（草案）》，以及《全国普通高等学校暂行工作条例》、《全日制中学暂行工作条例（草案）修改意见（讨论稿）》、《全日制小学暂行工作条例（草案）修改意见（讨论稿）》。在全国教育工作会议之后，国务院批准教育部在全国恢复和增设 55 所普通高等学校。经国务院批准，各高等院校都恢复了原有职称，并分期分批进行了提升和确定教师职称的工作。

1978 年 5 月至 6 月间，中国文学艺术界联合会第三届全国委员会第三次会议在北京召开。这是粉碎"四人帮"后，文艺界召开的第一次全国性的会议。会议揭发批判了"四人帮"炮制"文艺黑线专政"论，践踏社会主义，迫害文艺工作者的罪行，并宣布中国文学艺术界联合会、中国作家协会、中国戏剧家协会、中国音乐家协会、中国舞蹈工作者协会和中国电影工作者协会正式恢复工作。《文艺报》立即复刊。中国美术家协会、中国曲艺工作者协会、中国民间文学研究会和中国摄影协会也将陆续恢复工作。一大批被长期禁锢的电影、戏剧及其他中外优秀文艺作品得到解放。各种文艺创作逐渐活跃起来。

六、放宽农村政策 国民经济的初步恢复

"文化大革命"在经济领域内留下的后遗症主要是工矿企业生产和交通运输陷入混乱,商业流通堵塞,国民经济的重大比例关系严重失调,人民的物质生活长期没有得到应有的改善。1976 年,是"四人帮"对生产建设破坏最严重的一年,工农业总产值比 1975 年只增长 1.7%,大大低于计划要求增长 7%~7.5%的速度。

粉碎"四人帮"不久,国务院采取果断措施,解决铁路堵塞的问题。1977 年 3 月,全国计划会议在北京召开。会议讨论了 1977 年的国民经济计划,通过了国家计委向中共中央政治局提出的《关于 1977 年国民经济计划几个问题的汇报提纲》。会议针对当时经济领域存在的思想混乱,提出了要不要坚持党的领导、要不要搞好生产、要不要规章制度、要不要社会主义积累、要不要实行各尽所能按劳分配的原则、要不要引进新技术、要不要坚持计划经济等"十个要不要"的问题。这对于批判"四人帮"的反动谬论,澄清人们的思想,起了积极作用。会议还提出,要着手解决当前国民经济中的一些比例关系很不协调的问题,要搞好企业的整顿。但是,当时对"四人帮"长期干扰破坏在经济领域内造成的严重后果估计不足,没有及时纠正经济建设中"左"的指导方针和政策,没有对国民经济进行调整,而是急于求成,要"大干快上",继续沿着"农业学大寨"、"工业学大庆"的老路子来恢复和发展国民经济。虽然如此,1977 年国民经济仍得到比较快的恢复,扭转了长期以来停滞不前甚至下降的局面。1977 年工农业总产值为 4978 亿元,比上年增长 10.7%;国民收入为 2644 亿元,比上年增长 7.8%。全国工业总产值比上年增长 14.3%。农业生产受严重自然灾害的影响没有完成原定计划。农业总产值虽比上年增长 1.7%,但粮食产量比上年下降 1.2%。

1977 年 11 月至 12 月间,全国计划会议在北京召开,研究长远规划问题。会议所确定的生产建设指标和奋斗目标,超出了现实的可能性,脱离了我国的国情。这种高指标、大计划,助长了当时国民经济发展中已经出现的急躁冒进倾向。在 1978 年 2 月的五届全国人大一次会议上,国务院提出关于 1976 年到 1985 年发展国民经济十年规划纲要。这个纲要的执行,造成国家财政困难和国民经济比例更加失调的严重后果。虽然,当时全党还没有认识到新冒进的问题,但是,在一些地区、一些部门已经从实际出发,

寻找恢复和发展工农业生产的新途径、新办法。

为调动工人的生产积极性，1978 年初，中共中央提出"实行精神鼓励和物质鼓励相结合的方针"。5 月 5 日，《人民日报》发表特约评论员文章《贯彻执行按劳分配的社会主义原则》。这篇文章是国务院政治研究室起草的。在文章起草过程中，邓小平曾与研究室负责同志作过谈话。他说："按劳分配的性质是社会主义的，不是资本主义的，我们一定要坚持按劳分配的社会主义原则。按劳分配就是按劳动的数量和质量进行分配"，"处理分配问题如果主要不是看劳动，而是看政治，那就不是按劳分配，而是按政分配了。总之，只能是按劳，不能是按政，也不能是按资格"。他强调：贯彻按劳分配原则有好多事情要做。有些制度，如考核制度、奖金制度、稿费制度等，要恢复起来，建立起来。"总的是为了一个目的，就是鼓励大家上进。"①《人民日报》先后发表了开滦煤矿坚持按劳分配促进生产发展和黄浦港装卸工人实行计件工资的消息报道。

华国锋对农业是很重视的。但他在粉碎"四人帮"后，继续推动"农业学大寨"、"普及大寨县"运动，坚持搞"穷过渡"。1977 年中央 49 号文件要求"今冬(1977 年冬)明春(1978 年春)"全国 10％的生产队"过渡"到大队核算。一些省和地区从当地实际出发，要求解决农村和农民最紧迫的问题，工作重心是清理、落实党在农村的经济政策，调动农民已经低到极点的生产积极性，恢复生产，让农民吃饱肚子。中共四川省委 1977 年在全省范围内，全面清理、认真落实农村经济政策，重点贯彻执行按劳分配原则。1978 年 2 月，中共四川省委制定了《关于当前农村经济政策几个主要问题的规定》(简称四川十二条)。文件规定：允许和鼓励社员经营少量自留地和家庭副业，并特别肯定了四川不少地方已经实行的"定额到组、评工到人"的办法。1977 年 11 月，在安徽省农村工作会议上通过了《关于目前农村经济政策几个问题的规定》(简称安徽六条)。文件规定：农村一切工作要以生产为中心；尊重生产队的自主权；分配要兑现；允许农民搞家庭副业，其收获除完成国家任务之外，可以到集市上出售；生产队可以实行定任务、定质量、定工分的责任制，只需个别人完成的农活可以责任到人。"省委六条"一发布，受到广大农民和基层干部的热烈欢迎。农民的生产积极性被调动起来，同时很快孕育和催生了多种生产责任制的萌芽与成长。1978 年夏秋之交，安徽又发生了百年不遇的特大旱灾，大批农民背井离乡外出乞讨。在省委

① 《邓小平文选》，2 版，第 2 卷，101～102 页。

紧急会议上，省委书记万里神情沉重地说：我们不能眼看农村大片土地撂荒，那样明年生活会更困难，与其撂荒，倒不如让农民个体耕种，充分发挥各自潜力，尽量多种"保命麦"渡过灾荒。经过激烈争论，安徽省委做出了"借地种麦"的决定，凡是集体无法耕种的土地，借给社员种麦种菜，鼓励多开荒，谁种谁收，国家不征统购粮，不分配统购任务。这个办法调动了农民的生产积极性，大大加快了秋种的进度。在借地的基础上，有些地方实行包产到组，有的搞了包产到户。肥西县山南公社小井庄生产队，以"借地度荒"的名义，索性将所有的集体土地也都借给农民，成为最早包产到户的生产队。省委把山南公社作为包产到户的试点，暂不宣传、不登报、不推广。但这个消息在肥西县不胫而走，"包产到户"捂也捂不住，全县很快就有一半以上的生产队搞了包产到户。凤阳县马湖公社的干部和群众创造了"大包干"的办法，开始也是包干到组，即生产队下面分很多个小组，有的组只有三五户，基本上是父子、兄弟、叔侄等近亲。这个办法，在凤阳全县迅速铺开。该县的小岗生产队名为包干到组，在1979年春节，18户农民秘密搞起了包干到户，成为凤阳县农村包产到户的第一家。农民群众创造的这些办法，得到了省委的支持，并在滁县、六安专区进行了试点。不到3个月，全省实行"包产到户"的生产队就发展到4.1万多个，约占全省生产队总数的15.2%。到1980年底，实行"包产到户"的生产队已占全省生产队总数的70%。与此同时，四川、贵州、甘肃、内蒙古、河南等地，"包产到户"也在或公开或暗地里发展起来。这是我国农业经济体制改革的最初试验。

1978年的工农业生产得到进一步恢复。农业生产获得大丰收，农业总产值达到1459亿元，比上年增长9%。其中粮食产量达到6095亿斤，比上年增产440亿斤，超过历史最高水平；棉花产量达到4334万担，比上年增产236万担。工业总产值达4231亿元，比上年增长13.5%（轻工业增长10.8%，重工业增长15.6%）。其中原煤产量6.18亿吨，比上年增长12.4%；钢产量3178万吨，比上年增长33.9%。由于工农业生产的较快增长，财政收入也有较大幅度的增加，基本建设投资大幅度增加，对外贸易有显著增加，国内市场供应情况有所改善，人民生活也有所提高。但1978年，在经济建设上急于求成的做法，已经开始给经济工作带来了不利的影响。1978年的国民经济存在的主要问题是：①农轻重比例严重失调。②积累与消费比例关系严重失调。③基本建设规模过大，投资效益不高。④急于引进，引进项目总规模超过了我国的承担能力和消化能力。⑤劳动就业问题十分严重，全国约有 2000 万人要求安排就业。⑥经济效益很差，全国约有 1/3 的企业管理比较混乱，生产秩序不正常。

第二节　伟大历史转折的实现

一、中共十一届三中全会　正确路线的重新确立和工作重点的转移

国家经济政治的复苏，迫切要求尽快结束国内工作在徘徊中前进的局面，以便认真地全面清理和纠正"文化大革命"及其以前的"左"倾错误，拨乱反正，开拓社会主义现代化建设的新局面。中共十一届三中全会和全会形成的以邓小平为核心的中央领导集体肩负起了这个历史重任，实现了历史的伟大转折。

为召开党的十一届三中全会作准备，中共中央于 1978 年 11 月 10 日至 12 月 15 日在北京召开工作会议，会期 36 天，共 212 人参加，讨论全党工作重点转移的问题。华国锋主持会议，他在开幕会上讲了这次会议要讨论的 3 个议题①及从 1979 年起，把全党工作的着重点转移到社会主义现代化建设上来。工作重点转移是邓小平在 1978 年 9 月最先提出来的。邓小平的意见得到中央政治局常委的赞同，并作为常委的集体意见向中央工作会议提出。在会议分组讨论中，陈云率先要求解决"文化大革命"中遗留的一大批重大问题和一些重要领导人的功过是非问题。他提出"天安门事件"是"一次伟大的群众运动"，"应该肯定"；要肯定彭德怀"对党的贡献很大"；薄一波等 61 人"出反省院是党组织和中央决定的，不是叛徒"；陶铸等也不是叛徒，他们的问题应该解决；"中央专案组是文化革命时期成立的"，"专案组所管的属于党内部分的问题应当移交给中央组织部，由中央组织部复查，做出实事求是的结论，这些结论都应该放到当时的历史情况中去考察。像现在这样既有中央组织部又有专案组，这种不正常的状态应该结束"；中央

---

①　一是讨论如何进一步贯彻执行以农业为基础的方针，尽快把农业生产搞上去；二是商定 1979 年和 1980 年两年国民经济计划的安排；三是讨论李先念在国务院经济工作务虚会上的讲话。

应该承认"七七决定"和1940年中组部的决定①是党的决定，应根据这两个决定的精神，对那些在"文化大革命"中被错误定为叛徒的同志给以重新审查，"对他们做出实事求是的经得起历史检验的结论，这对党内外都有极大的影响，不解决这些同志的问题，是很不得人心的"；康生的"错误是很严重的"，中央应"给以应有的批评"。② 陈云的发言实际上是主张彻底纠正"文化大革命"的错误，为全党工作重点的转移，创造一个安定团结的政治局面。胡耀邦在发言中着重讲了平反冤假错案，落实干部政策问题。到会的许多老同志还提出了"一月风暴"、"二月逆流"、"批邓、反击右倾翻案风"等许多在"文化大革命"中被颠倒了的重大是非问题，要求中央做出正确的结论；并对"两个凡是"的方针、两年来领导工作中的失误问题和恢复党的优良传统问题等，提出了中肯的批评和建议。会议开得生动活泼，畅所欲言。

11月25日，华国锋代表中央政治局向会议宣布了对"文化大革命"中和"文化大革命"前遗留的一些重大政治事件，以及一些重要领导同志功过是非问题的平反决定。其中包括：为"天安门事件"平反；为薄一波等61人所谓叛徒集团一案平反；撤销中央过去关于"批邓、反击右倾翻案风"的文件；为所谓"二月逆流"一案平反；纠正过去对彭德怀、陶铸、杨尚昆等同志所做的错误结论；撤销中央专案组，全部案件移交中央组织部，今后不再采取成立专案组审查干部的办法；康生、谢富治的问题很大，有关揭发他们的材料，送交中央组织部审理。会议对在真理标准问题讨论中暴露的意见分歧进行了热烈讨论，并要求党中央对这场讨论明确表示态度，以彻底解决思想路线问题。会议对重点转移和三大议题也进行了认真讨论，并就人事和机构问题提出建议。在12月13日的闭幕会上，华国锋做了会议总结，并就"两个凡是"问题做了自我批评。叶剑英讲了三点意见：①要有好的领导班子；②要发扬民主，加强法制；③要勤奋学习，解放思想。邓小平作了《解放思想，实事求是，团结一致向前看》的重要讲话，提出和阐述了关系到党和国家前途命运的几个重大问题。主要的内容是：①解放思想是当

---

① "七七决定"是指1937年7月7日，中央组织部《关于所谓自首分子的决定》。1940年中组部决定是指关于从反省院出来履行过出狱手续，但继续干革命的那些同志，经过审查可给予恢复党籍的决定。

② 中共中央文献研究室编：《三中全会以来重要文献选编》，上册，15～17页，北京，人民出版社，1982。

前的一个重大政治问题。他说：在我们的干部特别是领导干部中，不少同志的思想还很不解放，还处在僵化或半僵化的状态。不打破思想僵化，不大大解放干部和群众的思想，四个现代化就没有希望。只有思想解放了，我们才能正确地以马列主义、毛泽东思想为指导，解决过去遗留的问题，解决新出现的一系列问题，正确地改革同生产力迅速发展不相适应的生产关系和上层建筑，根据我国的实际情况，确定实现四个现代化的具体道路、方针、方法和措施。"一个党，一个国家，一个民族，如果一切从本本出发，思想僵化，迷信盛行，那它就不能前进，它的生机就停止了，就要亡党亡国。"只有解放思想，坚持实事求是，一切从实际出发，理论联系实际，我们的社会主义现代化建设才能顺利进行，我们党的马列主义、毛泽东思想的理论也才能顺利发展。"从这个意义上说，关于真理标准问题的争论，的确是个思想路线问题，是个政治问题，是个关系到党和国家的前途和命运的问题。"②民主是解放思想的重要条件。他说：解放思想，一个十分重要的条件就是要真正实行民主集中制。当前特别需要强调民主。宪法和党章规定的公民权利、党员权利必须坚决保障，任何人不得侵犯。同样，要切实保障工人农民个人的民主权利，包括民主选举、民主管理和民主监督。"为了保障人民民主，必须加强法制。"必须使民主制度化、法律化。他还着重讲了发扬经济民主的问题。他认为现在我国的经济管理体制权力过于集中，应该有计划地大胆下放，当前最迫切的是扩大厂矿企业和生产队的自主权，使每一个工厂和生产队能够千方百计地发挥主动创造精神。③处理遗留问题为的是向前看。他说：处理遗留问题，纠正冤假错案，目的正是为了顺利实现全党工作重心的转变。④研究新情况，解决新问题。他说：要向前看，就要及时地研究新情况和解决新问题，否则我们就不可能顺利前进。他认为各方面的新情况都要研究，各方面的新问题都要解决，尤其要注意研究和解决管理方法、管理制度、经济政策这 3 方面的问题。他强调在管理方法上，当前要特别注意克服官僚主义，要学会用经济方法管理经济；在管理制度上，当前要特别注意加强责任制；在经济政策上，要允许一部分地区、一部分企业、一部分工人农民，由于辛勤努力成绩大而收入先多一些，生活先好起来。"这是一个大政策，一个能够影响和带动整个国民经济的政策"。① 邓小平这个重要讲话，是中央工作会议成果的高度概括和集中体现，为十一届三中全会提出了基本的指导思想，实际上成为这次

---

① 《邓小平文选》，2 版，第 2 卷，140～153 页。

全会的主题报告。

　　经过中央工作会议的充分准备，中国共产党第十一届中央委员会第三次全体会议于 1978 年 12 月 18 日至 22 日在北京举行。会议的中心议题是讨论把全党工作的重点转移到社会主义现代化建设上来。

　　全会认为，鉴于中央在二中全会以来的工作进展顺利，全国范围的大规模的揭批林彪、"四人帮"的群众运动已经基本上胜利完成，国民经济得到了进一步的恢复和发展，全国出现了安定团结的政治局面，我国外交工作取得了重大进展，应该从 1979 年起把全党工作的重点转移到社会主义现代化建设上来。全会果断地停止使用不适用于社会主义社会的"阶级斗争为纲"、"无产阶级专政下继续革命"等错误口号。全会明确指出：实现工业、农业、国防和科学技术的现代化，要求大幅度地提高生产力，也就必然要求多方面地改变同生产力发展不适应的生产关系和上层建筑，改变一切不适应的管理方法、活动方式和思想方法，因而是一场广泛、深刻的革命。我们国内现在还存在着极少数敌视和破坏我国社会主义现代化建设的反革命分子和刑事犯罪分子，我们决不能放松同他们的阶级斗争，决不能削弱无产阶级专政。但是正如毛泽东同志所说，大规模的疾风暴雨式的群众阶级斗争已经基本结束。对于社会主义社会的阶级斗争，应该按照严格区别和正确处理两类不同性质的矛盾的方针去解决，按照宪法和法律规定的程序去解决，决不允许混淆两类不同性质矛盾的界限，决不允许损害社会主义现代化建设所需要的安定团结的政治局面。这样，就在我国社会的主要矛盾这个根本问题上重新恢复和确认了中共八大的正确估计，从而解决了党从 1957 年以来未能解决的工作重点转移问题。这是共产党在政治路线上最根本的拨乱反正。

　　为了迎接社会主义现代化建设的伟大任务，全会回顾了新中国成立以来经济建设的经验教训。全会指出，实践证明，保持必要的社会政治安定，按照客观经济规律办事，我国的国民经济就高速度地、稳定地向前发展，反之，国民经济就发展缓慢甚至停滞倒退。粉碎"四人帮"以后，我国国民经济恢复和发展的步子很快，但是必须看到，由于林彪、"四人帮"的长期破坏，国民经济中还存在不少问题。一些重大的比例失调状况没有完全改变过来，生产、建设、流通、分配中的一些混乱现象没有完全消除，城乡人民生活中多年积累下来的一系列问题必须妥善解决。全会指出我们必须纠正急于求成的错误倾向，切实注意解决好国民经济比例严重失调问题，做到综合平衡，基本建设必须积极地而又量力地循序进行，要集中力量打歼灭战，不可一拥而上，造成窝工和浪费。全会指出，现在我国经济管理体制的一个严重缺点是权力过于集中，应该有领导地大胆下放，让地方和工农业企业在国家统一计划的指导下有更多的经营管理自主权，应该坚决实行按经济规律办事，重视价值规律的作用，注意把思想政治工作和经济手段结合起来。对经济管理体制和经营管理方法着手认真的改革。在自力更生的基础上积极发展同世界各国平等互利的经济合作，努力采用世界先进技术和先进设备。这些思想，是党摆脱经济建设中"左"倾错误指导方针影响、确定改革开放总方针的开端，是我国经济建设指导思想的重大转变。全会认为全党目前必须集中主要精力把农业尽快搞上去。全会还讨论了1979 年、1980 年两年国民经济计划的安排，并原则上通过了相应的文件。全会还提出了重视科学、重视教育的方针。

全会审查和解决了历史上一批重大冤假错案和一些重要领导人的功过是非问题。全会指出，解决历史遗留问题必须遵循实事求是、有错必纠的原则。要坚决地平反假案，纠正错案，昭雪冤案。全会还认为，由于在过去一个时期内，民主集中制没有真正实行，离开民主讲集中，民主太少，当前这个时期特别需要强调民主。为了保障人民民主，必须加强社会主义法制，使民主制度化、法律化。

全会坚决地批判了"两个凡是"的错误方针，高度评价了关于实践是检验真理的唯一标准问题的讨论，认为这对于促进全党同志和全国人民解放思想，端正思想路线，具有深远的历史意义。全会指出：毛泽东同志在长期革命斗争中立下的伟大功勋是不可磨灭的。毛泽东同志是伟大的马克思主义者。党在理论战线上的崇高任务，就是领导、教育全党和全国人民历史地、科学地认识毛泽东同志的伟大功绩，完整地、准确地掌握毛泽东思想的科学体系，把马列主义、毛泽东思想的普遍原理同社会主义现代化建设的具体实践结合起来，并在新的历史条件下加以发展。

根据党的历史的经验教训，全会决定健全党的民主集中制，健全党规党纪，严肃党纪。全会提出，全国报刊宣传和文艺作品要多歌颂工农兵群众，多歌颂党和老一辈革命家，少宣传个人。全会重申在党内不要叫官衔，一律互称同志，任何负责党员包括中央领导同志的个人意见，不要叫"指示"。全会指出，一定要保障党员在党内对上级领导直至中央常委提出批评性意见的权利，一切不符合党的民主集中制和集体领导原则的做法应该坚决纠正。党的各级领导干部必须带头严守党纪。

全会增选陈云为中央政治局委员、政治局常务委员、中央委员会副主席；增选邓颖超、胡耀邦、王震为中央政治局委员；增补黄克诚、宋任穷、胡乔木、习仲勋、王任重等为中央委员。全会选举陈云为中央纪律检查委员会第一书记、邓颖超为第二书记、胡耀邦为第三书记，黄克诚为常务书记。会后，中央政治局任命胡耀邦为秘书长，负责处理中央日常工作。虽然华国锋仍担任党中央主席，但是就党的指导思想和实际工作来说，邓小平已经成为中共中央领导集体的核心。

这些在领导工作中具有重大意义的转变，标志着共产党从根本上冲破了长期"左"倾错误的严重束缚，端正了指导思想，使广大干部和群众从过去盛行的个人崇拜和教条主义中解放出来，在思想上、政治上和组织上恢复和确立了马克思主义的正确路线，结束了 1976 年 10 月以来党的工作在徘徊中前进的局面，开始认真地全面纠正"文化大革命"中及其以前的"左"倾错误，把党和国家工作中心转移到经济建设上来，实行改革开放的政策，实现国家发展战略的根本转变，因而成为开辟有中国特色的社会主义道路的伟大起点。中共十一届三中全会是新中国成立以来党的历史上具有深远意义的伟大转折，开启了我国改革开放历史新时期。

二、坚持四项基本原则的提出　全面平反冤假错案和调整社会政治关系

中共十一届三中全会后，广大干部和群众从过去一个时期内盛行的个人崇拜和教条主义的精神枷锁中解脱出来，党内外思想活跃，出现了努力研究新情况和解决新问题的生动景象。这是当时政治生活的主流。但与此同时，也发生了若干值得引起注意和警觉的现象。这就是：一方面，党内有一部分人还深受"左"倾思想的束缚，不少人思想还处于僵化或半僵化状态，对于三中全会以来党的路线和政策表现出某种程度的不理解甚至抵触情绪；另一方面，社会上又出现了一股右的思潮，极少数人利用党进行拨乱反正的时机，打着"社会改革"的幌子，曲解"解放思想"的口号，采取"攻其一点，不及其余"的手法，把党的错误加以极端的夸大，企图否定党的领导、否定党所指引的社会主义道路、攻击无产阶级专政、诽谤毛泽东思想。有的人甚至成立非法组织、出版地下刊物，在全国各地串联，还同台湾及国外的敌对政治势力相勾结。党内有极少数人在党揭露和纠正自己所犯的错误时，思想发生动摇。他们不但不承认这股资产阶级自由化思潮的危险，而且直接间接地给以某种程度的支持。这种情况，如果任其发展，必将破

坏安定团结的局面，造成极为严重的后果。

针对这种情况，邓小平受中央委托，于 1979 年 3 月在党的理论工作务虚会上作了《坚持四项基本原则》的重要讲话。他说：我们当前以及今后相当长一个历史时期的主要任务是搞现代化建设。能否实现四个现代化，决定着我们国家的命运、民族的命运。社会主义现代化建设是我们当前最大的政治。现在搞建设，也要适合中国情况，走出一条中国式的现代化道路。他旗帜鲜明地指出："我们要在中国实现四个现代化，必须在思想政治上坚持四项基本原则。这是实现四个现代化的根本前提。"这四项基本原则是：第一，必须坚持社会主义道路；第二，必须坚持无产阶级专政；第三，必须坚持共产党的领导；第四，必须坚持马克思列宁主义、毛泽东思想。"今天必须反复强调坚持这四项基本原则。""如果动摇了这四项基本原则中的任何一项，那就动摇了整个社会主义事业，整个现代化建设事业。"他在批评怀疑三中全会路线的"左"的倾向同时，着重尖锐地揭露了某些人以所谓"社会改革"的名义鼓吹资本主义的实质。他还对"解放思想"的内涵作了科学的界定，阐明"解放思想，就是要运用马列主义、毛泽东思想的基本原理，研究新情况，解决新问题"。他还回答了我国目前时期的主要矛盾问题。他说："我们的生产力发展水平很低，远远不能满足人民和国家的需要，这就是我们目前时期的主要矛盾，解决这个主要矛盾就是我们的中心任务。"当然，这并不是说，今后就再没有阶级斗争了，"社会主义社会中的阶级斗争是一个客观存在，不应该缩小，也不应该夸大"。缩小了或夸大了，都要犯严重的错误。① 邓小平的讲话对顺利地实现工作重心的转移、纠正"左"的和右的错误倾向具有重大的深远意义。

粉碎"四人帮"以后，平反冤假错案的工作虽已局部地进行，但进展缓慢。党的十一届三中全会以后，从中央到地方都按照实事求是、有错必纠的原则加快了平反冤假错案的步伐。从 1978 年 11 月中央工作会议起，到 1982 年 9 月中共十二大，中共中央先后为"文化大革命"中的冤假错案平反。1980 年 2 月，中共十一届五中全会通过了为刘少奇平反的决议，决定撤销中共八届十二中全会强加给刘少奇的"叛徒、内奸、工贼"的罪名和把他"永远开除出党、撤销其党内外一切职务"的错误决议，恢复刘少奇作为伟大的马克思主义者和无产阶级革命家、党和国家的主要领导人之一的名誉。5 月 17 日，在北京隆重举行追悼大会。从而使新中国成立以来这起最大冤案得

---

① 《邓小平文选》，2 版，第 2 卷，158～184 页。

到平反。

中共中央还对"文化大革命"以前的一些重大案件进行了甄别。1980 年 9 月为"胡风反革命集团"案平反。1982 年 8 月 23 日，中共中央向全党郑重宣布，把潘汉年定为内奸并将其逮捕、判刑、开除党籍，都是错误的，应予彻底平反。到 1982 年底，大规模的平反冤假错案工作基本结束。有 300 多万名干部的冤假错案得到平反。

党在通过平反冤假错案调动干部队伍积极性的同时，还采取措施调整各方面的社会政治关系，以调动一切积极因素，并尽可能地把消极因素转化为积极因素。

1. 右派摘帽和错划改正。从 1959 年到 1964 年先后 5 批摘掉 30 多万右派分子的帽子，1978 年 4 月 5 日，中共中央决定全部摘掉右派分子帽子。同时指出，对于过去错划了的人，要坚持有错必纠的原则，做好改正工作。到 1978 年 11 月，全国各地摘帽工作全部完成。随后，进行错划改正工作。改正工作到 1980 年基本结束，改正的占原划"右派分子"总数的 98％以上。

2. 地主、富农分子摘帽问题。1979 年 1 月 11 日，中共中央做出《关于地主、富农分子摘帽问题和地富子女成分问题的决定》。地主、富农分子摘帽后，给予农村人民公社社员的待遇；其子女的个人成分一律定为社员。土改时，给地主、富农划定成分是必要的；由于情况变化，改变他们的成分，也是必要的。

3. 从 1979 年 1 月起，为国民党起义、投诚人员落实政策。随后，宽大释放了在押的原国民党县团以下党、政、军、特人员。此外，还落实了对居住在大陆的台湾同胞及去台人员在大陆的亲属的政策。

4.1979 年 12 月 17 日，中共中央批转中央统战部等五部门《关于对原工商业者的若干具体政策的规定》。《规定》指出，在原工商业者中，不要具体划分谁是自食其力的劳动者，谁是拥护社会主义的爱国者。从 1979 年起，他们填写现在的成分时，是干部就填"干部"，和工人一样参加生产劳动的就填"工人"。今后在政治上应与干部、工人一视同仁。

5.1956 年对私营工商业实行公私合营时，把一大批小商、小贩、小手工业者以及其他劳动者按资产阶级工商业者对待，这是不妥当的。从 1979 年 11 月起，开始把小商、小贩、小手工业者及其他劳动者从原工商业者中区别出来。到 1981 年，原 86 万工商业者中的 70 万人恢复了劳动者身份。

6. 认真落实知识分子政策，注意改善知识分子的工作条件和生活条件。国家开始建立学位制度，恢复评定学术和技术职称，抓紧培养、选拔专业人才。

7. 支持各民主党派恢复活动，发展组织，推动它们在国家政治生活、经济建设和文教、科技等领域积极发挥作用。

8. 1980 年到 1981 年，中共中央书记处先后召开西藏、云南、新疆和内蒙古等省区问题的会议，认真解决落实党的民族政策等方面的问题。党的十一届三中全会后，中共中央指出，巩固汉族同藏族、维吾尔族、蒙古族和其他边疆以及内地的各少数民族的团结，改善各少数民族的政治、经济、文化状况，是一个具有伟大历史意义和战略意义的重要任务。中央和一些地方还先后为被定为"地方民族主义分子"的同志摘帽子。班禅额尔德尼·确吉坚赞于 1979 年 6 月五届政协第二次会议上被选为副主席。

9. 党的宗教政策在"文化大革命"中遭到林彪、"四人帮"的很大摧残，公开的宗教活动几乎全部被停止。1982 年 3 月，中共中央书记处发出关于社会主义时期宗教问题的文件，阐明党在宗教问题上的基本观点和基本政策。在这前后，爱国宗教组织的活动得到恢复，各地的寺堂庙观陆续修复和开放，宗教政策得到落实。

10. 重申党的侨务政策，保护和褒扬侨胞爱祖国、爱故乡的热情，鼓励他们为支援祖国和家乡的建设做贡献。

上述这些政策的调整和落实，正确地处理了人民内部的一系列矛盾，有效地调动了社会各个阶层的人员的积极性，对促进社会的安定团结，巩固和发展爱国统一战线，推动现代化建设事业的发展，起了重要作用。

三、"调整、改革、整顿、提高"方针的制定　国民经济的新调整

粉碎"四人帮"后的头两年，即 1977 年、1978 年，工农业生产有了较快的恢复，但是国民经济重大比例失调的状况没有改变过来。由于对整个国民经济各方面的比例关系缺乏全面的、切合实际的分析，也由于矛盾还没有充分暴露出来，加上急于求成，搞"洋冒进"，加剧了早已存在的国民经济重大比例的严重失调。

中共中央在 1978 年底对国民经济比例严重失调的情况已经觉察到了，中共十一届三中全会即指出：国民经济中还存在不少问题，一些重大的比例失调状况没有完全改变过来。陈云、李先念在 1979 年 3 月 14 日给中共中央写信，信中对当时和其后的财经工作提出 6 点意见：①前进的步子要稳。不要再折腾，必须避免反复和出现大的马鞍形。②从长期来看，国民经济能做到

按比例发展就是最快的速度。③现在的国民经济是没有综合平衡的。比例失调的情况是相当严重的。④要有两三年的调整时期，才能把各方面的比例失调情况大体上调整过来。⑤钢的指标必须可靠。钢的发展方向，不仅要重数量，而且更要重质量。⑥借外债必须充分考虑还本付息的支付能力，考虑国内投资能力，做到基本上循序进行。①

1979年3月，中共中央政治局召开会议，讨论经过修改的1979年国民经济计划和对国民经济实行调整的问题。陈云在会上指出："我们国家是一个九亿多人口的大国，百分之八十的人口是农民。革命胜利三十年了，人民要求改善生活。有没有改善？有。但不少地方还有要饭的。这是一个大问题。我在去年中央工作会议上说过，解放三十年了，如果再有一二十年不解决，支部书记会带队到城里要饭。不估计到这种情况，整个经济搞不好。农民是大头。不能让农民喘不过气来。""一方面我们很穷，另一方面要经过二十年，即在本世纪末实现四个现代化。这是一个矛盾。人口多，要提高生活水平不容易；搞现代化用人少，就业难。我们只能在这种矛盾中搞四化。这是现实的情况，是建设蓝图的出发点。所谓按比例，就是按这个比例。""按比例，必须把农业考虑进去。""现在比例失调的情况相当严重"，"要有两三年调整时间，最好三年。比例失调，比一九六一、六二年严重得多。""调整的目的，就是要达到按比例，比较按比例地前进。"②邓小平完全赞同陈云的意见。他说：现在的中心任务是3年调整，这是个大方针、大政策。经过调整，会更快地形成新的生产力。这次调整，首先要有决心，东照顾西照顾不行，决心很大才干得成。过去提以粮为纲、以钢为纲，现在到该总结的时候了。③ 会议同意国家计委修改和调整1979年国民经济计划的意见，并决定用3年时间调整国民经济。根据中共中央的决定，在国务院下设立财政经济委员会，作为研究制定财经工作方针政策和决定财经工作中的大事的决策机关。陈云为主任，李先念为副主任。

1979年4月，在北京召开中央工作会议，集中讨论了调整国民经济问题。李先念作了关于国民经济调整问题的重要讲话。他分析了当时经济战线的形势，论述了调整的必要性、重大意义和方针任务。他指出：多年来造成的国民经济的重大比例失调，主要表现在：第一，农业和工业的比例严重失调；第二，轻、

---

① 中共中央文献研究室编：《三中全会以来重要文献选编》，上册，69～70页。
② 中共中央文献研究室编：《三中全会以来重要文献选编》，上册，71～76页。
③ 中共中央文献研究室编：《邓小平年谱(1975—1997)》，上卷，497页。

重工业的比例严重失调；第三，燃料动力工业同其他工业的比例严重失调；第四，积累和消费的比例严重失调；第五，劳动就业问题十分严重等。他指出："我们这次的方针是：调整、改革、整顿、提高。边调整边前进，在调整中改革，在调整中整顿，在调整中提高。""总之，我们一定要从自己国家的实际出发，走出一条在社会主义制度下实现现代化的中国式的道路。"①中央工作会议制定了从 1979 年起用 3 年时间对国民经济实行"调整、改革、整顿、提高"的方针。

1979 年 6、7 月间，召开了五届全国人大二次会议，听取和审议了华国锋作的《政府工作报告》，审查批准了国务院提出的 1979 年国民经济计划。调整后的 1979 年国民经济计划，农业生产增长速度由原定的 5％～6％调整为 4％，工业生产增长速度由原定的 10％～12％调整为 8％。会后，我国国民经济的调整工作在全国正式展开。

调整国民经济的过程，实际上是探索适合中国情况的社会主义现代化建设道路的过程，也是推进改革开放的过程。在开始执行以调整为中心的八字方针时，党的各级领导大多对中国的国情和经济形势的严重性认识不足，因而行动迟缓。从 1979 年至 1980 年 10 月近两年的时间内，调整收效不大，国民经济比例严重失调的情况仍没有从根本上改变过来。基本建设总规模没有退下来。此外，国防战备费、行政管理费和各项事业费不但没有收缩，反而又增加了。这样，生产建设的安排和人民生活的改善超过了国家的物力和财力。国家安排的基本建设投资和消费支出超过了财政收入。这使货币流通量接近引起经济危机的临界点。物价上涨已影响到人民生活。在这种情况下，如果不对经济进行大的调整，整个经济就要发生危机。那样，中共十一届三中全会以后农民和职工在经济上得到的好处就会失掉，甚至会引起政局的不稳。

为了消除国民经济中潜伏的上述危险，1980 年 12 月，中共中央在北京召开工作会议。这次会议，着重讨论了经济形势和经济调整问题，决定了在经济上实行进一步调整，在政治上实现进一步安定团结的重大方针。陈云在会上作了《经济形势与经验教训》的重要讲话。他分析了经济形势，总结了经验教训，提出了经济工作的许多重要意见。他讲了 14 点意见，如他认为现在的经济形势是开国以来少有的很好的形势，但要看到不利的一面，许多商品都在涨价，如果不加制止，人民是很不满意的，经济形势的不稳

---

① 中共中央文献研究室编：《三中全会以来重要文献选编》，上册，104～139 页。

定可以引起政治形势的不稳定；我们要改革，但是步子要稳，不能要求过急，要"摸着石头过河"；利用外资和引进新技术是一项重要政策措施，不过要头脑清醒；好事要做，又要量力而行；必须认识我们是 10 亿人口、8亿农民的国家，我们是在这样一个国家中进行建设；开国以来经济建设方面的主要错误是"左"的错误，代价是重大的；我们这次调整是清醒的健康的调整，我们会站稳脚跟，继续稳步前进。① 赵紫阳代表中央财经领导小组提出 1981 年调整工作的总的 3 条要求：一是基本上做到财政收支平衡；二是基本上实现信贷收支平衡；三是把物价基本稳定下来，特别是把占居民消费总支出 70％左右的基本生活必需品的销售价格稳住。但是，要把国民经济重大比例严重失调的问题调整过来，需要更长的时间。为了搞好调整，克服当前的困难，必须在宏观经济方面加强中央的集中统一，正确处理调整与改革的关系，努力提高经济效益，走出一条发展经济的新路子。

邓小平在会议最后一天作了《贯彻调整方针，保证安定团结》的重要讲话。他指出：这次调整，在某些方面要后退，而且要退够，主要是说基本建设要退够。其他方面，主要是农业、轻工业和有关人民生活的日用品的生产，能源、交通的建设，以及科学、教育、卫生、文化事业，还要尽可能地继续发展。这次调整是三中全会以来的各项正确方针、政策的继续和发展，是三中全会实事求是、纠正"左"倾错误的指导思想的进一步贯彻。为了保证这次调整的顺利进行，我们必须坚定不移地继续执行三中全会以来的一切行之有效的方针、政策、措施。今后一段时间内，重点是要抓调整，改革的步骤需要放慢一点，但不是在方向上有任何改变。为了保证调整的顺利进行，必须坚持四项基本原则和加强政治思想工作。安定团结的政治局面是这次调整成败的关键。总之，经济上实行进一步的调整，政治上实现进一步的安定，这都是为了贯彻三中全会以来的一贯方针。贯彻执行三中全会以来的一贯方针，我们的事业一定胜利。② 这次中央工作会议，总结新中国 30 多年经济建设的经验教训，对经济工作上的"左"倾错误进行了较为彻底的清理，明确了今后经济建设的指导思想。邓小平后来这样评价这次会议："经济工作，应该说，我们真正的转折是 1980 年那次调整会议，在那次前，客观地说，我们还是那种'左'的东西，那次会议真正是一个拨乱反正。""现在看起来，没有那次会议进一步明确八字方针，而且以调

---

① 中共中央文献研究室编：《三中全会以来重要文献选编》，上册，560～566 页。
② 《邓小平文选》，2 版，第 2 卷，354～374 页。

整为核心，就没有今天的形势。"①

根据中央的精神和要求，国家计委同有关部门对 1981 年的国民经济计划进行了调整。工农业总产值由原来的 6955 亿元减为 6800 亿元，比上年预计增长速度由原来的 5.5％减为 3.7％。其中农业总产值由原来预计增长 4％提高为 5.6％，工业总产值由原来预计增长 6％减为 3％。在工业总产值中，轻工业由原来的 2390 亿元增加到 2473 亿元，比上年预计增长 8％，重工业由原来的 2860 亿元减为 2637 亿元，比上年减少 1.2％。基本建设投资由原来的 550 亿元减为 300 亿元，比上年预计减少 40％。行政管理费用由 62 亿元减为 57 亿元，减少 3％。文教、科学、卫生、体育等事业费略有增加。

经过全党全国的努力，上述调整计划在 1981 年年底基本上实现了。据国家统计局提供的资料，1981 年，我国国民经济贯彻执行进一步调整的方针，取得了比较明显的成效。工农业生产稳步发展，农轻重比例关系有所改善。工农业总产值达到 7490 亿元（按 1980 年价格计算）比上年增长 4.5％。由于农业和轻工业有较快的增长，重工业由于进行调整而使发展速度有所下降，农轻重比例关系有所改善。农业总产值达到 2312 亿元，比上年增长 5.7％。其中粮食 32502 万吨，比上年增产 446 万吨；棉花 296.8 万吨，比上年增产 26.1 万吨。工业总产值达到 5178 亿元，比上年增长 4.1％（轻工业增长 14.1％，重工业下降 4.7％）。基本建设规模有所压缩，投资构成有了调整，投资效果有所提高。全年完成基本建设投资总额 428 亿元，比上年减少 111 亿元。财政收支状况有了好转，基本上实现了财政收支平衡。全年财政总收入 1064.3 亿元，总支出 1089.7 亿元（包括国外借款收支），财政赤字由上年的 127.5 亿元减少为 25.4 亿元。对外经济往来有了进一步发展。科学、教育、文化、卫生等事业有了新的发展。城乡人民生活继续有所提高。这一年，全国城镇共安排 820 万人就业。但是，1981 年经济发展也存在一些问题：一是财政收支基本平衡是在大幅度紧缩支出的条件下实现的，因而是不够巩固的；二是一部分消费品的增长还赶不上人民需要的增长，市场商品供应紧张的状况还没有根本改变，因而保持市场物价基本稳定仍然是一个艰巨的任务；三是经济效益低下的情况还没有多大改变，

---

① 邓小平在听取国家计委、经委党组关于当前经济中几个问题汇报时的讲话记录（1983 年 3 月 17 日），转引自中共中央文献研究室编：《陈云传》，下册，1607～1608 页，北京，中央文献出版社，2005。

有的甚至还有下降。这些情况说明，国民经济中潜在的危险虽然有所缓和，但还没有根本消除。

1981 年以后，国民经济的调整继续取得了新的成就。国民经济的发展在保持较高速度（社会总产值年平均增长 8.2%，国民收入年平均增长 7.1%）的条件下，比例关系逐渐协调。在工农业的关系上，农业发展的速度大大加快，年平均速度达到 7.9%，这是 30 年中少有的。在工业内部，轻工业的发展速度高于重工业的发展速度，基本上扭转了过去重工业增长过快的问题。在农业内部也开始扭转了长时期里"以粮为纲"、片面发展的问题。积累与消费的比例关系也有改善，人民生活有较大提高。1982 年全国农民平均每人的纯收入达到 270 元，比 1978 年增加 1 倍；城市职工家庭平均每人每年可用于生活费的收入为 500 元，扣除物价上涨因素，比 1978 年增长 38.3%。

四、农村改革取得突破性进展　城市经济体制改革的探索

经济体制的改革，首先在农村取得突破性的进展。正如邓小平所说："中国的改革是从农村开始的。农村的改革是从安徽开始的。"

中共十一届三中全会原则上通过了《中共中央关于加快农业发展若干问题的决定（草案）》，决心首先集中主要精力把农业搞上去。《决定（草案）》放宽了农业政策，但仍明文规定"不许包产到户"。1979 年 9 月 28 日，中共十一届四中全会正式通过了《关于加快农业发展若干问题的决定》，提出"当前发展农业生产力的二十五项政策和措施"。《决定》把"草案"中"不许包产到户"6 个字删掉了，代之以"除某些副业生产的特殊需要和边远山区、交通不便的单家独户外，也不要包产到户"。但《决定》强调，各级行政机关的意见，"除有法律规定者外，不得用行政命令的方法强制社、队执行，应该允许他们在国家统一计划的指导下因时因地制宜，保障他们在这方面的自主权，发挥他们的主动性"。这就为鼓舞农民在实践中创造新的经验，并据此进行农村的体制改革敞开了大门。

在十一届三中全会精神鼓舞下，各地农村干部和社员群众从实际出发，解放思想，大胆探索，逐步地突破了人民公社原有的一些经营管理制度，各种形式的农业生产责任制迅速发展起来。开始时，大部分实行的是联产到组责任制。随后，许多地方又逐步将联产到组发展到联产到人，并进一步发展到包产到户、包干到户。对于包产到户、包干到户这种形式，当时

党内外争论很大。包产到户,可以说是同农业合作化相伴随而产生的一种现象。它反映了广大农民对家庭经营的积极性,具有很强的生命力。但从农业合作化以来,几次出现要求包产到户的浪潮,都被当作资本主义来批判而受到压制。1962 年毛泽东曾严厉地批评了主张"包产到户"或"分田到户"的同志,指责是刮"单干风",是走资本主义道路。因此,不少干部对"包产到户"还存在着相当大的顾虑,或者说心有余悸。1980 年初,国家农委提出在贫困地区试行包产到户的建议。5 月 31 日,邓小平同中央负责工作人员谈了农村政策问题。他说:"农村政策放宽以后,一些适宜搞包产到户的地方搞了包产到户,效果很好,变化很快。""有的同志担心,这样搞会不会影响集体经济,我看这种担心是不必要的。""我们总的方向是发展集体经济。实行包产到户的地方,经济的主体现在也还是生产队。"这些地方只要生产发展了,农村的社会分工和商品经济发展了,低水平的集体化就会发展到高水平的集体化,集体经济不巩固的也会巩固起来。"关键是发展生产力"。① 邓小平的讲话,对"包产到户"的争论起了一锤定音的作用。1980年 9 月,中共中央召开各省、市、自治区党委第一书记座谈会,着重讨论加强和完善农业生产责任制问题。在会上发生了"阳关道"与"独木桥"的争论。会后,中央下发《关于进一步加强和完善农业生产责任制的几个问题》的通知,即座谈会纪要。《纪要》要求进一步搞好集体经济,同时也指出,"对于包产到户应当区别不同地区、不同社队采取不同的方针"。"在那些边远山区和贫困落后的地区,长期'吃粮靠返销,生产靠贷款,生活靠救济'的生产队,群众对集体丧失信心,因而要求包产到户的,应当支持群众的要求,可以包产到户,也可以包干到户,并在一个较长的时间内保持稳定。"并强调"在生产队领导下实行的包产到户是依存于社会主义经济,而不会脱离社会主义轨道的,没有什么复辟资本主义的危险"。但《纪要》又指出:在一般地区,集体经济比较稳定,现行的生产责任制群众满意的,就不要搞包产到户。这些地方已经实行包产到户的,如果群众不要求改变,就应允许继续实行。这个文件可以说是一份承前启后的文件,它实际上把十一届三全会决议中关于生产责任制的规定推进了一步。它肯定包产到户是一种为解决温饱问题的必要措施,应承认群众自由选择的权利,不能自上而下用一个模式强迫群众。这是在农业政策上对"两个凡是"的破除。

从 1980 年下半年起,在贫困地区试验包产到户,迅速向全国展开,到

---

① 《邓小平文选》,2 版,第 2 卷,315~317 页。

1981年底，全国实行包产到户的社队已近半数。1981年冬，中央召开全国农村工作会议。《全国农村工作会议纪要》以1982年"中央一号文件"下发贯彻执行(1982—1986年，每年的"中央一号文件"，都是指导农村工作的文件，故称五个"中央一号文件")。《纪要》(即第一个"中央一号文件")的内容很多，但最重要的是第一次以中央的名义肯定了包产到户，尊重群众的选择，并宣布长期不变。《纪要》指出："全国农村已有90%以上的生产队建立了不同形式的农业生产责任制；大规模的变动已经过去，现在，已经转入了总结、完善、稳定阶段。"建立农业生产责任制的工作，获得如此迅速的进展，反映了亿万农民要求按照中国农村的实际状况来发展社会主义农业的强烈愿望。农业生产责任制大多数实行家庭联产承包责任制，即把集体所有的土地长期包给各家农户使用，农业生产基本上变为分户经营、自负盈亏，农民生产的东西，"保证国家的，留足集体的，剩下都是自己的"。这种责任制使农民获得生产和分配的自主权，把农民的责、权、利紧密结合起来，不仅克服了以往分配中的平均主义、"吃大锅饭"等弊病，而且纠正了管理过分集中、经营方式过分单一等缺点。这种责任制更加适合于我国大多数农村的经济状况，有利于促进社会生产力的更快发展。这种责任制是建立在土地公有制基础上的，集体和农户保持着发包和承包关系。集体统一管理、使用大型农机具和水利设施，有一定的公共提留，统一安排烈军属、五保户、困难户的生活，有的还统一规划农田基本建设。所以，这种家庭联产承包责任制，不同于农业合作化以前的小私有经济，它没有否定合作化以来集体经济的优越性，而是做到有统有分，统分结合，既发挥集体经济的优越性，又发挥农民家庭经营的积极性。随着生产力的发展，它将会逐步发展成更为完善的集体经济。《纪要》还指出："不论实行何种类型的承包责任制，土地的承包必须力求合理"，"严禁在承包土地上盖房、葬坟、起土。社员承包的土地，不准买卖，不准出租，不准转让，不准荒废，否则，集体有权收回；社员无力经营或转营他业时应退还集体。"《纪要》还强调："要把完善生产责任制的工作和促进农业生产的全面发展目标密切联系起来。当前发展多种经营和商品生产已经成为广大群众的迫切要求，我们的工作必须紧紧跟上。"①家庭联产承包责任制受到农民的普遍欢迎，它提高了农民的劳动热情，促进了农业生产的发展，见效之快，是人们没有预想到的。1982年夏季，全国78%的生产队实行了家庭联产承包责

---

①　中共中央文献研究室编：《三中全会以来重要文献选编》，下册，994～999页。

任制，到 1983 年春，已达到了 95%。

城市经济体制的改革，远比农村改革复杂。城市改革是从简政放权、扩大企业自主权开始的。1978 年 10 月，四川省首先选择了 6 个企业进行扩大自主权的试点。1979 年四川省试点的工业企业扩大到 100 个。根据四川省试点的经验，全国于 1979 年 5 月在北京、天津、上海选择了 8 个企业进行试点。1979 年 7 月，国务院发布了扩大国有工业企业经营管理自主权等 5 个文件，要求地方、部门按照统一规定的办法选择少数企业试点。1979 年底，试点企业扩大到 4200 个，1980 年发展到 6600 个，把扩大企业自主权的改革逐步推开了，到 1982 年已经在全国普遍推行。1982 年底，推行经济责任制的全民所有制工业企业占 80%，商业企业占 35%。但是，扩大企业自主权只是城市改革的单项改革，而没有城市其他方面的配套改革，企业自主权不可能得到完全的落实。这样，城市经济体制综合改革试点的问题被提上了议事日程。1981 年 7 月，国务院批准在湖北沙市进行经济体制综合改革试点。1982 年 3 月又批准在江苏常州进行综合改革试点。但是，这两个城市都是中等城市，条块分割等矛盾不如大城市突出，为此，在 1983 年 2 月，中共中央和国务院又批准在四川重庆进行大城市的综合改革试点。在 3 个试点城市的带动下，其他城市也积极进行了改革的探索。

五、加强党的建设　改革党和国家领导体制

在对城乡经济体制进行改革的同时，中共中央决定着手改革党和国家的领导体制。

1980 年 2 月，中国共产党在北京召开十一届五中全会。会议的主要议题是加强和改善党的领导。为了吸收能够坚定地执行党的路线，具有独立工作能力而又年富力强的同志参加党中央的领导工作，以保证党的路线、方针、政策的长期性和连续性，保证党的集体领导的长期稳定，会议决定增加中央政治局常委人数，恢复中共八大决定的、在中央政治局和它的常务委员会领导下的经常工作机构——中央书记处。全会增选胡耀邦、赵紫阳为中央政治局常委；选举万里、王任重、方毅、谷牧、宋任穷、余秋里、杨得志、胡乔木、胡耀邦、姚依林、彭冲 11 人为中央书记处书记；选举胡耀邦为总书记。这在党的领导体制改革上迈出了重要的一步，是改变个人交班、接班，实行集体接班的重大决策。全会还根据党内外广大群众的意见，决定批准汪东兴、纪登奎、吴德、陈锡联的辞职请求，免除或提请免

除他们所担负的党和国家的领导职务。

为贯彻五中全会的精神，中共中央又进行了一系列工作，主要是：

恢复和发扬党的优良传统。十年动乱期间，党的优良传统和优良作风遭到严重破坏，党的纪律松弛，个人主义、无政府主义思想泛滥，一些干部中还滋生了腐败现象。必须抓好党的自身建设，才能使党在社会主义现代化建设中更好地发挥核心领导作用。1979年1月，党的十一届三中全会选举产生的中共中央纪律检查委员会在北京举行首次全体会议，研究制定加强党的纪律教育和作风建设的具体措施，着手解决党的建设方面的一些突出问题。7月，在北京召开全国纪律检查工作会议。会议研究了进一步搞好党风，严肃党纪，加强党的建设的若干问题。11月，中共中央和国务院联合发出《关于高级干部生活待遇的若干规定》，同时，强调高级干部必须带头发扬党的优良传统。1980年2月，党的十一届五中全会通过《关于党内政治生活的若干准则》。《准则》共12条：第一，坚持党的政治路线和思想路线；第二，坚持集体领导，反对个人专断；第三，维护党的集中统一，严格遵守党的纪律；第四，坚持党性，根绝派性；第五，要讲真话，言行一致；第六，发扬党内民主，正确对待不同意见；第七，保障党员的权利不受侵犯；第八，选举要充分体现选举人的意志；第九，同错误倾向和坏人坏事做斗争；第十，正确对待犯错误的同志；第十一，接受党和群众的监督，不准搞特权；第十二，努力学习，做到又红又专。陈云在同年11月中纪委召开的座谈会上尖锐地提出，"执政党的党风问题是有关党的生死存亡的问题"[①]，要求党的各级组织提高认识，切实加强党风建设。

消除个人崇拜。中共十一届三中全会决定要"多歌颂工农兵群众，多歌颂党和老一辈革命家，少宣传个人"后，这个方针的执行是有成绩的，但是仍存在一些过于突出个人的现象。为了进一步解决这个问题，中共中央于1980年7月30日发出了《关于坚持"少宣传个人"的几个问题的指示》。10月20日，中央书记处会议决定，今后二三十年内，一律不挂现任中央领导人的像，以利于肃清个人崇拜的影响。

着手进行党和国家领导制度的改革。1980年8月，在北京举行中共中央政治局（扩大）会议，着重讨论了党和国家领导制度的改革和进一步发展社会主义民主的问题。邓小平在会上作了《党和国家领导制度的改革》的重要讲话。他指出：改革党和国家领导制度及其他制度，是为了充分发挥社

---

① 《陈云文选（1956—1985）》，2版，第3卷，245页。

会主义制度的优越性，加速现代化建设事业的发展。他认为，社会主义制度具有很大的优越性，但"党和国家现行的一些具体制度中，还存在不少的弊端，妨碍甚至严重妨碍社会主义优越性的发挥"。"主要的弊端就是官僚主义现象，权力过分集中的现象，家长制现象，干部领导职务终身制现象和形形色色的特权现象。"其核心则是权力过分集中。他指出"我们过去发生的各种错误，固然与某些领导人的思想、作风有关，但是组织制度、工作制度方面的问题更重要"，"领导制度、组织制度问题更带有根本性、全局性、稳定性和长期性"。① 他还提出继续肃清思想政治方面的封建主义残余影响的任务。这个讲话，为党和国家领导制度的改革提出了基本的指导思想。

1980 年 8、9 月间，在北京举行五届全国人大三次会议。会议讨论了制定发展国民经济长远规划和继续推进经济改革等问题。大会根据中共中央建议，通过决议，接受华国锋辞去国务院总理职务，邓小平、李先念、陈云、徐向前、王震、王任重辞去副总理职务的请求。大会决定赵紫阳为国务院总理，增补杨静仁、张爱萍、黄华为副总理。陈永贵请求解除他的副总理职务。大会决定接受聂荣臻、刘伯承、张鼎丞、蔡畅、周建人辞去人大常委会副委员长职务的请求，增选彭冲、习仲勋、粟裕、杨尚昆、班禅额尔德尼·确吉坚赞为副委员长，杨尚昆兼人大常委会秘书长。这次会议，在推进国家领导体制改革和废除干部领导职务实际存在的终身制方面，又迈出了一步。

为适应现代化建设的需要，党在干部制度方面迈出改革的步伐。中央强调，必须按照德才兼备的原则选拔干部，尤其是中青年干部。所谓德，最主要的，就是坚持社会主义道路和党的领导，就是革命化。在这个前提下，干部队伍要年轻化、知识化、专业化。1980 年 2 月 20 日，中共中央作出《关于建立老干部退休制度的决定》，废除干部领导职务实际上存在的终身制。有步骤地实现新老干部的交替，是党为保证中国的社会主义事业能够在稳定地向前发展中保持路线政策的连续性而采取的一项有战略意义的步骤。

---

① 《邓小平文选》，2 版，第 2 卷，320～343 页。

六、实现祖国和平统一的方针和政策

1979年1月1日，全国人大常委会发表《告台湾同胞书》，郑重宣告了中国政府和平解决台湾问题的大政方针，呼吁两岸就结束军事对峙状态进行商谈。国防部长徐向前也发表声明，从1979年1月1日起，停止对大、小金门等岛屿的炮击。同日，在全国政协举行的座谈会上，邓小平指出，台湾回归祖国，完成祖国统一的大业提到具体日程上来了。

1981年8月26日，邓小平在会见台湾、香港知名人士时，进一步阐述了中国共产党对台湾的政策。他说：我们要力求通过和平方式解决台湾问题，实现祖国统一，但是也不能排除在某种情况下被迫使用武力。他指出，和平解决台湾问题，可以采取独特的模式，社会制度不变，台湾人民的生活水平不降低，外国资本不动，台湾可以拥有自己的武装力量。它作为中华人民共和国的一个省，一个区，还保持它原有的制度、生活方式。即使武力统一，台湾的现状也可以不变。他说，搞第三次国共合作，我们是赞成的，愿意的。中国统一这件事要台湾海峡两岸的领导人和人民来决定。希望台湾的一些领导人把眼界放宽一点，放远一点。统一中国，是中国人民的希望，是中华民族的希望。

1981年9月30日，全国人民代表大会常务委员会委员长叶剑英发表谈话，进一步阐明台湾回归祖国实现和平统一的九条方针：①为了尽早结束中华民族陷于分裂的不幸局面，我们建议举行中国共产党和中国国民党两党对等谈判，实行第三次合作，共同完成祖国统一大业。双方可先派人接触，充分交换意见。②我们建议双方共同为通邮、通商、通航、探亲、旅游以及开展学术、文化、体育交流提供方便，达成有关协议。③国家实现统一后，台湾可作为特别行政区，享有高度的自治权，并可保留军队。中央政府不干预台湾地方事务。④台湾现行社会、经济制度不变，生活方式不变，同外国的经济、文化关系不变。私人财产、房屋、土地、企业所有权、合法继承权和外国投资不受侵犯。⑤台湾当局和各界代表人士，可担任全国性政治机构的领导职务，参与国家管理。⑥台湾地方财政遇有困难时，可由中央政府酌情补助。⑦台湾各族人民、各界人士愿回祖国大陆定居者，保证妥善安排，不受歧视，来去自由。⑧欢迎台湾工商界人士回祖国大陆投资，兴办各种经济事业，保证其合法权益和利润。⑨统一祖国，人人有责。我们热诚欢迎台湾各族人民、各界人士、民众团体通过各种渠道采取各种方式提供建议,共商国是。① 九条方针的提出,说明了中国共产党和平统一祖国的诚意。10月9日,在北京举行纪念辛亥革命70周年大会上,胡耀邦作重要讲话,以共产党负责人身份邀请蒋经国等先生回大陆和故乡看看。在此前后,中共中央进一步落实了在大陆的台湾同胞和去台人员亲属的政策。对在押的原国民党县团以下党政军特人员4237名,全都宽大释放,并给予政治权利,作了妥善安置。1981年12月,全国台湾同胞首次代表大会在北京召开,会议宣告中华全国台湾同胞联谊会成立。1982年1月11日,邓小平就叶剑英的上述谈话指出:这实际上就是"一个国家、两种制度",在国家实现统一的大前提下,国家主体实行社会主义制度,台湾实行资本主义制度。"和平统一、一国两制",这就是中国政府解决台湾问题的基本方针。

在"文化大革命"中,全国政协和各民主党派都被迫停止了活动。1979年6、7月间,在北京召开全国政协五届二次会议。邓小平致开幕词。他指出:建国30年来各方面的变化表明,我国的统一战线已经成为工人阶级领导的、工农联盟为基础的社会主义劳动者和拥护社会主义的爱国者的广泛联盟。

1979年10月,我国各民主党派和工商联分别在北京召开了代表大会。各民主党派本着"长期共存、互相监督"的方针,为实现四化和统一祖国大业积极开展工作。

经过几年时间,被林彪、"四人帮"摧残的统一战线,开始呈现出生气勃勃的局面。统一战线范围扩大了,各民族、各阶层、各党派和一切爱国力量的大团结增强了。1980年8月28日,邓小平在全国政协五届三次会议上说:"我们要进一步加强全体社会主义劳动者、拥护社会主义的爱国者和拥护祖国统一的爱国者的广泛团结,使我国统一战线和人民政协在发挥社会主义制度优越性的实践中,做出积极的贡献。"②1981年12月至1982年1月,全国统战会议在北京召开。会议纪要指出:"统一战线仍然是我们党的一个重要法宝","在今后一个相当长的历史时期内,统一战线仍然有强大的生命力","只要阶级还没有最后消灭,共产党还存在,就要坚持党与非党的合作,坚持统一战线"。"今后,我们党和党外朋友的关系,应当成为肝胆相照、荣辱与共的亲密关系。"会议强调全党都要重视统战工作,继续

---

① 中共中央文献研究室编:《三中全会以来重要文献选编》,下册,904～906页。
② 中共中央文献研究室编:《三中全会以来重要文献选编》,上册,147页。

肃清"左"的影响，防止和克服关门主义，尽快切实落实各项统战政策，放手让各民主党派和人民团体独立自主地开展工作，切实尊重各民主党派在宪法赋予的权利和义务范围内的政治自由、组织独立和法律上平等地位，使我国共产党领导的多党合作，在四项基本原则的政治基础上进一步发展。[①]

七、《中日和平友好条约》的签订和中美建交

粉碎"四人帮"后，我国在对外工作中，高举反对霸权主义、维护世界和平的旗帜，打开了新的局面。

1977 年 8、9 月间，南斯拉夫总统、南斯拉夫共产主义者联盟主席铁托访问我国，中南两党恢复正常关系。

1978 年 8 月 12 日，《中日和平友好条约》在北京签字。10 月 22 日，国务院副总理邓小平应日本政府的邀请访问日本，23 日出席了在日本东京举行的《中日和平友好条约》批准书互换仪式。这次访问是中华人民共和国成立以来中国国家领导人首次对日本进行的正式友好访问。这次历史性的友好访问和《中日和平友好条约》的正式生效，使中日友好关系进入了一个新阶段。

1978 年 12 月 16 日，中美两国政府分别在北京和华盛顿同时发表联合公报，决定自 1979 年 1 月 1 日起建立外交关系。联合公报重申了"上海公报"中双方一致同意的各项原则，并且指出，美国承认中华人民共和国政府是中国的唯一合法政府，台湾是中国的一个省。在中美建交的同日，美国宣布断绝同台湾当局的"外交关系"。从此，中美两国关系开始了一个新的阶段。1979 年 1 月 29 日至 2 月 5 日，邓小平副总理对美国进行正式访问。

自 1978 年起，越南当局掀起大规模的反华排华运动，驱赶大批华侨回国，中越关系恶化，我国被迫决定停止对越南的经济技术援助。之后，越军不断侵犯我国领土，破坏我国边疆地区的和平安定，制造国与国之间的紧张局势。1979 年 2 月 14 日，中共中央发出《关于对越南进行自卫反击、保卫边疆战斗的通知》。2 月 17 日，我国边防部队在广西、云南边境地区，对越南侵略者发起自卫反击。从 2 月 17 日起连续打下了谅山等 20 多个越南

[①] 中共中央文献研究室编：《三中全会以来重要文献选编》，下册，1075～1085 页。

城镇和战略要地，在这些地区给越南正规部队和地方武装以歼灭性的打击。3 月 5 日，新华社奉我国政府之命发布声明，宣布我边防部队被迫自卫还击，已达到预期目的，从即日起全部撤回中国境内，并且再次建议中越双方迅速举行谈判。3 月 16 日，边防部队全部撤回我国境内。这次自卫反击战在政治上、军事上取得了重大胜利。

1979 年 4 月，五届全国人大常委会第七次会议一致通过关于不延长《中苏友好同盟互助条约》的决定。此条约是 1950 年 2 月 14 日在莫斯科签订，同年 4 月 11 日生效的，将于 1980 年 4 月 11 日期满。

1980 年 4 月，意大利共产党总书记恩里科·贝林格对我国进行访问，中意两党恢复关系。5 月，邓小平在一次谈话中说："总之，各国的事情，一定要尊重各国的党、各国的人民，由他们自己去寻找道路，去探索，去解决问题，不能由别的党充当老子党，去发号施令。我们反对人家对我们发号施令，我们也决不能对人家发号施令。这应该成为一条重要的原则。"①

八、中共十一届六中全会 《关于建国以来党的若干历史问题的决议》

为了从根本上纠正"左"的和右的错误倾向，把全党和全国人民的思想统一到三中全会的路线上来，中共中央认为，必须正确地认识建国以来党走过的历史道路，科学地总结党在这个时期的历史经验。因为拨乱反正，既是要拨林彪、"四人帮"破坏之乱，也是要纠正毛泽东晚年的错误。对毛泽东晚年的错误进行纠正是必要的，因为不这样做，就不能彻底冲破"左"倾思想的束缚，把党的事业推向前进；但是这样做，又势必涉及如何评价毛泽东的事业和思想的问题。而毛泽东的事业和思想，"都不只是他个人的事业和思想，同时是他的战友、是党、是人民的事业和思想，是半个多世纪中国人民革命斗争经验的结晶"。② 如果我们党不能正确地处理这个问题，党内和人民群众中就会发生严重的思想混乱，党就会迷失前进的方向。

1979 年 9 月召开的中共十一届四中全会，讨论并通过叶剑英将在庆祝中华人民共和国成立 30 周年大会上的讲话，这个讲话对建国以后的历史进行了初步的总结。从同年 11 月起，在中共中央政治局、中央书记处领导下，

---

① 《邓小平文选》，2 版，第 2 卷，319 页。

② 《邓小平文选》，2 版，第 2 卷，172 页。

由邓小平、胡耀邦主持，开始《关于建国以来党的若干历史问题的决议》的起草工作。从 1980 年 3 月到 1981 年 6 月党的十一届六中全会，邓小平多次谈了对决议稿的起草和修改意见。1980 年 3 月 19 日，邓小平对决议稿的起草问题，提出了 3 条指导思想：第一，确立毛泽东同志的历史地位，坚持和发展毛泽东思想。这是最核心的一条。第二，对建国 30 年来历史上的大事，哪些是正确的，哪些是错误的，要进行实事求是的分析，包括一些负责同志的功过是非，要做出公正的评价。第三，通过这个决议对过去的事情作个基本的总结。总结宜粗不宜细。总结过去是为了引导大家团结一致向前看。三条中，最重要、最根本、最关键的，还是第一条。① 陈云、叶剑英、李先念等也提出了很重要的意见。决议草稿先后经中央书记处、党内 4000 余名负责干部、50 余名老同志、中央政治局数次讨论修改，广泛集中党内外的正确意见，日臻完善和成熟。

1980 年 11 月 10 日至 12 月 5 日，中共中央政治局连续召开了 9 次会议，主要议题是讨论、批准向十一届六中全会提出的人事更动方案。在对《决议》讨论稿进行讨论的过程中，许多同志对华国锋在粉碎"四人帮"以来工作中的错误提出批评意见，并要求调整他担任的职务。中央政治局会议经过充分讨论，认为华国锋在过去 4 年中做过一些有益的工作，但他在一些原则问题上的错误思想还没有根本的改变，而且显然缺乏作为中央主席所必要的政治能力和组织能力，决定向六中全会建议，同意华国锋辞去中央主席、中央军委主席的职务。同时，决定向六中全会建议，选举胡耀邦为中央委员会主席、邓小平为中央军委主席。在六中全会前，暂由胡耀邦主持中央政治局和中央政治局常务委员会的工作，由邓小平主持中央军委的工作。中央政治局会议同时肯定了华国锋在粉碎"四人帮"这一事件中是有功劳的，在过去的 4 年中做过一些有益的工作，建议六中全会继续选举他为中共中央政治局常委和中央副主席。中央政治局会议还决定对《决议》讨论稿参照讨论中提出的意见进行改写。

1981 年 6 月 27 日至 29 日，中共十一届六中全会在北京举行。会议审议并一致通过《关于建国以来党的若干历史问题的决议》（以下简称《决议》）。

《决议》简略地回顾了建国以前 28 年党领导人民进行的新民主主义革命斗争。新民主主义革命的胜利是无数先烈和全党同志、全国各族人民长期牺牲奋斗的结果。我们不应该把一切功劳归于革命的领袖们，但也不应该

---

① 《邓小平文选》，2 版，第 2 卷，291～293 页。

低估领袖们的重要作用。在党的许多杰出领袖中,毛泽东同志居于首要地位。"如果没有毛泽东同志多次从危机中挽救中国革命,如果没有以他为首的党中央给全党、全国各族人民和人民军队指明坚定正确的政治方向,我们党和人民可能还要在黑暗中摸索更长时间。同中国共产党被公认为全国各族人民的领导核心一样,毛泽东同志被公认为中国共产党和中国各族人民的伟大领袖,在党和人民集体奋斗中产生的毛泽东思想被公认为党的指导思想,这是中华人民共和国建国以前二十八年历史发展的必然结果。"

《决议》对建国32年的历史作了全面的论述,分为基本完成社会主义改造的七年、开始全面建设社会主义的十年、"文化大革命"的十年和作为历史伟大转折标志的十一届三中全会前后的五年,并做出基本估计。《决议》指出:中国共产党在中华人民共和国成立以后的历史,总的说来,是我们党在马克思列宁主义、毛泽东思想指导下,领导全国各族人民进行社会主义革命和社会主义建设并取得巨大成就的历史。社会主义制度的建立,是我国历史上最深刻最伟大的社会变革,是我国今后一切进步和发展的基础。建国32年来,我们取得的主要成就是:①建立和巩固了工人阶级领导的、以工农联盟为基础的人民民主专政即无产阶级专政的国家政权。②实现和巩固了全国范围(除台湾等岛屿以外)的国家统一,根本改变了旧中国四分五裂的局面。实现和巩固了全国各族人民的大团结,实现和巩固了全国工人、农民、知识分子和其他各阶层人民的大团结,加强和扩大了由全体社会主义劳动者、拥护社会主义的爱国者和拥护祖国统一的爱国者组成的广泛统一战线。③战胜了帝国主义、霸权主义的侵略、破坏和武装挑衅,维护了国家的安全和独立,胜利地进行了保卫祖国边疆的斗争。④建立和发展了社会主义经济,基本上完成了对生产资料私有制的社会主义改造,基本上实现了生产资料公有制和按劳分配。⑤在工业建设中取得重大成就,逐步建立了独立的比较完整的工业体系和国民经济体系。⑥农业生产条件发生显著改变,生产水平有了很大提高。⑦城乡商业和对外贸易都有很大增长。人民生活比新中国成立前有了很大的改善。⑧教育、科学、文化、卫生、体育事业有很大发展。⑨人民解放军在新的历史条件下得到壮大和提高,由单一的陆军发展成为包括海军、空军和其他技术兵种在内的合成军队。⑩在国际上,始终不渝地奉行社会主义的独立自主的外交方针,倡导和坚持了和平共处五项原则,同全世界124个国家建立了外交关系,同更多的国家和地区发展了经济、贸易和文化往来。但是,由于经验不足,党的领导在对形势的分析和对国情的认识上发生过主观主义的偏差,犯过把阶级斗争扩大化和在经济建设上急躁冒进的错误，包括"文化大革命"这样全局性的、长时间的严重错误。但是，32年来我们取得的成就是主要的。忽视错误、掩盖错误，或忽视、否认成就及取得这些成就的成功经验，都是错误的。1978年12月召开的中共十一届三中全会，是新中国成立以来我党历史上具有深远意义的伟大转折。

《决议》实事求是地评价了毛泽东的历史地位，充分论述了毛泽东思想作为党的指导思想的伟大意义。《决议》指出，毛泽东是伟大的马克思主义者，是伟大的无产阶级革命家、战略家和理论家。就他的一生来看，他对中国革命的功绩远远大于他的过失。他的功绩是第一位的，错误是第二位的。毛泽东思想是马克思列宁主义在中国的运用和发展，是被实践证明了的关于中国革命的正确的理论原则和经验总结，是中国共产党集体智慧的结晶。《决议》对毛泽东思想的多方面的内容（一、关于新民主主义革命；二、关于社会主义革命和社会主义建设；三、关于革命军队的建设和军事战略；四、关于政策和策略；五、关于思想工作和文化工作；六、关于党的建设）以及贯串于它的各个组成部分的立场、观点、方法作了科学的概括。《决议》指出："毛泽东思想的活的灵魂，是贯串于上述各个组成部分的立场、观点和方法，它们有三个基本方面，即实事求是，群众路线，独立自主。"《决议》强调，毛泽东思想是我们党的宝贵的精神财富，它将长期指导我们的行动。我们必须继续坚持毛泽东思想，并以符合实际的新原理和新结论丰富和发展毛泽东思想。这个决议既对多年来的"左"倾错误和毛泽东晚年的错误作了科学的分析和批评，又坚决地维护了党在长期斗争中形成的优良传统，维护了毛泽东思想的科学体系和毛泽东的历史地位，从而分清了是非，纠正了当时存在的"左"的和右的错误观点，统一了全党和全国人民的思想，为维护全党的团结、全国人民的团结，为社会主义建设事业的健康发展，提供了根本的保证。

《决议》肯定了中共十一届三中全会以来逐步确立的适合我国情况的建设社会主义现代化强国的正确道路，进一步指明了我国社会主义事业和党的工作继续前进的方向。《决议》指出，党在新的历史时期的奋斗目标，就是要把我们的国家逐步建设成为具有现代农业、现代工业、现代国防和现代科学技术的具有高度民主和高度文明的社会主义强国。建设这样一个强国的正确道路的主要点是：①在社会主义改造基本完成以后，我们所要解决的主要矛盾，是人民日益增长的物质文化需要同落后的社会生产力之间的矛盾。②社会主义经济建设必须从我国国情出发，量力而行，积极奋斗，有步骤分阶段地实现现代化的目标。③社会主义生产关系的变革和完善必须适应于生产力的状况，有利于生产力的发展。④在剥削阶级作为阶级消灭以后，阶级斗争已经不是主要矛盾。⑤逐步建设高度民主的社会主义政治制度，是社会主义革命的根本任务之一。⑥社会主义必须有高度的精神文明。⑦改善和发展社会主义的民族关系，加强民族团结，这对于我们这个多民族国家具有重大意义。⑧在战争危险依然存在的国际条件下，必须加强现代化的国防建设。⑨在对外关系上，必须继续坚持反对帝国主义、霸权主义、殖民主义和种族主义，维护世界和平。⑩根据"文化大革命"的教训和党的现状，必须把我们党建设成为具有健全的民主集中制的党。《决议》号召全党、全军、全国各族人民紧密团结在党中央周围，为实现党在新时期的总任务而努力奋斗。

在"文化大革命"结束后不长的时间内，就能产生这个决议，使极端重要而又极其复杂的历史问题得到正确的结论，这充分表现了以邓小平为核心的党中央领导集体的远见卓识和政治上的高度成熟。《决议》的通过，标志着党在指导思想上的拨乱反正的胜利完成。

全会一致同意华国锋辞去中共中央主席和中央军委主席职务的请求。全会对中央主要领导成员进行了改选和增选，选举胡耀邦为中央委员会主席；赵紫阳、华国锋为副主席；邓小平为中央军委主席。中央政治局常务委员会由胡耀邦、叶剑英、邓小平、赵紫阳、李先念、陈云、华国锋组成，并增选习仲勋为中央书记处书记。

中共十一届六中全会是继三中全会之后中共历史上又一次具有重大意义的会议，是总结经验、团结前进的会议。这次全会以在党的指导思想上完成拨乱反正的历史任务而载入史册。

第三节　改革开放的全面展开

一、中共十二大　建设有中国特色社会主义理论的提出

1982 年 9 月 1 日至 11 日，中国共产党第十二次全国代表大会在北京举行。出席大会的正式代表 1545 名，候补代表 145 名，代表着全国 3965 万名党员。大会的主题是开创新局面，主要议程是：审议第十一届中央委员会的报告；审议和通过新的党章；选举新的中央委员会、中央顾问委员会和

中央纪律检查委员会。

邓小平致开幕词，回顾了党的历史，论述了十二大的历史地位。他说：党的七大是建党以后民主革命时期我们党最重要的一次代表大会，为新民主主义革命在全国的胜利奠定了基础。党的八大的路线是正确的，但是没有能够在实践中坚持下去。八大以后，我们取得了社会主义建设的许多成就，同时也遭到了严重挫折。从十一届三中全会以来，我们党在经济、政治、文化等各方面的工作中恢复了正确的政策，并且研究新情况、新经验，制定了一系列新的正确政策。我们有充分的根据相信，这次代表大会制定的正确的纲领，一定能够全面开创社会主义现代化建设的新局面。这次代表大会将是党的第七次全国代表大会以来的一次最重要的会议。他强调说："我们的现代化建设，必须从中国的实际出发。无论是革命还是建设，都要注意学习和借鉴外国经验。但是，照抄照搬别国经验、别国模式，从来不能得到成功。这方面我们有过不少教训。把马克思主义的普遍真理同我国的具体实际结合起来，走自己的道路，建设有中国特色的社会主义，这就是我们总结长期历史经验得出的基本结论。""中国的事情要按照中国的情况来办，要依靠中国人自己的力量来办。独立自主，自力更生，无论过去、现在和将来，都是我们的立足点。"邓小平还指出："加紧社会主义现代化建设，争取实现包括台湾在内的祖国统一，反对霸权主义、维护世界和平，是我国人民在八十年代的三大任务。这三大任务中，核心是经济建设，它是解决国际国内问题的基础。今后一个长时期，至少是到本世纪末的近二十年内，我们要抓紧四件工作：进行机构改革和经济体制改革，实现干部队伍的革命化、年轻化、知识化、专业化；建设社会主义精神文明；打击经济领域和其他领域内破坏社会主义的犯罪活动；在认真学习新党章的基础上，整顿党的作风和组织。这是我们坚持社会主义道路，集中力量进行现代化建设的最重要的保证。"①邓小平提出的关于建设有中国特色的社会主义的思想，是十二大的指导思想，也是整个新的历史时期改革开放和现代化建设的指导思想。

胡耀邦代表十一届中央委员会做了题为《全面开创社会主义现代化建设的新局面》的报告。报告分 6 个部分：①历史性的转变和新的伟大任务。②促进社会主义经济的全面高涨。③努力建设高度的社会主义精神文明。④努力建设高度的社会主义民主。⑤坚持独立自主的对外政策。⑥把党建

① 《邓小平文选》，第 3 卷，1~4 页，北京，人民出版社，1993。

成为领导社会主义现代化事业的坚强核心。报告回顾了过去 6 年党领导人民进行拨乱反正的战斗历程,对比党在新民主主义革命时期发生过的两次历史性转变,满怀信心地宣告了我党历史上第三次历史性伟大转变的胜利实现。报告提出中国共产党在新的历史时期的总任务是:团结全国各族人民,自力更生,艰苦奋斗,逐步实现工业、农业、国防和科学技术的现代化,把我国建设成为高度文明、高度民主的社会主义国家。报告指出,在全面开创新局面的各项任务中,首要的任务是把社会主义现代化经济建设继续推向前进。从 1981 年到 20 世纪末的 20 年,我国经济建设总的奋斗目标是,在不断提高经济效益的前提下,力争使全国工农业的年总产值翻两番,即由 1980 年的 7100 亿元增加到 2000 年的 28000 亿元左右。实现这个目标,我国国民收入总额和主要工农业产品的产量将居于世界前列,整个国民经济的现代化过程将取得重大进展,城乡人民的收入将成倍增长,人民的物质文化生活可以达到小康水平。把 20 世纪末的奋斗目标由先前的实现现代化改为实现小康是符合我国经济落后和发展不平衡的实际情况的。这就从战略指导思想上解决了长期存在的急于求成的问题。报告还实事求是地规定了经济发展的战略重点,即农业、能源、交通以及教育和科学技术。在战略部署上分两步:前 10 年主要是打好基础,积蓄力量,创造条件;后 10 年要进入一个新的经济振兴时期。为了促进社会经济的全面高涨,大会提出在经济工作中要注意解决集中资金进行重点建设,根据"一要吃饭,二要建设"的原则继续改善人民生活,坚持国营经济的主导地位和发展多种经济形式,贯彻计划经济为主、市场调节为辅的原则以及坚持自力更生和扩大对外经济技术交流等几个重要原则问题。这都是当时社会经济发展中迫切需要解决的问题。报告在提出经济建设目标的同时,提出要努力建设高度的社会主义精神文明和高度的社会主义民主。报告指出,以共产主义思想为核心的社会主义精神文明是社会主义的重要特征,是社会主义制度优越性的重要表现。报告还指出,建设社会主义的物质文明和精神文明,都要靠继续发展社会主义民主来保证和支持。社会主义民主的建设必须同社会主义法制的建设紧密地结合起来,使社会主义民主制度化、法律化。这些理论和任务的提出,体现了社会主义现代化建设的全面性要求,丰富和发展了科学社会主义理论。报告强调努力把党建设成为领导社会主义现代化事业的坚强核心。报告最后说:我们的中央委员会,已经向大会说明了全党面临的各项战斗任务。我们已经提出,要在今后 5 年内,实现财政经济状况的根本好转,实现社会风气的根本好转,实现党风的根本好转。党的 60

多年的历史经验，"根本上就在于把马克思主义的普遍真理同中国革命的具体实际结合起来"。①

大会审议和通过了新党章。新党章清除了中共十一大党章中"左"的错误，继承和发展了七大、八大党章的优点。新党章规定党中央不设主席，只设总书记，还规定中央和省一级设顾问委员会，作为新老干部交替的过渡性机构，以发挥许多从第一线退下来的富有经验的老同志对党的事业的参谋作用。大会确定，从 1983 年下半年开始，对党的作风和党的组织进行一次全面整顿。

大会选出中央委员 210 名，候补中央委员 138 名，组成第十二届中央委员会。同时选出中央顾问委员会委员 172 人，中央纪律检查委员会委员 132 人。在随后举行的十二届一中全会上选举了中央领导机关。中央政治局委员：万里、习仲勋、王震、韦国清、乌兰夫、方毅、邓小平、邓颖超、叶剑英、李先念、李德生、杨尚昆、杨得志、余秋里、宋任穷、张廷发、陈云、赵紫阳、胡乔木、胡耀邦、聂荣臻、倪志福、徐向前、彭真、廖承志；中央政治局候补委员：姚依林、秦基伟、陈慕华。中央政治局常委：胡耀邦、叶剑英、邓小平、赵紫阳、李先念、陈云。中央委员会总书记：胡耀邦。全会决定邓小平为中央军事委员会主席，叶剑英、徐向前、聂荣臻为副主席，杨尚昆为常务副主席。全会批准邓小平为中央顾问委员会主任。全会批准陈云为中央纪律检查委员会第一书记，黄克诚为第二书记。这时，党中央领导集体中，除老一辈领导人外，增加了新的成员。邓小平是这一代领导集体的核心。叶剑英、陈云在大会上讲话，主要内容是关于解决好干部队伍的交接班问题。李先念致闭幕词。

中共十二大总结了拨乱反正的经验，制定了全面开创社会主义现代化建设新局面的正确纲领，制定了新的完善的党章，是党的历史上的一次重要的代表大会。

二、五届全国人大五次会议　修改宪法

在中共十二大后两个月，1982 年 11、12 月间在北京举行第五届全国人民代表大会第五次会议。叶剑英主持开幕大会。

彭真受叶剑英主任委员的委托，代表宪法修改委员会作《关于中华人民

---

① 中共中央文献研究室编：《十二大以来重要文献选编》，上册，6～61 页，北京，人民出版社，1986。

共和国宪法修改草案的报告》。彭真说，这次宪法的修改、讨论工作前后进行了两年之久，是做得相当认真、慎重和周到的。1980 年 9 月 10 日成立宪法修改委员会。宪法修改委员会于 1982 年 2 月提出《中华人民共和国宪法修改草案》讨论稿。这个讨论稿经中央各方面各部门负责人的多次讨论，并提出修改意见。4 月，宪法修改委员会又进行了充分的讨论并通过了宪法修改草案，由全国人大常务委员会公布，交付全国各族人民讨论。在全国讨论基础上，宪法修改委员会又作了一些修改，并于 11 月 23 日通过，提交全国人大审议。宪法修改草案总的指导思想是四项基本原则。宪法修改草案明确规定："今后国家的根本任务是集中力量进行社会主义现代化建设。""中国各族人民将继续在中国共产党领导下，在马克思列宁主义、毛泽东思想指引下，坚持人民民主专政，坚持社会主义道路，不断完善社会主义的各项制度，发展社会主义民主，健全社会主义法制，自力更生，艰苦奋斗，逐步实现工业、农业、国防和科学技术的现代化，把我国建设成为高度文明、高度民主的社会主义国家。"彭真就宪法修改草案的基本内容，联系全民讨论中提出的意见和问题，对 6 个问题做了说明：①关于我国的人民民主专政制度。②关于我国的社会主义经济制度。③关于社会主义精神文明。④关于国家机构。⑤关于国家的统一和民族的团结。⑥关于独立自主的对外政策。这个宪法修改草案于 12 月 4 日正式通过。新宪法有序言、4 章 138 条。序言中规定："本宪法以法律的形式确认了中国各族人民奋斗的成果，规定了国家的根本制度和根本任务，是国家的根本法，具有最高的法律效力。全国各族人民、一切国家机关和武装力量、各政党和各社会团体、各企业事业组织，都必须以宪法为根本的活动准则，并且负有维护宪法尊严、保证宪法实施的职责。"新宪法不但彻底纠正了 1978 年宪法中还存在的缺点，而且内容更加完备，增加了适应于社会主义现代化建设的新的规定。

赵紫阳作《关于第六个五年计划的报告》。"六五"计划(1981—1985)的一个显著特点，是强调提高经济效益。"六五"计划把党的十二大提出的经济建设的战略目标、战略重点和战略步骤具体化了，是一个实现我们的宏伟目标的切实可行的近期规划。

第六个五年计划规定，1985 年工农业总产值达到 8710 亿元，比 1980 年的 7159 亿元增加 1551 亿元。其中，农业总产值由 2187 亿元增加到 2660 亿元，工业总产值由 4972 亿元增加到 6050 亿元，都是平均每年递增 4％，在执行中争取达到 5％。在工业总产值中，轻工业产值计划平均每年递增

5％，重工业产值计划平均每年递增 3％。到 1985 年，全国粮食产量计划达到 36000 万吨，比 1980 年增长 12.3％；原煤 7 亿吨，增长 12.9％；钢 3900 万吨，增长 5.1％。"六五"计划期间，全国基本建设投资总额安排 2300 亿元。"六五"计划期间，安排教育、科学、文化、卫生、体育事业的经费占国家财政支出总额的 15.9％。"六五"计划期间，要继续提高城乡人民的生活水平。会议批准了《国民经济和社会发展第六个五年计划》。

会议还通过了关于恢复《义勇军进行曲》为国歌等决议。

1983 年 6 月，六届全国人大一次会议在北京举行。会议提出此后 5 年的主要任务是动员全国各族人民为全面、超额完成第六个五年计划，制定和执行第七个五年计划，把以经济建设为中心的各项建设事业继续推向前进而奋斗。大会选举李先念为国家主席，彭真为全国人大常委会委员长，决定赵紫阳为国务院总理，选举邓小平为国家中央军事委员会主席。

三、农村经济体制改革的深入　乡镇企业的兴起

中共十二大提出了全面开创社会主义现代化建设的新局面的宏伟目标，并且确定发展农业是实现这一宏伟目标的战略重点之一。为了实现十二大提出的农业发展的战略目标，中共中央在 1983 年 1 月 2 日印发《〈当前农村经济政策的若干问题〉的通知》，对农业发展规划、农村发展道路、稳定和完善农业生产责任制以及农村领导体制等 14 个问题作了规定。这是第二个"中央一号文件"。这个文件的主要精神有：①稳定和完善农业生产责任制，改革人民公社的体制。文件指出：稳定和完善农业生产责任制，仍然是当前农村工作的主要任务。联产承包责任制的迅速发展，绝不是偶然的。它以农户或小组为承包单位，扩大了农民的自主权，发挥了小规模经营的长处，克服了管理过分集中、劳动"大呼隆"和平均主义的弊病，又继承了以往合作化的积极成果，坚持了土地等基本生产资料的公有制和某些统一经营的职能，使多年来新形成的生产力更好地发挥作用。这种分散经营和统一经营相结合的经营方式具有广泛的适应性，既可适应当前手工劳动为主的状况和农业生产的特点，又能适应农业现代化进程中生产力发展的需要。在这种经营方式下，分户承包的家庭经营只不过是合作经济中的一个经营层次，是一种新型的家庭经济。它和过去小私有的个体经济有着本质的区别，不应混同。完善联产承包责任制的关键是，通过承包处理好统与分的关系。要建立和健全承包合同制。文件指出：人民公社的体制，要从两方

面进行改革。这就是,实行生产责任制,特别是联产承包制;实行政社分设。在政社分设后,基层政权组织,依照宪法建立。②搞活经济,继续放宽某些政策,走全面发展、综合经营的道路。文件指出:我国农村只有走农林牧副渔全面发展、农工商综合经营的道路。根据决不放松粮食生产、积极发展多种经营的正确方针,对农业结构进行调整。适应商品生产的需要,发展多种多样的合作经济。搞活商品流通,促进商品生产的发展,要坚持计划经济为主,市场调节为辅的方针,调整购销政策。改革国营商业体制,放手发展合作商业,适当发展个体商业,实现以国营商业为主导,多种商业经济形式并存,打破城乡分割和地区封锁,广辟流通渠道。总之,"就是要按照我国的国情,逐步实现农业的经济结构改革、体制改革和技术改革,走出一条具有中国特色的社会主义的农业发展道路"。①

1983 年 1 月 20 日,中共中央发出《关于加强农村思想政治工作的通知》,强调必须根据党的十二大的战略部署,在建设高度的物质文明的同时要建设高度的社会主义精神文明。根据《中共中央关于印发〈当前农村经济政策的若干问题〉的通知》,在搞活经济、继续放宽某些政策的同时,要大大加强和改进党在农村的思想政治工作,逐步提高农民的政治、思想觉悟。当前,要进行一坚持(坚持社会主义道路)、两不变(公有制、责任制长期不变)、三兼顾(兼顾国家、集体、个人利益)的教育。要使"一要吃饭、二要建设"的思想深入人心。各级党的领导机关,必须坚持"两个文明"一起抓,把思想政治工作列入自己的重要议事日程。②

上述政策经过一年的试行,取得了明显的成效,农业生产获得了创纪录的丰收,农村工作取得了令人鼓舞的进展。1983 年农业总产值为 3121 亿元,比上年增长 9.5%,超过计划增长 4%的指标;扣除农村队办工业产值 368 亿元,比上年增长 7.9%。粮食产量 38728 万吨,比上年增长 9.2%;棉花 463.7 万吨,比上年增长 28.9%。农村商品生产发展较快,加速了由自给、半自给经济向着较大规模商品经济转化的过程。农民生活有较大改善。

为了发展农村已经开创的新局面,提高生产力水平,发展商品生产,1984 年 1 月 1 日,中共中央又发出《关于一九八四年农村工作的通知》。这是第三个"中央一号文件"。《通知》说:实践证明中共中央 1983 年一号文件

① 中共中央文献研究室编:《十二大以来重要文献选编》,上卷,252～269 页。

② 中共中央文献研究室编:《十二大以来重要文献选编》,上册,270～280 页。

所提出的基本目标、方针、政策是正确的；中央决定把它作为今后一个时期内指导农村工作的正式文件，继续贯彻执行。《通知》指出："今后农村工作的重点是：在稳定和完善生产责任制的基础上，提高生产力水平，疏理流通渠道，发展商品生产。""由自给半自给经济向较大规模商品生产转化，是发展我国社会主义农村经济不可逾越的必然过程。"《通知》对农村经济政策还作了一些具体规定，如土地承包期一般应在 15 年以上；允许农民和集体的资金自由地或有组织地流动，不受地区限制；农村在实行联产承包责任制基础上出现的专业户是农村发展中的新生事物，应当积极支持；供销社体制改革要深入进行下去，要办成农民群众集体所有的合作商业，要实行独立核算，自负盈亏；信用社要进行改革，真正办成群众性的合作金融组织；继续调整农副产品购销政策，改善农副产品收购办法；制止对农民的不合理摊派，减轻农民额外负担；等等。总之，要继续放宽政策，调动农民发展生产的积极性，解放生产力和发展商品生产。同时，《通知》指出，党在农村的政策越放宽，商品经济越发展，就越需要加强农村思想政治工作和文化教育工作。各级党组织要充分认识到，社会主义的物质文明和精神文明一齐抓，是我们党的长期战略方针。①

继 1984 年中共"中央一号文件"之后，2 月 27 日，国务院做出《关于农村个体工商业的若干规定》。《规定》指出，国家鼓励农村剩余劳动力经营社会急需的行业，农村个体工商户的经营方式可以灵活多样。

由于贯彻了继续放宽政策，搞活农村经济的方针，1984 年农业生产继续大幅度增长。1984 年农业总产值（包括村办工业）为 3612 亿元，比上年增长 14.5％，大大超过计划规定 4％的速度。扣除村（队）办工业，农业总产值为 3062 亿元，比上年增长 9.9％。粮食产量 40712 万吨，比上年增长 5.1％；棉花 607.7 万吨，比上年增长 31.1％。农村多种经营日益扩大，商品经济开始活跃起来，农民生活进一步改善。到 1984 年，全国已有 99.96％的生产队实行以联产承包为主要形式的责任制。在家庭联产承包的基础上，全国出现了 2482 万个专业户和重点户，占全国农户的 13.6％，成为发展商品经济的带头人。

从 1982 年之后，农村实行政社分设，恢复农村政权组织。1983 年 10 月，中共中央、国务院发出《关于实行政社分开建立乡政府的通知》，规定建立乡（镇）政府作为基层政权，同时普遍成立村民委员会作为群众性自治

①　中共中央文献研究室编：《十二大以来重要文献选编》，上册，424～438 页。

组织。到 1984 年底，全国各地基本完成了政社分设，建立了 91000 个乡（镇）政府，926000 个村民委员会。至此，农村人民公社制度实际上已经不复存在了。

家庭联产承包制的普遍实行，人民公社制度的取消，为农村商品经济的发展创造了条件。中共中央抓住这个有利时机，加快农村经济商品化的进程。1985 年 1 月 1 日，中共中央、国务院颁发第四个"中央一号文件"，即《关于进一步活跃农村经济的十项政策》，取消农副产品统购派购制度，对粮食、棉花等少数重要产品，实行尊重农民自主权的国家计划合同收购的新政策，合同收购以外的产品可以自由出售，或以协议价格卖给国家；其余多数产品，逐步放开，自由交易。国家不再向农民下达指令性的生产计划。农业税，由过去向农民征收实物改为折征现金。这样，就基本上改变了实行 30 多年的统购派购政策，把农村经济纳入了有计划的商品经济的轨道，促使传统农业逐步向专业化商品化现代化方向发展。1986 年 1 月 1 日，中共中央、国务院又发出第五个"中央一号文件"：《关于 1986 年农村工作的部署》，主要是讲增加农业投入，深化农村经济改革，调整工农城乡关系。五个"中央一号文件"大大促进了农业的发展。按 1980 年不变价格计算，农业总产值由 1980 年的 2223 亿元增加到 1986 年的 3947 亿元，平均每年递增速度达 10％。粮食的年生产量由 1978 年的 3 亿吨增加到 1986 年的 3.9 亿吨。棉花的年生产量也由 1978 年的 216.7 万吨增加到 1986 年的 354 万吨。从 1978 年到 1986 年，农业生产发生了新中国成立以来从未有过的变化。

农村改革的另一个大收获，是乡镇企业的崛起。农业上家庭联产承包责任制的推行，在农村中解放出一大批劳动力。在改革开放形势的推动下，农村中集体的、个体的及私营的企业迅速发展起来。1984 年 3 月 1 日，中共中央、国务院指出：乡镇企业是多种经营的重要组成部分，是农业生产的重要支柱，是广大农民群众走向共同富裕的重要途径，是国家财政收入新的重要来源。目前，乡镇企业已成为国民经济的一支重要力量，是国营企业的重要补充。近年来，乡镇企业的发展速度超过整个国民经济发展的平均速度，显示出它特有的生命力。为此，各级党委和政府对乡镇企业要在发展方向上给予积极引导，按照国家有关政策进行管理，使其健康发展。[①] 1986 年，全国有乡镇企业 150 多万个。1987 年，全国乡镇企业从业人数达到 8805 万人，产值达到 4764 亿元，占农村社会总产值的 50.4％，

---

① 中共中央文献研究室编：《十二大以来重要文献选编》，上册，439～441 页。

第一次超过了农业总产值。这是农村经济的一个历史性变化。乡镇企业的兴办，不仅在增加农民收入、促进农业发展、繁荣农村经济、更新农民观念方面起到重大作用，而且在提供财政收入、发展出口创汇、推进我国工业化进程方面做出了重要贡献。随着乡镇企业的发展，兴起了一大批小城镇，这是在建设有中国特色的社会主义的过程中产生的一个新事物，它在我国经济和社会发展中具有重要的战略地位。

四、中共十二届三中全会　城市经济体制改革的全面开展

农村经济体制改革取得历史性的突破，推动了城市经济体制改革的开展。经过 3 年经济调整，国民经济开始走上稳步发展的轨道，也为经济体制改革的起步创造了比较宽松的经济环境。计划与市场的关系，是经济体制改革的关键问题。长期以来，我们把计划经济和市场经济互相对立起来，认为社会主义经济是计划经济，资本主义经济是市场经济，两者是格格不入的。社会主义制度下计划和市场的关系是个极其复杂的问题。要正确认识它，必须边实践，边探索，边总结经验，需要经历一个逐步深入、逐步提高的过程。1979 年春，陈云写出《计划与市场问题》的研究提纲。他提出"整个社会主义时期必须有两种经济"：计划经济部分；市场调节部分。"第一部分是基本的主要的；第二部分是从属的次要的，但又是必需的"。"问题的关键是，直到现在我们还不是有意识地认识到这两种经济同时并存的必然性和必要性，还没有弄清这两种经济在不同部门应占的不同比例。"他强调要改进计划工作，实现按比例发展，同时也强调要发挥市场调节的作用，也就是要按价值规律调节。这份提纲是党内最早的以文字形式论述要在计划经济体制下发挥市场调节作用的文献，在社会主义经济理论上是一个重大突破。1979 年 4 月，李先念在中央工作会议上的讲话指出："在我们的整个国民经济中，以计划经济为主，同时充分重视市场调节的辅助作用。"1980 年 12 月中央工作会议后，陈云在思考经济体制改革问题时，要求中央财经领导小组"用半年时间"，搞一个怎么"把计划调节和市场调节结合起来，把市场搞活"的设想。从 1981 年 11 月到 1982 年 1 月，陈云先后四次谈了"计划经济为主、市场调节为辅"的问题。陈云《计划与市场问题》的提纲于 1982 年 7 月在《文献和研究》上正式发表。中共十二大报告指出："正确贯彻计划经济为主、市场调节为辅的原则，是经济体制改革中的一个根本问题。"这表明中国共产党探索经济体制改革过程中在认识上跨进了一步。中共十二

大后，陈云针对搞活经济中出现的某些摆脱国家总体计划的错误倾向，把市场与计划的关系形象地比喻为"鸟"与"笼子"的关系。这个比喻是黄克诚首先提出来的。1982年11月至12月，陈云三次运用这个比喻来阐述计划与市场的关系。他说："搞活经济是对的，但是必须在计划的指导下搞活。这就像鸟一样，捏在手里会死，要让它飞，但是只能让它在合适的笼子里飞，没有笼子，它就飞跑了。笼子大小要适当，但是总要有个笼子，这就是计划经济。市场调节只能在计划许可的范围以内。"陈云说的"笼子大小要适当"，后来又增加了"笼子""经常要调整"的内容。他还说明"笼子"是动态的，"笼子"本身也要经常调整，该多大就多大，而不是一成不变的。总之，计划不是主观的僵死的框框，要符合实际，朝着适合"鸟"飞，适合搞活经济的方面调整。陈云运用"笼子"与"鸟"的比喻来阐述计划与市场的关系，是对"计划经济为主、市场调节为辅"原则认识的深化。①

关于计划经济和市场经济关系的探索，经过多年的实践和争论，在1984年有了重大突破。党的十二届三中全会文件，从1984年6月开始起草，用了一个多月时间提出了一个提纲，但这个提纲没有能超越原来"计划经济为主，市场调节为辅"的提法，胡耀邦对此很不满意，因此重新调整了文件起草班子。正在这个时候，中国社会科学院院长受命组织院内的几位专家撰写了《关于社会主义制度下我国商品经济的再探索》的文章，为商品经济翻案。文章提出，在肯定社会主义经济是计划经济时，不要"否定社会主义经济同时也具有商品经济的属性。商品经济的对立物不是计划经济，而是自然经济"，不能把计划经济同商品经济"对立起来"。文章重新肯定此前曾被否定过的"社会主义经济是有计划的商品经济"的提法。文章不但没有招来批评，还得到了一些老一辈革命家的称赞。9月9日赵紫阳给中央常委写了《关于经济体制改革中三个问题的意见》的信。信中论述了"社会主义经济是以公有制为基础的有计划的商品经济。计划要通过价值规律来实现，要运用价值规律为计划服务。""中国式的计划经济，应该是自觉依据并运用价值规律的计划经济。"②邓小平、陈云分别在9月11日和12日批示同意。

1984年10月，中共十二届三中全会在北京举行。全会一致通过了《中

---

① 中共中央文献研究室编：《陈云传》，下册，1627～1654页，北京，中央文献出版社，2005。

② 中共中央文献研究室编：《十二大以来重要文献选编》，中册，535～536页，北京，人民出版社，1986。

共中央关于经济体制改革的决定》(以下简称《决定》)。这个决定总结了新中国成立以来特别是十一届三中全会以来经济体制改革的经验,比较系统地提出和阐明了经济体制改革中的一系列重大理论和实践问题,是全面进行经济体制改革的纲领性文献。

《决定》在理论上的重大贡献是,突破了把计划经济同商品经济对立起来的传统观点,确认"我国社会主义经济是公有制基础上的有计划商品经济"。这是对马克思主义政治经济学的新发展,为全面经济体制改革提供了新的理论指导。

《决定》指出:马克思主义的创始人曾经预言,社会主义在消灭剥削制度的基础上,必须能够创造出更高的劳动生产率,使生产力以更高的速度向前发展。我国建国 35 年来所发生的深刻变化,已经初步显示出社会主义制度的优越性。但是这种优越性还没有得到应有的发挥。其所以如此,除了历史的、政治的、思想的原因之外,就经济方面来说,一个重要的原因,就是"在经济体制上形成了一种同社会生产力发展要求不相适应的僵化的模式"。"这种模式的主要弊端是:政企职责不分,条块分割,国家对企业统得过多过死,忽视商品生产、价值规律和市场的作用,分配中平均主义严重。"这就造成了企业缺乏应有的自主权,企业吃国家"大锅饭"、职工吃企业"大锅饭"的局面,严重压抑了企业和广大职工群众的积极性、主动性、创造性,使本来应该生机盎然的社会主义经济在很大程度上失去了活力。因此,我们这次改革的基本任务是"建立起具有中国特色的、充满生机和活力的社会主义经济体制,促进社会生产力的发展"。我们改革经济体制,是在坚持社会主义制度的前提下,改革生产关系和上层建筑中不适应生产力发展的一系列相互联系的环节和方面。这种改革,是在党和政府的领导下有计划、有步骤、有秩序地进行的,是社会主义制度的自我完善和发展。全党同志在进行改革的过程中,应"把是否有利于发展社会生产力作为检验一切改革得失成败的最主要标准"。

《决定》系统地阐明了建立充满生机的社会主义经济体制所需要解决的主要问题:①增强企业活力是经济体制改革的中心环节。《决定》指出,具有中国特色的社会主义,首先应该是企业有充分活力的社会主义。而现行经济体制的种种弊端,恰恰集中表现为企业缺乏应有的活力。所以,增强企业的活力,特别是增强全民所有制大、中型企业的活力,是以城市为重点的整个经济体制改革的中心环节。围绕这个中心环节,主要应该解决好两方面的关系问题,即确立国家和全民所有制企业之间的正确关系,扩大企业自主权；确立职工和企业之间的正确关系，保证劳动者在企业中的主人翁地位。这是以城市为重点的整个经济体制改革的本质内容和基本要求。②建立自觉运用价值规律的计划体制，发展社会主义商品经济。《决定》指出，改革计划体制，首先要突破把计划经济同商品经济对立起来的传统观念，明确认识社会主义计划经济必须自觉依据和运用价值规律，是在公有制基础上的有计划的商品经济。商品经济的充分发展，是社会经济发展的不可逾越的阶段，是实现我国经济现代化的必要条件。在商品经济和价值规律问题上，社会主义经济同资本主义经济的区别不在于商品经济是否存在和价值规律是否发挥作用，而在于所有制不同，在于剥削阶级是否存在，在于劳动人民是否当家做主，在于为什么样的生产目的服务，在于能否在全社会的规模上自觉地运用价值规律，还在于商品关系的范围不同。在我国社会主义条件下，劳动力不是商品，土地、矿山、银行、铁路等一切国有的企业和资源也都不是商品。总之，我国的计划经济是"有计划的商品经济"。③建立合理的价格体系，充分重视经济杠杆的作用。《决定》指出：我国现行的价格体系，由于过去长期忽视价值规律的作用和其他历史原因，存在着相当紊乱的现象，不少商品的价格既不反映价值，也不反映供求关系，必须改革这种不合理的价格体系。价格是最有效的调节手段，合理的价格是保证国民经济活而不乱的重要条件，价格体系的改革是整个经济体系改革成败的关键。改革价格体系关系国民经济的全局，涉及千家万户，一定要采取十分慎重的态度，有计划有步骤地进行。在改革价格体系的同时，还要进一步完善税收制度，改革财政体制和金融体制。我们要学会掌握经济杠杆对整个经济进行调节。④实行政企职责分开，正确发挥政府机构管理经济的职能。按照政企职责分开、简政放权的原则进行改革，是搞活企业和整个国民经济的迫切需要。实行政企职责分开、简政放权，是社会主义上层建筑的一次深刻改造。⑤建立多种形式的经济责任制，认真贯彻按劳分配原则。为了增强城市企业的活力，提高广大职工的责任心和充分发挥他们的主动性、积极性、创造性，必须在企业内部明确对每个岗位、每个职工的工作要求，建立以承包为主的多种形式的经济责任制。这种责任制的基本原则是：责、权、利相结合，国家、集体、个人利益相统一，职工劳动所得同劳动成果相联系。同时，在企业中实行厂长(经理)负责制。《决定》还指出，要认真贯彻按劳分配原则，反对平均主义。只有允许和鼓励一部分地区、一部分企业和一部分人依靠勤奋劳动先富起来，才能对大多数人产生强烈的吸引和鼓舞作用，并带动越来越多的人一浪接一浪地走向富裕。鼓励一部分人先富起来的政策，是符合社会主义发展规律的，是整个社会走向富裕的必由之路。⑥积极发展多种经济形式，进一步扩大对外的和国内的经济技术交流。《决定》还强调，要起用一代新人，造就一支社会主义经济管理干部的宏大队伍；要加强党的领导，保证改革的顺利进行。当然《决定》也有不够完善的地方，但它毕竟实现了社会主义理论的重大突破，为中国经济体制改革规定了正确的方向。邓小平指出：这个决定，是马克思主义的基本原理和中国社会主义实践相结合的政治经济学。这次经济体制改革的文件好，就是解释了什么是社会主义，有些是我们老祖宗没有说过的话，有些新话。①

十二届三中全会以后，我国的经济体制改革开始进入以城市为重点的全面改革阶段。到1987年（即党的十三大召开那一年），整个经济体制改革取得明显的进展。主要体现在：

1. 在坚持公有制经济的主体地位并使之进一步壮大的前提下，多种经济成分得到发展，原来那种与现实生产力水平不完全适应的单一公有制结构有很大改变。1987年同改革前的1978年相比，在全国工业总产值中，全民所有制企业的产值有相当的增长，而它所占的比重由77.6％下降到59.7％，仍占绝对优势；集体经济由22.4％上升到34.6％；个体经济、私营经济、"三资"企业和其他非公有制经济成分则由几乎为零上升到5.6％；在社会商品零售总额中，全民所有制商业由54.6％下降到38.7％，集体商业由43.3％下降为35.7％，非公有制经济成分由2.1％上升到25.6％。全国城镇个体工商等各行业从业人员由15万人增加到569万人。据1987年6月底统计，我国已批准建立的"三资"企业8516家，协议合同外资金额达171.76亿美元。所有制结构的这种变化，对发展经济、方便生活和安置就业起了积极作用。

2. 按照政企分开、所有权和经营权适当分离的原则，改变了统收统支的国营企业经营方式，扩大了企业的生产经营自主权。1985年9月，国务院批准国家经委、国家体改委《关于增强大中型国营工业企业活力若干问题暂行规定》，赋予企业更多的权力。1986年12月，国务院发出《关于深化企业改革增强企业活力的若干规定》，提出在全民所有制大中型企业要实行多种形式的经营责任制。全民所有制小企业可积极试行租赁、承包经营。到

① 中共中央文献研究室编：《邓小平年谱（1975—1997）》，下册，1006、1008页，北京，中央文献出版社，2004。

1987 年，全国已有 80％的国营企业实行各种形式的承包经营责任制。在企业内部，也进行了以实行厂长（经理）负责制为主要内容的改革。其后二三年，承包经营责任制成为国有企业改革的主导形式。1988 年公布了《全民所有制工业企业法》，首次对"所有权与经营权的分离"做出法律界定。同年又公布了《全民所有制工业企业承包经济责任制暂行条例》。

3. 改革计划管理体制，国家宏观调控的范围和方式得到调整与改进。1987 年与改革前相比，国家计委管理的指令性计划的工业产品从 120 种减少到 60 种，其产值占工业总产值的比重由 40％下降到 17％，国家统配物资由 259 种减少到 26 种，国家计划管理的商品由 188 种减少到 23 种；全国用于生产和建设的资金，由财政筹集的从 76.6％下降到 31.2％，由银行筹集的从 23.4％上升到 68.8％。经济杠杆在宏观调控中的作用明显增强。

4. 改革不合理的价格体系和过于集中的价格管理体制。从 1979 年到 1987 年的九年里，价格改革是按照"调放结合"的方针进行的。就是合理调整价格，逐步放开价格。九年来价格改革的主要情况：①农副产品的价格改革。1979 年大幅度提高农副产品的收购价格，粮油统购价格提高 20％，超购加价由 30％上升为 50％，棉花统购价格提高 15％，超购加价 30％，生猪、鲜蛋收购价格提高 26％。1980 年又对少数产品的价格作了调整，如棉花统购价又提高了 10％。1979 年 11 月提高了猪肉、牛肉、羊肉、鲜蛋、家禽、水产品、蔬菜、牛奶等零售价格，平均提价幅度为 30％左右，同时给予居民以物价补贴。1985 年，粮、棉实行合同收购制，价格改为合同价。合同外收购，是参照市场价格，由国家与农民协商确定。这一年还放开了肉、禽、蛋、鱼、蔬菜等副食品的价格。这次放开价格，在大中城市物价上涨的幅度较大。这次价格放开也给居民以物价补贴。②生产资料的价格改革。1979 年后，原材料价格改革从两个方面展开：一是调整部分产品价格；二是企业超计划自销产品按市场价出售。这就形成了"双重价格"，即价格"双轨制"。实际上，一种生产资料往往有国家定价、地方定价和市场交易价等多种价格。③消费工业品的价格改革。有升有降地调整了消费工业品销售价格，同时逐步放开小商品的价格，由企业根据市场情况自行定价。④交通运价和旅游服务收费也作了局部调整。通过价格改革改变了单一的国家定价方式。我国的价格形式已从基本上是单一的国家定价，改为国家定价、国家指导价、市场调节价 3 种形式。价格改革，缩小了农产品与工业品的剪刀差（比价）、促进了工农业生产的发展、丰富了市场供应。几年来的价格改革存在问题也不少，主要是物价上涨过猛，要把我国不合理的价格体系理顺，还有大量工作要做。

5. 改革工资制度和劳动制度。1985 年 1 月 5 日，国务院发出《关于国营企业工资改革问题的通知》，决定从 1985 年开始，在国营大中型企业中，实行职工工资总额同企业经济效益按比例浮动的办法。1986 年又进行了新的改革探索，明确了在国家规定的工资总额和政策范围内，把企业内部职工的工资、奖金分配权交给企业，由企业自主决定分配形式和办法。1985 年 6 月 4 日，中共中央、国务院发出《关于国家机关和事业单位工作人员工资制度改革问题的通知》，决定国家机关和事业单位实行以职务工资为主的结构工资制，包括基本工资、职务工资、工龄工资 3 部分。1986 年 9 月，国务院公布了改革劳动制度的 4 项暂行规定，对劳动制度进行了重大改革，企业新招收的工人开始实行合同制。

此外，在财政、金融、税收、商业流通等方面也进行了不同程度的改革。

通过改革，城市经济生活出现了前所未有的活跃局面。虽然在着重强调放开搞活和增强企业活力的时候，加强和改善国家的宏观管理的措施没有及时跟上，以致产生了一些混乱现象，但总的说来，是向公有制基础上有计划的商品经济新体制的积极的转变。

五、对外开放格局的基本形成

1979 年 7 月，中共中央和国务院根据广东、福建两省靠近港澳、华侨众多的有利条件，决定对两省的对外经济活动实行特殊政策和优惠措施。1980 年 5 月，中共中央和国务院决定在广东的深圳、珠海、汕头和福建的厦门，各划出一定范围的区域，试办经济特区。

1984 年初，邓小平考察了深圳、珠海、厦门 3 个经济特区。邓小平考察回京后同几位中央负责同志说："我们建立经济特区，实行开放政策，有个指导思想要明确，就是不是收，而是放。""特区是个窗口。""除现在的特区之外，可以考虑再开放几个港口城市，如大连、青岛。这些地方不叫特区，但可以实行特区的某些政策。我们还要开发海南岛，如果能把海南岛的经济迅速发展起来，那就是很大的胜利。"①1984 年 3 月，中央召开沿海部分城市座谈会。会后中央决定进一步开放大连、秦皇岛、天津、烟台、青

---

①　《邓小平文选》，第 3 卷，51～52 页。

岛、连云港、南通、上海、宁波、温州、福州、广州、湛江、北海 14 个沿海港口城市和海南行政区。这是扩大对外开放的一个重大步骤。到 1984 年底，全国共对外开放 99 个城市、130 多个边境贸易站口。1985 年 2 月，把长江三角洲、珠江三角洲和闽南厦门、泉州、漳州三角地区开辟为沿海经济开放区。1988 年初，又决定将辽东半岛和山东半岛全部对外开放，与已经开放的大连、秦皇岛、天津、烟台、青岛等连成一片，形成环渤海开发区。从而，使我国形成了"经济特区—沿海开放城市—沿海经济开放区—内地"这样一个多层次、有重点、点面结合的对外开放格局。

1985 年以前，深圳、珠海、汕头、厦门 4 个经济特区主要进行以创建投资环境为重点的基础设施建设，从 1986 年起，致力于发展以工业为主、工贸结合、农牧渔和旅游业并举的外向型经济。1985 年 8 月 1 日，邓小平在会见外宾时说："我们特区的经济从内向转到外向，现在还是刚起步。""现在我要肯定两句话：第一句话是，建立经济特区的政策是正确的；第二句话是，经济特区还是一个试验。""总之，中国的对外开放政策是坚定不移的，但在开放过程中要小心谨慎。"①

1988 年 4 月 13 日，第七届全国人民代表大会第一次会议通过了设立海南省的决定。同日，还通过了建立海南经济特区的决定。在海南经济特区实行更加灵活开放的经济政策。海南经济特区是我国第五个经济特区，也是最大的一个经济特区。海南经济特区主要"特"在 3 个方面：①经济运行是市场调节。②建立多元化经济所有制结构。③对外交往自由。

1990 年 4 月 18 日，李鹏总理在上海宣布中央同意上海开发、开放浦东。我们的目标是要把浦东建设成为 21 世纪现代化上海的象征，成为 20 世纪 90 年代我国扩大对外开放的重要窗口和基地。浦东新区就是"新"在把扩大开放和发挥上海的优势紧密地结合起来。开发浦东新区这项宏大的跨世纪开发工程，按照总体规划分三步实施：第一步，"八五"期间为开发起步阶段；第二步，"九五"期间为重点开发阶段；第三步，2000 年后的二三十年或更长一些时间，为全面建设阶段。

六、"一国两制"构想的提出　对外政策的调整

为了实现包括台湾、香港、澳门在内的祖国大统一，中国政府提出了

---

① 《邓小平文选》，第 3 卷，133 页。

"一国两制"的构想。这是一个非常大胆、非常有创造性的方针。

关于"一国两制"的构想，是在中共十一届三中全会之后逐步形成的。"一国两制"的提出，是从考虑如何解决台湾问题开始的。1981 年国庆前夕叶剑英委员长发表的谈话中提出关于台湾回归祖国实现和平统一的方针政策（即九条声明），虽然没有使用"一国两制"的提法，但实际上就是这个意思。1983 年 6 月 26 日，邓小平在会见美国新泽西州西东大学教授杨力宇时说："祖国统一后，台湾特别行政区可以有自己的独立性，可以实行同大陆不同的制度。司法独立，终审权不须到北京。台湾还可以有自己的军队，只是不能构成对大陆的威胁。大陆不派人驻台，不仅军队不去，行政人员也不去。台湾的党、政、军等系统，都由台湾自己来管。中央政府还要给台湾留出名额。"[1]1984 年 2 月 22 日，邓小平会见美国乔治城大学战略与国际问题研究中心代表团时说："我们提出的大陆与台湾统一的方式是合情合理的。统一后，台湾仍搞它的资本主义，大陆搞社会主义，但是是一个统一的中国。一个中国，两种制度。香港问题也是这样，一个中国，两种制度。"[2]6 月 22 日、23 日，邓小平在分别会见香港工商界访京团和香港知名人士钟士元等时说："正是在这种情况下，我们才提出用'一个国家，两种制度'的办法来解决香港和台湾问题。""中国的主体必须是社会主义，但允许国内某些区域实行资本主义制度，比如香港、台湾。""'一个国家，两种制度'的构想是我们根据中国自己的情况提出来的，而现在已经成为国际上注意的问题了。"[3]1984 年 5 月，在六届全国人大二次会议上通过了"一个国家，两种制度"的政策。这表明，中国领导人的设想，已成为一种国策而具有法律效力。

"和平统一、一国两制"是建设有中国特色社会主义理论和实践的重要组成部分，是中国政府一项长期不变的基本国策。这一方针，有以下基本点：①一个中国。世界上只有一个中国，台湾是中国不可分割的一部分，中央政府在北京。这是举世公认的事实，也是和平解决台湾问题的前提。中国政府坚决反对任何旨在分裂中国主权和领土完整的言行，反对"两个中国"、"一中一台"或"一国两府"，反对一切可能导致"台湾独立"的企图和行径。海峡两岸的中国人民都主张只有一个中国，都拥护国家的统一，台湾

---

①　《邓小平文选》，第 3 卷，30 页。

②　《邓小平文选》，第 3 卷，49 页。

③　《邓小平文选》，第 3 卷，58～59 页。

作为中国不可分割的一部分的地位是确定的、不能改变的，不存在什么"自决"的问题。②两制并存。在一个中国的前提下，大陆的社会主义制度和台湾的资本主义制度，实行长期共存，共同发展，谁也不吃掉谁。两岸实现统一后，台湾的现行社会经济制度不变，生活方式不变，同外国的经济文化关系不变，诸如私人财产、房屋、土地、企业所有权、合法继承权、华侨和外国人投资等，一律受法律保护。③高度自治。统一后，台湾将成为特别行政区，享有高度自治权。它拥有在台湾的行政管理权、立法权、独立的司法权和终审权；党、政、军、经、财等事宜都自行管理；可以同外国签订商务、文化等协定，享有一定外事权；有自己的军队，大陆不派军队也不派行政人员驻台。特别行政区政府和台湾各界的代表人士还可以出任国家政权机构的领导职务，参与全国事务的管理。④和平谈判。通过接触谈判，以和平方式实现国家统一，是全体中国人的共同心愿。和平统一，两岸应尽早接触谈判。在一个中国的前提下，什么问题都可以谈。只要两岸坐下来谈，总能找到双方都可以接受的办法。鉴于两岸的现实状况，中国政府主张在实现统一之前，双方按照相互尊重、互补互利的原则，积极推动两岸经济合作和各项交往，进行直接通邮、通商、通航和双向交流，为国家和平统一创造条件。和平统一是中国政府既定的方针。然而，每一个主权国家都有权采取自己认为必要的一切手段包括军事手段，来维护本国主权和领土完整。中国政府在采取何种方式处理本国内部事务的问题上，并无义务对任何外国或图谋分裂中国者做出承诺。台湾问题纯属中国内政，不同于第二次世界大战后经国际协议而形成的德国问题和朝鲜问题。中国政府历来反对用处理德国问题、朝鲜问题的方式来处理台湾问题。台湾问题应该也完全可以通过两岸的协商，在一个中国的架构内求得合理的解决。中国的和平统一，是人心所向，大势所趋，是任何人都无法阻挡的历史潮流。①

"一国两制"的构想首先应用于解决香港问题，香港问题是历史遗留的问题。香港地区(包括香港岛、九龙和新界)自古以来就是中国的领土。这块总面积为 1076 平方公里的中国领土，是英国在 19 世纪通过同清政府签订的 3 个不平等条约，先后强行割占和租借去的。清朝政府被推翻后，中国历届政府都没有承认英国对香港的永久主权。中华人民共和国成立后，中国政府的一贯立场是：香港是中国的领土，中国不承认帝国主义强加的 3 个不

---

① 《台湾问题与中国的统一》，载《人民日报》，1993-09-01。

平等条约，主张在适当时机通过谈判解决这一问题，未解决前暂时维持现状。

恢复对香港的主权，是需要同英国政府谈判的，这是一个外交问题。在香港回到祖国怀抱后，国家对香港地区实行什么政策，这是中国的内政问题。中共十一届三中全会后，邓小平提出按照"一国两制"解决台湾和香港问题的构想。同时，随着 1997 年的日益临近，英国方面不断试探中国关于解决香港问题的立场和态度。在这种情况下，解决香港问题的时机已经成熟。

中英两国政府关于解决香港问题的谈判分两个阶段。第一阶段从 1982 年 9 月英国首相撒切尔夫人访华至 1983 年 6 月，双方主要就原则问题和程序问题进行会谈。第二阶段从 1983 年 7 月至 1984 年 9 月，两国政府代表团就具体实质性问题进行了 22 轮会谈。

1982 年 9 月，英国首相撒切尔夫人访华，中国总理同她举行了会谈。中国领导人正式通知英方，中国政府决定在 1997 年收回整个香港地区，同时阐明中国收回香港后将采取特殊政策，包括设立香港特别行政区，由香港当地中国人管理，现行的社会、经济制度和生活方式不变，等等。撒切尔夫人则坚持 3 个不平等条约仍然有效，提出如果中国同意英国 1997 年后继续管治香港，英国可以考虑中国提出的主权要求。针对撒切尔夫人的言论，邓小平在 9 月 24 日会见她时说："我们对香港问题的基本立场是明确的，这里主要有三个问题。一个是主权问题；再一个问题，是 1997 年后中国采取什么方式来管理香港，继续保持香港繁荣；第三个问题，是中国和英国两国政府要妥善商谈如何使香港从现在到 1997 年的十五年中不出现大的波动。""关于主权问题，中国在这个问题上没有回旋余地。坦率地讲，主权问题不是一个可以讨论的问题。现在时机已经成熟了，应该明确肯定：1997 年中国将收回香港。""中国和英国就是在这个前提下来进行谈判，商讨解决香港问题的方式和办法。""保持香港的繁荣，我们希望取得英国的合作，但这不是说，香港继续保持繁荣必须在英国的管辖之下才能实现。香港继续保持繁荣，根本上取决于中国收回香港后，在中国的管辖之下，实行适合于香港的政策。香港现行的政治、经济制度，甚至大部分法律都可以保留，当然，有些要加以改革。香港仍将实行资本主义，现行的许多适合的制度要保持。"建议双方同意通过外交途径开始进行香港问题的磋商。前提是 1997 年中国收回香港，在这个基础上磋商解决今后 15 年怎样过渡得好以及 15 年以后香港怎么办的问题。① 通过这次谈话,双方同意通过外交途径就解决香港问题进行商谈。此后的半年里,由于英方在香港主权问题上立场不变,双方的磋商没有进展。1983 年 3 月撒切尔夫人写信给中国总理,做出了她准备在某个阶段向英国议会建议使整个香港主权回归中国的保证。4 月中国总理复信表示,中国政府同意尽快举行正式谈判。

1983 年 7 月,中英两国政府代表团举行第一轮会谈,由于英方仍然坚持 1997 年后英国继续管治香港,直至第四轮会谈毫无进展。第五、第六轮会谈中,英方确认不再坚持英国管治,也不谋求任何形式的共管,并理解中国的计划是建立在 1997 年后整个香港的主权和管治权应该归还中国这一前提的基础上。至此,中英会谈的主要障碍开始排除。从 1983 年 12 月第七轮会谈起,谈判纳入了以中国政府关于解决香港问题的基本方针政策为基础进行讨论的轨道。

1984 年 4 月第十二轮会谈后,双方转入讨论过渡时期香港的安排和有关政权移交的事项。1984 年 9 月 18 日双方就全部问题达成协议。

1984 年 9 月 26 日,中英关于香港问题的联合声明和 3 个附件在北京草签。联合声明确认:中华人民共和国于 1997 年 7 月 1 日对香港恢复行使主权,英国政府将在同日把香港交还给中国。中国政府在联合声明中阐述了对香港的基本方针政策,这些基本方针政策 50 年内不变。1984 年 12 月 19 日,中英两国政府首脑在北京正式签署了关于香港问题的联合声明。1985 年 5 月 27 日,中英两国政府在北京互换批准书,中英联合声明正式生效。

继解决香港问题之后,中葡两国政府于 1987 年 3 月 26 日在北京草签关于澳门问题的联合声明。联合声明称,"中华人民共和国政府和葡萄牙共和国政府声明:澳门地区(包括澳门半岛、凼仔岛和路环岛,以下称澳门)是中国领土,中华人民共和国政府将于 1999 年 12 月 20 日对澳门恢复行使主权。"同时,还做出使澳门保持稳定和发展的各种安排。4 月 13 日,中葡关于澳门问题的联合声明在北京正式签署。

"一国两制"的构想,不仅对解决台湾、香港和澳门问题具有现实意义,而且对解决国际上类似问题以及其他重大国际争端,同样具有理论的和现实的意义。

邓小平在 1980 年初作的《目前的形势和任务》的讲话中说:80 年代国际上可以说是非常动荡、充满危机的年代。但是,"我们有信心,如果反霸权

---

① 《邓小平文选》,第 3 卷,12~15 页。

主义斗争搞得好，可以延缓战争的爆发，争取更长一点时间的和平。这是可能的，我们也正是这样努力的。不仅世界人民，我们自己也确确实实需要一个和平的环境。所以，我们的对外政策，就本国来说，是要寻求一个和平的环境来实现四个现代化"①。这就为党和国家在国际事务中的方针政策提出了新的思路。

以后，邓小平在同外国客人的谈话和其他场合，反复说明，我们多年来一直强调战争危险的观点，自中共十一届三中全会后有点变化。1984年5月29日，邓小平在会见巴西客人时说："中国对外政策的目标是争取世界和平。在争取和平的前提下，一心一意搞现代化建设，发展自己的国家，建设具有中国特色的社会主义。""我们诚心诚意地希望不发生战争，争取长时间的和平，集中精力搞好国内的四化建设。"②1984年11月7日对外国客人说："对内设法摆脱贫困，对外维护世界和平，这是我们工作的总纲领。"③1985年3月4日，邓小平对日本客人说：和平和发展是当代世界两大问题。中国现在是维护世界和平和稳定的力量。中国发展得越强大，世界和平越靠得住。"总起来说，世界和平的力量在发展，战争的危险还存在。""所以，我们多年来一直强调战争的危险。后来我们的观点有点变化。我们感到，虽然战争的危险还存在，但是制约战争的力量有了可喜的发展。"④6月4日，邓小平在军委扩大会议上又讲了这个重要变化。他说：党的十一届三中全会以后，我们对国际形势的判断有变化，对外政策也有变化，这是两个重要的转变。第一个转变，是对战争与和平问题的认识。过去我们的观点一直是战争不可避免，而且迫在眉睫。这几年我们仔细地观察和分析世界大势以及对我们周围环境的分析，得出"在较长时间内不发生大规模的世界战争是有可能的，维护世界和平是有希望的"结论。第二个转变，是我们的对外政策。过去有一段时间，针对苏联霸权主义的威胁，我们搞了"一条线"的战略，就是从日本到欧洲一直到美国这样的"一条线"。"现在我们改变了这个战略，这是一个重大的转变。"我们奉行独立自主的正确的外交路线和对外政策，高举反对霸权主义、维护世界和平的旗帜，坚定地站在和平力量一边，谁搞霸权主义就反对谁，谁搞战争就反对谁。所以，中国的发展

---

①　《邓小平文选》，2版，第2卷，241页。

②　《邓小平文选》，第3卷，57页。

③　中共中央文献研究室编：《邓小平年谱(1975—1997)》，下卷，1014页。

④　《邓小平文选》，第3卷，105页。

是和平力量的发展，是制约战争力量的发展。现在树立我们是一个和平力量、制约战争力量的形象十分重要，我们实际上也要担当这个角色。"根据独立自主的对外政策，我们改善了同美国的关系，也改善了同苏联的关系。""总之，一个是对国际形势的判断，一个是根据这个判断相应地调整对外政策，这是我们的两个大变化。""现在看来，这两个变化是正确的，对我们是有益的，我们要坚持下去。只要坚持这样的判断和这样的政策，我们就能放胆地一心一意地好好地搞我们的四个现代化建设。"①9 月 14 日，邓小平在会见奥地利客人时又指出：现在我们对战争不可避免的看法有了变化。毛主席当时提出的国际战略有当时的历史条件。那时苏联在各方面都占优势，美国加上西欧处于劣势，是很大的劣势。我们当时面临的形势是，从美苏力量对比来看，苏占优势，而且张牙舞爪，威胁中国。我们的判断是，苏联处于进攻性态势，而且是全球性进攻，战争的危险主要来自苏联。为了避免战争，毛主席提出了建立从日本经欧洲到美国的"一条线"战略。以对付苏联的挑战。美国同中国的关系改善了，日本和欧洲同中国的关系也改善了。那时我们的判断也有缺陷，所以现在改变了，更大的原因是情况变了。我们现在的判断是战争是可以避免的。如果现在发生战争就不只是来自一家了，所以我们改变了"一条线"的战略。我们对战争的判断和采取的政策比过去更妥当一些。我们现在观察国际战略形势，不仅把中国看作是维护和平、制约战争的因素，而且把西欧和东欧也视为维护和平、制约战争的力量。制约战争的最大力量是第三世界，这些国家占世界人口的 3/4。有这么大的维护和平的力量存在，尽管仍存在着战争的危险，但如果我们搞得好，战争是可以避免的。如果本世纪(20 世纪)战争打不起来，下个世纪和平就更有希望。我们在战争问题上由悲观变为乐观。当然也不能掉以轻心，和平必须争取才能赢得。② 1987 年 5 月 12 日，邓小平同欧洲客人谈话时指出："对于总的国际局势，我的看法是，争取比较长期的和平是可能的，战争是可以避免的。"他说："1978 年我们制定一心一意搞建设的方针，就是建立在这样一个判断上的。要建设，没有和平环境不行。""我们奉行独立自主的和平外交政策，这有利于和平。我们不打别人的牌，就是说不打苏联的牌，也不打美国的牌。我们也不让别人打我们的牌。"我们认为西欧和东欧都是维护和平的力量。我们希望有一个联合、强大、发展的欧

---

① 《邓小平文选》，第 3 卷，126～129 页。

② 中共中央文献研究室编：《邓小平年谱(1975—1997)》，下卷，1076～1077 页。

洲。只要欧洲不绑在别人的战车上，战争就打不起来。争取比较长一点的和平时间是可能的。如果下一个世纪 50 年里，第三世界包括中国有一个可喜的发展，整个欧洲有一个可喜的发展，可以真正消除战争的危险。① 对战争与和平问题的估量的变化，是新时期党和国家的对外事务方针的一个出发点。多年来的事实证明，这个估量是正确的。

说战争可以避免，这是说世界战争；说比较长期的和平是可能的，这是说需要一切和平的力量去努力争取。实际上在世界上局部的战争每年都在发生。为了争取和平，就必须反对霸权主义和强权政治。反对霸权主义是中国在国际上的一贯方针。

中国政府在对外政策上一贯坚持独立自主的原则，不屈服于任何外来的压力，也不顺从任何外国的指挥棒。在新时期，独立自主的和平外交政策具体地表现为不结盟政策。

从 20 世纪 80 年代初开始，中国共产党调整了同外国党的关系。1982 年中共十二大确定，中国共产党同各国共产党发展关系要遵循 4 条原则，即独立自主，完全平等，互相尊重，互不干涉内部事务。根据这些原则，中国共产党在世界各国共产党的范围内，不仅改善和加强了同一些党已有的友好关系，而且恢复了同一些党已经中断的关系，并同一些党建立了新的关系。根据 4 项原则，本着超越意识形态的差异、谋求互相了解和合作的精神，我党同大多数发达国家和一些发展中国家的社会党、社会民主党和工党建立了各种形式的友好关系。我党还同为数众多的第三世界国家的各种友好进步的政党进行了交往，发展了关系。到 1991 年上半年，中国共产党已同世界上 270 多个各类政党建立了不同形式的联系。

中共十二大后，我国坚持独立自主的对外政策，积极开展外交活动，扩大同各国的联系和交往，增进相互了解和友谊，发展和改善了我国同许多国家的关系。我国领导人出访了日、美、英、法、西德等许多国家。金日成、齐奥塞斯库、里根、密特朗、撒切尔夫人、中曾根等外国元首和政府首脑先后来我国访问。中国和第三世界各国向来保持着国家之间和人民之间的友好关系。1985 年 3 月，邓小平指出："现在世界上真正大的问题，带全球性的战略问题，一个是和平问题，一个是经济问题或者说发展问题。和平问题是东西问题，发展问题是南北问题。概括起来，就是东西南北四

---

① 《邓小平文选》，第 3 卷，232～233 页。

个字。南北问题是核心问题。"①解决南北问题要靠南北对话,同时还要加强第三世界国家之间的合作,也就是南南合作。

七、中国共产党全国代表会议 关于制定"七五"计划的建议

中共十二届三中全会,考虑到中共中央关于制定"七五"计划的建议是关系国计民生的大事;而增选中央委员会成员等组织事项,关系到中央委员会以及中央顾问委员会、中央纪律检查委员会成员要作相当幅度的调整,尤其需要在更大的范围内发扬党内民主,根据党章的有关规定,决定召开中国共产党全国代表会议。

1985年9月18日至23日,中国共产党全国代表会议在北京举行。会议通过了《中共中央关于制定国民经济和社会发展第七个五年计划的建议》。《建议》指出,按照建设具有中国特色的社会主义的总要求和对内搞活经济、对外实行开放的总方针,"七五"期间经济和社会发展的基本指导原则是:坚持把改革放在首位,使改革和建设互相适应,互相促进;坚持社会总需求和总供给的基本平衡,使积累和消费保持恰当的比例;坚持把提高经济效益特别是提高产品质量放到十分突出的位置上来,正确处理好质量和数量、效益和速度的关系;坚持在推进物质文明建设的同时,大力加强社会主义精神文明的建设。中共中央建议"七五"期间经济和社会发展的主要奋斗目标是:争取基本上奠定有中国特色的新型社会主义经济体制的基础,大力促进科学技术进步和智力开发,不断提高经济效益,使1990年的工农业总产值和国民生产总值比1980年翻一番或者更多一些,使城乡居民的人均实际消费水平每年递增4%~5%,使人民的生活质量、生活环境和居住条件都有进一步的改善,到1990年,全国工农业总产值将达到16000亿元,国民生产总值将达到11000亿元。在这五年中,我国财政总收入将达到9000亿元左右,比"六五"期间增长40%以上;全民所有制单位的固定资产将新增5000亿元左右,比"六五"期间新增额多60%。我国人民的消费将由温饱型逐步向小康型过渡。"七五"期间要求达到的经济增长率是:国民生产总值平均每年增长7%以上;工农业总产值平均每年增长7%左右,其中农业总产值平均每年增长6%,工业总产值平均每年增长7%。

会议增选中央委员56人,候补中央委员35人,中顾委委员56人,中

---

① 《邓小平文选》,第3卷,105页。

纪委委员 31 人。

1985 年 9 月 24 日，在北京召开中共十二届五中全会。全会增选田纪云、乔石、李鹏、吴学谦、胡启立、姚依林为中央政治局委员，增选和调整后的中央政治局由 22 人组成。政治局常委是胡耀邦、邓小平、赵紫阳、李先念、陈云。全会增选了中央书记处书记，增选和调整后的中央书记处由 11 人组成，胡耀邦任总书记。同日，召开了中央顾问委员会第五次全体会议和中央纪律检查委员会第六次全体会议。

根据《中共中央关于制定国民经济和社会发展第七个五年计划的建议》，国务院对计划安排做了进一步的深入研究和综合平衡，制定了《中华人民共和国国民经济和社会发展第七个五年计划(1986—1990)》。1986 年 4 月，经六届全国人大四次会议批准实施。"七五"计划规定：1990 年工农业总产值，按照 1980 年不变价格计算，达到 16770 亿元，比 1985 年增长 38％，平均每年增长 6.7％；1990 年国民生产总值，按照 1985 年价格计算，达到 11170 亿元，比 1985 年增长 44％，平均每年增长 7.5％；1990 年国民收入生产额达到 9350 亿元，比 1985 年增长 38％，平均每年增长 6.7％；1990 年全国居民人均实际消费水平提高到 517 元，平均每年增长 5％。1990 年，粮食产量达到 42500 万～45000 万吨、棉花 425 万吨、钢 5500 万～5800 万吨、煤炭 10 亿吨、电力 5500 亿度、原油 1.5 亿吨。[1]"七五"计划的实施，将使我国在实现国家繁荣富强的道路上迈出新的步伐。

八、整党和加强精神文明建设

根据中共十二大的决定，1983 年 10 月十二届二中全会做出关于整党的决定，开始全面整党。

这次整党的任务是：第一，统一思想，进一步实现全党思想上政治上的高度一致，纠正一切违反四项基本原则、违反十一届三中全会以来党的路线的"左"的和右的错误倾向。第二，整顿作风，发扬全心全意为人民服务的革命精神，纠正各种利用职权谋取私利的行为，反对对党对人民不负责任的官僚主义。第三，加强纪律，坚持民主集中制的组织原则，反对无组织无纪律的家长制、派性、无政府主义、自由主义，改变党组织的软弱涣散状况。第四，纯洁组织，按照党章规定，把坚持反对党、危害党的分

---

[1]　中共中央文献研究室编：《十二大以来重要文献选编》，中册，975～1035 页。

子清理出来，开除出党，关键是清理"三种人"，即追随林彪、江青集团造反起家的人、帮派思想严重的人、打砸抢分子。全党 4000 多万党员(其中有 900 多万干部)，近 250 万个基层和基层以上的党组织，都要无例外地积极参加整党。这次整党的步骤是：从中央到基层组织，自上而下、分期分批地整顿。整党的基本方法是：在认真学习文件，提高思想认识的基础上，开展批评和自我批评，分清是非，纠正错误，纯洁组织。

由于"文化大革命"遗留下来的党内思想、作风、组织不纯和纪律松弛的问题还相当严重，整个国家和社会生活又处于空前活跃和深刻变动之中，在这种条件下进行整党，党内外群众必然会深切关注并寄予很高期望，同时也必然会遇到许多事前难以完全估计到的问题。这就决定了这次整党具有很大的艰巨性和复杂性。

这次整党分 3 期进行。第一期是中央、国家机关各部委和各省、区、市一级单位以及解放军各大单位；第二期是地、县两级单位；第三期主要是农村的区、乡、村。历时三年半，到 1987 年 5 月基本结束。经过整党，总的说来，全党在思想、作风、组织、纪律 4 个方面，都有了进步，党内存在的思想、作风、组织上的严重不纯状况有了改变，同时也积累了正确处理党内矛盾和问题的重要经验。这为新时期党的建设的加强和发展打下了比较好的基础。据统计，通过党员登记和组织处理，开除党籍的有 33896 人，不予登记的有 90069 人，缓期登记的有 145456 人，受留党察看、撤销党内职务和向党外组织建议撤销党外职务、党内受严重警告、警告等党纪处分的共有 184071 人。但是，整党工作发展不平衡，有一部分单位包括一些党政机关，没有全面完成整党的 4 项任务，有的甚至走了过场。

中共十二大把建设社会主义精神文明提到了重要位置。一般地说，物质文明建设要求加强精神文明建设；特殊地说，商品经济的发展，新时期改革开放的客观环境，更迫切要求加强精神文明建设。邓小平在"十二大"开幕词中提出"建设社会主义精神文明"的任务。1985 年 3 月 7 日，邓小平在全国科技工作会议上说："我们在建设具有中国特色的社会主义社会时，一定要坚持发展物质文明和精神文明，坚持五讲四美三热爱①，教育全国人民做到有理想、有道德、有文化、有纪律。这四条里面，理想和纪律特别重要。""要特别教育我们的下一代下两代，一定要树立共产主义的远大理

---

① 五讲四美三热爱：即讲文明、讲礼貌、讲卫生、讲秩序、讲道德；心灵美、语言美、行为美、环境美；热爱祖国、热爱社会主义、热爱共产党。

想。""有了理想，还要有纪律才能实现。""一靠理想，二靠纪律""才能团结起来、组织起来"，"组织起来就有力量。""所以，有理想，有纪律，这两件事我们务必时刻牢记在心。一定要让我们的人民，包括我们的孩子们知道，我们是坚持社会主义和共产主义的，我们采取的各方面的政策，都是为了发展社会主义，为了将来实现共产主义。"①1986 年 1 月 17 日，邓小平在中央政治局常委会上又说："抓精神文明建设，抓党风、社会风气好转，必须狠狠地抓，一天不放松地抓，从具体事件抓起。"②3 月 28 日，他又说："我们现在搞两个文明建设，一是物质文明，一是精神文明。实行开放政策必然会带来一些坏的东西，影响我们的人民。要说有风险，这是最大的风险。我们用法律和教育这两个手段来解决这个问题。"③

　　1985 年 9 月，陈云提出："必须纠正忽视精神文明建设的现象。"为了加强精神文明建设，1986 年 9 月中共十二届六中全会做出《关于社会主义精神文明建设指导方针的决议》。这个决议，进一步阐述了社会主义精神文明建设的战略地位、根本任务和基本指导方针，是新的历史时期加强我国社会主义精神文明建设的纲领性文献。《决议》指出，我国社会主义现代化建设的总布局是：以经济建设为中心，坚定不移地进行经济体制改革，坚定不移地进行政治体制改革，坚定不移地加强精神文明建设，并且使这几个方面互相配合，互相促进。全党同志必须从这个总体布局的高度，正确认识社会主义精神文明建设的战略地位。以马克思主义为指导的社会主义精神文明是社会主义社会的重要特征。在社会主义时期，物质文明为精神文明的发展提供物质条件和实践经验，精神文明又为物质文明的发展提供精神动力和智力支持，为它的正确发展方向提供有力的思想保证。社会主义精神文明建设，是关系社会主义兴衰成败的大事。社会主义精神文明建设的根本任务，是用建设有中国特色的社会主义的共同理想动员和团结全国各族人民，树立和发扬社会主义的道德风尚，加强社会主义民主、法制、纪律的教育，普及和提高教育科学文化，培养有理想、有道德、有文化、有纪律的社会主义公民，提高整个中华民族的思想道德素质和科学文化素质。《决议》还指出，全面改革和对外开放对精神文明建设提出了新的更高的要求，能不能适应这种要求，有力地抵制资本主义和封建主义的腐朽思想，

---

① 《邓小平文选》，第 3 卷，110～112 页。
② 《邓小平文选》，第 3 卷，152 页。
③ 《邓小平文选》，第 3 卷，156 页。

防止种种迷失方向的危险，这是一个历史性的重大的考验。《决议》要求坚持马克思主义在精神文明建设中的指导作用，反对资产阶级自由化，要求各级党组织和广大党员带头搞好精神文明建设。

九、坚持四项基本原则　反对资产阶级自由化

在中共十二届二中全会上，针对理论界、文艺界存在的相当严重的混乱，特别是存在精神污染的现象，邓小平提出"思想战线不能搞精神污染"。他指出："精神污染的实质是散布形形色色的资产阶级和其他剥削阶级腐朽没落的思想，散布对于社会主义、共产主义事业和对于共产党领导的不信任情绪。"他揭露了思想战线上出现的混乱现象，指出："精神污染的危害很大，足以祸国误民。""必须大力加强党对思想战线的领导。"①

中共十二届六中全会《关于社会主义精神文明建设指导方针的决议》强调：搞资产阶级自由化，即否定社会主义制度、主张资本主义制度，是根本违背人民利益和历史潮流，为广大人民所坚决反对的。针对这次全会上那种不赞成提"资产阶级自由化"的主张，邓小平在全会上发言，明确表示："反对资产阶级自由化，我讲得最多，而且我最坚持。"他说："自由化是一种什么东西？实际上就是要把我们中国现行的政策引导到走资本主义道路。""自由化本身就是资产阶级的，没有什么无产阶级的、社会主义的自由化，自由化本身就是对我们现行政策、现行制度的对抗，或者叫反对，或者叫修改。实际情况是，搞自由化就是要把我们引导到资本主义道路上去，所以我们用反对资产阶级自由化这个提法。管什么这里用过、那里用过，无关重要，现实政治要求我们在决议中写这个。我主张用。"他还说："看来，反对自由化，不仅这次要讲，还要讲十年二十年。这个思潮不顶住，加上开放必然进来许多乌七八糟的东西，一结合起来，是一种不可忽视的、对我们社会主义四个现代化的冲击。"②但是，六中全会决议所强调的关于加强马克思主义在精神文明建设中的指导地位和反对资产阶级自由化的重要内容，没有立即得到认真有力地贯彻，对于实际存在的右的错误倾向，没有进行有力的斗争。1986 年底，发生了波及不少城市的学潮。

这次学潮直接引发的原因，各地各校有所不同，其中包括由中央、地

---

① 《邓小平文选》，第 3 卷，39～45 页。
② 《邓小平文选》，第 3 卷，181～182 页。

方以及学校某些工作中的失误所造成的对党的领导的不信任情绪。但总的说来，是几年来反对资产阶级自由化旗帜不鲜明，态度不坚决的结果。从中央到许多地方，政治思想战线软弱混乱，不少阵地包括某些高等学校讲坛不能抵制资产阶级自由化思潮的侵袭，以致造成资产阶级自由化思潮的泛滥。有极少数共产党员带头鼓吹资产阶级自由化思想，起了很坏的影响。

党和政府对闹事学生采取正面教育、积极疏导的方法。由于学潮波及不少城市，有的地方在学生游行过程中，已经出现了堵塞公共交通，严重妨碍沿途各单位、居民正常工作、学习和生活的现象，还发生了少数人趁机打砸抢、污辱妇女、破坏社会治安的严重事件，在有的游行队伍中，有人公开呼喊反对宪法、反对四项基本原则的口号。事实表明，确有个别别有用心的人制造谣言，煽风点火，企图把青年学生推向同人民政府对抗的方向，蓄谋扩大事端，使青年人成为实现他们卑劣目的的牺牲品。1986年12月26日北京市第八届人大常委会第三十三次会议通过《北京市关于游行示威的若干暂行规定》。29日，《人民日报》发表《讲民主不能离开四项基本原则》的评论员文章。同日，《北京日报》发表《大字报不受法律保护》的社论。

1986年12月30日，邓小平就学生闹事问题同中央几位负责同志谈话。他指出："学生闹事，大事出不了，但从问题的性质来看，是一个很重大的事件。""我们对学生闹事，前一段主要采取疏导的方法，是必要的。疏导，也包括运用法律的手段。如果破坏社会秩序，触犯了刑律，就必须坚决处理。""凡是闹得起来的地方，都是因为那里的领导旗帜不鲜明，态度不坚决。"他严肃地指出，从中央到地方，在思想理论战线上是软弱的，丧失了阵地，对于资产阶级自由化是个放任的态度，好人得不到支持，坏人猖狂得很。"中国没有共产党的领导、不搞社会主义是没有前途的。""所以，我们要理直气壮地坚持社会主义道路，坚持四项基本原则。""没有专政手段是不行的。对专政手段，不但要讲，而且必要时要使用。当然，使用时要慎重，抓人要尽量少。"他坚定地说："反对资产阶级自由化至少还要搞二十年。""走自己的路，建设有中国特色的社会主义，中国才有希望。"①

1987年反对资产阶级自由化成了我国政治生活中的一件大事。1月12日，中共中央和国务院决定，改组中国科技大学领导班子，撤销方励之副校长职务。17日，中共安徽省纪委作出关于开除方励之党籍的决定。13日，上海市纪委作出关于开除中国作家协会理事、上海作协理事王若望党

---

① 《邓小平文选》，第3卷，194～197页。

籍的决定。23 日，中共《人民日报》社纪委决定开除刘宾雁党籍。方、王、刘被开除党籍的原因是他们反对四项基本原则，鼓吹资产阶级自由化，已为党纪所不容。

中共中央政治局 1987 年 1 月 16 日举行扩大会议。胡耀邦在会议上检讨了他担任党中央总书记期间工作上的失误，并请求中央批准他辞去党中央总书记职务。会议决定同意接受他的辞职请求，继续保留他的中央政治局委员和政治局常委的职务。会议推选赵紫阳为中共中央代理总书记。这次政治局扩大会议的决定，后经同年 10 月召开的中共十二届七中全会确认。

鉴于这次学潮的教训，六届全国人大常委会于 1987 年 1 月 22 日做出《关于加强法制教育维护安定团结的决定》。中共中央于 1987 年 1 月 28 日发出《关于当前反对资产阶级自由化若干问题的通知》，要求各级党组织充分认识反对资产阶级自由化斗争的重要性和长期性，切实对广大党员进行坚持四项基本原则，全面、正确理解和贯彻执行党的十一届三中全会以来的路线、方针、政策的教育，并规定了反对资产阶级自由化的若干政策界限。

1987 年初，邓小平在会见外国客人时多次谈到这次学潮和我们处理这个问题的方针。他说："学生闹点事，影响不大，搞不垮我们。""问题在于我们思想战线上出现了一些混乱，对青年学生引导不力。这是一个重大失误。""我们要改变这种引导不力的软弱状态，要用我们自己的历史来教育青年，也要揭露那些别有用心的人"。"这些煽动者都是成名的人，我们要对付这些人。这些人恰恰就在共产党里。"①关于学生闹事和党的总书记更换，他说："这两件事的处理，都不会影响我们党的路线、方针、政策，不会影响我们对内、对外开放的政策，也不会影响经济体制的改革，也不会影响政治体制的改革，而只会使我们的党和人民更加清醒，更加相信我们走的道路是正确的。"②

---

① 《邓小平文选》，第 3 卷，198 页。
② 《邓小平文选》，第 3 卷，201 页。

第四节　社会主义初级阶段基本路线的提出与贯彻

一、中共十三大　社会主义初级阶段基本路线的提出

1987年10月25日至11月1日，中国共产党第十三次全国代表大会在北京召开。正式代表1936名，代表全国4600多万名党员。会议的主要议程是：①听取并审查中央委员会的报告。②审查中央顾问委员会和中央纪律检查委员会的报告。③审议党章部分条文修正案。④选举新的中央领导机构。

中共十一届三中全会以来，经过9年的改革开放，我国的社会主义现代化建设取得了巨大成就，改革开放也日益深入人心，但随着改革的深化和开放的扩大，问题、矛盾也日益暴露出来。因此，如何在困难的情况下深化改革和继续扩大开放，并解决改革开放中出现的新问题，就成了这次代表大会的主题。

邓小平主持开幕式。赵紫阳代表十二届中央委员会作题为《沿着有中国特色的社会主义道路前进》的报告。报告分为7个部分。报告指出，党的中心任务是加快和深化改革。围绕这一主题，认真总结了十一届三中全会以来的经验，确定了党的基本路线，规定了中国今后经济建设、经济体制改革和政治体制改革的根本方向，团结全党，沿着建设有中国特色的社会主义道路前进。

中共十三大的突出贡献，是系统地阐述了关于社会主义初级阶段的理论和党在社会主义初级阶段的基本路线。

早在1979年9月，中共十一届四中全会通过的叶剑英《在庆祝中华人民共和国成立三十周年大会上的讲话》中就指出，我国还是发展中的社会主义国家，社会主义制度还不成熟不完善，经济和文化还不发达，搞社会主义现代化有一个从初级到高级的过程，社会主义制度还处在幼年时期。这已初步表露了社会主义初级阶段的思想。1981年6月十一届六中全会通过的《关于建国以来党的若干历史问题的决议》，第一次明确提出了"我们的社会主义制度还是处于初级的阶段"，这个结论既是对社会主义建设实践经验的深刻总结，也体现了我们党敢于面对现实，实事求是地探索我国社会主义发展道路的理论勇气。1982年9月十二大报告又一次确认了"我国的社会主义社会现在还处在初级发展阶段"这个论断，并以"物质文明还不发达"作为

这个阶段的根本特征。1984 年 10 月，党的十二届三中全会通过的《关于经济体制改革的决定》提出："商品经济的充分发展，是社会经济发展的不可逾越的阶段，是实现我国经济现代化的必要条件。"这个观点，虽然不是直接讲社会主义初级阶段，却从问题的实质上说明了我国必然要经历一个不可逾越的社会主义初级阶段的道理。到了 1986 年 9 月十二届六中全会通过的《关于社会主义精神文明建设指导方针的决议》，再次指出："我国还处在社会主义的初级阶段"，并把这个论断作为制定社会主义精神文明建设指导方针的重要依据。而全面地展开对社会主义初级阶段理论的讨论，是在十三大的准备过程中。赵紫阳就十三大报告的起草给邓小平的信中，提出把我国还处在社会主义初级阶段作为"全篇立论的基础"。1987 年 3 月 25 日，邓小平对这个设想作了批示："这个设计好。"8 月 29 日，他又说："我们党的十三大要阐述中国社会主义是处在一个什么阶段，就是处在初级阶段，是初级阶段的社会主义。"①正是基于以往的认识，中共十三大第一次系统地阐明了社会主义初级阶段的理论。

社会主义初级阶段是个有着特定内涵的概念。它包括两层含义：第一，我国社会已经是社会主义社会。我们必须坚持而不能离开社会主义。第二，我国的社会主义社会还处在初级阶段。我们必须从这个实际出发，而不能超越这个阶段。在近代中国的具体历史条件下，不承认中国人民可以不经过资本主义充分发展阶段而走上社会主义道路，是革命发展问题上的机械论，是右倾错误的重要认识根源；以为不经过生产力的巨大发展就可以越过社会主义初级阶段，是革命发展问题上的空想论，是"左"倾错误的重要认识根源。报告指出，社会主义初级阶段，不是泛指任何国家进入社会主义都会经历的起始阶段，而是特指我国在生产力落后、商品经济不发达条件下建设社会主义必然要经历的特定阶段。我国从 1956 年生产资料私有制的社会主义改造基本完成，到社会主义现代化的基本实现，其间至少需要上百年的时间，都属于社会主义初级阶段。这个阶段，既不同于社会主义经济基础尚未奠定的过渡时期，又不同于已经实现了社会主义现代化的阶段。

大会对当前我国社会作了深刻的分析，指出：一方面，以生产资料公有制为基础的社会主义经济制度、人民民主专政的社会主义政治制度和马克思主义在意识形态领域中的指导地位已经确立，剥削制度和剥削阶级已

---

① 《邓小平文选》，第 3 卷，251～252 页。

经消灭，国家经济实力有了巨大增长，教育科学文化事业有了相当发展。另一方面，人口多，底子薄，人均国民生产总值仍属于世界后列。生产力的落后，决定了在生产关系方面，发展社会主义公有制所必需的生产社会化程度还很低，商品经济和国内市场还很不发达，社会主义经济制度还不成熟不完善；在上层建筑方面，建设高度的社会主义民主政治所必需的一系列经济文化条件很不充分，封建主义、资本主义腐朽思想和小生产习惯势力在社会上还有广泛影响，并且经常侵袭党的干部和国家公务员队伍。这种状况说明，我们今天仍然远没有超出社会主义初级阶段。

这些科学论断，为理解新中国成立以来的成功和失误提供了一把钥匙，也为实行改革开放、建设有中国特色的社会主义提供了有力的理论武器。这是中国共产党人对于科学社会主义理论的重要贡献。

据此，大会系统阐明了党在社会主义初级阶段建设有中国特色社会主义的基本路线，即领导和团结全国各族人民，以经济建设为中心，坚持四项基本原则，坚持改革开放，自力更生，艰苦奋斗，为把我国建设成为富强、民主、文明的社会主义现代化国家而奋斗。概括地说，就是"一个中心，两个基本点"。大会提出把是否有利于发展生产力，作为党在社会主义初级阶段考虑一切问题的出发点和检验一切工作的根本标准。

大会规定了三步走的经济发展战略。第一步，在20世纪80年代实现国民生产总值比1980年翻一番，解决人民的温饱问题。第二步，到20世纪末，使国民生产总值再增长一倍，人民生活达到小康水平。第三步，到21世纪中叶，人均国民生产总值达到中等发达国家水平，人民生活比较富裕，基本实现现代化。

中共十三大的中心任务是加快和深化改革。关于经济体制改革，报告提出，社会主义有计划商品经济的体制，应该是计划与市场内在统一的体制；必须把计划工作建立在商品交换和价值规律的基础上；计划和市场的作用范围都是覆盖全社会的。新的经济运行机制，总体上来说应该是"国家调节市场，市场引导企业"的机制。当前深化改革的任务主要是：围绕转变企业经营机制这个中心环节，分阶段地进行计划、投资、物资、财政、金融、外贸等方面体制的配套改革，逐步建立起有计划商品经济新体制的基本框架。经济体制改革的展开和深入，对政治体制改革提出了愈益紧迫的要求。根据中共十二届七中全会讨论并原则同意的《政治体制改革总体设想》，报告提出：政治体制改革的长期目标是"建立高度民主、法制完备、富有效率、充满活力的社会主义政治体制"；改革的近期目标，"是建立有利于提高效率、增强活力和调动各方面积极性的领导体制"。

大会提出要围绕党的基本路线加强党的建设，同时规定了新时期党的思想建设、组织建设、制度建设和作风建设的方针。特别强调党面临着执政和改革开放的双重考验，这是新时期党的建设必须解决的最重大的课题，提出了从严治党的方针。

大会提出，马克思主义是在实践中不断发展的科学，"有中国特色的社会主义，是马克思主义基本原理同中国现代化建设相结合的产物，是扎根于当代中国的科学社会主义"。大会指出，60 多年来，在马克思主义与我国实践结合的过程中，有两次历史性的飞跃。第一次飞跃发生在新民主主义革命时期，找到了有中国特色的革命道路，把革命引向胜利。第二次飞跃发生在十一届三中全会以后，开始找到一条建设有中国特色的社会主义道路，开创了社会主义建设的新阶段，沿着这条道路前进，是把我们的事业引向胜利的根本保证。

大会通过了十二届中央委员会的报告，通过了《中国共产党章程部分条文修正案》，并做出了相应的决议。大会在充分酝酿的基础上选出了新的中央委员会、中央顾问委员会和中央纪律检查委员会。11 月 2 日召开了十三届一中全会，选举赵紫阳、李鹏、乔石、胡启立、姚依林为政治局常委，赵紫阳为总书记；决定邓小平为中央军委主席，赵紫阳为第一副主席，杨尚昆为常务副主席；批准陈云为中顾委主任，薄一波、宋任穷为副主任，乔石为中纪委书记。政治局常委向全会提出：邓小平虽然退出了中央委员会和政治局常委会，但他作为党和国家重大问题决策人的地位和作用没有改变，在重大关头仍需要他掌舵，这是党的事业的需要。这个意见，得到了全会的赞同。

中共十三大是一次加快改革开放的大会，是十一届三中全会路线的继续和发展。这次大会坚持实事求是的思想路线，总结了新中国成立以来正反两方面的经验，系统地阐明了我国正处在社会主义初级阶段的理论，勾画了建设有中国特色的社会主义理论的基本框架，确定了在社会主义初级阶段党的基本路线，为我国进一步加快和深化改革奠定了坚实的理论基础。这次大会进一步实现了新老交替，从而使党的领导核心更加充满活力，有利于保持党的路线和方针政策的连续性和稳定性。十三大以改革、开放、民主、团结的大会而载入史册。邓小平说："我们党的十三大报告是集体创作"，"党的十三大的特点，一个是阐述了中国社会主义初级阶段的理论，在这个理论指导下，坚定地贯彻党的十一届三中全会以来的路线、方针和政策；另一个是更新了中央领导班子，保证我们的改革开放政策能够连续贯彻下去，并且加快步伐。"①

二、七届全国人大一次会议　国民经济治理整顿的开始

1988年3、4月间，召开了七届全国人大一次会议。会议的主要任务是：审议政府工作报告和中华人民共和国宪法修正草案等议案，并确定国务院机构改革方案，选举新的一届国家领导人员，组成新一届国家领导机构。国务院代总理李鹏在大会上作《政府工作报告》。他对六届人大以来的政府工作作了基本总结，提出了今后5年建设和改革的目标、方针和任务，并对外交工作作了阐述。会议通过的宪法修正案共两条。宪法第十一条增加规定："国家允许私营经济在法律规定的范围内存在和发展。"第十条第四款修改为："任何组织或者个人不得侵占、买卖或者以其他形式非法转让土地。土地的使用权可以依照法律的规定转让。"会议选举杨尚昆为国家主席，万里为人大常委会委员长，决定李鹏为国务院总理，选举邓小平为国家军委主席。

在七届全国人大一次会议期间，召开了全国政协七届一次会议，选举李先念为政协第七届全国委员会主席。

从中共十二大到十三大这5年间，我国经济在改革开放中取得了巨大的成就，但同时也存在许多问题和困难。最突出的是出现了明显的通货膨胀，物价上涨幅度过大。1988年全国零售物价指数比1987年又上涨了18.5%。物价上涨幅度这么大，超越了群众、企业和国家的承受能力，相当一部分城市居民的实际生活水平有所下降。通货膨胀的加剧，是经济过热，投资需求和消费需求双膨胀、社会总需求远远超过社会总供给的结果。在供求总量不平衡的同时，经济结构失调，农业发展滞后，有限资源过多地投入加工工业和非生产性建设，在工业生产高速增长的情况下加剧了能源、原材料和运输能力的紧张程度。一些单位和个人为谋取私利、非法倒买倒卖，层层盘剥，制造和出售伪劣商品，更推动了物价上涨，加剧了经济秩序的混乱。

上述情况的产生，是同新旧体制转换时期还不可能很快形成一套自我调节、自我约束的新机制分不开的。但与此同时，我们在对工作的指导上

①　《邓小平文选》，第3卷，258页。

也有缺点和失误。从 1984 年下半年开始，我国就出现了经济过热、货币发行过多、国民收入超额分配等问题，而且未能及时采取果断措施加以遏制。1987 年虽然提出财政信贷双紧方针，但又没有坚决加以贯彻，以致问题越积越多。这些年来，对农村形势的估计一度过于乐观；对加工工业的盲目发展纠正不力；在改革统得过多、管得过死的经济体制过程中，忽视了必要的适当集中；在强调微观搞活的同时，忽视了综合平衡和加强宏观调控。由于对国情仍然缺乏全面深刻的认识，对国力缺乏清醒的估计，在建设和改革两方面都存在急于求成的偏向。在通货膨胀加剧的情况下，赵紫阳提出要用主动涨价和提高工资的办法来进行价格、工资改革。他强调现在的形势，不进则退，没有别的路子，只能迎着困难前进。8 月，中共中央政治局会议讨论并原则通过《关于价格、工资改革的初步方案》。虽然会议指出要采取强有力措施综合治理通货膨胀，但仍然强调目前是进行价格、工资改革的有利时机。价格改革无疑是必要的，但在通货膨胀日益严重的情况下，没有充分考虑国家、企业和群众的承受能力，宣布大步进行价格改革，这在实际上成为触发 1988 年下半年全国性抢购风潮的一个诱因。

在严峻的经济形势下，为了保证经济建设持续、稳定、健康地发展，1988 年 9 月，在北京召开了中共十三届三中全会，提出了治理经济环境、整顿经济秩序、全面深化改革的方针。全会决定把此后两年改革和建设的重点突出地放在治理经济环境和整顿经济秩序上来。

全会指出，治理经济环境，主要是压缩社会总需求，抑制通货膨胀。第一，第二年全社会固定资产的投资规模要压缩 500 亿元，大体相当于本年实际投资规模的 20%。第二，控制消费基金的过快增长，特别要压缩社会集团购买力。第三，稳定金融，严格控制货币投放，开辟多种渠道，引导购买力分流。第四，克服经济过热的现象，把下年工业增长速度降到 10%，甚至更低一点。整顿经济秩序，就是要整顿当时经济生活中特别是流通领域中出现的各种混乱现象。第一要坚决刹住乱涨价风；第二要整顿公司，政企分开，官商分开，惩治"官倒"；第三要尽快确立重要产品的流通秩序，坚决制止高价抢购粮、棉和生丝等产品的"大战"；第四要加强宏观监督体系；第五要制止各方面对企业的摊派、抽头和盘剥。全会指出，治理和整顿必须同加强和改善新旧体制转换时期的宏观调控结合起来。治理整顿是长期要注意的大问题，最要紧的是其后两年一定要抓出成效。务必确保下年的物价上涨幅度明显低于本年，下年的一切工作都要服从这一点。

全会指出，要有领导有秩序地推进相互配套的全面改革。其中要特别注重深化企业改革，尤其是大中型国有企业的改革。

全会指出，为了保证治理经济环境，整顿经济秩序和深化改革任务的顺利完成，必须加强党的领导，充分发挥党的政治优势。运用各种手段综合治理，克服腐败现象，保持党政机关的廉洁。

全会原则通过了《关于价格、工资改革的初步方案》，还原则通过了《中共中央关于加强和改进企业思想政治工作的通知》。

按照全会确定的基本方针，在两年或者更长一些的时间里，治理整顿要努力实现以下目标：消除经济过热，把发展速度降到比较合理的水平；遏制通货膨胀，使 1989 年物价上涨幅度明显低于 1988 年，1990 年以后的物价上涨幅度要进一步下降；压缩固定资产投资规模，使它同国力承担的可能相适应；逐步缓解社会总需求大于总供给的矛盾，实现财政、信贷、物资、外汇的基本平衡；认真调整经济结构，使粮、棉、油等主要农产品的产量有较多增加，使能源、交通、原材料供应的紧张状况有所缓和；建立健全必要的经济法规以及宏观调控体系和监督体系，积极推进社会主义商品经济新秩序的建设。只有实现这些目标，才能使我国经济的素质和效益明显提高，保证国民经济的长期稳定发展。这是这次国民经济治理整顿的开始。

三、1989 年政治风波

1989 年春夏之交，在我国政治生活中，发生了从学潮到动乱，直至在北京发生反革命暴乱的严重政治风波。

这场政治风波是从 1989 年 4 月 15 日胡耀邦因心脏病逝世开始的。当时，青年学生举行悼念胡耀邦的活动。动乱策划者和组织者以为时机已到，即大肆活动，散布胡耀邦是受政治迫害而致死的蛊惑人心的谎言，使悼念活动很快发展成为政治性的示威游行。一时间，谣言四起，出现了大量的大小字报和标语口号，攻击党和国家主要领导人，攻击共产党的领导和社会主义制度。短短几天内，连续发生了聚众冲击中南海新华门的严重事件，出现了更大规模的非法游行示威和占领天安门广场的非法行为。在西安、长沙、成都和其他一些地方，发生了严重的打、砸、抢、烧等犯罪活动。在此期间，动乱制造者们通过学潮提出了一系列带纲领性的政治要求，其中最主要的是两条：一是重新评价胡耀邦的功过，彻底否定 1987 年初中央对胡耀邦辞职的处理；二是彻底否定反对资产阶级自由化，为在反自由化中受过批评和处分的人平反。这表明动乱一开始就表现出资产阶级自由化同四项基本原则的尖锐对立。对于这种严重情况，党的总书记赵紫阳不但不反对和抵制，实际上是采取纵容和支持的态度。

4 月 24 日，中央政治局常委在李鹏主持下召开会议(赵紫阳于会议前一天赴朝鲜访问)，对事态的发展进行了分析研究，认为这是一场有计划有组织的反党、反社会主义的政治动乱，必须坚决制止，并决定在中央成立制止动乱小组。邓小平同意中央政治局常委的决断，并做了重要谈话。他指出：这不是一般的学潮，是一场动乱。就是要旗帜鲜明，措施得力，反对和制止这一场动乱。行动要快，要争取时间。这些人的目的是推翻共产党的领导，使国家和民族丧失前途。不能让他们的目的得逞。这一场动乱完全是有计划的阴谋活动，他们想把一个很有前途的中国变成没有希望的中国，使我们永远没有希望。要害是否定共产党的领导，否定社会主义制度。准备迎接一场全国性的斗争，坚决把动乱压下去，不然天无宁日，国无宁日，天天不得安宁，甚至永远不得安宁。① 4 月 26 日《人民日报》根据中央政治局常委会议和邓小平谈话精神，发表了题为《必须旗帜鲜明地反对动乱》的社论，严正指出："这是一场有计划的阴谋，是一次动乱，其实质是要从根本上否定中国共产党的领导，否定社会主义制度。"社论号召"全党和全国人民都要充分认识这场斗争的严重性，团结起来，旗帜鲜明地反对动乱"，"为坚决迅速地制止这场动乱而斗争"。

从社论发表到 5 月初以前，经过党和政府的大量工作，形势已趋平稳。这时，回国才几天的赵紫阳突然改变对邓小平谈话表示赞成的态度，指责 4 月 26 日《人民日报》社论定性错误，提出要加以纠正。他的错误主张，受到了常委其他同志的抵制和反对。5 月 4 日，他在事先没有征求常委任何同志意见的情况下，在会见参加亚洲开发银行理事会会议的各个国家和地区的代表时，发表了一篇同中央反对动乱的立场和方针完全不同的讲话。他说："中国不会出现大的动乱"，现在学生游行"绝对不是要反对我们的根本制度，而是要求我们把工作中的弊病改掉"，从根本上否定了中央关于极少数人已经在制造动乱的正确判断，并且把中央的内部分歧公开暴露于世。动乱策划者从中受到鼓舞，更加猖狂地进行种种活动，使局势骤然逆转。5 月 6 日，赵紫阳又同中央主管宣传、思想工作的负责同志谈话，说："对学潮的新闻放开一点，新闻公开程度增加一点，风险不大。"这番谈话使舆论上

---

① 中共中央文献研究室编：《邓小平年谱(1975—1997)》，下卷，1273 页。

迅速出现了支持学潮和动乱的错误导向。北京乃至全国各地的游行示威活动规模越来越大，参加的人数越来越多。动乱的策划者玩弄两面手法，一面表示愿意同政府"对话"，一面组织绝食活动，并于 5 月 13 日开始，煽动和挟持部分学生到天安门广场绝食。由于学生绝食引起社会上部分人从各种不同角度出发的同情，加上舆论的错误导向，前往"声援"的人越来越多，从几万、十几万发展到几十万之众。举世瞩目的中苏高级会晤也因此而受到严重干扰。与此同时，全国各大城市乃至所有省会城市，游行"声援"绝食学生的人数急剧增加，一批中小城市也出现了游行，社会秩序愈来愈混乱。

在十分险恶的形势下，中央政治局常委于 5 月 16 日晚召开紧急会议。常委多数同志认为，面对险恶的形势，绝对不能退让，只能更加坚决地反对动乱，制止动乱。赵紫阳不听常委多数同志的意见，仍然坚持退让。第二天，游行示威的人数和对邓小平的攻击都达到了前所未有的程度。为了防止事态进一步恶化，在北京市警力严重不足，已无法维持正常的生产、工作、交通和生活秩序的情况下，中央政治局常委于 5 月 17 日召开扩大会议，决定在北京部分地区实行戒严，并于 5 月 19 日晚召开首都党政军干部大会。李鹏代表中共中央和国务院要求大家紧急行动起来，采取坚决果断的措施，旗帜鲜明地制止动乱，恢复正常秩序，维护安定团结，以保证改革开放和社会主义现代化建设的顺利进行。赵紫阳反对中央的决定，并且称病拒绝出席大会。20 日李鹏签署了国务院令，宣布自 1989 年 5 月 20 日 10 时起在首都部分地区实行戒严。

但是，动乱的策划者继续造谣惑众，挑拨军民关系，拦阻军车，围困执行戒严任务的解放军，并继续占据天安门广场。6 月 3 日，当部分戒严部队按计划进入首都戒严地区的过程中，非法组织的头目策动在一些路口设置路障，阻截军车，并且发生了焚烧军车和杀害解放军指战员以及冲击国家要害部门的严重事件。他们还策划利用第二天是星期天的时机，煽动更多的人上街，造成一个暴动的态势。在这万分危急的关头，中共中央、国务院、中央军委不得不下定决心，于 6 月 3 日晚命令驻守在首都周围的戒严部队强行开进。部队在开进过程中由于遭受暴徒的野蛮袭击，不得不实行必要的武装自卫。6 月 4 日晨，停留在天安门广场的数千名学生被戒严部队经极大的耐心劝告和勒令而和平撤离，天安门广场清场任务全部完成。北京的局势很快平稳下来，其他大中城市也很快恢复了正常秩序。

这场政治风波的发生，具有深刻的社会和历史背景，正如邓小平所说：

"这场风波迟早要来。这是国际的大气候和中国自己的小气候所决定了的，是一定要来的，是不以人们的意志为转移的。"①

平息这场政治风波，保卫了中国革命的胜利果实，巩固了我国的社会主义阵地和十年改革开放的成果，也给党和人民提供了有益的经验教训。6月 9 日，邓小平在接见首都戒严部队军以上干部时的讲话，充分肯定了十一届三中全会制定的路线、方针、政策，包括"三部曲"的发展战略的正确性，充分肯定了党的"一个中心、两个基本点"的基本路线的正确性。同时指出，十年来最大的失误是教育，这里主要是指思想政治教育。邓小平要求全党按照原定的路线、方针、政策坚定不移地干下去。他说，基本路线和基本方针、政策都不变。要认真总结经验，对的要继续坚持，失误的要纠正，不足的加点劲。邓小平在重要的关键性的历史时刻发表的讲话，向全党、全军和全国各族人民指明了继续前进的方向，具有重大战略意义。

四、中共十三届四中全会　以江泽民为核心的第三代中央领导集体的形成

1989 年 6 月，中国共产党十三届四中全会在北京召开。全会之前，中央政治局举行了扩大会议，为全会的召开做了必要的准备。

十三届四中全会是在制止动乱、平息反革命暴乱取得决定性胜利的形势下召开的。这次全会的主要议程是：①审议并通过李鹏代表政治局提出的《关于赵紫阳同志在反党反社会主义的动乱中所犯错误的报告》。②对中央领导机构的部分成员进行必要的调整。

全会分析了近两个月来全国的政治形势，指出极少数人利用学潮，在北京和一些地方掀起一场有计划、有组织、有预谋的政治动乱，进而在北京发展成了反革命暴乱。他们策划动乱和暴乱的目的，就是要推翻中国共产党的领导，颠覆社会主义的中华人民共和国。在这场严肃的政治斗争中，党中央的决策和采取的一系列重大措施，都是必要的和正确的，得到了全党全国人民的拥护。全会认为，赵紫阳在关系党和国家生死存亡的关键时刻犯了支持动乱和分裂党的错误，其错误的性质和造成的后果是极为严重的。他在担任党和国家重要领导职务期间，虽然在改革开放和经济工作方面做了一些有益的工作，但是在指导思想上和实际工作中也有明显失误。

---

① 《邓小平文选》，第 3 卷，302 页。

特别是他主持中央工作以来，消极对待坚持四项基本原则、反对资产阶级自由化的方针，严重忽视党的建设、精神文明建设和思想政治工作，给党的事业造成了严重的损失。据此，全会决定撤销他的中央委员会总书记、中央政治局委员和中共中央军事委员会第一副主席的职务，对他的问题继续进行审查。

全会对中央领导机构的成员进行了必要的调整：选举江泽民为中央委员会总书记；增选江泽民、宋平、李瑞环为中央政治局常委，中央政治局常委会由江泽民、李鹏、乔石、姚依林、宋平、李瑞环6人组成；决定增补李瑞环、丁关根为中央书记处书记；免去胡启立中央政治局常委、中央政治局委员、中央书记处书记的职务，免去芮杏文、阎明复中央书记处书记的职务。

关于党的路线和以后的工作，全会指出：邓小平接见首都戒严部队军以上干部的重要讲话，是我们回顾过去，思考未来，统一全党思想认识的纲领性文件。全会强调要继续坚决执行十一届三中全会以来的路线、方针、政策，继续坚决执行十三大确定的"一个中心、两个基本点"的基本路线。当前，特别注意抓好4件大事：一是彻底制止动乱、平息反革命暴乱，严格区分两类不同性质的矛盾，进一步稳定全国局势；二是继续搞好治理整顿，更好地坚持改革开放，促进经济持续、稳定、协调地发展；三是认真加强思想政治工作，努力开展爱国主义、社会主义、独立自主、艰苦奋斗的教育，切实反对资产阶级自由化；四是大力加强党的建设，大力加强民主和法制建设，坚决惩治腐败，切实做好几件人民普遍关心的事情，决不辜负人民对党的期望。全会重申，我国坚持独立自主的和平外交政策不变。① 江泽民在全会上说："我们党已经制定和形成了一条建设有中国特色社会主义的路线和一系列基本政策。概括地说，就是小平同志多次指出、最近再次强调的，以经济建设为中心，坚持四项基本原则，坚持改革开放。这是我们有信心做好工作的根本的、坚实的基础。"这次中央领导机构作了一些人事调整，但是，十一届三中全会以来的路线和基本政策没有变，必须继续贯彻执行。"在这个最基本的问题上，我要十分明确地讲两句话：一句是坚定不移，毫不动摇；一句是全面执行，一以贯之。"②四中全会是我党历史上

----

① 中共中央文献研究室编：《十三大以来重要文献选编》，中册，543～546页，北京，人民出版社，1991。

② 《江泽民文选》，第1卷，57页，北京，人民出版社，2006。

一次极为重要的会议。会议产生了以江泽民为核心的第三代中央领导集体，这对坚定不移地沿着有中国特色的社会主义道路继续前进，提供了最重要的组织保证。

早在 1980 年，邓小平就已提出要改革党和国家的领导制度，废除干部领导职务终身制。此后他多次讲要带头建立退休制度，并一直期待着尽早完成新老交替，实现从领导岗位上完全退下来的愿望。1989 年 6 月 16 日，邓小平同几位中央负责同志谈话时指出：我们中国共产党现在要建立起第三代领导集体，核心是江泽民同志。要注意树立和维护这个集体和这个集体中的核心。① 四中全会后，邓小平又表示：等新的领导班子一经建立威信，他就要坚决退出中央领导岗位；他希望大家能够以江泽民为核心，很好地团结。9 月 4 日，他同几位中央负责同志商量他退休的时间和方式。他说，一个国家的命运寄托在一两个人的威望上，是很不正常的。退休成为一种制度，领导层变更调动也就比较容易。他提议江泽民当军委主席。② 他在同日致信中共中央政治局，郑重地提出辞去中共中央军事委员会主席的职务。1989 年 11 月，召开中共十三届五中全会，通过了《关于同意邓小平同志辞去中共中央军事委员会主席职务的决定》。全会高度评价了邓小平为我们党和国家建立的卓著功勋。

全会在充分酝酿的基础上，决定江泽民为中共中央军事委员会主席。全会的这一决定，表明了党中央已完成了第二代领导集体向第三代领导集体的交替。这对于保证党的政策的稳定性、连续性，实现国家的长治久安，具有极其重大的意义。这个事实，是党在政治上高度成熟，组织上坚强有力的证明。

五、抓紧党的建设　加强思想政治工作

中共十三届四中全会以后，党中央首先聚精会神地抓紧了党的自身建设。

制止动乱的斗争证明，从总体上看，绝大多数党的组织和党员是好的，但也暴露出我们党内存在严重问题。所以邓小平告诫新的中央领导集体：

---

① 《邓小平文选》，第 3 卷，309～314 页。
② 《邓小平文选》，第 3 卷，315～319 页。

"这个党该抓了，不抓不行了。"①为了提醒全党认清加强党的建设的重要性和紧迫性，江泽民强调指出，分析党内状况时，不可低估国际敌对势力企图使社会主义国家和平演变对我们党造成的影响，不可低估资产阶级自由化思潮泛滥对党的建设的破坏，不可低估赵紫阳的错误在党内造成的混乱和对实际工作造成的损失。正因为"问题主要出在党内"，中央要求"各级党委必须按照党的基本路线的要求，聚精会神地抓党的建设，下决心解决好当前党的建设中的迫切问题"②，以便使党在新的历史条件下，经得起执政的考验，经得起改革开放和发展商品经济的考验，以及反对和平演变的考验。为此，中共十三届四中全会向全党提出了加强党的建设的任务。

1989 年 7 月，中央政治局全体会议做出《关于近期做几件群众关心的事的决定》，提出中共中央、国务院近期在惩治腐败和带头廉洁奉公、艰苦奋斗方面先做 7 件事：进一步清理整顿公司；坚决制止高干子女经商；取消对领导同志少量食品的"特供"；严格按规定配车，禁止进口小轿车；严格禁止请客送礼；严格控制领导干部出国；严格认真地查处贪污、受贿、投机倒把等犯罪案件。8 月 17 日，中共中央、国务院又发出《关于进一步清理整顿公司的决定》。

1989 年 8 月，中共中央召开全国组织部长会议，专门研究加强党的建设问题。8 月 28 日中央政治局召开全体会议，讨论通过了《关于加强党的建设的通知》。中央要求各级党委把党的建设工作列入重要日程，切实把我们党建设成为领导改革开放和社会主义现代化建设的坚强核心。

根据中共中央的通知，在 1989 年秋、冬和 1990 年，在中央领导下，党组织对动乱、暴乱中的重点人和重点事认真地进行了一次清查、清理。在清查、清理工作基本结束后，又按照从严治党的方针，在全党进行了一次做合格共产党员的教育，并在部分单位进行了党员重新登记。开展这项工作，主要是为了解决动乱和暴乱中暴露出来的党内问题，同时也是为了解决党内日常生活中存在的一些突出问题。清查、清理工作是同干部考察工作结合进行的。根据考察的结果，对一些组织和部门的领导班子进行了必要的调整，目的是为保证党的各级领导权牢牢地掌握在坚持四项基本原则、坚持改革开放的马克思主义者手中，把各级领导班子建设成为贯彻党的路线、方针、政策的坚强核心。

① 　《邓小平文选》，第 3 卷，314 页。

② 　中共中央文献研究室编：《十三大以来重要文献选编》，中册，588 页。

　　1989 年 12 月至 1990 年 1 月，经中共中央批准，由中宣部、中组部、中央政策研究室、中央党校联合举办了党建理论研究班。江泽民发表了《为把党建设成为更加坚强的工人阶级先锋队而斗争》的讲话。讲话的主要内容是：①充分认识搞好党的建设的重要性、紧迫性。②必须坚持党的工人阶级先锋队性质。③坚持和加强党的执政地位和领导作用。④切实把思想建设放在党的建设的首位。⑤健全民主集中制，增强党的团结和统一。⑥始终保持党同人民群众的血肉联系。⑦确保各级领导核心由忠诚于马克思主义的人组成。⑧高度重视马克思主义党建理论的学习、研究和传播。

　　随着治理整顿、深化改革形势的发展，1990 年 3 月，中共中央召开十三届六中全会，通过了《关于加强党同人民群众联系的决定》。全会认为，党在长期斗争中创造和发展起来的相信群众、依靠群众、从群众中来到群众中去的群众路线，是党的根本的工作路线，是党的优良传统和政治优势。全会提出，今后应从 7 个方面坚持不懈地努力加强党同人民群众的联系。会后中央政治局常委带头，深入基层，深入群众，开展调查研究工作。同年 11 月，中央批转中央纪律检查委员会提出的《关于加强党风和廉政建设的意见》，强调加强党风和廉政建设必须从领导机关和领导干部抓起，必须贯彻"一要坚决、二要持久"的方针。

　　1989 年 12 月，中共中央通过《关于坚持和完善中国共产党领导的多党合作和政治协商制度的意见》，强调中国共产党领导下的多党合作和政治协商制度是我国的基本政治制度。重申"长期共存、互相监督、肝胆相照、荣辱与共"是共产党同各民主党派合作的方针，决定加强中共和各民主党派之间的合作与协商，进一步发挥民主党派成员在参政议政中的重要作用。中央指出，坚持和完善共产党领导的多党合作和政治协商制度，对于加强我国的社会主义民主政治建设具有重要的意义。

　　在采取措施加强党的建设的同时，中央大力加强了思想、宣传工作。1989 年 7 月，中央政治局会议通过了《关于加强宣传、思想工作的通知》，要求各级党组织大力加强对宣传、思想工作的领导，切实反对资产阶级自由化，真正让社会主义思想占领意识形态阵地。

　　中共十三届四中全会以后，开展了整顿书报刊及音像市场和"扫黄"斗争。11 月，国务院又布置在全国范围内开展扫除"六害"的斗争（卖淫嫖娼、制作贩卖传播淫秽物品、拐卖妇女儿童、私种吸食贩运毒品、聚众赌博和利用封建迷信骗财害人等丑恶现象），同时号召大力弘扬民族优秀文化传统。

　　党的自身建设的抓紧，思想政治工作的加强，不仅对我国的政治稳定和社会稳定起了积极的促进作用，而且为在经济领域中进行治理、整顿和深化改革，创造了极其重要的政治、思想条件。

六、继续治理整顿和"七五"计划的完成

1988 年 9 月党的十三届三中全会虽然作出关于进行治理整顿和深化改革的决定，但是由于受到当时情况的限制，对经济生活中存在的问题、困难及产生的原因分析不够，因此不少地方、部门和单位对治理整顿的必要性、紧迫性和艰巨性缺乏认识，很多措施没有得到有效贯彻，加上因时届年底，当年来不及采取更多的实际措施，已经采取的措施一时也难以见到明显成效。经济过热和通货膨胀的势头在 1988 年并未减退，社会需求继续膨胀。在社会需求膨胀的压力下，货币发行量大幅度增长，财政赤字增加，导致零售物价指数出现多年未曾有过的 18.5％ 的上涨幅度，这种情况给 1989 年经济发展带来困难。

面对 1989 年严峻的经济形势，3 月 20 日，李鹏在七届全国人大二次会议上所作的政府工作报告中，继续提出并坚决贯彻治理整顿的方针。李鹏提出治理整顿要达到的目标是：①消除经济过热，把发展速度降到比较合理的水平。②遏制通货膨胀，使 1989 年物价上涨明显低于 1988 年。③压缩固定资产规模，使它同国力承担的可能相适应，控制消费基金的过快增长，使它同国民收入增长相适应。④逐步缓解社会总需求大于总供给的矛盾，实现财政、信贷、物资、外汇的基本平衡。⑤调整经济结构，使粮、棉、油等主要农产品产量有所增加，使能源、交通、原材料供应紧张状况有所缓和。⑥建立健全必要的经济法规及宏观调控体系和监督体系，积极推动社会主义商品经济新秩序的建设。但是会后不久发生的政治风波，对治理整顿是很大的干扰，给我国经济造成相当大的损失。随之而来的是，西方发达国家借口"六四风波"，对我国实行所谓的"经济制裁"，更加重了我国经济的困难。

面对这种严峻的形势，中共中央在下大力气抓政治稳定的同时，认真抓治理整顿，实现社会经济的稳定与发展。1989 年 11 月 9 日召开的中共十三届五中全会，通过了《中共中央关于进一步治理整顿和深化改革的决定》。全会认为，继续坚定不移地贯彻执行治理整顿和深化改革的方针，是克服当前经济困难，实现国民经济持续、稳定、协调发展的根本途径，决定从 1989 年算起，用三年或更长一些时间基本完成治理整顿的任务。全会进一

步明确了治理整顿的主要目标：①逐步降低通货膨胀率，要求全国零售物价上涨幅度逐步下降到 10％以下。②扭转货币超经济发行的状况，逐步做到当年货币发行量与经济增长的合理需要相适应。③努力实现财政收支平衡，逐步消灭财政赤字。④在着力于提高经济效益、经济素质和科技水平的基础上，保持适度的经济增长率，争取国民生产总值平均每年增长 5％～6％。⑤改善产业结构不合理状况，力争主要农产品生产逐步增长，能源、原材料供应紧张和运力不足的矛盾逐步缓解。⑥进一步深化和完善各项改革措施，逐步建立符合计划经济与市场调节相结合原则的经济、行政、法律手段综合运用的宏观调控体系。为了实现上述治理整顿的目标，全会要求继续控制社会需求和坚持财政信贷双紧方针；加强农业等基础产业和调整经济结构；认真整顿经济秩序，特别是流通领域的秩序；千方百计地提高经济效益；继续深化改革和扩大对外开放；并切实加强党对治理整顿和深化改革的领导。①

治理整顿的首要任务是压缩社会总需求。具体措施为：①压缩固定资产投资总规模。1989 年全社会固定资产投资规模比 1988 年压缩 920 亿元，减少 21％；1990 年、1991 年的全社会固定资产投资规模都要维持在甚至低于 1989 年的水平。②坚决控制消费需求过快增长，坚决压缩社会集团的购买力。1989 年社会集团购买力要在 1988 年基础上再压缩 20％。③紧缩金融和财政，继续抽紧银根，严格控制货币发行量。要千方百计稳定金融，切实加强对各银行各种贷款的计划管理，控制住全社会的信贷总规模。④逐步缓解分配不公的社会矛盾。在控制消费需求的同时，要改进和完善工资奖金制度，逐步克服职工收入分配中的平均主义现象。⑤进一步清理整顿公司特别是流通领域内的公司，逐步消除流通领域内秩序混乱的状况。切实加强对某些高收入人员以及私营企业主和部分个体工商业户收入的监督与调控，推行个人应税收入申报制度。逐步解决生产资料价格"双轨制"问题。大力加强市场管理和物价管理。坚决制止和纠正乱收费、乱摊派、乱罚款现象。

由于认真贯彻治理整顿和深化改革的方针，1988 年底至 1991 年的 3 年中治理整顿取得了显著成效。治理整顿和深化改革，解决了我国经济发展中的突出矛盾，有效地控制了通货膨胀，整顿了经济秩序，使我国国民经济摆脱了严重的不稳定状态，走上了健康发展的轨道，从而为新的发展创

---

① 中共中央文献研究室编：《十三大以来重要文献选编》，中册，680～708 页。

造了条件。

具体说来，三年的治理整顿取得了以下几方面的成效：

一是有效地控制了通货膨胀，经济秩序明显好转。1985 年到 1989 年，社会总需求超过总供给的平均差率为 11.8％。治理整顿以来，由于采取紧缩信贷、清理固定资产投资项目、压缩投资规模、控制社会集团消费、加强税收等多管齐下的紧缩社会总需求的措施，有效地控制了社会总需求的过快增长，促进了供求关系的改善。1990 年供需差率缩小为 7.6％，1991 年，基本保持上年水平，已处于基本正常范围。全国零售物价总水平比上年的上涨幅度连年回落，1990 年为 2.1％，1991 年为 3.5％，已进入了各方面可承受的范围。随着社会供求关系的改善，国内市场出现了十分积极的变化。

二是过热的经济明显降温，经济基本恢复正常的增长。1985 年至 1988 年，我国国民经济处在日趋过热的状态，国民生产总值平均每年增长 10.7％，工业总产值平均每年增长 17.8％。经过 3 年的治理整顿，改变了经济过热的局面。1989 年国民生产总值比上年增长 4％，1990 年增长 5.3％。1989 年至 1991 年工业总产值平均每年增长 10％左右。经济增长速度已基本恢复到与现有经济条件相应的正常增长水平。

三是基础产业得到加强，产业结构的"瓶颈"矛盾有所缓解。在治理整顿期间，产业结构的调整有了良好的开端。农业和能源、交通、原材料等产业部门均有不同程度的发展，处于长线的加工工业受到一定限制，基础产业与国民经济发展不相适应的状况有所改善。

四是市场商品丰富，人民安居乐业。由于调整了经济结构，农业的基础地位得到了加强，粮、棉等主要农产品的生产连年获得丰收，基础工业和基础设施建设受到重视，轻重工业生产增长比例日趋协调，全国生产、生活资料消费市场转旺，出现了购销两旺的大好局面。在治理整顿期间，虽然压缩了一些过快的消费需求的增长，但城乡居民继续从经济发展中得到实惠，生活水平继续有所提高。据统计，城乡居民储蓄额 3 年增加了 5000 亿元。从治理整顿全过程上看，基本上达到既成功地控制了通货膨胀，又保持了经济适度增长的双重目标，从而为新的大发展打下了良好的基础。

五是进出口贸易由逆差转为顺差，国家外汇储量增加，对外开放取得新进展。1989 年和 1990 年，我国出口总额登上了 525 亿美元和 621 亿美元两个台阶；1990 年，我国对外贸易实现了顺差，改善了 1984 年以来连续逆差的状况。到 1991 年 6 月底，国家外汇储备已上升到 330 亿美元。这一段时间里，我国吸收利用外资取得新进展。这期间，全国批准的外商投资企业达 18083 家，比前 10 年的总和还多，外商实际投资额达 85.4 亿美元，为前 10 年的 76.5%。更重要的是，这两年外商投资在结构上也发生了明显变化，投资导向更加合理，技术先进型和出口创汇型项目增多。

六是改革开放取得了比较实实在在的进展。在治理整顿中，稳步推出了一系列重大改革措施。农业方面：不断完善统分结合的双层经营体制①，积极发展社会服务化体系，逐步壮大集体经济力量，在引导农民走共同富裕道路方面取得了很大进展；工业方面：把搞好国有大中型企业提到深化改革的重要议事日程，进一步完善承包经营责任制，在改善外部环境和转变内部机制两个方面，采取了若干改革措施，取得了一定成效。此外，价格改革也迈出了较大步伐。宏观调控方面，对计划、财政、金融体制和流通领域的改革都有新的进展。与此同时，在养老、待业、医疗卫生等社会保障制度和职工住房制度方面，也积极进行了改革试点。这些改革措施推出的力度和时机相适宜，效果是好的，有力地促进了经济发展和治理整顿任务的完成，为新的改革措施的实施提供了经验。

综合起来看，三年的治理整顿工作取得了很大的成就，基本上实现了治理整顿的主要目标，实现了社会总需求与总供给的基本平衡，出现了经济稳定、政治稳定、社会稳定的局面，改革开放又向前推进了一步。这使我国国民经济和改革开放进入了一个新阶段。治理整顿为经济发展跨上一个新台阶创造了良好的条件。

在治理整顿和深化改革的推动下，到 1990 年底，"七五"计划所规定的国民经济和社会发展的各项指标，绝大部分完成或超额完成。1990 年国民生产总值达到 17400 亿元，5 年增长 39%，平均每年增长 7.8%。工业总产值为 23851 亿元。农业总产值为 7382 亿元。全民所有制单位固定资产投资总额为 12502 亿元，比"六五"计划时期增加 7172 亿元。改建和扩建了一批重点骨干工程。能源、交通和运输量均有显著增加，煤产量达到 10.9 亿吨，发电量达到 6150 亿千瓦小时，原油达到 1.38 亿吨，钢达到 6850 万吨，铁路货运量达到 14.6 亿吨。特别是治理整顿已经取得明显成效，社会供求总量趋于平衡，通货膨胀得到控制。农业连续两年丰收。粮食达到 8500 亿斤，棉花达到 425 万吨。科技、教育事业都有新的发展，城乡居民年平均消费水

---

① 农村双层经营体制是指在联产承包责任制下，农民家庭承包经营和统一的社会化服务这两个层次的结合。

平达 720 元。"七五"计划的完成，提前实现了中共十二大提出的我国宏伟建设目标的第一步，这就为 20 世纪末实现第二步的战略目标奠定了坚实的物质基础，并为社会主义现代化建设和深化改革开放积累了丰富的经验。

七、十年规划和"八五"计划的开始执行

"七五"计划的完成，提前实现了第一步战略目标，标志着我国社会主义现代化建设已走进了一个重要阶段。1991 年至 2000 年，即 20 世纪的最后十年，在我国社会主义建设的历史进程中，是非常关键的时期。能否在 90 年代巩固和发展 80 年代取得的巨大成就，进一步促进经济振兴和社会发展，直接关系到我国社会主义制度的巩固和发展，关系到中华民族的前途和命运。

在历史的关键时刻，中国共产党在 1990 年 12 月召开了十三届七中全会。李鹏在全会上作了《关于制定国民经济和社会发展的十年规划和"八五"计划建议的说明》。这是一次总结过去、开创未来十年的重要会议，是动员全党和全国各族人民为实现社会主义现代化建设第二步战略目标而奋斗的重要会议。全会在总结贯彻执行党的基本路线经验的基础上，提出了建设有中国特色社会主义的 12 条原则。① 全会审议并通过了《中共中央关于制定国民经济和社会发展十年规划和"八五"计划的建议》。

根据《建议》，国务院制定了《中华人民共和国国民经济和社会发展的十年规划和"八五"计划纲要（草案）》（以下简称《纲要》），经 1991 年 3 月至 4 月召开的七届全国人大四次会议审议批准后正式付诸实施。

《纲要》共分为 10 个部分：①序言。②1991 年至 2000 年的主要目标和指导方针。③"八五"计划的基本任务和综合经济指标。④"八五"期间主要经济部门发展的任务和政策。⑤"八五"期间地区经济发展的布局和政策。⑥"八五"期间科学技术、教育发展的任务和政策。⑦"八五"期间对外贸易和经济技术交流。⑧"八五"期间经济体制改革的主要任务和措施。⑨"八五"期间人民生活和消费政策。⑩"八五"期间社会主义精神文明建设和社会主义民主法制建设。

《纲要》规定了 1991 年至 2000 年的主要奋斗目标，提出了实现第二步战略目标的基本要求：①在大力提高经济效益和优化经济结构的基础上，使

---

① 中共中央文献研究室编：《十三大以来重要文献选编》，中册，1377～1379 页。

国民生产总值按不变价格计算，到 20 世纪末比 1980 年翻两番。按照这个目标，要求到 2000 年，以 1990 年价格计算的国民生产总值达到 31100 亿元，十年平均每年增长 6%。工农业总产值平均每年增长 6.1%，其中，农业总产值平均每年增长 3.5%，工业总产值平均每年增长 6.8%。②人民生活从温饱达到小康，生活资料更加丰裕，消费结构趋于合理，居住条件明显改善，文化生活进一步丰富，健康水平继续提高，社会服务设施不断完善。③发展教育事业，推动科技进步，改善经济管理，调整经济结构，加强重点建设，为 21 世纪初叶我国经济和社会的持续发展奠定物质技术基础。④初步建立适应以公有制为基础的社会主义有计划商品经济发展的、计划经济和市场调节相结合的经济体制和运行机制。⑤社会主义精神文明建设达到新的水平，社会主义民主和法制进一步健全。按以上奋斗目标的要求，到 2000 年，我国政治、经济、社会将取得全面发展和进步，社会主义中国将以新的姿态进入又一个新的发展阶段。

《纲要》在总结历史和现实的经验教训的基础上，确定了制定和实施十年规划和"八五"计划的基本指导方针。这就是：坚定不移地走建设有中国特色的社会主义道路；坚定不移地推进改革开放；坚定不移地执行国民经济持续、稳定、协调发展的方针，始终把提高经济效益作为全部经济工作的中心；坚定不移地执行独立自主、自力更生、艰苦奋斗、勤俭建国的方针；坚定不移地贯彻物质文明建设和精神文明建设一起抓的方针。全面贯彻这些方针，是使我国现代化事业沿着正确方向前进，实现到 20 世纪末奋斗目标的根本保证。

《纲要》还规定了以后十年国民经济和社会发展的主要任务，有以下几方面：①按照国民经济逐步现代化的要求和居民消费结构的变化，积极调整产业结构，重点是加强农业、基础工业和基础设施，改组、改造和提高加工工业，把发展电子工业放在突出位置，积极发展建筑工业和第三产业，促进产业结构合理化并逐步走向现代化。②根据统筹规划、合理分工、优势互补、协调发展、利益兼顾、共同富裕的原则，努力改善地区经济结构和生产力布局。③继续把发展科学技术和教育事业放在重要战略地位，使我国经济增长逐步转到主要依靠科技进步和提高劳动者素质的轨道。④在搞好经济建设的同时，相应提高人民生活水平和发展各项社会事业，促进经济与社会协调发展。⑤继续推行经济体制改革，不断完善和发展社会主义制度，争取经过十年的努力，初步建立起适应社会主义有计划商品经济发展的、计划与市场调节相结合的新的经济体制和运行机制。⑥坚持对外开放的基本国策，进一步扩大对外经济技术交流与合作。⑦坚持"一国两制"原则，继续推进祖国统一大业。

《纲要》提出的以上奋斗目标、指导方针和主要任务，是以后十年国民经济和社会发展的总体部署。在具体实施中，大致分为前五年（"八五"计划时期）和后五年（"九五"计划时期）两个阶段。"八五"计划时期，要着眼于控制总量、调整结构、提高效益、完善和深化改革，努力促进经济良性循环，为"九五"时期发展打好基础。"九五"计划时期，要在优化经济结构，改善生产力布局，提高经济素质和理顺基本经济关系方面取得显著进展，全面实现到 20 世纪末的各项目标和任务。

《纲要》详尽地规划了国民经济发展的第八个五年计划的宏伟蓝图。"八五"时期，必须正确地处理治理整顿、深化改革和经济发展的关系。在整个"八五"期间，都要根据经济发展的需要和现实条件的可能，在确保经济与社会稳定前提下，积极深化改革，使改革更好地促进治理整顿和经济发展。"八五"计划的基本任务有以下 8 个方面：①努力保持社会总需求与社会总供给基本平衡，在控制通货膨胀的前提下，以提高经济效益为中心，促进经济的适度增长。②突出抓好经济结构调整，使产品的品种、质量、数量同国内外市场需求的变化相适应；使农业与工业、基础工业与加工工业比例失调的状况有所改善；使企业组织结构不合理的现象逐步得到改善；使地区经济结构趋同化的倾向得到抑制。③立足现有基础，充分挖掘潜力，积极地、有重点地推行现有企业技术改造。④采取适当的办法与步骤，合理调整收入分配格局，增加国家财政收入特别是中央财政收入，并严格控制财政支出，减少财政补贴，逐步改善财政收支不平衡状况。⑤进一步推动科技、教育事业发展，并使之更好地为调整结构、提高经济素质和效益服务。⑥更有效地开展对外贸易，积极引进外资、技术和智力，巩固和发展对外开放的格局，把扩大对外开放同提高生产技术和经营管理水平更好地结合起来。⑦以增强国营大中型企业活力、健全企业合理的经营机制为中心，协调配套地进行计划、投资、财政、税收等方面的体制改革，加快社会保障制度和住房制度的改革，促进社会主义有计划商品经济新体制的形成。⑧努力加强社会主义精神文明建设，促进社会主义的全面发展和进步。

为巩固 80 年代以来取得的巨大成就，进一步促进经济振兴和社会发展，"八五"计划制定了更高、更新的国民经济发展的综合经济指标：按 1990 年价格来计算，1995 年国民生产总值达到 23250 亿元，平均每年增长 6％；农业总产值达到 8780 亿元，平均每年增长 3.5％；工业总产值达到 32700 亿元,平均每年增长 6.5%;第三产业增加值,1995 年比 1990 年增长 53.9%,平均每年增长 9%。五年内扣除物价上涨因素,职工实际平均工资 每年递增 2%,农民人均纯收入平均每年递增 3.5%。五年内,要通过多种 形式安置城镇就业人口 3200 万人,争取在"八五"期间把城镇待业率控制在 3.5%以内。"八五"计划在制订规划经济高速发展的宏伟蓝图时,坚持"两 手抓"方针,强调"八五"期间要加强科学技术、教育的发展,加强社会主义 精神文明和社会主义民主法制建设。"八五"计划规划在五年内力争在占全 国人口 80%以上的地区普及小学阶段的义务教育,占全国人口 30%以上的 地区普及初中阶段义务教育,力争培养各类全日制中等职业技术学校毕业 生 1100 万人。到 1995 年,研究生在校生达 9 万人,在校普通本专科生达 210 万人,同时继续采取多种途径、多种力量、多种形式办学,大力开展岗 位培训。①

　　1991 年、1992 年是执行十年规划和"八五"计划的头两年,由于认真贯 彻《纲要》的基本精神,继续坚持治理整顿、深化改革的基本方针,我国国 民经济步入稳定、协调发展的轨道。主要表现在以下几个方面:①国民生 产总值和工农业生产实现适度增长。1991 年,国民生产总值达到19580亿 元,比上年增长 7%,明显超过计划的 4.5%的指标,经济增长速度已基本 恢复到与当时经济条件相适应的正常增长水平。1991 年,我国部分地区遭 受严重的自然灾害,但经过举国上下的一致抗灾救灾,仍夺得了农业生产 的好收成。全年农业总产值 8008 亿元,比上年增长 3%。工业生产回升较 快,总产值达 28225 亿元,比上年增长 14.2%。1992 年,全年国内生产总 值 23938 亿元,比上年增长 12.8%。全年农业增加值 5808 亿元,比上年增 长 3.7%,全年完成工业增加值 10116 亿元,比上年增长 20.8%,是改革开 放以来增长幅度最高的一年。②全社会固定资产投资比例稳步增加,结构 有所改善。1991 年全社会固定资产投资完成 5279 亿元,比上年增长 18.6%。1992 年全社会固定资产投资达 7582 亿元,比上年增长 37.6%。③ 通货膨胀得到控制,国内市场逐步恢复,人民生活水平继续改善。由于认 真贯彻治理整顿,1991 年全年供需差率基本保持上年水平,已处于基本正 常范畴。全年物价基本平稳,1991 年零售物价总水平上涨 2.9%,1992 年 上涨 5.4%。国内市场疲软消除,出现了市场繁荣、购销两旺的新局面。据

---

① 《中华人民共和国国民经济和社会发展十年规划和第八个五年计划纲要》,载 《新华月报》,1991(4),29~40 页。

统计，1991 年社会商品零售总额 9398 亿元，扣除物价上涨因素，比上年增长 10％。1992 年社会商品零售总额达到 10894 亿元，扣除物价上涨因素，比上年增长 9.8％。城乡人民生活水平继续提高，储蓄持续增加。1991 年，全国城镇居民人均消费收入 1570 元，扣除价格因素实际比上年增长 7.7％；农村居民人均收入 710 元，比上年实际增长 2％。1991 年末城乡居民储蓄存款余额达 9110 亿元，比上年增加 29.5％。1992 年全国城镇居民人均生活费收入为 1826 元，扣除价格因素，比上年增加 8.8％；农村居民人均纯收入为 784 元，比上年实际增长 5.9％。1992 年末城乡居民储蓄存款余额达 11545 亿元，比上年末增长 26.8％。①

八、对外经济合作和个体、私营经济的发展

中共十一届三中全会制定了改革开放的政策，我国的对外开放迈出了重大步伐，形成了从经济特区、沿海开放城市、沿海经济开放区向内地逐步推进的全方位开放格局。尤其是 1989 年以来，由于不断改善投资环境、完善有关涉外法规、改进各项服务，我国对外经济合作、利用外资工作取得了长足的进步。

首先表现在利用外资保持稳步增长、结构日趋合理。1989 年、1990 年两年，西方发达国家对我国实行经济制裁，但利用外资仍取得了可喜的成就。1989 年我国利用外资协议金额 114.9 亿美元，实际使用金额为 100.6 亿美元，分别比上一年减少 28.3％和 1.6％，新批准外商投资项目 5779 个。1990 年，中国利用外资协议金额 120.9 亿美元，实际使用金额 102.9 亿美元，新批准外商直接投资项目 7273 个，比上年增长 17.79％。1991 年新签利用外资协议金额 178 亿美元，比上年增长 47.6％，实际使用金额 113 亿美元，增长 9.6％。1992 年，新签利用外资协议金额 685 亿美元，比上年增长 2.5 倍，实际使用金额 188 亿美元，增长 62.7％。在利用外资稳步增长同时，利用外资结构日趋合理。

在利用外资工作取得上述可喜成就的同时，中国的对外经济合作事业也蓬勃发展起来，进入一个空前活跃的阶段，具体表现在以下几个方面：①进出口贸易活跃，进出口商品结构进一步优化。据统计，1989 年，中国

① 1991 年统计资料，载《人民日报》，1992-02-29；1992 年统计资料，载《人民日报》，1993-02-19。

进出口贸易总额达 1116 亿美元,比上年增长 8.6%;1990 年,中国进出口贸易总额达 1154 亿美元,比上年增长 3.4%;1991 年,中国进出口贸易总额达 1357 亿美元,比上年增长 17.6%;1992 年,中国进出口贸易总额达 1656 亿美元,比上年增长 22.3%。进出口商品结构日趋优化,出口商品结构中初级品比例下降,工业制成品比例上升。进口商品结构中,生产资料进口比重进一步加强,生活资料进口比重不断下降。②技术出口迅速发展、技术进口有所回升。1989 年、1990 年两年,技术进口受到限制。到 1991 年,美国等西方发达国家对我国的"经济制裁"基本上被打破,对华技术输出相应放松,同时由于国内企业技术改造步伐加快,对国外技术需求日益见旺,因此到 1991 年,技术引进有所回升,全年技术引进成交 359 项,合同金额 34.6 亿美元,分别比上年增加 54.8% 和 172.4%。与技术进口萧条状况相反,1989 年至 1991 年,我国技术出口始终保持持续增长势头。1989 年,中国签订技术出口项目合同 168 个,成交额达 8.8 亿美元。1990 年签订技术出口项目合同 266 个,合同金额 9.88 亿美元。1991 年,签订技术出口项目合同共 462 个,合同金额 12.8 亿美元。技术出口结构日渐合理,以技术带动成套设备出口已成为中国技术出口的主要方式,并具有适应国际技术贸易市场不同层次的要求的能力。③对外承包工程与劳务合作取得了新成绩。对外承包工程与劳务合作是我国实行对外开放政策后发展起来的一项崭新事业。中国对外承包劳务工程和海外企业遍及国民经济各行各业,标志具有中国特色的跨国公司开始起步,这进一步带动金融、保险、民航、远洋运输和邮电通讯等相关部门的发展,取得了可观的经济效益和社会效益。通过国外经济技术合作,还学到了世界上的一些先进技术和管理办法,对我国提高企业管理水平和技术水平起到有益的作用。④对外经济技术援助以及参与联合国多边合作等有了新的进展。在当今新的国际形势下,我国对外援助工作取得了新的成绩。中国政府按照量力而行的原则合理安排援外支出,援外布局继续得到调整,在做好对周边友好国家及其他国家援助的同时,进一步加强对最不发达国家的援助,对于进一步巩固和发展我国同这些国家的友好合作关系发挥了积极作用。1989 年,我国同 44 个第三世界友好国家签订了承担 73 个新项目的协议。全年,我国帮助 70 个友好国家实施了 280 个成套项目和技术项目。1990 年,我国向 73 个国家和地区提供新的技术援助,签订援款较上年增加 67.6%,全年共实施经济援助项目 258 个。1991 年,我国新承担技术和管理合作项目 52 个。上述援助项目的建成,对受援国经济、文化、体育事业发展起到积极推动作用,受到受援国政府和人民的欢迎和好评。

国际多边经济合作比较活跃。中共十一届三中全会以后，我国改变了"只援助、不受援"的做法，在同联合国有关机构的多边合作中，贯彻"有给有取"的方针，在向这些机构认捐的同时，也接受这些机构的援助，1989年这项工作取得了新进展。此外，我国还加强与联合国、跨国公司中心、贸易和发展会议和亚太经社理事会等组织合作。1991年，我国参与了国际贸易多边体系的活动取得进展，恢复了关贸总协定缔约国的谈判，与联合国发展一系列的多边合作取得了新的进展。

上述对外经济合作和利用外资的一系列经济成就的取得，标志着中国已形成商品、技术、资金、劳动等对外交流全面发展、密切配合、双边与多边合作相互促进的富有生机的对外贸易发展的新格局，这为进一步深化改革开放、完善社会主义市场经济体系奠定了良好的基础。

坚持以公有制经济为主体，个体经济、私营经济、外资经济为补充，多种经济长期共同发展，是社会主义所有制结构的基本特征之一。经过10余年的改革开放，我国个体、私营经济迅猛发展，已成为我国经济生活中不可忽视的力量。

1988年，个体经济发展到新高峰。个体工商业活动发展迅速，规模愈来愈大，出现了一些雇工人数超过个体工商业户雇工人数的最高限额的现象，于是这一年国务院颁布了《中华人民共和国私营企业暂行条例》，把私营企业从个体户中分离出来，确认了私营企业的合法地位。这样私营企业正式登上了中国经济舞台，开始了个体、私营经济发展的黄金时期。1988年全国登记注册的私营企业为4万户，个体工商业户约有1000万户，2300万人。1989年，私营企业发展至9万户。1990年底，全国私营企业已登记注册的有9.8万户，从业人员170.2万人，拥有注册资金95.2亿元；个体工商业户共1328.3万户，从业人员2092.8万人，拥有资金397.4亿元。1991年底，全国登记注册的私营企业为10.78万户，从业人员为183.9万人，注册资金123.6亿元。[①] 在邓小平南方谈话后的1992年，个体、私营经济的发展又迈向另一高峰。到1992年底，全国已有私营企业13.9万户，年创产值307亿元，从业人数超过230万人[②]；全国个体工商业户达1533.9

---

①　《建国以来私营经济的发展与变化》，载《中国工商报》，1993-06-19。

②　《我国私营企业发展迅速》，载《人民日报》，1993-07-11。

万户,从业人员达 2467.7 万人。[①]

我国个体、私营经济的恢复和发展,是由我国社会生产力发展的不平衡性和多层次性决定的。在社会主义初级阶段,个体、私营经济作为社会主义公有制经济的必要和有益的补充,它为社会经济发展起了积极、有益的作用。具体表现为以下几方面:①促进生产力发展,有利于综合国力提高。个体、私营经济存在与发展为国家开辟了新税源。据不完全统计,自 20 世纪 80 年代初至 90 年代初的 10 多年间,我国个体经济共创工业产值 4300 亿元。个体、私营经济的发展打破了"国营企业一统天下"的格局,以其适应性强、分布广及强烈的竞争意识和市场观念向国营、集体企业发出挑战,促进国营、集体企业机制的转变,进一步推动整个国民经济的发展。②促进了农村产业结构调整。个体、私营企业的发展,与乡镇集体企业一道,使大量的农村剩余劳动力从第一产业转向第二、第三产业,改变了农村单一的产业结构,有力地推动了传统的自然分工向专业化社会分工的发展。此外,个体、私营经济的发展极大启发了农民的商品意识,培养和造就了一批懂经营、善管理的企业家,促进了农村自给自足的自然经济的解体。③有利于拓宽就业门路,促进社会稳定。1980 年至 1991 年的 12 年间,全国个体和私营企业累计吸收城镇待业人员 760 万人,占同期城镇新就业人数的 8.3%。其中,1991 年,个体、私营企业吸收了 60 万人,占 7.8%。如果没有这十余年个体、私营经济发展,城镇待业率将在 1991 年的 2.3% 的基础上上升 5 个百分点。个体、私营经济发展合理安排了在企业转换机制和农村产业结构调整过程中产生的大量剩余劳动力,大大缓解了社会就业压力,有利于维护安定团结的政治局面。④有利于促进城乡市场繁荣,方便人民生活。个体工商业活动从其发展范围和产业分布来看其主要在零售商业、饮食业、服务业、修理业、交通运输业等与人民群众日常生活密切相关而国营和集体单位又难以顾及的第三产业,其经营服务网点占社会总数的 80% 以上。这大大方便了群众生活,部分解决了城乡居民,尤其是大城市居民生活中的各种困难,提高了生活质量。

九、外交工作的新格局

20 世纪 80 年代末 90 年代初,国际风云多变。东欧剧变,两德统一,

---

① 《期盼与选择》,载《人民日报》,1993-07-17。

苏联解体等，国际形势出现了空前的动荡与不定。"现在旧的格局在改变中，但实际上并没有结束，新的格局还没有形成。"①世界各种力量正在错综复杂的利害矛盾中重新分化组合。中国政府采取"冷静观察"、"稳住阵脚"、"沉着应付"、"埋头实干，做好一件事，我们自己的事"的冷静务实策略②，坚持在和平共处五项原则的基础上同世界各国保持和发展正常关系，加强同第三世界国家的团结与合作，为缓和国际局势、维护世界和平作出了积极的努力，开创了新时期外交工作的新格局。

邓小平曾经说："中国要实现自己的发展目标，必不可少的条件是安定的国内环境与和平的国际环境。我们不在乎别人说我们什么，真正在乎的是有一个好的环境来发展自己。只要历史证明中国社会主义制度的优越性就够了，别国的社会制度如何我们管不了。"③80年代末90年代初，我国外交工作最引人注目的成就是推行睦邻政策，大大改善和发展了同所有周边国家的关系，使我国同所有周边国家的关系处于新中国成立以来最好的时期，为我国改革开放事业的顺利进行创造了良好的和平环境。

1989年5月，苏联最高苏维埃主席团主席、苏共中央总书记戈尔巴乔夫对中国进行正式访问，同邓小平举行了历史性的会晤，宣布两国从此"结束过去，开辟未来"。邓小平先从两个方面回顾了历史：一是近百年来中国在列强压迫下遭受的损失；二是近几十年来对中国最大的威胁来自何方。邓小平总结了几十年风风雨雨的中苏关系，强调主要是苏联把中国摆错了位置，真正的实质问题是不平等。他又说，虽然如此，中方从未忘记，苏联在新中国建立的初期曾帮助中国奠定工业基础。至于意识形态争论的那些问题，邓小平说，他是那场争论的当事人，回过头来看，双方讲的都是空话。那些争论，我们也不相信自己是全对的。讲到这里，他特别强调，讲这些过去的事，目的是为了前进，不是要求再和苏方进行辩论了。这些历史账讲了，问题就一风吹了，重点是放在未来。戈尔巴乔夫表示，关于俄国、苏联与中国关系是如何形成的，有些东西苏方有自己的看法和评价，但在不太久远的过去，苏中关系的有些方面，苏联是有一定的过错和责任的，并赞同过去的问题就讲到此为止。邓小平深刻总结了国际共运的历史教训，强调无论是结盟还是对抗，都是不成功的，中苏关系还是要以和平

---

① 《邓小平文选》，第3卷，353页。
② 《邓小平文选》，第3卷，321页。
③ 《邓小平文选》，第3卷，360页。

共处五项原则为基础。① 这次会晤标志着破裂了 20 多年的中苏关系开始正常化。1990 年国务院总理李鹏、1991 年中共中央总书记江泽民分别访苏，使中苏两国的关系得到进一步发展。1991 年 12 月 25 日苏联解体后，我国坚持不干涉别国内政，尊重各国人民的选择的原则，同独联体各国建立外交关系并保持在各个领域里的友好往来。1992 年，中国同俄罗斯关系发展平稳，经济贸易关系出现了上升势头。叶利钦总统访华使两国关系提高到一个新水平。

在这一时期，中国与蒙古人民共和国在政治、经济和科技等领域的关系得到全面恢复和发展。

中朝两国领导人经常互访，使中朝传统友谊得到巩固和加强。江泽民、杨尚昆、李鹏等党和国家领导人先后对朝鲜进行正式友好访问。金日成、延亨默等朝鲜党和国家领导人也多次访问中国。这进一步密切了中国和朝鲜两国人民的传统友谊。

1992 年 8 月 24 日，我国同韩国正式建立了外交关系。

1989 年以后，中国同日本关系的发展虽然有一些困难和曲折，但总的说来是朝着恢复正常的方向发展。1990 年下半年，日本率先恢复了对华第三批日元贷款，在松动西方对华"制裁"方面起了积极作用。1991 年 8 月，日本首相海部俊树来到北京，成为西方对中国实行制裁后第一位访华的西方国家政府首脑，标志着日本名副其实地解除了对华制裁，完成了两国关系的修复工作。② 在中日邦交正常化 20 周年之际，1992 年 4 月，江泽民总书记、万里委员长先后访日，日本天皇明仁和皇后美智子于 10 月正式访华，这是日本天皇首次访华，使中日邦交关系提高到了一个新的水平。

中越两国以 1991 年 11 月的高级会晤为标志，结束了双方长达 13 年的敌对状态，实现了两国关系的正常化。1992 年底，李鹏对越南的访问，进一步推动了双边关系的健康发展。

1990 年 12 月，李鹏访问老挝，实现中老关系正常化。1992 年，老挝主席凯山·丰威汉对中国进行访问，进一步推动了两国关系的发展。

20 世纪 80 年代末 90 年代初，也是中国与东盟关系进入全面发展的时期。1990 年 8 月 8 日，中国与印度尼西亚在两国中断关系 23 年后正式恢复了外交关系。10 月 3 日，中国与新加坡签署了建交公报。1991 年 9 月，中

---

① 《邓小平文选》，第 3 卷，291～295 页。

② 钱其琛：《外交十记》，36～39 页，北京，世界知识出版社，2003。

国与文莱正式建立外交关系。至此，中国已同所有东盟六国建立和恢复了外交关系，标志与东盟六国的关系进入了一个全面发展的新阶段。

巩固和发展与南亚各国的友好合作关系是中国稳定周边环境的重要组成部分。1991 年，李鹏访问印度，这是 31 年来中国政府首脑首次正式访问印度。1992 年印度总统卡塔拉曼访华，开辟了中印关系的新时期。

邓小平指出："独立自主，自力更生，无论过去、现在和将来，都是我们的立足点。中国人民珍惜同其他国家和人民的友谊和合作，更加珍惜自己经过长期奋斗而得来的独立自主权利。任何外国不要指望中国做他们的附庸，不要指望中国会吞下损害我国利益的苦果。"①80 年代末 90 年代初，我国外交工作又一主要成就是：苏东剧变后，我国政府坚持独立自主，反对外来干涉的方针，打破西方国家的"制裁"，同西方国家的关系在和平共处五项原则基础上得到改善和发展。

1989 年 6 月，中国政府平息发生在北京的反革命暴乱后，西方七国首脑会议不顾事实，不顾国际关系公认的准则，对纯属中国内政的事情横加指责，发表宣言"制裁"中国，中国与一些西方国家的关系不同程度地出现了困难和曲折。7 月 2 日，邓小平会见美国总统特使布伦特·斯考克罗夫特。指出：现在中美关系确实处在一个很微妙、甚至可以说相当危险的地步。中国没有触犯美国，任何一个小问题都没有触犯。问题出在美国，美国在很大范围内直接触犯了中国的利益和尊严。我要明确告诉阁下，中国的内政决不允许任何人加以干涉，不管后果如何，中国都不会让步。中国的内政要由中国来管，什么灾难到来，中国都可以承受，决不会让步。中国领导人不会轻率采取和发表处理两国关系的行动和言论，现在不会，今后也不会，但在捍卫中国的独立、主权和国家尊严方面也决不含糊。② 邓小平在当时即指出："什么威胁也吓不倒我们。""只要中国社会主义不倒，社会主义在世界将始终站得住。"③他还强调指出："国家的主权、国家的安全要始终放在第一位。"④随着时间的推移，历史无可争辩地证实，中国没有被压服，也没有被孤立，中国又经受一次锻炼，改革开放继续深入发展，对外关系有了更大的突破。正如邓小平后来在会见加拿大前总理特鲁多时所

---

①　《邓小平文选》，第 3 卷，3 页。

②　中共中央文献研究室编：《邓小平年谱(1975—1997)》，下卷，1284 页。

③　《邓小平文选》，第 3 卷，344~346 页。

④　《邓小平文选》，第 3 卷，348 页。

说："去年以来一些国家对中国实行制裁。我认为，第一，他们没有资格制裁中国；第二，实践证明中国有抵抗制裁的能力。中国经济发展虽然受了一些影响，但影响不大。事实上，制裁正在逐渐消失。"①

1990 年，中国与西方七国的关系开始出现积极变化。继日本率先恢复提供第三批日元贷款之后，西欧国家逐步恢复了对华出口信贷保证、政府贷款、经济合作和科技交流。10 月，欧共体外长会议决定取消对华限制措施，恢复同中国在政治、文化、经济领域的正常关系。

中美关系也逐步"解冻"。1990 年 5 月，布什总统宣布决定延长美国对华最惠国待遇。11 月底 12 月初，钱其琛外长应邀访美，会见了美国总统布什、国务卿贝克，就双边关系和共同关心的问题交换了意见。1991 年 11 月，国务卿贝克访华，经过坦率的会谈，双方就保护知识产权和市场准入等问题达成协议。但正值中美关系恢复之际，美国政府再次违反"八·一七公报"，于 1992 年 9 月决定向我国的台湾出售 F-16 战斗机，这是干涉中国内政、损害中国人民感情的严重事件。这给正在复苏的中美关系又蒙上一层阴影。中美关系曲折发展的历史已证明：中美之间发表的 3 个联合公报②是两国关系的准则，只要双方高瞻远瞩，求同存异，按和平共处五项原则来发展相互间关系，中美关系就能发展、就能前进。

加强同第三世界国家的合作与团结，始终是我国外交政策的基本立足点。随着世界多极化形势的发展，中国同广大第三世界国家的团结与合作，在广度和深度上都有了新的发展。

1990 年 5 月，国家主席杨尚昆访问了拉美的墨西哥、巴西、乌拉圭、阿根廷和智利五国。1992 年 7 月，杨尚昆又访问了非洲的摩洛哥、突尼斯、科特迪瓦三国，为中国同发展中国家关系的发展谱写了新的篇章。杨尚昆在墨西哥提出了中国发展同拉美国家关系的 4 条原则③，在科特迪瓦发表了

---

① 《邓小平文选》，第 3 卷，359 页。

② 三个联合公报指：1972 年 2 月 28 日《中美联合公报》（"上海公报"）、1978 年 12 月 16 日《中美建交联合公报》和 1982 年的《中美联合公报》（"八·一七公报"）。

③ 即指：第一，以互相尊重主权和领土完整、互不侵犯、互不干涉内政、平等互利、和平共处五项原则为基础，同所有拉丁美洲国家，包括那些尚未与中国建交的国家建立和发展友好合作关系。第二，平等互利，互通有无，取长补短，立足当前，着眼未来，不断拓展贸易往来与经济合作。第三，尊重彼此的传统和价值观，相互学习和借鉴，加强民间的往来和交流，增进了解和友谊，广泛开展各种形式的文化交流。第四，在国际事务中，密切磋商，互相支持，加强合作，为建立国际政治和经济新秩序而共同努力。

中国发展同非洲关系的 6 条原则。① 这些原则表明了中国加强与发展中国家友好关系的良好愿望，得到了广大发展中国家的积极响应。中国同中东国家关系发展顺利。1990 年 7 月，中国同沙特阿拉伯建交。1992 年 1 月，中国同以色列建立外交关系。至此，中国与中东所有国家都建立了外交关系，这对推动中东和平进程产生积极影响。在这几年中，我国与南太平洋诸岛国关系有了很大发展。1989 年，我国与南太平洋论坛建立对话伙伴关系。斐济总理、瓦努阿图总理、基里巴斯总统、密克罗西亚总统先后访华。1990 年，我国与马绍尔群岛共和国建立外交关系。1992 年初，李鹏总理访问斐济；同年 7 月，我国人大代表团访问密克罗西亚、马绍尔群岛共和国等五国，进一步促进双方关系的发展。1992 年 9 月，中国正式成为不结盟运动的观察员国，标志着同不结盟运动的友好合作进入一个新阶段。此后不久召开的联合国环境与发展大会上，中国同"七十七国集团"通过密切磋商，以"七十七国加中国"方式提出不少谈判文件，促使会议取得了一系列成果。在国际事务和多边外交中，中国坚持原则，伸张正义，反对强权政治，发挥安理会常任理事国的作用，在维护世界和平与安全，促进经济合作，谋求重大国际问题和地区问题的公正合理解决等方面做出了自己的贡献。中国为推动柬埔寨问题的解决做出了不懈的努力。中国对海湾危机的立场是有原则的、一贯的和严肃认真的。从伊拉克入侵科威特第一天开始，中国政府就明确予以反对，认为这是违反国际关系准则和《联合国宪章》的，要求伊拉克军队无条件撤出，同时主张和平解决海湾危机。对中东症结的巴勒斯坦问题，中国政府主张通过政治途径解决，以色列必须撤出它所占领的巴勒斯坦领土，巴勒斯坦人民的合法民族权必须得到恢复，巴、以相互承认，阿拉伯民族与犹太民族和平共处。在巴尔干半岛和原苏联一些地区的武装冲突问题上，中国在联合国和其他场合多次声明原则立场，强调冲突各方面通过和谈解决争端，不能从外部使用武力，用一场战争来制止另一场战争。

①　即指：第一，中国支持非洲各国为维护国家主权、民族独立、反对外来干涉和发展经济所做的各种努力。第二，中国尊重非洲各国根据自己国情选择政治制度和发展道路。第三，中国支持非洲国家加强团结合作，联合自强，通过和平协商解决国与国之间的争端。第四，中国支持非洲统一组织为谋求非洲大陆的和平稳定和发展以及实现经济一体化所做的努力。第五，中国支持非洲国家作为社会平等的社会成员，积极参与国际事务和为建立公正合理的国际政治、经济新秩序而进行的努力。第六，中国愿意在互相尊重主权与领土完整，互不侵犯，互不干涉内政，平等互利，和平共处等原则的基础上，发展同非洲各国的友好往来和形式多样的经济合作。

在这几年中，中国的多边外交空前活跃，在国际政治舞台上发挥着愈来愈重要的作用。1992 年，第 48 届联合国亚太经济社会委员会会议在北京举行，通过了《北京宣言》。这有利于推动区域经济协调发展，共同繁荣，为亚太地区开创美好的未来注入新的活力。6 月，李鹏总理出席了联合国环境与发展大会，从维护世界和平、促进发展、造福子孙后代的原则出发，明确提出了关于加强环境发展领域国际合作的 5 点主张。[①] 李鹏总理还代表中国政府签署了《气候变化框架公约》和《保护生物多样化公约》，充分体现了中国政府对国际环发事业的高度重视与责任感。关于裁军与军控问题，我国提出公正、合理、全面、均衡的裁军原则，得到广泛赞赏。1992 年 3 月，我国正式加入《不扩散核武器条约》，这对推动该条约发挥有利于国际和平与稳定的作用，做出了独特的贡献。

中国共产党、中国政府根据一切大小国家一律平等、互不干涉内政的原则，根据一切国家都应有平等发展权利的原则，根据和平共处的五项基本原则，和一些发展中国家一起，提出了建立国际经济新秩序的主张，这一主张受到世界各国的广泛注意，特别引起了发展中国家的热烈响应。

总之，20 世纪 80 年代末 90 年代初，我国外交战线取得了丰硕的成果，"我们的朋友遍天下"，到 1992 年，我国已同 154 个国家建立了外交关系，同 200 多个国家和地区发展了经贸、科技、文化交流与合作。这充分说明，中国不以社会制度、意识形态、价值观念的异同作为决定国际关系亲疏的标准，而坚持在和平共处五项原则基础上发展国与国之间的友好关系，这是完全正确的。我国外交工作新局面的开创，为我国改革开放和社会主义现代化建设创造了和平的国际环境，为世界和平与发展的崇高事业做出了积极的贡献。

复习思考题

1. 试述真理标准问题讨论的意义。

---

① 即：第一，经济发展必须与环境保护相协调。第二，保护环境是全人类的共同任务，但是经济发达国家负有更大的责任。第三，加强国际合作要以尊重国家主权为基础。第四，保护环境和发展离不开世界的和平与稳定。第五，处理环境问题应当兼顾各国现实的实际利益和世界的长远利益。

2．为什么说中共十一届三中全会是建国以来党的历史上具有深远意义的伟大转折？

3．全面平反冤假错案和调整社会政治关系的意义是什么？

4．试述我国农村经济体制改革的进程及其取得的成就。

5．《关于经济体制改革的决定》在理论上的重大贡献是什么？

6．我国对外开放格局是如何形成的？

7．试述"一国两制"构想提出的过程及其重大意义。

8．谈谈中共十一届三中全会之后，我们对国际形势的判断有什么变化，对外政策有哪些调整。

9．试论社会主义初级阶段理论的提出对建设中国特色社会主义的意义。

10．试述社会主义初级阶段党的基本路线和我国经济建设的战略部署。

第五章　坚持改革开放　捍卫中国特色社会主义　创建社会主义市场经济新体制

(1992.1—2002.10)

第一节　改革开放和现代化建设新阶段的到来

一、邓小平南方谈话和中共中央政治局会议

20世纪80年代末90年代初，国内外形势发生了新的变化。邓小平选择在这个时候视察南方并发表重要谈话，有着深层的背景和原因。

首先，当时世界正处在大变动时期，中国面临着挑战与机遇、困难与希望并存的局面。东欧剧变和苏联解体，国际社会主义运动受到严重挫折而处在低潮。"冷战"结束，世界朝着多极化的方向发展。世界各种矛盾在深入发展，各种力量在重新分化组合，各种重大战略关系也在调整变化。新格局的形成将是长期、复杂的过程。社会主义制度和资本主义制度谁战胜谁的问题再一次摆在人们面前。中国如何抓住难得的机遇，扩大我国在国际社会的回旋余地，将社会主义大旗扛下去，充分发挥社会主义制度的优越性，这必须从战略的高度做出有力的回答。

其次，加快改革开放的步伐需要进一步冲破人们头脑中"左"的束缚。1989年政治风波之后，一些人联系苏联解体和东欧剧变的发生，对改革开放的深化产生了怀疑和困惑。围绕计划与市场的问题，党的十三大提出了"计划与市场内在统一体制"和"国家调节市场，市场引导企业"的新的经济运行体制的提法，一些人对此也提出质疑。他们认为，"市场取向的改革"的说法存在问题，搞市场经济就是搞资本主义。在"左"的积习束缚下，改革开放迈不开步子，中国发展的脚步迟缓下来。

党的十四大即将召开，如何解决国内各方面的困惑与疑问，成为当务之急。在这种关键时刻，1992年1月18日至2月21日，邓小平先后视察

了武昌、深圳、珠海、上海等地，并发表了重要讲话。在谈话中，邓小平精辟地分析了国际国内形势，科学地总结了十一届三中全会以来党的基本实践和基本经验，明确地回答了这些年来经常困扰人们思想的许多重大问题。谈话包括了 6 个方面的主要内容：

1. 深刻阐明了社会主义的本质，强调要坚持党的基本路线一百年不动摇。"什么是社会主义，怎样建设社会主义"是我国社会主义建设的根本理论问题。邓小平指出："社会主义的本质，是解放生产力，发展生产力，消灭剥削，消除两极分化，最终达到共同富裕。"生产力的解放与发展，离不开改革开放。他说："革命是解放生产力，改革也是解放生产力。""社会主义基本制度确立以后，还要从根本上改变束缚生产力发展的经济体制，建立起充满生机和活力的社会主义经济体制，促进生产力的发展，这是改革，所以改革也是解放生产力。"他从理论上说清了社会主义改革的本质，具有极为重要的指导意义。他强调"要坚持党的十一届三中全会以来的路线、方针、政策，关键是坚持'一个中心、两个基本点'。不坚持社会主义，不改革开放，不发展经济，不改善人民生活，只能是死路一条。基本路线要管一百年，动摇不得。""只有坚持这条路线，人民才会相信你，拥护你。""有了这一条，中国就大有希望。""谁要改变三中全会以来的路线、方针、政策，老百姓不答应，谁就会被打倒。"

2. 改革开放胆子要大一些，敢于试验，大胆地闯。改革开放是一项前无古人的伟大事业，没有现成的答案和现成的模式。因此，邓小平强调："改革开放胆子要大一些，敢于试验，不能像小脚女人一样。看准了的，就大胆地试，大胆地闯。"针对社会中姓"社"姓"资"的议论，邓小平指出："改革开放迈不开步子，不敢闯，说来说去就是怕资本主义的东西多了，走了资本主义道路。"要害是姓"资"还是姓"社"的问题。判断的标准，"应该主要看是否有利于发展社会主义社会的生产力，是否有利于增强社会主义国家的综合国力，是否有利于提高人民的生活水平。"特区姓"社"不姓"资"。"多搞点'三资'企业，不要怕。只要我们头脑清醒，就不怕。……更重要的是政权在我们手里。""三资"企业受到我国整个政治、经济条件的制约，是社会主义经济的有益补充，归根到底是有利于社会主义的。关于计划与市场的关系，邓小平指出，"计划多一点还是市场多一点，不是社会主义与资本主义的本质区别。""计划经济不等于社会主义，资本主义也有计划，市场经济不等于资本主义，社会主义也有市场。计划和市场都是经济手段。""社会主义要赢得与资本主义相比较的优势，就必须大胆吸收和借鉴人类社会创造的一切文明成果，吸收和借鉴当今世界各国包括资本主义发达国家的一切反映现代社会化生产规律的先进经营方式、管理方法。""现在，有右的东西影响我们，也有'左'的东西影响我们，但根深蒂固的还是'左'的东西。""中国要警惕右，但主要是防止'左'。"

3. 抓住时机，发展自己，关键是发展经济。邓小平提出抓住时机发展经济的重要性。他说："现在，周边一些国家和地区经济发展比我们快，如果我们不发展或发展得太慢，老百姓一比较就有问题了。所以，能发展就不要阻挡，有条件的地方要尽可能搞快点，只要是讲效益，讲质量，搞外向型经济，就没有什么可以担心的。低速度就等于停步，甚至等于后退。要抓住机会，现在就是好机会。""对于我们这样发展中的大国来说，经济要发展得快一点，不可能总是那么平平静静、稳稳当当。要注意经济稳定、协调地发展，但稳定和协调也是相对的，不是绝对的。发展才是硬道理。这个问题要搞清楚。如果分析不当，造成误解，就会变得谨小慎微，不敢解放思想，不敢放开手脚，结果是丧失时机，犹如逆水行舟，不进则退。""经济发展得快一点，必须依靠科技和教育。""科学技术是第一生产力。"

4. 要坚持两手抓，两手都要硬。邓小平指出："要坚持两手抓，一手抓改革开放，一手抓打击各种犯罪活动。这两只手都要硬。"对于腐朽、丑恶的东西，"要注意很好地抓，坚决取缔和打击，决不能任其发展。"我们不仅经济要上去，社会秩序、社会风气也要搞好，两个文明建设都要超过资本主义，这才是有中国特色的社会主义。

5. 正确的政治路线要靠正确的组织路线来保证。邓小平强调："中国的事情能不能办好，社会主义和改革开放能不能坚持，经济能不能快一点发展起来，国家能不能长治久安，从一定意义上说，关键在人。""所以，要把我们的军队教育好，把我们的专政机构教育好，把共产党员教育好，把人民和青年教育好。中国要出问题，还是出在共产党内部。对这个问题要清醒，要注意培养人，要按照'革命化、年轻化、知识化、专业化'的标准，选拔德才兼备的人进班子。"

6. 坚信马克思主义是科学，坚信社会主义经历一个长过程发展后必然代替资本主义。邓小平指出："我坚信，世界上赞成马克思主义的人会多起来的，因为马克思主义是科学。""社会主义经历一个长过程发展后必然代替资本主义。这是社会历史发展不可逆转的总趋势，但道路是曲折的。""某种暂时复辟也是难以完全避免的规律性现象。""从现在起到下世纪中叶，将是很要紧的时期，我们要埋头苦干。我们肩膀上的担子重，责任大啊！"①

　　邓小平南方谈话是在深刻分析当时国际国内形势的基础上，经过深思熟虑后发表的。谈话科学地总结了十一届三中全会以来社会主义建设和改革开放的基本实践和基本经验，从理论上明确回答了长期困扰和束缚人们思想的许多重大认识问题，是他十多年中关于建设有中国特色社会主义思想的高度概括和重要发展，对当时的改革和建设具有重要的现实指导意义。

　　邓小平南方谈话发表后，在党内外、国内外引起强烈反响。1992 年 2 月 28 日，中共中央将邓小平南方谈话在全党范围内下发和传达。3 月 9 日至 10 日，中共中央召开政治局会议，认真讨论了我国改革和发展的若干重大问题，号召全党全面深刻地学习、领会邓小平谈话的精神实质，必须坚定不移地执行党的"一个中心、两个基本点"的基本路线，抓住有利时机，加快改革开放步伐，集中精力把经济建设搞上去，沿着有中国特色社会主义道路继续前进。会议提出关键在于狠抓各项工作的落实，要特别注意抓住改革和建设中牵动全局的重大问题，深入调查研究，确定以后一个时期的战略思想和政策主张。

　　这次政治局会议之后，全国各地认真学习邓小平南方谈话精神，落实中央政治局会议的各项部署。5 月 16 日，中共中央制定了《关于加快改革，扩大开放，力争经济更好更快地上一个新台阶的意见》，作为"中央 4 号文件"下发。

　　6 月 9 日，江泽民在中央党校省部级干部进修班上作《深刻领会和全面落实邓小平同志的重要谈话精神，把经济建设和改革开放搞得更快更好》的重要讲话，提出"要尽快建立社会主义的新经济体制"的问题。对于中国经济体制改革的取向，在计划和市场的问题上，长期以来一直有不同意见，争论非常激烈，各不相让。不仅学术界、理论界认识很不一致，党内领导干部中的认识也不一致。邓小平一直认为计划与市场都是手段，而不是区别社会主义和资本主义本质的东西。早在 1979 年 11 月 26 日，他即指出："说市场经济只存在于资本主义社会，只有资本主义的市场经济，这肯定是不正确的。社会主义为什么不可以搞市场经济，这个不能说是资本主义。我们是计划经济为主，也结合市场经济，但这是社会主义的市场经济。""市场经济不能说只是资本主义的。市场经济，在封建社会时期就有了萌芽。社会主义也可以搞市场经济。"这是社会主义利用市场经济这种方法来发展

---

　　①　《邓小平文选》，第 3 卷，370～383 页。

社会生产力。"把这当作方法,不会影响整个社会主义,不会重新回到资本主义。"①1982年7月26日,邓小平同国家计委负责人谈话时指出:社会主义同资本主义比较,它的优越性就在于能做到全国一盘棋,集中力量,保证重点。缺点在于市场运用得不好,经济搞得不活。计划与市场的关系问题如何解决?解决得好,对经济的发展就很有利,解决不好,就会糟。②1985年10月23日,邓小平在会见美国高级企业家代表团时指出:"社会主义和市场经济之间不存在根本矛盾。问题是用什么方法才能更有力地发展社会生产力。我们过去一直搞计划经济,但多年的实践证明,在某种意义上说,只搞计划经济会束缚生产力的发展。把计划经济和市场经济结合起来,就更能解放生产力,加速经济发展。"③在准备党的十三大的过程中,1987年2月6日,邓小平同几位中央领导人进行了谈话,他不无针对性地指出:"为什么一谈市场就说是资本主义,只有计划才是社会主义呢?计划和市场都是方法嘛。只要对发展生产力有好处,就可以利用。它为社会主义服务,就是社会主义的;为资本主义服务,就是资本主义的。好像一谈计划就是社会主义,这也是不对的,日本就有一个企划厅嘛,美国也有计划嘛。我们以前是学苏联的,搞计划经济。后来又讲计划经济为主,现在不要讲这个了。"④根据邓小平这一谈话,中共十三大的报告没有再提计划经济为主。1988年治理整顿和1989年政治风波之后,理论界和学术界关于计划和市场的争论再起,姓"社"姓"资"搞得人心惶惶。1990年7月5日,中共中央政治局常委会邀集一些经济学家座谈经济形势和对策。座谈会一开始,就在改革应当"计划取向"还是"市场取向"这个问题上发生了激烈的争论。一些经济学家纷纷上书阐述自己的意见。江泽民非常注意倾听各方面的意见,也作了大量的调查研究。国家体改委也整理了一个题为《外国关于计划与市场问题的争论和实践以及对中国的计划与市场的关系的评论》的材料报送中央。1990年12月24日,邓小平在同江泽民、杨尚昆、李鹏谈话时指出:"我们必须从理论上搞懂,资本主义与社会主义的区分不在于是计划还是市场这样的问题。社会主义也有市场经济,资本主义也有计划控制。""不要以为搞点市场经济就是资本主义道路,没有那么回事。计划和市

---

① 《邓小平文选》,2版,第2卷,236页。
② 中共中央文献研究室编:《邓小平年谱(1975—1997)》,下卷,832页。
③ 《邓小平文选》,第3卷,148~149页。
④ 《邓小平文选》,第3卷,203页。

场都得要。不搞市场，连世界上的信息都不知道，是自甘落后。"①1991 年 1
月 28 日至 2 月 18 日，邓小平视察上海时又说："不要以为，一说计划经济
就是社会主义，一说市场经济就是资本主义，不是那么回事，两者都是手
段，市场也可以为社会主义服务。"②邓小平关于计划和市场关系问题的观点
和态度已经很清楚很明白了。但当时对经济体制改革取向的意见很不一致。
这个问题的争论已有 10 多年了，大家都在等待，看中央是什么态度。这件
事情不能老拖而不决。这件事情的决断主要是要在党内特别是领导干部中
做提高认识和统一思想的工作。这就是江泽民 6 月 9 日在中央党校讲话的
背景。

江泽民说："加快经济体制改革的根本任务，就是要尽快建立社会主义
的新经济体制。而建立新经济体制的一个关键问题，是要正确认识计划和
市场问题及其相互关系，就是要在国家宏观调控下，更加重视和发挥市场
在资源配置中的作用。"他在论述党的十一届三中全会以来，我们对计划和
市场问题及其相互关系的认识发展过程之后说：最近，经过学习邓小平同
志的重要谈话，在对计划和市场、建立新经济体制问题的认识上又有了一
些新的提法。大体上有这么几种：一是建立计划与市场相结合的社会主义
商品经济体制；二是建立社会主义有计划的市场经济体制；三是建立社会
主义的市场经济体制。他说：上述这几种提法，究竟哪一种更切合我国的
经济实际，更易于为大多数同志所接受，更有利于促进我国经济建设的发
展，还可以继续研究，眼下不必忙于做出定论。不过，我想在党的十四大
报告中，总得最后确定一种大多数同志都赞同的有关经济体制的比较科学
的提法，以利于进一步统一全党同志的认识和行动，以利于加快我国社会
主义的新经济体制的建立。我个人的看法，比较倾向于使用"社会主义市场
经济体制"这个提法。③

在邓小平南方谈话精神鼓舞下和中共中央"4 号文件"部署下，中国改革
开放和经济建设出现了新的态势。改革的步伐加快，力度加大，对外开放
的范围和领域进一步扩大，人们的思想也呈现空前活跃的局面。股票、房
地产、开发区等形成热潮，许多人涌向广东、海南、上海浦东等地，寻找
自己发展的机会。在机关工作的一些干部也丢掉"铁饭碗"，辞职"下海"，

---

① 《邓小平文选》，第 3 卷，364 页。

② 《邓小平文选》，第 3 卷，367 页。

③ 《江泽民文选》，第 1 卷，198～205 页。

试图在商场中大显身手。国民经济获得较快和全面的增长,为十四大的胜利召开奠定了良好的基础。

二、中共十四大　明确经济体制改革的目标是建立社会主义市场经济体制

1992 年 10 月 12 日至 18 日,中国共产党第十四次全国代表大会在北京召开。大会代表 1989 人,代表全国 5100 万党员。这次代表大会的任务是:以邓小平建设有中国特色社会主义的理论为指导,认真总结十一届三中全会以来 14 年的实践经验,确定今后一个时期的战略部署,动员全党同志和全国各族人民进一步解放思想,把握有利时机,加快改革开放和现代化建设步伐,夺取有中国特色社会主义事业的更大胜利。江泽民代表第十三届中央委员会向大会作题为《加快改革开放和现代化建设步伐,夺取有中国特色社会主义事业的更大胜利》的报告。报告分为 4 个部分,主要内容有:

1. 对中共十一届三中全会以来 14 年的实践做出了基本总结

报告指出:"十四年来,我们从事的事业,就是坚持党的基本路线,通过改革开放,解放和发展生产力,建设有中国特色的社会主义。就其引起社会变革的广度和深度来说,是开始了一场新的革命。"这 14 年是真正集中力量进行社会主义现代化建设的 14 年,是人民生活水平提高最快的 14 年,开创了历史的新局面,取得了举世瞩目的成就,党赢得了广大人民群众的拥护。能取得这样的胜利,"根本原因是在十四年的伟大实践中,坚持把马克思主义基本原理同中国具体实际相结合,逐步形成和发展了建设有中国特色社会主义的理论"。"十四年伟大实践的经验,集中到一点,就是要毫不动摇地坚持以建设有中国特色社会主义理论为指导的党的基本路线。这是我们事业能够经受风险考验,顺利达到目标的最可靠的保证。"

2. 对建设有中国特色社会主义理论作了系统的科学的概括

对建设有中国特色社会主义理论,十四大在原有几次概括的基础上,从 9 个方面作了新的概括,并在这一理论前冠以"邓小平同志"的名字,从而高度赞扬了邓小平对建设有中国特色社会主义理论的创立做出的历史性的重大贡献。

①在社会主义的发展道路问题上,强调走自己的路,不把书本当教条,不照搬外国模式,以马克思主义为指导,以实践作为检验真理的唯一标准,解放思想,实事求是,尊重群众的首创精神,建设有中国特色的社会主义。

②在社会主义的发展阶段问题上，做出了我国还处在社会主义初级阶段的科学论断，强调这是一个至少上百年的很长的历史阶段，制定一切方针政策都必须以这个基本国情为依据，不能脱离实际，超越阶段。

③在社会主义的根本任务问题上，指出社会主义的本质是解放生产力，发展生产力，消灭剥削，消除两极分化，最终达到共同富裕。强调现阶段我国社会的主要矛盾是人民日益增长的物质文化需要同落后的社会生产之间的矛盾，必须把发展生产力摆在首要位置，以经济建设为中心，推动社会全面进步。

④在社会主义的发展动力问题上，强调改革也是一场革命，也是解放生产力，是中国现代化的必由之路，僵化停滞是没有出路的。

⑤在社会主义建设的外部条件问题上，指出和平与发展是当代世界两大主题，必须坚持独立自主的和平外交政策，为我国现代化建设争取有利的国际环境，强调实行对外开放是改革和建设必不可少的。

⑥在社会主义建设的政治保证问题上，强调坚持社会主义道路、坚持人民民主专政、坚持中国共产党的领导、坚持马克思列宁主义毛泽东思想。

⑦在社会主义建设的战略步骤问题上，提出基本实现现代化分三步走。在现代化建设的长过程中要抓住时机，争取出现若干个发展速度比较快、效益又比较好的阶段，每隔几年上一个台阶。

⑧在社会主义的领导力量和依靠力量问题上，强调作为工人阶级先锋队的共产党是社会主义事业的领导核心。必须依靠广大工人、农民、知识分子，必须依靠各民族人民的团结，必须依靠全体社会主义劳动者、拥护社会主义的爱国者和拥护祖国统一的爱国者的最广泛的统一战线。

⑨在祖国统一的问题上，提出"一个国家、两种制度"的创造性构想。在一个中国的前提下，国家的主体坚持社会主义制度，香港、澳门、台湾保持原有的资本主义制度长期不变，按照这个原则来推进祖国和平统一大业的完成。

报告进一步指出，建设有中国特色社会主义的理论，是马克思列宁主义基本原理与当代中国实际和时代特征相结合的产物，是毛泽东思想的继承和发展，是全党全国人民集体智慧的结晶，是中国共产党和中国人民最可珍贵的精神财富。邓小平同志是我国社会主义改革开放和现代化建设的总设计师，对建设有中国特色社会主义理论的创立做出了历史性的重大贡献。这个理论，第一次比较系统地初步回答了中国这样的经济文化比较落后的国家如何建设社会主义、如何巩固和发展社会主义的一系列基本问题，用新的思想、观点,继承和发展了马克思主义。

大会经过讨论,把建设有中国特色的社会主义理论写入了党章的总纲中,作为我国改革开放和社会主义现代化建设的指导方针,从而确立了邓小平建设有中国特色社会主义理论在全党的指导地位。

3. 抓住机遇,加快发展,提出了20世纪90年代我国改革开放和建设的主要任务

报告指出:"我们要在90年代把有中国特色社会主义的伟大事业推向前进,最根本的是坚持党的基本路线,加快改革开放,集中精力把经济建设搞上去。"90年代我国经济的发展速度,原定为国民生产总值平均每年增长6%,现在从国际国内形势的发展情况来看,可以更快一些。根据初步测算,增长8%~9%是可能的,我们应该抓住机遇,加快发展,向这个目标前进。为了加快改革开放,推动经济发展和社会全面进步,报告提出必须在90年代实现关系全局的10个方面的主要任务:①围绕社会主义市场经济体制的建立,加快经济改革步伐。②进一步扩大对外开放,更多更好地利用国外资金、资源、技术和管理经验。③调整和优化产业结构,高度重视农业,加快发展基础工业、基础设施和第三产业。④加快科技进步,大力发展教育,充分发挥知识分子的作用。⑤充分发挥各地优势,加快地区经济发展,促进全国经济布局合理化。⑥积极推进政治体制改革,使社会主义民主和法制建设有一个较大的发展。⑦下决心进行行政管理体制和机构改革,切实做到转变职能、理顺关系、精兵简政、提高效率。⑧坚持两手抓,两手都要硬,把社会主义精神文明建设提高到新水平。⑨不断改善人民生活,严格控制人口增长,加强环境保护。⑩加强军队建设,增强国防实力,保障改革开放和经济建设顺利进行。

4. 明确提出了我国经济体制改革的目标是建立社会主义市场经济体制

报告指出,我国经济体制改革确定什么样的目标模式,是关系整个社会主义现代化建设全局的一个重大问题。实践的发展和认识的深化,要求我们明确提出,我国经济体制改革的目标是建立社会主义市场经济体制,以利于进一步解放和发展生产力。我们要建立的社会主义市场经济体制,就是要使市场在社会主义国家宏观调控下对资源配置起基础性作用,使经济活动遵循价值规律的要求,适应供求关系的变化;通过价格杠杆和竞争机制的功能,把资源配置到效益较好的环节中去,并给企业以压力和动力,实现优胜劣汰;运用市场对各种经济信号反应比较灵敏的优点,促进生产和需求的及时协调。同时也要看到,市场有其自身的弱点和消极方面,必

须加强和改善国家对经济的宏观调控。我们要大力发展全国的统一市场，进一步扩大市场的作用，并依据客观规律的要求，运用好经济政策、经济法规、计划指导和必要的行政管理，引导市场健康发展。社会主义市场经济体制是同社会主义基本制度结合在一起的。建立和完善社会主义市场经济体制，是一个长期发展的过程，是一项艰巨复杂的社会系统工程。① 大会确定建立社会主义市场经济体制为我国经济体制改革的目标模式，标志着我国的经济体制改革和经济的发展进入了一个新的历史阶段。

会议选举产生了新一届中央委员会，还通过了《中共中央关于〈中国共产党章程〉（修正案）的说明》，认为把建设有中国特色社会主义理论和党的基本路线写进党章，对于统一全党的思想和行动，夺取有中国特色社会主义事业的更大胜利，具有十分重要的意义。

1992年10月19日，中共十四届一中全会在北京举行。全会选举江泽民、李鹏、乔石、李瑞环、朱镕基、刘华清、胡锦涛为中央政治局常委；选举江泽民为中央委员会总书记；胡锦涛、丁关根、尉健行、温家宝、任建新为书记处书记。全会决定江泽民为中央军事委员会主席。

中共十四大是在我国改革开放和现代化建设的关键时期召开的，是中国共产党历史上继往开来、团结奋进的一次重要会议。这次大会的一项重大成果，就是确立了邓小平建设有中国特色社会主义理论在全党的指导地位，实现了马克思主义与中国实际相结合的又一次历史性飞跃。十四大明确提出建立社会主义市场经济体制的目标，这是建设有中国特色社会主义理论的重要组成部分，对于我国现代化建设事业具有重大而深远的意义。党的十四大是团结的大会，胜利的大会，它为我国改革开放的不断扩大，经济的持续发展，发挥了极其重要的作用。

以邓小平1992年初南方谈话和中共十四大为标志，我国改革开放和现代化建设事业进入了一个新的发展阶段。

三、八届全国人大一次会议

1993年3月，第八届全国人民代表大会第一次会议在北京举行。大会的主要内容是审议李鹏代表国务院作的《政府工作报告》，选举新的国家领

---

① 中共中央文献研究室编：《十四大以来重要文献选编》，上册，1～47页，北京，人民出版社，1996。

导人。《政府工作报告》分为 7 个部分。

1. 总结了七届全国人大一次会议以来的 5 年中所取得的伟大成就。报告指出，在这 5 年中，国民经济持续发展，社会主义精神文明建设和各项社会事业取得新进步，改革开放迈出重要步伐，人民收入和生活水平进一步提高，各方面都取得了举世瞩目的重大成就。

2. 提出了今后 5 年的基本任务。报告指出，今后 5 年是实现我国现代化建设第二步战略目标的关键性 5 年。经济建设方面的基本任务是：全面贯彻党的十四大精神，抓住机遇，加快改革开放和现代化建设步伐，依靠优化结构、技术进步和改善管理，提高经济效益，努力保持社会供求总量基本平衡，使国民经济再上一个新的台阶。根据新的形势，国务院对"八五"计划的国民经济和社会发展指标作了必要的调整，按调整后的"八五"计划，国民经济增长速度由原定平均每年 6% 调高到 8%～9%。

3. 提出了加快建立社会主义市场经济体制的改革步伐。报告指出，我国经济体制改革的目标，是建立社会主义市场经济体制。在 20 世纪末初步建立起新的经济体制，此后 5 年是关键时期。要力争在以下几个方面取得突破性的进展：加快转换国有企业经营机制；积极发展各类市场；抓紧进行价格改革；进一步改革劳动工资制度；大力推进社会保障和城镇住房制度改革；改善和加强宏观经济管理；进一步改革财政税收体制等。

报告还提出认真进行行政管理体制和政府机构改革；以经济建设为中心，促进社会全面进步；积极推进祖国的和平统一大业；努力开展外交工作。

八届全国人大一次会议审议通过了《政府工作报告》，讨论通过了《中华人民共和国宪法修正案》及相应的决议。宪法修正案共 9 条，修改或增加的主要内容有："我国正处于社会主义初级阶段。国家的根本任务是，根据建设有中国特色社会主义的理论，集中力量进行社会主义现代化建设。"逐步实现四个现代化，"把我国建设成为富强、民主、文明的社会主义国家。""国有经济是国民经济中的主导力量。""农村中的家庭联产承包为主的责任制是社会主义劳动群众集体所有制经济。""国家实行社会主义市场经济。"大会选举江泽民为国家主席和国家军委主席，荣毅仁为国家副主席，乔石为人大常委会委员长，田纪云等 19 人为副委员长，李鹏为国务院总理。八届全国人大一次会议明确地把争取国民经济再上一个新台阶作为将来 5 年经济建设方面的基本目标和任务，这对于加快改革开放和现代化建设步伐，尤其是为建立社会主义市场经济体制，有着重要的积极意义。

与此同时，全国政协八届一次会议也在北京召开。会议选举李瑞环为政协第八届全国委员会主席，叶选平等 25 人为副主席。

四、中共十四届三中全会　构建社会主义市场经济体制的基本框架

为了贯彻落实中共十四大提出的经济体制改革的任务，加快改革开放和社会主义现代化建设步伐，1993 年 11 月，中国共产党第十四届中央委员会第三次全体会议在北京举行。全会审议并通过了《中共中央关于建立社会主义市场经济体制若干问题的决定》。《决定》共 50 条，分为 10 个部分：①我国经济体制改革面临的新形势和新任务。②转换国有企业经营机制，建立现代企业制度。③培育和发展市场体系。④转变政府职能，建立健全宏观经济调控体系。⑤建立合理的个人收入分配和社会保障制度。⑥深化农村经济体制改革。⑦深化对外经济体制改革，进一步扩大对外开放。⑧进一步改革科技体制和教育体制。⑨加强法律制度建设。⑩加强和改善党的领导，为 20 世纪末初步建立社会主义市场经济体制而奋斗。

《决定》指出，社会主义市场经济体制是同社会主义基本制度结合在一起的。建立社会主义市场经济体制，就是要使市场在国家宏观调控下对资源配置起基础性作用。为实现这个目标，要抓住以下主要环节：①必须坚持以公有制为主体、多种经济成分共同发展的方针，进一步转换国有企业经营机制，建立适应市场经济要求，产权清晰、权责明确、政企分开、管理科学的现代企业制度。②建立全国统一开放的市场体系，实现城乡市场紧密结合，国内市场与国际市场相互衔接，促进资源的优化配置。③转变政府管理经济的职能，建立以间接手段为主的完善的宏观调控体系，保证国民经济的健康运行。④建立以按劳分配为主体，效率优先、兼顾公平的收入分配制度，鼓励一部分地区一部分人先富起来，走共同富裕的道路。⑤建立多层次的社会保障制度，为城乡居民提供同我国国情相适应的社会保障，促进经济发展和社会稳定。《决定》指出，这些主要环节是相互联系又相互制约的有机整体，构成社会主义市场经济体制的基本框架。我们还必须围绕这些主要环节，建立相应的法律体系。同时正确处理加强宏观调控和发挥市场作用的关系。建立社会主义市场经济体制，必须从充分发挥市场机制作用和加强宏观调控这两方面共同努力。

《决定》强调，建立社会主义市场经济体制是一项开创性的伟大事业。必须从总体上处理好改革、发展和稳定的关系，处理好各方面的利益关系，

调动一切积极因素，为国民经济健康发展创造有利条件。要紧紧抓住建立现代企业制度、市场体系和金融、财税、计划、投资、外贸等重点领域的改革，制订具体方案，采取实际步骤，取得新的突破。

中共十四届三中全会是在我国经济体制改革进入攻坚阶段召开的一次具有历史意义的重要会议。会议通过的《中共中央关于建立社会主义市场经济体制若干问题的决定》把党的十四大提出的建立社会主义市场经济体制的目标和原则具体化、系统化，勾画了社会主义市场经济体制的基本框架，阐明了社会主义市场经济的基本特征，设计了继续深化改革的总体蓝图，在理论和实践上有许多重大突破和发展，由此成为下一步进行经济体制改革的行动纲领。

第二节 改革开放步伐加快和各项事业的全面展开

一、宏观调控的决策与经济"软着陆"的实现

邓小平南方谈话的发表和中共十四大的召开，极大地鼓舞了广大干部和群众建设有中国特色社会主义的热情，改革开放的步伐加大，经济建设出现了蓬勃发展的势头。1992年伊始，我国国民经济呈现出生产全面增长、投资猛烈扩张、销售逐月趋旺、外贸保持景气、物价有所爬升的局面。但是，由于原本高度集中的计划体制的弊端还没有消除，社会主义市场经济体制尚未形成，以往那种盲目扩张投资、竞相攀比速度等问题重新出现，经济生活显露出过热苗头。到1993年上半年，新的问题和矛盾更加突出。主要表现为：

1. 投资需求膨胀。1992年上半年全社会固定资产投资增长率达25.2%，1993年上半年国有单位投资实际增长30%以上。这些投资有相当部分投向了房地产和开发区。

2. 货币过量投放，金融秩序混乱。1992年至1993年的两年中，现金投放远远超过计划投放量，不仅增大了全年货币供应的压力，而且给稳定市场物价带来了困难。

3. 物价大幅度上涨。投资膨胀与货币投放加大了物价上涨的拉力，从1991年第四季度开始，零售物价指数逐月爬升。1993年6月达到13.9%，35个大中城市居民消费价格总水平比上年同期上涨21.6%。通货膨胀已成

为当时经济生活中最突出的矛盾，也是广大群众反映最强烈的热点问题。

4. 瓶颈制约矛盾突出。由于工业增长速度越来越快，基础设施和基础工业的"瓶颈"制约进一步强化。1992 年以来，一度缓和的交通运输再度全面紧张，已没有旺淡季之差别。能源供应也逐月趋紧，电力、油品供需缺口越来越大，不少地方出现被迫停工现象。

5. 出口增长乏力，进口增长过快，国家外汇储备下降。1993 年上半年进口总额达 407 亿美元，比上年同期增长 23.3%，而出口总额只有 372 亿美元，同比仅增长 4.4%。国家外汇储备急剧下降，从 1993 年开始，外汇储备比上年减少 25%。

上述情况表明，1992 年下半年至 1993 年上半年国民经济的高增长，是依靠高投资拉动、高货币投放、高物价、高进口来支撑的。如果不抓紧实施宏观调控，势必会引起大的经济波动，影响社会稳定。在这种复杂而紧迫的经济形势面前，中共中央、国务院及时发现问题，果断地做出了加强宏观调控的决策。

1992 年 12 月，国务院在北京召开全国计划会议。1993 年 4 月 1 日，中央召开经济情况通报会。两次会议都重点强调，要防止经济过热。5 月和 6 月，在先后召开的华东六省一市和西北五省经济工作座谈会上，江泽民强调指出：当前我国经济发展中发生的问题，从根本上讲，是经济体制转换过程中发生的问题。解决这些问题，应主要运用经济手段、法律手段，辅之以必要的行政手段，加强宏观调控力度，对经济运行进行有效的驾驭，使经济生活中的矛盾得以缓解，努力保持和发展经济运行的好形势。

根据中共中央的部署，1992 年 10 月至 1993 年 5 月，国务院陆续制定和实施了一系列加强宏观经济调控的政策措施，其中包括：《关于进一步加强证券市场宏观管理的通知》、《关于坚决制止乱集资和加强证券发行管理的通知》、《关于严格审批和认真清理各类开发区的通知》等等。1993 年 6 月，中共中央、国务院以"中央六号文件"的形式联合发出《关于当前经济情况和加强宏观调控的意见》（以下简称《意见》），以整顿金融秩序为重点，提出了 16 条措施：严格控制货币发行，稳定金融形势；坚决纠正违章拆借资金；灵活运用利率杠杆，大力增加储蓄存款；坚决制止各种乱集资；严格控制信贷总规模；专业银行要保证对储蓄存款的支付；加快金融改革步伐，强化中央银行的金融宏观调控能力；投资体制改革要与金融体制改革相结合；限期完成国库券发行任务；进一步完善有价证券发行和规范市场管理；改进外汇管理办法，稳定外汇市场价格；加强房地产市场的宏观管理，促进房地产业的健康发展；强化税收征管，堵住减免税漏洞；对在建项目进行审核排队，严格控制新开工项目；积极稳妥地推进物价改革，抑制物价总水平过快上涨；严格控制社会集团购买力的过快增长。同时，《意见》要求：各地区、各部门都要从大局出发，加强组织纪律性，做到令行禁止，坚决维护中央对全国宏观经济调控的统一性、权威性和有效性。自接到文件之日起，必须立即组织调查组，深入各地进行督促检查。

《意见》是中共中央、国务院加强和改善宏观调控的纲领性文件。它的出台，标志着宏观调控措施开始全面启动，进入实质性阶段，宏观调控的方针得到全面实施。

金融是国民经济的命脉，在宏观调控中发挥着重要的促进作用。1993年下半年，国家把工作重点放在了整顿金融秩序方面。为加强对宏观调控的领导，1993 年 7 月，全国人大常委会任命副总理朱镕基兼任中国人民银行行长。为贯彻落实 16 条措施，7 月初国务院召开了全国金融工作会议。朱镕基在会上作了总结讲话。他特别强调：强化宏观调控，不是实行全面紧缩，而是进行结构调整，把不该搞地停下来，集中资金保证重点。由于全党全国思想统一，调控措施得力，整顿工作在当年便初见成效，基本扭转了经济工作中突出矛盾进一步恶化的趋势。

抑制通货膨胀和控制物价上涨，是经济生活中的重点和难点，因而也成了中共中央、国务院在宏观调控中的重要举措。经过一段时期的整顿，通货膨胀仍然居高不下。1994 年零售物价比上年增长 21.7％，远远超过年初确定的 10％的调控目标，成为改革开放以来通货膨胀最高的年份。党中央、国务院对此高度重视，宏观调控力度进一步加大。从 1995 年起，党中央、国务院将抑制通货膨胀作为宏观调控的首要任务，所采取的基本措施主要包括：实行适度从紧的财政货币政策；继续控制固定资产投资规模；加强对消费基金的宏观管理，控制消费基金的过快增长；发挥国有商业和供销社稳定市场、平抑物价的主渠道作用；建立健全中央、地方两级重要商品储备制度和价格风险基金；实行"米袋子"省长负责制、"菜篮子"市长负责制和物价抑制目标责任制，实施建立城市副食品供应基地为主要内容的"菜篮子"工程；利用进口调剂国内市场；健全市场法规，规范市场价格行为。

经过 3 年多的努力，至 1996 年底，以抑制通货膨胀为主要任务的宏观调控取得了突出成效。国民经济平稳回落到适度区间，通货膨胀得到有效抑制，社会需求增长基本适度，市场机制的作用进一步增强，居民收入不断增加。国民经济已进入良性运行状态，成功实现了"软着陆"。世界各国抑制通货膨胀一般都要付出经济增长率大幅下降的代价，我国以往几次治理通货膨胀也都是如此，但这次宏观调控的实施则做到了治理整顿与经济增长的双赢。1993 年到 1996 年，物价涨幅从 14.8％降到 6.1％，通货膨胀率降到 9％以下。与此同时，国民经济依然保持较高速度的增长。国内生产总值维持在年均增长 11.6％的速度，年度波动幅度只有 1～2 个百分点，避免了经济发展的大起大落，实现了从发展过快到"高增长、低膨胀"的"软着陆"。中国经济在 1996 年表现出的非凡成绩，引起了世界舆论的关注和高度评价。宏观调控和国民经济"软着陆"的成功充分表明，党中央、国务院驾驭宏观经济全局、处理复杂问题的能力正在不断增强。它为我国在社会主义市场经济条件下进行宏观调控积累了宝贵的经验，为经济的跨世纪发展奠定了良好的基础。

二、可持续发展战略的制定与实施 "二十字"治国方针的提出和贯彻

20 世纪 80 年代初以来，经济迅速发展之后带来的环境、人口和发展问题越来越引起世界各国的关注。1980 年 3 月，联合国向全世界发出"必须研究自然的、社会的、生态的、经济的以及利用自然资源过程中的基本关系，确保全球的可持续发展"的呼吁。1987 年，世界环境与发展委员会向联合国提出了题为《我们共同的未来》的报告。报告指出我们应该致力于走资源环境保护与经济社会发展兼顾的可持续发展之路，并将可持续发展定义为："既能满足当代人的需要，又不要对后代人满足其自身需要的能力构成危害的发展。"1992 年 6 月，联合国环境与发展大会在巴西的里约热内卢召开，183 个国家和地区的代表出席了大会。会议通过了《里约环境与发展宣言》、《21 世纪议程》等文件，第一次把可持续发展由理论和概念推向行动。这是一次把可持续发展确立为人类社会发展新战略的具有历史意义的大会。李鹏代表中国政府在大会上庄严承诺：中国作为最大的发展中国家，将保证经济与环境协调发展，把大会通过的《21 世纪议程》付诸实施。

1992 年 7 月，中国政府成立了由国家计委和国家科委牵头、国务院有关部门参加的中国 21 世纪议程领导小组及其办公室，负责制定并组织实施《中国 21 世纪议程》文本和相应的优先项目计划编制工作。1994 年 3 月，《中国 21 世纪议程——中国人口、环境与发展白皮书》编制完成。这是我国

实行可持续发展战略的指导性文件。它从我国具体国情出发，提出了人口、经济、社会、资源和环境相互协调的对策和行动方案，构筑了一个综合性的、长期的、渐进的可持续发展战略框架。

1994 年以来，各地方和部门将《中国 21 世纪议程》作为指导性文件，积极有效地付诸实施。到 1996 年底，在各方共同努力下，中国可持续发展的各个领域都取得了突出的成就，特别是在经济、社会全面发展和人民生活水平不断提高的同时，人口过快增长的势头得到了控制，自然资源保护和生态系统管理得到加强，生态建设步伐加快，部分城市和地区环境质量有所改善。但是，也必须看到，我国的生态环境问题还很突出，环境质量还在继续恶化。坚持走可持续发展的道路，仍是我们面临的一项十分艰巨的任务。

建立社会主义市场经济体制，是中共十四大提出的重大任务。这是一场全新的深刻革命，是一个艰难的历史过程。在新旧体制转换过程中，各种社会矛盾错综复杂，治理国家的难度骤然加大。在这些纷繁复杂的社会问题中，主要是改革、发展、稳定这 3 个基本问题。正确地把握和处理好这 3 个问题及其内在联系，是我们制定一切方针政策的基础。在这个问题上，中共中央始终保持清醒的认识，反复强调一定要妥善处理好改革、发展、稳定的关系，努力维护和发展社会全面进步的大局。在这种形势下，中共中央提出了"抓住机遇、深化改革、扩大开放、促进发展、保持稳定"的"二十字"治国方针。

在确定 1994 年工作要点时，中共中央政治局常委会首次提出"'抓住机遇、深化改革、扩大开放、促进发展、保持稳定'，是今年全党工作的大局"。按照这个精神，在 1994 年的一年中，经济体制改革迈出了决定性的步伐，国民经济宏观调控措施逐步到位，国民经济继续快速增长，各项社会事业全面发展，政治上安定团结。总结这一年的工作，中共中央进一步认为，"抓住机遇、深化改革、扩大开放、促进发展、保持稳定"这二十字，反映了建设有中国特色社会主义的客观要求，不仅是当前而且是今后一个时期全国工作的大局和必须遵循的指导方针。

"二十字"治国方针提出后，江泽民等领导人在很多场合阐发这个方针，促使人们更进一步认识和处理好改革、发展、稳定的关系。1994 年 5 月 12 日，江泽民在会见外宾时说："稳定是前提，改革是动力，发展是目的，三者相互促进，保证我国长治久安，这已成为全体中国人民的共识。中国的稳定不仅是中国发展的需要，而且有利于亚洲乃至全世界的稳定和繁荣，因为中国作为一个拥有近十二亿人口的大国，其稳定与否，影响将是世界性的。"6月30日，在优秀县(市)委书记表彰会上，他指出："抓住机遇、深化改革、扩大开放、促进发展、保持稳定，是全党全国工作的大局，是十二亿人民的根本利益所在。各个地方、各个部门都服从和服务于这个大局，在这个大局下做好各自的工作，我们党的事业就会越来越兴旺。"①

1995年9月28日，江泽民在中共十四届五中全会上发表题为《正确处理社会主义现代化建设中的若干重大关系》的讲话，强调"在推进社会主义现代化建设的过程中，必须处理好各种关系，特别是若干带有全局性的重大关系"。他阐述了十二个关系②，并强调在这十二个关系中，第一位的也是最重要的就是改革、发展、稳定的关系。江泽民指出："实现今后十五年的奋斗目标和战略任务，必须牢牢把握抓住机遇、深化改革、扩大开放、促进发展、保持稳定的大局，正确处理好改革、发展、稳定三者的关系。实践表明，三者关系处理得当，就能总揽全局，保证经济和社会的顺利发展；处理不当，就会吃苦头，付出代价。"③

"二十字"治国方针的提出和阐释，是对中共十一届三中全会以来改革开放实践经验的科学概括，是对建设有中国特色社会主义理论的新发展，它将成为我国长期坚持的一个基本治国方针。

为了贯彻"二十字"治国方针，中共中央和国务院在加快改革开放步伐，构建社会主义市场经济体制，实现国民经济宏观调控，以及出台各项改革措施的过程中，注意把改革和发展的紧迫感与科学求实的精神相结合，充分考虑经济、社会各个方面的有利条件和可能出现的困难。针对一个时期人民群众极为关注的物价上涨幅度过大、社会治安不好等问题，中央和各级地方领导部门认真研究对策，采取切实有效的措施，通过积极稳妥地推进物价改革以及开展社会治安综合治理，达到使人民群众基本满意，保证社会的稳定。正是因为认真处理改革、发展、稳定的关系问题，所以中共

① 江泽民：《论党的建设》，180页，北京，中央文献出版社，2001。
② 十二个关系：一，改革、发展、稳定的关系；二，速度和效益的关系；三，经济建设和人口、资源、环境的关系；四，第一、第二、第三产业的关系；五，东部地区和中西部地区的关系；六，市场机制和宏观调控的关系；七，公有制经济和其他经济成分的关系；八，收入分配中国家、企业和个人的关系；九，扩大对外开放和坚持自力更生的关系；十，中央和地方的关系；十一，国防建设和经济建设的关系；十二，物质文明建设和精神文明建设的关系。
③ 《江泽民文选》，第1卷，460～461页。

十四大以后，尽管有一些社会不安定的因素，但中国的政治经济局势并未发生大的波动，整个社会始终保持着在稳定中发展的良好势头。

三、国有企业建立现代企业制度的改革

新中国成立以后，我国开始实行计划经济体制。中国国有企业从一开始就处于高度集中统一的计划经济体制之下，在管理体制、企业制度和布局结构上具有全部传统计划经济体制的特征。这种体制在一定时期内曾为国家的工业化做出了重要的历史性贡献，但它在发展壮大过程中也暴露出了种种弊端：政企不分、权责利分离、缺乏活力等。改革开放以来，中共中央、国务院对国有企业进行过多次改革。1979 年至 1987 年为第一阶段，改革的核心内容是放权让利，扩大国有企业自主权，实行利润留成，以调动企业积极性。1987 年至 1992 年为第二阶段，核心内容是实行国有企业承包制。

从 1992 年起，国有企业改革进入第三阶段，即转换经营机制和建立现代企业制度阶段。1992 年，以邓小平南方谈话和中共十四大为标志，中国改革的目标明确为建立社会主义市场经济体制。与之相适应，国有企业的改革也转为以建立适应市场经济要求的现代企业制度为基本目标。1993 年 11 月，中共十四届三中全会通过《关于建立社会主义市场经济若干问题的决定》，提出我国国有企业改革的目标是建立现代企业制度，并把现代企业制度概括为是适应市场经济和社会化大生产要求的、产权清晰、权责明确、政企分开、管理科学的企业制度，要求通过建立现代企业制度，使企业成为自主经营、自负盈亏、自我发展、自我约束的法人实体和市场竞争主体。

与传统企业制度的业主制和合伙制两种形式不同，现代企业制度指的是公司制。公司具有独立的法人财产，公司以其全部法人财产自主经营，并对股东承担资产保值增值责任。股东投资入股后，按其出资额享有资产受益权、参与决策权等权利，在公司经营不善或破产时，以其出资额对公司债务负有有限责任。在社会主义中国，建立现代企业制度是一项前无古人的事业，没有现成的模式和经验可供参考与借鉴，只有通过积极探索，大胆实践，在摸索中闯出一条新路。

为了大力推进国有企业的现代企业制度改革，1994 年国家经贸委组织实施了"万千百十、转机建制"规划。所谓"万"，即在 1 万户国有大中型企业中，不折不扣地落实 1992 年 7 月通过的《全民所有制工业企业转换经营机制

条例》所赋予的 14 项经营自主权，为企业转机建制、进入市场打好基础；所谓"千"，即国家将通过委派监事会的形式，分期分批地对 1000 户关系国计民生的重点骨干企业的国有资产实行监管；所谓"百"，即选择 100 户不同类的国有大中型企业，结合贯彻《条例》，进行建立现代企业制度的试点；所谓"十"，即在 10 个城市或地区进行减轻企业不合理负担和提高企业自有流动资金比重试点，进行配套改革。从 1995 年初开始，国有企业的各项改革试点工作开始紧锣密鼓地进行。至 1996 年底，国家经贸委、体改委所进行的 100 户企业的试点工作已卓有成效。各地所选择的试点企业也取得了很大的进展，而非试点企业的公司化改造也在逐步展开。到 1997 年底，国有企业改造成股份公司的已达上万家。

国有企业的改制工作并未局限于统一的模式，而是因地制宜，采取不同方式。1995 年 9 月，中共十四届五中全会提出了"抓大放小"的国有企业改革新战略，要求对国有经济结构进行战略性重组。一方面，要集中力量抓好一批国有大型企业和企业集团，使其在稳定经济、参与国际国内市场竞争和贯彻国家产业政策等方面发挥骨干作用；另一方面，要放开放活量大面广的国有小企业，使之寻找更为适合自身特点的组织形式、经营方式和发展模式。在这一方针指引下，各地小企业的改革主要从产权改革入手，形式灵活多样。到 1997 年底，许多省市有 50％ 以上的小企业通过不同形式进行了改制、改组，股份合作制成为其重要形式。① 截至 1996 年，全国股份合作制企业已达 200 多万户。

国有企业实施现代企业制度试点的工作在取得成效的同时，也存在一些明显的问题。有些属于改制后的新问题，如企业改成公司制后，国有独资公司数量过多，国有股权比例偏大，法人治理结构不规范。有些则属于原先就有且进一步恶化的老问题，如在运行机制方面，存在一些固有的机制性缺陷。首先是负盈不负亏机制。国有企业有着投资的软约束，亏了由国家财政负责，赚了经营者和职工涨工资。其次是经营官员的机制。作为独资企业或国有控股企业，国有企业的任命权掌握在政府手中，致使国企

---

① 股份合作制是运用股份制原理组织的合作经济，是社会主义市场经济条件下集体经济的一种新的组织形式。在股份合作制企业中，劳动合作和资本合作有机结合，以劳动合作为基础，职工共同劳动，共同占有和使用生产资料，利益共享，风险共担，实行民主管理，企业决策体现多数职工的意愿；资本合作采取了股份的形式，是职工共同为劳动合作提供的条件，职工既是劳动者，又是企业的出资人。

一些经理将大部分精力投入经营官员，而对经营企业则心不在焉。再次是搭便车机制。国企与职工的"大锅饭"现象依然严重，企业效率不高，隐性失业十分严重。此外还有浪费机制。由于经营过程中过多非市场因素的影响，国有企业中非生产性开支过大，投资决策失误过多，管理费用也居高不下。种种现象表明，在建立现代企业制度试点工作中，不少公司化改制有名无实，尚未落到实处，能否建立起有效的公司治理结构成了公司化改制的核心问题。同时，也可由此看出，国有企业的问题仍然相当严重，国有企业的改革依然任重而道远。国有企业的改革，不但需要着重解决长期以来积累的深层次矛盾与问题，还需要其他方面的改革相配套。

1997 年 9 月，中共十五大对深化国有企业改革进行了部署。大会提出，要用 3 年左右的时间，通过改革、改组、改造和加强管理(即"三改一加强")，使大多数国有大中型企业摆脱困境，力争到 20 世纪末，使大多数国有大中型骨干企业初步建立起现代企业制度。深化改革的主要内容包括：一是积极推进国有企业的战略性改组，抓好大的，放活小的；二是进一步实施鼓励兼并、规范破产、下岗分流、减员增效和职工再就业工程，真正形成企业优胜劣汰和劳动力合理流动机制；三是坚持"三改一加强"的方针，形成有效的激励约束机制和新产品、新技术开发机制，强化企业的竞争和风险意识；四是建设好企业领导班子，发挥党组织的政治核心作用，坚持全心全意依靠工人阶级的方针；五是积极推进各项配套改革。

四、金融、财政、税收和社会保障制度的改革

改革是一项巨大的工程，各个环节相互关联，缺一不可。1993 年 11 月召开的中共十四届三中全会指出，要建立社会主义市场体系，必须相应做好几个方面的工作，其中就包括了金融、财政、税收和社会保障制度等方面的改革。

金融是现代经济的中心，在我国国民经济中的地位和作用日益显著。新中国成立之初，我国实行高度集中的计划经济体制，对银行体制实施了高度计划化和单一的国有化，形成了"大一统"的人民银行体系，并一直持续到 1978 年。随着改革开放，中国银行、中国农业银行、中国人民建设银行相继分别成立，保险、信托等金融机构与业务也逐渐增多，从而形成了多种金融机构并存的混合型金融机构体系。1983 年 9 月国务院决定，由中国人民银行专门行使中央银行职能，领导和管理全国的金融事业；增设中国

工商银行，承担原来由中国人民银行经营的工商企业存贷款和城镇储蓄存款业务。这一改革措施，使我国建立起了中央银行制度下的金融机构体系。

为了贯彻中共十四届三中全会的精神，1993 年 12 月，国务院作出了《关于金融体制改革的决定》。《决定》提出，我国现阶段金融体制改革的目标是：建立在国务院领导下，独立执行货币政策的中央银行宏观调控体系；建立政策性金融与商业性金融分离，以国有商业银行为主体、多种金融机构并存的金融组织体系；建立统一开放、有序竞争、严格管理的金融市场体系。并且指出，要把中国人民银行办成真正的中央银行，把各专业银行办成真正的商业银行。① 根据这一决定，1994 年之后，金融体制改革进入了深化阶段，在以下几个方面实施了大力度的改革举措：

1. 中央银行职能的重新定位和货币政策的调整。中央银行制度的建立主要是将其商业银行的业务和职能分离出来，使中国人民银行成为真正意义上的中央银行，能有效运用货币政策对宏观经济进行调控。

2. 建立政策性银行，发展和完善商业银行。1994 年，为了实现政策性金融和商业性金融分离，相继组建了 3 家政策性银行，即国家发展银行、中国进出口银行和中国农业发展银行。政策性业务分离出去之后，国家专业银行（即中国工商银行、中国农业银行、中国银行和中国建设银行）开始向商业银行转轨。新建一些股份制商业银行，国有专业银行与所属信托投资公司彻底脱钩。

3. 进一步发展和完善金融市场，加强对短期与长期资金市场的规范与管理。制止"乱拆借"，打击同业拆借市场。严格管理债券、股票市场，使其纳入规范化、科学化的轨道。加强对保险公司、信托投资公司、证券公司、金融租赁公司、企业集团财务公司等非银行金融机构的管理，使其走上健康发展道路。

4. 统一汇率，改革外汇管理体制。在改革开放最初的 10 多年，全国各地建立了一批外汇调剂中心，并形成浮动汇率，同时还有官方外汇汇率。1994 年 1 月 1 日，国家采取统一外汇汇率，实行银行结汇、售汇制，建立全国性银行间外汇交易市场，迈出了人民币国际化的关键一步。中国外汇交易中心也于 4 月正式开业。

金融体制改革取得了显著成效，形成了我国新金融体制的基本框架。我国现行的中央银行制度下的金融体系，成了以中国人民银行为核心、国

---

① 中共中央文献研究室编：《十四大以来重要文献选编》，上册，593 页。

有商业银行为主体,包括其他商业银行和政策性银行以及非银行金融机制并存、协作的金融机构体系。

在建立社会主义市场经济过程中,财政税收发挥着重要作用。从新中国成立到 1978 年,我国执行的是一种以保障财力供给为目标,以统收统支为基本手段的财政政策。1980 年,财政税收进行了相应改革,实行"划分税种,分级包干"的体制形式。1988 年至 1993 年,对各地区实行多种形式财政包干制。随着社会主义市场经济的建立,财政包干制越来越不能适应改革和发展的需要,解决财政困境成为体制转轨、经济稳定发展的关键。

鉴于这种情况,在借鉴国外的经验和我国从 1992 年起在浙江、辽宁等 9 个省市实行分税制试点经验的基础上,国务院决定改革现行地方财政包干体制,从 1994 年起在全国实行以分税制为基础的分级财政体制。分税制改革的原则和主要内容是,按照中央与地方政府的事权划分,合理确定各级财政的支出范围;根据事权与财权相结合原则,将税种统一划分为中央税、地方税、中央和地方共享税,并建立中央税收和地方税收体系,分设中央与地方两套税务机构分别征管;科学核定地方收支数额,逐步实行比较规范的中央财政对地方税收返还和转移支付制度;建立和健全分级预算制度,硬化各级预算约束。这项改革对于合理规范中央和地方以及企业的分配制度,健全国家财政职能,确保中央财政在全国财政收入中占较大比重,增强中央政府的宏观调控能力,有着重要的作用。

为了推进分税制财政管理体制的实施,进行了相应的配套改革。首先,建立以增值税为主体的流转税制度。在商品的生产流通环节普遍征收增值税,对少数高消费商品增收消费税,取消原产品税和原对"三资"企业征收的工商统一税。其次,建立统一所得税制度。一是统一内资企业所得税,改变原来按企业所有制性质征收不同所得税的做法,统一实行 33% 的所得税税率,同时取消国有企业调节税。二是统一外资企业所得税,由原来分别征收中外合资企业所得税和外国企业所得税,改为统一征收外资投资企业和外国企业所得税。三是统一个人所得税,由原来对本国公民和外国公民分别征收个人收入调节税和个人所得税,改为统一征收个人所得税,并扩大免税额,降低税率,减轻个人税负。

通过这次税制改革,基本上摆脱了旧体制的束缚,适应了社会主义市场经济发展的要求,运行情况基本正常。

社会保障是国家通过立法的形式,对公民因年老、疾病、伤残、孤寡、失业、死亡及灾害造成生活困难时,为其基本生活安全提供保护的一种制度。保障内容十分丰富，主要包括社会保险、社会福利和社会救济 3 个方面，这当中又以社会保险为核心内容。新中国成立后，国家致力于为职工建立一个老有所养、病有所医、安居乐业的社会保障制度，充分体现了社会主义制度的优越性，得到了广大劳动人民的真心拥护。但是，随着改革开放和社会环境的变化，传统的社会保障体制越来越不能适应新的形势和变化。1993 年，中共十四届三中全会提出了社会保障体制改革的基本思路：一是建立多层次的社会保障体系。社会保障体系包括社会保险、社会救济、社会福利、优抚安置、社会互助、个人储蓄积累保障和作为补充的商业性保险。二是提出了改革的重点和方向。改革的重点是医疗、养老、失业三大社会保险。城镇职工医疗和养老保险改革的方向是保险金由单位和个人共同负担，实行社会统筹和个人账户相结合。失业保险制度改革的方向是保险费由企业按职工工资总额一定比例统一筹交。

　　从 1994 年开始，社会保障制度开始了以医疗、养老、失业三大社会保险为重点的改革。医疗制度改革的重点，是改革公费、劳保医疗制度，建立市县一级的个人医疗账户与大病社会保险基金相结合的医疗保险制度。将由企业和财政共同负担的劳保医疗和公费医疗分为两块，其中一部分用于建立大病社会保险统筹基金，集中调剂使用，用于职工大病医疗开支；另一部分用于建立个人医疗账户。职工个人再定期由工资中缴纳适当部分，充实个人医疗账户用于一般医疗开支。城镇职工养老保险制度改革的基本思路，是从现收现支制转变为预筹积累制。养老保险由基本养老保险、企业补充养老保险、社会互助保险、个人储蓄性养老保险等多层次相结合的制度组成，建立个人养老保险账户。养老保险费用按职工工资的一定比例由用人单位和个人同时缴纳，汇入个人账户。个体劳动者参加养老保险费用全部由个人缴纳。失业保险主要是贯彻落实国务院关于全民所有制职工失业保险的实施办法，扩大失业保险范围，改革失业保险金的计发办法，逐步建立包括国有、集体、私营及外商投资企业中方职工在内的统一失业保险制度。与此同时，为保证城市贫困人口的生活，国家制定了最低生活保障标准。无生活来源、无劳动能力又无法定赡养人、抚养人的城市居民，可领取全额。有一定收入但低于当地最低生活保障标准者，可领取其差额。

　　通过改革，与社会主义市场经济体制相适应的新的社会保障体制的基本框架已经初步确立。

五、全方位对外开放的实行

实行对外开放是中共十一届三中全会以来我国确立的一项长期国策，是加快我国现代化建设的强国之路。1992年邓小平南方谈话和中共十四大以后，对外开放的力度增强，规模进一步扩大，陆续开放了一批边疆城市和进一步开放内陆所有的省会、自治区首府城市。1992年3月至6月，开放沿边13个城市(镇)，包括黑龙江的黑河、绥芬河，吉林省的珲春，内蒙古的满洲里、二连浩特，新疆的伊宁、塔城、博乐，云南的瑞丽、畹町和河口，广西的凭祥、东兴。这新开放的13个边境城镇，成为我国与周边地区进行经济合作的桥梁，并带动山区与少数民族地区的经济发展。同年6月，决定开放长江沿岸的重庆、岳阳、武汉、九江、芜湖5个城市，并对内陆省份的省会太原、合肥、南昌、郑州、长沙、成都、贵阳、西安、兰州、西宁、银川11个城市进一步开放，使之成为内陆地区开放的窗口，以带动中西部地区资金和技术的引进。此外，1992年以来，国家还建立了15个保税区、49个国家级经济技术开发区和53个高新技术产业开发区。中国的对外开放地域已从经济特区到沿海开放城市，进而扩大到沿边、沿江地带直至内陆省会城市、地区，形成了由沿海到内地，从东部到中部、西部的全方位、多层次、宽领域的对外开放格局。上述对外开放地区，由于实行不同的优惠政策，在发展外向型经济、出口创汇、引进先进技术等方面，起到了窗口和对内地的辐射作用。

在扩大对外开放的过程中，我国对外贸易体制也发生了重大变革。从1991年起，进一步下放外贸经营自主权，减少计划管理的范围；改革了固定汇率制，实行汇率双轨制；变外汇统一上缴制为外汇留成制，企业有了一定的外汇使用权；彻底取消国家给予外贸企业的财政补贴，外贸全行业实行自负盈亏经营；降低关税，扩大进出口；与此同时，在进出口管理的透明度和全国外贸政策的统一性上也进行了改革。1994年之后，我国又着眼于建立与市场经济体制、对外开放的新格局和世贸组织的要求相适应的全方位对外开放的外贸体制。我国外贸体制的改革，是地方、国有企业、非国有企业逐步取得外贸经营权的过程，是外贸企业逐步建立现代企业制度的过程，是计划管理的商品和制定的价格的范围逐步缩小的过程，是关税下降和配额减少的过程，是经济、法律等多种调节手段逐步发挥作用的过程，是固定汇率被双轨制、双轨制被单一的浮动汇率逐步取代的过程。

一句话，是不断市场化、国际化的过程。

随着全方位对外开放格局的形成和外贸体制的不断完善，我国对外贸易发展迅速。1992 年至 1997 年间，我国对外贸易总值达 14938 亿美元，年均增速 15.7%，这个速度不仅高于同期我国国民经济的增长速度，而且比世界贸易的年均增长速度高出近 8 个百分点。我国在世界贸易中的地位大大提高，位次排列由 1978 年的第 32 位跃升为 1992 年的第 11 位，并在连续保持 5 年后，1997 年又跃升至第 10 位。与此同时，我国出口商品的结构明显优化。工业制成品出口占出口总额的比重由 1978 年的 45.2% 上升到 1997 年的 86.9%，实现了由主要出口初级产品向主要出口制成品的历史性转变。1998 年后，我国对外贸易继续呈逐年上升趋势。2001 年，中国的对外贸易进出口总额、出口额、进口额分别达 5098 亿美元、2662 亿美元、2436 亿美元，分别比 1989 年增长 3.6 倍、4.1 倍、3.1 倍，在世界贸易额下降的同时均跃居世界第 6 位；中国吸收外商直接投资额 469 亿美元，增长 12.8 倍。从 1993 年起，即基本保持发展中国家第一位和世界第二位。2003 年全年进出口总额达 8512 亿美元，比 2002 年增长 37.1%。其中出口额 4384 亿美元，增长 34.6%；进口额 4128 亿美元，增长 39.9%。

六、科教兴国战略的实施

改革开放以来，科技和教育在社会主义现代化建设中的作用日益引起党和国家领导人的重视。1988 年 9 月，邓小平第一次提出"科学技术是第一生产力"的重要论断。他指出："马克思说过，科学技术是生产力，事实证明这话讲得很对。依我看，科学技术是第一生产力。""从长远看，要注意教育和科学技术"，这是一个战略方针。① 1995 年 5 月 6 日，中共中央、国务院正式发布了《关于加速科学技术进步的决定》，明确提出"实施科教兴国战略"的重大决策，并从 10 个方面对这一理论和政策进行了阐述。关于科教兴国战略的含义，《决定》指出："科教兴国，是指全面落实科学技术是第一生产力的思想，坚持教育为本，把科技和教育摆在经济、社会发展的重要位置，增强国家的科技实力及向现实生产力转化的能力，提高全民族的科学文化素质，把经济建设转移到依靠科技进步和提高劳动者素质的轨道上来，加速实现国家的繁荣强盛。"实施科教兴国战略，对我国社会主义建设至关

---

① 《邓小平文选》，第 3 卷，274～276 页。

重要:"是全面落实科学技术是第一生产力思想的战略决策,是保证国民经济持续、快速、健康发展的根本措施,是实现社会主义现代化宏伟目标的必然抉择,也是中华民族振兴的必由之路。"①

为了全面实施科教兴国战略,1995 年 5 月,中共中央、国务院在北京隆重召开全国科学技术大会。江泽民代表中共中央在大会上做了题为《努力实施科教兴国的战略》的重要讲话。他在讲话中指出:"党中央、国务院决定在全国实施科教兴国战略,是总结历史经验和根据我国现实情况所作出的重大部署。""这是顺利实现'三步走'战略目标的正确抉择。实施科教兴国战略,必将大大提高我国经济发展的质量和水平,使生产力有一个新的解放和更大的发展。"②他号召各级领导干部要高瞻远瞩,统揽全局,把抓科技进步作为重大任务,制定切实可行的措施,真正把科教兴国战略落到实处。

科教兴国战略提出后,党和国家领导人高度重视,把它纳入到党和国家的大政方针之中。1996 年 3 月,八届全国人大第四次会议通过了《中华人民共和国国民经济和社会发展"九五"计划和 2010 年远景目标纲要》,确定了我国中长期科技进步和教育发展的目标与总体思路,科教兴国战略成为我国的一项基本国策。1997 年中共十五大上,江泽民代表中共中央再次提出把科教兴国战略和可持续发展战略作为跨世纪的国家发展战略。1999 年 6 月 13 日,中共中央、国务院发布了《关于深化教育改革全面推进素质教育的决定》。《决定》提出,进一步深化教育体制改革,全面推进素质教育,构建一个充满生机的有中国特色的社会主义教育体系,为实施科教兴国战略奠定坚实的人才和知识基础。这个《决定》成为面向 21 世纪推进我国教育事业发展的行动纲领。

关于科教兴国战略的具体内容,主要包括两个方面:一是把经济建设和社会发展转移到依靠科技进步和提高劳动者素质的轨道上来;二是坚持教育为本,把科技和教育摆在经济和社会发展的战略位置。为了实现科教兴国战略的上述内容,党和国家制定了具体办法,采取了一系列政策措施,并取得了一定的成效。

科学技术是建设有中国特色社会主义伟大事业的重要组成部分,是加快经济建设不可或缺的重要凭借。在党和国家的高度重视与配套改革下,

---

① 中共中央文献研究室编:《十四大以来重要文献选编》,中册,1344 页,北京,人民出版社,1997。

② 《江泽民文选》,第 1 卷,428 页。

科学技术取得了巨大的成绩。

教育关系着国家命运的兴衰。邓小平南方谈话以后，我国制定和实施了一系列教育改革政策。其中包括：在努力完成基本普及九年制义务教育和基本扫除青壮年文盲工作的同时，把全面推进素质教育作为工作的重点；积极推动高等教育改革，多种形式发展高等教育。教育改革实行以来，成果较为显著，各级学生在校人数呈逐年上升的趋势。2003年2月27日，教育部发展规划司在《教育统计报告》第一期中详列了1990年至2002年间的教育发展水平。其中，小学的净入学率1990年为96.3％，1994年升至98.4％，此后一直较为稳定，1999年时达到99.1％。其他阶段的教育也同期增长。如果以毛入学率[①]计算的话，初中阶段1990年为66.7％，2002年升至90％。高中阶段1990年为21.9％，2002年为38.4％。高等教育1990年为3.4％，2002年增长至15％。[②] 在各级教育数据中，高等教育的发展最为迅速。尤其在1999年开始扩大高校招生规模后，至2002年，四年内高校在校学生人数翻了一番。

社会主义精神文明是社会主义的重要特征，是现代化建设的重要目标和重要保证。改革开放以后，中共中央多次强调物质文明和精神文明一起抓的战略方针。但在执行这一战略方针的过程中，"一手硬、一手软"的状况没有很好解决，思想政治教育出现很大的失误。在对外开放不断扩大和发展社会主义市场经济的条件下，如何坚持两个文明一起抓、两手都要硬，这是一个重大的历史课题。

1994年1月召开的全国宣传思想工作会议上，江泽民提出："宣传思想战线要以科学的理论武装人，以正确的舆论引导人，以高尚的精神塑造人，以优秀的作品鼓舞人。"1996年1月24日，他在全国宣传部长会议上对这四句话作了全面、详细的论述，认为"这四句话概括了宣传思想战线的主要任务"。[③]

为了加强爱国主义教育，1994年8月23日，中共中央印发了由中宣部

---

① 毛入学率指该级教育在校学生总数与政府规定的该级学龄段人口总数的百分比。

② 初中包括普通初中和职业初中；高中阶段教育包括普通高中、职业高中、技工学校和普通中专；高等教育包括研究生、普通高校本专科、成人高校本专科、军事院校本专科、学历文凭考试专科、电大注册视听生专科、高等教育自学考试本专科等形式的教育。

③ 《江泽民文选》，第1卷，496～510页。

拟定的《爱国主义教育实施纲要》。《纲要》分爱国主义教育基本原则、主要内容和搞好爱国主义教育基地的建设、创造爱国主义教育的社会氛围、大力宣传爱国先进典型等 8 部分。中央要求各级党委和人民政府切实加强对爱国主义教育的领导，要求领导干部必须以身作则，做出表率。

为开创社会主义精神文明建设的新局面，1996 年 10 月召开的中共十四届六中全会制定了《关于加强社会主义精神文明建设若干重要问题的决议》，共 7 部分 30 条。这个决议确定了新形势下加强精神文明建设的指导思想、目标任务、基本方针和重要措施，是指导今后精神文明建设的纲领性文件。

为了更好地组织广大干部和党员学习邓小平建设有中国特色社会主义理论，1993 年 10 月，中共中央文献编辑委员会编辑出版了《邓小平文选》第三卷(1994 年 10 月出版了《邓小平文选》第一卷和第二卷的第 2 版)。1995 年 5 月中共中央同意印发中宣部组织编写的《邓小平同志建设有中国特色社会主义理论学习纲要》，这为更好地理解建设有中国特色社会主义理论的科学体系提供了重要辅导材料。

七、"三讲"教育的开展和党的基层组织建设　反腐败斗争的开展

改革开放以来，中国共产党所处的环境和肩负的任务发生了重大变化，党的建设面临着种种考验。一方面，绝大多数共产党员和干部勤勤恳恳、兢兢业业地工作，在各个领域发挥了先锋模范作用；另一方面，受资本主义腐朽思想、价值观念、生活方式的影响，一些党组织软弱涣散，一部分党员和干部经不起考验，立场不坚定，有的甚至违法乱纪、腐败变质。在社会主义现代化建设新时期，党的建设更加重要。大力加强干部队伍建设，提高广大干部特别是领导干部的素质，已经成为摆在全党面前的一项刻不容缓的重大任务。

进入 20 世纪 90 年代以后，中共中央高度重视党的建设，多次强调要在领导干部中进行"讲政治、讲学习、讲正气"的"三讲"教育。1994 年 9 月，中共十四届四中全会通过《关于加强党的建设几个重大问题的决定》，明确提出要"在当代世界风云变幻的条件下，在当代中国改革开放和现代化建设的伟大变革中"，"把我们党建设成为用建设有中国特色社会主义理论武装起来、全心全意为人民服务、思想上政治上组织上完全巩固、能够经受住各种风险、始终走在时代前列的马克思主义政党"。1995 年 9 月 27 日，江泽民在中共十四届五中全会召集人会议上作了《领导干部一定要讲政治》的

讲话。讲话提出，"我们的高级干部，首先是省委书记、省长和部长，中央委员和中央政治局委员，一定要讲政治。"①11 月 8 日，江泽民在北京考察工作时指出，"根据当前干部队伍的状况和存在的问题，在对干部进行教育当中，要强调讲学习，讲政治，讲正气"。关于讲学习，他指出：最根本的是学习马列主义、毛泽东思想，特别是邓小平建设有中国特色社会主义理论。同时，还要努力钻研业务，要坚持不懈地学习市场经济知识、现代科学知识、法律知识和其他各方面的知识。关于讲政治，他指出："现在，有些领导干部脑子里政治这根弦可以说比较松了，有的甚至到了是非不辨、美丑不分的地步。有的同志产生了一种误解，以为坚持以经济建设为中心，就可以不注意政治了。这完全不符合邓小平同志的思想和中央的要求。"共产党人任何时候都要坚持讲政治。"不讲这些，我们的改革开放和经济建设就不可能顺利进行，就不可能保证建设有中国特色社会主义事业的成功。"关于讲正气，他说："讲正气，是中华民族也是我们党的一个优秀传统。""有了一腔浩然正气，才能无所畏惧地前进，才能不屈不挠地为国家、为社会建功立业。""我们党的宗旨是全心全意为人民服务，这就是全党同志首先是各级领导干部，必须坚持树立和发扬的最大的正气。"②随后，江泽民在多种场合阐述了"三讲"教育的内容、重要性和现实意义，党内开始进行以"三讲"教育为内容的学习活动。

1998 年 11 月 21 日，中共中央发出《关于在县级以上领导班子、领导干部中深入开展以"讲学习、讲政治、讲正气"为主要内容的党性党风教育的意见》，决定集中一段时间，在党内县级以上领导班子、领导干部中，用整风的精神，分期分批开展以"三讲"为主要内容的党性党风教育。"三讲"教育是加强党的建设的新探索。一个领导班子开展学习教育的时间，一般为两个月左右。其大体步骤和基本方法是：思想发动，学习提高；自我剖析，听取意见；交流思想，开展批评；认真整改，巩固成果。

1999 年 3 月 19 日，中央召开全国"三讲"教育工作会议，总结交流"三讲"教育试点的情况和经验，研究部署下一步的工作。从 3 月下旬开始，"三讲"教育按照自上而下、分级分批的原则在全国有计划地开展起来。至 2000 年 12 月，"三讲"教育已历时两年。通过"三讲"教育，各级领导干部普遍受到了一次深刻的马克思主义教育，提高了学习理论、增强党性锻炼的自觉

---

① 《江泽民文选》，第 1 卷，457 页。
② 《江泽民文选》，第 1 卷，483～486 页。

性，进一步明确了前进方向；普遍增强了政治意识、大局意识、责任意识，提高了坚持党的基本路线和基本纲领、同党中央保持高度一致的自觉性；普遍受到了一次群众观点、群众路线的再教育，强化了坚持和实践党的根本宗旨的意识，促进了作风的转变和拒腐防变自觉性的提高；普遍经受了一次严格的党内生活锻炼，党的观念得到增强，贯彻民主集中制原则的自觉性和解决领导班子自身问题的能力有了提高；普遍增强了党要管党、书记带头抓党建的意识，提高了治党的能力和水平。这种以整风精神进行的"三讲"教育，是新的历史条件下干部教育和党的建设的一种有效途径。

改革开放以来，党的基层组织团结带领群众开拓创新，艰苦奋斗，创造了许多新的业绩。与此同时，党的基层组织也面临许多新情况新问题，尤其是一些党的基层组织软弱涣散，有的甚至处于瘫痪状态。针对这种状况，十四大以来，中共中央在不断强调党的建设的重要性的过程中，特别重视加强和改进党的基层组织建设。

农村党的基层组织有 80 多万个，他们是党在农村全部工作和战斗力的基础，是农村各种组织和各项工作的领导核心。中共中央高度重视农村基层组织建设。中共十四届四中全会决定用 3 年的时间，分期分批对农村软弱涣散和瘫痪状态的党支部进行整顿。经过 3 年的整顿工作，一些农村基层组织状况有了明显改观。为指导农村基层组织建设，从 1994 年 10 月到 2000 年 10 月的 6 年里，全国各地共分批选派 300 多万机关干部进驻乡、村，帮助开展整顿工作，共整顿软弱涣散和瘫痪状态村党支部、后进村和贫困村党支部 35.6 万个，占农村党支部总数的 48.8%。一大批年纪轻、有文化的党员进入领导班子，农村基层党支部的凝聚力和战斗力明显增强。

国有企业的党组织在深化企业改革、加强企业内部管理、推动企业发展、增强职工群众凝聚力等方面发挥着重要作用。随着社会主义市场经济体制的确立和国有企业改革的深入，淡化和削弱企业党组织作用的思想和现象并未完全消除。对此，中共中央决定大力整顿。1997 年 1 月 24 日，中共中央发出《关于进一步加强和改进国有企业党的建设工作的通知》，确定了企业党建工作的目标。按照上述文件的精神，国有企业党组织在深化改革的过程中积极开展工作，努力发挥党组织的政治核心作用，为保障国企改革的顺利进行做出了重大贡献。1997 年 3 月，中央有关部门联合组成全国加强国有企业领导班子建设协调小组及其办公室，指导各地开展了一次大规模的国有企业领导班子考核工作。此项工作历时 3 年，全国共考核企业领导班子 22.6 万个，考核企业领导班子成员 91 万人，调整领导班子 8.46

万个，占已考核总数的 37.5％。

在改革开放的新的发展阶段中，反腐败是党和国家的一件大事。中共中央高度重视腐败问题的严重性和危险性，把它作为关系党和国家生死存亡的大事来抓。1991 年 7 月 1 日，江泽民在庆祝中国共产党成立 70 周年大会上的讲话指出："党风是关系到党的生死存亡的问题，如果听任腐败现象发展下去，党就会走向自我毁灭。"①1993 年初，中共中央做出了加大反腐败斗争力度的重大决策，中共中央、国务院决定从 1993 年起中共中央纪律检查委员会、国家监察部合署办公，实现一套工作机构，履行党的纪律检查和行政监督两项职能的体制。1994 年 11 月经中央批准在最高人民检察院设立反贪污贿赂总局，并在各级人民检察院中设立相应机构。中纪委和国务院每年都召开会议，及时解决反腐败工作中的重大问题，同时陆续出台相关的政策和规定。自此，反腐败斗争正式形成了领导干部廉洁自律、集中力量查处大案要案和纠正部门和行业不正之风 3 项工作的格局。

进入 20 世纪 90 年代，党中央逐步确立了依靠制度建设根治腐败的反腐新思路，形成了标本兼治、"三管齐下"的反腐战略，即进行思想政治教育特别是廉政教育（各级领导干部是重点），积极查办大案、要案，依法惩治腐败分子，依靠制度建设从源头上预防和治理腐败。其中，制度创新成为反腐败的治本之策。1997 年 9 月召开的中共十五大指出，反腐败应"坚持标本兼治，教育是基础，法制是保证，监督是关键。通过深化改革，不断铲除腐败现象滋生蔓延的土壤"。1998 年 1 月召开的中共中央纪委第二次全体会议，将十五大提出的反腐败新思路进一步明确化和具体化：①加强思想政治教育特别是廉政教育，增强党员干部拒腐防变的能力。②健全法制，保证党风廉政和反腐败斗争的有序开展。③强化监督，建立健全权力制约机制。④深化改革，减少和消除滋生腐败的条件。从此以后，依靠制度建设根治腐败变成全党的共识，这标志着党在新的历史时期反腐败新思路的最终确立。

经过几年的共同努力，反腐败斗争取得了不同程度的阶段性成果，严肃查处了一批违法违纪案件，惩处了一批贪污渎职腐败分子。据统计，全国各级检察机关 1993 年至 1997 年间查处贪污贿赂等腐败案件总数为 38.7 万件。在这些违法违纪案件中，金额在千万元乃至上亿元的特大案件有增无减，而县处级以上领导干部涉足腐败案件的比例也在不断增加。从 1992

---

① 江泽民：《论党的建设》，35 页。

年 10 月到 1997 年 6 月，有 2 万余名县处级干部、1600 多名厅局级干部和 70 多名省部级干部因涉足腐败案件而受到纪检监察机关的查处。1998 年至 2000 年，人民检察院立案侦查的涉嫌贪污贿赂和渎职犯罪的国家干部中，又有县处级 6455 人，厅局级 423 人，省部级 13 人。这些大案要案的严肃查处，一方面表明了中央反腐败一抓到底的决心；另一方面也表明了反腐败斗争的形势依然十分严峻。

八、加强民主法制建设 以改革创新的精神加强军队建设

自 1992 年我国社会主义现代化建设进入一个新的发展阶段以来，党和政府对加强民主法制建设给予了高度重视。中共十四大指出："人民民主是社会主义的本质要求和内在属性。没有民主和法制就没有社会主义，就没有社会主义的现代化。"[①]1996 年 8 月，江泽民指出："充分发扬社会主义民主，加强社会主义法制建设，实行和坚持依法治国，是邓小平同志建设有中国特色社会主义理论的重要组成部分，是我国社会主义现代化建设的一个根本任务和原则。"[②]在加强民主法制建设方面，党和政府主要进行了以下几项工作。

1. 努力完善人民代表大会制度

从 1993 年八届全国人大一次会议到 2002 年九届全国人大五次会议，全国人大及其常委会以及地方各级人大做了大量工作，通过完善人大制度本身及加强全国人大的立法工作和监督工作，有力地推动了社会主义民主和法制建设。

1995 年，全国人大常委会重点对代表选举制度进行了修改。我国地方各级人民代表大会代表的名额，从 1995 年起适当精简，并由原来的由省级人大常委会自行决定改为依法确定。农村和城市每一代表所代表的人口数比例 1995 年以前分别为 5∶1 和 8∶1，1995 年以后改为 4∶1，自治州和县级的则仍维持 4∶1 不变。选举制度的这些改革，有助于加速我国社会主义民主法制化进程，对保证人民代表大会充分行使自己的职权具有积极作用。

在扩大立法、推进我国社会主义民主法制化进程中，各级人大发挥了重要作用。八届全国人大及其常委会五年间共审议法律和有关法律问题的

---

① 中共中央文献研究室编：《十四大以来重要文献选编》，上册，28 页。

② 江泽民：《各级领导干部要努力学习法律知识》，载《人民日报》，1996-10-10。

决议草案 129 件；通过法律 85 件、有关法律问题的决定 33 件，共计 118 件。其中有关社会主义市场经济方面的法律和法律问题的决定占 2/3。九届全国人大及其常委会在任职 5 年中，共审议了 124 件法律、法律解释和有关法律问题的决定草案。经过不懈努力，以宪法为核心的中国特色社会主义法律体系已经初步形成。

按照宪法所赋予的职权，各级人大及其常委会加强了监督工作。围绕改革开放和现代化建设中的重大问题和人民群众关心的"热点"问题，各级人大及其常委会逐步加强了对法律实施的监督检查工作并已形成制度。1993 年至 1997 年，八届全国人大常委会检查了 21 部法律和有关法律问题的决定的实施情况。1998 年到 2002 年，九届全国人大常委会把监督工作放在与立法工作同等重要的位置，先后对 22 件法律和法律问题决定的实施情况进行了检查，听取并审议了国务院、最高人民法院、最高人民检察院的 40 个专题工作报告。通过监督，推动了宪法、法律的实施，促进了国务院依法行政、最高人民法院和最高人民检察院公正司法。

2. 巩固中国共产党领导的多党合作和政治协商制度

中国共产党领导的多党合作和政治协商制度，是我国的一项基本政治制度，是我国社会主义民主政治建设的重要方面。1993 年 3 月，八届全国人大一次会议通过的宪法修正案将"中国共产党领导的多党合作和政治协商制度将长期存在和发展"载入宪法，这对于促进我国多党合作制度进一步规范化、制度化，推动有中国特色社会主义民主政治的不断发展，产生了重大而深远的影响。中共十五大把共产党领导的多党合作和政治协商制度列入社会主义初级阶段的基本纲领，要求继续推进人民政协政治协商、民主监督、参政议政的规范化、制度化，使之成为党团结各界的重要渠道。中共中央高度重视人民政协工作，明确提出"对国家和地方的大政方针以及政治、经济、文化和社会生活中的重要问题，要在决策之前在政协进行协商"。从 1993 年至 2002 年，八届、九届全国政协充分运用全委会议、常委会议、主席会议和专题协商座谈会等形式，对国家的重大事务进行协商讨论，从政治上对国家的全局工作提供有广泛民主基础的支持。

3. 坚持和完善民族区域自治制度

民族区域自治制度是中国的一项重要政治制度，保障了少数民族在政治上的平等地位和平等权利，极人地满足了各少数民族积极参与国家政治生活的愿望。在中共中央、国务院正确方针的指导下，民族区域自治制度进一步得到落实。截至 1998 年底，我国共建立了 155 个民族自治地方，其中自治区 5 个、自治州 30 个、自治县(旗)120 个。在全国 55 个少数民族中,有 44 个民族建立了自治地方。实行自治的少数民族人口占少数民族人口总数的 75%,民族自治地方行政区域的面积占全国总面积的 64%。民族自治地方的人民代表大会有权依照当地政治、经济和文化的特点,制定自治条例和单行条例。民族自治地方的自治机关对上级国家机关的决议、决定、命令和指示,有不适合民族自治地方实际情况的,可在报经上级机关批准后,变通执行或者停止执行。民族法制已初步形成一个完整的体系。

4. 加强基层民主建设

基层民主建设是社会主义民主政治建设的重要内容,中共中央对此极为重视。村民委员会是农村中的民主自治组织,村民通过村委会组织起来,实行自我管理、自我教育、自我服务。截至 1997 年底,全国共有 905804 个村民委员会。居民委员会是城市中的居民自我管理、自我教育、自我服务的基层群众性组织。到 1996 年底,全国已有 113690 个居民委员会。为了妥善处理好企业管理中的厂长、经理决策与职工民主权利的关系,有关法律法规相继出台,对企业职工参加企业民主管理和对企业工作提意见和建议等项民主权利作了明确规定,确定职工代表大会是企业实行民主管理的基本形式,是职工行使民主管理职权的权力机构。

5. 加强司法、执法工作

加强司法、执法工作,以廉政建设、整顿纪律、严肃执法为重点,建设一支高素质的政法队伍,是社会主义民主法制建设的重要内容。1995 年 2 月,八届全国人大常委会第十二次会议通过了《中华人民共和国法官法》、《中华人民共和国检察官法》和《中华人民共和国人民警察法》,标志着我国司法队伍的建设走上法制化的轨道。我国已建立人民法院 3556 个,拥有法官 13 万人;建立人民检察院 3846 个,拥有检察官近 16 万人;建立律师事务所 8440 余所,拥有律师 10 余万人;建立公证机构 3162 个,拥有公证人员 17430 余人。此外,还有人民调解委员会、乡镇街道法律服务所等共计 100 余万个,拥有专职司法助理、调解人员及法律服务人员 1044 万人。与此同时,通过对《刑法》、《刑事诉讼法》、《民事诉讼法》的修订,使我国法制体系趋于完善。为提高行政效率,使行政行为更加规范化、法制化,先后制定了《中华人民共和国行政诉讼法》(1989)、《中华人民共和国国家赔偿法》(1995)、《中华人民共和国行政监督法》(1997)等。所有这些,都为我国法制迈向现代化创造了条件。

1989 年 11 月江泽民担任中共中央军事委员会主席后,十分重视国防和军队建设。根据新时期人民解放军建设的实际需要，1990 年 12 月在解放军总参谋部工作会议上和次年纪念中国共产党成立 70 周年的讲话中，江泽民先后提出了军队建设基本标准的"五句话"总要求：政治合格、军事过硬、作风优良、纪律严明、保障有力。"五句话"言简意赅，涵盖了新时期军队建设的基本内容，概括了战斗力的基本要素，成为实现新时期军队建设总目标所必须遵循的行动准绳和纲领。

1. 新时期军事战略方针的制定

20 世纪 80 年代末 90 年代初，两极格局终结，世界局势发生巨大变化。中共中央经过科学分析后认为，国际形势的缓和趋势不会逆转，我们应利用这良好的国际环境和周边局势，坚定不移地进行改革开放，继续加快现代化建设的步伐。但同时也要坚决维护祖国统一和领土主权的完整，对战争的危险必须保持充分的警惕。要从长计议，有计划有步骤地进行军队现代化建设，同时要抓紧做好军事斗争准备，把两者正确地结合起来。根据上述判断，1993 年初，中央制定了新时期军事战略方针，提出"必须把未来军事斗争准备的基点放在打赢可能发生的现代技术特别是高技术条件下的局部战争上"[①]。这一方针的确立，解决了新形势下军队和国防建设的宏观定向问题，是我们党在战略指导上的一个根本性变化。1996 年 11 月，中央军委又提出军队建设要实现"两个根本性转变"，即由准备打赢一般条件下局部战争向准备打赢现代技术特别是高技术条件下局部战争转变，由数量规模型、人员密集型向质量效能型、科技密集型转变。[②]

为实现上述两大战略思想，1997 年 10 月，江泽民在中共十五大上正式宣布，我国将在 80 年代裁减军队员额 100 万的基础上，今后 3 年内再裁减军队员额 50 万。在精简员额的同时，将进一步优化结构，调整编组，理顺关系，把中国军队现代化建设提高到一个新水平，使我军继续朝着"精兵、合成、高效"的方向前进。为把"科教兴国"战略贯彻到国防和军队建设上，中央军委明确提出了"科技强军"的思想。所谓"科技强军"，就是使现代科学技术渗透到军队建设各个环节和要素中，依靠科学技术推动战斗力的全面提高，使我军现代化水平与所担负的历史使命相适应。为贯彻"科技强军"战略，中共中央、中央军委调整了国防科学技术、国防工业和武器装备管理体制。1998 年 4 月，撤销了于 1982 年成立的中国人民解放军国防科学

---

① 《江泽民文选》，第 1 卷，285 页。
② 《江泽民文选》，第 1 卷，607 页。

技术工业委员会，成立中国人民解放军总装备部，国务院设立国防科学技术工业委员会。总装备部的组建，有利于加强中央军委对武器装备建设的统一领导，有利于集中财力、物力、人力，提高武器装备建设的质量和综合效能。

2. 确保党对军队的绝对领导

在新的形势和任务下，军队建设面临两个历史性的课题，其中之一是在社会主义市场经济和对外开放条件下，我国军队能不能保持人民军队的性质、本色和作风，始终成为中国共产党绝对领导下的革命军队。邓小平指出："我们国家所以稳定，军队没有脱离党的领导的轨道，这很重要。"江泽民担任中央军委主席后对这一问题也极为重视。1995年12月17日在中央军委扩大会议上，他着重指出："一定要在全军牢固树立党对军队的绝对领导的观念，保证枪杆子永远掌握在忠于党的可靠的人手里，保证我军在任何时候、任何情况下都同党中央在政治上保持一致，模范地贯彻执行党的路线、方针、政策，一切行动听从党中央和中央军委的指挥，不折不扣地执行党中央和中央军委的决策和指示。"①为加强军队思想政治建设，坚持党对军队的绝对领导，中央军委采取了一系列重大举措。一是组织全军学习邓小平理论，用科学理论武装全军。二是大力加强军队党的建设，保证党对军队的绝对领导，同时加强军队中的思想、组织、作风建设，使党委的核心领导作用得到全面增强。三是全军部队贯彻落实1990年颁发的《军队基层建设纲要》(1993年作了重新修订)，使基层建设得到不断加强，有力地推动了部队建设的全面发展。四是深入开展"四个教育"②，保持官兵政治上的坚定性和思想道德上的纯洁性，在部队形成了热爱祖国、献身国防、无私奉献的思想氛围，涌现了一大批先进集体和英雄模范人物。

经过各方面的不懈努力，军队现代化建设取得了巨大进步。经过精简调整，我国的武装力量体制由过去的野战军、地方军、民兵三结合调整为由人民解放军现役部队、预备役部队、人民武装警察部队和民兵所组成，已经发展成为一支较为精干、高效的现代化合成军，高技术军兵种成为我军战斗力的骨干力量。军队加速实现了从数量规模型向质量效能型、从人员密集型向科技密集型的转变。

---

① 《江泽民文选》，第1卷，489页。

② "四个教育"指爱国奉献教育、革命人生观教育、尊干爱兵教育、艰苦奋斗教育。

九、八届全国人大四次会议　"九五"计划和 2010 年远景目标纲要的制定

经过全国人民的共同努力，"八五"计划提出的主要任务在 1995 年已经完成或超额完成。"八五"计划成为新中国成立以来执行得最好的五年计划之一，国民经济和社会发展取得显著成就，社会生产力、综合国力和人民生活，都上了一个新台阶。1995 年国民生产总值达到 57600 多亿元。原定2000 年比 1980 年翻两番的目标，已经提前 5 年实现了。1995 年 9 月，中共十四届五中全会在北京举行。全会的主要任务是讨论并通过《中共中央关于制定国民经济和社会发展"九五"计划和 2010 年远景目标的建议》。《建议》提出，将来 15 年是承前启后、继往开来的重要时期。我们将在这一时期内建立起比较完善的社会主义市场经济体制，全面实现第二步战略目标，并向第三步战略目标迈出重大步伐，为下世纪中叶基本实现现代化奠定坚实基础。① 国务院根据《建议》的精神，制定了《国民经济和社会发展"九五"计划和 2010 年远景目标纲要（草案）》，以提交八届全国人大四次会议讨论。

1996 年 3 月，八届全国人大四次会议在北京举行。李鹏代表国务院向大会作《关于国民经济和社会发展"九五"计划和 2010 年远景目标纲要》的报告。大会经过讨论批准了这个《纲要》。

《纲要》提出未来 15 年内的主要奋斗目标："九五"时期，全面完成现代化建设的第二步战略部署，到 2000 年，人口控制在 13 亿以内，实现人均国民生产总值比 1980 年翻两番；基本消除贫困现象，人民生活达到小康水平；加快现代企业制度建设，初步建立社会主义市场经济体制。2010 年，实现国民生产总值比 2000 年翻一番，使人民的小康生活更加富裕，形成比较完善的社会主义市场经济体制。在推进改革和发展的同时，社会主义精神文明和民主法制建设要取得显著进展，实现社会全面进步。

为实现 15 年的奋斗目标和主要任务，《纲要》强调，必须始终坚持邓小平建设有中国特色社会主义的理论和党的基本路线，解放思想，实事求是，遵循"抓住机遇，深化改革，扩大开放，促进发展，保持稳定"的基本方针，认真贯彻中共中央《建议》提出的指导国民经济和社会发展的 9 条重要方针。即：保持国民经济持续、快速、健康发展；积极推进经济增长方式转变，

---

① 中共中央文献研究室编：《十四大以来重要文献选编》，中册，1477 页。

把提高经济效益作为经济工作的中心；实施科教兴国战略，促进科技、教育与经济紧密结合；把加强农业放在发展国民经济的首位；把国有企业改革作为经济体制改革的中心环节；坚定不移地实行对外开放；实现市场机制和宏观调控的有机结合，把各方面的积极性引导好、保护好、发挥好；坚持区域经济协调发展，逐步缩小地区发展差距；坚持物质文明和精神文明共同进步，经济和社会协调发展。《纲要》还就如何促进这几个方面的实施与发展，提出了详细的政策、措施，做出了全面部署。

《国民经济和社会发展"九五"计划和 2010 年远景目标纲要》的制定，具有重要意义。这是我国在发展社会主义市场经济条件下制定的第一个中长期规划，也是国民经济和社会综合发展的跨世纪宏伟蓝图。《纲要》的制定把握了新时期国内外经济和科技发展趋势，研究了经济体制变化的新特点，努力按照社会主义市场经济和现代化建设的要求，更新了计划观念，改革计划体制、内容和方法，突出了计划的宏观性、战略性和政策性。改革开放以来 3 个五年计划的建设，使国家面貌发生了巨大变化。按照《纲要》提出的要求，再经过 3 个五年计划的建设，我国的面貌就会有一个更大的变化。

第三节　确立邓小平理论为中国 共产党的指导思想

一、中共十五大　确立邓小平理论为中国共产党的指导思想

1997 年 2 月 19 日，邓小平因病在北京逝世，享年 93 岁。当天，中共中央、全国人大常委会、国务院、全国政协和中央军事委员会发表《告全党全军全国各族人民书》，宣告了邓小平逝世的消息，称邓小平是"我党我军我国各族人民公认的享有崇高威望的卓越领导人，伟大的马克思主义者，伟大的无产阶级革命家、政治家、军事家、外交家，久经考验的共产主义战士，我国社会主义改革开放和现代化建设的总设计师，建设有中国特色社会主义理论的创立者"。2 月 25 日，邓小平追悼会在北京人民大会堂隆重举行，江泽民致悼词。悼词说，邓小平把毕生心血和精力都献给了中国人民，为中华民族的独立和解放、为中国的社会主义现代化事业建立了不朽的功勋。他是人民共和国的开国元勋，新中国成立以后成为中国共产党以毛泽东同志为核心的第一代中央领导集体的重要成员。党的十一届三中全

会以后，他成为中国共产党第二代中央领导集体的核心，领导我们开辟了建设有中国特色社会主义的新道路。悼词还说："邓小平同志留给我们的最可宝贵的财富，就是他创立的建设有中国特色社会主义理论和在这个理论指导下制订的党在社会主义初级阶段的基本路线。""这个理论，科学地把握社会主义的本质，第一次比较系统地初步回答了中国这样的经济文化比较落后的国家如何建设社会主义、如何巩固和发展社会主义的一系列基本问题。它是马克思列宁主义基本原理与当代中国实际和时代特征相结合的产物，是毛泽东思想的继承和发展，是当代中国的马克思主义。"

邓小平这位改变了当代中国历史命运的伟人的逝世，从根本上说，并不影响中国继续坚持他所开辟的改革开放和现代化建设的新道路。但是，邓小平的逝世同样使当代中国的发展处在严峻的历史时刻。举什么旗、走什么路的问题再一次尖锐地摆到了中国共产党人面前。

1997 年 9 月 12 日至 18 日，中国共产党第十五次全国代表大会在北京召开。大会代表 2048 人，代表 5800 万党员。大会的主要议程是：审议并批准江泽民代表第十四届中央委员会作的题为《高举邓小平理论伟大旗帜，把建设有中国特色社会主义事业全面推向 21 世纪》①的政治报告，审查并批准中央纪律检查委员会的工作报告，审议并通过《中国共产党章程修正案》，选举产生新一届中央委员会和中央纪律检查委员会。

中共十五大报告及大会决议的主要内容是：

1. 首次提出和使用邓小平理论这一科学概念并在党章中将其确定为党的指导思想

十五大的主题是：高举邓小平理论伟大旗帜，把建设有中国特色社会主义事业全面推向 21 世纪。报告一开始便提出："旗帜问题至关紧要。旗帜就是方向，旗帜就是形象。坚持十一届三中全会以来的路线不动摇，就是高举邓小平理论的旗帜不动摇。"这里第一次正式提出和使用邓小平理论这一科学概念。大会决定将邓小平理论同马克思列宁主义、毛泽东思想一道作为党的指导思想写进《中国共产党党章》，明确规定：中国共产党以马克思列宁主义、毛泽东思想、邓小平理论作为自己的行动指南。这是我们党经过近 20 年改革开放和社会主义现代化建设的成功实践做出的历史性决策。

大会报告指出，马克思列宁主义同中国实际相结合有两次历史性飞跃，

---

① 中共中央文献研究室编：《十五大以来重要文献选编》，上册，1～51 页，北京，人民出版社，2000。

产生了两大理论成果。第一次飞跃的理论成果是毛泽东思想，第二次飞跃的理论成果就是邓小平理论。这两大理论成果都是党和人民实践检验和集体智慧的结晶。邓小平理论就是邓小平留给我们的珍贵遗产，集中体现在十一届三中全会以来邓小平著作以及党和国家的重要文献中。实践证明，作为毛泽东思想的继承和发展的邓小平理论，是指导中国人民在改革开放中胜利实现社会主义现代化的正确理论。大会报告指出，在当代中国，只有把马克思主义同当代中国实践和时代特征结合起来的邓小平理论，而没有别的理论能够解决社会主义的前途和命运问题。邓小平理论是当代中国的马克思主义，是马克思主义在中国发展的新阶段。这个理论深刻揭示了社会主义的本质，把对社会主义的认识提高到新的科学水平；坚持用马克思主义的宽广眼界观察世界，对当今时代特征和国际国内形势做出新的科学判断；形成了新的建设有中国特色社会主义理论的科学体系。大会报告指出，要用马克思主义的立场观点方法来研究和解决中国的现实问题。马克思主义必定随着时代、实践和科学的发展而不断发展，不可能一成不变。马克思列宁主义、毛泽东思想一定不能丢，丢了就丧失根本。同时一定要以我国改革开放和现代化建设的实际问题、以我们正在做的事情为中心，着眼于马克思主义理论的运用，着眼于对实际问题的理论思考，着眼于新的实践和新的发展。在当代中国，马克思列宁主义、毛泽东思想、邓小平理论，是一脉相承的统一的科学体系。

2. 进一步阐述了社会主义初级阶段的基本路线和基本纲领

报告指出：十一届三中全会以来，党正确地分析国情，做出我国还处于社会主义初级阶段的科学论断。强调社会主义初级阶段是我国实现社会主义现代化不可逾越的历史阶段，并进一步从现代化，工业化，经济市场化，科技教育程度，人民生活水平，地区经济发展差异和包括经济体制、政治体制在内的各方面体制的改革和完善，以及社会主义精神文明建设程度，与世界先进水平的差距程度9个方面阐释了我国社会主义初级阶段的基本特征，强调这样的历史进程，至少需要100年时间。

报告重申了社会主义初级阶段的主要矛盾、中心工作和中国共产党在社会主义初级阶段的基本路线。在此基础上，第一次明确提出了中国共产党在社会主义初级阶段的基本纲领，提出了建设有中国特色的经济、政治和文化的基本目标和基本政策。

报告指出，建设有中国特色社会主义的经济，就是在社会主义条件下发展市场经济，不断解放和发展生产力。这就要坚持和完善社会主义公有制为主体、多种所有制经济共同发展的基本经济制度；坚持和完善社会主义市场经济体制，使市场在国家宏观调控下对资源配置起基础性作用；坚持和完善按劳分配为主体的多种分配方式，允许一部分地区一部分人先富起来，带动和帮助后富，逐步走向共同富裕；坚持和完善对外开放，积极参与国际经济合作和竞争。保证国民经济持续快速健康发展，人民共享经济繁荣成果。建设有中国特色社会主义的政治，就是在中国共产党领导下，在人民当家做主的基础上，依法治国，发展社会主义民主政治。这就要坚持和完善工人阶级领导的、以工农联盟为基础的人民民主专政；坚持和完善人民代表大会制度和共产党领导的多党合作、政治协商制度以及民族区域自治制度；发展民主，健全法制，建设社会主义法治国家。实现社会安定，政府廉洁高效，全国各族人民团结和睦，生动活泼的政治局面。建设有中国特色社会主义的文化，就是以马克思主义为指导，以培育有理想、有道德、有文化、有纪律的公民为目标，发展面向现代化、面向世界、面向未来的，民族的科学的大众的社会主义文化。这就要坚持用邓小平理论武装全党，教育人民；努力提高全民族的思想道德素质和教育科学文化水平；坚持为人民服务、为社会主义服务的方向和百花齐放、百家争鸣的方针，重在建设，繁荣学术和文艺。建设立足中国现实、继承历史文化优秀传统、吸取外国文化有益成果的社会主义精神文明。上述建设有中国特色社会主义经济、政治、文化的基本目标和基本政策是有机统一、不可分割的整体，构成党在社会主义初级阶段的基本纲领。它的提出和阐述对于把建设有中国特色社会主义事业推向 21 世纪，具有重要的指导意义。

3. 对我国跨世纪现代化建设事业做出具体的战略部署

十五大提出了到 21 世纪中叶我国经济与社会发展的战略目标，这就是：21 世纪的第一个 10 年实现国民生产总值比 2000 年翻一番，使人民的小康生活更加宽裕，形成比较完善的社会主义市场经济体制；再经过 10 年努力，到建党 100 年时，使国民经济更加发展，各项制度更加完善；到 21 世纪中叶建国 100 年时，基本实现现代化，建成富强民主文明的社会主义国家。据此目标，大会提出了我国跨世纪的具体战略部署。关于经济体制改革，报告指出，从现在起到 21 世纪的前 10 年，是我国实现第二步战略目标、向第三步战略目标迈进的关键时期。在这个时期，建立比较完善的社会主义市场经济体制，保持国民经济持续快速健康发展，是必须解决好的两大课题。

为实现上述战略目标，报告强调了几个方面的工作重点。其中，调整和完善所有制结构是重中之重。十五大报告把以公有制为主体和多种所有制经济共同发展作为我国社会主义初级阶段的基本经济制度，提出要全面认识公有制的含义，肯定非公有制经济是我国社会主义市场经济的重要组成部分，大大创新了社会主义初级阶段的所有制理论，这是对社会主义市场经济理论的新发展。报告指出，公有制经济不仅包括国有经济和集体经济，还包括混合所有制经济中的国有成分和集体成分。

报告还对加快推进国有企业改革提出了建设性意见。报告指出，建立现代企业制度是国有企业改革的方向，要把改革同改组、改造、加强管理结合起来，要着眼于搞好整个国有经济，抓好大的，放活小的，通过对国有企业的战略性改组，搞活整个国有经济。在保持国有经济持续快速健康发展问题上，报告强调必须在深化改革的同时，在加强农业基础地位，调整和优化经济结构，发挥科学技术和提高对外开放水平等方面努力取得重大进展。要根据我国经济发展状况，充分考虑世界科学技术加快发展和国际经济结构加速重组的趋势，着眼于全面提高国民经济整体素质和效益，增强综合国力和国际竞争力，对经济结构进行战略性调整。要实施科教兴国战略和可持续发展战略，把加快科技进步放在经济社会发展的关键地位，把经济建设真正转到依靠科技进步和提高劳动者素质的轨道上来。

关于政治体制改革和民主法制建设，十五大报告提出了"依法治国，建设社会主义法治国家"的基本方略。报告提出，依法治国，就是广大人民群众在党的领导下，依照宪法和法律规定，通过各种途径和形式管理国家事务，管理经济文化事业，管理社会事务，保证国家各项工作都依法进行，逐步实现社会主义民主的制度化、法制化。依法治国，是党领导人民治理国家的基本方略，是发展社会主义市场经济的客观需要，是社会文明进步的重要标志，是国家长治久安的重要保障。报告对政治体制改革的主要任务进行了归纳：发展民主，加强法制，实行政企分开、精简机构，完善民主监督制度，维护安定团结。

大会选举产生了新一届中央委员会和新一届中央纪律检查委员会。9 月 19 日，十五届一中全会选举丁关根等 22 人为中央政治局委员；选举江泽民、李鹏、朱镕基、李瑞环、胡锦涛、尉健行、李岚清为中央政治局常委，江泽民为中央委员会总书记。根据中央政治局常委会的提名，全会选举胡锦涛、尉健行、丁关根、张万年、罗干、温家宝、曾庆红为中央书记处书记；决定江泽民为中央军委主席；批准尉健行为中纪委书记。

十五大最主要的成果是把邓小平理论确立为党的指导思想。同时，根据邓小平理论和党的基本路线，认真总结改革开放以来的丰富经验，进一步强调我国还处在社会主义初级阶段，第一次系统地、完整地提出并论述了党在社会主义初级阶段的基本纲领，对我国在 21 世纪的全面发展做出了战略部署。

二、九届全国人大一次会议　"一个确保、三个到位、五项改革"的任务

为了贯彻落实中共十五大提出的跨世纪的战略目标，进一步确定改革开放和现代化建设的具体部署，1998 年 3 月 5 日至 19 日，九届全国人大一次会议在北京召开。会议的主要议程有：审议并通过《政府工作报告》和其他几个重要报告；审议并批准《国务院机构改革方案》；选举新一届国家领导人。

李鹏代表国务院向大会作《政府工作报告》。报告总结了过去 5 年取得的成绩与不足，从中得出 5 点体会：坚持解放思想、实事求是的思想路线；妥善处理改革、发展、稳定三者之间的关系；既充分发挥市场机制的作用，又加强和改善宏观调控；实施科教兴国战略和可持续发展战略；坚持"两手抓、两手都要硬"的方针。报告提出，未来 5 年，我们将初步建立社会主义市场经济体制，全面完成国民经济和社会发展的第九个五年计划，开始实施下个世纪前 10 年的发展计划，进入和建设小康社会。为实现上述目标，国务院对 1998 年的政府工作提出 8 点建议，即：进一步稳定和加强农业；国有企业改革要取得新的突破；继续加强和改善宏观调控；进一步提高对外开放水平；积极发展科技教育文化事业；努力改善城乡人民的物质文化生活；积极推进政府机构改革；推进祖国和平统一大业。

会议讨论通过了《关于国务院机构改革方案的决定》。这次国务院机构改革的目标是：建立办事高效、运转协调、行为规范的政府行政管理体系，完善国家公务员制度，建设高素质的专业化行政管理队伍，逐步建立适应社会主义市场经济体制的有中国特色的政府行政管理体制。经过调整，国务院所属部委由原有的 40 个减少为 29 个，国务院所属机关人员编制减少一半。这次国务院机构改革是我国政治体制改革的一项重大举措，也是新中国成立以后重大的一次行政机构改革。

会议通过投票选举，产生了新一届国家领导人。江泽民继续当选为国家主席、国家中央军委主席；胡锦涛当选为国家副主席；李鹏当选为九届全国人大常委会委员长。根据国家主席江泽民的提名，决定朱镕基任国务

院总理。根据国家中央军委主席江泽民的提名,决定张万年、迟浩田任国家中央军委副主席。根据朱镕基总理的提名,决定李岚清、钱其琛、吴邦国、温家宝为国务院副总理。

1998年3月19日,在会议闭幕后举行的中外记者招待会上,新上任的国务院总理朱镕基提出了本届政府的任务,概括起来说就是"一个确保、三个到位、五项改革"。"一个确保",就是确保1998年中国的经济发展速度达到8%,通货膨胀率小于3%,人民币不能贬值。"三个到位",一是确定3年左右使大多数国有大中型亏损企业摆脱困境而建立现代企业制度;二是在20世纪末实现中央银行强化监管,商业银行自主经营;三是3年内完成中央政府机构改革。"五项改革",指粮食流通体制改革、投资融资体制改革、住房制度改革、医疗制度改革和财政税收制度改革。朱镕基强调指出,科教兴国是新一届政府最大的任务。为此,他宣布中央已经决定成立国家科技教育领导小组,他任组长,李岚清为副组长。

九届全国人大一次会议召开的同时,全国政协九届一次会议也在北京举行。会议选举李瑞环为新一届全国政协主席,叶选平等31人为副主席。

三、抵御亚洲金融危机和 1998 年抗洪救灾　九届全国人大二次会议通过宪法修正案

逐步落实十五大确立的跨世纪战略部署和九届全国人大一次会议提出的各项改革开放和促进经济发展的举措,是新一届国家领导人上任后的主要任务。但工作刚刚开展,就遇到了来自两个方面的巨大挑战。一是1997年爆发的亚洲金融危机,一是1998年我国长江、嫩江和松花江流域发生了历史上罕见的洪涝灾害。中国政府沉着应对,终于化险为夷,渡过难关。

亚洲金融危机最早导源于泰国。泰国是实施出口导向战略的国家,1984年起实行泰国货币泰铢与美元挂钩的一揽子汇率制度。进入20世纪90年代以后,美元汇价不断走强,泰国对外贸易逆差严重。为平衡国际收支,泰国大幅度开放资本项目,举借巨额外债。然而,由于大量外资投在房地产、股市、汇市等非实质生产性部门,房地产、股市泡沫成分与日俱增,产生大量呆账。面对日益恶化的经济形势,货币投机者纷纷抛售泰铢而抢购美元,泰国金融一片混乱。1997年7月2日,几经挣扎的泰国政府宣布,放弃与美元挂钩的一揽子汇率制度,实行浮动汇率。消息公布当天,泰铢对美元的比价跌落至历史纪录新低,一日内下跌15%～20%。这一事件成

为亚洲金融危机的导火索，由泰国金融危机引起的金融恐慌，迅速波及东南亚各国，随后是日本、韩国，世界股市、汇市为此震颤，泰铢、印尼盾、菲律宾比索、韩元等相继贬值，股票市值接连创下新低。

亚洲金融危机对我国经济产生了很大影响。虽然人民币没有贬值，中国也没有其他亚洲国家所面临的短期外债过高的问题，但亚洲市场的萧条滞碍了我国的进出口贸易。资金匮乏的亚洲企业已无法继续大规模投资中国，来自亚洲地区的合同外资和实际利用外资分别下降了 13.4％和 9.3％。我国外贸出口增长速度也大幅度回落，据海关统计，1998 年我国对亚洲地区出口下降了 9.9％。与此同时，中国东部沿海省市房地产热陷入谷底，失业率上升，国有企业坏账继续攀高，整体经济的健康受到威胁。

亚洲金融危机产生的影响给中国一个警示。整顿金融秩序，预防金融风险，已严峻地摆在了中国政府面前。亚洲金融危机发生之前，中国政府就已注意到防范金融风险和隐患的问题。1993 年，中国政府开始推行信用紧缩政策，以抑制房地产与股市过度投机之风，同时以有力手段抑制通货膨胀，使中国通胀率得以从 1994 年的 22％下降到 90 年代末的 1％以下。危机发生后，中共中央、国务院于 1997 年 11 月召开了全国金融工作会议，重点讨论了《关于深化金融改革，整顿金融秩序，防范金融风险的通知》。《通知》提出，防范和化解金融风险，保证金融安全、高效、稳健运行，是我国经济工作面临的一项重要而紧迫的任务。做好这项工作的指导原则是：深化改革，标本兼治；依法规范，强化监管；积极稳妥，分步实施。针对金融领域中存在的问题，提出了 15 项改革措施，具体包括：改革中国人民银行管理体制；加快国有商业银行的商业化改革步伐；建立健全各类型、多层次的金融机构体系，加快地方性金融机构建设；积极稳妥地发展资本市场，适当扩大直接融资，健全现代金融监管体系，加强金融机构内控制度建设；加大金融执法力度，规范和维护金融秩序。[①] 为加强对金融工作的领导，中共中央决定成立中共中央金融工作委员会，同时，相应成立中央金融纪律检查工作委员会。翌年 6 月，中共中央金融工委正式成立，温家宝任书记。

货币大幅度贬值，是这次亚洲金融危机呈现出的一个共同特征。为此，我国政府坚持人民币不贬值。这一决策有利于我国经济的稳定和发展，对亚洲乃至世界金融和经济的稳定发挥了积极的作用。只有保持国内经济快

---

① 中共中央文献研究室编：《十五大以来重要文献选编》，上册，107～124 页。

速健康的发展，才能确保人民币不贬值。为扩大内需、刺激消费，中国人民银行在 1998 年 3 次降息，创下新中国成立以来一年内降息的最高频率。各商业银行加大对基建项目的贷款力度，同时开展住房、汽车等耐用消费品的信贷业务。1998 年 2 月 26 日，江泽民在中共十五届二中全会上提出，1998 年要完成 3 个最重要的目标：在不断提高效益和优化结构的前提下，保持全国经济持续快速健康发展的良好势头，要努力扩大内需，发挥国内市场的巨大潜力；采取扶植政策鼓励进出口贸易和吸引外资；保持人民币稳定。从 1998 年至 2000 年，国家累计发行 3600 亿元长期国债，用于建设一批重要项目。这一决策对抵御亚洲金融危机的影响，发挥了重要和关键的作用。1999 年 7 月份起，外贸出口开始大幅度回升，全年达到 1949 亿美元，比上年增长 6.1%。2000 年出口总额达到 2492 亿美元，比上年增长 27.8%，全年进出口总额达 4743 亿美元，吸收外商直接投资 407 亿美元，规模也是很大的。所有这些举措大大促进了我国经济的快速增长，使我国经济在周边国家以至世界经济处于低迷状态的情况下，仍然保持 7% 以上的增长速度。我国成功地抵御了亚洲金融危机所带来的消极影响，同时也表明中共中央、国务院在对经济进行宏观调控方面的经验更加成熟。

1998 年我国长江、嫩江和松花江等流域发生了历史上罕见的洪涝灾害。6 月中旬以后，我国江南、华南大部分地区暴雨频繁，北方局部地区也降了大到暴雨。长江干流及洞庭湖、鄱阳湖水系，嫩江、松花江流域，珠江流域的西江和福建闽江等江河相继发生了大洪水。从 7 月初到 8 月底，长江共出现 8 次洪峰，超过 1954 年的历史最高水位。8 月 22 日，松花江第三次洪峰到达哈尔滨时，洪峰水位为 120.89 米，超过 1957 年的历史最高水位 0.84 米。截至 8 月 22 日，全国共有 29 个省、自治区、直辖市遭受不同程度的洪涝灾害，江西、湖南、湖北、黑龙江、内蒙古和吉林等省区受灾最重。特大洪涝灾害给人民的生命财产造成严重损失，也对生产建设和内外贸易造成巨大影响，许多工矿企业停产，长江部分航段中断航运一个多月，直接经济损失达 2000 多亿元。

灾情发生后，根据受到洪水威胁地区的实际情况，中共中央、国务院明确提出了严防死守，确保长江大堤安全、确保重要城市安全、确保人民生命安全的战略方针。在抗洪抢险的最危急时刻，中央果断决策，调动解放军、武警部队 30 余万奔赴抗洪第一线。这是新中国成立以来我军抗御自然灾害动用兵力和装备最多的一次举措，也是自渡江战役以来在长江集结兵力最多的一次行动。全国各受灾省区参加抗洪的各级干部达 800 万人，群众上亿人。与此同时，举国上下纷纷捐款捐物，支援灾区；港澳同胞、海外侨胞也与祖国人民心连心，踊跃为灾区捐助。此外，国际社会也伸出了援助之手。江泽民、李鹏、朱镕基、李瑞环、胡锦涛等中共中央政治局常委分别前往受灾地区察看灾情，慰问抗洪军民。国务院副总理、国家防汛抗旱总指挥部总指挥温家宝多次亲临抗洪前线，直接指挥抗洪抢险斗争。经过全体军民的昼夜奋战，到9月初终于确保了长江、大河、大湖干堤的安全，确保了重要城市和主要交通干线的安全，把这场历史上罕见的特大洪涝灾害的损失减少到最低程度，取得了抗洪抢险斗争的全面胜利。

1999年3月5日至15日，九届全国人大二次会议在北京举行。大会的主要议程是听取和审议关于政府工作的报告；听取和审议关于1998年国民经济和社会发展计划执行情况与1999年国民经济和社会发展计划草案的报告及其他几个重要报告；审议《中华人民共和国宪法修正案》等。朱镕基代表国务院做政府工作报告，报告充分肯定了1998年面对复杂严峻的国内外经济环境，全国人民克服特大洪涝灾害，取得了改革开放和现代化建设的巨大成就。同时指出，前进中还存在不少困难和问题，如市场需求不旺；多年重复建设造成大多数工业行业生产能力过剩，经济结构矛盾更加突出，经济运行质量和效益不高；部分国有企业经营困难加剧；多年积累的金融风险不容忽视等。报告综合分析国内外的有利条件和制约因素，提出1999年经济增长预期为7%左右，为此要继续扩大国内需求和实施积极的财政政策；稳定和完善以家庭承包经营为基础、统分结合的双层经营体制，继续增加农业投入，减轻农民负担；大力推进国有企业改革，推进政企分开，健全监管制度，加快行业调整和改组的步伐，继续做好国有企业下岗职工基本生活保障和再就业工作；实行稳健的货币政策，保持人民币币值稳定；千方百计扩大出口和有效利用外资，等等。

大会讨论通过了《中华人民共和国宪法修正案》。主要内容有：①将邓小平理论作为指导思想写入宪法。②增加"中华人民共和国实行依法治国，建设社会主义法治国家"一款。③充实了社会主义初级阶段的基本经济制度和分配制度，规定："国家在社会主义初级阶段，坚持公有制为主体、多种所有制经济共同发展的基本经济制度，坚持按劳分配为主体、多种分配方式并存的分配制度"。④将宪法第八条第一款中的"农村中的家庭联产承包为主的责任制"改为"农村集体经济组织实行家庭承包经营为基础、统分结合的双层经营体制"。⑤关于个体经济和私营经济，宪法第十一条作了修改，规定"在法律规定范围内的个体经济、私营经济等非公有制经济，是社会主义市场经济的重要组成部分"。⑥将宪法第二十八条中的"反革命活动"修改为"危害国家安全的犯罪活动"。

1999 年 4 月 25 日，发生了"法轮功"组织 1 万余人围堵中南海静坐事件。这是 1989 年政治风波以来北京地区发生的群体性事件中人数最多的一次。当天，江泽民致信中共中央政治局常委及其他有关领导同志，指出："这是一个新的信号，必须引起我们的高度重视。""一九九二年以来，'法轮功'的活动就不断引起争议。对这种已形成为全国性组织，涉及相当多党员、干部、知识分子、军人和工人、农民的社会群体，却迟迟没有引起我们的警觉。"他强调，"必须坚持用正确的世界观、人生观、价值观教育广大干部群众。"①经调查，"法轮功"以强身健体为名，宣扬迷信邪说，蒙骗群众，致使许多修炼者精神失常，家破人亡，妻离子散，千余人致死。党和政府依法处理和解决"法轮功"邪教问题。7 月，中共中央发出通知，要求共产党员不准修炼"法轮功"，同时针对"法轮功"问题，在全体党员中集中开展一次学习教育活动。民政部作出依法取缔"法轮功"组织的决定。对于练习"法轮功"的人，党和政府始终坚持团结、教育、转化、挽救的方针，着眼于团结大多数、教育大多数、转化大多数、解脱大多数，集中处理了策划者、组织者和骨干分子，取得了同"法轮功"邪教组织斗争的胜利。

四、西部大开发战略的制定和开始实施

我国西部地区，包含甘肃、贵州、宁夏、青海、陕西、四川、西藏、新疆、云南、重庆、内蒙古、广西等省、自治区、直辖市，拥有全国 57％的国土面积和 23％的人口。这里地域辽阔，矿产资源丰富。在全国已发现的 160 项矿产资源中，西部不但每项都有，而且有相当种类的储量在全国占据重要位置。除此之外，西部地区的农业资源、林业资源、水和水能资源、生物资源以及旅游资源等，都在全国具有相当重要的地位。这些优越的地理和自然资源优势，具备许多加速开发的基础。改革开放以来，西部经过 20 多年的不懈努力，社会、经济的各个领域都发生了巨大变化，整体实力不断增强，但与东部相比还有相当大的差距。如何利用西部优越的地理和自然优势，实施西部大开发，缩小东西部地区经济的差距和矛盾，已日益成为我国宏观经济运行中的一个突出问题，也是一个长期困扰我国经济和

---

① 《江泽民文选》，第 2 卷，319～320 页。

社会健康发展的全局性问题。20 世纪 90 年代末，随着我国综合国力的逐步增强，实施西部大开发的条件已基本具备。

1999 年 6 月 17 日，江泽民在西安召开的西北五省区国有企业改革和发展座谈会上强调，必须不失时机地加快中西部地区的发展，特别是抓紧研究西部地区的开发。"从现在起，这要作为党和国家一项重大的战略任务，摆到更加突出的位置。"根据江泽民的这一重要指示，1999 年 11 月召开的中央经济工作会议，将西部大开发列为今后几年经济工作的重点之一，并提出了实施西部大开发的基本思路和战略重点。

为了落实西部大开发战略，2000 年 1 月，国务院组成了以朱镕基总理任组长、温家宝副总理任副组长、国务院和中直 19 个相关部委主要负责人参加的西部地区开发领导小组。1 月 19 日至 22 日，国务院西部开发领导小组召开西部地区开发会议，研究加快西部地区发展的基本思路和战略任务。会议指出，实施西部大开发是一项规模宏大的系统工程，当前和今后一个时期，要集中力量抓好几个重点工作：加快基础设施建设、切实加强生态环境保护和建设、积极调整产业结构、加快发展科技和教育、加大改革开放力度。3 月中旬，国务院西部地区开发领导小组办公室正式成立并开始工作。这表明，在新世纪即将到来之际，党中央总揽全局，正式做出了实施西部大开发的战略决策。

西部大开发战略确定了长远的总体目标，2000 年至 2020 年西部地区的经济增长速度要达到全国的平均水平。近期力争实现"十五"计划提出的各项主要目标，到 2010 年实现国内生产总值在 2000 年的基础上翻两番，全区域消除贫困，人民生活达到小康水平。到 2020 年，西部地区国内生产总值在 2010 年基础上再翻两番，使西部地区成为工业经济发达、产业结构合理、科学技术先进、生态环境优美、人民生活富裕的社会主义现代化区域。

2000 年至 2002 年的 3 年期间，国家在西部地区新开工 36 项重点工程，投资规模达 6000 多亿元。2000 年是实施西部大开发战略的第一年，重点展开了 4 个方面的工作：做好西部开发的总体规划；制定促进西部开发的政策措施；加快西部地区基础设施建设；加强西部地区生态环境保护和建设。国家在西部基础设施建设方面开始了几项大的工程建设，主要有：建设西安至南京铁路中的西安至合肥段，全长 955 公里，总投资 232 亿元；投资 182 亿元修建全长约 640 公里的渝（重庆市）怀（湖南省怀化）公路；兴建西安咸阳国际机场，形成以成都双流机场、昆明巫家坝机场、西安咸阳机场、兰州中川机场和乌鲁木齐机场为中心的轮辐式航空网络；修建柴达木盆地涩北至西宁至兰州的天然气管道，全长953公里，输气规模达每年20亿立方米，建成后将大大改善兰州、西宁两市的大气质量；修建四川紫坪铺和宁夏黄河沙坡头水利枢纽，这是集发电、灌溉、防洪等功能为一体的大型水利工程，其中位于岷江上游的紫坪铺工程，总投资约62亿元，水库总库容约11亿立方米，装机容量67万千瓦；在长江上游和黄河中上游地区实施退耕515万亩的计划，同时安排宜林荒山荒地人工造林648万亩。此外"西电东送"工程、青海钾肥工程、西部高校基础建设工程和重庆市高架轻轨交通工程也开始投入建设。

西部大开发战略，是一项带有全局性的大战略、大思路，是一项规模宏大的系统工程，在经济、政治、社会发展等方面，都具有十分重大的战略意义。

五、香港、澳门回归祖国　海峡两岸关系的波折

按照1984年签订的《中英关于香港问题的联合声明》，中华人民共和国政府将于1997年7月1日对香港恢复行使主权。1985年7月1日，香港特别行政区基本法起草委员会正式成立并开始工作。经过5年多的努力，1990年4月，《中华人民共和国香港特别行政区基本法》在全国人大七届三次会议上正式通过。该法共160条，是"一国两制"构想的具体体现，其基本精神是：坚持维护国家主权统一和领土完整的基本原则；坚持"一国两制"原则；保持香港繁荣稳定，实行港人治港、高度自治原则等。1996年1月26日，由150名委员组成的香港特别行政区筹委会在北京成立。1月28日，国务院和中央军委发布公告，中国人民解放军驻香港部队组成，并在深圳首次正式亮相。香港特别行政区筹委会的成立和驻港部队的组成，标志着我国政府对香港恢复行使主权的准备工作进入具体实施阶段。1996年12月11日，经过香港特别行政区第一届政府推选委员会的选举，董建华当选为香港特别行政区第一任行政长官。12月21日，推选委员会在深圳举行第四次全体会议，选举产生了香港特别行政区临时立法会议员60名，随后又选举范徐丽泰为临时立法会主席。

1997年6月30日午夜，中英两国政府香港政权交接仪式在香港会议展览中心隆重举行。6月30日23时42分，交接仪式正式开始，中方国家主席江泽民、国务院总理李鹏、国务院副总理兼外交部长钱其琛、中央军委副主席张万年、香港特别行政区首任行政长官董建华，英方查尔斯王子、

首相布莱尔、外交大臣库克、离任港督彭定康、国防参谋长查尔斯·格思里，同时步入会场登上主席台。7月1日零时，中华人民共和国国旗和中华人民共和国香港特别行政区区旗在香港升起。中华人民共和国主席江泽民庄严宣告：根据中英关于香港问题的联合声明，两国政府如期举行了香港交接仪式，宣告中国对香港恢复行使主权。中华人民共和国香港特别行政区正式成立。同日，中央军委主席江泽民命令中国人民解放军驻香港部队进驻香港特别行政区。1997年7月1日零时起，驻港部队开始履行防务职责。

香港回归祖国标志着中国人民洗雪了香港被割占的百年国耻，开创了香港与祖国内地共同发展的新纪元，标志着我们在完成祖国统一大业的道路上迈出了重要一步，标志着中国人民为世界和平、发展与进步事业做出了新的贡献。

继香港回归祖国后，澳门回归也提上重要议程。1987年签署的《中葡关于澳门问题的联合声明》确认：中华人民共和国政府将于1999年12月20日对澳门恢复行使主权，并设立澳门特别行政区。1993年3月，全国人大八届一次会议审议并通过了《中华人民共和国澳门特别行政区基本法》。1998年5月，由100人所组成的澳门特别行政区筹备委员会正式成立并开始工作。1999年4月，筹委会选举产生了200名由澳门永久性居民组成的澳门特别行政区第一届政府推选委员会。5月15日，"推委会"以无记名投票的方式选举何厚铧为第一任行政长官。随后，澳门特别行政区第一届立法会也按照预定程序顺利产生。11月10日，中华人民共和国中央人民政府派驻澳门特别行政区的部队组建完成。至此，澳门回归的各项准备工作已经全部就绪。

12月19日深夜，中葡两国政府澳门政权交接仪式在澳门文化中心花园馆隆重举行。20日零时整，在雄壮的中华人民共和国国歌声中，中华人民共和国国旗和中华人民共和国澳门特别行政区区旗冉冉升起。江泽民主席在致辞中庄严宣布，中国政府对澳门恢复行使主权。随后，澳门特别行政区第一任行政长官何厚铧及第一任特区政府主要官员宣誓就职，澳门特别行政区政府正式宣告成立。以此为标志，"一国两制"、"澳人治澳"、高度自治的基本方针在澳门正式实施，澳门进入发展的新纪元。

20世纪90年代初，海峡两岸关系有所发展。两岸之间经济、贸易、科技、文化、教育、新闻、体育、卫生等领域的交流逐渐活跃，探亲、旅游方面的人员往来也逐年增多。与此同时，海峡两岸民间机构开始进行一些政治性的接触。1991 年 12 月和 1990 年 11 月，大陆"海峡两岸关系协会"（简称"海协会"）和台湾"海峡交流基金会"（简称"海基会"）分别宣告成立。作为海峡两岸民间最高中介团体，它们积极地通过接触、会商和谈判，推动着两岸关系的良性发展。1992 年 11 月，为了通过商谈妥善解决两岸同胞交往中所衍生的具体问题，二者达成在事务性商谈中各自以口头方式表述"海峡两岸均坚持一个中国原则"的共识。1993 年 4 月，大陆"海峡两岸关系协会"会长汪道涵与台湾海峡交流基金会董事长辜振甫在新加坡成功地举行了海峡两岸 40 多年来首次民间最高层次的会晤。双方就两岸经济合作、科技文化交流及两会联系的方式和会谈制度等问题交换了意见，并签署了《汪辜会谈共同协议》等 4 项协议。"汪辜会谈"标志着两岸关系向前跨出了历史性的重要一步，并对未来两岸关系的发展产生了深远的影响。

1995 年 1 月 30 日，利用春节这个中华民族的传统节日，江泽民发表了《为促进祖国统一大业的完成而继续奋斗》的重要讲话。这个讲话全面、系统、精辟地阐释了"和平统一、一国两制"伟大构想的基本内容，提出了现阶段发展两岸关系建设性的 8 项看法和主张：①坚持一个中国的原则，是实现和平统一的基础和前提。中国的主权和领土决不容许分割。②对于台湾同外国发展民间性经济、文化关系，我们不持异议。③进行海峡两岸和平统一谈判，是我们的一贯主张。④努力实现和平统一，中国人不打中国人。⑤面向 21 世纪世界经济的发展，要大力发展两岸经济交流与合作，以利于两岸经济共同繁荣，造福整个中华民族。⑥中华民族儿女共同创造的五千年灿烂文化，始终是维系全体中国人的精神纽带，也是实现和平统一的一个重要基础。⑦2100 万台湾同胞，不论是台湾省籍还是其他省籍，都是中国人，都是骨肉同胞、手足兄弟。要充分尊重台湾同胞的生活方式和当家做主的愿望，保护台湾同胞一切正当权益。⑧我们欢迎台湾当局的领导人以适当身份前来访问；我们也愿意接受台湾方面的邀请，前往台湾。

江泽民 1995 年的春节讲话是解决台湾问题的纲领性文件，受到海内外中国人的热烈欢迎，也引起了国际社会的高度重视，从而带动两岸关系在 1995 年上半年出现了前所未有的良好发展势头。然而台湾当局领导人李登辉于 1995 年 6 月，以所谓"私人身份"访问美国，鼓吹"争取生存空间"，强力推动台湾"参与联合国"，大搞分裂活动，在国际上制造"两个中国"和"一中一台"，挑起两岸的冲突，使两岸关系急转直下。为配合李登辉访美，台湾当局在 5 月底至 6 月初的 10 天里，连续进行 4 次针对大陆的军事演习。这种明显带有"台独"、分裂祖国倾向的言行，遭到包括台湾人民在内的海内外中国人的强烈反对。经过中国共产党和广大人民一系列有理、有利、有节的斗争，台湾当局才有所收敛。

　　1997年，两岸关系出现了和缓的趋势。1998年10月，应大陆海协会的邀请，海基会董事长辜振甫率海基会参访团对祖国大陆进行参观访问。通过在上海的会见与商谈，海协会会长汪道涵与辜振甫达成4点共识：两会决定进行包括政治、经济等各方面内容的对话；进一步加强两会间多层次的交流与互访；对涉及两岸同胞生命财产安全的事件，两会加强个案协助；汪道涵表示愿意应辜振甫的邀请在适当时候访问台湾。18日，中共中央总书记江泽民在北京会见了辜振甫，就涉及两岸关系的重大问题发表了意见，对辜振甫与汪道涵达成的4点共识表示赞赏。通过这次汪辜会谈，两会增加了相互了解，达成了共识，为两岸实现政治谈判的程序性商谈创造了条件，促进了两岸关系的发展。

　　按照两会的磋商，汪道涵预计在1999年秋季赴台湾参观访问，以促进两岸的对话和交流。但是，在该年7月9日，李登辉在接受"德国之声"记者采访时，公然宣称台湾当局已将两岸关系定位为"国家与国家的关系，至少是特殊的国与国的关系"。两岸关系发生波折。李登辉分裂祖国的"两国论"发表之后，立刻遭到海内外一切爱国的中国人的一致谴责。9月上旬，人民解放军南京、广州军区陆海空三军、第二炮兵和民兵预备役部队，在浙江、粤南沿海举行了大规模的诸军兵种联合渡海登陆作战演习。我军已严阵以待，时刻准备捍卫国家主权和领土完整，坚决粉碎任何分裂祖国的图谋。

　　2000年3月，台湾地区领导人进行更迭选举，民进党候选人陈水扁当选。5月20日，陈水扁发表就职讲话，宣布了对两岸关系的"四不一没有"的有关政策，即不会宣布"台独"，不会更改"国号"，不会推动"两国论入宪"，不会推动"统独公投"，没有废除"国统纲领"与"国统会"的问题。但在接受一个中国原则这个关键问题上采取了回避、模糊的态度。当天，中共中央台湾工作办公室、国务院台湾事务办公室受权就两岸关系问题发表声明。声明指出："是否接受一个中国原则，是检验台湾当局领导人是维护国家主权与领土完整，还是继续顽固推行'台独'分裂政策的试金石。""台湾当局新领导人既然表示不搞'台独'，就不应当附加任何条件；就更不应当否认一个中国，台湾是中国一部分的现实，把一个中国说成是'未来'的"。"台湾当局新领导人应当审时度势，顺应历史潮流，摒弃分裂主张，走和平统一的光明大道。如果真想谋求两岸关系的和平、稳定、改善和发展，舍此没有第二条路可走。"①

事实证明，陈水扁并未遵行他"四不一没有"的承诺。他所采取的不过是所谓"柔性台独"、"隐性台独"的政策，即在坚持"台独"立场的前提下，避免与祖国大陆的直接冲突，以减轻海峡两岸关系对他本人和民进党的压力。2002 年 8 月，他更提出了"一边一国"论。2004 年大选中，陈水扁再次当选。他宣称要建立所谓"两岸和平稳定互动架构"，提出所谓"一个和平原则"。其实质则是否认"一个中国"，继续鼓吹"一边一国"，坚持其"渐进式台独"策略。

陈水扁背离和平统一的做法，严重阻碍着两岸关系的良性发展。2004 年 5 月 17 日，中共中央台湾工作办公室、国务院台湾事务办公室就当前两岸关系问题发表声明，对旨在分裂中国的"台湾独立"活动进行了严厉批评。声明义正词严地指出了我们"五个决不"的立场：坚持一个中国原则的立场决不妥协，争取和平谈判的努力决不放弃，与台湾同胞共谋两岸和平发展的诚意决不改变，坚决捍卫国家主权和领土完整的意志决不动摇，对"台独"决不容忍。声明提出了"七项主张"：恢复两岸对话与谈判，平等协商，正式结束敌对状态，建立军事互信机制，共同构造两岸关系和平稳定发展的框架；以适当方式保持两岸密切联系，及时磋商解决两岸关系中衍生的问题；实现全面、直接、双向"三通"，以利两岸同胞便捷地进行经贸、交流、旅行、观光等活动；建立紧密的两岸经济合作安排，互利互惠；进一步密切两岸同胞各种交流，消弭隔阂，增进互信，累积共识；在两岸关系的祥和气氛中，台湾同胞追求两岸和平、渴望社会稳定、谋求经济发展的愿望将得以实现；通过协商，妥善解决台湾地区在国际上与其身份相适应的活动空间问题，共享中华民族的尊严。同时，声明指出："如果台湾当权者坚持'台独'分裂立场，坚持'一边一国'的分裂主张，非但上述前景不能实现，而且将葬送两岸的和平稳定、互利双赢。""现在，有两条道路摆在台湾当权者面前：一条是悬崖勒马，停止'台独'分裂活动，承认两岸同属一个中国，促进两岸关系发展；一条是一意孤行，妄图把台湾从中国分割出去，最终玩火自焚。何去何从，台湾当权者必须做出选择。""如果台湾当权者铤而走险，胆敢制造'台独'重大事变，中国人民将不惜一切代价，坚决

---

① 《中共中央台办、国务院台办受权就两岸关系问题发表声明》，载《人民日报》，2000-05-21。

彻底地粉碎'台独'分裂图谋。"①

六、对外关系的新变化

　　进入 20 世纪 90 年代以来，两极格局已经终结，世界正朝着多极化方向发展。在这样一个机遇与挑战并存的时期，我国始终奉行独立自主的和平外交政策，把维护国家的独立和主权，促进世界的和平与发展，作为外交政策的基本目标。为实现这一目标，向世界展现中国的新形象，党和国家领导人日益频繁地活跃在国际舞台上，中国以积极的姿态参与到国际事务当中。在处理外交事务中，冷静观察，沉着应付，抓住机遇，开拓进取，既坚持原则立场，又讲求斗争艺术，坚决维护我国的国家利益和安全。

　　中美关系是中国外交的重中之重。20 世纪 90 年代初以来的 10 多年间，中美关系一波三折，时好时坏。1992 年 9 月，美国政府违反 1982 年"八·一七公报"宣布向我国台湾出售 150 架 F-16 战斗机。这是干涉中国内政、损害中国人民感情的严重事件，给正在复苏的中美关系蒙上一层阴影。1993 年 11 月，江泽民出席在美国西雅图举行的亚太经济合作组织（APEC）领导人非正式会议期间，与美国总统克林顿举行了正式会晤。这是两国最高领导人自 1989 年 2 月以来的首次会晤。双方就中美之间重大问题交换了意见，彼此增进了了解，这标志着中美关系有了一个新的良好的开端。1994 年 11 月，在印尼举行的第二次亚太经济合作组织领导人非正式会议期间，江泽民在与克林顿的会晤中提出建立新型中美关系的 5 项原则：第一，双方都着眼于世界大局和 21 世纪，从更广泛的范围和长远的观点处理中美关系。第二，相互尊重各自的国情和选择，摆脱社会制度和意识形态差异对两国关系的影响，以友好的精神处理相互间的一切问题。第三，充分利用各自经济的优势和特点，在平等互利基础上推动两国经济合作全面发展。第四，加强两国在国际事务和国际组织中的磋商与合作，在解决世界热点、大规模毁灭性武器扩散及环保、缉毒、恐怖主义、走私等社会问题上开展协作。第五，增进相互间的来往和交流，特别是高层互访和接触。

　　台湾问题是中美关系中最敏感的核心问题。克林顿上任后多次重申美国坚持 3 个联合公报的原则，奉行一个中国的政策。但是，美国国内反华势

---

　　① 《中共中央台湾工作办公室、国务院台湾事务办公室受权就当前两岸关系问题发表声明》，载《人民日报》，2004-05-17。

力总是企图制造事端，为两国关系的发展设置障碍。1995 年 5 月，美国宣布允许李登辉以"私人"名义访美，引起了中国外交部的强烈抗议，中美关系陷入低谷。1996 年，克林顿竞选连任。他表示对华政策仍奉行建设性的接触政策。1997 年和 1998 年，中国国家主席江泽民和美国总统克林顿分别对对方进行了国事访问。访问达到了增进了解、扩大共识、发展合作、共创未来的目的，推动中美关系进入了一个新的发展阶段。1997 年 10 月，江泽民访美期间双方在《中美联合声明》中确认，两国将在中美 3 个联合公报的原则基础上处理中美关系，共同致力于建立中美建设性战略伙伴关系。

1999 年 5 月以美国为首的北约轰炸中国驻南斯拉夫联盟共和国大使馆，使中美关系受到严重损害。5 月 8 日晨，以美国为首的北约悍然使用导弹袭击了我国驻南联盟共和国大使馆。新华社贝尔格莱德分社记者邵云环、《光明日报》社驻南联盟记者许杏虎和妻子朱颖 3 人遇难，20 多名使馆人员受伤，大使馆建筑严重毁坏。当天上午，中国政府发表严正声明，严厉谴责以美国为首的北约粗暴侵犯中国主权的野蛮暴行。外交部紧急召见美国驻华大使，提出最强烈的抗议。事件发生后，全国各地人民群众纷纷集会、座谈，抗议以美国为首的北约袭击我驻南联盟大使馆的野蛮行径，对牺牲的烈士表示哀悼。中国政府向以美国为首的北约提出 4 点严正要求：公开正式向中国政府、中国人民和中国受害者家属道歉；对事件进行全面彻底的调查；迅速公布调查的详细结果；严惩肇事者。在中国人民的强烈抗议和中国政府的严正交涉下，克林顿表示向中国领导人和中国人民正式道歉并赔偿。但美国随后的调查认为这是一起"误炸"，未能对事件真相做出令人信服的解释。中国政府对美方的说法表示不能接受，并要求美方认识到这一事件的严重性，高度重视中方的严正立场和要求。在这场斗争中，中国政府和中国人民坚决捍卫了国家主权和尊严，表明了反对霸权主义和强权政治的决心，体现了中国人民同仇敌忾、团结御侮的气势和力量以及中华民族泱泱大国的文明形象，坚定了全党全国上下埋头苦干、卧薪尝胆，一定要把我国的社会生产力、综合国力、国际竞争力搞上去的信心。

9 月 11 日，江泽民主席同美国总统克林顿在新西兰奥克兰出席亚太经济合作组织领导人非正式会议期间举行了正式会晤，使中美关系得到恢复和发展，双方在各个领域的交流与往来有所增多。2001 年初小布什上台后奉行对华的强硬立场以及当年 4 月 1 日发生在我南海上空的"撞机事件"，使刚刚升温的中美关系一落千丈。"9·11"事件发生后，小布什急切寻求中国在反恐问题上的支持，中美关系开始好转。2002 年至 2004 年，中美关系的发展虽受到一些干扰，但总体上保持着改善与发展的势头，呈现出相对稳定的状态。

苏联解体以后，中国根据不干涉别国内政和尊重各国人民选择的原则，与先后独立的 15 个国家建立了外交关系。俄罗斯继承了原苏联在联合国的席位，中苏关系随即过渡为中俄关系。1992 年 12 月，俄罗斯总统叶利钦访华，中俄签署了《关于中华人民共和国和俄罗斯联邦相互关系的联合声明》，宣布两国"互视为友好国家"，将保持和发展长期稳定的睦邻友好、互利合作的关系。1994 年 9 月，江泽民访问俄罗斯，与叶利钦举行会谈。双方就建立面向 21 世纪的中俄建设性伙伴关系达成共识。双方签署了《中俄联合声明》、《中华人民共和国和俄罗斯联邦关于中俄国界西段的协定》等重要文件。1995 年 10 月，双方互换了国界西段协议的批准书，使协定开始生效。而在此之前，即 1992 年 3 月，两国互换批准书，使两国政府于 1991 年 5 月签署的两国国界东段协议正式生效。1996 年 4 月，叶利钦再度访华，中俄表示要确立面向 21 世纪的战略协作伙伴关系。此后，中俄两国元首、政府首脑多次互访，促进了两国在政治、经贸、地区安全、文化、科技等方面的合作。2000 年 7 月，俄罗斯总统普京正式访问中国。江泽民与普京在会谈中一致商定，为了确保中俄世代友好，永远做好朋友、好邻居、好伙伴，将签署不具结盟性质的中俄睦邻友好合作条约。[①] 中俄两国已建立了元首会晤、总理会晤及各种合作委员会等机制，两国之间战略协作伙伴关系正在稳步发展。

20 世纪 90 年代以后，中国在打破西方国家对华制裁之后，中国与西欧国家及欧盟关系取得了新进展。1994 年 9 月，江泽民主席在访问法国期间，提出了发展中国与西欧关系的 4 项原则。即：面向 21 世纪，发展长期稳定的友好合作关系；相互尊重，求同存异；互利互补，促进共同发展；加强在国际事务中的磋商与合作。1997 年 5 月，法国总统希拉克访华，双方发表联合声明，决定建立面向 21 世纪的全面伙伴关系。1997 年香港回归后，中英关系出现新局面。1998 年，朱镕基总理与英国首相布莱尔进行了互访。同年，中国与欧盟确立了"面向 21 世纪的长期稳定的建设性伙伴关系"。2000 年，江泽民主席年内两度出访西欧国家，西欧国家领导人也相继来华访问。这些高层互访增进了彼此了解，扩大了共识，不仅为加强双边互利

---

① 2001 年 7 月，江泽民对俄进行国事访问期间，两国元首正式签署了《中华人民共和国和俄罗斯联邦睦邻友好合作条约》。

合作开辟了广阔前景，也为中国与欧盟发展面向新世纪的建设性伙伴关系奠定了良好的基础。

加强与周边国家的睦邻友好，是中国政府的基本国策。20 世纪 90 年代以来，我国在巩固和发展同周边国家友好合作关系的同时，妥善处理与邻国的领土和海洋权益的争端，既维护了我国正当权益，又争取了与周边国家的和平相处。1992 年 8 月 24 日，中国与韩国正式建交。中国非常关注朝鲜半岛局势，积极促进南北对话，维护朝鲜半岛的和平。中国和越南经过一个时期的紧张关系后，1991 年 11 月，两国关系实现正常化。1994 年 11 月，江泽民应邀访问越南。这是两国建交以来中国最高领导人首次访越。与此同时，中国同东盟国家的关系进入新的发展阶段，与南亚各国的关系也在扩大交往、相互尊重、互利互惠、求同存异、团结合作的原则下得以发展。在同亚洲各国关系中，中日关系在存在磕碰与摩擦的同时，总体上保持着稳定发展的良好势头。

加强同发展中国家的团结与合作也是中国外交的基本立足点。在这些年当中，中国始终与亚非拉各国保持密切接触，为反对霸权主义、强权政治，维护各国的主权和独立做出了贡献。仅 2000 年，就有 30 多个发展中国家的领导人来华访问，我国党和国家领导人江泽民、李鹏、朱镕基、李瑞环、胡锦涛等也相继访问了 30 多个亚非拉发展中国家。这些访问加深了中国同发展中国家的相互理解和信任，加强了在重大国际问题上的相互磋商与支持，密切了在经贸领域里的互利合作。

进入 21 世纪后，中国作为联合国安理会常任理事国，进一步开展多边外交活动，在国际上发挥了积极和建设性的作用，为建立和平稳定、公正合理的国际政治经济新秩序，促进世界多极化趋势的发展，做出了自己的努力。

七、新中国成立 50 周年大庆　"九五"计划的完成和"十五"计划的制定

1999 年国庆恰逢中华人民共和国成立 50 周年，中共中央、国务院决定在首都北京举行盛大的阅兵仪式和群众游行。10 月 1 日上午 10 时，庆典开始。在 50 响礼炮和中华人民共和国国歌声中，五星红旗冉冉升起。中共中央总书记、国家主席、中央军委主席江泽民乘国产红旗牌检阅车，检阅了 42 个由人民解放军陆海空三军和人民武装警察部队、民兵预备役部队组成

的地面方队。随后，江泽民在天安门城楼上发表重要讲话。他说：经过50年特别是改革开放20年来艰苦卓绝的奋斗，昔日积贫积弱的中国发生了翻天覆地的历史巨变。勤劳、勇敢、智慧的中国人民在党的领导下，在古老的华夏大地上创造了举世惊叹的人间奇迹。实践已经充分证明，只有社会主义才能救中国，只有社会主义才能发展中国。实践也充分证明，建设有中国特色社会主义，是实现中国经济繁荣和社会全面进步的康庄大道。他向世界宣布：从20世纪中叶到21世纪中叶，中国人民经过100年的艰苦创业，将基本实现社会主义现代化。中华民族将以更加强劲的英姿屹立于世界民族之林。①

10时36分，阅兵分列式开始。由中国人民解放军仪仗大队组成的仪仗方队护卫着中国人民解放军军旗走在最前面。随后，中国人民解放军陆军、海军、空军及武装警察部队、民兵预备役的1万多名官兵和400多台战车、火炮、各种导弹等，分别组成16个徒步方队和25个车辆方队，浩浩荡荡通过天安门广场。11时5分，人民空军132架战鹰从北京天安门广场上空掠过，将盛大的国庆50周年阅兵式推向高潮。这次阅兵给全国各族人民以巨大鼓舞，同时也对中国军队现代化建设产生巨大的推动作用。

50多万群众游行队伍紧随受检阅部队向广场行进。游行队伍展示了"开国创业"、"改革辉煌"、"世纪腾飞"3个主题，生动地反映了新中国成立50周年特别是改革开放20年来，在毛泽东、邓小平、江泽民为核心的党的三代中央领导集体的领导下发生的翻天覆地的变化，表现了全国各族人民奋发努力、满怀豪情迈向新世纪的精神风貌。

2000年是20世纪的最后一年，也是"九五"计划的最后一年。"九五"期间，国民经济和社会发展取得显著成绩。到2000年，国内生产总值达89404亿元，五年间平均每年增长8.3%。人均国民生产总值比1980年翻两番的任务，已经超额完成。"九五"计划的完成，标志着我国现代化建设第二步战略目标已经实现。经过全党和全国各族人民的共同努力，我国生产力水平迈上了一个大台阶，经济建设和社会发展取得巨大成就，人民生活总体上迈向小康水平。这是中华民族发展史上一个新的里程碑。

从2001年开始，人类社会进入21世纪。我国将进入全面建设小康社会，加快推进社会主义现代化建设的新的发展阶段。2000年10月，中共十五届五中全会在北京举行。全会审议并通过《中共中央关于制定国民经济和

---

① 《江泽民文选》，第2卷，418～420页。

社会发展第十个五年计划的建议》。《建议》提出了"十五"时期我国经济社会
发展的主要奋斗目标:国民经济保持较快发展速度,经济结构战略性调整
取得明显成效,经济增长质量和效益显著提高,为到2010年国内生产总值
比2000年翻一番奠定坚实基础;国有企业建立现代企业制度取得重大进展,
社会保障制度比较健全,完善社会主义市场经济体制迈出实质性步伐,在
更大范围内和更深程度上参与国际经济合作与竞争;就业渠道拓宽,城乡
居民收入持续增加,物质文化生活有较大改善,生态建设和环境保护得到
加强;科技教育加快发展,国民素质进一步提高,精神文明建设和民主法
制建设取得明显进展。《建议》强调:制定"十五"计划并顺利实现上述目标,
必须把发展作为主题,把结构调整作为主线,把改革开放和科技进步作为
动力,把提高人民生活水平作为根本出发点。

按照《建议》的精神,国务院集中各方面的意见,具体落实"十五"计划
的制订和实施,使我国在21世纪一开始就有了一个积极向上的经济和社会
发展的计划,这对于实现我国现代化建设第三步战略目标具有重要意义。

第四节 "三个代表"重要思想的提出和贯彻

一、"三个代表"重要思想的提出 中国进入新世纪的三大任务

举什么样的旗帜,走什么样的道路,决定着党的前途命运,也决定着
我们国家的盛衰存亡。进入21世纪,我国跨入全面建设小康社会、加快推
进社会主义现代化建设的新的发展阶段。在这个重要发展机遇期,江泽民
提出了"三个代表"重要思想,从根本上回答了在充满挑战和希望的21世纪,
我们党要把自己建设成为一个什么样的党和怎样建设党的问题。

2000年2月,中共中央总书记、国家主席江泽民在广东考察工作时发
表重要讲话,提出了"三个代表"重要思想。江泽民指出:"总结我们党七十
多年的历史,可以得出一个重要结论,这就是:我们党所以赢得人民的拥
护,是因为我们党在革命、建设、改革的各个历史时期,总是代表着中国
先进生产力的发展要求,代表着中国先进文化的前进方向,代表着中国最
广大人民的根本利益,并通过制定正确的路线方针政策,为实现国家和人
民的根本利益而不懈奋斗。""在新的历史条件下,我们党如何更好地做到这

'三个代表'，是一个需要全党同志特别是党的高级干部深刻思考的重大课题。"①

　　"三个代表"重要思想是江泽民根据国际国内形势的新变化，根据我国改革开放和现代化建设面临的新问题和新任务，根据中国共产党肩负的历史使命和自身建设的实际，在深刻总结党的历史经验的基础上，经过了长时期的思考后提出的。

　　从国际环境看，世界格局多极化趋势不可逆转，经济全球化进程加快发展，以经济、科技、军事实力和民族凝聚力为主要内容的综合国力的竞争日趋激烈。我们党作为中国这样一个大国的执政党，只有通过加强自身建设，始终坚持"三个代表"以保持先进性，才能不断提高执政水平和领导水平，准确把握世界发展的新潮流、新趋势，在激烈的国际竞争中始终立于不败之地。从国内看，经过十一届三中全会以来尤其是十三届四中全会以来的发展建设，我国生产力水平大幅度跃升，综合国力显著增强，人民生活总体上达到小康水平。但与此同时，改革和建设中的各种矛盾相互交织，特别是改革的深化引起社会经济关系的新变化和各种利益关系的调整，给政治、经济、社会、文化生活都带来深刻影响，人民内部矛盾日趋复杂化和多样化。从党的自身情况看，随着党和国家事业的发展，党的队伍发生重大变化。新党员数量大幅度增加，干部队伍新老交替不断进行，一大批年轻干部走上领导岗位。进一步提高党的领导水平和执政水平、提高拒腐防变和抵御风险的能力，是我们党必须解决好的两大历史性课题。有鉴于此，江泽民指出："始终做到'三个代表'是我们党的立党之本、执政之基、力量之源。""在新的历史条件下，按照'三个代表'要求加强党的建设，既是一项紧迫的现实任务，也是一项长期的历史任务，要贯穿于我们党领导人民进行现代化建设的全过程。"②

　　"三个代表"重要思想，对党的性质、宗旨和根本任务进行了新概括，深化了对中国特色社会主义的认识，是对马克思主义建党学说的新发展，是新形势下对各级党组织和党员干部提出的新要求，是在新的历史条件下全面加强党的建设的伟大纲领。

　　在 20 世纪即将过去、新的世纪就要来临之际，人们在回顾总结 20 世纪中国走过的艰难曲折历程的同时，对 21 世纪中国的前程抱有极大的希望。

---

① 《江泽民文选》，第 3 卷，1、2 页。
② 《江泽民文选》，第 3 卷，15、30 页。

2000 年 12 月 31 日，江泽民通过中国国际广播电台、中央人民广播电台和中央电视台发表新年贺词，向全中国和全世界宣布了中国进入新世纪的三大任务：继续推进现代化建设，完成祖国统一，维护世界和平与促进共同发展。江泽民说："中国人民将坚持以邓小平理论为指导，坚定不移地推进改革开放和经济建设，坚定不移地贯彻'和平统一、一国两制'方针，坚定不移地奉行独立自主的和平外交政策，为不断推进建设有中国特色社会主义事业，最终实现祖国的完全统一，实现中华民族的伟大复兴而不懈奋斗，争取对人类做出新的更大的贡献。"

二、江泽民在中国共产党成立 80 周年大会上的讲话

2001 年 7 月 1 日，在庆祝中国共产党成立 80 周年大会上，江泽民发表了著名的"七一"讲话。讲话系统总结了我们党 80 年的光辉历程和基本经验，全面阐述了"三个代表"重要思想的科学内涵，深刻回答了在新的历史条件下加强和改进党的建设需要解决的重大问题，进一步指明了党在新世纪的历史任务和奋斗目标。

讲话指出，中国共产党的成立影响着中国的历史。在 80 年的时间中，中国人民先是在中国共产党的领导下取得了新民主主义革命的胜利，接着又在新中国成立后取得了社会主义建设的巨大成功。"在新的世纪，继续推进现代化建设，完成祖国统一大业，维护世界和平与促进共同发展，是我们党肩负的重大历史任务。"而胜利完成这三大历史任务，我们党"必须坚定不移地贯彻落实'三个代表'要求。'三个代表'要求，是我们党的立党之本、执政之基、力量之源，也是我们在新世纪全面推进党的建设，不断推进理论创新、制度创新和科技创新，不断夺取建设有中国特色社会主义事业新胜利的根本要求"。

讲话对"三个代表"的内涵与实质进行了高度概括与提炼。讲话指出："我们党要始终代表中国先进生产力的发展要求，就是党的理论、路线、纲领、方针、政策和各项工作，必须努力符合生产力发展的规律，体现不断推动社会生产力的解放和发展的要求，尤其要体现推动先进生产力发展的要求，通过发展生产力不断提高人民群众的生活水平。""我们党要始终代表中国先进文化的前进方向，就是党的理论、路线、纲领、方针、政策和各项工作，必须努力体现发展面向现代化、面向世界、面向未来的，民族的科学的大众的社会主义文化的要求，促进全民族思想道德素质和科学文化素质的不断提高，为我国经济发展和社会进步提供精神动力和智力支持。"

"我们党要始终代表中国最广大人民的根本利益，就是党的理论、路线、纲领、方针、政策和各项工作，必须坚持把人民的根本利益作为出发点和归宿，充分发挥人民群众的积极性主动性创造性，在社会不断发展进步的基础上，使人民群众不断获得切实的经济、政治、文化利益。""三个代表"三者之间是统一的整体，相互联系，相互促进。

讲话深刻分析了新形势下党的建设的重要性。讲话指出："面对我们肩负的历史重任，面对国际国内各种复杂因素的影响和各种风险的考验，我们党要始终成为中国工人阶级先锋队，同时成为中国人民和中华民族的先锋队，成为中国先进生产力的发展要求、中国先进文化的前进方向、中国最广大人民的根本利益的忠实代表，成为建设有中国特色社会主义事业的领导核心，就必须不断加强和改进党的建设，努力把全体党员锻炼成坚定的共产党人。"讲话提出："我国已进入了全面建设小康社会、加快推进社会主义现代化的新的发展阶段。全党同志要居安思危，增强忧患意识，不骄不躁，继续全面推进改革开放和现代化建设，为到本世纪中叶基本实现社会主义现代化而奋发工作。"①

江泽民"七一"讲话全面回顾和系统总结了我们党 80 年的光辉历程和基本经验，围绕在新的历史条件下建设一个什么样的党和怎样建设党这个基本问题，深刻阐述了"三个代表"重要思想的科学内涵，进一步阐明了党在新世纪的历史任务和奋斗目标，是一篇马克思主义的纲领性文献，对进一步做好党和国家的各项工作，具有重大而深远的意义。在此之后，全国各地兴起学习贯彻"三个代表"重要思想的热潮，"三个代表"重要思想在实践中显示出巨大的威力，已成为全面推进社会主义现代化建设，实现中华民族伟大复兴的政治纲领和行动指南。

三、中共十五届六中全会　《关于加强和改进党的作风建设的决定》

2001 年 9 月，中国共产党第十五届中央委员会第六次全体会议在北京举行。全会高度评价了江泽民在庆祝中国共产党成立 80 周年大会上的讲话，审议并通过了《关于召开党的第十六次全国代表大会的决议》，确定中共十六大于 2002 年下半年在北京召开。这次大会将是新世纪我国进入全面建设小康社会、加快推进社会主义现代化的新的发展阶段召开的极为重要的会

———————

① 《江泽民文选》，第 3 卷，292 页。

议,是全党、全国各族人民政治生活中的一件大事。全会的另外一项重要议程,是审议并通过了《中共中央关于加强和改进党的作风建设的决定》。

《决定》指出,执政党的党风,关系党的形象,关系人心向背,关系党和国家的生死存亡。十一届三中全会以来,我们党重新确立了解放思想、实事求是的思想路线,党的精神面貌焕然一新。广大党员积极投身建设有中国特色社会主义的伟大事业,在发扬党的优良传统的基础上,立足国情、面向世界,锐意改革、致力发展,发扬民主、依法办事,给作风建设注入新的活力。现在,党的作风总的是好的,但也存在一些亟待解决的问题。全党同志要居安思危,增强忧患意识。全党要坚持讲学习、讲政治、讲正气,在推进党的思想建设、组织建设的同时,把加强和改进党的作风建设放在更加突出的位置,切实抓紧抓好。

《决定》指出,在新的发展阶段,加强和改进党的作风建设的指导思想和总体要求是:坚持马克思列宁主义、毛泽东思想、邓小平理论的指导,按照"三个代表"重要思想,紧紧围绕经济建设这个中心和改革发展稳定的大局,坚持党要管党、从严治党,以进一步密切党同人民群众的联系为核心,以保持党的先进性、纯洁性和增强党的创造力、凝聚力、战斗力为目标,发扬优良传统,加强思想教育,推进制度建设,解决突出问题,努力把党的作风建设提高到一个新的水平。

《决定》提出,当前和今后一个时期,要抓住重点,集中解决党的思想作风、学风、工作作风、领导作风和干部生活作风方面的突出问题。主要任务是:坚持解放思想、实事求是,反对因循守旧、不思进取;坚持理论联系实际,反对照抄照搬、本本主义;坚持密切联系群众,反对形式主义、官僚主义;坚持民主集中制原则,反对独断专行、软弱涣散;坚持党的纪律,反对自由主义;坚持清正廉洁,反对以权谋私;坚持艰苦奋斗,反对享乐主义;坚持任人唯贤,反对用人上的不正之风。

中共十五届六中全会高举邓小平理论伟大旗帜,以"三个代表"重要思想为指导,着眼于党面临的新形势新任务,实事求是地分析了党的作风建设的现状,做出了加强和改进党的作风建设的决定。《决定》强调了加强和改进党的作风建设的极端重要性和紧迫性,提出了加强和改进党的作风建设的指导思想和主要任务,阐述了在党的作风建设方面的"八个坚持、八个反对"。《决定》体现了江泽民"七一"讲话重要精神,体现了党的第三代领导集体从严治党的坚定信心,体现了建设一个马克思主义执政党的政治智慧和理论勇气。

四、中国加入世贸组织

加入世界贸易组织（WTO），使中国经济更密切地融入世界经济，是中国政府多年来奋斗的目标。

关贸总协定（GATT）是世贸组织的前身。1950 年 3 月，退往台湾的国民党政权以"中华民国"的名义退出关贸总协定。从此以后，中国被排除在关贸总协定之外。进入 20 世纪 80 年代以后，中国逐渐认识到加强同这一组织联系的重要性。1986 年 7 月，中国正式提出恢复关贸总协定缔约国地位的申请，从此开始了"复关"的漫漫征程。1995 年 1 月 1 日，世界贸易组织正式成立。同年 11 月，应中国政府的要求，中国"复关"工作组更名为中国"入世"工作组。这个时期，党和政府对经济全球化的认识直接影响到"入世"谈判。江泽民在 1998 年 2 月中共十五届二中全会上指出："现在国与国之间的经济联系日益紧密，相互影响越来越大，谁也不可能关起门来搞现代化建设，不可能回避经济'全球化'的趋势和激烈复杂的国际竞争。问题的关键在于既要敢于又要善于参与这种经济'全球化'条件下的国际合作与竞争，既要充分利用其中可以利用的各种有利条件和机遇来发展自己，又要清醒认识和及时防范其中可能带来的各种不利影响和风险。"[1]针对亚洲金融危机的影响，我国政府对金融开放采取了非常慎重的态度，坚持资本市场不能随便开放。对于发达国家在"入世"谈判中提出的苛刻无理的要求，坚持原则不让步，而对一般性问题，灵活掌握谈判的时机和分寸，争取积极的成果。1999 年 11 月，经过多轮艰难的谈判，中美两国政府在北京签署了关于中国加入世界贸易组织的双边协议。中美双边协议的签订，扫除了中国在加入世贸组织进程中的最大障碍，标志着在经过 13 年的漫长等待之后，中国加入世贸组织取得了突破性的重要进展。2001 年 9 月，中国和墨西哥就中国加入世界贸易组织达成双边协议。至此，中国完成了与世贸组织成员的所有双边准入谈判。

2001 年 11 月 10 日，世贸组织在卡塔尔首都多哈举行第四次部长级会议，审议并通过了中国加入世贸组织的决定。11 日晚，中国代表团团长、外经贸部部长石广生向世贸组织总干事迈克尔·穆尔递交了中国国家主席江泽民签署的《中国加入世贸组织批准书》。根据世贸组织的规定，在递交

---

① 　中共中央文献研究室编：《十五大以来重要文献选编》，上册，204 页。

批准书 30 日后，即 12 月 11 日，中国将正式成为世贸组织成员。加入世贸组织，是中共中央、国务院做出的重大战略决策，是改革开放进程中具有历史意义的一件大事，标志着我国对外开放进入一个新的阶段。

加入世贸组织，对中国来说是一把"双刃剑"，它既是一次历史性的机遇，也是一个严峻的挑战。加入世贸组织后，全方位的资源优化配置、外部环境的改善、先进技术的引进、比较优势的发挥、效率的提高，都会使中国经济有更大的发展空间。从长远来看，加入世贸组织可以给我国带来重大机遇：推进中国经济发展，加快开放步伐；促进中国经济体制与企业制度的改革；有利于扩大出口，拓展国际市场；有利于吸引外资，促进经济发展。当然，中国"入世"也有不利的地方：国内就业压力增大；国内相当多的行业将受到较大的冲击，尤其是中国长期以来实行高关税保护的行业，例如，汽车、仪器仪表、农产品等；关税减让将削减政府的财政收入；中国成为世界统一市场的有机组成部分后，中国经济将在很大的程度上难以避免世界经济波动的影响。正如参与经济全球化的进程一样，我国加入世贸组织有利有弊，但总体符合我国的根本利益和长远利益。

五、非公有制经济的快速发展

伴随着改革开放的逐步深入，我国非公有制经济有了快速的发展，这对于进一步完善我国的所有制结构，促进我国混合所有制经济制度的形成，推动社会主义市场经济体制的发展有着重要的意义。

1992 年邓小平南方谈话以后，人们的思想得到空前解放。之后，国家加大力度鼓励和扶持私营经济的发展。1992 年 10 月，中共十四大确立了建立社会主义市场经济体制的目标，在十四大报告中明确提出："在所有制结构上，以公有制为主体，个体经济、私营经济、外资经济为补充，多种经济成分长期共同发展。"中共十五大进一步确立了"公有制为主体多种所有制经济共同发展，是我国社会主义初级阶段的一项基本经济制度"，"这一制度的确立，是由社会主义性质和初级阶段国情决定的"。从此，发展私营经济被纳入国家社会主义基本经济制度的范畴。非公有制经济的地位也从社会主义公有制经济的"补充"，转变成为"社会主义市场经济的重要组成部分"。这一思想在 1999 年 3 月九届全国人大二次会议通过的宪法修正案中得到体现，成为国家意志。

进入 21 世纪，国家更加重视非公有制经济的发展。2005 年 2 月，国务院通过《关于鼓励支持和引导个体私营等非公有制经济发展的若干意见》，指出：毫不动摇地巩固和发展公有制经济，毫不动摇地鼓励、支持和引导非公有制经济发展，使两者在社会主义现代化进程中相互促进，共同发展，是必须长期坚持的基本方针，是完善社会主义市场经济体制、建设中国特色社会主义的必然要求。《意见》提出：要进一步解放思想，深化改革，消除影响非公有制经济发展的体制性障碍，确立平等的市场主体地位，实现公平竞争；进一步完善国家法律和政策，依法保护非公有制企业和职工的合法权益；进一步加强和改进政府监督管理和服务，为非公有制经济发展创造良好环境；进一步引导非公有制企业依法经营、诚实守信、健全管理，不断提高自身素质。

在党和国家政策的大力推动下，我国个体、私营经济发展迅速。到1998年底，全国个体工商户发展到3120万户，私营企业120万户，从业人员超过1700万人。1998年私营企业产值和营业收入达到5853亿元和5323亿元，比1989年分别增长了60.1倍和137.2倍。截至2001年，全国注册的个体工商户为2423万户，私营企业202.86万户，从业人员达到7474万人，注册资金21648亿元，共创产值19878亿元，实现社会商品零售额19675亿元。① 2005年，全国注册的个体工商户2464万户，私营企业430万户，注册资金67140亿元。② 2007年，我国非公有制经济领域实有户数3292.84万户，私营企业达到551.31万户，个体工商户达到2741.53万户。私营企业从业人员7253.11万人，较改革开放之初增长了44倍；个体工商业从业人员5496.17万人，增长了393倍。2007年，全国非公有制经济领域资金总额（包括私营企业的注册资本和个体工商业的资金数额）达到101223.92亿元。③ 2007年6月底，非公有制经济占国内生产总值（GDP）的比重已达到1/3。④

非公有制经济以其灵活多变的特点，在第三产业的发展中保持了绝对优势。2007年统计资料显示，我国非公有制经济领域的经济主体有85.22%分布在第三产业。非公有制经济最集中的行业是批发和零售业，有私营企业188.61万户，个体工商户1639.92万户；其次为制造业，有私营企业

---

① 《人民日报》，2002-09-20。
② 《经济理论与经济管理》，2007(3)：17。
③ 《中国工商报》，2008-08-29。
④ 《中国经贸导刊》，2008(4)：35。

149.5 万户，个体工商户 251.98 万户；第三是居民服务和其他服务业，有私营企业 19.08 万户，个体工商户 275.57 万户。① 与此同时，民营科技企业在国家政策的支持下发展迅速，成为我国高科技产业的一支生力军。截至 2003 年 2 月，全国民营科技企业总数约为 20 万家。据科技部 2000 年对 86000 多家民营科技企业的调查，企业技工贸总收入 14639 亿元，实现利润 1005 亿元，上缴税金 780 亿元。②

在非公有制经济发展的过程中，三资企业已逐渐形成一股强大的力量。所谓三资企业，通常是指在中国境内设立的中外合资经营企业、中外合作经营企业、外资企业这 3 类外商投资企业。它是经我国有关部门批准，遵守我国有关法规规定，从事某种经营活动，由一个或一个以上的国外投资方与我国投资方共同经营或独立经营，实行独立核算、自负盈亏的经济实体。改革开放以来，三资企业已经成为我国企业系统的一个重要组成部分。1992 年以来，国家注重加强与世界市场的联系，鼓励支持出口贸易，实行多种政策引进外资，对外资企业给予市场准入、税收优惠等扶植政策，有力地促进了"三资"企业的发展。1997 年底，外商投资企业达到 23.6 万家，吸引外资 3030 亿美元。仅 2000 年一年，在规模以上(年产品销售收入 500 万元以上)工业企业中，外商及港澳台投资企业 5333 亿元，增长 14.6%；外商投资企业出口 1194 亿美元，增长 34.8%。全年新批外商投资项目 22347 个，比上年增长 32.1%；合同投资额 624 亿美元，增长 51.3%；实现利用外商直接投资额 407 亿美元，增长 1.0%。③ 截至 2002 年 6 月底，我国实有外商投资企业 20.51 万家，投资总额 9235.45 亿美元，注册资本 5252.40 亿美元。④

总之，改革开放以来，我国非公有制经济不断发展壮大，已经成为社会主义市场经济的重要组成部分和促进社会生产力发展的重要力量。非公有制经济的存在和发展有利于繁荣城乡经济、增加财政收入，有利于扩大社会就业、改善人民生活，有利于优化经济结构、促进经济发展。

---

① 《中国工商报》，2008-08-29。

② 《人民日报》，2003-02-17。

③ 中华人民共和国国家统计局编：《中华人民共和国 2000 年国民经济和社会发展统计公报》，载《人民日报》，2001-02-28。

④ 《人民日报》，2002-09-20。

六、社会主义市场经济体制形成过程中的社会生活

社会主义市场经济体制实施以来，我国社会经历了巨大的变革。在市场经济追求高效的运行机制下，社会生产力获得较快发展，城乡人民生活水平明显提高。但市场经济又残酷无情，不符合市场经济规律要求的事物纷纷遭到淘汰，一部分民众的生活在改革与调整过程中遇到暂时的困难，这是临产前的阵痛。

从 20 世纪 90 年代初确立社会主义市场经济体制以来，社会生产力获得了迅速发展，城乡人民生活水平获得大幅度提高。2002 年 11 月 10 日，国家计委在记者招待会上提供了相关材料。材料显示，我国市场供求关系实现了由卖方市场向买方市场的历史性转变，人民生活水平实现了由温饱到总体上达到小康的历史性跨越，中国人民千百年来衣食无虞的梦想成为现实。这主要表现在以下几个方面。

1. 城乡居民收入大幅度增加

1990 年至 2000 年城镇居民人均可支配收入由 1387 元提高到 6280 元，2004 年城镇居民人均可支配收入是 9422 元，2006 年又提高到 11759 元。1990 年至 2000 年农民人均纯收入由 630 元提高到 2253 元，2004 年农民人均纯收入是 2936 元，2006 年又增长到 3587 元。城乡居民储蓄存款余额 1989 年刚过 5000 亿元，1992 年增加到 8.7 万亿元。2003 年增加到 10.36 万亿元，2006 年增加到 16.15 万亿元。居民拥有的股票、债券、基金、期货等其他金融资产也有较多的增加。1981 年，国务院决定发行国库券和国债。1980 年 1 月，中国人民银行抚顺支行代理抚顺红砖厂面向企业发行 280 万股股票。1983 年 7 月，广东省宝安县联合投资公司向社会公开发行 1300 万元的股票。随着证券市场的日益活跃，20 世纪 90 年代初，深圳证券交易所和上海证券交易所先后开业，推进了中国证券市场的发展。此外，还有三家商品期货交易所和一家金融期货交易所。截至 2007 年底，上市公司总市值达 32.7 万亿元，相当于国内生产总值（GDP）的 132.6％。投资者账户也由 1992 年的 835 万户上升到 2007 年底的 1.4 亿户。居民通过投资资本市场获得了中国经济增长的成果。

2. 消费水平和生活质量显著提高

（1）消费总规模不断扩大。2001 年，我国社会消费品零售总额比 1990 年增长 3.5 倍，达到 3.7 万亿元。2007 年进一步达到 8.9 万亿元。

(2)消费结构发生重大变化。居民家庭购买食物的人均支出在消费总支出中的比重(恩格尔系数),城镇从 1990 年的 54.2％下降到 2001 年的 37.9％,农村从 58.8％降至 47.7％。其中饮食结构也发生变化,粮食消费日益减少,肉类、家禽、蛋类、海产品以及植物油的消费大幅度上升。随着饮食结构的改善,中国人的寿命也延长了。1990 年至 2000 年十年间,中国人口的平均期望寿命提高了 2.85 岁,达到了 71.4 岁。2002 年的人均期望寿命达到 71.8 岁,接近中等发达国家水平。

(3)城乡居民居住条件显著改善。1990 年至 2002 年城镇居民人均住房面积由 7.1 平方米增加到 22 平方米,农村人均住房面积由 17.8 平方米增加到 26.5 平方米。不仅面积扩大,居住质量和配套性能也不断提高,生活的舒适程度提高。①

(4)消费品升级换代迅速。大致走过了 3 个阶段。第一个阶段,从改革开放前到 20 世纪 80 年代初期是"老三件":手表、自行车、缝纫机。第二个阶段从 20 世纪 80 年代中后期到 90 年代中期是"新三件":电视、冰箱、洗衣机。第三个阶段,从 20 世纪 90 年代中期到 21 世纪初的几年是"新五大件":手机、电脑、家庭影院(组合件)、汽车和商品房。彩电、冰箱、洗衣机已进入亿万百姓家庭。

3. 物质生活和精神生活水平进一步提高,并产生许多新的变化

(1)服装美容方面。"文化大革命"结束后,在一些年轻人中率先穿起了喇叭裤,戴上了蛤蟆镜,随后又流行高腰裤、高腰裙、健美裤、萝卜裤等。服装的颜色一改"文化大革命"时的蓝、绿、白、灰等单调的颜色,可谓五彩缤纷、异彩纷呈。国际上知名的品牌服装、服饰先后进入中国,如皮尔卡丹、鳄鱼、耐克、阿迪达斯等。随着人们收入的增加,爱美的人不再满足于服饰的漂亮,越来越注重美容。从最初的百雀羚、雅霜到现在琳琅满目的各式化妆品,从理发店到美容美发厅,再到专业美容连锁店,化妆品业和美容业不断满足人们的各种需求。

(2)饮食方面。随着社会经济文化的发展,人们在饮食上从满足于吃饱逐渐到追求吃好、吃精、注重营养、追求方便。作为饮食文化历史悠久的国度,我国各大菜系的餐馆遍布城乡,一些传统的菜品得以保留,同时新的菜品又开发出来,满足人们多样化的饮食需求。

(3)交通通信方面。改革开放以来,我国交通事业有了长足发展,极大

———————

① 以上统计数字可见 1991 年、2001 年、2003 年的《政府工作报告》。

地便利了人民群众的出行。30 年间中国公路总里程从改革开放之初的 89 万公里发展到 2007 年底的 358 万公里。高速公路从无到有。1990 年 9 月，沈（阳）大（连）高速公路正式通车，成为我国兴建最早的高速公路。截至 2007 年底，高速公路总里程达到 5.39 万公里，仅次于美国，居世界第二位。家用轿车开始进入普通家庭，城镇每百户拥有汽车由 2000 年的 0.5 辆增加到 2006 年的 4.32 辆。我国铁路建设步伐加快，营运里程从 1978 年的 5.17 万公里增长到 2007 年的 7.8 万公里，铁路旅客发送量从 1978 年的 8.15 亿人次增长到 2007 年的 13.57 亿人次。2006 年 7 月 1 日，青藏铁路全线正式通车，雪域高原与内地的联系更加紧密。通过 6 次铁路大提速，铁路开行了夕发朝至列车和动车组列车，节省了人们更多的时间。特别要提及的是 2008 年 8 月 1 日，我国首条城际高速铁路北京至天津线正式开通，时速达 350 公里/小时。之后，武（汉）广（州）高铁、京沪高铁等相继开通，极大便利了人们出行，促进了经济和社会的发展。随着民用航空事业的发展，民众外出旅游、探亲访友和从事商务活动更多地选择坐飞机，而折扣机票使普通百姓也能够选择坐飞机出行。通信业的发展速度更快，更加便利了人们的信息交流。1990 年电话普及率（含移动电话）仅为每百人 1.11 部，而到了 2000 年则达到每百人 20.1 部，2006 年达到每百人 63.39 部。移动电话则由 1990 年的每百人 0.002 部上升到 2006 年的每百人 35.26 部，2011 年达到每百人 73.6 部。随着手机的普及，手机移动上网更加便捷，而微博、微信等通信手段极大拓宽了人们获取信息和交流的途径。

（4）娱乐生活方面。自 20 世纪 80 年代以来，随着改革开放和人们的思想解放，民众的娱乐生活趋向多元化。80 年代初，港台歌曲开始流行于歌坛。《甜蜜蜜》、《月亮代表我的心》、《小城故事》等歌曲，以及台湾校园歌曲《童年》、《橄榄树》、《外婆的澎湖湾》、《乡间的小路》等广为传唱。1983 年，以李谷一演唱的《乡恋》为代表揭开了内地流行音乐的序幕。进入 90 年代，流行音乐伴随着卡拉 OK 进入家庭，使普通百姓在家里就能一展歌喉。同时，摇滚、嘻哈、RAP 等融入流行音乐中，为更多年轻人所喜爱。80 年代，交际舞一度成为最流行的娱乐方式。人们在食堂、会议室、街头广场等举办各式舞会，不仅青年人参加，一些中老年人也积极参加进来。之后，迪斯科开始流行，由露天舞会逐步进入到了营业性舞厅，成为受年轻人喜爱的娱乐方式。80 年代以来，电视机的逐步普及使电视剧、文艺晚会和体育比赛等直接进入平常百姓家。电视剧方面，革命题材剧、历史题材剧、言情剧、武侠剧、农村题材剧和都市题材剧等在荧屏上百花齐放，极大地丰富了人们的业余生活。文艺晚会方面，1983 年中央电视台举办了第一届春节晚会，一批优秀的文艺节目在除夕之夜呈现在亿万电视观众面前，为人们的节日生活增添了喜庆的色彩。至今，春节晚会已成为中国人过春节的保留节目之一。此外，"心连心"、"同一首歌"等文艺晚会走遍大江南北，也丰富了电视节目。体育方面，电视实况转播使体育比赛拥有了更多的观众。篮球、足球、排球、乒乓球等球类联赛的电视转播促进了这些项目的普及。通过电视直播，80 年代初以来的奥运会、冬奥会、亚运会、世界杯足球赛等重要的国际赛事完整、直接地进入家庭。互联网自 90 年代中期进入到中国以来，极大地改变了人们的娱乐、休闲及日常生活的方式。网络音乐、网络新闻、即时通信、网络视频、搜索引擎、电子邮件、网络游戏、博客、论坛(BBS)和网络购物成为排名前十位的网络应用。

(5)旅游休闲方面。改革开放以来社会经济的快速发展使人民群众拥有了更多的休闲机会，外出旅游的人越来越多。1995 年国家开始实行双休日制度，1999 年改革休假制度，普通民众拥有了春节、五一劳动节、十一国庆节 3 个黄金假期，为人们外出旅游度假提供了条件。2000 年是黄金周旅游井喷的一年，当年人均国内旅游消费 426.6 元。与此同时，民众旅游走向了海外。1990 年 10 月，中国公民自费赴新加坡、马来西亚和泰国旅游率先开放。2004 年 9 月，欧洲 20 国正式对中国公民开放旅游。2007 年国内旅游人数 16.1 亿人次，中国公民出境人数达到 4095.4 万人次。人们旅游的方式也由单纯观景逐渐向休闲放松过渡。

4. 城乡居民社会保障日益完善

改革开放以来，我国社会保障事业发展迅速。在城镇，已经基本建立了养老、医疗、失业社会保险等制度，并且已经全面实施了最低生活保障制度。1984 年起，我国养老保险制度进行改革，尝试建立养老保险费用社会统筹，劳动合同制工人养老保险制度。1991 年国务院通过《关于企业职工养老保险制度改革的决定》，在养老保险的筹资方面，确定社会养老保险费用由国家、企业和职工三方共同筹资，职工个人按本人工资的 3%缴纳养老保险费；在制度结构上，确定探索建立国家基本养老保险、企业补充养老保险和个人储蓄性养老保险相结合的多层次养老保险体系。1997 年，国务院制定文件开始建立全国统一的城镇职工基本养老保险制度。在养老保险费的筹集方面，按职工工资的 11%建立养老保险个人账户，其中个人缴费最终上升到 8%，企业缴费划入的部分最终降低到 3%。养老金的构成由基础养老金和个人账户两部分组成。将 11 个行业统筹划归地方社会保险机构管理。至 1997 年末，11 个参加行业统筹的在职职工人数为 1400 万人，占国有企业职工总数的 15.8%；离退休人员 360 万人，占参加统筹企业离退休人数的 13.2%。从 1988 年开始，对机关、事业单位的公费医疗制度和国有企业的劳保医疗制度进行改革。1993 年以后，探索建立了统筹医疗基金和个人医疗账户相结合的医疗保险制度，至 1998 年开始在城镇全面建立职工基本医疗保险制度。在市场经济体制建立的过程中，随着国有企业改革和产业结构调整，下岗职工和失业人员增多。据统计，1993 年城镇登记失业率为 2.6%，涉及 420.1 万人，1998 年末国有企业下岗职工人数为 591.7 万人，2000 年末国有企业下岗职工人数为 657.2 万人。① 从 1986 年起，国家逐步建立失业保险制度。1999 年 1 月，颁布了《失业保险条例》，国有企业的下岗职工基本生活保障制度逐步纳入失业保险。1993 年，我国开始对城市社会救济制度进行改革，尝试建立最低生活保障制度。1999 年 9 月，国务院发布《城市居民最低生活保障条例》，决定全面推行城市居民最低生活保障制度。各地确定的最低生活保障标准略有不同，以 2002 年为例，北京 290 元，天津 241 元，太原 156 元，沈阳 205 元，上海 280 元，福州 200～220 元，广州 300 元，深圳 290～344 元，成都 178 元，银川 160 元，乌鲁木齐 156 元等。在农村，新型合作医疗、低保制度和养老保险是三大重要制度。1997 年，卫生部、国家计委、财政部、农业部、民政部联合发出《关于发展和完善农村合作医疗的若干意见》，提出了农村合作医疗的基本思路，开始探索新时期的农村合作医疗政策。2002 年《中共中央、国务院关于进一步加强农村卫生工作的决定》提出建立新型农村合作医疗制度，目标到 2010 年，实现在全国建立基本覆盖农村居民的新型农村合作医疗制度，减轻农民因疾病带来的经济负担，提高农民健康水平。2003 年国务院下发《国务院办公厅转发卫生部等部门关于建立新型农村合作医疗制度意见的通知》，开始推进新型农村合作医疗制度。截至 2007 年 9 月底，全国参与新型农村合作医疗的县市区达 2448 个，占全国总县市区的 85.5%，参与人口 7.26 亿人，参与率 85.96%。我国从 1986 年开始探索农村社会养老保险工作。1986 年，民政部等部委召开了"全国农村基层社会保障工作座谈会"，会议根据我国农村的实际情况决定因地制宜地开展农村社会保障工作。1991 年 6 月，原民政部农村养老办公室制定了《县级农村社会养老保险基本方案》，确定了以县为基本单位开展农村社会养老保险的原则，决定 1992 年 1 月 1

---

① 路遇主编：《新中国人口五十年》，897 页，北京，中国人口出版社，2004。

日起在全国公布实施。此后，农村社会养老保险工作在各地推广开来，参保人数不断上升。到1997年底，已有8200万农民投保。根据十六届六中全会的精神，2007年7月国务院发布《国务院关于在全国建立农村最低生活保障制度的通知》，要求2007年在全国建立农村最低生活保障制度。近年来，被征地农民社会保障一直是社会关注的焦点问题。全国已有18个省级政府或部门出台了有关被征地农民社会保障的文件，探索建立适合被征地农民特点的社会保障制度，将被征地农民纳入基本生活或养老保障制度。总之，伴随着社会主义市场经济体制的建立，我国社会保障覆盖范围不断扩大，筹资渠道逐步拓宽，基金支撑能力显著增强，享受社会保障的人数迅速增加。

复习思考题

1. 1992年初邓小平南方谈话是在什么样的背景下发表的，提出了哪些重要思想？
2. 中共十四大取得的重大成果是什么？
3. 社会主义市场经济体制是如何从提出、确立到逐步完善的？
4. 试述国有企业改革及金融、财政、税收、社会保障制度改革的主要内容。
5. 试述中共十五大的主要内容和重大意义。
6. 20世纪90年代至21世纪初我国外交工作取得了哪些新进展？
7. 试述"三个代表"重要思想的提出及其主要内容。
8. 试述中国加入世贸组织的历程及对中国经济发展的影响。

第六章　高举中国特色社会主义旗帜 树立和落实科学发展观　为全面 建设小康社会而奋斗

（2002.11—2013.3）

第一节　全面建设小康社会目标的提出 树立和落实科学发展观

一、中共十六大　"三个代表"重要思想确立为党的指导思想

2002 年 11 月 8 日至 14 日，中国共产党第十六次全国代表大会在北京召开。大会正式代表 2114 名，代表 6600 多万党员。大会的主题是：高举邓小平理论伟大旗帜，全面贯彻"三个代表"重要思想，继往开来，与时俱进，全面建设小康社会，加快推进社会主义现代化，为开创中国特色社会主义事业新局面而奋斗。大会的主要议程是：审议并批准江泽民代表第十五届中央委员会作的题为《全面建设小康社会，开创中国特色社会主义事业新局面》的政治报告，审查并批准中央纪律检查委员会的工作报告，审议并通过《中国共产党章程（修正案）》，选举产生新一届中央委员会和中央纪律检查委员会。

十六大报告全文共 10 个部分，主要内容有：

1. 总结党领导人民建设中国特色社会主义必须坚持的基本经验。报告系统地总结了过去 5 年的工作和十三届四中全会以来 13 年党领导人民建设中国特色社会主义的基本经验，概括为"十个坚持"：①坚持以邓小平理论为指导，不断推进理论创新。②坚持以经济建设为中心，用发展的办法解决前进中的问题。③坚持改革开放，不断完善社会主义市场经济体制。④坚持四项基本原则，发展社会主义民主政治。⑤坚持物质文明和精神文明两手抓，实行依法治国和以德治国相结合。⑥坚持稳定压倒一切的方针，

正确处理改革发展稳定的关系。⑦坚持党对军队的绝对领导,走中国特色的精兵之路。⑧坚持团结一切可以团结的力量,不断增强中华民族的凝聚力。⑨坚持独立自主的和平外交政策,维护世界和平与促进共同发展。⑩坚持加强和改善党的领导,全面推进党的建设新的伟大工程。报告在党的基本理论、基本路线、基本纲领之外,新增了基本经验,这"四个基本"成为我们统一思想和做好工作的法宝。在新世纪新阶段,党要带领人民全面建设小康社会,开创中国特色社会主义事业新局面,最重要的就是坚定不移地坚持"四个基本"。

2. 阐述全面贯彻"三个代表"重要思想的根本要求。报告明确了"三个代表"重要思想的历史地位:是对马列主义、毛泽东思想和邓小平理论的继承和发展,反映了当代世界和中国的发展变化对党和国家工作的新要求,是加强和改进党的建设、推进我国社会主义自我完善和发展的强大理论武器,是全党集体智慧的结晶,是党必须长期坚持的指导思想。"三个代表"重要思想,是在科学判断党的历史方位的基础上提出来的。全面贯彻"三个代表"重要思想,必须做到四个"必须":必须使全党始终保持与时俱进的精神状态,不断开拓马克思主义理论发展的新境界;必须把发展作为党执政兴国的第一要务,不断开创现代化建设的新局面;必须最广泛最充分地调动一切积极因素,不断为中华民族的伟大复兴增添新力量;必须以改革的精神推进党的建设,不断为党的肌体注入新活力。贯彻"三个代表"重要思想,关键在坚持与时俱进,核心在坚持党的先进性,本质在坚持执政为民。全党同志要牢牢把握这个根本要求,这是我们党的立党之本、执政之基、力量之源。

3. 提出全面建设小康社会的奋斗目标。报告立足于我国已经解决温饱问题、人民生活总体达到小康水平的基础,进一步提出了全面建设小康社会的构想,即在21世纪头20年,集中力量,全面建设惠及十几亿人口的更高水平的小康社会,使经济更加发展、民主更加健全、科教更加进步、文化更加繁荣、社会更加和谐、人民生活更加殷实。经过这个阶段的建设,再继续奋斗几十年,到本世纪中叶基本实现现代化,把我国建设成为富强、民主、文明的社会主义国家。全面建设小康社会的阶段,是实现现代化建设第三步战略目标必经的承上启下的发展阶段,提出这一奋斗目标完全符合我国国情和现代化建设的实际。

4. 明确全面建设小康社会的行动纲领,即目前的主要任务。报告从经济建设和经济体制改革、政治建设和政治体制改革、文化建设和文化体制改革、国防和军队建设、"一国两制"和实现祖国的完全统一、国际形势和对外工作以及加强和改进党的建设七个方面，对全面建设小康社会进行了全面部署，强调其中最根本的是坚持以经济建设为中心，不断解放和发展社会生产力。明确提出 21 世纪头 20 年经济建设和改革的主要任务是：完善社会主义市场经济体制，推动经济结构战略性调整，基本实现工业化，大力推进信息化，加快建设现代化，保持国民经济持续快速健康发展，不断提高人民生活水平。前 10 年要全面完成"十五"计划和 2010 年的奋斗目标，使经济总量、综合国力和人民生活水平再上一个大台阶，为后 10 年的更大发展打好基础。

大会通过的《中国共产党章程（修正案）》明确规定："中国共产党是中国工人阶级的先锋队，同时是中国人民和中华民族的先锋队，是中国特色社会主义事业的领导核心，代表中国先进生产力的发展要求，代表中国先进文化的前进方向，代表中国最广大人民的根本利益。党的最高理想和最终目标是实现共产主义。""中国共产党以马克思列宁主义、毛泽东思想、邓小平理论和'三个代表'重要思想作为行动指南，'三个代表'重要思想是党必须长期坚持的指导思想。"①党章修正案有利于最广泛地调动广大党员的积极性、主动性和创造性，团结和带领广大人民群众共同建设中国特色社会主义，有利于全党同志更加自觉和坚定地贯彻党的路线方针政策，更好地带领群众开创中国特色社会主义事业新局面。

大会选举产生了新一届的中央委员会和中央纪律检查委员会，顺利实现了中共中央领导集体的新老交替。11 月 15 日，中共十六届一中全会选举胡锦涛、吴邦国、温家宝、贾庆林、曾庆红、黄菊、吴官正、李长春、罗干为中央政治局常委，胡锦涛为总书记。决定江泽民为中央军委主席，胡锦涛、郭伯雄、曹刚川为中央军委副主席。批准吴官正为中央纪律检查委员会书记。

中共十六大把"三个代表"重要思想同马克思列宁主义、毛泽东思想、邓小平理论一道确立为我们党必须长期坚持的指导思想，提出全面建设小康社会的奋斗目标和行动纲领，选举产生了新一届中央领导集体，从思想上、政治上、组织上为党和国家事业在新世纪新阶段的发展奠定了坚实的基础。

---

①　《十六大以来重要文献选编》，上册，45、46 页，北京，中央文献出版社，2005。

会后，全党掀起学习贯彻十六大精神的热潮。2002 年 12 月，胡锦涛带领中共中央书记处成员到河北省平山县西柏坡学习考察，强调了重温毛泽东于 1949 年 2 月在中共七届二中全会上提出的"两个务必"，即"务必使同志们继续地保持谦虚、谨慎、不骄、不躁的作风，务必使同志们继续地保持艰苦奋斗的作风"的重要意义。他希望全党同志特别是领导干部做到"四个牢记"：牢记我国的基本国情和我们党的庄严使命，树立为党和人民长期艰苦奋斗的思想；牢记全心全意为人民服务的宗旨，始终不渝地为最广大人民谋利益；牢记党的基本理论、基本路线、基本纲领和基本经验，以艰苦奋斗的精神做好各项工作；牢记党和人民的重托和肩负的历史责任，自觉在艰苦奋斗的实践中加强党性锻炼。讲话发表之后，在社会上引起了很大反响，各地掀起了学习"两个务必"、重温西柏坡精神的热潮。

自 2000 年 2 月江泽民明确提出"三个代表"要求以来，学习贯彻活动经历了全党全国学习研究深化认识(从 2000 年 2 月到 2001 年 5 月)和以学习贯彻江泽民在庆祝建党 80 周年大会上的讲话为重点、全党深入学习其科学内涵和基本内容(从 2001 年 7 月到 2002 年 11 月)两阶段。

十六大以后，学习贯彻活动进入了第三个阶段。2003 年 6 月，中共中央发出《关于在全党兴起学习贯彻"三个代表"重要思想新高潮的通知》，拉开了新高潮的序幕。7 月 1 日，胡锦涛在"三个代表"重要思想理论研讨会上发表重要讲话，深刻阐述了迎接学习贯彻"三个代表"重要思想新高潮的重大意义和基本要求，推动了新高潮的兴起。从 2003 年 9 月到 12 月，中共中央连续举办十期专题研讨班，对全国 1500 名现职省部级领导干部进行集中轮训，为新高潮准备了干部和组织基础。为了更好地理解"三个代表"重要思想，中央宣传部组织编写了《"三个代表"重要思想学习纲要》。通过学习，人们不仅深化了对"三个代表"重要思想的时代背景、实践基础、科学内涵、精神实质和历史地位的认识，而且在实践中践行"三个代表"重要思想。理论、新闻、文艺、出版部门等，充分利用各种载体，调动各种资源，扎扎实实地推动兴起学习"三个代表"重要思想新高潮。特别是中央新闻单位，通过报道，在全社会营造学习贯彻"三个代表"重要思想的浓厚氛围。9 月份，在中宣部组织下，中央主要新闻宣传单位选派百余名记者开展"'三个代表'在基层"大型采访活动，采写了一批生动、鲜活的报道。

2006 年 8 月 10 日，《江泽民文选》第一、二、三卷出版发行。这为深入学习贯彻"三个代表"重要思想，继续推进中国特色社会主义伟大事业和党的建设新的伟大工程，提供了最好的教材。

二、十届全国人大一次会议 中央领导集体实现顺利交接

2003年3月5日至18日，第十届全国人民代表大会第一次会议在北京举行。会议听取并审议了朱镕基作的《政府工作报告》、李鹏作的《全国人大常务委员会工作报告》，批准了《国务院机构改革方案》，选举产生了新一届国家领导人。

《政府工作报告》回顾了过去5年的政府工作，指出中国的改革开放和经济社会发展取得了以下八项成就：①国民经济保持良好发展势头，经济结构战略性调整迈出重要步伐；②改革开放取得突破性进展，社会主义市场经济体制初步建立；③科技创新能力明显增强，教育事业蓬勃发展；④社会主义民主政治和精神文明建设成效显著；⑤人民生活显著改善，总体达到小康水平；⑥国防和军队建设迈出新步伐；⑦祖国统一大业取得新进展；⑧外交工作开创新局面。我们胜利实现了现代化建设第二步战略目标，开始向第三步战略目标迈进。

报告总结了以下九个方面的主要工作体会：①坚持正确把握宏观调控的方向和力度，实施积极的财政政策和稳健的货币政策；②坚持以经济结构调整为主线，着力提高经济增长质量和效益；③坚持把解决"三农"问题放在突出位置，巩固和加强农业基础地位；④坚持推进国有企业改革，切实加强再就业工作和社会保障体系建设；⑤坚持全面提高对外开放水平，积极参与国际经济技术合作和竞争；⑥坚持实施科教兴国战略，提高科技创新能力和国民素质；⑦坚持走可持续发展道路，促进经济发展与人口、资源、环境相协调；⑧坚持全力维护社会稳定，为改革和发展创造良好环境；⑨坚持转变政府职能，努力建设廉洁勤政务实高效政府。

报告对2003年的政府工作提出了八项建议，主要有：继续扩大国内需求，实现经济稳定较快增长，2003年经济增长预期目标为7%左右；促进农业和农村经济全面发展；积极推进产业结构调整和西部大开发；深化经济体制改革和扩大对外开放；进一步做好扩大就业和社会保障工作；认真实施科教兴国战略和可持续发展战略；加强社会主义民主法制和精神文明建设以及切实加强政府自身建设。

李鹏作的《全国人大常务委员会工作报告》，对过去5年所做的工作进行了回顾和总结。认为过去所做的努力，"为加强社会主义民主法制建设，推进依法治国、建设社会主义法治国家的进程，保障和促进中国特色社会主

义事业顺利进行，作出了新的贡献。"

大会批准的《国务院机构改革方案》，明确了以下主要任务：①深化国有资产管理体制改革，设立国务院国有资产监督管理委员会。②完善宏观调控体系，将国家发展计划委员会改组为国家发展和改革委员会。③健全金融监管体制，设立中国银行业监督管理委员会。④继续推进流通管理体制改革，组建商务部。⑤加强食品安全和安全生产监管体制建设，在国家药品监督管理局基础上组建国家食品药品监督管理局，将国家经济贸易委员会管理的国家安全生产监督管理局改为国务院直属机构。⑥将国家计划生育委员会更名为国家人口和计划生育委员会。⑦不再保留国家经济贸易委员会、对外贸易经济合作部。

大会选举胡锦涛为中华人民共和国主席，曾庆红为国家副主席，吴邦国为十届人大会常委会委员长，江泽民为国家军委主席。根据国家主席胡锦涛的提名，决定温家宝为国务院总理。中共十六大和十届全国人大一次会议实现了新老交接平稳过渡。

2003 年 3 月，全国政协十届一次会议在北京举行。会议通过了全国政协四届一次会议政治决议和上一届常委会工作报告的决议。会议选举贾庆林为政协第十全国委员会主席，选出 299 名政协第十届全国委员会常务委员。

三、提出科学发展观　确立深化经济体制改革指导思想和原则

中共十六大以后，以胡锦涛为总书记的中央领导集体，继承和发展了党的三代中央领导集体关于发展的重要思想，提出了科学发展观。

"当今世界正在发生广泛而深刻的变化，当代中国正在发生广泛而深刻的变革。"[1]科学发展的理念，是在总结中国现代化建设经验、顺应时代潮流以及继承中华民族优秀文化传统的基础上提出的。科学发展观，在抗击"非典"和探索完善社会主义市场经济体制的过程中逐步形成，在实践、认识、再实践、再认识的过程中不断完善，是中国共产党以实践为基础推动理论创新取得的重大成果。

2003 年，一场突如其来的灾难降临中华大地，那就是"非典"。"非典"

---

[1]　《十七大以来重要文献选编》，上册，2 页，北京，中央文献出版社，2009。

即非典型肺炎，又称 SARS①，是一种传染性极强的呼吸道疾病。2002 年 11 月 16 日，广东佛山发现第一起病例。2003 年 2 月，广东发病进入高峰，但病源不清，而且有家族及医护人员极易被集体传染的特点。随着旅客的往返以及病人的流转，"非典"开始向全国范围内扩散。四川、湖南、香港等地相继发现疫情，3 月"非典"登陆台湾。与此同时，华北地区开始遭受"非典"的侵袭，北京由于人口密度大、流动快而成为全国疫情的重灾区。据《2003 年国民经济和社会发展统计公报》统计，当年全国累计临床确诊病例 5327 例，死亡 349 人。为控制疫情蔓延，中共中央、国务院和各级政府采取了许多果断而有效的措施。4 月 13 日，国务院召开全国"非典"防治工作会议。20 日，中共中央、国务院明确提出及时发现、报告和公布疫情。卫生部决定把"非典"列入我国法定传染病。21 日，北京确定了首批"非典"定点医院。23 日，防治"非典"指挥部成立。同日，北京对"非典"疫情重点区域采取隔离控制措施。从 24 日起，北京市中小学开始停课两周，之后又继续延长停课两周；从 5 月 6 日起，开设"空中课堂"以弥补学生损失。5 月 9 日，国务院公布实施《突发公共卫生事件应急条例》。6 月，由于采取了及时果断和有效的防控手段，"非典"疫情得到有效控制。

　　"非典"疫情的迅速蔓延，集中暴露出我国经济社会发展中存在的薄弱环节和突出问题。2003 年 4 月，胡锦涛亲赴广东考察，针对发展中存在的问题，强调要坚持"全面的发展观"，积极探索加快发展的新路子。② 7 月 28 日，胡锦涛在全面总结抗击"非典"斗争经验时，第一次用"全面发展、协调发展、可持续发展"的表述来概括正在探索中的发展观，并强调指出："这里的发展绝不只是指经济增长，而是要坚持以经济建设为中心，在经济发展的基础上实现社会全面发展"③，明确揭示了发展概念与增长概念的异同。8 月底 9 月初，胡锦涛在江西考察调研，结合对完善社会主义市场经济体制等问题的思考，提出要"牢固树立协调发展、全面发展、可持续发展的科学发展观"④，明确提出"科学发展观"这一概念。

　　10 月，中共十六届三中全会第一次正式提出"坚持以人为本，树立全

---

① Severe Acute Respiratory Syndromes，严重急性呼吸综合征。

② 参见《人民日报》，2003-04-16。

③ 《十六大以来重要文献选编》，上册，396 页。

④ 参见《人民日报》，2003-09-02。

面、协调、可持续的发展观"①，将"以人为本"与"全面、协调、可持续发展"等概念联系在一起。全会还针对我国发展在城乡、区域、经济与社会、人与自然、国内发展与对外开放五个方面存在的突出矛盾，提出了解决上述突出矛盾的"五个统筹"原则要求。上述完善的科学发展观概念被写入《关于完善社会主义市场经济体制若干重大问题的决定》，正式被确立为深化经济体制改革的指导思想和原则。胡锦涛在这次全会第二次全体会议上的讲话中，阐述了树立和落实科学发展观的重要意义，要求全党"不断探索促进全面发展、协调发展和可持续发展的新思路新途径"②。2004 年 2 月，中共中央在中央党校举办省部级主要领导干部"树立和落实科学发展观"专题研究班，将科学发展观提高到全党"统一思想"的高度。

3 月 10 日，胡锦涛在中央人口资源环境工作座谈会上的讲话，对科学发展观的主题、重大意义、深刻内涵和基本要求及其价值进行系统阐述和高度概括，指出："科学发展观，是用来指导发展的，不能离开发展这个主题。"③"坚持以人为本，全面、协调、可持续的发展观，是我们以邓小平理论和'三个代表'重要思想为指导，从新世纪新阶段党和国家事业发展全局出发提出的重大战略思想。""坚持以人为本，就是要以实现人的全面发展为目标，从人民群众的根本利益出发谋发展、促发展，不断满足人民群众日益增长的物质文化需要，切实保障人民群众的经济、政治和文化权益，让发展的成果惠及全体人民。""全面发展，就是要以经济建设为中心，全面推进经济、政治、文化建设，实现经济发展和社会全面进步。协调发展，就是要统筹城乡发展、统筹区域发展、统筹经济社会发展、统筹人与自然和谐发展、统筹国内发展和对外开放，推进生产力和生产关系、经济基础和上层建筑相协调，推进经济、政治、文化建设的各个环节、各个方面相协调。可持续发展，就是要促进人与自然的和谐，实现经济发展和人口、资源、环境相协调，坚持走生产发展、生活富裕、生态良好的文明发展道路，保证一代接一代地永续发展。"④把科学发展观的要求贯穿于各方面的工作，"凡是符合科学发展观的事情就全力以赴地去做，不符合的就毫不迟疑地去

---

① 《十六大以来重要文献选编》，上册，465 页。
② 《十六大以来重要文献选编》，上册，484 页。
③ 《十六大以来重要文献选编》，上册，850～851 页。
④ 《十六大以来重要文献选编》，上册，849～850 页。

改。"①5 月 5 日，胡锦涛在江苏考察工作时强调"科学发展观对整个改革开放和现代化建设都具有重要指导意义"，号召全党同志"一定要增强贯彻落实科学发展观的自觉性和坚定性"，"把科学发展观贯穿于发展的整个过程和各个方面"。②

科学发展观的提出，标志着中共十六大以来以胡锦涛为总书记的中央领导集体，紧抓发展这个当今时代和当代中国的主题，集中而系统地回答了实现什么样的发展、怎样发展的问题，深化了对共产党执政规律、社会主义建设规律、人类社会发展规律的认识。从此，科学发展观开始在全面建设小康社会的实践中发挥日益重要的指导作用。

四、中共十六届三中全会　《关于完善社会主义市场经济体制若干问题的决定》

为了把社会主义基本制度与市场经济体制有机结合，中共十四大明确提出建立社会主义市场经济体制的改革目标，中共十四届三中全会做出《中共中央关于建立社会主义市场经济体制若干问题的决定》，具体提出了建立社会主义市场经济体制关于市场主体、市场体系、宏观调控、收入分配制度和社会保障制度的"五大框架"。十年后，我国实现了"总体小康"向"全面小康"迈进，初步建立起社会主义市场经济体制，但也出现了一些矛盾和问题，如经济结构不合理、分配关系尚未理顺、农民收入增长缓慢、就业矛盾突出、资源环境压力加大、经济整体竞争力不强等。造成上述问题的重要原因是我国处于社会主义初级阶段，经济体制还不完善，生产发展仍面临诸多体制性障碍。完善社会主义市场经济体制成为促进经济社会全面发展的关键。

2003 年 10 月，中共十六届三中全会在北京举行。全会审议并通过了《中共中央关于完善社会主义市场经济体制若干问题的决定》(以下简称《决定》)。

《决定》提出了完善社会主义市场经济体制的目标和任务。其目标是：按照统筹城乡发展、统筹区域发展、统筹经济社会发展、统筹人与自然和谐发展、统筹国内发展和对外开放的要求，更大程度地发挥市场在资源配

---

① 《十六大以来重要文献选编》，上册，852 页。

② 《十六大以来重要文献选编》，中册，61～62 页，北京，中央文献出版社，2006。

置中的基础性作用，增强企业活力和竞争力，健全国家宏观调控，完善政府社会管理和公共服务职能，为全面建设小康社会提供强有力的体制保障。其主要任务有七项：①完善公有制为主体、多种所有制经济共同发展的基本经济制度。②建立有利于逐步改变城乡二元经济结构的体制。③形成促进区域经济协调发展的机制。④建设统一开放竞争有序的现代市场体系。⑤完善宏观调控体系、行政管理体制和经济法律制度。⑥健全就业、收入分配和社会保障制度。⑦建立促进经济社会可持续发展的机制。

《决定》强调深化经济体制改革的"五个坚持"原则：坚持社会主义市场经济的改革方向，注重制度建设和体制创新；坚持尊重群众的首创精神，充分发挥中央和地方两个积极性；坚持正确处理改革发展稳定的关系，有重点、有步骤地推进改革；坚持统筹兼顾，协调好改革进程中的各种利益关系；坚持以人为本，树立全面、协调、可持续的发展观，促进经济社会和人的全面发展。

《决定》紧紧围绕"完善社会主义市场经济体制"这一主题，提出了以下三个方面的理论创新：一是提出"五个统筹"，强调统筹经济社会发展。二是提出"股份制是公有制的主要实现形式"，在所有制和社会主义经济体制的认识上实现了又一次重大突破。三是提出建立健全"归属清晰、权责明确、保护严格、流转顺畅"的现代产权制度，首次为民营资产提供了保护，为资产的规范流动扫除了障碍。

《决定》比十四届三中全会的相关决定更具有系统性、深刻性和全面性，它将最终决定我国社会主市场经济改革的命运，它所阐述的新观点和新认识，为我国经济的快速发展提供巨大的动力支持，为全面建设小康社会目标的实现提供体制保障和支撑。

为完善所有制结构，2005年2月19日，国务院出台《关于鼓励支持和引导个体私营等非公有制经济发展的若干意见》(简称"非公36条")，对非公有制经济采取放宽市场准入、加大财税金融支持、完善社会服务、维护企业和职工的合法权益、引导企业提高自身素质、改进政府监管、加强指导和政策协调等36条措施，以促进非公有制经济持续健康发展。

五、十届全国人大二次会议通过宪法修正案 全国人大和人民政协举行庆祝活动

2004年3月，十届全国人大二次会议在北京召开。温家宝作《政府工作

报告》。《报告》回顾了 2003 年我国改革开放和社会主义现代化建设取得的显著成就，阐述了 2004 年政府工作的主要任务，主要有：加强和改善宏观调控，保持经济平稳较快发展；巩固和加强农业的基础地位；统筹区域协调发展，推进西部大开发和东北地区等老工业基地振兴；继续实施科教兴国战略，加快卫生文化体育事业发展；抓住有利时机深化经济体制改革，加大就业和社会保障工作力度等。

大会的重要议程是审议并通过宪法修正案。这是对现行《中华人民共和国宪法》的第四次修订，共 14 条，主要内容有：①在序言第七自然段中，确立"三个代表"重要思想在国家政治和社会生活的指导地位；增加"推动物质文明、政治文明和精神文明协调发展"的内容。②序言第十自然段关于爱国统一战线的表述，增加"社会主义事业的建设者"。③完善第十条第三款的土地征用制度，修改为"国家为了公共利益的需要，可以依照法律规定对土地实行征收或者征用并给予补偿"。④进一步明确国家对发展非国有制经济的方针，第十一条第二款修改为"国家保护个体经济、私营经济等非公有制经济的合法的权利和利益。国家鼓励、支持和引导非公有制经济的发展，并对非公有制经济依法实行监督和管理"。⑤完善第十三条对私有财产保护的规定，修改为"公民的合法的私有财产不受侵犯。国家依照法律规定保护公民的私有财产权和继承权"。"国家为了公共利益的需要，可以依照法律规定对公民的私有财产实行征收或者征用并给予补偿。"⑥第十四条增加"国家建立健全同经济发展水平相适应的社会保障制度"一款。⑦第三十三条增加"国家尊重和保障人权"一款。⑧第九十八条修改乡镇政权任期的规定，由"三年"改为"五年"。⑨第四章的章名修改为"国旗、国歌、国徽、首都"。第一百三十六条增加对"国歌"的规定："中华人民共和国国歌是《义勇军进行曲》。"①

宪法修改的内容，是中国共产党关于国家事务和社会事务的重大主张，反映了全国各族人民的共同意愿，对于我国改革开放和现代化建设事业具有重大而深远的意义。

2004 年 3 月，全国政协十届二次会议在北京举行。会议通过关于中国人民政治协商会议章程修正案的决议，对章程进行自政协成立以来的第五次修改。

发展社会主义民主政治，建设社会主义政治文明，是中共十六大提出

---

① 《十六大以来重要文献选编》，上册，889～892 页。

的全面建设小康社会的重要目标。坚持和完善人民代表大会制度，坚持和完善共产党领导的多党合作和政治协商制度是实现这一目标的根本途径和重要内容。

人民代表大会制度是中国的根本政治制度。1954 年 9 月 15 日，第一届全国人民代表大会召开，标志着这一制度在全国范围内的建立。50 年后，2004 年 9 月 15 日，首都各界代表隆重集会，纪念全国人大成立 50 周年。胡锦涛出席会议并发表重要讲话。

胡锦涛全面回顾了人民代表大会制度形成与发展的光辉历程，系统总结了人民代表大会制度显现的强大生命力和巨大优越性：①保障了人民当家做主；②动员了全体人民以国家主人翁的地位投身社会主义建设；③保证了国家机关协调高效运转；④维护了国家统一和民族团结。讲话高度评价了人民代表大会制度的政治地位，指出：50 年来的历程充分证明，人民代表大会制度是符合中国国情、体现中国社会主义国家性质、能够保证中国人民当家做主的根本政治制度，也是党在国家政权中充分发扬民主、贯彻群众路线的最好实现形式，同国家和人民的命运息息相关。讲话强调：坚持和完善人民代表大会制度，是我们发展社会主义民主政治、建设社会主义政治文明的重要内容。为此，需要做到"三个必须"：①必须充分发扬人民民主，保证人民当家做主。②必须坚持依法治国的基本方略，不断推进建设社会主义法治国家的进程。③必须加强党的执政能力建设，改善党对国家事务的领导，提高党的领导水平和执政水平。认真落实四个"进一步"：①进一步加强和改进立法工作，提高立法质量。②进一步加强和改进人民代表大会的监督工作，增强监督实效。③进一步密切各级人民代表大会同人民群众的联系，更好地发挥人民代表大会代表的作用。④进一步加强各级人民代表大会及其常务委员会的组织制度和工作制度建设。

与此同时，社会主义民主法制建设座谈会在京举行，吴邦国发表题为《加强社会主义民主法制建设》的重要讲话，强调加强社会主义民主法制建设，最重要的是坚持和完善人民代表大会制度。指出现阶段的人大工作，必须坚持党的领导、以"三个代表"重要思想为指导、坚持社会主义的政治方向、从最广大人民的根本利益出发以及围绕党和国家工作的大局开展工作。这是做好新形势下人大工作必须坚持的指导思想和原则。

继中国各界隆重纪念全国人民代表大会成立 50 周年之后，人民政治协商会议又迎来了自己的 55 岁华诞。2004 年 9 月 21 日，首都各界庆祝人民政协成立 55 周年大会在京举行，胡锦涛在会上高度评价了人民政协成立 55

年来在我国社会主义革命、建设、改革进程中所作出的重大贡献。指出：中国共产党领导的多党合作和政治协商制度，是适合中国国情、具有中国特色的政党制度。人民政协始终高举爱国主义、社会主义的旗帜，牢牢把握团结和民主两大主题，切实履行政治协商、民主监督、参政议政职能，自觉服从和服务于国家改革发展稳定的大局，广泛团结海内外一切热爱祖国的中华儿女，在推进社会主义物质文明、政治文明、精神文明建设和促进祖国统一大业等方面发挥了重要作用。坚持和完善人民政协这种民主形式，既符合社会主义民主政治的本质要求，又体现了中华民族兼容并蓄的优秀文化传统，具有鲜明的中国特色，是中国社会主义民主政治的一大优势。必须充分运用人民政协这一重要形式，不断发展社会主义民主政治、建设社会主义政治文明。

　　为全国人大 50 周年、人民政协 55 周年华诞举行如此盛大的庆祝活动，在中国社会主义民主政治建设历程中是第一次。它对发展社会主义民主政治，建设社会主义政治文明，坚持和完善人民代表大会制度、政治协商制度，开创人大和政协工作新局面，均具有十分重要的指导意义。

第二节　推进改革开放向纵深发展　构建社会主义和谐社会

一、中共十六届四中全会　加强党的执政能力建设和保持共产党员先进性教育活动

　　2004 年 9 月，中共十六届四中全会在北京召开。全会同意江泽民辞去中央军委主席职务。全会高度评价了江泽民长期以来特别是十三届四中全会以来，为党、为国家、为人民做出的杰出贡献，并对此表示衷心的感谢。全会决定，胡锦涛任中共中央军委主席，调整充实军委组成人员。2005 年 3 月，全国人大十届三次会议选举胡锦涛为中华人民共和国中央军委主席。

　　全会听取和讨论了胡锦涛受中央政治局委托作的工作报告，审议通过《中共中央关于加强党的执政能力建设的决定》。

　　《决定》科学地界定了"党的执政能力"这一概念，指出："党的执政能力，就是党提出和运用正确的理论、路线、方针、政策和策略，领导制定和实施宪法和法律，采取科学的领导制度和领导方式，动员和组织人民依法管理国家和社会事务、经济和文化事业，有效治党治国治军，建设社会

主义现代化国家的本领。"①阐述了全面建设小康社会的历史进程中加强党的执政建设的重要性与紧迫性：这是关系中国社会主义事业兴衰成败、关系中华民族前途命运、关系党的生死存亡和国家长治久安的重大战略课题。只有不断解决好这一课题，才能保证我们党在建设中国特色社会主义的历史进程中始终成为坚强的领导核心。

《决定》总结了55年来党执政的六条主要经验。即：①必须坚持党在指导思想上的与时俱进，用发展着的马克思主义指导新的实践。②必须坚持推进社会主义的自我完善，增强社会主义的生机和活力。③必须坚持抓好发展这个党执政兴国的第一要务，把发展作为解决中国一切问题的关键。④必须坚持立党为公、执政为民，始终保持党同人民群众的血肉联系。⑤必须坚持科学执政、民主执政、依法执政，不断完善党的领导方式和执政方式。⑥必须坚持以改革的精神加强党的建设，不断增强党的创造力、凝聚力、战斗力。强调这六条主要经验，也是加强党的执政能力建设的重要指导原则，必须在实践中长期坚持并继续丰富和完善。

《决定》明确提出加强执政能力建设的指导思想、总体目标和主要任务。《决定》提出以"五个以"为其指导思想，即：①以马克思列宁主义、毛泽东思想、邓小平理论和"三个代表"重要思想为指导，全面贯彻党的基本路线、基本纲领、基本经验。②以保持党同人民群众的血肉联系为核心。③以建设高素质干部队伍为关键。④以改革和完善党的领导体制和工作机制为重点。⑤以加强党的基层组织和党员队伍建设为基础。《决定》明确其总体目标是：通过全党共同努力，使党始终成为立党为公、执政为民的执政党，成为科学执政、民主执政、依法执政的执政党，成为求真务实、开拓创新、勤政高效、清正廉洁的执政党，归根到底成为始终做到"三个代表"、永远保持先进性、经得住各种风浪考验的马克思主义执政党，带领全国各族人民实现国家富强、民族振兴、社会和谐、人民幸福。《决定》提出了当前和以后一个时期加强党的执政能力建设的主要任务，即把握这五项任务的五大能力：按照推动社会主义物质文明、政治文明、精神文明协调发展的要求：①不断提高驾驭社会主义市场经济的能力；②发展社会主义民主政治的能力；③建设社会主义先进文化的能力；④构建社会主义和谐社会的能力；⑤应对国际局势和处理国际事务的能力。

对执政党的能力建设以中央全会的形式做出决定，这在中国共产党全

---

① 《十六大以来重要文献选编》，中册，272页。

国执政 65 年的历史上尚属首次。全会通过的《决定》，是指导党的执政能力建设的纲领性文件。

为进一步加强党的执政能力建设，全面推进党的建设新的伟大工程，2004 年 10 月，中共中央政治局会议讨论并决定从 2005 年 1 月起，在全党开展以实践"三个代表"重要思想为主要内容的保持共产党员先进性教育活动（简称"先进性教育"）。

2005 年 1 月，中央召开先进性教育活动工作会议，全面部署工作，准备用一年半左右的时间，分三批对全体党员进行一次集中教育。每批为期半年，参加单位依次为县级以上机关、城市基层和乡镇机关、农村基层。此后，第一批先进性教育活动正式展开。至 2006 年 6 月底，先进性教育活动基本结束。6 月 28 日，中共中央办公厅先后印发了《关于加强党员经常性教育的意见》、《关于做好党员联系和服务群众工作的意见》、《关于加强和改进流动党员管理工作的意见》和《关于建立健全地方党委、部门党组（党委）抓基层党建工作责任制的意见》四个文件。这些文件的制定和印发，是对先进性教育经验的系统总结，标志着中共先进性建设进入制度化建设阶段、对共产党执政规律的认识和实践达到了新的高度。6 月 30 日，庆祝中国共产党成立 85 周年暨总结保持共产党员先进性教育活动大会在北京隆重举行，胡锦涛在讲话中指出："整个先进性教育活动主题鲜明、领导有力、措施得当、工作扎实，实现了预期目标，取得了显著成效。"①

二、加强党风廉政建设和反腐败工作

党风廉政建设和反腐败斗争关系党的生死存亡。改革开放特别是十三届四中全会以来，中国共产党把反对腐败作为一项重大政治任务来抓，努力探索社会主义市场经济条件下有效开展反腐倡廉的路子。20 世纪 90 年代初，针对体制转换过程中消极腐败现象滋生蔓延的态势，中共中央做出了加大反腐败斗争力度的重大决策，严明党的纪律，努力遏制腐败现象。十五大以后，党坚持标本兼治、综合治理的方针，逐步加大反腐治本工作力度，注重从源头上预防和治理腐败现象。十六大以来，社会主义市场经济体制逐步完善，依法治国基本方略贯彻实施，各项改革不断深化，为从源头上预防腐败提供了更有利的条件。

① 《十六大以来重要文献选编》，下册，527 页，北京，中央文献出版社，2008。

十六届四中全会强调，要坚持标本兼治、综合治理、惩防并举、注重预防的方针，抓紧建立健全与社会主义市场经济体制相适应的教育、制度、监督并重的惩治和预防腐败体系。这是中共中央从完成经济社会发展的重大任务和巩固党的执政地位的全局出发，为做好新形势下反腐倡廉工作做出的重大战略决策，是对反腐倡廉方针的坚持、完善和发展。

2005年1月，中共中央颁布《建立健全教育、制度、监督并重的惩治和预防腐败体系实施纲要》，深刻阐述了建立健全惩治和预防腐败体系的重大意义，总结了党的反腐倡廉基本经验，明确了惩治和预防腐败体系建设的指导思想、主要目标和工作原则。其指导思想为：坚持以马列主义、毛泽东思想、邓小平理论和"三个代表"重要思想为指导，紧紧围绕加强党的执政能力建设，紧紧围绕发展这个党执政兴国的第一要务，树立和落实科学发展观，建立健全教育、制度、监督并重的惩治和预防腐败体系。其主要目标为："到2010年，建成惩治和预防腐败体系基本框架。再经过一段时间的努力，建立起思想道德教育的长效机制、反腐倡廉的制度体系、权力运行的监控机制，建成完善的惩治和预防腐败体系。"①其工作原则是：①坚持与完善社会主义市场经济体制、发展社会主义民主政治、建设社会主义先进文化、构建社会主义和谐社会相适应；②坚持教育、制度、监督并重；③坚持科学性、系统性、可行性相统一；④坚持继承与创新相结合。《实施纲要》构建了反腐倡廉法规制度体系的基本框架，成为当时和以后一个时期深入开展党风廉政建设和反腐败工作的指导性文件。

之后，反腐败工作关注教育、制度、监督并重，围绕惩治和预防两方面展开。

郑筱萸案和陈良宇案是惩治腐败的两个典型大案。2007年4月，国家药品食品监督管理局局长郑筱萸因涉嫌受贿、玩忽职守案，被北京市检察院第一分院审查起诉。5月，被北京市第一中级人民法院一审判决，以受贿罪判处死刑，以玩忽职守罪判处有期徒刑7年，两罪并罚判处死刑。7月，经最高人民法院核准，被执行死刑。陈良宇，中共中央政治局委员，上海市委书记，因严重违纪问题于2006年9月经中共中央决定立案审查。2007年7月，中央政治局会议决定给予其开除党籍、开除公职处分，对其涉嫌犯罪问题移送司法机关依法处理。2008年4月，天津市第二中级人民法院以受贿罪、滥用职权罪判处其有期徒刑18年，没收个人财产人民币30万元。

①《十六大以来重要文献选编》，中册，537页。

对郑筱萸、陈良宇两大案件的处理，显示反腐工作开始走向党纪与国法相互配合，依法惩治腐败的制度层面。

反腐败的制度建设是治本、预防的关键。中国反腐倡廉法规制度体系包括"党纪""国法"两个方面。中国共产党以修改党章为切入点，不断加强以党章为核心的党内法规制度体系建设。《中国共产党党内监督条例（试行）》（2003年12月）、《关于党员领导干部述职述廉的暂行规定》（2006年2月）、《行政机关公务员处分条例》（2007年6月）等法规颁布，加强党内制度建设、行政制度建设。国家加强以宪法为核心的法律制度体系建设。2007年5月，中央批准设立国家预防腐败局（9月正式成立）。这样，反腐败斗争不仅有"党纪""国法"可依，而且其领导体制和工作机制、工作格局进一步完善。

2007年8月，十六大以来反腐败斗争成果暨惩治与预防职务犯罪展览在北京举行。9月，由中纪委、中央党校组织编写的《新时期领导干部反腐倡廉教程》正式出版。通过学习，全党同志特别是领导干部加深了对反腐倡廉工作重要性、长期性和艰巨性的认识，进一步增强了反腐倡廉的坚定性和自觉性，从而坚实了反腐倡廉的思想基础。

三、振兴东北老工业基地和促进中部地区崛起

为切实贯彻落实科学发展观，推进经济体制的纵深发展，中共中央、国务院做出继续推动区域协调发展的决策和部署。

振兴东北老工业基地、促进中部地区崛起既是东北、中部等地区自身改革发展的迫切要求，也是实现国家区域经济协调发展的战略举措。中共十六大明确提出"支持东北地区等老工业基地加快调整和改造，支持以资源开采为主的城市和地区发展接续产业""中部地区要加大结构调整力度，推进农业产业化，改造传统产业，培育新的经济增长点，加快工业化和城镇化进程"①。

东北老工业区具有物质条件优越和结构性问题突出的特征。一方面，东北地区老工业城市居多，虽然其中一些资源型城市的发展面临资源枯竭的挑战，但总体产业基础好，人才储备多，基础设施体系比较完善，经济振兴具备物质条件；另一方面，国有企业因地位重要，其结构性问题严重

---

① 《十六大以来重要文献选编》，上册，19页。

制约自身和当地经济的发展。上述这些决定了振兴东北等老工业基地，必须首先消除体制性障碍，把国有企业的改革和国有资产的重组作为突破口。2003年3月，十届全国人大一次会议提出支持东北地区等老工业基地加快调整和改造的思路。10月，中共中央、国务院发出《关于实施东北地区等老工业基地振兴战略的若干意见》，明确要将老工业基地调整、改造、发展成为结构合理、功能完善、特色明显、竞争力强的新型产业基地，逐步成为国民经济新的重要增长区域。12月，国务院振兴东北地区等老工业基地领导小组（简称"振兴东北领导小组"）成立。

2004年是振兴东北老工业基地的开局之年。经过三年振兴，《东北振兴三年评估报告》（2007年5月）显示，实施振兴战略的三年，是东北三省发展最快最好的时期之一。具体表现在：东北三省体制改革、机制创新步伐加快；对外开放度提高，经济持续快速增长，2004—2006年东北三省三年国内生产总值年均增速为12.6%，同比2001—2003年提高2.6个百分点；就业增加，社会保障体系初步建立。2007年8月，《东北地区振兴规划》公布，明确了东北地区"四基地一区"的目标定位，即：努力将东北地区建设成为综合经济发展水平较高的重要经济增长区域，具有国际竞争力的装备制造业基地，国家新型原材料和能源保障基地，国家重要的商品粮和农牧业生产基地，国家重要的技术研发与创新基地，国家生态安全的重要保障区；期望经过10—15年的努力，实现东北经济的全面振兴，使东北地区成为继珠三角、长三角、京津冀之后的中国第四大经济增长极。

中部地区①具有交通便利、农业开发早、农业人口多等特征。中部地区地处中国中心地带，交通便捷；土地肥沃，气候条件优良，农业开发较早，是重要的农副产品生产基地和剩余农副产品输出基地；传统文化积淀比较深厚，重农、抑工、轻商的思想观念影响较深；现代产业有一定程度的发展，在一些区域形成了规模不等的产业集群；人口稠密，区内外经济联系较为方便，产业成长容易获得市场支撑；农业人口比重高于全国平均水平，"二元结构"矛盾突出；温饱问题已基本解决，发展问题凸现。上述特征决定了促进中部崛起必须着眼于解决综合性、系统性的问题。

2004年3月，十届全国人大二次会议的《政府工作报告》首提"促进中部地区崛起"，第二年的《政府工作报告》提出了促进崛起的具体规划。2006年4月，国务院出台《关于促进中部地区崛起的若干意见》，其中包括36条政

——————————

① 中部地区是指山西、安徽、江西、河南、湖北、湖南六省。

策措施，提出要把中部建成全国重要的粮食生产基地、能源原材料基地、现代装备制造及高技术产业基地以及综合交通运输枢纽。

中部六省结合各自实际，开始探索崛起之路。煤炭大省山西力争建设新型能源和工业基地，安徽规划建设沿江城市带，江西谋求与长三角和珠三角经济区对接，河南确立了从经济大省向经济强省、从文化资源大省向文化强省跨越的发展目标，湖北一手抓武汉城市圈建设、一手抓县域经济发展。2007 年 4 月，国家促进中部地区崛起工作办公室正式挂牌。

振兴东北老工业基地，促进中部崛起，有利于维护社会稳定，有利于促进地区经济和城乡区域的协调发展，有利于推进国民经济的布局和结构调整、构建良性互动的发展新格局，有利于培育新的经济增长点及整个国民经济持续快速健康地发展。

四、加强和改善宏观调控　充实完善科学发展观

加强和改善宏观调控，是中共中央、国务院为应对经济运行中出现的新问题而做出的重大决策。

进入 21 世纪，我国成功地抵御了亚洲金融危机，克服了国内需求不足，经济增长率逐渐回升，工业化和城镇化进程加快。2003 年上半年，我国胜利抗击了"非典"，但经济发展问题凸显：钢铁等行业固定资产投资增长过快、建设规模过大，特别是一些行业盲目扩张、低水平重复建设严重；由此造成信贷规模过大，煤电油运和重要原材料供求紧张，大量土地被乱占滥用；导致 2003 年粮食播种面积减少到新中国成立以来最低水平，粮食产量下降到 1990 年以来的最低点。资源环境压力加大，结构不合理的矛盾更加尖锐。

国务院果断开始了长达五年的宏观调控。调控分为两个阶段。

第一阶段从 2003 年至 2005 年，主要针对固定资产投资增长过猛、粮食供求关系趋紧的行业，运用市场经济、体制调整和行政管理等综合手段进行调控。2003 年 7 月，以土地管理为切入点，出台了暂停审批和清理整顿各类开发区、加强建设用地管理的措施。2004 年 1 月，国务院发出《关于推进资本市场改革开放和稳定发展的若干意见》。7 月，国务院发布《关于投资体制改革的决定》，"确立企业在投资活动中的主体地位"成为投资体制改革的制高点，"对于企业不使用政府投资建设的项目，一律不再实行审批制，

区别不同情况实行核准制和备案制"①。宏观调控开始触及更深层次的体制问题。

经过 2004 年的宏观调控,部分行业盲目投资的势头初步得到遏制:该年全国城镇固定资产投资累计增速,由年初的 53% 回落至 2003 年 12 月的 27.6%,煤电油运供给紧张局面得到缓解。与此同时,2004 年 3 月,中央出台"两减免、三补贴"政策。5 月,国务院发布《关于进一步深化粮食流通体制改革的意见》,实施《粮食流通管理条例》。粮食供求关系紧张状况得到缓解,粮食生产出现重要转机。2005 年,除进一步消化和落实上述各项宏观调控措施外,又出台了加强房地产市场调控、调整商业银行住房信贷等政策,提高了住房贷款的利率和首付比例,从需求和供给两方面调控房地产市场。

第二阶段从 2006 年到 2007 年,主要针对固定资产投资增长过快、货币信贷投放过多、外贸顺差过大这"三过"问题进行调控。这一阶段的调控包括两部分,一是对第一阶段调控政策的延伸、深化和完善:①继续调控固定资产投资过快增长。2006 年 3 月,出台一批推进产能过剩行业结构调整的措施。6 月,出台从严控制新开工项目的有关措施。2007 年 11 月,建立新开工项目管理联动机制。通过上述举措,把抑制部分行业(钢铁、电解铝、水泥)投资增长过猛延伸到对产能过剩行业(电石、铁合金、焦炭、汽车、煤炭、电力、纺织)的结构调整,从而把对重点行业的投资管理延伸到深化投资体制改革,依法加强和规范新开工项目管理。②继续严把土地闸门。通过大力促进节约集约用地,走建设占地少、利用效率高的土地利用新路子等措施,把清理开发区、整顿土地市场秩序、暂停审批非农建设用地延伸到深入推进土地有偿使用制度改革。③继续调控房地产。继 2006 年 5 月,推出调整住房供应结构、稳定住房价格的政策后,2007 年 8 月,又出台了解决城市低收入家庭住房困难的重要措施。明确政府的职责,主要是制定住房规划和政策,搞好土地供应和管理,重点发展面向中低收入家庭的廉租住房、经济适用住房和普通商品住房。房地产调控延伸到明确区分和正确发挥政府与市场的作用,推进住房制度改革,加强住房保障体系建设。

二是针对外贸顺差过大、相关的银行资金流动性过剩、物价上涨等新问题的调控:①调控内外经济平衡。将严把信贷闸门延伸至调控流动性过

---

① 《十六大以来重要文献选编》,中册,132 页。

剩。2006 年至 2007 年两年内 13 次提高金融机构存款准备金。2007 年 6 月，执行了近十年的"稳健"的货币政策转换为"稳中适度从紧"，12 月又转换为"从紧"。继续完善人民币汇率形成机制，增强汇率弹性，深化外汇管理体制改革，拓展外汇储备使用渠道和方式。综合使用出口退税政策、关税政策、加工贸易政策、进口税收优惠政策，以抑制出口、扩大进口，缓解外贸顺差过大问题。②抑制价格过快上涨。2007 年 5 月以来，我国居民消费价格呈逐月上涨之势，特别是 8 月至 12 月，连续 5 个月价格涨幅超过 6％，为 10 年来的最高。对此，及时采取一系列发展生产，保障肉类、食用油、粮食等重要农产品供给的政策，并对低收入群众进行相关补贴，保证其基本生活水平不因物价上涨而下降。2008 年 1 月，经国务院批准，国家发改委启动了临时价格干预措施。

通过 5 年的宏观调控，取得了显著的成效：粮食生产首次连续 4 年实现播种面积、总产和单产"三增"。全社会固定资产投资增速由 2003 年的 27.7％，平稳回落至 2007 年的 24.8％。企业效益不断提高，2007 年 39 个工业行业全部实现盈利。全国新增城镇就业平均每年超过 1000 万人。扣除价格因素，城镇居民人均可支配收入年均增长 9.8％，农村居民人均纯收入年均增长 6.8％。外贸顺差增速逐步回落。

通过宏观调控，中国经济迅速发展。从 2002 年至 2007 年，我国国内生产总值年均增长 10.6％，提前 3 年实现 21 世纪头 10 年国内生产总值比 2000 年翻番的目标；国内生产总值增长率的年度间波幅小，仅为 0.1％～0.9％，中国经济平稳较快增长。中国国内生产总值在国际上的位次，从第 6 位上升到第 4 位，增强了中国经济在世界市场的实力。

这一次宏观调控以科学发展观为指导，运用综合手段有预见性进行主动调控，将宏观调控与政府其他经济职能的协调配合相结合，探索了宏观调控与结构调整、转变经济发展方式、体制改革、改善民生"四结合"的路子。

加强和改善宏观调控的实践，又充实和丰富了对科学发展观这一理论的认识。关于其本质要求方面。2006 年 10 月，胡锦涛在中共十六届六中全会上提出了"扎实促进经济又好又快发展"①的新方针，不久，将"又好又快"概括为全面落实科学发展观的本质要求。② 关于促进科学发展的重要着力点

① 《十六大以来重要文献选编》，下册，679 页。
② 《十六大以来重要文献选编》，下册，806 页。

方面，解决好能源资源不足的矛盾，是关系我国发展全局的一个重大问题。结合这次加强和改善宏观调控的新经验，胡锦涛指出："如果不从根本上转变增长方式，能源资源将难以为继，生态环境将不堪重负"，"今后面临的压力会更大、困难会更多"。① 他要求，"坚持把推进结构调整和转变增长方式、实现总量平衡作为搞好宏观调控、促进科学发展的重要着力点"②，不断增强经济运行的稳定性和协调性。关于促进科学发展的重要保障方面，胡锦涛强调，健全的市场机制，有效的宏观调控，都是社会主义市场经济不可或缺的重要组成部分。适应全面建设小康社会的新要求，"当前改革的主要任务是，解决经济社会发展中的深层次矛盾和问题，消除影响科学发展的体制障碍"③，"逐步形成实现科学发展的体制保障"④。深化改革、完善体制机制成为促进科学发展的重要保障。完善后的科学发展观不断指导宏观调控的加强和改善，同时注重发挥市场在资源配置中的基础性作用，从而推进改革开放，促进国民经济又好又快发展。

五、推进税费改革　建设社会主义新农村

中国农业是安天下、稳民心的基础产业和战略产业。为了加强农业基础、保护农民利益、维护农村稳定，中共十六大以来，新一届国家领导集体分别采用促进农民增收、改革农村税费、建设社会主义新农村和保障农民工合法权益等综合改革措施解决"三农"⑤问题。

2003 年 1 月，胡锦涛在中央农村工作会议上强调："把解决好农业、农村和农民问题作为全党工作的重中之重。"⑥12 月底，2004 年中央农村工作会议提前召开。2004 年元旦，《关于促进农民增加收入若干政策的意见》(简称 2004 年"一号文件")印发。这是中央解决农村问题的第六个"一号文件"，也是新中国成立 55 年来中央就农民增收问题出台的首个文件。

为了促进农民增收，文件按照统筹城乡经济社会发展的要求，坚持"多

---

① 《十六大以来重要文献选编》，中册，313、455 页。

② 《十六大以来重要文献选编》，下册，68 页。

③ 《科学发展观重要论述摘编》，79 页，北京，中央文献出版社、党建读物出版社，2008。

④ 《十六大以来重要文献选编》，下册，69 页。

⑤ "三农"是指农业、农村、农民。

⑥ 《十六大以来重要文献选编》，上册，112 页。

予、少取、放活"的方针，从九个方面出台了 22 条措施，突出了以下四方面的重要内容：一是强调粮食主产区农民增收和贫困地区农民增收这两个重点和难点。二是从农业内部、农村内部和农村外部这三个层次，促进农民扩大就业和增加收入。三是开拓农产品市场、增加对农业和农村投入，为农民增收创造必要的外部条件。四是各级党委、政府和有关部门要切实加强领导、落实政策。

经过全党全国人民一年的努力，2004 年粮食总产量比上年增长 9.0％，扭转了 1999 年以来连续 5 年下降的局面；农民人均纯收入达到 2936 元，实际增长 6.8％，是 1997 年以来增长最快的一年。粮食增产，农业增效，农民增收，成为当年国民经济运行的一大亮点。

农村税费改革是中共中央、国务院为解决"三农"问题的又一重大决策。从 1990 年开始，中央着重解决国家税收之外对农民的各种收费、罚款和摊派问题，农村税费改革揭开序幕。从 1999 年年末开始，中央按"减轻、规范、稳定"的目标推进税费改革试点。2003 年，税费改革在全国推开。

从 2004 年起，税费改革进入以实现取消农业税为目标的阶段。2004 年"一号文件"提出逐步降低农业税税率，并取消除烟叶外的农业特产税。3月，温家宝在十届全国人大二次会议上宣布五年内取消农业税。黑龙江、吉林两省随后进入试点，实行"两减免、三补贴"政策。"两减免"是指免除农业税、取消除烟叶外的农业特产税，"三补贴"即：对种粮农民实行直接补贴；对部分地区农民进行良种补贴；购置农机具补贴。这项政策使农民直接得到实惠 450 亿元。全国绝大部分省市也先后决定全部免征农业税。2004 年农村税费改革试点工作取得阶段性成果。

2005 年 6 月，全国农村税费改革试点工作会议在北京召开。温家宝在会上强调，农村税费改革将进入新的阶段，巩固农村税费改革成果，积极稳妥推进以乡镇机构、农村义务教育和县乡财政体制为主要内容的综合改革试点。10 月，国务院发出《关于 2005 年深化农村税费改革试点工作的通知》，明确从 2006 年开始，农村税费改革将进入新的阶段。12 月 29 日，十届全国人大常委会第十九次会议通过《关于废止中华人民共和国农业税条例的决定》，宣布自 2006 年 1 月 1 日起废止 1958 年 6 月 3 日通过的《中华人民共和国农业税条例》。原定到 2008 年取消农业税的目标提前实现，9 亿中国农民彻底告别了延续 2600 年的缴纳农业税历史。

"建设社会主义新农村"是十六大以来中共中央逐步形成的解决"三农"问题的基本思想和思路。2005 年 10 月，中共十六届五中全会通过的《关于制定国民经济和社会发展第十一个五年规划的建议》，明确提出"建设社会主义新农村"的重大历史任务，按照"生产发展、生活宽裕、乡风文明、村容整洁、管理民主"的"20 字基本要求"，"坚持从各地实际出发，尊重农民意愿，扎实稳步推进新农村建设。"①将全面加强农村的社会主义经济建设、政治建设、文化建设、和谐社会建设和党的建设有机整合。

2005 年 12 月，《中共中央、国务院关于推进社会主义新农村建设的若干意见》(即中央第八个"一号文件"，以下简称《意见》)出台。《意见》强调："始终把'三农'工作放在重中之重，切实把建设社会主义新农村的各项任务落到实处，加快农村全面小康和现代化建设步伐。"②为此，当前要重点落实以下八项工作：①统筹城乡经济社会发展，扎实推进社会主义新农村建设。②推进现代农业建设，强化社会主义新农村建设的产业支撑。③促进农民持续增收，夯实社会主义新农村建设的经济基础。④加强农村基础设施建设，改善社会主义新农村建设的物质条件。⑤加快发展农村社会事业，培养推进社会主义新农村建设的新型农民。⑥全面深化农村改革，健全社会主义新农村建设的体制保障。⑦加强农村民主政治建设，完善建设社会主义新农村的乡村治理机制。⑧切实加强领导，动员全党全社会关心、支持和参与社会主义新农村建设。

为确保 2006 年"一号文件"的顺利执行，中共中央首抓干部队伍的建设。2006 年 2 月至 2007 年 1 月，中央连续举办 50 多期培训班，对全国的省部级主要领导干部、县委书记、县长进行"建设社会主义新农村"专题培训。

为落实 2006 年"一号文件"，国务院出台了一系列促进农业农村发展的激励政策、调控政策、支持政策和财政保障政策。如，2006 年在全国彻底取消农业税；加大对"三农"的投入，实现"三个首次"：首次在春耕前拨付了良种补贴、农机具购置补贴、测土配方施肥补贴等资金，比往年提前 3 个月；首次安排 125 亿元农资增支综合直补和 28.9 亿元渔业燃油补贴资金；首次在春耕前公布了重点粮食品种最低收购价政策，并在夏收前启动了小麦最低收购价执行预案。2006 年 12 月的中央经济工作会议，明确提出 2007 年继续把发展现代农业作为推进社会主义新农村建设的着力点。

这些政策和措施，极大地调动和激发了广大农民的积极性，农业和农村经济发展成绩显著。据"2006、2007 年国民经济和社会发展统计公报"显

①　《十六大以来重要文献选编》，中册，1066 页。
②　《十六大以来重要文献选编》，下册，139 页。

示，这两年中国粮食年产量分别为 49746 万吨、50150 万吨，同比分别增长 2.8%、0.7%，首次实现 1985 年以来粮食生产连续 4 年增产；农民人均纯收入分别增长 7.4%、9.5% 以上，首次实现 1985 年以来连续 4 年增幅超过 6%。

为落实科学发展观，统筹城乡发展、解决"三农"问题，2006 年 1 月，国务院发出《关于解决农民工问题的若干意见》，明确指出：认真解决涉及农民工利益的问题。着力完善政策和管理，推进体制改革和制度创新，逐步建立城乡统一的劳动力市场和公平竞争的就业制度，建立保障农民工合法权益的政策体系和执法监督机制，建立惠及农民工的城乡公共服务体制和制度。坚持公平对待，一视同仁；强化服务，完善管理；统筹规划，合理引导；因地制宜，分类指导；立足当前，着眼长远等基本原则。这项重大举措，对于切实保障广大农民工的合法权益，进一步改善农民工的就业环境，引导农村富余劳动力合理有序转移，推动社会主义新农村建设和中国特色的工业化、城镇化、现代化健康发展，具有重要意义。

六、加强就业再就业工作　推进社会保障体系建设

就业是民生之本。中共中央、国务院高度重视就业再就业工作，2002 年下发了《关于进一步做好下岗失业人员再就业工作的通知》；连续 3 年召开全国性会议，对就业再就业工作进行部署。就业再就业工作初显成效：市场导向就业机制进一步完善，就业总量有较大增加，一大批下岗失业人员实现了再就业。但是，这并未从根本上改变我国劳动力供大于求的基本格局。

为进一步做好就业再就业工作，2005 年 11 月，国务院发出《关于进一步加强就业再就业工作的通知》，从 6 个方面制定了具体办法和实施细则。2007 年 8 月，十届全国人大常委会审议通过《中华人民共和国就业促进法》，确保了就业再就业工作有法可依。

通过各方努力，十六大以来的就业再就业工作成效显著：①坚持实施和完善积极的就业政策，中央财政安排就业补助资金 5 年累计 666 亿元，城乡公共就业服务体系建设进一步加强。②全面加强职业技能培训，平均每年城镇新增就业 1000 多万人、农村劳动力转移就业 800 万人。③基本解决国有企业下岗职工再就业问题，完成下岗职工基本生活保障向失业保险并轨。④在劳动力总量增加较多、就业压力很大的情况下，保持了就业形势

的基本稳定。

加强就业再就业工作，不仅对促进经济发展、深化国有企业改革、维护社会稳定产生积极影响，而且有利于推进社会保障体系建设。

加快完善社会保障体系，是构建社会主义和谐社会、全面推进小康社会建设的一项重要任务。建立健全与经济发展水平相适应的社会保障体系，既是经济社会协调发展的必然要求，也是社会稳定和国家长治久安的重要保证。中国是世界上最大的发展中国家，人口众多，经济发展起点低，地区之间、城乡之间发展不平衡，完善社会保障体系的任务十分艰巨和繁重。

十六大以来，中共中央、国务院高度重视并积极致力于社会保障体系的建立和完善。十六大政治报告明确提出了"建立健全与经济发展水平相适应的社会保障体系"的目标，十六届三中全会做出的《关于完善社会主义市场经济体制若干问题的决定》全面阐述了"加快建设与经济发展水平相适应的社会保障体系"①的基本思路。经过多年努力，到2004年年底，以养老保险、医疗保险、失业保险和城市居民最低生活保障制度为主要内容的、适应社会主义市场经济基本要求的社会保障体系框架初步形成。

2005年以来，随着《关于推进社会主义新农村建设的若干意见》等文件的出台，我国的社会保障制度建设进入到逐步建立覆盖城乡居民的社会保障体系阶段。十六届六中全会明确提出，到2020年基本建立覆盖城乡居民的社会保障体系，并把它作为构建社会主义和谐社会的目标和主要任务。《关于构建社会主义和谐社会若干重大问题的决定》将"覆盖城乡居民的社会保障体系"定义为"适应人口老龄化、城镇化、就业方式多样化，逐步建立社会保险、社会救助、社会福利、慈善事业相衔接的覆盖城乡居民的社会保障体系"②。

为实现这一新的发展目标，我国社会保障制度发展进入统筹城乡、全面覆盖、综合配套、统一管理的阶段。2005年12月，国务院颁布《关于完善企业职工基本养老保险制度的决定》，实现养老保险覆盖范围由职工向城镇灵活就业人员的拓展，改革养老金计发办法，强化激励约束机制，建立长效机制；2006年1月，国务院颁布《关于解决农民工问题的若干意见》，国务院办公厅转发《劳动保障部关于做好被征地农民就业培训和社会保障工作指导意见的通知》，推进农民工和被征地人员社会保障制度建设；2007年

① 《十六大以来重要文献选编》，上册，476页。
② 《十六大以来重要文献选编》，下册，659～660页。

7月，国务院先后颁布《关于开展城镇居民基本医疗保险试点的指导意见》《关于在全国建立农村最低生活保障制度的通知》，将医疗保险由职业人群拓展到城镇非职业人群，同时在全国建立兜底性的城乡最低生活保障制度。

经过各方的积极努力，十六大以来的 5 年间社会保障体系建设明显加强：①全国财政用于社会保障支出 5 年累计 1.95 万亿元，比前 5 年增长 1.41 倍。②城镇职工基本养老保险制度不断完善，2007 年参保人数突破 2 亿人。从 2005 年开始连续 3 年提高企业退休人员基本养老金标准。中央财政 5 年累计补助养老保险专项资金 3295 亿元。③2007 年城镇职工基本医疗保险参保人数达到 1.8 亿人；88 个城市启动城镇居民基本医疗保险试点；新型农村合作医疗制度不断完善，已扩大到全国 86％的县，参合农民达到 7.3 亿人。④全国社会保障基金积累 4140 亿元，比 2002 年增加 2898 亿元。⑤保障城乡困难群众基本生活的根本性制度建设——城乡社会救助体系基本建立。城市居民最低生活保障制度不断完善，保障标准和补助水平逐步提高；2007 年在全国农村全面建立最低生活保障制度，3451.9 万农村居民纳入保障范围。⑥社会福利、优抚安置、慈善和残疾人事业取得新进展。抗灾救灾工作全面加强，中央财政 5 年支出 551 亿元，受灾群众生产生活得到妥善安排。

七、社会主义法治理念的提出　开展平安建设维护社会稳定

社会主义法治理念是党和国家领导人以马列主义、毛泽东思想、邓小平理论和"三个代表"重要思想为指导，坚持科学发展观，在总结中国特色社会主义法治建设实践经验，合理借鉴中外法治文明优秀成果的基础上逐渐形成的。

邓小平在中共十一届三中全会上发表的题为《解放思想，实事求是，团结一致向前看》的讲话，第一次提出了"为了保障人民民主，必须加强法制。必须使民主制度化、法律化"①。全会确立了"有法可依、有法必依、执法必严、违法必究"的方针。1979 年 6 月，邓小平在会见日本公明党第八次访华团时，明确提出"民主和法制两手都不能削弱"②。

1985 年，我国制定第一个五年普法规划。1986 年 6 月，邓小平强调"在

———————————

① 《邓小平文选》，第 2 卷，146 页，北京，人民出版社，1994。

② 《邓小平文选》，第 2 卷，189 页。

全体人民中树立法制观念"①。同年7月，中共中央发出《关于全党必须坚决维护社会主义法制的通知》，提出"一手抓建设，一手抓法制"，号召各级干部和全体党员养成依法办事的习惯。1989年9月，江泽民在回答外国记者提问时，明确提出要遵循法治方针。1996年2月，江泽民在中共中央第三次法制讲座的总结讲话中，强调"坚持依法治国"，"加强社会主义法制建设，依法治国，是邓小平建设有中国特色社会主义理论的重要组成部分，是我们党和政府管理国家和社会事务的重要方针"②。同年3月，八届全国人大四次会议把"依法治国，建设社会主义法制国家"作为一条基本方针，写进《国民经济和社会发展"九五"计划和2010年远景目标纲要》。1997年9月，十五大报告正式提出："进一步扩大社会主义民主，健全社会主义法制，依法治国，建设社会主义法治国家"，并将以前的"社会主义法制国家"表述为"社会主义法治国家"。1999年3月，全国人大九届二次会议第一次将依法治国基本方略写入宪法。

2001年3月，全国人大九届四次会议通过《国民经济和社会发展第十个五年计划纲要》，将"依法治国"从治国方略的手段层次，上升为社会主义现代化重要目标的目的层次。2002年11月，十六大报告更把发展社会主义民主政治，建设社会主义政治文明，确定为全面建设小康社会的一个重要目标。同时新党章做出关于建设社会主义政治文明的规定。这是中国共产党在全国代表大会的文件中，首次明确地对建设社会主义政治文明作出部署，并将它与建设社会主义物质文明和建设社会主义精神文明一起，确定为社会主义现代化建设的三大基本目标。2004年3月，十届全国人大二次会议通过的宪法修正案，明确体现了"依法执政"的理念；4月，国务院发布《全面推进依法行政实施纲要》，提出用10年左右的时间，全面推进依法行政，基本实现建设法治政府的目标；9月，十六届四中全会做出《关于加强党的执政能力建设的决定》，将依法执政作为"新的历史条件下党执政的一个基本方式"③。

2005年2月，中共中央提出"构建社会主义和谐社会"的战略目标，将民主法治列为和谐社会六大基本特征之首。11月，胡锦涛提出开展社会主义法治理念教育，并做出"开展社会主义法治理念教育是加强政法队伍思想

① 《邓小平文选》，第3卷，163页，北京，人民出版社，1993。
② 《江泽民文选》，第1卷，511页，北京，人民出版社，2006。
③ 《十六大以来重要文献选编》，中册，281页。

政治建设的一项重大举措"的重要批示，旨在从根本上解决政法机关权从何来、为谁掌权、为谁执法、如何执法等重大问题。2006 年 4 月，中央政法委书记将社会主义法治理念的内容概括为"依法法国、执法为民、公平正义、服务大局、党的领导"五个方面，这五个理念，"依法治国是社会主义法治的核心内容，执法为民是社会主义法治的本质要求，公平正义是社会主义法治的价值追求，服务大局是社会主义法治的重要使命，党的领导是社会主义法治的根本保证"，协调一致地体现了"党的领导、人民当家做主和依法治国的有机统一"①。2006 年 10 月，十六届六中全会通过《关于构建社会主义和谐社会若干重大问题的决定》，将"社会主义民主法制更加完善，依法治国基本方略得到全面落实，人民的权益得到切实尊重和保障"，位居构建社会主义和谐社会的目标和主要任务之首。

社会主义法治理念的提出，标志着中国共产党对建设中国特色社会主义法治国家的规律、中国共产党执政规律有了更加深刻的认识和把握。2005 年 12 月，在全国政法工作会议上，中央政法委向全体政法干警部署开展社会主义法治理念教育活动。之后，活动在政法系统深入展开。深入持久地开展社会主义法治理念教育，及时清理了政法队伍中模糊和错误的认识，对于确保政法工作始终坚持社会主义方向，不断提高执法能力和执法水平，广泛开展平安建设，维护社会和谐稳定，具有重要意义。

平安建设是新形势下社会治安综合治理的新举措。社会主义和谐社会，首先需要平安的社会环境。稳定才能发展，平安才能和谐。2003 年中央综合治理委员会南昌会议推出了平安建设的经验后，平安建设在城镇乡村迅速推进。

中共中央、国务院对平安建设工作高度重视。2005 年 10 月，十六届五中全会把"深入开展平安创建活动"写进《中共中央关于制定国民经济和社会发展第十一个五年规划的建议》②。10 月 21 日，中共中央、国务院的办公厅转发《中央政法委员会、中央社会治安综合治理委员会关于深入开展平安建设的意见》。

至 2005 年年底，平安建设在全国全面展开。2006 年 11 月，平安建设推广至非公有制经济组织，开始创建平安企业、平安行业等。2007 年 4 月，中央综治委下发《关于深入推进农村平安建设的实施意见》，提出广泛开展"平安乡镇"、"平安村寨"创建活动。平安建设成效显著。仅 2006 年，各地

---

① 《十六大以来重要文献选编》，下册，401～402 页。
② 《十六大以来重要文献选编》，中册，1079 页。

在平安建设中共命名近半数的"平安县(市、区)"、"平安乡镇街道"、"平安村"、"平安企业"和"平安学校"。实践证明,平安建设是构建社会主义和谐社会的重要内容、目标和重要保障。深化平安建设既能解决影响社会治安和社会稳定的突出问题,又能着眼于解决深层次的社会矛盾,最大限度地增加和谐因素,促进社会和谐稳定。

八、深化文化体制改革 建设社会主义核心价值体系

繁荣发展社会主义先进文化是实现全面建设小康社会宏伟目标、构建社会主义和谐社会的思想保证和精神动力。十六大以来,为了落实十六大提出的先进文化、十六届六中全会提出的和谐文化理念,在中国共产党领导下,文化建设在文化体制改革、建设社会主义核心价值体系等方面取得蓬勃发展。

深化文化体制改革是构建和谐文化的基础。深化文化体制改革,是中共中央在科学判断国际国内形势,全面把握当今世界文化发展趋势,深刻分析我国基本国情和战略任务的基础上做出的又一项关系全局的重大决策。十六大在强调文化建设的重要地位和作用的同时,首次将文化分成文化事业和文化产业,强调一手抓公益性文化事业,一手抓经营性文化产业,形成"两手抓、两加强"的思路。这为整个文化体制改革明确了方向和目标,把深化改革同调整结构和促进发展结合起来。十六届三中全会明确把文化体制改革纳入完善社会主义市场经济体制的重要任务,并首次提出文化体制改革要形成一批大型文化企业集团的思路。十六届四中全会把不断提高建设社会主义先进文化的能力作为加强党的执政能力建设的一项重要任务,明确提出深化文化体制改革,"解放和发展文化生产力"①。十六届五中全会强调要构建公共文化服务体系,通过"两手抓、两加强",积极发展文化事业,大力发展文化产业,创造更多更好适应人民群众需求的优秀文化产品。2005年12月,中共中央、国务院发出《关于深化文化体制改革的若干意见》,指出:要形成科学有效的宏观文化管理体制,富有效率的文化生产和服务的微观运行机制,以公有制为主体、多种所有制共同发展的文化产业格局,统一、开放、竞争、有序的现代文化市场体系,完善的文化创新体系,以民族文化为主体、吸收外来有益文化,推动中华文化走向世界的文

---

① 《十六大以来重要文献选编》,中册,239页。

化开放格局。2006 年 3 月，在全国文化体制改革工作会议上，李长春号召"全面落实科学发展观，深入推进文化体制改革"①。

在上述指导方针的指引和决策的部署下，深化文化体制改革实践有条不紊地展开。2003 年 6 月，全国文化体制改革试点工作会议决定，改革试点工作首先在北京等 9 个省市和 39 个宣传文化单位进行。此后，深化文化体制全面改革按照"两手抓、两加强"的基本思路推开：首先澄清公益性文化事业和经营性文化产业性质的异同，区别事业的职能和企业的功能。在这基础上，通过贯彻"增加投入、转换机制、增强活力、改善服务"的方针，最大限度地发挥公益性文化事业的社会效益，不断满足人民群众最基本的文化需求；通过贯彻"创新体制、转换机制、面向市场、壮大实力"的方针，调动社会力量发展文化产业，在市场竞争中发展壮大，以满足人民群众多方面、多层次、多样性的精神文化需求，繁荣文化市场。在深化文化体制改革的过程中，坚持以体制机制创新为重点，力争实现重塑文化市场主体、完善市场体系、改善宏观管理和加快转变政府职能这 4 个关键环节的突破；坚持把体制机制创新和文化创新紧密结合起来，以改革创新促发展，推动文化观念、文化内容、文化形式和文化科技的全面进步。

"两手抓、两加强"有效地保证了公益性文化事业和经营性文化产业的协调快速发展，成为繁荣社会主义文化的两个轮子。文化事业和文化产业相互区别、功能不同，但又相互联系、相互促进，统一于繁荣社会主义先进文化的伟大事业，共同构成覆盖全社会的比较完备的公共文化服务体系。2007 年 6 月，中共中央政治局会议决定，把文化建设的重心放在基层和农村，着力提高公共文化产品供给能力，着力解决人民群众最关心、最直接、最现实的基本文化权益问题。文化体制改革开始在农村全面展开。

建设社会主义核心价值体系是构建和谐文化的根本。随着世界多极化、经济全球化深入发展，科学技术日新月异，各种思想文化交流交融交锋更加频繁，文化在综合国力竞争中的地位和作用更加凸显，对社会主义核心价值体系内容作出清晰界定的要求越来越迫切。2004 年 1 月，中共中央发出《关于进一步繁荣发展哲学社会科学的意见》，明确提出实施马克思主义理论研究和建设工程。2006 年 3 月，胡锦涛在全国政协十届四次会议期间

---

① 《十六大以来重要文献选编》，下册，372 页。

提出了"八荣八耻"①的社会主义荣辱观，深化了共产党对社会主义道德建设规律的认识。2006 年 10 月，中共十六届六中全会第一次明确提出"建设社会主义核心价值体系"的重大命题和战略任务，明确提出了社会主义核心价值体系的内容：马克思主义指导思想；中国特色社会主义共同理想；以爱国主义为核心的民族精神和以改革创新为核心的时代精神；社会主义荣辱观。

建设社会主义核心价值体系是我们党在思想文化建设上的重大理论创新。其内容的四个方面相互联系、彼此贯通、层层递进、有机统一。其中，坚持马克思主义指导地位是灵魂，树立共同理想是主题，培育民族精神和时代精神是精髓，践行社会主义荣辱观是基础。建设社会主义核心价值体系，就是要把这四个方面的基本要求融入国民教育和精神文明建设的全过程，融入经济、政治、文化、社会建设的各个领域，使之成为全民族奋发向上的精神力量和团结和睦的精神纽带。

九、"十一五规划纲要"《中华人民共和国物权法》和《劳动合同法》

"十一五"时期是全面建设小康社会的关键时期。2005 年 10 月，中共十六届五中全会通过《中共中央关于制定国民经济和社会发展第十一个五年规划的建议》。《建议》在总结"十五"时期经济社会发展经验的基础上，明确了未来 5 年经济社会发展的奋斗目标和主要任务，对"十一五"时期的经济建设、社会发展、改革开放等问题，做出了全面部署。

《建议》提出"十一五"要坚持"六个必须"的原则，即：必须保持经济平稳较快发展，必须加快转变经济增长方式，必须提高自主创新能力，必须促进城乡区域协调发展，必须加强和谐社会建设，必须不断深化改革开放。这"六个必须"相互联系，相互促进。坚持以科学发展观统领经济社会发展全局，是《建议》最鲜明的特点。

《建议》强调坚持"四项方针"，即关于一个重大原则、一条主线、一个关键问题和一个根本目的。实施"十一五"规划，要始终把握好一个"重大原

---

① "八荣八耻"是指"以热爱祖国为荣、以危害祖国为耻，以服务人民为荣、以背离人民为耻，以崇尚科学为荣、以愚昧无知为耻，以辛勤劳动为荣、以好逸恶劳为耻，以团结互助为荣、以损人利己为耻，以诚实守信为荣、以见利忘义为耻，以遵纪守法为荣、以违法乱纪为耻，以艰苦奋斗为荣、以骄奢淫逸为耻"。

则"："保持经济平稳较快发展"；紧紧抓住一条"主线"："加快经济结构战略性调整"；切实抓好一个"关键问题"："大力转变经济增长方式"；坚持实现一个"根本目的"："不断提高全国人民生活水平"。①

综合考虑未来 5 年我国发展的趋势和条件，《建议》提出"十一五"经济社会发展的目标，主要包括经济增长、质量效益、自主创新、社会发展、改革开放、教育科学、资源环境、人民生活和民主法制等方面。其中两个重要目标，一是提出在优化结构、提高效益和降低消耗的基础上，五年年均经济增长速度保持 8% 左右，实现 2010 年人均国内生产总值比 2000 年翻一番；二是提出"十一五"期末单位国内生产总值能源消耗比"十五"期末降低 20% 左右。

《建议》明确以后 5 年经济社会发展和改革开放的主要任务，即实施以下五大举措：①建设社会主义新农村；②推进产业结构优化升级，促进区域协调发展，建设资源节约型、环境友好型社会；③深化体制改革和提高对外开放水平；④深入实施科教兴国战略和人才强国战略；⑤推进社会主义和谐社会建设。为了完成上述任务，把握全局，统筹兼顾，突出重点，需要处理好内需和外需、市场机制和宏观调控、中央和地方、经济发展和社会发展以及改革发展稳定这五对关系。《建议》强调，加强党的领导是胜利实现"十一五"规划的关键，是经济社会发展的根本政治保证。

2006 年 3 月，十届全国人大四次会议批准《国民经济和社会发展第十一个五年规划纲要》，即"十一五规划纲要"，描绘了中国在新世纪第二个五年经济社会发展的宏伟蓝图。

改革开放以来，中国经济迅速发展，富裕起来的老百姓普遍要求切实保护他们通过辛勤劳动积累的合法私有财产。物权法的制定势在必行。早在 1993 年，立法部门就开始了物权法的起草工作。2002 年 12 月，九届全国人大常委会对这部法律草案进行了初次审议。随后历经十届全国人大及其常委会六次审议，创造了中国立法史上单部法律草案的审议次数之最。2005 年 7 月，全国人大常委会向社会全文公布草案，另通过举行座谈会、论证会等方式，广泛听取各方面的意见，并据此进行了多次修改。2007 年 3 月 16 日，《中华人民共和国物权法》由十届全国人大五次会议高票通过，自 2007 年 10 月 1 日起施行。

《物权法》共 5 编 19 章 247 条。《物权法》开宗明义，"为了维护国家基本

---

① 《十六大以来重要文献选编》，中册，1047～1049 页。

经济制度，维护社会主义市场经济秩序，明确物的归属，发挥物的效用，保护权利人的物权，根据宪法，制定本法"。《物权法》将"物权"界定为"权利人依法对特定的物享有直接支配和排他的权利，包括所有权、用益物权和担保物权"。①

《物权法》的主要内容：①全面体现和坚持社会主义基本经济制度。②平等保护国家、集体和私人的物权，明确规定："国家、集体、私人的物权和其他权利人的物权受法律保护，任何单位和个人不得侵犯。""国家实行社会主义市场经济，保障一切市场主体的平等法律地位和发展权利。"②对"土地承包经营权"和"宅基地使用权"另有专章规定③：耕地、草地、林地的"承包期届满，由土地承包经营权人按照国家有关规定继续承包"；"土地承包经营权人依照农村土地承包法的规定，有权将土地承包经营权采取转包、互换、转让等方式流转"；"宅基地使用权的取得、行使和转让，适用土地管理法等法律和国家有关规定"；对于私有财产规定："私人对其合法的收入、房屋、生活用品、生产工具、原材料等不动产和动产享有所有权。"③关于征收补偿，《物权法》规定"国家对耕地实行特殊保护，严格限制农用地转为建设用地，控制建设用地总量。不得违反法律规定的权限和程序征收集体所有的土地"；若"征收集体所有的土地，应当依法足额支付土地补偿费、安置补助费、地上附着物和青苗的补偿费等费用，并足额安排被征地农民的社会保障费用，保障被征地农民的生活，维护被征地农民的合法权益"。④对正确处理相邻关系问题、担保物权问题、物权的保护问题以及占有问题作了相应的规定。

《物权法》第一次以国家法律的形式，明确规定对公有财产和私有财产给予平等保护。它的制定和实施，对实现和维护最广大人民的根本利益、完善社会主义市场经济体制、坚持和完善国家基本经济制度、实现 2010 年形成中国特色社会主义法律体系目标，具有重大的现实意义和深远的历史意义。

《劳动合同法》是《中华人民共和国劳动合同法》的简称，它于 2007 年 6 月 29 日在十届全国人大常委会第二十八次会议上审议通过，自 2008 年

---

① 《十六大以来重要文献选编》，下册，993 页。
② 《十六大以来重要文献选编》，下册，993 页。
③ 以下关于物权法的引文均见《中华人民共和国物权法》，1～59 页，北京，人民出版社，2007。

1 月 1 日起施行。《劳动合同法》共 8 章 98 条。

　　《劳动合同法》在坚持 1995 年《劳动法》确立的劳动合同制度基本框架基础上进行了较大幅度的完善，主要表现为：①有针对性地解决现行劳动合同制度中存在的主要问题，加重了用人单位不订立劳动合同的法律责任，对劳务派遣进行了规范，加大对试用期劳动者的保护力度等。②保护劳动者的就业稳定权，在用人单位与劳动者订立无固定期限劳动合同、终止劳动合同支付经济补偿金等方面提出了新的要求。③增加了维护用人单位合法权益的内容，新规定了竞业限制制度，放宽了用人单位依法解除劳动合同的条件。④将适用范围扩大到民办非企业单位等组织，增加了用人单位与劳动者建立劳动关系的具体内容："订立、履行、变更、解除或者终止劳动合同。"[①]

　　《劳动合同法》的颁布实施，对于更好地保护劳动者合法权益，构建和发展和谐稳定的劳动关系，完善劳动保障法律体系，促进社会主义和谐社会建设，具有十分重要的意义。

十、中共十六届六中全会　构建社会主义和谐社会

　　2006 年 10 月，中共十六届六中全会在京举行。全会听取和讨论了胡锦涛受中央政治局委托所作的工作报告，通过《中共中央关于构建社会主义和谐社会若干重大问题的决定》。吴邦国就《决定（讨论稿）》向全会作了说明。全会审议并通过《关于召开党的第十七次全国代表大会的决议》，决定中共十七大将于 2007 年下半年在北京召开。

　　全会充分肯定了中共十六届五中全会以来中央政治局的工作，分析了当前的形势和任务，从中国特色社会主义事业总体布局和全面建设小康社会全局出发，做出了《关于构建社会主义和谐社会若干重大问题的决定》。这是中共中央首次将社会建设作为全会的主要议题。

　　中国共产党对构建社会主义和谐社会的认识和实践，有一个不断探索、不断深化的过程。2002 年 11 月，中共十六大报告在阐述全面建设小康社会的目标时，提出实现社会更加和谐的要求。2004 年 9 月，中共十六届四中全会明确提出构建社会主义和谐社会的重大战略任务，把提高构建社会主义和谐社会的能力确定为加强党的执政能力建设的重要内容，并提出构建

---

　　①　《十六大以来重要文献选编》，下册，1081 页。

和谐社会的基本要求。2005 年 2 月，在省部级主要领导干部提高构建社会主义和谐社会能力专题研讨班上，胡锦涛提出了构建民主法治、公平正义、诚信友爱、充满活力、安定有序、人与自然和谐相处的社会主义和谐社会的总目标。同年 10 月，中共十六届五中全会把构建社会主义和谐社会确定为贯彻落实科学发展观必须抓好的一项重大任务，并提出了工作要求和政策措施。中共十六届六中全会的《决定》以邓小平理论和"三个代表"重要思想为指导，全面贯彻落实科学发展观，提出了到 2020 年构建社会主义和谐社会的指导思想、目标任务、工作原则和重大部署，是指导当前和今后一个时期我们构建社会主义和谐社会的纲领性文件。

《决定》共分八个部分，分别对构建社会主义和谐社会的重要性和紧迫性(第一部分)、指导思想、目标任务和原则(第二部分)、主要任务与确保完成这些任务的重大举措和工作部署(第三至第七部分)，以及加强党对构建社会主义和谐社会的领导(第八部分)进行了阐述。

《决定》强调，构建社会主义和谐社会，必须坚持正确的指导思想；必须坚持以马列主义、毛泽东思想、邓小平理论和"三个代表"重要思想为指导，坚持党的基本路线、基本纲领、基本经验，坚持以科学发展观统领经济社会发展全局。必须遵循正确的原则，即"六个必须坚持"原则：必须坚持以人为本、科学发展，改革开放、民主法治、正确处理改革发展稳定的关系以及在党的领导下全社会共同建设。

《决定》明确了和谐社会的九大目标任务：①社会主义民主法制更加完善，依法治国基本方略得到全面落实，人民的权益得到切实尊重和保障。②城乡、区域发展差距扩大的趋势逐步扭转，合理有序的收入分配格局基本形成，家庭财产普遍增加，人民过上更加富足的生活。③社会就业比较充分，覆盖城乡居民的社会保障体系基本建立。④基本公共服务体系更加完备，政府管理和服务水平有较大提高。⑤全民族的思想道德素质、科学文化素质和健康素质明显提高，良好道德风尚、和谐人际关系进一步形成。⑥全社会创造活力显著增强，创新型国家基本建成。⑦社会管理体系更加完善，社会秩序良好。⑧资源利用效率显著提高，生态环境明显好转。⑨实现全面建设惠及十几亿人口的更高水平的小康社会的目标，努力形成全体人民各尽其能、各得其所而又和谐相处的局面。

为实现上述目标，《决定》进行了六大部署：①坚持协调发展、加强社会事业建设。②加强制度建设、保障社会公平正义。③建设和谐文化、巩固社会和谐的思想道德基础。④完善社会管理、保持社会安定有序。⑤激发社会活力、增进社会团结和睦。⑥加强党对构建社会主义和谐社会的领导。

社会和谐是中国特色社会主义的本质属性。中共十六届六中全会提出的构建社会主义和谐社会的重大举措，体现了共产党对社会主义本质认识的深化，对构建社会主义和谐社会理论认识的深化。全会对切实做好构建社会主义和谐社会的各项工作，对全面建设小康社会，开创中国特色社会主义事业新局面，具有十分深远的指导意义。

十一、遏制"台独"分裂势力　《反分裂国家法》

坚决制止"台独"分裂活动，维护台海和平和两岸关系稳定发展，是两岸同胞的共同任务。

但是，台湾地区领导人陈水扁变本加厉推动"台独"施政。继 2002 年 8 月提出"一边一国"后，2003 年 9 月，陈水扁亮出了 2004 年"完成历史性首次'公投'"、2006 年"催生台湾新宪法"、2008 年实施"新宪法"的"台独"时间表，妄图通过"公民投票"、"宪政改造"甚至"公投制宪"等方式，谋求"法理台独"，改变大陆和台湾同属一个中国的事实，把台湾从中国分裂出去。"台独"势力的分裂活动，把两岸关系推向危险的战争边缘。

中国政府旗帜鲜明地明确态度表明立场。2003 年 3 月，胡锦涛发表对台政策讲话，其要点被概括为"三个有利于"和"四点意见"。"三个有利于"是指要做有利于台湾人民、有利于两岸关系、有利于中华民族振兴的事。"四点意见"即：始终坚持一个中国原则、大力促进两岸经济文化交流、深入贯彻寄希望于台湾人民的方针、团结两岸同胞共同推进中华民族的伟大复兴。2005 年 1 月，贾庆林表示"坚决遏制'台独'分裂活动，维护台海地区和平稳定，继续争取两岸关系朝着和平统一的方向发展"①。3 月，胡锦涛发表《坚持一个中国原则，促进祖国统一大业》的讲话，明确提出发展两岸关系的四点意见，即"胡四点"：①坚持一个中国原则决不动摇；②争取和平统一的努力决不放弃；③贯彻寄希望于台湾人民的方针决不改变；④反对"台独"分裂活动决不妥协。"胡四点"是继"邓六条"、"江八点"之后中国政府指导解决"台独"问题的基本方针。

2005 年 3 月 14 日，十届全国人大三次会议以 2896 票赞成、2 票弃权的

---

① 《十六大以来重要文献选编》，中册，662 页。

表决结果，高票通过《反分裂国家法》①。该法是中国政府对台政策法制化的表现，主要内容有：①阐明了立法宗旨、立法依据和适用范围。该法规定"为了反对和遏制'台独'分裂势力分裂国家，促进祖国和平统一，维护台湾海峡地区和平稳定，维护国家主权和领土完整，维护中华民族根本利益，根据宪法，制定本法"。②明确大陆对台工作的原则立场及台湾问题的性质。该法明确规定"一个中国"原则，即"世界上只有一个中国，大陆和台湾同属一个中国，中国的主权和领土完整不容分割"；"国家绝不允许'台独'分裂势力以任何名义、任何方式把台湾从中国分裂出去"；台湾问题是中国内战遗留问题，解决台湾问题是中国的内部事务，"不受任何外国势力的干涉"；"完成统一祖国的大业是包括台湾同胞在内的全中国人民的神圣职责"。③以法律形式用和平方式实现国家统一来遏制"台独"分裂势力及其活动。该法规定："以和平方式实现国家统一，最符合台湾海峡两岸同胞的根本利益。"大陆在"维护台湾海峡地区和平稳定，发展两岸关系"方面采取"五个鼓励和推动"的措施：鼓励和推动两岸人员往来、两岸经济交流与合作（"三通"）、两岸科教文体卫交流、两岸共同打击犯罪，以及有利于维护台海地区和平稳定、发展两岸关系的其他活动，通过"台湾海峡两岸平等的协商和谈判"实现和平统一。国家"以最大的诚意，尽最大的努力，实现和平统一"。④原则说明"采取非和平方式和其他必要措施"解决"台独"分裂问题的三大判断标准："台湾分裂势力以任何名义、任何方式造成台湾从中国分裂出去的事实，或者发生将会导致台湾从中国分裂出去的重大事变，或者和平统一的可能性完全丧失。"明确"非和平方式"的前提，强调"尽最大可能保护台湾平民和在台湾的外国人的生命财产安全和其他正当权益"等，主要是针对"台独"分裂势力，不是针对台湾人民、在台湾的外国人及大陆台湾同胞的权益。《反分裂国家法》自颁布之日起实施。

"胡四点"的发表和《反分裂国家法》的通过和实施，极大地推动和主导了两岸关系向着和平稳定的方向发展，并对两岸关系发展产生了重要影响。大陆方面连年挫败陈水扁当局挤进联合国和世界卫生组织的图谋，涉台工作取得重要成果，国际社会普遍反对或不支持台湾当局企图改变台湾地位、破坏台海地区和平稳定的活动，"台独"分裂势力得以遏制并在国际上更加孤立。

---

① 《十六大以来重要文献选编》，中册，828～830页。

第三节　全面建设小康社会的新要求　转变经济发展方式

一、中共十七大　提出全面建设小康社会奋斗目标新要求

2007 年 10 月 15 日至 21 日，中国共产党第十七次全国代表大会在北京举行。大会正式代表和特邀代表 2237 名，代表 7200 多万党员。大会的主题是：高举中国特色社会主义伟大旗帜，以邓小平理论和"三个代表"重要思想为指导，深入贯彻落实科学发展观，继续解放思想，坚持改革开放，推动科学发展，促进社会和谐，为夺取全面建设小康社会新胜利而奋斗。大会的主要议程：听取和审议十六届中央委员会的报告，审议中央纪律检查委员会的工作报告，审议并通过《中国共产党章程(修正案)》，选举十七届中央委员会和中央纪律检查委员会。

胡锦涛代表第十六届中央委员会向大会作题为《高举中国特色社会主义伟大旗帜，为夺取全面建设小康社会新胜利而奋斗》①的报告，全文分为 12 个部分，主要内容如下：

1. 总结中共十六大以来 5 年我国取得的"十项重大成就"

报告回顾中共十六大以来的工作，概括成以下十项成就：①经济实力大幅提升。②改革开放取得重大突破。③人民生活显著改善。④民主法制建设取得新进步。⑤文化建设开创新局面。⑥社会建设全面展开。⑦国防和军队建设取得历史性成就。⑧港澳工作和对台工作进一步加强。⑨全方位外交取得重大进展。⑩党的建设新的伟大工程扎实推进。

与此同时，报告也指出前进中还面临不少困难和问题，如：经济增长的资源环境代价过大；城乡、区域、经济社会发展仍然不平衡；农业稳定发展和农民持续增收难度加大；劳动就业、社会保障、收入分配、教育卫生、居民住房等方面关系群众切身利益的问题仍然较多，部分低收入群众生活比较困难；思想道德建设有待加强；一些基层党组织软弱涣散，少数党员干部作风不正，形式主义、官僚主义问题比较突出，奢侈浪费、消极腐败现象仍然比较严重等。

2. 回顾改革开放近 30 年的历程，总结为坚持"一条道路"和"一个理论

---

① 《十七大以来重要文献选编》，上册，1～43 页，北京，中央文献出版社，2009。

体系"及高举"一面旗帜"

报告认为,改革开放是党在新的时代条件下带领人民进行的新的伟大革命,目的就是要解放和发展社会生产力,实现国家现代化,让中国人民富裕起来,振兴伟大的中华民族;就是要推动我国社会主义制度自我完善和发展,赋予社会主义新的生机活力,建设和发展中国特色社会主义;就是要在引领当代中国发展进步中加强和改进党的建设,保持和发展党的先进性,确保党始终走在时代前列。

报告指出,改革开放作为一场新的伟大革命,不可能一帆风顺,也不可能一蹴而就。最根本的是,改革开放符合党心民心、顺应时代潮流,方向和道路是完全正确的,成效和功绩不容否定,停顿和倒退没有出路。报告认为,改革开放以来我们取得一切成绩和进步的根本原因,归结起来就是:开辟了中国特色社会主义道路,形成了中国特色社会主义理论体系。报告进一步指出,中国特色社会主义道路,就是在中国共产党领导下,立足基本国情,以经济建设为中心,坚持四项基本原则,坚持改革开放,解放和发展社会生产力,巩固和完善社会主义制度,建设社会主义市场经济、社会主义民主政治、社会主义先进文化、社会主义和谐社会,建设富强民主文明和谐的社会主义现代化国家。中国特色社会主义理论体系,就是包括邓小平理论、"三个代表"重要思想以及科学发展观等重大战略思想在内的科学理论体系。这个理论体系,坚持和发展了马克思列宁主义、毛泽东思想,凝结了几代中国共产党人带领人民不懈探索实践的智慧和心血,是马克思主义中国化的最新成果,是党最可宝贵的政治和精神财富,是全国各族人民团结奋斗的共同思想基础。报告强调,高举中国特色社会主义伟大旗帜,最根本的就是要坚持这条道路和这个理论体系。

把改革开放近30年的理论创新和实践创新整合和统一为"一条道路"、"一个理论体系"以及由二者共同构成的"一面旗帜",是十七大最大的特点和最主要的贡献。

3. 全面系统地阐述科学发展观,对深入贯彻科学发展观提出四大要求

报告在阐述进入新世纪新阶段后我国发展呈现一系列新的阶段性特征后,指出:科学发展观是立足社会主义初级阶段基本国情,总结我国发展实践,借鉴国外发展经验,适应新的发展要求提出来的。报告准确地定位了科学发展观的理论地位,强调:科学发展观,是对党的三代中央领导集体关于发展的重要思想的继承和发展,是马克思主义关于发展的世界观和方法论的集中体现,是同马克思列宁主义、毛泽东思想、邓小平理论和"三

个代表"重要思想既一脉相承又与时俱进的科学理论，是我国经济社会发展的重要指导方针，是发展中国特色社会主义必须坚持和贯彻的重大战略思想。在此基础上，报告明确其内涵："科学发展观，第一要义是发展，核心是以人为本，基本要求是全面协调可持续，根本方法是统筹兼顾。"报告明确提出了"深入贯彻落实科学发展观"的具体要求：①始终坚持"一个中心、两个基本点"的基本路线。②积极构建社会主义和谐社会。③继续深化改革开放。④切实加强和改进党的建设。科学发展观走向成熟，这是十七大的第二个主要贡献。

4. 提出实现全面建设小康社会奋斗目标的新要求。这是十七大的第三个主要贡献

报告在十六大确立的全面建设小康社会目标的基础上对我国发展提出新的更高要求。在经济建设方面，增强发展协调性，努力实现国民经济又好又快发展，实现人均国内生产总值到2020年比2000年翻两番：①提高自主创新能力，建设创新型国家。②加快转变经济发展方式，推动产业结构优化升级。③统筹城乡发展，推进社会主义新农村建设。④加强能源资源节约和生态环境保护，增强可持续发展能力。⑤推动区域协调发展，优化国土开发格局。⑥完善基本经济制度，健全现代市场体系。⑦深化财税、金融等体制改革，完善宏观调控体系。⑧拓展对外开放广度和深度，提高开放型经济水平。

在政治建设方面，扩大社会主义民主，更好保障人民权益和社会公平正义：①扩大人民民主，保证人民当家做主。②发展基层民主，保障人民享有更多更切实的民主权利。③全面落实依法治国基本方略，加快建设社会主义法治国家。④壮大爱国统一战线，团结一切可以团结的力量。⑤加快行政管理体制改革，建设服务型政府。⑥完善制约和监督机制，保证人民赋予的权力始终用来为人民谋利益。

加强文化建设，明显提高全民族文明素质，推动社会主义文化大发展大繁荣：①建设社会主义核心价值体系，增强社会主义意识形态的吸引力和凝聚力。②建设和谐文化，培育文明风尚。③弘扬中华文化，建设中华民族共有精神家园。④推进文化创新，增强文化发展活力。

加快推进以改善民生为重点的社会建设，全面改善人民生活：①优先发展教育，建设人力资源强国。②实施扩大就业的发展战略，促进以创业带动就业。③深化收入分配制度改革，增加城乡居民收入。④加快建立覆盖城乡居民的社会保障体系，保障人民基本生活。⑤建立基本医疗卫生制

度，提高全民健康水平。⑥完善社会管理，维护社会安定团结。

建设生态文明，基本形成节约能源资源和保护生态环境的产业结构、增长方式、消费模式，使生态文明观念在全社会牢固树立。提出生态文明，这在中共全国代表大会的历史上是第一次，反映了我们党对全面建设小康社会的内涵认识更加全面，由物质文明、精神文明、政治文明、社会和谐四位一体发展为五位一体。

此外，报告还对开创国防和军队现代化建设新局面、推进"一国两制"实践和祖国和平统一大业、始终不渝走和平发展道路、以改革创新精神全面推进党的建设新的伟大工程等方面进行了部署。

十七大选举产生新的中央领导机构。10月22日，中共十七届一中全会选举胡锦涛、吴邦国、温家宝、贾庆林、李长春、习近平、李克强、贺国强、周永康9人为中央政治局常委，胡锦涛为总书记。通过习近平等6人为中央书记处书记成员。决定胡锦涛为中央军委主席。批准贺国强任中纪委书记。

十七大通过了《〈中国共产党章程(修正案)〉的决议》，一致同意将科学发展观写入党章，并增加了十六大以来在改革开放和党的建设方面取得的重要成果等内容。

十七大科学地回答了共产党在改革发展关键阶段举什么旗、走什么路、以什么样的精神状态、朝着什么样的发展目标继续前进等重大问题，对继续推进改革开放和社会主义现代化建设、实现全面建设小康社会的宏伟目标做出了全面部署，对以改革创新精神全面推进党的建设新的伟大工程提出了明确要求，描绘了在新的时代条件下继续全面建设小康社会、加快推进社会主义现代化的宏伟蓝图，为我们继续推动党和国家事业发展指明了前进方向。

根据十七大部署，2008年9月，中共中央正式下发《关于在全党开展深入学习实践科学发展观活动的意见》，决定用一年半左右时间，在全党分批开展深入学习实践活动。9月，胡锦涛在全党深入学习实践科学发展观活动动员大会暨省部级主要领导干部专题研讨班开班式上强调："党的十七大提出在全党开展深入学习实践科学发展观活动，就是要在世情、国情、党情发生深刻变化的条件下，更好地用中国特色社会主义理论体系这一马克思主义中国化最新成果武装和统一全党思想，动员全党更好地为实现党的十七大提出的宏伟蓝图和行动纲领而团结奋斗。"①深入学习实践科学发展观，是在深刻变化的国际环境中推动我国发展的迫切需要，是落实实现全面建设小康社会奋斗目标新要求的迫切需要，是以改革创新精神全面推进党的建设新的伟大工程的迫切需要。经过全党共同努力，学习实践活动基本实现了提高思想认识、解决突出问题、创新体制机制、促进科学发展的目标，取得明显成效。

二、十一届全国人大一次会议　国务院大部制改革

2008 年 3 月 5 日至 18 日，十一届全国人大一次会议在北京举行。会议代表 2970 人。会议听取并审议了温家宝作的《政府工作报告》，讨论通过国务院机构改革方案。选举和决定了新一届国家机构领导人。

报告总结了 5 年来我国改革开放和现代化建设取得的以下八个方面的重大成就：①经济跨上新台阶：国内生产总值年均增长 10.6%，从世界第六位上升到第四位。②取消农业税，终结了农民种田交税的历史。③国有企业、金融、财税、外经贸体制和行政管理体制等改革迈出重大步伐。④创新型国家建设进展良好，涌现出一批具有重大国际影响的科技创新成果。⑤全面实现农村免费义务教育。⑥城乡公共文化服务体系逐步完善。⑦民主法制建设取得新进步。⑧人民生活显著改善。报告将过去 5 年的主要宝贵经验概括为"六个必须坚持"，即必须坚持解放思想、落实科学发展观、改革开放、搞好宏观调控、执政为民和依法行政。报告部署了 2008 年政府工作的基本思路和主要任务，确定了 2008 年国民经济和社会发展的预期目标是：在优化结构、提高效益、降低消耗、保护环境的基础上，国内生产总值增长 8% 左右；居民消费价格总水平涨幅控制在 4.8% 左右；城镇新增就业 1000 万人，城镇登记失业率控制在 4.5% 左右；国际收支状况有所改善。

会议审议通过了国务院提出的机构改革方案。这次国务院机构改革的主要任务是，围绕转变政府职能和理顺部门职责关系，探索实行职能有机统一的大部门体制，合理配置宏观调控部门职能，加强能源环境管理机构，整合完善工业和信息化、交通运输行业管理体制，以改善民生为重点加强与整合社会管理和公共服务部门。具体任务是：①合理配置宏观调控部门职能：国家发改委、财政部、中国人民银行等部门要建立健全协调机制，

①　《十七大以来重要文献选编》，上册，567 页。

形成更加完善的宏观调控体系。②加强能源管理机构：设立高层次议事协调机构国家能源委员会，组建国家能源局。③组建工业和信息化部、交通运输部、人力资源和社会保障部、环境保护部住房和城乡建设部。④国家食品药品监督管理局改由卫生部管理。该方案迈出了"加大机构整合力度，探索实行职能有机统一的大部门体制，健全部门间协调配合机制"的关键一步。

会议选举胡锦涛为国家主席、国家军委主席，习近平为国家副主席，选举吴邦国为十一届全国人大常委会委员长，决定温家宝为国务院总理，李克强、回良玉、张德江、王岐山为国务院副总理。

3 月 3 日至 14 日，全国政协十一届一次会议在北京举行。贾庆林作全国政协十届常委会工作报告。会议选举贾庆林为全国政协主席。

三、转变经济发展方式　推进农村改革和统筹区域协调发展

中共十七大强调要"加快转变经济发展方式"，"坚持走中国特色新型工业化道路"的战略任务，这是总结我国现代化建设长期实践得出的重要结论。

早在 20 世纪 80 年代初，中央就明确提出转变经济增长方式思想。"九五"计划提出了实现经济体制和经济增长方式两个根本性转变的战略任务，要求实现经济增长方式从粗放型向集约型转变。"十五"计划又提出经济结构战略性调整要取得明显成效、经济增长的质量和效益要显著提高。十六大以来，这一思想得到了进一步丰富和发展。

中共十六大做出了"走新型工业化道路"的重大决策。十六届三中全会正式提出科学发展观，转变经济增长方式，在贯彻落实科学发展观中占有十分重要的地位。在 2004 年 3 月召开的中央人口资源环境工作座谈会上，胡锦涛在全面系统地阐述科学发展观的主题、意义、基本内涵时，要求各级党委、政府和领导干部要"彻底改变以牺牲环境、破坏资源为代价的粗放型增长方式"[1]。5 月他在江苏考察工作结束时的讲话中进一步明确，要实现经济的持续快速协调健康发展和社会全面进步，必须"切实改变高投入、高消耗、高污染、低效率的增长方式，努力走出一条科技含量高、经济效益好、资源消耗低、环境污染少、人力资源优势得到充分发挥的新路子"[2]。

---

① 《十六大以来重要文献选编》，上册，853 页。
② 《十六大以来重要文献选编》，中册，64 页。

这为转变经济增长方式指明了发展方向，提出了明确的要求。12 月，胡锦涛在总结宏观调控有关经验时指出，"其实质就是要优化经济结构，加快转变经济增长方式，逐步消除可能导致经济大起大落的体制性、机制性障碍，以充分利用好重要战略机遇期，实现又快又好发展。"①"十一五"规划明确要求"十一五"期间要坚持的"六个必须"之一，就是必须坚持转变经济增长方式。中共十六届六中全会提出"扎实促进经济又好又快发展"的新要求。把"又快又好"调整为"又好又快"，强调的是更加注重发展质量和效益，走生产发展、生活富裕、生态良好的文明发展道路。又好又快发展要求保持经济平稳较快增长，但已不单指经济增长，是包括总量均衡、结构优化、协调发展、资源节约、生态良好、民生改善等内容在内的全面协调可持续发展。2006 年 12 月，胡锦涛强调："必须深刻认识又好又快发展是全面落实科学发展观的本质要求。""我国已具备支撑经济又好又快发展的诸多条件，关键要在转变增长方式上狠下功夫。"②转变经济增长方式的内涵与转变经济发展方式的内涵趋于一致。2007 年 6 月，胡锦涛在中央党校的重要讲话中第一次提出"转变经济发展方式"，"转变经济发展方式，是在探索和把握我国经济发展规律的基础上提出的重要方针，也是从当前我国经济发展的实际出发提出的重大战略。"③同年召开的中共十七大提出，"实现未来经济发展目标，关键要在加快转变经济发展方式、完善社会主义市场经济体制方面取得重大进展。"④把转变经济发展方式正式写入了党的报告。"由转变经济增长方式到转变经济发展方式，虽然只是两个字的改动，但却有着十分深刻的内涵。转变经济发展方式，除了涵盖转变经济增长方式的全部内容外，还对经济发展的理念、目的、战略、途径等提出了新的更高的要求。"⑤

"转变经济发展方式"从十六大逐步发展到十七大正式提出，又在应对危机中不断丰富和完善，明确了目标方向、基本要求、政策导向，抓住了关键和重点。

"加快转变经济发展方式，推动产业结构优化升级"，是"关系国民经济

① 《十六大以来重要文献选编》，中册，453 页。
② 《十六大以来重要文献选编》，中册，806 页。
③ 《人民日报》，2007-06-26。
④ 《十七大以来重要文献选编》，上册，17 页。
⑤ 《十七大以来重要文献选编》，上册，107 页。

全局紧迫而重大的战略任务"①。中共十七大政治报告明确了加快转变经济发展方式"三个转变"的目标方向，即：①促进经济增长由主要依靠投资、出口拉动向依靠消费、投资、出口协调拉动转变。②由主要依靠第二产业带动向依靠第一、第二、第三产业协同带动转变。③由主要依靠增加物质资源消耗向主要依靠科技进步、劳动者素质提高、管理创新转变。2007年12月，在中央经济工作会议上，胡锦涛明确了加快转变经济发展方式"五个必须坚持"的基本要求：必须坚持创新驱动、城乡统筹、节约资源和保护环境、内外协调、以人为本。

2008年国际金融危机发生后，中国发展面临的外部环境和内部条件都发生了很大变化，转变经济发展方式问题更加突显出来。国际金融危机对我国经济的冲击，表面上是对经济增长速度的冲击，实质上是对经济发展方式的冲击。"综合判断国际国内经济形势，转变经济发展方式已刻不容缓。"②在2009年12月召开的中央经济工作会议上，胡锦涛阐明了加快转变经济发展方式三个方面的政策导向：①从制度安排入手，完善加快经济发展方式转变的体制机制和政策导向。②以优化经济结构、提高自主创新能力为重点，实现经济发展方式转变新突破。③以完善政绩考核评价机制为抓手，增强加快经济发展方式转变的自觉性和主动性。2010年2月，在省部级主要领导干部深入贯彻落实科学发展观加快经济发展方式转变专题研讨班上的讲话中，胡锦涛强调"转变经济发展方式关键是要在'加快'上下功夫、见实效"③，并部署了加快转变经济发展方式工作的八个重点：①加快推进经济结构调整。②加快推进产业结构调整。③加快推进自主创新。④加快推进农业发展方式转变。⑤加快推进生态文明建设。⑥加快推进经济社会协调发展。⑦加快发展文化产业。⑧加快推进对外经济发展方式转变。

"转变经济发展方式"的提出和完善，形成比较完整的治国决策体系，反映了中国共产党对发展规律认识的深化，是回答"实现什么样的发展、怎样发展"重大课题的思想突破，对全面建设小康社会意义重大而深远。

统筹城乡发展、统筹区域协调发展是加快经济发展方式转变的重要环节。2008年10月，中共十七届三中全会指出中国总体上已进入以工促农、以城带乡的发展阶段，进入加快改造传统农业、走中国特色农业现代化道

① 《十七大以来重要文献选编》，上册，17页。
② 《十七大以来重要文献选编》，中册，444页，北京，中央文献出版社，2011。
③ 《十七大以来重要文献选编》，中册，455页。

路的关键时刻，进入着力破除城乡二元结构、形成城乡经济社会发展一体化新格局的重要时期。为了高度重视并切实解决好"三农"问题，全会通过了《关于推进农村改革发展若干重大问题的决定》，明确了新形势下推进农村改革发展的指导思想、目标任务、重大原则。到 2020 年我国农村改革发展的六方面基本目标任务是：①农村经济体制更加健全，城乡经济社会发展一体化体制机制基本建立。②现代农业建设取得显著进展，农业综合生产能力明显提高，国家粮食安全和主要农产品供给得到有效保障。③农民人均纯收入比 2008 年翻一番，消费水平大幅提升，绝对贫困现象基本消除。④农村基层组织建设进一步加强，农民民主权利得到切实保障。⑤城乡基本公共服务均等化明显推进，农村文化进一步繁荣，农村人人享有接受良好教育的机会，农村基本生活保障、基本医疗卫生制度更加健全，农村社会管理体系进一步完善。⑥资源节约型、环境友好型农业生产体系基本形成，农村人居和生态环境明显改善，可持续发展能力不断增强。这六个方面的目标任务让广大农民清晰地看到了未来生活的美好图景。《决定》提出的推进农村改革发展的总体思路、加强农村制度建设的重大任务、发展现代农业的重大举措、发展农村公共事业的重大安排，对推进农村改革发展做出了全面部署，是指导当时和今后一个时期推进农村改革发展的纲领性文件。

2005 年 10 月，中共十六届五中全会通过的"十一五规划"的建议，明确提出了我国区域发展总体战略布局："实施西部大开发，振兴东北地区等老工业基地，促进中部地区崛起，鼓励东部地区率先发展，形成东中西互动、优势互补、相互促进、共同发展的新格局。"①围绕这个总体战略布局，中共十七大以来部署了系列推动区域协调发展的重大举措。2008 年 12 月，在改革开放 30 周年之际，为促进珠江三角洲地区增创新优势，进一步发挥对全国的辐射带动作用和先行示范作用，国家发改委出台《珠江三角洲发展规划纲要》。2009 年 9 月，国务院通过《关于进一步实施东北地区等老工业基地振兴战略的若干意见》，进一步振兴东北等老工业基地。2010 年是实施西部大开发战略 10 周年。同年 6 月，中共中央、国务院发布《关于深入实施西部大开发战略的若干意见》，规定了 2020 年西部发展奋斗目标：基础设施更加完善，现代产业体系基本形成，建成国家重要的能源基地、资源深加工基地、装备制造业基地和战略性新兴产业基地，综合经济实力进一步增强；

---

① 《十六大以来重要文献选编》，中册，1051 页。

生态环境恶化趋势得到遏制，基本公共服务能力与东部地区差距明显缩小；人民生活水平和质量大幅提升，基本实现全面建设小康社会。

随着这些重大战略部署的逐步展开，统筹区域协调发展的制度安排和政策框架基本形成，对区域协调发展产生了巨大的推动作用，中西部和东北地区经济增长速度呈现出逐步加快的趋势。自1999年以来，中部地区生产总值增长速度由7.9％提高到2009年的11.7％，西部地区由7.3％提高到13.5％，东北地区由7.9％提高到12.6％。2009年，东部地区的增长速度为10.7％，中国地区经济呈现相对均衡增长的态势。

2010年12月，国务院印发《全国主体功能区规划》，在国家层面将国土空间划分为优化开发、重点开发、限制开发和禁止开发四类区域，并明确了各自的范围、发展目标、发展方向和开发原则。规划为推进形成人口、经济和资源环境相协调的国土空间开发格局、为区域协调进一步发展指明了方向。

四、中共十七届四中全会　加强和改进新形势下党的建设

加强执政党的执政能力建设、推进党风廉政建设和反腐败斗争是全面贯彻中共十七大精神、推进"以改革创新精神推进党的建设新的伟大工程"的两个重要内容。

2008年6月，中共中央印发《建立健全惩治和预防腐败体系建设2008——2020年工作规划》，对《建立健全教育、制度、监督并重的惩治和预防腐败体系实施纲要》确定的工作目标进行了调整，将原先的教育、制度、监督、惩处四项工作部署拓展为教育、制度、监督、改革、纠风、惩处六项，建成惩防腐败体系的总体布局。

2009年9月，在新中国成立六十周年之际，中共十七届四中全会通过了《加强和改进新形势下党的建设若干重大问题的决定》，提出了加强和改进党的建设的总体要求，是指导当时和今后一个时期党的建设的纲领性文件。

《决定》丰富和发展了执政党建设的基本经验，并将之概括为"六个坚持"：①坚持把思想理论建设放在首位，提高全党马克思主义水平。②坚持把推进党的建设伟大工程同推进党领导的伟大事业紧密结合起来，保证党始终成为社会主义事业的坚强领导核心。③坚持以执政能力建设和先进性建设为主线，保证党始终走在时代前列。④坚持立党为公、执政为民，保持党同人

民群众的血肉联系。⑤坚持改革创新，增强党的生机活力。⑥坚持党要管党、从严治党，提高管党治党水平。《决定》强调加强和改进新形势下党的建设，必须全面贯彻中共十七大关于党的建设总体部署，按照党章要求，做到四个"着眼于"：①着眼于继续解放思想、坚持改革开放、推动科学发展、促进社会和谐。②着眼于提高党的执政能力、保持和发展党的先进性。③着眼于增强全党为党和人民事业不懈奋斗的使命感和责任感。④着眼于保持党同人民群众的血肉联系。《决定》部署了加强和改进新形势下党的建设的六大问题：①建设马克思主义学习型政党，提高全党思想政治水平。②坚持和健全民主集中制，积极发展党内民主。③深化干部人事制度改革，建设善于推动科学发展、促进社会和谐的高素质干部队伍。④做好抓基层打基础工作，夯实党执政的组织基础。⑤弘扬党的优良作风，保持党同人民群众的血肉联系。⑥加快推进惩治和预防腐败体系建设，深入开展反腐败斗争。

为了全面推进中国特色社会主义伟大事业和党的建设新的伟大工程，十七届四中全会提出了"建设马克思主义学习型政党"的战略任务。2009 年11 月，习近平在"关于建设马克思主义学习型政党"的讲话中强调，学习是文明传承之途、人生成长之梯、政党巩固之基、国家兴盛之要。建设马克思主义学习型政党是保持党在理论上实践上先进性的本质要求，是在新的历史条件下继承和弘扬党的优良传统、发扬党的政治优势的必然要求，是新形势新任务对党的建设提出的新要求。建设马克思主义学习型政党，要贯彻和体现科学理论武装、具有世界眼光、善于把握规律和富有创新精神这四项要求。建设马克思主义学习型政党的重要着力点，体现为"三个坚持"即：坚持推进马克思主义中国化、时代化、大众化；坚持用中国特色社会主义理论体系武装全党；坚持开展社会主义核心价值体系学习教育。①

把各级党组织建设成为学习型党组织，是建设马克思主义学习型政党的基础工程。2009 年12 月，中共中央办公厅印发《关于推进学习型党组织建设的意见》的通知，明确了推进学习型党组织建设的总体要求和主要原则、学习的主要内容、建设的着力点、方法、途经和保障等具体要求。

为了贯彻中共十七届四中全会的健全权力运行制约和监督机制，推进反腐倡廉制度创新精神，进一步促进党员领导干部廉洁从政，建立健全惩治和预防腐败体系，2010 年1 月，中共中央印发《中国共产党党员领导干部

---

① 《十七大以来重要文献选编》，中册，252～264 页。

廉洁从政若干准则》，规定了"八个禁止"和"五十二个不准"，其中"八个禁止"是：①禁止利用职权和职务上的影响谋取不正当利益。②禁止私自从事营利性活动。③禁止违反公共财物管理和使用的规定，假公济私、化公为私。④禁止违反规定选拔任用干部。⑤禁止利用职权和职务上的影响为亲属及身边工作人员谋取利益。⑥禁止讲排场、比阔气、挥霍公款、铺张浪费。⑦禁止违反规定干预和插手市场经济活动，谋取私利。⑧禁止脱离实际，弄虚作假，损害群众利益和党群干群关系。《廉政准则》是规范党员领导干部从政行为的重要法规，对于深入推进反腐倡廉建设，形成用制度规范从政行为、按制度办事、靠制度管人的有效机制具有重要的促进作用，对于加强领导干部廉洁自律和干部队伍建设，进一步提高管党治党水平具有十分重要的意义。

查处薄熙来受贿、贪污、滥用职权一案是推进党风廉政建设和反腐败斗争的典型案例。薄熙来曾任十七届中共中央委员、中央政治局委员、中共重庆市委书记等职。2012年4月10日，鉴于薄熙来涉嫌严重违纪，中共中央决定，停止其担任的中央政治局委员、中央委员职务，由中共中央纪律检查委员会对其立案调查。此前3月15日其担任的中共重庆市委书记被解除。9月28日，中共中央政治局审议通过中纪委的报告，决定给予薄熙来开除党籍、开除公职处分，对其涉嫌犯罪问题及犯罪问题线索移送司法机关依法处理。2013年7月25日，济南市人民检察院就薄熙来涉嫌受贿、贪污、滥用职权犯罪一案向济南市中级人民法院提起公诉。经过公开审理，9月22日法庭一审判决，对被告人薄熙来以受贿罪、贪污罪、滥用职权罪依法判处刑罚，数罪并罚，决定执行无期徒刑，剥夺政治权利终身。薄熙来不服一审判决提出上诉。10月25日上午，山东省高级人民法院对薄熙来受贿、贪污、滥用职权案二审公开宣判，裁定驳回上诉，维持一审无期徒刑判决。对薄熙来受贿、贪污和滥用职权的查处，进一步体现了中国共产党从严治党的根本要求和依法治国的执政理念，进一步表明了党反对腐败的鲜明立场和坚定决心。

五、加快以改善民生为重点的社会建设

新世纪新阶段，为了更好地解决经济社会发展中的突出矛盾，推动社会主义和谐社会建设，中共中央、国务院从中国特色社会主义总体布局出发，加快了以改善民生为重点的社会建设步伐。

　　"优先发展教育，建设人力资源强国"是改革开放过程中的一项重大举措。2003 年 12 月，中共中央、国务院做出《关于进一步加强人才工作的决定》，对大力实施人才强国战略、建设宏大的高素质人才队伍作出部署。2006 年 6 月，新修订的《中华人民共和国义务教育法》为全国义务教育长期持续发展提供了制度保证。同时，国家还通过建立中职学生资助、免费制度、推进"双证书"和重点支持一批中等职业学校和高职院校等举措，大力发展职业教育。为了绘制未来十年基本实现教育现代化的宏伟蓝图，2008 年 8 月，教育部启动制订《国家中长期教育改革和发展规划纲要（2010—2020 年）》。2010 年 7 月，《纲要》正式印发。《纲要》从现代化建设的全局出发，确定了到 2020 年的战略目标，提出了"优先发展、育人为本、改革创新、促进公平、提高质量"的工作方针，把坚持以人为本、推进素质教育作为教育改革发展的战略主题。按照完善现代国民教育体系、形成终身教育体系的要求，明确了学前教育、义务教育、高中阶段教育、职业教育、高等教育、继续教育等六大发展任务，部署了民族教育和特殊教育的发展任务。以创新人才培养体制为核心，对教育改革进行了系统设计。对减轻中小学生课业负担、义务教育阶段择校、保障农民工子女就学、高考改革、落实扩大办学自主权、教师队伍建设、政府投入责任等热点难点问题提出了有力可行的措施。2011 年 8 月，温家宝强调"一定要把农村教育办得更好"，对深入推进农村义务教育发展，解决留守儿童和农民工随迁子女教育等问题作出部署。教育部通过在六所教育部直属师范大学推出师范生免费教育政策、启动"中小学教师国家级培训计划"①、实施鼓励高校毕业生到农村任教的"特岗计划"等举措，加强农村教师队伍建设，以切实推进教育公平。

　　实施扩大就业的发展战略。中共十七大制定了实施扩大就业的发展战略，促进以创业带动就业。2008 年 1 月，《中华人民共和国就业促进法》正式施行，为实施积极、稳定的就业政策提供了法律依据。经过多年努力，党和政府不断深化就业体制改革，坚持劳动者自主择业、市场调节就业和政府促进就业相结合；不断强化政府促进就业的责任，实施积极的就业政策，持续加大就业公共投入，大力开展职业技能培训，完善就业服务体系；建设城乡统一的就业市场，促进平等就业；不断加强就业援助，帮助就业困难人员和零就业家庭实现就业。国际金融危机爆发以来，制定了优先保

---

　　①　2010 年农村教师占受训教师的 95.6％。

就业的对策，对企业实施"五缓四减三补贴"①等政策，2009年全年实现城镇新增就业1102万人。2003年以来，"我国就业总量一直稳步增长，每年城镇新增就业保持在1000万人以上，城镇登记失业率控制在4.3%以下，社会就业大局保持稳定。"②其中包括2800万国有企业下岗职工实现再就业；高校毕业生③的初次就业率达到70%(年底总体就业率达到85%以上)。就业结构进一步优化；第二产业就业比重由2002年的21.4%上升到2011年的29.5%；第三产业就业比重由2002年的28.6%上升到2011年的35.7%。

加快建立覆盖城乡居民的社会保障体系。为了实现到2020年基本建立覆盖城乡居民的社会保障体系，中共十七大政治报告首次在党的重要文献中提出了三个基础、三个重点和两个补充的发展思路，即"以社会保险、社会救助、社会福利为基础，以基本养老、基本医疗、最低生活保障制度为重点，以慈善事业、商业保险为补充，加快完善社会保障体系"。④ 十七届三中进一步提出贯彻广覆盖、保基本、多层次、可持续原则，加快健全农村社会保障体系。经过多年的努力，覆盖城乡居民的社会保障体系框架初步建立：基本养老、基本医疗、失业、工伤、生育五项社会保险制度基本建立并逐步完善，以最低生活保障为重点的城乡社会救助体系基本形成。积极推进以住房公积金、保障房制度、廉租住房制度为主要内容的城镇住房保障制度，建立起多层次的住房保障体系。在社会福利制度方面，政府通过多种渠道筹集资金，为老人、孤儿和残疾人等特殊群体提供社会福利。

此外，中国政府还建立了针对突发性自然灾害的应急体系和灾民救助制度，基本形成新型社会救助体系。制度建设取得突破性进展，2003年开始建立新型农村合作医疗制度，同年国务院颁布《工伤保险条例》；城镇基本养老保险制度继续完善，扩大做实个人账户试点，全国普遍实现养老保险省级统筹；2007年开始建立农村居民最低生活保障制度和城镇居民基本医疗保险制度；2009年在全国开展新型农村社会养老保险试点，出台重点针对农民工的养老保险关系转移接续办法。在此基础上，各项社会保障覆

① "五缓"是指对暂时无力缴纳社会保险费的困难企业，在一定条件下允许缓缴养老、医疗、失业、工伤和生育五项社会保险费。"四减"是指阶段性降低除养老保险外的四项社会保险费费率。"三补"是指使用失业保险基金为困难企业稳定岗位支付社会保险补贴和岗位补贴，以及使用就业专项资金对困难企业开展职工在岗培训给予补贴。

② 《十七大以来重要文献选编》，中册，480页。

③ 指2002—2011年从高校毕业的4290万大学生。

④ 《十七大以来重要文献选编》，上册，30页。

盖范围不断扩大。2011年，全国城镇职工基本养老保险、城镇基本医疗保险、失业保险、工伤保险、生育保险的参保人数分别达到2.84亿人、4.73亿人、1.43亿人、1.77亿人、1.39亿人，比2001年分别增长100.2%、549.8%、38.3%、307.2%、302.1%。新农保和城镇居民养老保险参保人数达到3.64亿人，新农合参合人数达到8.32亿人。各项社会保障水平稳步提高。2005—2012年连续8年上调企业退休人员养老金，2012年全国企业退休人员人月均基本养老金达到1721元，是2002年的2.8倍。逐步提高基本医疗保险报销比例和最高支付限额，失业、工伤、生育保险待遇明显提高。社保基金规模不断扩大，2011年，城镇5项社会保险基金总收入、总支出和累计结余规模分别达到2.4万亿元、1.81万亿元和2.9万亿元，分别比2001年增长6.7倍、5.5倍和16.8倍。

　　建立基本医疗卫生制度。① 2003年国务院办公厅转发《关于建立新型农村合作医疗制度的意见》后，中国已经初步建立起新型农村合作医疗制度。2007年国务院出台《关于开展城镇居民基本医疗保险试点的指导意见》，初步建立基本医疗保险制度。2009年3月，国务院下发了《关于深化医药卫生体制改革的意见》；出台《关于医药卫生体制改革近期重点实施方案（2009—2011年）》，重点推进基本医疗保障制度、国家基本药物制度、基层医疗卫生服务体系、基本公共卫生服务、公立医院改革试点等五项改革。4月，新一轮医改启动，提出到2020年基本建立覆盖城乡居民的基本医疗卫生制度，实现人人享有基本医疗卫生服务。2011年年底，五项改革取得阶段性成果：①覆盖城乡全体居民的基本医疗保障制度框架初步形成，职工基本医疗保险、城镇居民基本医疗保险和新型农村合作医疗参保人数达13亿人。②国家基本药物制度初步建立，政府办基层医疗卫生机构全部实施基本药物零差率销售，药品安全保障明显加强；基层医疗卫生机构开始形成维护公益性、调动积极性、保障可持续的新机制。③覆盖城乡的基层医疗卫生服务体系基本建成，2200多所县级医院和3.3万多个城乡基层医疗卫生机构得到改造完善，中医药服务能力逐步增强，全科医生制度建设启动。④基本公共卫生服务水平不断提高，10类国家基本公共卫生服务面向城乡居民免费提供，国家重大公共卫生服务项目全面实施。⑤公立医院改革试点积极推进，围绕政事分开、管办分开、医药分开、营利性和非营利性分开进行

---

　　① 　基本医疗卫生制度包括公共卫生服务、医疗服务、医疗保障、药品供应保障四大体系。

体制机制创新，便民惠民措施全面推开，多元办医稳步推进。2012年3月，国务院印发《"十二五"期间深化医药卫生体制改革规划暨实施方案》，进一步推进3项重点改革，即加快健全全民医保体制、巩固完善基本药物制度和基层运行新机制、积极推进公立医院改革。全国医保基本实现，城乡基本医疗卫生制度初步建立。

经过几年不懈努力，中国的社会建设取得了长足进步：就业规模不断扩大，城乡居民收入快速增长，生活水平明显改善，社会保障事业全面推进。中国的社会发展正朝着"学有所教、劳有所得、病有所医、老有所养、住有所居"的目标扎实迈进。

六、加强环境保护　推进生态文明建设

改革开放以来，中国经济增长速度明显加快，取得了举世瞩目的成就。但由于粗放型经济增长方式没有从根本上改变，以牺牲生态环境为代价换取眼前和局部利益的现象大量存在，生态环境整体功能下降，抵御自然灾害的能力减弱。中共十六大政治报告明确提出可持续发展战略，将"生态环境得到改善，资源利用效率显著提高，促进人与自然的和谐，推动整个社会走上发展生产、生活富裕、生态良好的文明发展道路"[①]列入全面建设小康社会的目标之一。十六届三中全会提出"统筹人与自然和谐发展"的方针，"十一五"规划把建设资源节约型、环境友好型社会确立为国民经济与社会发展的战略任务。中共十七大正式提出"建设生态文明"，做出战略部署，还将"人与自然和谐"、"建设资源节约型、环境友好型社会"写入新修改的党章中[②]。

国家采取了一系列强硬措施加强环境保护。2005年1月，国家"叫停"了涉及全国13个省市、总投资达到1179.4亿元的30个违法开工项目，并在此后不到一周的时间内，停建了22个项目。2007年，国家出台促进污染减排的产业、财税、价格等一系列政策，加强责任考核。2008年3月，中华人民共和国环境保护部正式成立，为更好地发挥环保在服务民生、宏观调控等方面的功能提供了组织保障。之后，国家陆续出台《中华人民共和国循环经济促进法》、《规划环境影响评价条例》等法律法规，环保的法律支撑

---

① 《十六大以来重要文献选编》，上册，15页。
② 《十七大以来重要文献选编》，上册，45～46页。

更加有力。2009 年，国家环境保护部对总投资 1905 亿元的 49 个项目环评文件作出退回报告书、不予批复或暂缓审批的决定，并开展高污染行业专项执法行动。同时，国家通过推行以绿色家庭、绿色税收、绿色信贷、绿色贸易等为载体的绿色行动，推动生态文明建设。此外，国家加大发展清洁能源、可再生能源支持力度，积极发展水电、核电，鼓励有条件的地区大力发展生物能、太阳能、风能、潮汐、地热等新能源。

环境保护工作取得积极进展。污染防治和主要污染物减排成效明显。加大饮用水水源保护力度，解决了 2.15 亿农村人口饮水不安全问题。支持 6600 多个村镇开展农村环境综合整治和生态示范建设，2400 多万农村人口直接受益。"十一五"期间主要污染物减排预定任务超额完成，全国城市污水处理率由 52％提高到 77％，火电脱硫比例从 14％提高到 86％，七大水系好于 III 类水质的比例提高幅度超过 14％，北京奥运会、上海世博会期间环境质量得到有效保障。通过推进集体林权制度改革，建立湿地保护网络体系，推进防沙治沙工程建设，完善生物多样性保护，开展水土保持综合治理等措施，全面加强生态保护。2005—2009 年间，沙化土地面积年均缩减 1717 平方公里。2009 年，森林覆盖率达到 20.36％。2010 年，自然湿地保护率达到 50.3％。经过 34 年不断推进的三北工程[①]建设累计完成森林保存面积 2500 多万公顷，在中国北方构筑起一道坚实的绿色屏障，风沙危害和水土流失明显减轻，成为生态文明建设的探索性和标志性工程。

七、有效应对重大自然灾害　成功举办多项盛会

2008 年是全面贯彻落实中共十七大部署的开局之年，也是中国人民众志成城战胜特大自然灾害，举办奥运会之年。

2008 年 1 月 10 日至 2 月 2 日，我国南方地区接连出现四次严重的低温雨雪天气过程，致使我国南方近 20 个省（区、市）遭受历史罕见的严重低温雨雪冰冻灾害。京广、京九、沪昆铁路因断电运输受阻，京珠高速受阻车龙最长时长达 90 公里，17 个受灾省份的高速公路也不同程度地中断或关

---

① 1978 年 11 月，中共中央、国务院决定在西北、华北、东北地区启动三北防护林体系建设工程，工程从 1978 年开始到 2050 年结束，建设期限长达 73 年，分 3 个阶段、8 期进行，工程范围占中国陆地总面积的 42.4％，规划造林 3508 万公顷。力争到 2050 年，三北地区森林覆盖率提高到 15％，林木蓄积量增加到 42.7 亿立方米。

闭，上海机场、广州民航系统航班被迫取消，中南、西南、华东部分机场间歇性关闭。13个省(区、市)输电线路因覆冰电塔垮塌断线，170个县(市)供电中断，农作物受灾面积2.17亿亩，森林受损面积近2.6亿亩，倒塌房屋35.4万间。此次灾难最终导致一亿多人口受灾，直接经济损失达540多亿元。灾情发生后，中共中央、国务院、中央军委迅速部署大规模抗灾救灾工作，国务院成立抢险救灾指挥中心领导部署具体工作，广大军民团结奋战，保交通、保供电、保民生，取得了抗灾斗争的胜利。

2008年5月12日14时28分，四川汶川发生里氏8级特大地震，最大烈度达11度，余震3万多次，涉及四川、甘肃、陕西、重庆等十个省、区、市417个县(市、区)，灾区总面积约50万平方公里，受灾群众4625万多人，造成69227名同胞遇难、17923名同胞失踪，直接经济损失8451亿多元，灾区的卫生、住房、校舍、通信、交通、治安、地貌、水利、生态、少数民族文化等方面受到严重破坏。地震发生后，胡锦涛总书记立即指示尽快抢救伤员，确保灾区人民生命安全。国务院成立抗震救灾总指挥部，温家宝任总指挥。震后两小时，温家宝赶赴灾区。16日，胡锦涛亲赴灾区第一线。18日，国务院发布公告，决定19日至21日为全国哀悼日。

5月26日，中共中央果断做出"建立对口支援机制，举全国之力加快恢复重建"的决策。在中共中央、国务院、中央军委领导下，广大军民众志成城、迎难而上，迅速组织了中国历史上救援速度最快、动员范围最广、投入力量最大的抗震救灾活动。人民解放军调动了和平时代以来规模最庞大的队伍进行救灾，中国民间的大批志愿者和来自中国各地以及世界各国的专业人道救援队伍也加入救灾。全中国以至全球纷纷捐款援助，共产党员用缴纳特殊党费的形式支援灾区①。灾区人民积极开展自救，抗震救灾斗争取得了重大胜利。84017名群众从废墟中被抢救出来，149万名被困群众得到解救，430多万名伤病员得到及时救治，1510万名紧急转移安置受灾群众基本生活得到妥善安排，881万名灾区困难群众得到救助，中小学校在新学期开始前全面复课开学，采取有效措施确保了大灾之后无大疫。②

7月4日，国务院发布《关于做好汶川地震灾后恢复重建工作的指导意见》，决定用3年左右时间完成灾后恢复重建任务，使灾区群众的基本生活

---

① 截至2008年11月5日，全国共有4550多万名共产党员自愿交纳"特殊党费"97.3亿元。

② 《十七大以来重要文献选编》，上册，632页。

和生产条件达到和超过灾前水平，并为可持续发展奠定坚实基础。10 月 8 日，全国抗震救灾总结表彰大会举行，胡锦涛号召全党全社会大力弘扬伟大抗震救灾精神。① 2010 年 9 月底，在中共中央的坚强领导和全党全军全国人民的大力支援下，灾区 3 年恢复重建任务在两年内基本完成。

在汶川灾后重建的过程中，中华民族迎来北京奥运会、残奥会两大盛会。

2008 年 8 月 8 日 20 时，第 29 届夏季奥林匹克运动会在北京国家体育场鸟巢开幕，中华民族终于实现举办奥运的百年期盼。中国政府坚持贯彻绿色奥运、科技奥运、人文奥运理念，发挥举国体制作用，依靠广大人民群众，积极开展国际交流合作，为北京奥运会、残奥会的成功举办提供了坚强保障。204 个国家和地区的代表团、11000 多名运动员参加了北京奥运会，成为历史上参赛国家、地区和运动员最多的一届。各国健儿奋勇拼搏，刷新了 43 项世界纪录、132 项奥运纪录，共有 87 个国家在赛事中取得奖牌，实现了奥运奖牌零的突破。中国体育代表团获得 51 枚金牌、21 枚银牌、28 枚铜牌的好成绩，居金牌榜首名，成为奥运历史上首个登上金牌榜首的亚洲国家。8 月 24 日，奥运会闭幕。

9 月 6 日晚，第十三届残奥会在北京鸟巢隆重举行。来自 147 个国家和地区的 4000 多名运动员参加了本届残奥会。经过 11 天的拼搏，各国运动员展现出高超的竞技水平，有 1700 人次创造了残奥会或残疾人世界纪录，中国代表团以 89 枚金牌、70 枚银牌、52 枚铜牌的成绩居于奖牌榜首位。中外运动员共同诠释了"超越、融合、共享"的北京残奥会主题。9 月 17 日，2008 北京残奥会圆满落幕。

2009 年 10 月 1 日，迎来了中华人民共和国成立 60 周年大庆的日子。在蓝天白云的映衬下，节日的天安门城楼更加雄伟、庄丽。20 万军民以盛大的阅兵仪式和群众游行庆祝共和国的 60 华诞。中共中央总书记、国家主席、中央军委主席胡锦涛检阅了由中国人民解放军陆海空三军和人民武装警察部队、民兵预备役部队组成的 44 个装备精良的地面方队。随后，胡锦涛登上天安门城楼发表重要讲话。他指出："60 年来，在以毛泽东同志、邓小平同志、江泽民同志为核心的党的三代中央领导集体和党的十六大以来的党中央领导下，勤劳智慧的我国各族人民同心同德、艰苦奋斗，战胜各

---

① 抗震救灾精神是指："万众一心、众志成城，不畏艰险、百折不挠，以人为本、尊重科学。"

种艰难曲折和风险考验，取得了举世瞩目的伟大成就，谱写了自强不息的壮丽凯歌。今天，一个面向现代化、面向世界、面向未来的社会主义中国巍然屹立在世界东方。"之后，阅兵分列式开始。由陆海空三军仪仗队组成的方队走在最前面。由军区、军兵种、武警部队和总部直属部队以及北京市民兵预备役部队8000余名官兵组成的13个徒步方队，雄赳赳气昂昂依次通过天安门广场，接受检阅。由陆海空三军组成的12个空中梯队呼啸而至，预警机、轰炸机、加受油机、歼击机、直升机等151架飞机低空飞过天安门广场。阅兵式后，以"我与祖国共奋进"为主题的群众游行开始。游行分"奋斗创业"、"改革开放"、"世纪跨越"、"科学发展"、"辉煌成就"、"锦绣中华"和"美好未来"七个部分，由36个方阵、60辆彩车和6节行进式文艺表演组成。参加游行的10万名各界群众尽情抒发着对中国共产党和人民共和国的由衷赞美和美好祝福。

2010年，中国再次战胜严重自然灾害，成功举办世博会、亚运会等盛会。2010年4月14日，青海玉树发生里氏7.1级地震，造成2698人遇难，270人失踪。8月8日，甘肃舟曲发生特大山洪泥石流灾害，造成1471人遇难，294人失踪。面对严重的自然灾害，全党全军全国各族人民在中共中央、国务院、中央军委的领导下团结奋战，夺取了抗震救灾斗争的重大胜利。5月27日、10月18日，国务院先后印发《关于支持玉树地震灾后恢复重建政策措施的意见》、《关于支持舟曲灾后恢复重建政策措施的意见》，全面展开灾后重建。

同年5月1日至10月31日，2010年世界博览会在上海举行，其主题是"城市，让生活更美好"。这是中国首次举办综合性世界博览会，也是首次在发展中国家举行的注册类世博会。在184天的展会期间，有246个国家和国际组织参展。中外参观者达7308万人次，创造了世博会历史上的新纪录。

11月12日至27日、12月12日至19日，第十六届亚运会、首届亚残运会在分别广州举办。45个国家和地区的14000多名官员和运动员参加本届亚运会，41个国家和地区的2500多名残疾人运动员参加本届亚残运会。中国体育代表团居金牌榜和奖牌榜首位。

中国之所以能够有效应对重大自然灾害，成功举办多项具有国际影响的盛会，"靠的是改革开放30年我国持续快速增强的综合国力，靠的是社会主义制度能够集中力量办大事的优越性，靠的是全国各族人民的团结奋斗，靠的是世界各国人民和国际社会的大力支持。"①

八、制定"十二五"规划　加快转变经济发展方式

"十二五"(2011－2016 年)时期是全面建设小康社会的关键时期，是深化改革开放、加快转变经济发展方式的攻坚时期。2010 年 10 月，中共十七届五中全会审议并通过《中共中央关于制定国民经济和社会发展第十二个五年规划的建议》。

《建议》明确了制定"十二五"规划的指导思想，即：高举中国特色社会主义伟大旗帜，以邓小平理论和"三个代表"重要思想为指导，深入贯彻落实科学发展观，适应国内外形势新变化，顺应各族人民过上更好生活新期待，以科学发展为主题，以加快转变经济发展方式为主线，深化改革开放，保障和改善民生，巩固和扩大应对国际金融危机冲击成果，促进经济长期平稳较快发展和社会和谐稳定，为全面建成小康社会打下具有决定性意义的基础。

《建议》明确提出"十二五"规划的主题是科学发展。以科学发展为主题是时代的要求，关系到改革开放和现代化建设全局。把科学发展观贯穿到改革开放和现代化建设的各个方面是基于以下三方面的考虑：一是坚持以经济建设为中心，紧紧扭住发展不放松；二是牢牢把握重要战略机遇期；三是更加注重以人为本。

《建议》明确制定"十二五"规划的主线是加快转变经济发展方式。加快转变经济发展方式的努力方向和工作重点是"五个坚持"，即①坚持把经济结构战略性调整作为加快转变经济发展方式的主攻方向；②坚持把科技进步和创新作为加快转变经济发展方式的重要支撑；③坚持把保障和改善民生作为加快转变经济发展方式的根本出发点和落脚点；④坚持把建设资源节约型、环境友好型社会作为加快转变经济发展方式的重要着力点；⑤坚持把改革开放作为加快转变经济发展方式的强大动力。

《建议》明确规定今后五年经济社会发展的 5 项主要目标：①经济平稳较快发展。价格总水平基本稳定，就业持续增加，国际收支趋向基本平衡，经济增长质量和效益明显提高。②经济结构战略性调整取得重大进展。居民消费率上升，服务业比重和城镇化水平提高，城乡区域发展的协调性增

---

① 《十七大以来重要文献选编》，上册，620 页。

强。经济增长的科技含量提高，单位国内生产总值能源消耗和二氧化碳排放大幅下降，主要污染物排放总量显著减少，生态环境质量明显改善。③城乡居民收入普遍较快增加。努力实现居民收入增长和经济发展同步、劳动报酬增长和劳动生产率提高同步，低收入者收入明显增加，中等收入群体持续扩大，贫困人口显著减少，人民生活质量和水平不断提高。④社会建设明显加强。覆盖城乡居民的基本公共服务体系逐步完善，全民受教育程度稳步提升，全民族思想道德素质、科学文化素质和健康素质不断提高。社会主义民主法制更加健全，人民权益得到切实保障。文化事业和文化产业加快发展。社会管理制度趋于完善，社会更加和谐稳定。⑤改革开放不断深化。财税金融、要素价格、垄断行业等重要领域和关键环节改革取得明显进展，政府职能加快转变，政府公信力和行政效率进一步提高。对外开放广度和深度不断拓展，互利共赢开放格局进一步形成。上述发展目标体现了"长短结合"、"突出主题主线"的特点。"长短结合"是把"十二五"规划的各项目标任务与应对国际金融危机冲击的重大阶段性目标紧密衔接，与 2020 年全面建设小康社会的奋斗目标紧密衔接。"突出主题主线"是针对经济社会发展中的突出问题，更加明确调整经济结构和保障改善民生方面的目标，使科学发展的主题和加快转变经济发展方式的主线更加突出，并明确了具体的考核标准和抓手。

"十二五"规划以科学发展为主题，以加快转变经济发展方式为主线，对深化改革开放，保障和改善民生，巩固和扩大应对国际金融危机冲击成果，促进经济长期平稳较快发展和社会和谐稳定，为全面建成小康社会打下坚实基础，具有决定性的意义。2012 年 3 月，十一届全国人大四次会议批准了《中华人民共和国国民经济和社会发展第十二个五年规划纲要》。

第四节　构建现代社会管理体制　开创文化、科技和两岸关系新局面

一、构建现代社会管理体制　及时处理民族分裂分子暴力事件

社会管理是现代社会必不可少且日益重要的管理活动。做好社会管理工作，促进社会和谐，是全面建设小康社会、坚持和发展中国特色社会主义的基本条件。

改革开放以来，党和国家一直为形成和发展适应中国国情的社会管理机制而探索。20 世纪 80 年代初邓小平提出"稳定压倒一切"，1983 年中央开展"严打"以强化社会治安。1991 年，《关于加强社会治安综合治理的决定》出台，强调综合治理是解决我国社会治安问题的根本出路。1991 年 3 月，"中央社会治安综合治理委员会"成立。1993 年，中共十四届三中全会提出加强政府社会管理职能，保证国民经济正常运行和良好社会秩序。2002 年，十六大报告将"社会更加和谐"①作为小康社会内涵之一，提出完善政府的社会管理职能②，进一步加强以保障和改善民生为重点的社会建设，社会管理进入新的历史阶段。2004 年，十六届四中全会明确提出"加强社会建设和管理，推进社会管理体制创新"，建立健全党委领导、政府负责、社会协同、公众参与的社会管理格局③。2006 年，十六届六中全会提出"完善社会管理，保持社会安定有序"，强调"加强社会管理、维护社会稳定是构建社会主义和谐社会的必然要求"，"必须创新社会管理体制，整合社会管理资源，提高社会管理水平"，"在服务中实施管理，在管理中体现服务"④。2007 年，十七大政治报告进一步指出"完善社会管理，维护社会安定团结"，提出要健全社会管理格局，健全基层社会管理体制⑤。十七届五中全会要求，坚定推进经济、政治、文化、社会等领域改革，加快构建有利于科学发展的体制机制，提出"加强和创新社会管理"，"加强社会管理法律、体制、能力建设"。⑥ 至此，主要包括社会管理工作领导体系、社会管理组织网络以及社会管理基本法律法规的我国社会管理格局初步形成。

社会的深刻变革，既给我国带来了重要的发展机遇，又使社会矛盾凸现，社会管理领域存在的问题不少。主要表现为：人民内部矛盾多样多发、流动人口和特殊人群管理和服务问题突出、刑事犯罪居高不下、公共安全事故频发、非公有制经济组织、社会组织管理和服务问题突出、信息网络建设管理面临严峻挑战以及外部势力千方百计插手，运用多种方式推销西方价值观。全面加强和创新社会管理迫在眉睫。

---

① 《十六大以来重要文献选编》，上册，14 页。
② 《十六大以来重要文献选编》，上册，21 页。
③ 《十六大以来重要文献选编》，中册，287 页。
④ 《十六大以来重要文献选编》，下册，662 页。
⑤ 《十七大以来重要文献选编》，上册，31 页。
⑥ 《十七大以来重要文献选编》，中册，991 页。

2011年2月，中共中央在中央党校举办省部级主要领导干部社会管理及其创新专题研讨班。胡锦涛在开班式上强调，"要扎扎实实提高社会管理科学化水平，建设有中国特色社会主义社会管理体系"。胡锦涛系统阐述了加强和创新社会管理的重要性和紧迫性，提出了新形势下加强和创新社会管理、做好群众工作的总体思路和重点任务；强调"社会管理，说到底是对人的管理和服务"①，要坚持贯彻党的群众路线，坚持人民主体地位，发挥人民首创精神，紧紧依靠人民群众开创新形势下社会管理新局面；要重点抓好以下八项"进一步加强和完善"工作：①进一步加强和完善社会管理格局，切实加强党的领导，强化政府社会管理职能，强化各类企事业单位社会管理和服务职责，引导各类社会组织加强自身建设、增强服务社会能力，支持人民团体参与社会管理和公共服务，发挥群众参与社会管理的基础作用。②进一步加强和完善党和政府主导的维护群众权益机制，形成科学有效的利益协调机制、诉求表达机制、矛盾调处机制、权益保障机制，统筹协调各方面利益关系，加强社会矛盾源头治理，妥善处理人民内部矛盾，坚决纠正损害群众利益的不正之风，切实维护群众合法权益。③进一步加强和完善流动人口和特殊人群管理和服务，建立覆盖全国人口的国家人口基础信息库，建立健全实有人口动态管理机制，完善特殊人群管理和服务政策。④进一步加强和完善基层社会管理和服务体系，把人力、财力、物力更多投到基层，努力夯实基层组织、壮大基层力量、整合基层资源、强化基础工作，强化城乡社区自治和服务功能，健全新型社区管理和服务体制。⑤进一步加强和完善公共安全体系，健全食品药品安全监管机制，建立健全安全生产监管体制，完善社会治安防控体系，完善应急管理体制。⑥进一步加强和完善非公有制经济组织、社会组织管理，明确非公有制经济组织管理和服务员工的社会责任，推动社会组织健康有序发展。⑦进一步加强和完善信息网络管理，提高对虚拟社会的管理水平，健全网上舆论引导机制。⑧进一步加强和完善思想道德建设，持之以恒加强社会主义精神文明建设，加强社会主义核心价值体系建设，增强全社会的法制意识，深入开展精神文明创建活动，增强社会诚信。"社会管理说到底是做群众工作。"②

2011年3月，十一届全国人大四次会议首次将"加强和创新社会管理"

---

① 《十七大以来重要文献选编》，下册，149页。

② 《十七大以来重要文献选编》，下册，172页。

以重要篇幅写入《政府工作报告》。7月5日，中共中央、国务院印发《关于加强和创新社会管理的意见》，进一步明确了加强和创新社会管理的指导思想、基本原则、目标任务和主要措施，是当前和今后一个时期加强和创新社会管理的纲领性文件。8月，中央办公厅、国务院印发了《关于中央社会治安综合治理委员会更名为中央社会管理综合治理委员会的通知》。

9月16日，中央社会管理综合治理委员会第一次全体会议召开，"治安"改为"管理"的更名正式完成，原先的议事机构转变为办事机构，社会治理由过去单一强力控制向社会综合协调转变。社会管理机构被赋予协调和指导社会管理工作的重要职责，适应了新时期社会形势发展的需要，标志着综治委系统的工作重心将更多地关注于人民内部矛盾范畴的社会矛盾和社会纠纷的解决。

"完善社会管理，维护社会安定团结"是中共十七大提出的实现全面建设小康社会的社会目标。其中"完善国家安全战略，健全国家安全体制，高度警惕和坚决防范各种分裂、渗透、颠覆活动，切实维护国家安全"[1]，是中国共产党对国家安全问题在新形势新任务下的新认识，这为及时处理民族分裂分子暴力事件，维护国家统一、民族团结和国家安全提供了方针政策依据。

2008年3月14日，拉萨市区发生打砸抢烧严重暴力犯罪事件。这一事件是达赖集团精心策划和组织的，是境内外"藏独"分裂势力相互勾结制造的。2009年7月5日，新疆乌鲁木齐发生打砸抢烧严重暴力犯罪事件。这是新中国成立以来新疆发生的最严重的一起暴力事件。由于历史上外国势力策动分裂活动的影响和泛伊斯兰主义、泛突厥主义思潮的传播，新疆一直存在形形色色的民族分裂势力。新中国成立以来，党和政府同新疆民族分裂势力的斗争一直没有停止过。"冷战"结束后，国际形势发生重大变化，国际民族问题和宗教问题日益突出，周边国家"三股势力"[2]趋于活跃，新疆民族分裂活动呈现升级态势。境内外"东突"民族分裂势力竭力在新疆策划暴力恐怖活动，妄图在新疆推翻中国共产党的领导，颠覆社会主义制度，肢解我们统一的多民族国家。"七·五"事件是这一活动的集中反映。上述事件发生后，党和政府采取果断措施，依法妥善进行处置，控制了事态发展，有力地维护了社会的稳定。

---

① 《十七大以来重要文献选编》，上册，32页。

② 是指宗教极端势力、民族分裂势力和国际恐怖势力。

针对民族分裂分子的嚣张气焰，党和政府旗帜鲜明地反对和打击民族分裂势力、宗教极端势力和暴力恐怖势力，坚定不移地高举维护社会稳定、维护社会主义法制、维护人民群众根本利益、维护祖国统一、维护民族团结的旗帜，把西藏工作和新疆工作置于党和国家工作全局中的重要的战略地位。

2008年4月，贾庆林发表《确保西藏及其他藏区的发展和稳定》①讲话，强调长期坚持并不断丰富和发展2005年出台的《中共中央、国务院关于进一步做好西藏发展稳定工作的意见》所确立的新时期西藏工作的指导思想和方针政策。讲话充分肯定了西藏经济社会发展取得的巨大成就：全区国内生产总值连续7年保持12％以上的增长速度，经济快速发展；全区117项重点建设项目全部建成，基础设施条件明显改善；农牧民人均纯收入连续五年保持两位数增长，人民生活水平不断提高；社会事业发展迅速：全区普及九年制义务教育，以免费医疗为基础的农牧区医疗制度惠及全体农牧民，西藏人均预期寿命由解放初期的35.5岁提高到67岁，藏族人口由1964年的120多万增加到250多万，占西藏人口总数的95％以上；藏族优秀文化得到弘扬。讲话强调要"全力以赴维护当前西藏及其他藏区社会稳定，切实控制局势，防止事态反弹蔓延"。要着眼长远，努力实现西藏及其他藏区的跨越式发展和长治久安。要坚持发展这个第一要务，推动西藏及其他藏区经济社会又好又快发展，要切实加强基层政权建设，打牢反分裂斗争的基础。

2009年8月下旬，胡锦涛在新疆考察工作并在自治区干部大会上讲话，指出做好新疆工作关键是要处理好发展和稳定的关系，始终坚持一手抓改革发展，一手抓团结稳定，自觉做到坚持以经济建设为中心不动摇，坚持维护社会大局稳定不动摇，坚持各民族共同团结奋斗、共同繁荣发展不动摇。2010年5月，胡锦涛在中央新疆工作座谈会上讲话，进一步强调："新疆发展和稳定，关系全国改革发展稳定大局，关系祖国统一、民族团结、国家安全，关系中华民族伟大复兴"，而"民族分裂势力及其活动是影响新疆社会稳定的主要危险，新疆地区存在的分裂和反分裂斗争是长期的、复杂的、尖锐的，有时甚至是十分激烈的"。讲话明确了当前和今后一个时期新疆工作的指导思想，"坚持中国共产党领导，坚持社会主义制度，坚持民族区域自治制度，坚持各民族共同团结奋斗、共同繁荣发展，深入实施稳

---

① 《十七大以来重要文献选编》，中册，368～379页。

疆兴疆、富民固边战略，始终把推动科学发展作为解决一切问题的基础，始终把改革开放作为促进发展的强大动力，始终把保障和改善民生作为全部工作的出发点和落脚点，始终把加强民族团结作为长治久安的根本保障，始终把维护社会稳定作为发展进步的基本前提，努力推进新疆跨越式发展和长治久安"。讲话还确立以下目标任务：到2015年新疆人均地区生产总值达到全国平均水平，城乡居民收入和人均基本公共服务能力达到西部地区平均水平，基础设施条件明显改善，自我发展能力明显提高，民族团结明显加强，社会稳定明显巩固；到2020年促进新疆区域协调发展、人民富裕、生态良好、民族团结、社会稳定、边疆巩固、文明进步，确保实现全面建设小康社会。①

坚持民族团结，落实民族区域自治制度，大力发展民族地区经济文化社会事业，坚决维护社会稳定，旗帜鲜明地反对民族分裂势力，维护国家统一，成为新时期新阶段西藏和新疆工作的重要目标，也成为包括西藏、新疆在内的全体人民期盼社会稳定、实现长治久安的共同要求。

二、胡锦涛在庆祝中国共产党成立90周年大会上的讲话

2011年7月1日，庆祝中国共产党成立90周年大会在北京人民大会堂隆重举行。中共中央总书记胡锦涛发表重要讲话。他回顾了中国共产党90年的光辉历程和取得的伟大成就，总结了党和人民创造的宝贵经验，展望了中国发展的光明前景。

1. 总结了90年来中国共产党完成和推进的"三件大事"。第一件大事，紧紧依靠人民完成了新民主主义革命，实现了民族独立、人民解放。第二件大事，紧紧依靠人民完成了社会主义革命，确立了社会主义基本制度。第三件大事，紧紧依靠人民进行了改革开放新的伟大革命，开创、坚持、发展了中国特色社会主义。形成了党在社会主义初级阶段的基本理论、基本路线、基本纲领、基本经验，建立和完善社会主义市场经济体制，坚持全方位对外开放，推动社会主义现代化建设取得举世瞩目的伟大成就。这三件大事，从根本上改变了中国人民和中华民族的前途命运，不可逆转地结束了近代以来中国内忧外患、积贫积弱的悲惨命运，不可逆转地开启了中华民族不断发展壮大、走向伟大复兴的历史进军，使具有5000多年文明

---

① 《十七大以来重要文献选编》，中册，682～683页。

历史的中国面貌焕然一新，中华民族伟大复兴展现出前所未有的光明前景。

2. 指明了 90 年奋斗历史和人民的"四个选择"：选择了中国共产党；选择了马克思主义；选择了社会主义道路；选择了改革开放。

3. 明确了党和人民必须倍加珍惜、长期坚持、不断发展的"三大成就"：开辟了中国特色社会主义道路；形成了中国特色社会主义理论体系；确立了中国特色社会主义制度。提出"确立中国特色社会主义制度"，这在中国共产党历史上是第一次。

4. 将中国共产党奋斗 90 多年取得的最伟大成就概括为"一高举三坚持"，即高举中国特色社会主义伟大旗帜，坚持和拓展中国特色社会主义道路，坚持和丰富中国社会主义理论体系，坚持和完善中国特色社会主义制度。

5. 指明了 90 年中国发展进步的基本结论："办好中国的事情，关键在党。"

6. 总结了中国共产党保持和发展马克思主义政党先进性的四个根本点，即坚持解放思想、实事求是、与时俱进；坚持为了人民、依靠人民，诚心诚意为人民谋利益；坚持任人唯贤、广纳人才，以事业感召、培养、造就人才；坚持党要管党、从严治党。

7. 将中国共产党面临的新情况、新问题、新挑战概括为"四个考验"、"四种危险"，即执政考验、改革开放考验、市场经济考验和外部环境考验；精神懈怠的危险、能力不足的危险、脱离群众的危险和消极腐败的危险。

8. 明确了提高党的建设科学化水平的五项"必须坚持"目标任务：①必须坚持推进马克思主义中国化时代化大众化。②必须坚持五湖四海、任人唯贤的用人标准。③必须坚持全心全意为人民服务的根本宗旨。④必须坚持标本兼治、反腐倡廉的方针。⑤必须坚持用制度管权管事管人，健全民主集中制。

9. 全面阐述了在新的历史起点上把中国特色社会主义伟大事业推向前进的大政方针，坚持改革开放，以经济建设为中心，推进社会主义民主政治建设、文化建设及和谐社会建设，统筹经济建设和国防建设，坚持"一国两制"，继续维护世界和平，促进共同发展。

10. 明确提出了到本世纪上半叶实现两个 100 年的宏伟目标：到中国共产党成立 100 年时建成惠及十几亿人口的更高水平的小康社会，到新中国成立 100 年时建成富强、民主、文明、和谐的社会主义现代化国家。

胡锦涛关于"确立中国特色社会主义制度"、"稳定是硬任务"[①]等新表述、新判断，具有引领意义。胡锦涛的讲话回顾中国共产党90年的光辉历程和取得的伟大成就，总结党和人民创造的宝贵经验，鲜明提出了提高党的建设科学化水平的目标任务，全面阐述了在新的历史起点上把中国特色社会主义伟大事业推向前进的大政方针，为中共十八大的召开奠定了基础。

三、推动文化大发展大繁荣　构建社会主义核心价值观

在提出和贯彻社会主义核心价值体系的过程中，全国开展了城市精神大讨论、道德模范评选等形式多样的活动。2007年9月20日[②]，首届全国道德模范评选揭晓，评选出"助人为乐"、"见义勇为"、"诚实守信"、"敬业奉献"、"孝老爱亲"等5个类型的53位道德模范，开启了两年一次的评选惯例。各省市各具特色的城市精神纷纷出台，2011年11月，北京精神"爱国、创新、包容、厚德"正式颁布。2012年2月，中央电视台连续第十年为《感动中国》年度人物颁奖；3月，随着第49个"学雷锋纪念日"的到来，全国各地进一步掀起了学习雷锋的热潮。马克思主义理论研究和建设工程成效显著，《科学发展观学习读本》、《理论热点面对面》系列通俗理论读物出版，为广大干部群众的理论学习提供了重要辅导材料；十卷本《马克思恩格斯文集》和五卷本《列宁专题文集》出版；马克思主义基础理论和哲学社会科学学科体系基本建成；编写了体现当代中国马克思主义最新理论成果的哲学社会科学类教材并形成体系，中国高校的思想政治课程科目由原来的七门减少到四门[③]；建成了一支老中青三结合的马克思主义理论研究和教学骨干队伍。社会主义核心价值体系的贯彻，弘扬了中华文化，增强了社会主义意识形态的吸引力和凝聚力，培育了文明风尚，建设了和谐文化。

[①] 胡锦涛：《在庆祝中国共产党成立90周年大会上的讲话》，25页，北京，人民出版社，2011。

[②] 该日为中共中央印发《公民道德建设实施纲要》6周年，中国第5个"公民道德宣传日"。

[③] 从1998年秋季开始的中国高校思想政治理论课程7个科目是：马克思主义哲学原理、马克思主义政治经济学原理、毛泽东思想概论、邓小平理论概论、当代世界经济与政治、思想道德修养、法律基础。从2006年秋季改为以下4门：马克思主义基本原理、中国近现代史纲要、毛泽东思想、邓小平理论和"三个代表"重要思想概论和思想道德修养与法律基础。

为了全面贯彻落实中共十七大精神,进一步推动社会主义文化大发展大繁荣,2011 年 10 月,中共十七届六中全会通过《中共中央关于深化文化体制改革推动社会主义文化大发展大繁荣若干重大问题的决定》,全面总结了中国共产党领导文化建设的成就和经验,深刻分析了文化建设面临的形势和任务,阐明了中国特色社会主义文化发展道路,确立了建设社会主义文化强国的战略目标,提出了新形势下推进文化改革发展的指导思想、重要方针、目标任务、政策举措。

《决定》用"四个更加"、"四个越来越"、"三个关系"集中阐述推进文化改革发展的重大意义:强调当今世界各种思想文化交流交融交锋更加频繁,文化在综合国力竞争中的地位和作用更加凸显,维护国家文化安全任务更加艰巨,增强国家文化软实力、中华文化国际影响力要求更加紧迫;强调文化越来越成为民族凝聚力和创造力的重要源泉,越来越成为综合国力竞争的重要因素,越来越成为经济社会发展的重要支撑,丰富精神文化生活越来越成为我国人民的热切愿望;强调在新的历史起点上深化文化体制改革、推动社会主义文化大发展大繁荣,关系实现全面建设小康社会奋斗目标,关系坚持和发展中国特色社会主义,关系实现中华民族伟大复兴。

《决定》提出了到 2020 年文化改革发展奋斗目标:社会主义核心价值体系建设深入推进,良好思想道德风尚进一步弘扬,公民素质明显提高;适应人民需要的文化产品更加丰富,精品力作不断涌现;文化事业全面繁荣,覆盖全社会的公共文化服务体系基本建立,努力实现基本公共文化服务均等化;文化产业成为国民经济支柱性产业,整体实力和国际竞争力显著增强,公有制为主体、多种所有制共同发展的文化产业格局全面形成;文化管理体制和文化产品生产经营机制充满活力、富有效率,以民族文化为主体、吸收外来有益文化、推动中华文化走向世界的文化开放格局进一步完善;高素质文化人才队伍发展壮大,文化繁荣发展的人才保障更加有力。《决定》明确了"五个坚持"的文化改革发展方针:①坚持以马克思主义为指导;②坚持社会主义先进文化前进方向;③坚持以人为本;④坚持把社会效益放在首位;⑤坚持改革开放。"五个坚持"方针分别强调了文化改革发展的根本指导思想、根本性质、根本目的、根本要求和根本动力。

《决定》突出阐述了坚持中国特色社会主义文化发展道路、努力建设社会主义文化强国,鲜明回答了我国文化改革发展走什么路、朝着什么样的目标迈进这个带有方向性、战略性的重大问题,是当前和今后一个时期指导我国文化改革发展的纲领性文件。

《决定》为加快文化改革发展提供了难得的历史机遇，标志着我国文化建设进入了一个新的繁荣发展阶段，中共十六大以来文化改革发展工作进展和成效显著，主要表现为：①突出重点、解决难点，文化体制机制改革创新取得重大成果：全面完成国有经营性文化单位转企改制任务，不断深化公益性文化事业单位改革，全面完成文化市场综合执法改革，积极推进政企、政事分开和管办分离，广电领域实现了局台分开，出版领域实现了局社分开。②政府主导、公益惠民，公共文化服务体系建设卓有成效：各地普遍推动有条件的博物馆、图书馆等公共文化机构开展流动服务；全面完成五大重点文化惠民工程阶段性目标，建立健全公共文化服务网络，广播电视村村通工程已覆盖全部行政村和 20 户以上通电自然村，全面完成中央无线广播电视覆盖工程，全国 2 亿有线电视用户已有 1.1 亿户实现数字化；围绕各类重大纪念活动、传统节日等主题，广泛组织开展多种形式的文化活动，丰富城乡群众文化生活。528 个县（市、区）、乡镇（街道）被命名为"中国民间文化艺术之乡"。实施全民阅读工程五年规划，2011 年全国共有 7 亿多人参与全民阅读活动。③加强引导、大力扶持，文化产品创作生产进一步繁荣。坚持弘扬主旋律与提倡多样化相统一，加强文艺批评理论和队伍建设，把群众评价、专家评价和市场检验相统一。设立繁荣文艺创作专项资金、优秀剧本奖励基金，组织开展"文华奖"、"华表奖"、"飞天奖"、"群星奖"等评奖活动，加大对优秀作品和人才的奖励和宣传力度；大幅提升文化产品的数量质量。精神文明建设"五个一"工程和国家重大历史题材美术创作、舞台艺术精品、重点文学作品扶持等文化精品工程全面推进。到 2011 年，我国已成为世界第一大电视剧生产国和第三大电影生产国，图书出版品种和日报发行量已居世界第一位。2012 年，莫言获得诺贝尔文学奖。④调整结构、转变方式，文化产业规模和实力不断壮大。通过优化文化产业布局，培育骨干文化企业，构建现代文化市场体系，推动文化与科技、金融等融合等举措，文化产业日益成为经济发展新的增长点。⑤创新机制、拓宽渠道，大力推动中华文化"走出去"。不断完善对外文化交流机制。建立并完善"对外文化工作部际联席会议"制度，加强战略规划和法规建设；提升对外文化交流活动影响力。积极开展中外文化对话，办好"中国文化年"、"中华文化周"、"欢乐春节"等对外文化活动，已同世界上 160 多个国家和地区建立了良好的文化交流关系；通过建立海外中国文化中心、派驻新华社驻外分社、中央电视台开通国际频道，打造对外文化交流平台，实现对世界主要国家和地区的全覆盖；实施文化"走出去"工程，促进对外文化贸易。在上海成立我国首个国家级对外文化贸易基地。中国核心文化产品出口额从 2001 年的 30.85 亿美元增长到 2011 年的 186.88 亿美元，增长超过 5 倍。⑥加强保护、合理利用，文物和非物质文化遗产保护取得显著进展。2012 年，中国拥有世界遗产 43 项，位列世界第三，入选联合国教科文组织"人类非物质文化遗产代表作名录"和"急需保护的非物质文化遗产名录"总数位列世界第一。⑦加强立法、完善保障，政府职能进一步转变。《中华人民共和国非物质文化遗产法》公布施行，《互联网文化管理暂行规定》修订出台；制定"十一五"和"十二五"时期文化改革发展规划纲要，修订印发《文化产业与相关产业分类(2012)》，不断完善规划体系和政策保障；实施文化名家工程、"四个一批"①人才培养工程、高层次国际传播人才培养计划、非物质文化遗产项目代表性传承人扶持计划和基层文化人才队伍建设规划，加强文化人才队伍建设。总之，文化领域整体面貌和发展格局焕然一新，文化建设初步走出了一条中国特色社会主义文化发展道路。

在推动文化大发展大繁荣的过程中，社会主义核心价值体系逐渐向社会主义核心价值观聚焦。中共十六届六中全会首次明确提出"建设社会主义核心价值体系"这一战略任务。之后，开始了探讨如何概括社会主义核心价值体系的内核即社会主义核心价值观的过程。十七大指出"社会主义核心价值体系是社会主义意识形态的本质体现"②。十七届六中全会强调，社会主义核心价值体系是"兴国之魂"③，"坚持以建设社会主义核心价值体系为根本任务"，推动社会主义文化大发展大繁荣。④ 2012 年 11 月，中共十八大报告明确把社会主义核心价值观概括为"三个倡导"，即"倡导富强、民主、文明、和谐，倡导自由、平等、公正、法治，倡导爱国、敬业、诚信、友善，积极培育社会主义核心价值观"。"三个倡导"分别从国家的价值目标层面、社会的价值取向层面和公民个人的价值准则层面规定了社会主义核心价值观的基本内容。

社会主义核心价值观，体现社会主义核心价值体系的根本性质和基本

---

① 一批全面掌握中国特色社会主义理论体系、学贯中西、联系实际的理论家，一批坚持正确导向、深入反映生活、受到人民群众喜爱的名记者、名编辑、名评论员、名主持人，一批熟悉党和国家方针政策、社会责任感强、精通业务知识的出版家，一批紧跟时代步伐、热爱祖国和人民、艺术水平精湛的作家、艺术家。

② 《十七大以来重要文献选编》，上册，26 页。

③ 《十七大以来重要文献选编》，下册，564 页。

④ 《十七大以来重要文献选编》，下册，590 页。

特征，反映社会主义核心价值体系的丰富内涵和实践要求，是社会主义核心价值体系的高度凝练和集中表达。中共十八大后，培育和践行社会主义核心价值观不仅融入国民教育全过程，而且落实到经济发展实践和社会治理的方方面面。

四、航天、交通、资源取得突破性进展

十六大以来，在全面建设小康社会的征程中，中国在航天事业、交通、能源等基础设施和重点工程建设领域成效显著。

载人航天事业尖端科技取得突破性进展。从 1999 年 11 月到 2003 年 1 月，中国发射了四艘"神舟"号无人飞船，为载人飞船成功发射奠定了基础。2003 年 10 月 15 日，中国自行研制的"神舟"五号载人飞船在酒泉发射升空，9 分 50 秒后，飞船准确进入预定轨道，将中国第一位宇航员杨利伟成功地送入太空，环绕地球飞行 14 圈，历经 21 小时后，在内蒙古安全降落。"神五"载人航天飞行的圆满成功，标志着中国继俄罗斯、美国之后成为世界上第三个能独立自主进行载人航天飞行的国家。庆祝我国首次载人航天飞行圆满成功大会于 11 月举行，胡锦涛在会上明确指出：特别能吃苦、特别能战斗、特别能攻关、特别能奉献的载人航天精神，是我们伟大民族精神的生动体现。

2005 年 10 月 12 日，中国再次成功发射自主研制的"神舟"六号载人飞船。10 月 17 日凌晨，宇航员费俊龙、聂海胜在搭乘"神六"在太空飞行 115 小时 32 分钟之后，飞船成功返回。"神五"首次载人太空飞行和"神六"突破多人多天太空飞行技术的圆满成功，标志着我国载人航天工程"三步走"发展战略的第一步目标已圆满实现。

2007 年 10 月 24 日，中国第一颗绕月探测卫星——"嫦娥"一号从西昌成功发射，精确入轨；11 月 5 日，成功实施首次近月制动，顺利进入绕月轨道；11 月 7 日，以准确进入 200 公里使命轨道为标志，完成中国历史上最远的"太空长征"。11 月 26 日，"嫦娥"一号传回的"第一幅月图"完美亮相。中国首次月球探测工程的圆满成功，标志着我国已经独立自主地全面掌握了绕月飞行技术，进入世界具有深空探测能力的国家行列。

2008 年 9 月 25 日，"神舟"七号载人飞船发射成功。航天员翟志刚在刘伯明、景海鹏协助下成功完成首次空间出舱任务。9 月 28 日，飞船安全返回。中国成为世界上第三个独立掌握空间出舱关键技术的国家。

2010年10月1日，"嫦娥"二号月球探测器成功发射，获取了分辨率更高的全月球立体影像和虹湾区域高清晰影像，并成功开展环绕拉格朗日L2点等多项开创性实验，为深空探测后续任务的实施奠定了基础。

11月17日，"天河一号"以峰值速度每秒4700万亿次、持续速度每秒2566万亿次的优越性能，跃居世界超级计算机榜首，古老的"算盘王国"一举进入世界超级计算机先进国家行列。

2011年9月29日，中国自主研制的天宫一号目标飞行器发射成功。11月1日，"神舟"八号飞船成功发射，3日，与天宫一号成功实现首次无人交会对接，14日，再次交会对接成功；17日顺利返回着陆。中国在突破和掌握空间交汇对接技术上迈出了重要一步。

2012年6月16日，载有景海鹏、刘旺、刘洋三位航天员的"神舟"九号载人飞船成功发射，中国首位女航天员刘洋进入太空。18日和24日，"神九"先后与天宫一号实现自动和手控交会对接，29日，顺利返回着陆。中国首次载人交会对接任务的圆满完成，实现了空间交会对接技术的又一重大突破，标志着中国载人航天工程第二步战略目标取得了具有决定意义的进展。

与此同时，6月24日，搭载着叶聪、刘开周和杨波三名潜航员的"蛟龙"载人潜水器成功下潜至7020米，中国具备了载人到达全球99%以上海洋深处作业的能力。27日，"蛟龙"号下潜至7062米的最大深度，实现了我国深海装备和深海技术的重大突破，达到国际先进水平。

10月25日，中国第16颗北斗导航卫星一飞冲天，至此，8年内成功发射了16颗北斗星，标志着拥有完全自主知识产权的北斗卫星导航系统全面建成。这是继美国GPS、俄罗斯"格洛纳兹"、欧洲"伽利略"之后，全球第四大卫星导航系统，曾在抗击雨雪冰冻灾害、抗震救灾、服务北京奥运会等重大项目中发挥重要作用。

铁路建设成就突出。中国铁路依托重大工程项目，坚持原始创新、集成创新和引进消化吸收再创新，在高速铁路、重载运输、高原铁路等方面取得了系列科技成果，中国铁路总体技术水平达到世界先进水平。2006年7月1日，青藏铁路全线建成通车。青藏铁路东起西宁市，南至拉萨市，全长1956公里。其中格尔木至拉萨段全长1142公里，位于海拔4000米以上的地段960公里，是世界上海拔最高、线路最长的高原冻土铁路，面临着多年冻土、高寒缺氧、生态脆弱三大世界性工程难题。青藏铁路的建成通车和安全运营，标志着我国高原铁路技术创造世界一流水平。2008年，"青藏铁路工程"荣获国家科技进步特等奖。同年 8 月 1 日，中国第一条具有世界先进水平，运营时速 350 公里的京津城际铁路正式开通运营。2009 年 12 月 26 日，当时世界上里程最长、运营时速 350 公里的武广高速铁路开通运营，成为中国高速铁路发展的又一里程碑。2010 年 2 月 6 日，世界上首条修建在大面积湿陷性黄土地区的郑西高速铁路开通运营，结束了中国西部没有高速铁路的历史。2011 年 6 月 30 日，世界上一次建成标准最高、里程最长、新中国成立以来投资规模最大的京沪高速铁路通车。截至 2012 年 10 月底，中国投入运营的高铁总里程达到 7735 公里，里程居世界第一。

三峡工程全称长江三峡水利枢纽工程。三峡是指长江穿越瞿塘峡、巫峡、西陵峡三段大峡谷的总称。三峡工程位于长江西陵峡中段，坝址建在湖北宜昌三斗坪。整个工程由一座混凝重力式大坝、泄水闸、一座堤后式水电站、一座永久性通航船闸和一架升船机组成。设计正常蓄水位 175 米，大坝坝顶总长为 3035 米，坝高 185 米，年发电量 847 亿千瓦时。1992 年 4 月 3 日，七届全国人大五次会议审议并通过《关于兴建长江三峡工程的决议》。1994 年 12 月 14 日，三峡工程正式开工。工程采用"一级开发，一次建成，分期蓄水，连续移民"方案，工程共分三期进行，至 2009 年全部完工。2012 年 7 月 4 日，三峡工程最后一台 70 万千瓦巨型机组正式交付投产，世界装机容量最大水电站——三峡电站 32 台机组全部投产。三峡工程，是中国也是当今世界上最大的水利枢纽工程，具有防洪、发电、航运等综合效益，对于治理和开发长江起着关键性作用。

南水北调是优化我国水资源配置，缓解我国北方水资源严重短缺局面，促进经济社会可持续发展的重大战略性基础工程。2000 年 6 月，南水北调工程总体格局定位西、中、东三条线路，分别从长江流域上、中、下调水，建成后与长江、淮河、黄河、海河相互连接，构成我国水资源"四横三纵、南北调配、东西互济"的总体格局。2002 年 12 月，国务院正式批复《南水北调总体方案》。整个工程分期实施。除西线工程尚未正式开工外，2002 年 12 月，东线首先在江苏段三潼宝工程和山东段济平干渠工程开工。2003 年 12 月；中线京石段应急供水工程启动。2009 年 2 月，中线兴隆水利枢纽工程开工。2013 年 8 月 15 日，东线一期工程通过全线通水验收，三个月后正式通水运行。12 月 25 日，中线干线主体工程基本完工，2014 年 12 月 12 日正式通水。北京市民由此可以喝上长江水。

三峡工程和南水北调工程的兴建，充分显示了中华民族生生不息的精神和百折不挠的品格，充分显示了共产党领导中国人民走强国之路的坚强意志和决心，充分显示了中国人民坚持科学发展观、实现人与自然和谐共处的发展理念和生存智慧。

五、开创两岸关系和平发展新局面

中共十六大以来，中共中央在坚决地反对和遏制"台独"分裂势力及其活动之后，提出了推动两岸关系和平发展的新思想，开创了两岸关系和平发展的新局面。

2005年4月至5月，胡锦涛在与分别来访的中国国民党主席连战、亲民党主席宋楚瑜正式会谈时，首提"构建和平稳定发展的两岸关系"。2006年4月，在第二次"胡连会"时胡锦涛进一步提出："和平发展理应成为两岸关系发展的主题，成为两岸同胞共同为之奋斗的目标"①，并通过建议的方式对"和平发展"进行了深入阐述。2007年10月，中共十七大政治报告在遵循"和平统一、一国两制"的指导原则下，强调"坚持一个中国原则，是两岸关系和平发展的政治基础"，郑重呼吁"在一个中国原则的基础上，协商正式结束两岸敌对状态，达成和平协议，构建两岸关系和平发展框架，开创两岸关系和平发展新局面"。②

2008年3月，胡锦涛进一步阐述了两岸关系和平发展的政治基础、目的、途径、议题范围，指出"实现两岸关系和平发展，基础是坚持一个中国原则，目的是为两岸同胞谋福祉，途径是深化互利双赢的交流合作"；"台湾任何政党，只要承认两岸同属一个中国，我们都愿意同他们交流对话、协商谈判"，"谈判的地位是平等的，议题是开放的，什么问题都可以谈"；"对于那些曾经对'台独'抱有幻想、主张过'台独'甚至从事过'台独'活动的人，也要努力争取团结，只要他们回到促进两岸关系和平发展的正确道路上来，我们都热情欢迎，以诚相待"③。4月，胡锦涛提出了"建立互信、搁置争议、求同存异、共创双赢"的两岸重启商谈对话16字方针。这成为推动两岸关系和平发展的基本原则，对台政策开始以大团结促进两岸关系大

---

① 《首届两岸经贸论坛在北京举行　胡锦涛会见中国国民党荣誉主席连战一行》，载《人民日报》，2006-04-15。

② 《十七大以来重要文献选编》，上册，34页。

③ 《胡锦涛在看望参加全国政协十一届一次会议民革、台盟、台联委员时就发展两岸关系提出重要意见》，载《人民日报》，2008-03-05。

发展。

2008 年台湾地区的中国国民党上台执政，为实现两岸和平发展提供了战略机遇。是年 6 月，台湾海峡交流基金会董事长江丙坤率代表团访问北京。海峡两岸关系协会会长陈云林与江丙坤举行会谈，中断 9 年的两会制度化协商正式恢复。至 2012 年 8 月，会谈共举行 8 次。2008 年 12 月 15 日，海峡两岸分别在北京、天津、上海、福州、深圳以及台北、高雄、基隆等城市，同时举行海上直航、空中直航以及直接通邮的启动和庆祝仪式。两岸"三通"迈出历史性步伐。

12 月 31 日，在纪念《告台湾同胞书》发表 30 周年座谈会上，胡锦涛全面系统地阐述了两岸关系和平发展的重要思想，并提出"6 点意见"：①恪守一个中国，增进政治互信。②推进经济合作，促进共同发展。③弘扬中华文化，加强精神纽带。④加强人员往来，扩大各界交流。⑤维护国家主权，协商涉外事务。⑥结束敌对状态，达成和平协议。

在推动两岸关系和平发展的思想指导下，中共对台方针政策在实践中不断丰富发展，对台工作在各个领域不断迈上新台阶。2009 年 5 月，首届海峡论坛在福建举行，贾庆林致辞《扩大两岸民间交流，促进两岸合作发展》。同月，胡锦涛同中国国民党主席吴伯雄会谈，进一步推动两岸关系向前发展。6 月，台湾当局开放大陆企业赴台投资。8 月 31 日，两岸定期航班正式开通。两岸全面直接"三通"终于实现。2010 年 6 月，"海协会"与"海基会"在重庆签署《海峡两岸经济合作框架协议》（简称"ECFA"），两岸经济一体化进程启动。2011 年 1 月，两岸经济合作委员会正式成立并全面运作，"ECFA"顺利实施并逐步扩大。两岸经济合作不断深化，贸易投资稳步增长。2012 年两岸贸易额为 1689.6 亿元，占大陆对外贸易总额的 4.4%。两岸产业合作、金融合作持续发展。2012 年 8 月，两岸货币管理机构签署货币清算合作备忘录，建立了两岸货币清算机制。两岸各界大交流格局形成。至 2012 年，海峡论坛已举办 4 届，不仅成为两岸民间交流规模最大、台湾基层民众参与最多的盛会，而且发展为两岸经贸合作、两岸合作交流政策研讨的重要平台。2012 年 9 月，海峡两岸企业会紫荆山峰会在南京举行，为两岸企业家和经济界人士搭建起高端对话的新平台。大陆居民赴台团队旅游和个人旅游试点相继启动，大陆游客迅速成为台湾旅游业第一大客源。两岸关系进入大交流、大合作、大发展的新时期。

推动两岸关系和平发展思想的提出及其实践，顺应了时代潮流和历史趋势，把握了中华民族的根本利益和国家的核心利益，开创了两岸和平发展的新局面。由此对台湾社会民意产生越来越广泛的影响，认同"九二共识"、支持两岸开展对话协商和扩大交流合作成为台湾社会的民意主流，台湾文化教育领域的"去台湾化"取得进展。台湾局势和平稳定，两岸关系改善发展，得到国际社会的积极评价和高度肯定。

六、走和平发展道路　完善外交总体布局

进入21世纪，面对国际风云变幻以及当代中国同世界关系发生的重大变化，以胡锦涛为总书记的中共中央坚持统筹国内国际两个大局，大力推进中国特色外交理论和实践创新，坚定维护国家主权、安全和发展利益，为全面建设小康社会营造了更加有利的外部环境，谱写了中国外交和平发展、合作共赢的新篇章。

进入21世纪，经济全球化曲折发展，世界多极化加速演进，社会信息化逐步扩大，国际体系发生深刻变化，中国与世界的关系日益紧密。中国共产党和中国政府科学判断国际国内形势，强调"21世纪头20年，对我国来说，是一个必须紧紧抓住并且可以大有作为的重要战略机遇期"[1]；"当今世界正在发生广泛而深刻的变化，当代中国正在发生广泛而深刻的变革。机遇前所未有，挑战也前所未有，机遇大于挑战"[2]；立足中国国情和历史文化传统，顺应时代发展潮流，与时俱进地提出和发展了外交思想和理论。

明确了走和平发展道路的根本方略。这是在和平与发展成为世界潮流、中国快速发展牵动全球、中国与世界关系深刻变化的时代背景和历史变局中形成的。2004年4月，胡锦涛在亚洲论坛年会开幕式上提出中国将坚持和平发展的道路，高举和平、发展、合作的旗帜；8月，胡锦涛在第十次驻外使节会议上明确指出：要从国际和国内两个大局着眼，科学制定外交工作的方针政策和战略策略，坚持走和平发展的道路。2005年10月，"坚持走和平发展道路"的提法及其内涵阐述被写入中共十六届五中全会工作报告；11月，胡锦涛在英国伦敦进一步将"中国和平发展道路"的基本要义阐释为和平的发展、开放的发展、合作的发展；12月，《中国的和平发展道路》白皮书发表。2007年10月，"始终不渝走和平发展道路"被写入中共十七大报告，并被归结为"中国政府和人民根据时代发展潮流和自身根本利益

---

① 《十六大以来重要文献选编》，上册，14页。
② 《十七大以来重要文献选编》，上册，2页。

做出的战略抉择"①。2011 年 9 月，中国政府再度发表《中国的和平发展》白皮书，进一步将坚持走和平发展道路上升为国家意志，转化为国家战略规划和大政方针。

和平发展道路的基本内涵是，既争取和平国际环境发展自己，又通过自身发展维护世界和平；既依靠自身力量和改革创新实现发展，又坚持对外开放和学习借鉴别国长处；顺应经济全球化和区域经济一体化潮流，寻求与各国互利共赢和共同发展；同国际社会一道努力，推动建设持久和平、共同繁荣的和谐世界。和平发展道路具有科学发展、自主发展、开放发展、和平发展、合作发展、共同发展的鲜明特征。实现国家现代化和人民共同富裕是中国和平发展的总体目标。中国和平发展的对外方针政策是推动建设和谐世界，坚持独立自主的和平外交政策，倡导互信、互利、平等、协作的新安全观，秉持积极有为的国际责任观，奉行睦邻友好的地区合作观。坚持走和平发展道路是科学发展观在我国对外政策上的实践和体现，是新时期我国外交工作的根本方略。

提出互利共赢的开放战略。进入 21 世纪，中国同外部世界利益融合达到前所未有的广度和深度。"中国发展离不开世界，世界繁荣稳定也离不开中国。"②中国将始终奉行互利共赢的开放战略，继续以自己的发展促进地区和世界共同发展，扩大同各方利益的汇合点。中国决不做损人利己、以邻为壑的事情。互利共赢体现了和平、发展、合作的时代潮流，反映了中国的新型国际合作观和利益观，是新时期中国外交的显著标志。

倡导建设持久和平、共同繁荣的和谐世界，将"和谐社会"的"和谐"理念拓展到国际事务领域。2003 年 5 月，胡锦涛在莫斯科提出"为建立一个和平、发展、和谐的世界而共同努力"，初显"和谐的世界"理念；2005 年 4 月，胡锦涛在雅加达亚非峰会上号召"推动不同文明友好相处、平等对话、发展繁荣、共同构建一个和谐世界"③；9 月，胡锦涛在纪念联合国成立 60 周年首脑会议上，进一步明确提出"努力建设持久和平、共同繁荣的和谐世界"④；10 月，中共十六届五中全会将"建设一个持久和平、共同繁荣的和谐世界"阐释为"中国走和平发展道路"的内涵及其结果；2006 年 6 月，胡锦

---

① 《十七大以来重要文献选编》，上册，35 页。
② 《十七大以来重要文献选编》，上册，37 页。
③ 胡锦涛：《努力建设持久和平、共同繁荣和谐世界》，载《人民日报》，2005-09-16。
④ 《十六大以来重要文献选编》，中册，993 页。

涛在上海合作组织元首理事会会议上提出"和谐地区"的思想；2007年10月，中共十七大报告对"推动建设持久和平、共同繁荣的和谐世界"的准则和内涵进行了全面阐述，其内涵包括政治、经济、文化、安全、环保5个方面①；2011年9月发表的《中国的和平发展》白皮书，认为"推动建设和谐世界"既是一个长期目标，又是一项现实任务。和谐世界理念体现了中国建立公正合理国际秩序的新思路新主张。

进一步完善我国总体外交布局。外交工作进一步巩固了对大国、周边和发展中国家的工作布局，同时提出多边外交是我国外交工作的重要舞台，人文外交、公共外交是新形势下我国外交工作的重要开拓方向；强调外交工作同国家发展的关系更加紧密，必须依靠发展、服务发展、促进发展。我国总体外交布局不断丰富完善，形成国别、区域和各领域外交工作相辅相成、相互促进，双多边结合、政经文互动的外交架构，全方位推进了中国的外交工作。

上述重大外交理论创新从根本上回应了国际社会对中国与世界关系走向的普遍关切，丰富和发展了我们党和国家的国际战略和外交思想，成为新世纪新阶段中国外交的行动指南。建设和谐世界，是中国走和平发展道路的目标和归宿。为了建设和谐世界，中国高举和平、发展、合作的旗帜，奉行独立自主的和平外交政策，在国际关系中弘扬民主、和睦、协作、共赢精神，与各国在政治上相互尊重、经济上相互合作、文化上相互借鉴、安全上相互信任、环保上相互帮助，中国全方位外交取得了丰硕成果。

坚定维护国家主权、安全和发展利益。坚决捍卫国家主权、安全和领土完整，妥善处理与周边国家在领土主权和海洋权益纠纷，为中国加快社会主义现代化建设营造了总体有利的外部环境。2004年10月和2008年7月，中俄签署《关于中俄国界东段的补充协定》和《关于中俄国界东段的补充叙述议定书》及其附件，彻底解决了历史遗留的边界问题。坚决遏制"台独"、"藏独"、"东突"等分裂势力的干扰破坏活动，把应对国际金融危机冲击、为国内经济社会平稳较快发展服好务作为贯穿外交工作的主线。2008年国际金融危机发生后，中国积极参与二十国集团等全球经济治理机制建设，推动国际金融体系改革。加强外交工作与国家总体发展战略和区域发展战略的对接，促成一批重大经贸和能源资源合作项目；确保我海上战略通道安全和能源资源生命线畅通。

---

① 《十七大以来重要文献选编》，上册，36页。

积极运筹、平衡推进与大国关系。2005 年建立中美战略对话机制后，中美战略关系总体保持稳定；2009 年 7 月，首轮中美战略与经济对话在美国华盛顿举行。其间，双方首脑互访，妥善处理分歧，积极建设相互尊重、互利共赢的中美合作伙伴关系，就探索构建新型大国关系达成重要共识，为中国发展与其他大国关系以及其他大国之间发展关系提供了思路。中俄关系提升为全面战略协作伙伴关系，2011 年 6 月，双方制定了未来十年两国关系发展规划，俄罗斯成为中国与主要大国关系中最稳定的成员。中欧全面战略伙伴关系内涵不断充实，中国与欧洲主要大国及中东欧等国关系进一步发展。妥善处理中日关系，同时围绕日本政府非法"购买"钓鱼岛等问题同日方进行了坚决斗争。2012 年 9 月 11 日，日本政府不顾中方一再严正交涉，正式签署钓鱼岛"购买合同"，完成所谓的"国有化"。9 月 13 日，中国常驻联合国代表向联合国秘书长交存钓鱼岛及其附属岛屿领海基点基线坐标表和海图；15 日，中国公布钓鱼岛及其部分附属岛屿地理坐标。21 日，中国公布钓鱼岛海域部分地理实体标准名称。25 日，国务院新闻办公室发表《钓鱼岛是中国的固有领土》白皮书。我国在各大国对外战略中的地位明显上升，各大国普遍增加了对中国的合作与借重。

进一步夯实周边战略依托。坚持"与邻为善、以邻为伴"方针，同周边国家合作不断深化。中国同几乎所有亚洲国家建立起不同形式的伙伴关系，成为许多周边国家最大贸易伙伴。2010 年 1 月，中国与东盟建成发展中国家之间最大的自贸区，涵盖中国及周边国家的基础设施互联互通建设取得重要进展。推动上海合作组织等区域合作机制不断向前迈进，积极引导东亚峰会发展方向，在周边区域合作进程中保持主动有利地位。

巩固发展中国家在中国外交全局中的基础地位。加强同广大发展中国家的团结，深化传统友谊。加强同新兴大国的交流合作，维护发展中国家正当权益和共同利益。通过举办中非合作论坛北京峰会等方式，推出加强中非合作新举措，进一步夯实中非新型战略伙伴关系的基础。建立健全中阿合作论坛机制，双方建立全面合作、共同发展的战略合作关系。2008 年，出台《中国对拉丁美洲和加勒比政策文件》，同地区国家的互利合作进一步深化。以中国—太平洋岛国经济发展合作论坛为纽带，密切与南太岛国的友好合作。

在多边舞台上发挥负责任的大国作用。以中国领导人出席重要多边会议为契机，有效运用多边机制扩大中国影响、维护中国利益，推动实现人类共同利益。维护联合国及安理会权威，反对各种形式的霸权主义。积极引导国际体系改革，提升发展中国家代表性和发言权。中国成为二十国集团重要参与方，在世界银行的投票权上升至第三位，在国际货币基金组织份额和治理结构改革方案中份额也升至第三位。

坚持以人为本、外交为民。大力加强新形势下的领事保护工作。健全领事保护联动机制，积极开展预防性领事保护工作。及时妥善处置海外涉我劳务纠纷，自埃及、利比亚等国大规模撤离受困中国公民，成功营救多批在外被劫持公民，切实维护我国海外公民和法人的合法权益。

不断提升我国软实力。借我国领导人出访和出席重要国际会议以及举办北京奥运会、上海世博会等重要时机，宣传我国和平、发展、合作的对外政策理念。向国际社会介绍我国发展成就，唱响"中国发展前景光明论"。创新公共外交方式方法，同多国成功举办"中国年"、"感知中国"等大型人文交流活动。积极推动中华文化走出去和在海外设立中国文化中心。

坚定促进世界和平与发展。坚持和平解决国际争端和热点问题，推动建立朝核问题六方会谈机制，围绕叙利亚、伊朗核问题、南北苏丹关系等问题劝和促谈，积极参加联合国维和行动和反恐、反海盗国际合作。到2013年4月，中国人民解放军共参加23项联合国维和行动，累计派出维和军事人员2.2万人次，在联合国5个常任理事国中名列前茅。加强同各国宏观经济政策协调，提振国际社会信心，推动世界经济早日复苏。与各国共同应对气候变化等全球性问题，承担力所能及的责任义务。通过增加援助、减免债务、取消关税等途径帮助发展中国家增强自主发展能力，促进共同发展。

中共十六大以来，中国外交开辟了和平发展的新道路，开创了同各国友好合作的新局面，树立了文明、民主、开放、进步、负责任大国的新形象，为世界和平与发展事业做出了新贡献。

第五节　中共十八大　实现中华民族伟大复兴中国梦的提出

一、中共十八大　为全面建成小康社会而奋斗

2012年11月8日至14日，中国共产党第十八次全国代表大会在北京举行。2270名代表参加了会议。大会的主题是：高举中国特色社会主义伟大旗帜，以邓小平理论、"三个代表"重要思想、科学发展观为指导，解放

思想，改革开放，凝聚力量，攻坚克难，坚定不移沿着中国特色社会主义道路前进，为全面建成小康社会而奋斗。大会的主要议程：听取和审议党的十七届中央委员会的报告；审议中央纪律检查委员会的工作报告；审议并通过《中国共产党章程（修正案）》；选举党的十八届中央委员会和中央纪律检查委员会。

胡锦涛代表第十七届中央委员会向大会作题为《坚定不移沿着中国特色社会主义道路前进，为全面建成小康社会而奋斗》①的报告，全文分为12部分，主要内容有：

1. 总结十七大以来的五年工作和十六大以来的十年奋斗历程及取得的历史新成就，把科学发展观列入党的指导思想

报告回顾中共十七大以来的工作，概括成以下10项成就：①经济平稳较快发展。②改革开放取得重大进展。③人民生活水平显著提高。④民主法制建设迈出新步伐。⑤文化建设迈上新台阶。⑥社会建设取得新进步。⑦国防和军队建设开创新局面。⑧港澳台工作进一步加强。⑨外交工作取得新成就。⑩党的建设全面加强。

报告将过去全面建设小康社会的十年实践概括为"我们紧紧抓住和用好我国发展的重要战略机遇期，战胜一系列重大挑战，奋力把中国特色社会主义推进到新的发展阶段"；十年取得的历史性成就，"为全面建成小康社会打下了坚实基础，国家面貌发生新的历史性变化"。

报告总结十年奋斗历程，最重要的就是我们坚持以马克思列宁主义、毛泽东思想、邓小平理论、"三个代表"重要思想为指导，勇于推进实践基础上的理论创新，围绕坚持和发展中国特色社会主义提出一系列紧密相连、相互贯通的新思想、新观点、新论断，形成和贯彻了科学发展观。科学发展观是马克思主义同当代中国实际和时代特征相结合的产物，是马克思主义关于发展的世界观和方法论的集中体现，对新形势下实现什么样的发展、怎样发展等重大问题做出了新的科学回答，把我们对中国特色社会主义规律的认识提高到新的水平，开辟了当代中国马克思主义发展新境界。科学发展观是中国特色社会主义理论体系最新成果，是中国共产党集体智慧的结晶，是指导党和国家全部工作的强大思想武器。科学发展观同马克思列宁主义、毛泽东思想、邓小平理论、"三个代表"重要思想一道，是党必须长期坚持的指导思想。解放思想、实事求是、与时俱进、求真务实，是科

---

① 《十八大以来重要文献选编》，上册，1～44页，北京，中央文献出版社，2014。

学发展观最鲜明的精神实质。必须把科学发展观贯彻到我国现代化建设全过程、体现到党的建设各方面。

对科学发展观的形成过程、内涵、历史地位、深远影响和指导意义进行全面阐述，这是中共十八大的亮点和主要贡献之一。

2. 把中国特色社会主义归结为"一条道路"、"一个体系"和"一个制度"。这是中共十八大最大的理论创新和又一主要贡献

报告回顾了我们党 90 多年来把马克思主义基本原理同中国实际和时代特征结合起来，取得革命建设改革伟大胜利，开创和发展中国特色社会主义的历程。在全面建设小康社会进程中推进实践创新、理论创新、制度创新，坚持和发展中国特色社会主义。在改革开放的探索中，坚定不移高举中国特色社会主义伟大旗帜。中国特色社会主义道路，中国特色社会主义理论体系，中国特色社会主义制度，是党和人民 90 多年奋斗、创造、积累的根本成就，必须倍加珍惜、始终坚持、不断发展。

中国特色社会主义道路，就是在中国共产党领导下，立足基本国情，以经济建设为中心，坚持四项基本原则，坚持改革开放，解放和发展社会生产力，建设社会主义市场经济、社会主义民主政治、社会主义先进文化、社会主义和谐社会、社会主义生态文明，促进人的全面发展，逐步实现全体人民共同富裕，建设富强、民主、文明、和谐的社会主义现代化国家。

中国特色社会主义理论体系，就是包括邓小平理论、"三个代表"重要思想、科学发展观在内的科学理论体系，是对马克思列宁主义、毛泽东思想的坚持和发展。

中国特色社会主义制度，就是人民代表大会制度的根本政治制度，中国共产党领导的多党合作和政治协商制度、民族区域自治制度以及基层群众自治制度等基本政治制度，中国特色社会主义法律体系，公有制为主体、多种所有制经济共同发展的基本经济制度，以及建立在这些制度基础上的经济体制、政治体制、文化体制、社会体制等各项具体制度。

中国特色社会主义道路是实现途径，中国特色社会主义理论体系是行动指南，中国特色社会主义制度是根本保障，三者统一于中国特色社会主义伟大实践，这是党领导人民在建设社会主义长期实践中形成的最鲜明特色。

3. 提出了建设中国特色社会主义的"总特征"和夺取中国特色社会主义新胜利的八项"基本要求"

建设中国特色社会主义，总依据是社会主义初级阶段，总布局是五位

一体，总任务是实现社会主义现代化和中华民族伟大复兴。中国特色社会主义，既坚持了科学社会主义基本原则，又根据时代条件赋予其鲜明的中国特色，以全新的视野深化了对共产党执政规律、社会主义建设规律、人类社会发展规律的认识，从理论和实践结合上系统回答了在中国这样人口多底子薄的东方大国建设什么样的社会主义、怎样建设社会主义这个根本问题。"中国特色社会主义是当代中国发展进步的根本方向，只有中国特色社会主义才能发展中国。"

发展中国特色社会主义是一项长期的艰巨的历史任务。一定要毫不动摇坚持、与时俱进发展中国特色社会主义，不断丰富中国特色社会主义的实践特色、理论特色、民族特色、时代特色。在新的历史条件下夺取中国特色社会主义新胜利，必须牢牢把握以下八项"基本要求"，并使之成为全党全国各族人民的共同信念：①必须坚持人民主体地位；②必须坚持解放和发展社会生产力；③必须坚持推进改革开放；④必须坚持维护社会公平正义；⑤必须坚持走共同富裕道路；⑥必须坚持促进社会和谐；⑦必须坚持和平发展；⑧必须坚持党的领导。

报告指出，我国仍处于并将长期处于社会主义初级阶段的基本国情没有变，人民日益增长的物质文化需要同落后的社会生产之间的矛盾这一社会主要矛盾没有变，我国是世界最大发展中国家的国际地位没有变。在任何情况下都要立足于社会主义初级阶段这个最大国情和最大实际，把党的基本路线的一个中心两个基本点统一于中国特色社会主义伟大实践；号召只要"胸怀理想、坚定信念，不动摇、不懈怠、不折腾，顽强奋斗、艰苦奋斗、不懈奋斗"，坚定"道路自信、理论自信、制度自信"，就一定能"在中国共产党成立100年时全面建成小康社会"，"一定能在新中国成立100年时建成富强、民主、文明、和谐的社会主义现代化国家"。

从总依据、总布局和总任务阐述建设中国特色社会主义的总特征，在党的基本理论、基本路线、基本纲领、基本经验的基础上，增加"基本要求"，这是中共十八大的又一大理论创新和第三个主要贡献。

4. 提出了到2020年全面建成小康社会的宏伟目标，把生态文明建设纳入中国特色社会主义事业五位一体总体布局

报告指出我国发展仍处于可以大有作为的重要战略机遇期。我们要全面把握机遇，沉着应对挑战，赢得主动，赢得优势，赢得未来，确保到2020年实现全面建成小康社会宏伟目标。为此，根据我国经济社会发展实际，要在十六大、十七大确立的全面建设小康社会目标的基础上努力实现

下列五项新的要求：①经济持续健康发展。转变经济发展方式取得重大进展，在发展平衡性、协调性、可持续性明显增强的基础上，实现国内生产总值和城乡居民人均收入比 2010 年翻一番。科技进步对经济增长的贡献率大幅上升，进入创新型国家行列。工业化基本实现，信息化水平大幅提升，城镇化质量明显提高，农业现代化和社会主义新农村建设成效显著，区域协调发展机制基本形成。对外开放水平进一步提高，国际竞争力明显增强。②人民民主不断扩大。民主制度更加完善，民主形式更加丰富，人民积极性、主动性、创造性进一步发挥。依法治国基本方略全面落实，法治政府基本建成，司法公信力不断提高，人权得到切实尊重和保障。③文化软实力显著增强。社会主义核心价值体系深入人心，公民文明素质和社会文明程度明显提高。文化产品更加丰富，公共文化服务体系基本建成，文化产业成为国民经济支柱性产业，中华文化走出去迈出更大步伐，社会主义文化强国建设基础更加坚实。④人民生活水平全面提高。基本公共服务均等化总体实现。全民受教育程度和创新人才培养水平明显提高，进入人才强国和人力资源强国行列，教育现代化基本实现。就业更加充分。收入分配差距缩小，中等收入群体持续扩大，扶贫对象大幅减少。社会保障全民覆盖，人人享有基本医疗卫生服务，住房保障体系基本形成，社会和谐稳定。⑤资源节约型、环境友好型社会建设取得重大进展。主体功能区布局基本形成，资源循环利用体系初步建立。单位国内生产总值能源消耗和二氧化碳排放大幅下降，主要污染物排放总量显著减少。森林覆盖率提高，生态系统稳定性增强，人居环境明显改善。

全面建成小康社会，必须深化改革，构建系统完备、科学规范、运行有效的制度体系，使以下五方面的制度更加成熟更加定型：①经济方面，要加快完善社会主义市场经济体制，完善公有制为主体、多种所有制经济共同发展的基本经济制度，完善按劳分配为主体、多种分配方式并存的分配制度，完善宏观调控体系，更大程度更广范围发挥市场在资源配置中的基础性作用，完善开放型经济体制，推动经济更有效率、更加公平、更可持续发展。②政治方面，加快推进社会主义民主政治制度化、规范化、程序化，从各层次各领域扩大公民有序政治参与，实现国家各项工作法治化。③文化方面，加快完善文化管理体制和文化生产经营机制，基本建立现代文化市场体系，健全国有文化资产管理体制，形成有利于创新创造的文化发展环境。④社会方面，加快形成科学有效的社会管理体制，完善社会保障体系，健全基层公共服务和社会管理网络，建立确保社会既充满活力又和谐有序的体制机制。⑤生态方面，加快建立生态文明制度，健全国土空间开发、资源节约、生态环境保护的体制机制，推动形成人与自然和谐发展现代化建设新格局。

报告还对新的时代条件下推进中国特色社会主义事业做出了全面部署，强调加快完善社会主义市场经济体制和加快转变经济发展方式、坚持走中国特色社会主义政治发展道路和推进政治体制改革、扎实推进社会主义文化强国建设、在改善民生和创新管理中加强社会建设、大力推进生态文明建设、加快推进国防和军队现代化、丰富"一国两制"实践和推进祖国统一、继续促进人类和平与发展的崇高事业等，报告还对全面提高党的建设科学化水平提出了明确要求。

十八大选举产生了新的中央领导机构，一大批德才兼备、年富力强的领导干部进入新一届中央委员会和纪律检查委员会。11月15日，中共十八届一中全会选举产生新一届中央政治局委员，习近平、李克强、张德江、俞正声、刘云山、王岐山、张高丽当选为中央政治局常委，选举习近平为中央委员会总书记；根据中央政治局常务委员会的提名，通过刘云山等7人为中央书记处书记成员；决定中央军事委员会组成人员，习近平任中央军委主席；批准中纪委第一次全体会议选举产生的书记、副书记和常务委员会委员人选，王岐山任书记。

十八大还对《中国共产党章程》进行修正，增加了十七大以来在党的建设方面取得的重大认识和成果等内容，将科学发展观列入党的指导思想。

十八大科学总结了十六大以来十年的成就经验，确保了党的指导思想的与时俱进，增强了中国特色社会主义的高度自信，部署了全面建成小康社会五位一体布局的战略，对鼓舞和动员全党全国各族人民在新的历史条件下夺取中国特色社会主义新胜利，确保实现全面建成小康社会宏伟目标，具有重大战略意义。

11月15日，习近平在新当选的中央政治局常委与中外记者见面会上表示，将团结带领全党全国各族人民，接过历史的接力棒，继续为实现中华民族伟大复兴而努力奋斗，使中华民族更加坚强有力地自立于世界民族之林，为人类做出新的更大的贡献。要与人民心心相印、同甘共苦、团结奋斗，以"人民对美好生活的向往"为奋斗目标。打铁还需自身硬，坚持党要管党、从严治党，切实解决自身存在的突出问题，切实改进工作作风，密切联系群众，使我们的党始终成为中国特色社会主义事业的坚强领导核心。

二、实现中华民族伟大复兴中国梦的提出 十二届全国人大一次会议

中共十八届一中全会以后，以习近平为总书记的党中央统筹谋划，狠抓落实，提出一系列新想法、新举措。2012 年 11 月 29 日，习近平在带领新一届中央领导集体参观中国国家博物馆"复兴之路"展览时，提出了"实现中华民族伟大复兴中国梦"的重要指导思想和执政理念。他指出："每个人都有理想和追求，都有自己的梦想。现在，大家都在讨论中国梦，我以为，实现中华民族伟大复兴，就是中华民族近代以来最伟大梦想。""实现中华民族伟大复兴是一项光荣而艰巨的事业，需要一代又一代中国人共同为之努力。"他表示，"空谈误国，实干兴邦"，并且坚信中华民族伟大复兴的梦想"一定能实现"。① "中国梦"的提出有助于凝聚全民族的力量，为实现国家富强、民族振兴和人民幸福的民族夙愿而倾尽全力，有助于高举中国特色社会主义旗帜，为实现"两个一百年"的目标，即到中国共产党成立 100 年时全面建成小康社会和到新中国成立 100 年时建成富强民主文明和谐的社会主义现代化国家而努力奋斗。

加强党风廉政建设、改进工作作风、密切联系群众是以习近平为总书记的新一届中共中央领导集体履新后重点抓的一项工作。2012 年 12 月 4 日，中共中央政治局会议提出改进工作作风、密切联系群众的"八项规定"，并首先从中央政治局做起。"八项规定"的主要内容是：①要改进调查研究，切忌走过场、搞形式主义；要轻车简从、减少陪同、简化接待。②要精简会议活动，切实改进会风；提高会议实效，开短会、讲短话，力戒空话、套话。③要精简文件简报，切实改进文风，没有实质内容、可发可不发的文件、简报一律不发。④要规范出访活动，严格控制出访随行人员，严格按照规定乘坐交通工具。⑤要改进警卫工作，减少交通管制，一般情况下不得封路、不清场闭馆。⑥要改进新闻报道，中央政治局同志出席会议和活动应根据工作需要、新闻价值、社会效果决定是否报道，进一步压缩报道的数量、字数、时长。⑦要严格文稿发表，除中央统一安排外，个人不公开出版著作、讲话单行本，不发贺信、贺电，不题词、题字。⑧要厉行勤俭节

---

① 《十八大以来重要文献选编》，上册，84 页。

约，严格执行住房、车辆配备等有关工作和生活待遇的规定。① "八项规定"切合实际，规定明确，符合党心民意，得到全党和全社会的广泛拥护。2013年1月，习近平在十八届中央纪委二次全会上提出，要坚定不移惩治腐败。"从严治党，惩治这一手决不能放松。要坚持'老虎'、'苍蝇'一起打，既坚决查处领导干部违纪违法案件，又切实解决发生在群众身边的不正之风和腐败问题。"② 这充分表明了新一届中央集体将党风廉政建设和反腐败工作看作是关系到党和国家能不能永葆生机活力的大问题来抓，显示了切实推进这一人民群众关注的重大政治问题的决心和勇气。

2013年3月3日，全国政协十二届一次会议在北京举行。贾庆林作全国政协十一届常委会工作报告。会议选举俞正声为全国政协主席。14日，会议闭幕。

2013年3月5日至17日，十二届全国人大一次会议在北京举行。此届代表选举首次按照城乡同票③ 办法产生，呈现了基层代表数量增加、党政领导干部代表数量下降、农民工代表倍增等特点。

温家宝作《政府工作报告》，总结了五年来我国改革开放和社会主义现代化建设取得的巨大成就，明确了2013年经济社会发展的总体要求和目标任务。

《报告》认为，刚刚过去的五年，是极不平凡的五年。五年来的主要工作及特点为：①有效应对国际金融危机，促进经济平稳较快发展。国内生产总值年均增长9.3%，物价相对稳定、就业持续增加、国际收支趋于平衡。②加快经济结构调整，提高经济发展的质量和效益。五年城镇化率由45.9%提高到52.6%，城乡、区域发展的协调性明显增强。③毫不放松地抓好"三农"工作，巩固和加强农业基础地位。中央财政"三农"五年累计支

① 《人民日报》，2012-12-05。

② 周永康，原中共十七届中央政治局委员、常委、中央政法委书记。2014年7月29日，周永康涉嫌严重违纪，中共中央决定对其立案审查。12月5日，被开除党籍。12月6日，最高人民检察院经审查决定，依法对周永康涉嫌犯罪立案侦查并予以逮捕。2015年4月3日，最高人民检察院侦查终结，周永康涉嫌受贿、滥用职权、故意泄露国家秘密一案，经依法指定管辖，移送天津市人民检察院第一分院审查起诉。天津市人民检察院第一分院向天津市第一中级人民法院提出公诉。2015年6月11日，周永康一审被判无期徒刑，剥夺政治权利终身。

③ 2010年3月，全国人大十一届三次会议通过《关于修改〈中华人民共和国全国人民代表大会和地方各级人民代表大会选举法〉的决定》，实行城乡同票选举人大代表。

出4.47万亿元，年均增长23.5%。④坚持实施科教兴国战略，增强经济社会发展的核心支撑能力。加快实施国家中长期科学和技术发展规划纲要，制定实施国家中长期教育改革和发展规划纲要、国家中长期人才发展规划纲要和国家知识产权战略，推动科技、教育、文化事业全面发展。⑤坚持把人民利益放在第一位，着力保障和改善民生。五年累计投入就业专项资金1973亿元，实现高校毕业生就业2800万人，城镇就业困难人员就业830万人。⑥深化重要领域改革，增强经济社会发展的内在活力。⑦坚定不移扩大对外开放，全面提升开放型经济水平。⑧切实加强政府自身建设，进一步深化行政体制改革。《报告》明确指出经济社会发展存在着以下主要矛盾和问题：发展中不平衡、不协调、不可持续问题依然突出；经济增长下行压力和产能相对过剩的矛盾有所加剧；企业生产经营成本上升和创新能力不足问题并存；财政收入增速放缓和政府刚性支出增加的矛盾凸显；金融领域存在潜在风险；产业结构不合理，农业基础依然薄弱；经济发展与资源环境的矛盾日趋尖锐；城乡、区域发展差距和居民收入分配差距较大；社会矛盾明显增多，教育、就业、社会保障、医疗、住房、生态环境、食品药品安全、安全生产、社会治安等关系群众切身利益的问题不少，部分群众生活困难；制约科学发展的体制机制障碍较多；政府职能转变不到位，一些领域腐败现象易发多发。

《报告》明确了2013年政府工作的总体要求，制定了主要预期目标：国内生产总值增长7.5%左右，发展的协调性进一步增强；居民消费价格涨幅3.5%左右；城镇新增就业900万人以上，城镇登记失业率低于4.6%；城乡居民人均收入实际增长与经济增长同步，劳动报酬增长和劳动生产率提高同步；国际收支状况进一步改善。

为了实现上述目标，必须继续实施积极的财政政策和稳健的货币政策，保持政策连续性和稳定性，增强前瞻性、针对性和灵活性。《报告》建议2013年：①加快转变经济发展方式，促进经济持续健康发展。②强化农业农村发展基础，推动城乡发展一体化。③以保障和改善民生为重点，全面提高人民物质文化生活水平。④以更大的政治勇气和智慧，深入推进改革开放。

大会审议和批准了《国务院机构改革和职能转变方案》。改革的重点是，紧紧围绕转变职能和理顺职责关系，稳步推进大部门制改革。实行铁路政企分开，不再保留铁道部。组建国家卫生和计划生育委员会，不再保留卫生部、国家人口和计划生育委员会。组建国家食品药品监督管理总局，不再保留国家食品药品监督管理局和单设的国务院食品安全委员会办公室。组建国家新闻出版广电总局。重新组建国家海洋局。重新组建国家能源局，不再保留国家电力监管委员会。改革后，除国务院办公厅外，国务院设置组成部门 25 个。

大会选举和决定了新一届国家机构领导人。习近平当选为国家主席、国家军委主席，李源潮当选为国家副主席。张德江当选为十二届全国人大常委会委员长。根据国家主席习近平的提名，决定李克强为国务院总理。决定张高丽、刘延东、汪洋、马凯为国务院副总理。

在大会的闭幕式上，习近平发表重要讲话，指出实现中华民族伟大复兴的中国梦，就是要实现国家富强、民族振兴、人民幸福。这既深深体现了今天中国人的理想，也深深反映了我们先人们不懈追求进步的光荣传统。他强调，实现中国梦必须走中国道路，坚定不移沿着中国特色社会主义道路奋勇前进；实现中国梦必须弘扬中国精神，传承发展以爱国主义为核心的民族精神和以改革创新为核心的时代精神；实现中国梦必须凝聚中国力量，以 13 亿中国各族人民的大团结汇集起不可战胜的磅礴力量。讲话阐释了实现中国梦的重大内涵、重大意义和实现途径，深刻表达了走中国特色社会主义道路的坚强决心和实现中华民族伟大复兴的坚定信心。

复习思考题

1. 试述中共十六大的主要内容和重要意义。
2. 试述如何完善社会主义市场经济体制。
3. 试述科学发展观的提出及其主要内容。
4. 试述"构建社会主义和谐社会"的提出及其内容。
5. 试述中共十七大的主要内容和重要意义。
6. 试述"转变经济发展方式"的提出及其内容。
7. 试述中共十八大的主要内容和重要意义。

参考书目

1. 中共中央文献研究室编. 建国以来重要文献选编(1～20 册). 北京：中央文献出版社，1992—1998

2. 中央档案馆、中共中央文献研究室编. 中共中央文件选集(1949.10—1966.5)(1～50 册). 北京：人民出版社，2013

3. 全国人大常委会办公厅研究室编. 中华人民共和国人民代表大会文献资料汇编(1949—1990). 北京：中国民主法制出版社，1991

4. 中华人民共和国外交部主编. 中华人民共和国条约集. 北京：世界知识出版社，1982

5. 人民出版社编. 中国共产党第八次全国代表大会文件. 北京：人民出版社，1957

6. 中共中央文献研究室编. 三中全会以来重要文献选编(上、下). 北京：人民出版社，1982

7. 中共中央文献研究室编. 十二大以来重要文献选编(上、中、下). 北京：人民出版社，1986

8. 中共中央文献研究室编. 十三大以来重要文献选编(上、中、下). 北京：人民出版社，1991

9. 中共中央文献研究室编. 十四大以来重要文献选编(上、中、下). 北京：人民出版社，1996—1999

10. 中共中央文献研究室编. 十五大以来重要文献选编(上、中、下). 北京：人民出版社，2000—2003

11. 中共中央文献研究室编. 十六大以来重要文献选编(上、中、下). 北京：中央文献出版社，2005—2008

12. 中共中央文献研究室编. 十七大以来重要文献选编(上、中、下). 北京：中央文献出版社，2009—2013

13. 中共中央文献研究室编. 十八大以来重要文献选编(上). 北京：中

央文献出版社，2014

14．毛泽东文集（6～8卷）．北京：人民出版社，1999

15．建国以来毛泽东文稿（1～13册）．北京：中央文献出版社，1987—1998

16．毛泽东书信选集．北京：人民出版社，1983

17．逄先知，金冲及主编．毛泽东传（1949—1976）（上、下）．北京：中央文献出版社，2003

18．中共中央文献研究室编．毛泽东年谱（1949—1976）（1—6卷）．北京：中央文献出版社，2013

19．周恩来选集（下卷）．北京：人民出版社，1984

20．建国以来周恩来文稿（1～3卷）．北京：中央文献出版社，2008

21．周恩来书信选集．北京：中央文献出版社，1988

22．周恩来外交文选．北京：中央文献出版社，1990

23．周恩来年谱（1949—1976）（上、中、下卷）．北京：中央文献出版社，1997

24．金冲及主编．周恩来传（1949—1976）（上、下）．北京：中央文献出版社，1998

25．刘少奇选集（下卷）．北京：人民出版社，1985

26．刘少奇论新中国经济建设．北京：中央文献出版社，1993

27．建国以来刘少奇文稿（1～7卷）．北京：中央文献出版社，2005—2008

28．刘少奇年谱（下卷）．北京：中央文献出版社，1996

29．邓小平文选（2～3卷）．北京：人民出版社，1993—1994

30．邓小平文集（1949—1974）（上、中、下卷）．北京：人民出版社，2014

31．邓小平年谱（1975—1997）（上、下卷）．北京：中央文献出版社，2004

32．中央文献研究室著．邓小平传（1904—1974）（上、下）．北京：中央文献出版社，2014

33．陈云文选（2～3卷）．北京：人民出版社，1995

34．陈云年谱（上、中、下卷）．北京：中央文献出版社，2000

35．金冲及、陈群主编．陈云传（上、下）．北京：中央文献出版社，2005

36．江泽民文选（1～3卷）．北京：人民出版社，2006

37. 胡锦涛. 论构建社会主义和谐社会. 北京：中央文献出版社，2013

38. 中共中央文献研究室编. 习近平关于实现中华民族伟大复兴的中国梦论述摘编. 北京：中央文献出版社，2014

39. 中共中央文献研究室编. 习近平关于全面深化改革论述摘编. 北京：中央文献出版社，2014

40. 薄一波. 若干重大决策与事件的回顾(上、下卷). 北京：中共中央党校出版社，1991

41. 彭德怀自述. 北京：人民出版社，1981

42. 彭真文选. 北京：人民出版社，1991

43. 黄克诚自述. 北京：人民出版社，1994

44. 吴冷西. 十年论战：1956—1966 中苏关系回忆录. 北京：中央文献出版社，1999

45. 胡乔木回忆毛泽东. 北京：人民出版社，2003

46. 中共中央文献研究室编. 关于建国以来党的若干历史问题的决议注释本. 北京：人民出版社，1983

47. 中华人民共和国国史全鉴编委会编. 中华人民共和国国史全鉴(1949—1995). 北京：团结出版社，1997

48. 邓力群主编. 中华人民共和国国史百科全书(1949—1999). 北京：中国大百科全书出版社，1999

49. 当代中国丛书. 北京：中国社会科学出版社，当代中国出版社，1985—2001

50. 胡绳主编. 中国共产党的七十年. 北京：中共党史出版社，1991

51. 中共中央党史研究室. 中国共产党历史(第二卷：1949—1978)(上、下册). 北京：中共党史出版社，2011

52. 当代中国研究所. 中华人民共和国史稿(序卷、1—4 卷). 北京：人民出版社、当代中国出版社，2012

53. 中华人民共和国史编写组. 中华人民共和国史(马克思主义理论研究和建设工程重点教材). 北京：高等教育出版社、人民出版社，2013

54. 金冲及. 二十世纪中国史纲. 北京：社会科学文献出版社，2009

55. 裴坚章主编. 中华人民共和国外交史(1949—1956). 北京：世界知识出版社，1994

56. 王泰平主编. 中华人民共和国外交史(二、三卷). 北京：世界知识出版社，1998—1999

57. 黄华. 亲历与见闻——黄华回忆录. 北京：世界知识出版社，2007

58. 钱其琛. 外交十记. 北京：世界知识出版社，2003

59. 沈志华. 中苏关系史纲：1917－1991年中苏关系若干问题再探讨（增订版）. 北京：社会科学文献出版社，2011

60. 董辅礽主编. 中华人民共和国经济史（上、下卷）. 北京：经济科学出版社，1999

61. 武力主编. 中华人民共和国经济史（1949—1999）. 北京：中国经济出版社，1999

62. 王庆生主编. 中国当代文学史. 北京：高等教育出版社，2003

63. 林蕴晖等. 凯歌行进的时期. 郑州：河南人民出版社，1996

64. 丛进. 曲折发展的岁月. 郑州：河南人民出版社，1996

65. 王年一. 大动乱的年代. 郑州：河南人民出版社，1998

66. 席宣，金春明. "文化大革命"简史. 北京：中共党史出版社，1996

67. 中共中央党史研究室第三研究部. 中国改革开放30年. 沈阳：辽宁人民出版社，2008

68. 中共中央党史研究室. 中国共产党新时期简史. 北京：中共党史出版社，2009

后　记

　　北京师范大学历史学院十分重视本科基础课教学。为了加强基础课教学，要求每门基础课写出高质量的教材，并与北京师范大学出版社达成出版历史学本科全套基础课教材的协议。因为学生上课，有一套好的教材是提高教学质量的基础。

　　编写教材是件很辛苦的事，而编写《中国当代史》困难很多，难度也大，因为它是一门新的基础课程。我们认为中国当代史应是中国通史的一部分，应包括政治、经济、军事、外交、文化思想和社会生活等各个方面。我们的学识有限，很难全面驾驭，也由于教材篇幅的限制，不可能面面俱到，只能根据教学的需要，抓其中最主要的来写。建立中国当代史的学科体系乃是一项浩大的创造性的工程，它需要在科研和教学的实践中逐步地建立和完善起来，需要同行们长期的共同努力。我们知道教材的编写不同于个人专著。编写教材必须遵循高校培养人才的根本任务和历史学的培养目标，这是须臾不可离的原则。我们这部教材从编写、出版到在教学中使用已经历了 20 个年头，我们也是很用心的。2006 年 7 月获教育部推荐列入普通高等学校"十一五"国家级规划教材。2009 年和 2011 年，我们先后对这部教材进行了修订，主要是在个别文字表述上，还增加了大事年表。这次修订一方面将全书下限延至 2013 年，增写了五年的历史；另一方面压缩了部分内容，增写了少量内容。考虑到全书篇幅不宜过大，将大事年表删去了。修订过程中注意吸收了学术界最新研究成果，在此表示感谢。修订过程中，出版社的责任编辑刘松弢给了我们很大的帮助，谨致谢意。我们真诚地欢迎方家和读者给予批评指正，以便不断提高本教材的质量。

本书主编：郭大钧　　　　副主编：耿向东

各章节撰稿分工如下：

第一章：李小尉　　第二章：耿向东　　　　第三章：耿向东

第四章：郭大钧　　第五章：郭大钧、耿向东　　第六章：方美玲

张为娜、王秋艳、徐森、沈海涛、李承泽、李晓宇等参加了资料搜集等工作。

编著者

2016 年 6 月